全 世 界 无 产 者 ， 联 合 起 来 ！

马克思主义理论研究和建设工程重点项目

马克思恩格斯文集

10

书信选编

中共中央 马克思　恩格斯 著作编译局编译
　　　　 列　宁　斯大林

人民出版社

编 辑 说 明

一、《马克思恩格斯文集》是马克思主义理论研究和建设工程的重点项目,旨在为深入学习和研究马克思主义理论提供译文更准确、资料更翔实的基础文本。为了编辑这部文集,经中共中央批准,马克思主义理论研究和建设工程成立马克思主义经典作家重点著作译文审核和修订课题组,由中央编译局组织实施。

二、《马克思恩格斯文集》编为十卷,精选了马克思和恩格斯在各个时期写的有代表性的重要著作。文集的内容涵盖了马克思主义哲学、政治经济学和科学社会主义,以及马克思和恩格斯在政治、法学、史学、教育、科学技术、文学艺术、军事、民族、宗教等方面的重要论述,并体现了马克思主义理论体系形成和发展的历史进程。

三、《马克思恩格斯文集》所收的著作按编年和重要专著单独设卷相结合的方式编排:第一卷收入马克思和恩格斯在1843年至1848年期间的著作;第二卷收入马克思和恩格斯在1848年至1859年期间的著作;第三卷收入马克思和恩格斯在1864年至1883年期间的著作;第四卷收入恩格斯在1884年至1895年期间的著作;第五、六、七卷为马克思的《资本论》第一、二、三卷;第八卷为《资本论》手稿选编;第九卷收入恩格斯的两部专著《反杜林论》和《自然辩证法》;第十卷为马克思和恩格斯的书信选编。

　　四、《马克思恩格斯文集》所收著作的译文选自《马克思恩格斯全集》中文第一版和第二版以及《马克思恩格斯选集》中文第二版。为了保证译文的准确性,课题组根据最权威、最可靠的外文版本对全部译文重新作了审核和修订。校订所依据的外文版本主要有:《马克思恩格斯全集》历史考证版(MEGA²)、《马克思恩格斯全集》德文版(柏林)和《马克思恩格斯全集》英文版(莫斯科、伦敦、纽约)。部分文献还参照了国外有关机构按照马克思和恩格斯的手稿编辑出版的专题文集和单行本。

　　五、《马克思恩格斯文集》各卷均附有注释、人名索引、文献索引和名目索引,第十卷还附有《马克思恩格斯生平大事年表》。课题组对原有的各类资料作了审核和修订,力求资料更翔实、考证更严谨。在注释部分,重新编写了全部著作的题注,增加了对各篇著作主要理论观点的介绍,以便读者把握这些著作的要义。在对各篇著作的写作和出版流传情况的介绍中,增加了对重要著作中译本出版情况的介绍,以便读者了解和研究这些著作在中国的传播情况。

　　六、《马克思恩格斯文集》的技术规格沿用《马克思恩格斯全集》中文第二版的相关规定:在目录和正文中,凡标有星花*的标题都是编者加的;引文中尖括号〈 〉内的文字和标点符号是马克思、恩格斯加的,引文中加圈点处是马克思、恩格斯加着重号的地方;目录和正文中方括号[ ]内的文字是编者加的;未注明"编者注"的脚注是马克思、恩格斯的原注。

　　七、马克思主义理论研究和建设工程咨询委员会对文集的整体方案、各卷文献篇目、译文修订标准以及各篇著作的题注进行了认真审议并提出了许多宝贵意见,这对提高文集编译工作的质量起了重要作用。

目　　录

1865年

1866年

1867年

插　图

第十卷说明

　　《马克思恩格斯文集》第十卷为书信选编,按时间顺序全文收录或节选马克思和恩格斯在1842年至1895年期间写的280封书信。

　　马克思和恩格斯一生留下了大量书信,内容十分丰富,既反映了他们在政治、经济、哲学、历史、军事、民族、宗教、科学技术、文学艺术等领域中的精辟见解,又记述了他们各个时期的革命实践活动。这些书信是马克思主义文献遗产和思想宝库的重要组成部分,对于完整准确地把握马克思主义科学体系、思想精髓和理论品格,研究马克思主义发展史和国际工人运动史,了解马克思和恩格斯为人类解放事业奋斗的革命精神和崇高品德,具有十分重要的价值。

　　本卷主要收录那些在马克思主义形成和发展史上具有重大理论价值的书信,包括马克思和恩格斯以科学的理论指导无产阶级革命运动的书信,同时适当收录了反映国际工人运动史和马克思主义发展史的重要事实和背景资料的书信。

　　探索、创立并不断丰富和发展科学的世界观,贯穿于马克思和恩格斯的全部理论和实践活动。本卷精选了马克思和恩格斯论述历史唯物主义的一些书信。马克思在早年创立新世界观时期写的书信中,批判了唯心史观,简明扼要地阐释了唯物史观的基本范畴和基本思想,论述了物质生产在社会发展中的决定作用以及生产力和生产关系之间、经济基础和上层建筑之间的辩证关系,揭示了社会运动和发展的历史规律,指出:社会是人们交互活动的产物,人们的物质关系构成他们的一切关系的基础;在生产力发展的一定状况下,就会有相应的交换和消费形式,有相应的社会制度形式、家庭、等级或阶级组织,从而就会有相应的政治国家;随着新的生产力的获得,人们便改变自己的生产方式,从而改变一切社会关系。

马克思和恩格斯结合不同时期重大历史事件阐明了唯物史观的指导意义。在总结1848—1849年欧洲革命以来的实践经验的书信中,马克思和恩格斯用唯物史观论述了阶级斗争是历史发展的动力、无产阶级革命必然导致无产阶级专政、无产阶级革命必须打碎旧的国家机器、人民群众是历史的创造者、历史发展是偶然性和必然性的辩证统一等重要思想,丰富和发展了无产阶级革命和无产阶级专政的理论。

恩格斯晚年还批判了把唯物史观片面化、庸俗化的所谓经济唯物主义观点,强调历史进程表现为社会生活各种因素间的相互作用,是各种因素的合力,对参与相互作用的因素都要认真地加以研究;指出现实生活的生产和再生产归根到底是历史过程中的决定因素,但是国家、法、意识形态等因素具有相对独立性并对经济基础、历史进程产生反作用,影响历史斗争的进程和形式。

理论与实践相结合,是马克思主义的本质特征。马克思和恩格斯在书信中结合不同时期的革命斗争实践,不断丰富和完善他们的科学理论,用以指导无产阶级的革命运动。在论述共产主义者同盟、国际工人协会、巴黎公社、欧美各国工人政党斗争实践的书信中,马克思和恩格斯密切关注国际无产阶级运动的实际进程,充分肯定各国无产阶级运动的成就和创造性,同时指出运动中出现的错误,揭示产生错误的原因,并及时提供理论上和斗争策略上的指导。他们宣传并捍卫关于无产阶级运动的斗争目的和斗争形式、无产阶级的阶级团结、无产阶级政党的性质和地位的根本原则,对蒲鲁东主义、巴枯宁主义、拉萨尔主义等各种错误思潮进行坚决的斗争,消除它们对工人运动的消极影响,帮助各国无产阶级确立科学的指导思想,建立独立的政党,制定革命的行动纲领。他们历来重视革命策略问题,善于把革命原则和革命策略结合起来,把无产阶级的历史使命和无产阶级运动不同时期、不同国家的具体条件结合起来,用适当形式提出适用于不同斗争条件的具体的斗争目标和任务,主张在始终坚持革命立场毫不动摇的同时,灵活运用各种斗争形式,实现推翻资本主义制度、建立共产主义新社会的伟大目标。

围绕《资本论》、《反杜林论》、《自然辩证法》等重要著作的创作,马克思和恩格斯写了大量书信进行深入的理论探讨。这些书信既包括他们对哲学、政治经济学、科学社会主义基本原理的相互切磋,也包括他们对有关著作结构和阐述方法的构思和解释,对某些具体问题和观点的阐发、修改和补充,生动地反映了一些重要理论观点的形成和发展过程,如关于地租、通货、劳动的二重性、剩余价值、平均利润率、资本主义生产总过程、自然辩证法等问题的论述。有关《资本论》的书信还包含这部著作创作、编辑和出版过程的一些重要史实,以及马克思和恩格斯关于如何学习和宣传这部著作的提示。

马克思和恩格斯毕生强调用实践的原则和发展的观点对待科学理论,反对把理论变成僵死的教条。他们在一些书信中批评那种不顾实际情况把他们的理论照搬照抄的错误做法,强调指出:他们的理论是发展着的理论,而不是必须背得烂熟并机械地加以重复的教条;不能把"唯物主义"当做标签贴到一切事物上去,必须研究全部历史,必须研究各种社会形态存在的条件,从中得出相应的理论观点;如果不把唯物主义方法当做研究历史的指南,而是把它当做现成的公式,按照它来剪裁各种历史事实,那它就会走向反面。

马克思和恩格斯反对把任何社会形态看做固定不变的东西,他们始终运用唯物史观及时研究资本主义各国经济、政治和社会生活中的新变化、新情况,从中提出新思想和新观点,不断丰富和深化他们关于资本主义社会运动规律和发展趋势的论述。他们特别强调根据社会实践的发展变化认识未来的社会发展,反对凭主观愿望和想象预先作出虚构。恩格斯还明确指出,未来的社会主义社会不是一种一成不变的东西,而应当和任何其他社会制度一样,把它看成经常变化和改革的社会。

研究欧洲和亚洲经济落后国家的经济、政治和历史,探讨这些国家的社会发展道路,在马克思和恩格斯的书信中占有重要地位。马克思和恩格斯在这些书信中分析了当时世界上主要资本主义国家以外的许多国家(包括中国)的社会关系和经济发展条件,揭露了资本主义的扩张给这些国家造成的灾难,探讨了这些国家发生社会变革的途径和前景,指出这些国家的社会变革将产生世界性的影响,导致整个资本主义制度的瓦解。马克思和恩格斯支持被压迫民族、殖民地国家反对外来压迫和殖民统治的斗争,论述了争取民族解放的斗争对于国际工人运动和民主运动的意义,阐明了无产阶级的国际主义原则,指出胜利了的无产阶级不能强迫他国人民接受任何替他们造福的办法,否则就会断送自己的胜利。

马克思和恩格斯极为重视人类文明发展的最新成果,广泛涉猎各个科学领域,对许多问题作了深入研究并提出了科学见解。在关于科学技术的书信中,他们论述了科学技术的应用对于促进生产和社会进步的意义,同时揭示了社会需要对科学发展的巨大推动作用。在论述妇女问题的书信中,他们高度评价了妇女在社会变革中的伟大作用,并指出了彻底实现妇女解放的条件。在关于军事问题的书信中,他们探讨了经济社会制度同军队组织、战争性质、战争方式之间的关系,论述了军队在经济的发展中所起的重要作用。在关于文学艺术的书信中,他们阐述了无产阶级文艺的发展道路和现实主义的创作方法,指出:文艺创作应当反映历史前进的方向,特别是要着力描绘工人阶级和劳动群众的生活与斗争;应当注重思想内容同表现形式的完美结合,真实地再现典型环境中的典型人物,用生动、自然的艺术形式表达作品的倾向。他们在书信中还探讨了数学、语言、民族史等方面的问题,发表了一系列深刻的理论观点。

此外,本卷还收录了一些生动反映马克思和恩格斯坚定不移的理想信念、一往无前的革命精神以及他们之间的伟大友谊的书信。

按照《马克思恩格斯文集》的收文原则,凡已收入其他卷次的书信,本卷不再重复收录。

马克思恩格斯书信选编

1842—1895年

1842年

1
马克思致阿尔诺德·卢格¹

德 累 斯 顿

[1842年]11月30日于科隆

亲爱的朋友：

我今天这封信只谈同"自由人"²有关的"纠纷"。

……几天前我接到了小个子梅因(他心爱的范畴可以说就是：**应有**)的信,他在信里向我提出了几个关于我的态度的问题：(1)对您和海尔维格,(2)对"自由人",(3)对新的编辑原则以及对政府的立场。我立即回了信①,并坦率地谈了对他们的作品不足之处的意见,这些作品不是从**自由的**即独立的和深刻的内容上看待自由,而是从无拘无束的、长裤汉³式的且又随意的形式上看待自由。我要求他们：少发些不着边际的空论,少唱些高调,少来些自我欣赏,多说些明确的意见,多注意一些具体的事实,多提供一些实际的知识。我说,我认为在偶然写写的剧评之类的东西里塞进一些共产主义和社会主义的信条,即新的世界观,是不适当的,甚至是不道德的。我要求他们,如果真要讨论共产主义,那就要用另一种完全不同的方式,更切实地加以讨论。我还要求他们更多地在批判政治状况当中来批判宗教,而不

---

① 这封信没有保存下来。——编者注

3

是在宗教当中来批判政治状况,因为这样做才更符合报纸的本质和读者的教育水平,因为宗教本身是没有内容的,它的根源不是在天上,而是在人间,随着以宗教为**理论**的被歪曲了的现实的消失,宗教也将自行消亡。最后,我向他们建议,如果真要谈论哲学,那么最好少炫耀"无神论"**招牌**(这看起来就像有些小孩向一切愿意听他们讲话的人保证自己不怕鬼怪一样),而多向人民宣传哲学的内容。我所说的就是这些……

1843年

2
马克思致阿尔诺德·卢格[4]

巴　黎

1843年3月于赴D城的拖船上［荷兰］

目前我正在荷兰旅行。根据这里的和法国的报纸来判断,德国已深深地陷入泥潭,而且会越陷越深。我向您保证,连丝毫没有民族自尊心的人也会感受到这种民族耻辱,即使在荷兰也是如此。一个最平凡的荷兰人与一个最伟大的德国人相比,仍然是一个公民。请听听外国人对普鲁士政府的评论吧!在这方面意见是惊人的一致,再也没有人会被普鲁士制度及其明显的本质迷惑了。可见新学派还是有点用处的。自由主义的华丽外衣掉下来了,可恶至极的专制制度已赤裸裸地呈现在全世界面前。

这也是一种启示,虽然是反面的启示。这是事实,它至少教我们认识到我们的爱国主义的空洞和国家制度的畸形,使我们掩面知耻。您会笑着问我:这样做有什么好处呢?知耻干不了革命。我的回答是:羞耻已经是一种革命;羞耻实际上是法国革命对1813年曾战胜过它的德国爱国主义的胜利,羞耻是一种内省的愤怒。如果整个民族真正感到了羞耻,它就会像一头蜷身缩爪、准备向前扑去的狮子。我承认,德国现在甚至还没有感到羞耻,相反,这些可怜虫还是爱国者。

如果不是这位新骑士①的这种可笑的制度，难道还有什么制度能打消这些可怜虫的爱国主义吗？在我们面前上演的这场专制制度的喜剧，对他来说就像当年斯图亚特王朝和波旁王朝发生的悲剧一样危险。⁵就算人们长期不明白这场喜剧究竟是怎么回事，它毕竟已经可以算是一场革命了。国家是十分严肃的东西，要它演什么滑稽剧是办不到的。满载愚人的船只②或许会有一段时间顺风而行，但是它在向着命运驶去，这正是因为愚人们不相信这一点。这命运就是我们所面临的革命。

3

马克思致阿尔诺德·卢格

巴　黎

1843年9月于克罗伊茨纳赫

我很高兴，您已经下定决心，不再留恋过去，进而着意于新的事业。⁶那么，到巴黎去，到这座古老的哲学大学⁷去吧，但愿这不是不祥之兆！到新世界的新首府去吧！必须做的事情，就必定能实现。所以我毫不怀疑，一切障碍都能排除，虽然我承认障碍很大。

但是，不管这个事业能否成功，无论如何，这个月底我将到巴

---

①弗里德里希-威廉四世。——编者注
②参看塞·布兰特《愚人船》。——编者注

黎①,因为这里的空气会把人变成奴隶,我在德国根本看不到任何可以自由活动的余地。

在德国一切都遭到强力的压制,真正的思想混乱,即极端愚蠢的统治笼罩了一切,连苏黎世也服从来自柏林的指挥。[8]所以事情日益明显:必须为真正思维着的独立的人们寻找一个新的集结地点。我深信我们的计划是符合现实需要的,而现实的需要也一定会得到真正的满足。因此,只要我们认真对待,我对这项事业是毫不怀疑的。

看来内部的困难几乎比外部的障碍更严重。虽然对于"从何处来"这个问题没有什么疑问,但是对于"往何处去"这个问题却很模糊。不仅在各种改革家中普遍出现混乱,而且他们每一个人都不得不承认自己对未来应该怎样没有确切的看法。然而,新思潮的优点又恰恰在于我们不想教条地预期未来,而只是想通过批判旧世界发现新世界。以前,哲学家们把一切谜底都放在自己的书桌里,愚昧的凡俗世界只需张开嘴等着绝对科学这只烤乳鸽掉进来就得了。而现在哲学已经世俗化了,最令人信服的证明就是:哲学意识本身,不但从外部,而且从内部来说都卷入了斗争的漩涡。如果我们的任务不是构想未来并使它适合于任何时候,我们便会更明确地知道,我们现在应该做些什么,我指的就是**要对现存的一切进行无情的批判**,所谓无情,就是说,这种批判既不怕自己所作的结论,也不怕同现有各种势力发生冲突。

所以我不主张我们树起任何教条主义的旗帜,而是相反。我们应当设法帮助教条主义者认清他们自己的原理。例如**共产主义**就尤其是一种教条的抽象概念,不过我指的不是某种想象的和可能存在的共产主义,而是如卡贝、德萨米和魏特林等人所讲授的那种实际存

---

①马克思大约在1843年10月中旬才与燕妮一起迁往巴黎。——编者注

在的共产主义。这种共产主义本身只不过是受自己的对立面即私有制度影响的人道主义原则的特殊表现。所以,私有制的消灭和共产主义决不是一回事;除了这种共产主义外,同时还出现了另一些如傅立叶、蒲鲁东等人的社会主义学说,这不是偶然的,而是必然的,因为这种共产主义本身只不过是社会主义原则的一种特殊的片面的实现。

然而整个社会主义的原则又只是涉及真正的人的本质的**现实性**的这一个方面。我们还应当同样关心另一个方面,即人的理论生活,因而应当把宗教、科学等等当做我们批评的对象。此外,我们还希望影响我们同时代的人,而且是影响我们同时代的德国人。问题在于,这该怎么着手呢?有两个事实是不容否认的。首先是宗教,其次是政治,二者是目前德国主要关注的对象。不管这两个对象怎样,我们应当把它们作为出发点,而不应当拿任何现成的制度,例如《伊加利亚旅行记》①中的制度,来同它们相对立。

理性向来就存在,只是不总具有理性的形式。因此,批评家可以把任何一种形式的理论意识和实践意识作为出发点,并且从现存的现实**特有的**形式中引申出作为它的应有和它的最终目的的真正现实。说到现实的生活,虽然**政治国家**还没有自觉地充满社会主义的要求,但是在它的一切**现代**形式中却包含着理性的要求。政治国家还不止于此。它到处假定理性已经实现。但它同样又处处陷入它的理想使命同它的现实前提的矛盾中。

因此,从政治国家同它自身的这个冲突中到处都可以展示出社会的真理。正如**宗教**是人类的理论斗争的目录一样,**政治国家**是人类

①埃·卡贝《伊加利亚旅行记。哲学和社会小说》1842年巴黎第2版。——编者注

的实际斗争的目录。可见政治国家在自己的形式范围内**从共和制国家的角度**反映了一切社会斗争、社会需求、社会真理。所以,把最特殊的政治问题,例如等级制度和代议制度之间的区别作为批判的对象,毫不意味着降低**原则高度**。因为这个问题只是用**政治的**方式来表明人的统治同私有制的统治之间的区别。这就是说,批评家不但能够而且必须探讨这些政治问题(在那些极端的社会主义者[①]看来这些问题是不值得注意的)。当批评家阐明代议制度比等级制度优越时,他**实际上就接触到了**一大批人[9]的**利益**。批评家把代议制度从政治形式提升为普遍形式,并指出这种制度的真正的基本意义,也就迫使这些人越出自身的范围,因为他们的胜利同时就是他们的失败。

所以,什么也阻碍不了我们把政治的批判,把明确的政治立场,因而把**实际**斗争作为我们的批判的出发点,并把批判和实际斗争看做同一件事情。在这种情况下,我们不是教条地以新原理面向世界:真理在这里,下跪吧!我们是从世界的原理中为世界阐发新原理。我们并不向世界说:停止你那些斗争吧,它们都是愚蠢之举;我们要向世界喊出真正的斗争口号。我们只向世界指明它究竟为什么而斗争,而意识则是世界**必须**具备的东西,不管世界愿意与否。

意识的改革**只**在于使世界认清本身的意识,使它从对于自身的迷梦中惊醒过来,向它**说明**它自己的行动。我们的全部意图只能是使宗教问题和政治问题具有自觉的人的形态,像费尔巴哈在批判宗教时所做的那样。

因此,我们的口号必须是:意识改革不是靠教条,而是靠分析连自己都不清楚的神秘的意识,不管这种意识是以宗教的形式还是以

---

①指法国空想社会主义的各种流派。——编者注

政治的形式出现。那时就可以看出,世界早就在幻想一种只要它意识到便能真正掌握的东西了。那时就可以看出,问题不在于将过去和未来断然隔开,而在于**实现**过去的思想。最后还会看到,人类不是在开始一项**新的**工作,而是在自觉地完成自己原来的工作。

　　这样,我们就能用**一**句话表明我们杂志的倾向:对当代的斗争和愿望作出当代的自我阐明(批判的哲学)。这是一项既为了世界,也为了我们的工作。它只能是联合起来的力量的事业。问题在于**忏悔**,而不是别的。人类要使自己的罪过得到宽恕,就只有说明这些罪过的真相。

4

马克思致路德维希·费尔巴哈¹⁰

布鲁克贝格

[1843年]10月3日于克罗伊茨纳赫

最尊敬的先生:

　　几个月前卢格博士曾顺路把我们的《德法年鉴》出版计划告诉了您,同时请您撰稿。现在事情已做好如下安排,印刷和出版地点选在**巴黎**,第一期月刊将在11月底以前出版。

　　在去巴黎以前(过几天就动身),我不得不用**书信方式**到您那里去作一次短游,因为我没有机会亲自和您结识了。

　　您是第一批宣布必须建立法德科学联盟的著作家之一。因此,您也必然是第一批支持实现这一联盟的事业的人之一。而现在要把德国和法国著作家的著作放在一起发表。巴黎最优秀的著作家们已经表示同意。您的任何稿件都是我们最为欢迎的,想必您手头就有一些现成的东西。

从您的《基督教的本质》第二版序言中,我就觉得几乎可以得出结论:您正在写关于**谢林**的详尽著作,或者至少是打算就这个吹牛大王再写些什么东西。[11]您看,这该是一个多好的开端啊!

您知道,谢林是德意志联邦[12]第三十八个成员。德国所有警察都归他统辖;我作为《莱茵报》编辑一度亲自领教过这一点。就是说,书报检查令不会放过任何反对神圣的谢林的东西。因此在德国,只有在篇幅超过21印张的书中才能抨击谢林,而篇幅超过21印张的书就不是为人民写的书。[13]**卡普**的著作很值得称赞,但它过于烦冗,笨拙地使评价脱离了事实。而且我们的政府也找到了使这类作品不起作用的方法。这类作品是不许加以评论的。对它们或者闭口不谈,或者由少数特许的评论机构用几句鄙薄的话来应付一下。伟大的谢林自己则装出不知道这些抨击的样子,利用老保罗斯的作品[14]搞了一场**财政**闹剧,成功地转移了对卡普一书的注意力。这是一种巧妙的外交手腕!

而现在您瞧吧,谢林将在巴黎的法国著作界面前丢尽脸面!在那里,他的虚荣心是无法保持沉默的,这会使普鲁士政府感到极为难堪;这是对谢林的对外主权的一个攻击,而**虚荣的**君主看重自己的**对外主权**更甚于对内主权。

谢林先生曾经多么巧妙地使法国人——起初是懦弱的折中主义者**库辛**,稍后甚至是天才的**勒鲁**——中了圈套!就是说,在皮埃尔·勒鲁等人眼里,谢林一直是一个讲究理性的现实主义,而不是先验的唯心主义,讲究有血有肉的思想,而不是抽象的思想,讲究世界哲学,而

马克思致路德维希·费尔巴哈(1843年10月3日)

不是行帮哲学的人!谢林向法国的浪漫主义者和神秘主义者说:"我把哲学和神学结合起来了!"向法国的唯物主义者说:"我把肉体和观念结合起来了",向法国的怀疑论者说:"我把独断主义摧毁了"。一句话:"我……谢林!"谢林不仅善于把哲学和神学结合起来,而且善于把哲学和外交结合起来。他把哲学变成了一般的外交学,变成了应付一切场合的外交手腕。因此,对谢林的抨击就是间接地对我们全部政治的抨击,特别是对普鲁士政治的抨击。谢林的哲学就是哲学掩盖下的普鲁士政治。

因此,如果您马上给创刊号写一篇评论谢林的文章,那就是对我们所创办的事业,尤其是对真理作出了一个很大的贡献。您正是最适合做这件事情的人,因为您是**谢林的对立面**。至于谢林的**真诚的青春思想**——我们也应该相信我们对手好的一面,不过他要实现这一思想,已经除了想象以外没有任何能力,除了虚荣以外没有任何力量,除了鸦片以外没有任何刺激剂,除了容易激动的女性感受力以外没有任何感觉器官了,谢林的这种真诚的青春思想,在他那里只是一场异想天开的青春梦,而在您那里则成了真理、现实、男子汉的郑重。因此谢林是您的**预期的模拟像**,而这种模拟像一旦面对现实就会烟消云散。因此,我认为您是自然和历史陛下所召来的、谢林的必然的和天然的对手。您同他的斗争是哲学本身同哲学的想象的斗争。

我满怀信心地盼望着您在方便的时候给我们撰稿[15]。我的地址是:"巴黎田凫路23号莫伊勒先生转马克思博士"。我的妻子虽然没有同您见过面,但向您问好。您想象不到,您在妇女中有多少信徒。

您的　马克思博士

1844年

5

马克思致路德维希·费尔巴哈

布鲁克贝格

[1844年]8月11日于巴黎田鼠路38号

最尊敬的先生：

趁此机会冒昧地给您寄上一篇我的文章①，在文章中可以看到我的法哲学批判的某些成分。这一批判我已经写完，但后来又重新作了加工，以便使它通俗易懂。我并不认为这篇文章有特殊的意义，但是使我感到高兴的是，我能有机会表示我对您的崇高敬意和爱戴（请允许我使用这个字眼）。您的《未来哲学》和《信仰的本质》尽管篇幅不大，但它们的意义却无论如何要超过目前德国的全部著作。

在这两部著作中，您（我不知道是否有意地）给社会主义提供了哲学基础，而共产主义者也就立刻这样理解了您的著作。建立在人们的现实差别基础上的人与人的统一，从抽象的天上降到现实的地上的人类这一概念，如果不是**社会**这一概念，那是什么呢？

您的著作《基督教的本质》正在译成英文和法文两种文字：二者都即将送去付印。英文版将在曼彻斯特出版（译文由恩格斯审阅），法

---

①马克思《〈黑格尔法哲学批判〉导言》，见《马克思恩格斯文集》第1卷。——编者注

文版将在巴黎出版①(它是由法国人盖里埃博士和德国共产主义者**艾韦贝克**在一个法国修辞学家帮助之下翻译的)。

现在法国人会立即抢购这本书,因为两个派别——一派是僧侣,另一派是伏尔泰信徒和唯物主义者——都在寻求外援。一个值得注意的现象是,与18世纪相反,现在宗教观念是在中间等级和上层阶级中传播,而非宗教观念——那种感到自己是人的人所固有的非宗教观念——却降临到了法国无产阶级的队伍里。您要是能出席法国工人的一次集会就好了,这样您就会确信这些劳累不堪的人纯洁无瑕,心地高尚。[16]英国的无产者也取得了巨大的成绩,但他们的文化素质不及法国人。不过不能不强调指出瑞士、伦敦和巴黎的德国手工业者的理论贡献。只是德国手工业者仍然过于像手工业者。

但无论怎样,历史正在把我们文明社会的这些"野蛮人"变成人类解放的实践因素。

法国人和我们德国人对立的特性,在我面前从来没有表现得如此尖锐,如此明显,就像在一本傅立叶主义者的著作中所表现的那样。这部著作的开头有这样几句话:

> "人完全是在他的**情欲**中表现出来的"。"你什么时候遇到过这样的人,他**为了思维而思维,为了回忆而回忆,为了想象而想象,为了愿望而愿望**?你自身遇到过类似的情况吗?…… 没有,当然没有!"

因此,自然界的主要动力与社会的主要动力一样,是**魔术般的、热情的、不反射的引力**,并且

> "一切存在物——人、植物、动物或整个天体——都得到了这样一种力的总和,

---

①英译本没有出版。法译本载于海·艾韦贝克《从最新的德国哲学看什么是宗教》1850年巴黎版。——编者注

这种力的总和同这些存在物在世界秩序中的使命是相适应的"。由此可见:"**引力和命运**成正比"。①

难道这些论述不是表明,法国人是故意把自己的情欲和德国人的纯思维活动对立起来吗?人不是为了思维而思维,等等。

对于德国人来说,要摆脱对立的片面性是很困难的,我多年的朋友(但现在同我越来越疏远了)**布鲁诺·鲍威尔**在他的柏林出版的批判性报纸《文学报》中重新证明了这一点。不知您看过这家报纸没有。那里有不少文章是在同您进行无声的论战。

这家《文学报》的特征可以归结为:把"批判"变成某种超验的存在物。这些柏林人认为自己不是从事**批判**的**人**,而是由于**偶尔**的不幸才成为人的**批判家**。因此他们只承认一个**现实的**需要——进行**理论**批判的需要。因此像蒲鲁东这样的一些人便被指责是以某种"**实践的需要**"为出发点。因此这种批判就成了灰心丧气且又妄自尊大的唯灵论。**意识**或**自我意识**被看成是**唯一的**人的本质。例如,爱情之所以被否定,是因为情人在这里只不过是"**对象**"。打倒对象!因此这种批判自认为是历史上唯一**积极的**因素。与这种批判相对立的是作为**群众**、作为怠惰的群众的整个人类,群众只是作为精神的对立物才有意义。因此,对批判家来说,滔天的罪行就是具有**情感**或**情欲**,批判家应该是善于**冷嘲和凛若冰霜的哲人**。

因此鲍威尔明确宣称:

"批判家既不与社会共患难,也不与社会同欢乐;他既不懂友谊和爱情,也不懂憎恨和忌妒;他离群索居,只是口中时时发出奥林波斯山众神对世上的谬

---

①爱·德·蓬佩里《沙·傅立叶所创立的社会科学》1840年巴黎第2版第13、29页。——编者注

误的嘲笑"。[17]

因此鲍威尔的《文学报》的语调是毫无热情的**轻蔑**的语调,鲍威尔这样做是轻而易举的,因为他用您以及我们整个时代所获得的成果来谴责别人。他只是揭露矛盾,而且满足于这样做,并轻蔑地"哼"一声就溜之大吉了。他声称,批判不会**提供**什么,因为它太唯灵论了。不仅如此,他还直截了当地说出这样的希望:

> "为时不久,整个日益堕落的人类就要联合起来反对批判",而**批判就是他**及其**伙伴**;"那时他们将把这些群众分为各种集团并发给他们全体赤贫证明书"。[17]

看来,鲍威尔是出于与**基督竞争**而和他作战。我将出一本小册子①来反对批判的这种谬误。对我来说,**最**宝贵的是**您**能事先把**您的**意见告诉我,总之,如能早日得到您的回音,我将感到荣幸。

这里的德国手工业者,即他们的共产主义部分,为数有几百人,今年夏天,他们每周两次听他们的秘密团体[18]的领导者讲述您的著作《基督教的本质》,而且他们有异乎寻常的接受能力。《前进报》第64号杂文栏内刊登的一位德国女士来信的一小段摘录,是从我妻子的来信中摘下来的,她正在特里尔探望母亲②,所以事先没有征得她的同意。[19]

致以良好的祝愿。

　　　　　　　　　　　　　　　　您的　卡尔·马克思

---

①马克思和恩格斯《神圣家族》,见《马克思恩格斯文集》第1卷。——编者注

②卡·冯·威斯特华伦。——编者注

6
恩格斯致马克思[20]

巴　　黎

[1844年10月初于巴门]

亲爱的马克思：

　　我没有早些把我的情况告诉你，你大概感到奇怪吧，你这样想是有理由的。但是，我何时回去，现在还不能确切地告诉你。三个星期以来我一直住在巴门，跟几个朋友和一大家人在一起，尽可能愉快地度日，幸好家中有几个可爱的女眷。在这里根本就别想工作，尤其是，我的妹妹[①]和伦敦的共产主义者埃米尔·布兰克(艾韦贝克认识他)订了婚，因此，现在我们家中自然是忙得不可开交。此外，我清楚地看到，我要返回巴黎还会碰到很大的困难，我大概还得在德国闲荡半年，甚至一年。当然，我要想方设法避免这一点，不过你想象不到，家里为了不让我离开，提出了怎样琐碎的理由，怎样迷信的担心。

　　我在科隆逗留了三天，对我们在那里所开展的非凡的宣传工作感到很惊奇。那里的人非常活跃，但也非常明显地表现出缺少必要的支持。只要我们的原则还没有从以往的世界观和以往的历史中逻辑地和历史地作为二者的必然继续用几部著作阐发出来，那就一切都

---

　　①玛·恩格斯。——编者注

恩格斯致马克思(1844年10月初)

还会处于半睡半醒状态,大多数人还得盲目地摸索。后来,我到了杜塞尔多夫,在那里我们也有一些能干的小伙子。不过我最喜欢的还是我的那些埃尔伯费尔德人,人道观念的确已经深入他们的心灵。他们确实在着手搞自己家族经济的革命化,每当他们的父母敢用贵族的态度对待仆役和工人时,他们就要教训自己的父母,而这样的事在我们宗法制的埃尔伯费尔德已经屡见不鲜。除了这些人,在埃尔伯费尔德还有一些人也很好,不过有点糊涂。在巴门,警察局长是个共产主义者。前天有一个老同学、中学教员①来访,尽管他从来没有接触过共产主义者,但也受到了强烈的感染。如果我们能够直接地去影响人民,那我们很快就会取得优势。但是,这几乎是不可能的,特别是我们这些著作家必须保持沉默,以免被捕。不过,这里倒十分安全,只要我们保持沉默,就很少有人注意到我们。我觉得,赫斯由于害怕,有点疑神疑鬼。我在这里一直没有受到丝毫骚扰,只是有一次检察长向我们的一个人详细打听过我。这就是我到目前为止所知道的一切。

这里的报纸报道,普鲁士政府在巴黎控告了贝尔奈斯,他已经受到审讯。21这件事是否属实,请务必来信告知;还有,那本小册子②的情况如何,现在大概已经完成了吧。关于鲍威尔兄弟,在这里一无所闻,也没有任何人知道他们。相反,《年鉴》③至今仍然很畅销。我的评卡莱尔的文章④,在"群众"中获得了极好的声誉——真是可笑

①古·武尔姆。——编者注
②马克思和恩格斯《神圣家族》,见《马克思恩格斯文集》第1卷。——编者注
③《德法年鉴》。——编者注
④恩格斯《英国状况.评托马斯·卡莱尔的〈过去和现在〉》,见《马克思恩格斯全集》中文第2版第3卷。——编者注

——,而关于经济学的文章①,却只有很少一些人读过。这是很自然的。

埃尔伯费尔德的牧师老爷们,特别是克鲁马赫尔,也在布道时反对我们;眼下他们还只是反对青年人的无神论,然而我确信,不久他们就会痛骂共产主义。今年夏天,整个埃尔伯费尔德所议论的就只是这些不信神的小伙子。总之,这是一场值得注意的运动。自从我离开以后,②伍珀河谷在各方面的进步比最近50年都要大。社会风气变得比较文明了,参与政治和进行反抗活动成了普遍的现象,工业取得了巨大进步,新的城区兴建起来了,整片整片的森林被伐光了,现在这里的一切可以说是高于而不是低于德国文明的水平,而在四年前还大大低于这一水平。一句话,这里正在为我们的原则奠定良好的基础,如果我们能先发动我们粗犷而热情的染色工和漂白工,那么,伍珀河谷还要叫你吃惊呢。近几年来,工人们已经处于旧文明的最后阶段,他们通过迅速增多的犯罪、抢劫和凶杀来反对旧的社会制度。晚间,街上很不安全,资产者遭到殴打、刀刺和抢劫;如果这里的无产者按照英国无产者那样的规律发展,那他们不久就会明白,作为**个人**和以暴力来反对旧的社会制度的这种方法,是没有用的,他们就会作为具有自己整体能力的**人们**通过共产主义来反对它。如果有人能向他们指明道路,那该多好!但是这办不到。

我的弟弟③正在科隆当兵。只要他不受怀疑,他那里倒是给赫斯等人写信的恰当地址。不过我本人暂时还不知道他的确切地址,因此也就无法告诉你了。

---

①恩格斯《国民经济学批判大纲》,见《马克思恩格斯文集》第1卷。——编者注

②恩格斯是1842年11月离开德国前往英国的。——编者注

③海·恩格斯。——编者注

我写完上面几段以后,去了一趟埃尔伯费尔德,又遇到了几个素不相识的共产主义者。不管你走到哪里,转到哪里,到处都可以碰到共产主义者。有一位非常热心的共产主义者、漫画家和未来的历史画家,他的名字叫泽耳,两个月后要去巴黎。我将把你们的地址告诉他。你们大家都会喜欢他的,因为他是一个非常热情的人,善于绘画并爱好音乐,而且作为一个漫画家是很有用的。可能到那时我本人也已在巴黎了,不过这一点还很难说。

《前进报》在这里只有几份;我已经设法让其他人也来订阅。让发行部再寄几份给埃尔伯费尔德的理查·罗特、小威廉·布兰克上尉、F.W.施特吕克尔、火花街的巴伐利亚啤酒店(共产主义者聚会的小酒馆)老板迈耶尔,可以把全部报纸封在一起,通过那里的共产主义者书商贝德克尔寄往各处。这些人一看见报纸寄到,也就会订阅该报了。杜塞尔多夫方面可寄给威·弥勒大夫;科隆方面,我看可寄给德斯特尔大夫、啤酒店老板勒尔兴、你的内弟①等人。当然,全都要通过书商并封好。

现在你要设法赶快把你所收集的材料发表出来。²²早就是该这样做的时候了。我也要把工作加紧干起来,而且就在今天重新开始写作。关于共产主义实际上能否实行的问题,德国人都还很不清楚。为了解决这种小问题,我要写一本小册子,说明在这方面的实际情况,并通俗地叙述当前英国和美国的共产主义实践。²³这将占用我三天左右的时间,但是对于这些人一定很有启发意义。这一点我在和本地人谈话时已觉察到了。

总之,应该加紧工作,赶快发表!替我问候艾韦贝克、巴枯宁、盖

---

① 埃·冯·威斯特华伦。——编者注

里埃等人,还有你的夫人,并且尽快来信告知一切。倘若这封信顺利寄到并且未被拆开,那就请按"埃尔伯费尔德F.W.施特吕克尔公司"这一地址寄信,信封尽可能用商人的字体书写;不然就按我留给艾韦贝克的任何一个地址寄发。我很想知道,我这封看起来像是女士写的信能否骗得过那帮把守邮局的狗东西。

好吧!祝你健康,亲爱的卡尔,望马上回信。自从分手以后,我再没有像在你家里度过的10天那样感到心情愉快,感到有人情味。至于拟创办的事业,我还没有适当的机会采取行动。

7

恩格斯致马克思

巴　　黎

1844年11月19日于巴门

第　二　号

亲爱的马克思:

大约两星期前,我收到了你和毕尔格尔斯的简短来信①,署的日期是10月8日,而邮戳是:布鲁塞尔,10月27日。大概在你给我写这封短信的同时,我给你寄了一封信②,收信人写的是你夫人,但愿你已

---

① 这封信没有保存下来。——编者注
② 见本卷第17—21页。——编者注

经收到。为了将来能确知我们的信件是否被扣,让我们把来往信件都编上号。所以,我现在的这封信是**第二号**,你给我写信时,就要告诉我你已经收到第几号信,以前的信是否有丢失。

几天前我到科隆和波恩去了。科隆的情况很好。格律恩想必已经把那里人们的活动情况告诉你了。两三个星期后,赫斯如果能得到足够的资金,也打算到巴黎去。毕尔格尔斯现在也在你们那里,这样一来,你们就可以聚集相当一批人。你们那里越不需要我,我就越有必要留在这儿。很明显,我现在还不能去;否则就会同全家闹翻。另外我在恋爱,这件事我也得先有个了结。况且,现在我们确实需要有一个人留在这里,因为这里的人都还需要鼓励,以继续从事必要的工作,而不致去胡言乱语和走上邪路。例如,现在还无法使荣克和其他一些人相信,我们和卢格之间存在着原则分歧[24],他们还总是认为,这只不过一种私人纠纷。如果有人对他们说,卢格不是共产主义者,他们是不大相信的,而且会认为,轻率地抛开一个像卢格这样的"著作界权威",终究是很可惜的!这时对他们有什么好说的呢?我们一定要等待,等卢格有一天再干出一件天大的蠢事来,那时这些人就能亲眼看看他是怎么回事。我不知道用什么办法对付荣克,这家伙不够坚定。

现在,我们这里到处都在举行公开的集会,以便建立工人阶级生活改善协会[25];这使德国人非常激动,并促使庸人们重视社会问题。这些集会说开就开,并不征求警察当局的意见。在科隆,章程起草委员会中我们的人占一半;在埃尔伯费尔德,委员会里至少有一个我们的人;由于得到了理性主义者[26]的帮助,我们已经在两次集会上使虔诚的宗教信徒们遭到严重的失败;在绝大多数人的赞同下,章程中排除了一切带有基督教色彩的东西。[27]我感到有趣的是:这帮理性主义者,在理论上是基督教,在实践上是无神论,因而显得十分可笑。在原则上,他们认为基督教反对派是完全正确的,而在实践上,他们却不许章程中有一个字提到基督教,然而按照他们自己的说法,基督教是上述协会的基础;章程里写进什么都行,唯独不要协会的生命攸关的原则!可是,这些家伙顽固地坚持这种可笑的立场,因此我完全用不着说什么话了,我们在目前情况下只能得到这样的章程。下星期天又要开会,但我不能出席,因为我明天要到威斯特伐利亚去。

目前,我正埋头钻研英国的报纸和书籍,为我写那本关于英国无产者状况的书①搜集材料。我想,到1月中或1月底就可脱稿,因为最近一两个星期以来我已完成了整理材料这项最困难的工作。我将给英国人编制一份绝妙的罪行录。我要向全世界控诉英国资产阶级所犯下的大量杀人、抢劫以及其他种种罪行,还要写一篇英文序言②,打算单独印行,并分别寄给英国的政党领袖、著作家和议员们。让这些家伙记住我吧。顺便说一句,不言而喻,我这是指桑骂槐,即骂的是德国资产阶级。我清清楚楚地告诉他们,他们和英国的资产阶级一样可恶,只是在榨取方面不那么大胆、不那么彻底、不那么巧妙罢了。这本书一旦脱稿,我就着手去写英国人的社会发展史[28]。这件工作花的力气要少一些,因为我已经把材料准备好,材料的安排也已经心中有数,而且我对这个问题是完全清楚的。在这期间,只要有空,我想写几本小册子,特别是反对**李斯特**的小册子[29]。

施蒂纳的《唯一者及其所有物》一书,即使你还没有见到,想必也已经听说了吧。维干德把这本书的校样寄给了我,我把它带到科隆,

---

① 恩格斯《英国工人阶级状况》,见《马克思恩格斯文集》第1卷。——编者注
② 恩格斯《英国工人阶级状况。致大不列颠工人阶级》,见《马克思恩格斯文集》第1卷。——编者注

放在赫斯那里了。这位高贵的施蒂纳(你知道柏林的施米特吧,就是那个在布尔的集子里评述过《秘密》的那个人[30])的原则,就是边沁的利己主义,只不过从一方面看贯彻得比较彻底,而从另一方面看又欠彻底罢了。说施蒂纳比较彻底,是因为施蒂纳作为一个无神论者,也把个人置于上帝之上,或者更确切地说,宣称个人是至高无上的,而边沁却让上帝在朦胧的远处凌驾于个人之上;总之,是因为施蒂纳是以德国唯心主义为基础,是转向唯物主义和经验主义的唯心主义者,而边沁是一个单纯的经验主义者。说施蒂纳欠彻底,是因为他想避免边沁所实行的对分解为原子的社会的重建,但这是办不到的。这种利己主义只不过是现代社会和现代人的被意识到的本质,是现代社会所能用来反对我们的最后论据,是现存的愚蠢事物范围内一切理论的顶峰。

因此,这个东西是重要的,比例如赫斯所认为的还重要。我们不应当把它丢在一旁,而是要把它当做现存的荒谬事物的最充分的表现加以利用,在我们**把它颠倒过来之后**,在它上面继续进行建设。这种利己主义已是如此登峰造极,如此荒谬,同时又具有如此程度的自我意识,以致由于其本身的片面性而不能维持片刻,不得不马上转向共产主义。首先可以轻而易举地向施蒂纳证明,他的利己主义的人,必然由于纯粹的利己主义而成为共产主义者。这就是我们应当给这个家伙的回答。其次必须告诉他:人的心灵,从一开始就直接由于自己的利己主义而是无私的和富有牺牲精神的;于是,他又回到他所反对的东西上面。用这几句老生常谈就能驳倒他的**片面性**。可是,原则上正确的东西,我们也必须吸收。而原则上正确的东西当然是,在我们能够为某一件事做些什么以前,我们必须首先把它变成我们自己的、利己的事,也就是说,在这个意义上,即使抛开一些可能的物质上的愿望不谈，我们也是从利己主义成为共产主义者的，要从利己主义成为人，而不仅仅是成为个人。或者换句话说，施蒂纳摒弃费尔巴哈的"人"，摒弃起码是《基督教的本质》里的"人"，是正确的。费尔巴哈的"人"是从上帝引申出来的，费尔巴哈是从上帝进到"人"的，这样，他的"人"无疑还戴着抽象概念的神学光环。进到"人"的真正途径是与此完全相反的。我们必须从**我**，从经验的、有血有肉的个人出发，不是为了像施蒂纳那样陷在里面，而是为了从那里上升到"人"。只要"人"不是以经验的人为基础，那么他始终是一个虚幻的形象。简言之，如果要使我们的思想，尤其是要使我们的"人"成为某种真实的东西，我们就必须从经验主义和唯物主义出发；我们必须从个别物中引申出普遍物，而不要从本身中或者像黑格尔那样从虚无中去引申。

这一切都是些老生常谈，都是不言而喻的，费尔巴哈已经分别地谈到过它们，要不是赫斯——我觉得，他是出于原先对唯心主义的忠心——这样痛骂经验主义，特别是痛骂费尔巴哈和现在痛骂施蒂纳，我也就不会重复这些了。赫斯对费尔巴哈的评论，有许多地方都是对的，但是另一方面，看来他还有一些唯心主义的荒唐思想——他谈到理论问题时，总是把一切归结为范畴，所以他也就因过于抽象而无法通俗地写作，所以他也憎恨各式各样的利己主义，宣扬博爱等等，这就又回到了基督教的自我牺牲上面。但是，如果说有血有肉的个人是我们的"人"的真正的基础，真正的出发点，那么，不言而喻，利己主义——当然，**不仅仅**是施蒂纳的理智的利己主义，而且也包括**心灵的利己主义**——也就是我们的博爱的出发点，否则这种爱就飘浮在空中了。不久赫斯就要到你那儿去，你可以亲自同他谈谈这个问题。顺便说一句，所有这些理论上的废话一天比一天更使我感到厌倦；在谈到"人"的问题时不得不说的每一句话，为反对神学和抽象概念以及反对粗陋的唯物主义而不得不写的或读的每一行字,都使我感到恼火。如果我们不研究所有这一切幻影——要知道,尚未现实化的人在现实化以前也仍然是一个幻影——而去研究真实的、活生生的事物,研究历史的发展和结局,那么情况就完全不同。只要我们还依靠使用笔杆子,而不能直接用手,或者必要的话,用拳头去实现我们的思想,那么,这样做至少是上策。

同时,施蒂纳的这本书再次表明,抽象概念在柏林人的头脑中是多么根深蒂固。施蒂纳在"自由人"[2]当中显然是最有才能、最富独立性和最勤奋的人,但是尽管如此,他还是从唯心主义的抽象概念跌到了唯物主义的抽象概念,结果一无所获。我们听到社会主义在德国各地取得进展的消息,唯独没有听到柏林有什么消息。到整个德国消灭财产的时候,这些聪明透顶的柏林人还会在哈森海德公园建设和平民主[31],——除此之外,这帮家伙肯定不会再有什么作为。瞧吧,在乌克马克不久就会出现一个新的救世主,他将按照黑格尔的样子去改造傅立叶,根据永恒的范畴去设计法伦斯泰尔[32],并且宣称:资本、才能和劳动都分享收入的一定部分是返回自身的观念的永恒规律。这将成为黑格尔学说的新约全书,老黑格尔将成为旧约全书,"国家",即法律将成为"引领人们到基督那里去的训蒙师傅"[①],而法伦斯泰尔(在那里,厕所都将按照逻辑的必然性安置)将成为"新天新地"、新耶路撒冷,这个耶路撒冷自天而降,打扮得像新娘子一样[②],关于这一切,在新的启示录里将有更详尽的描述。而当这一切都完成的时候,那"批判的批判"就会出来宣布,它才是一切的

---

① 参看《新约全书·加拉太书》第3章第24节。——编者注
② 参看《新约全书·启示录》第21章第1、2节。——编者注

一切,它把资本、才能和劳动都集合在自己的头脑中,一切生产出来的东西都是**它**生产的,而不是那些无能的群众生产的——这样它就把一切都据为己有了。这将是柏林黑格尔派的和平民主的结局。

《批判的批判》①印好后,通过书商给我寄几本来,加封并盖上印章,否则,可能被没收。如果你[没有]收到我的上一封信,那我就再告诉你一次,你可以把写给我的信或者寄到**巴门小弗·恩·**处,或者封好寄到埃尔伯费尔德F.W.施特吕克尔公司。这封信得拐几个弯才能到你那里。

请快些回信——我已有两个多月没有得到你的消息了。《前进报》现在怎样?向所有的人问好。

你的

巴黎圣日耳曼区田鸟路38号卡尔·马克思先生收。

---

①马克思和恩格斯《神圣家族》,见《马克思恩格斯文集》第1卷。——编者注

1845年

8
恩格斯致马克思

巴　　黎

[大约1845年1月20日于巴门]

亲爱的马克思：

……使我感到特别高兴的是：共产主义文献传入德国，在目前已经是既成事实。一年前，这些文献是在德国以外，在巴黎开始流行的，实际上，那时它们刚刚问世，而今它们正在纠缠德国佬。报纸、周刊、月刊、季刊以及正在向前推进的重型火炮预备队，统统都已安排得井井有条。事情发展得极其迅速！秘密的宣传也并不是没有收获：每当我到科隆去的时候，每当我走进这里的某一家小酒馆的时候，总能发现新的进展、新的拥护者。科隆的集会已经创造了奇迹：一个个共产主义小组正在逐渐出现，这些小组都是未经我们直接协助就悄悄发展起来的。

过去跟《莱茵报》一道出版的《公益周刊》，现在也已经掌握在我们手里。德斯特尔已经把它接收过来，想看看能做些什么事情。不过，目前首先需要我们做的，就是写出几部较大的著作，以便向许许多多非常愿意干但只靠自己又干不好的一知半解的人提供必要的依据。你还是先把你的国民经济学著作写完，即使你自己觉得还有许多不满意的地方，那也没有什么关系，人们现在情绪高涨，我们必须趁热

马克思在特里尔的故居

打铁。我的关于英国的著作当然也不会不起作用,那些事实太有说服力了;但是,尽管如此,我还是想腾出手来写一些针对当前形势和德国资产阶级的更有说服力、更有用的东西。我们这些擅长于理论的德国人——这是可笑的,但这是时代的标志,是铲除德国民族垃圾的标志——还根本未能阐明我们的理论,我们甚至还未能发表批判荒谬言论的文章。而现在是时候了。因此,你一定要在4月**以前**写完你的书,像我那样,给自己规定一个时限,到时候一定**要把它完成**,并设法尽快付印。如果你那里不能印,那就把它拿到曼海姆、达姆施塔特或其他地方去印。但是必须尽快出版。

你把《批判的批判》扩充到20个印张,这的确使我大吃一惊。但这是很好的事情。这么多的东西现在就要问世了,否则,谁知道它们还会在你的写字台里搁多久呢。不过,你把我的名字也署在封面上,那就未免欠妥了,因为我至多只写了一个半印张。我已经说过,关于勒文贝格①,关于这本书的出版,我都没有听到过什么,而这本书我当然是非常渴望看到的。

……因为我在这里过的日子是最体面的庸人所盼望过上的日子,恬静而舒适、虔诚而正派,成天坐在房间里工作,几乎不出大门一步,就像一个德国人那样规规矩矩;如果这样继续下去,我真担心上帝会无视我的著作而让我进天堂去。我可以肯定地对你说,我在巴门这里正开始博得好评。但是我对此也感到厌烦,我想在复活节离开这里,很可能去波恩。由于我妹夫②的劝说和我父母的愁眉苦脸,我不得不决定再一次去试试做生意,而且[……]③天前已在商行做了些

---

① 察·勒文塔尔。——编者注

② 埃·布兰克。——编者注

③ 原信此处缺损。——编者注

恩格斯致马克思(大约1845年1月20日)

事情,指望恋爱能获得成功,也是我决定这样做的原因,可是,我刚开始工作,就感到厌烦了,做生意太讨厌,巴门太讨厌,浪费时间也太讨厌,而特别讨厌的是不仅要做资产者,甚至还要做工厂主,即积极反对无产阶级的资产者。这种讨厌的情景,我曾大致看到过,而在我老头儿①的工厂里待了几天以后,它重又展现在我的眼前。我的确曾作过这样的打算:我做生意,只能以我觉得合适的时间为限,然后我就随便写一些违反警方规定的东西,以便能冠冕堂皇地被赶出国境;但是,甚至这个时候我也忍耐不到了。如果我不是每天要把英国社会中发生的最可憎的事情写进我的书里,我想我也许会颓废的,而这件事至少使我始终处于极度愤怒的状态。一个人身为共产主义者如果**不从事写作**,或许还可以在表面上充当资产者和做生意的牲口,但是,如果他既要从事大量的共产主义宣传,同时又要做生意和搞工业,那就不行了。我已经受够了,复活节我要离开这里。还有这个彻头彻尾地信仰基督教的普鲁士家庭里的沉闷生活,我再也不能忍受下去了;长此下去我可能会变成一个德国庸人,并把庸人习气带入共产主义运动……

①恩格斯的父亲老弗里德里希·恩格斯。——编者注

1846年

9
马克思致皮埃尔·约瑟夫·蒲鲁东[33]

里 昂

1846年5月5日于布鲁塞尔

亲爱的蒲鲁东：

　　我自从离开巴黎以来，就常常想给您写信；但是，一些不以我的意志为转移的情况使我一直耽搁到现在。请您相信我，我没有写信的唯一原因，就是事务繁忙，同时由于搬家引起了一些麻烦等等。

　　现在我们就**直接来谈正事**！我和我的两个朋友，即弗里德里希·恩格斯和菲力浦·日果（他们两人都在布鲁塞尔）一起同德国的共产主义者和社会主义者建立了经常性的通讯联系，借以讨论学术问题，评论流行的著作，并进行社会主义宣传（在德国，人们可以用这种办法进行社会主义宣传）。[34]不过，我们这种通讯活动的主要目的，是要让德国的社会主义者同法国和英国的社会主义者建立联系，使外国人了解德国不断发展的社会主义运动，并且向德国国内的德国人报道法国和英国社会主义运动的进展情况。通过这种方式，可以发现意见分歧，交流思想，进行公正的批评。这是以**文字**形式表现的社会运动为了摆脱**民族**局限性而应当采取的一个步骤。而在行动的时刻，当然每个人都非常希望对外国情况了解得像本国情况一样清楚。

　　除了德国国内的共产主义者以外，巴黎和伦敦的德国人团体[35]

也将参加我们的通讯活动。我们已经同英国建立了联系[36];至于法国，我们一致认为，我们在那里不可能找到比您更合适的通信人了。[37]您知道，到目前为止，英国人和德国人比您自己的同胞更看重您。

　　总之，您可以看到，问题只在于建立一种经常性的通讯联系，保证能够了解各国的社会运动，以便取得丰硕的、多方面的成果，而靠一个人的努力是永远也做不到这一点的。

　　如果您接受我们的建议，那么，不论寄给您的信件还是您寄给我们的信件，邮资全由我们这里支付。在德国进行的募捐本来就是为了支付通讯费的。

　　来信请寄本市博登布罗克街8号菲力浦·日果先生。从布鲁塞尔发出的信件也将由他署名。

　　这全部通讯活动您要绝对保守秘密，这是我无须再告诉您的；我们在德国的朋友们必须十分小心谨慎地行事，才不至于发生危险。

　　请马上给我们答复，并请相信我对您的诚挚的友谊。

忠实于您的　卡尔·马克思

10
恩格斯致布鲁塞尔共产主义通讯委员会

1846年9月16日星期三[于巴黎]

致委员会。第二号

亲爱的朋友们：

　　我对你们关于比利时、伦敦和布雷斯劳①的报告很感兴趣。我已经把报告内容转告艾韦贝克和贝尔奈斯，他们也很感兴趣。希望你们尽可能地随时把我们工作的进展和各地在不同程度上积极参与的最新情况告诉我，以便我能适时地向这里的工人们作一些介绍。科隆人②在干什么？

　　现将这里的各种事情报告如下：

　　(1)我同此地的工人，也就是同圣安东郊区的细木工的头头们，已经会面好几次。这些人是以一种特殊形式组织起来的。除了他们在同盟[18]问题上因同魏特林派裁缝有严重分歧③而显得有些混乱以外，这些人，即其中的大约12—20人，每周聚会一次，进行讨论，直到现在。而当他们没有什么材料可供讨论，万不得已的时候，艾韦贝克

---

　　①波兰称弗罗茨瓦夫。——编者注
　　②指科隆社会主义运动的参加者罗·丹尼尔斯、亨·毕尔格尔斯、卡·德斯特尔。——编者注
　　③参看恩格斯1846年8月19日给马克思的信和同一天给布鲁塞尔共产主义通讯委员会的信。——编者注

恩格斯致布鲁塞尔共产主义通讯委员会(1846年9月16日)

只得去给他们作一些关于德国历史等等的报告,而且是从头讲起;也讲一种混乱不堪的国民经济学——用人道主义解释《德法年鉴》。我正是在这时候来到这里的。为了同他们建立联系,我曾经两次从经济关系出发,向他们分析了法国革命以来的德国状况。他们在这每周一次的聚会上听到什么东西,到星期天就在城门口的集会上进行讨论,参加的人真是各种各样,还有带着老婆和孩子的。在这里,他们撇开一切政治而讨论某些"社会问题"。这样的集会很适于吸引外人参加,因为它是完全公开的。两星期前,警察来了一次,想要禁止集会,但最后还是放心了,没有采取什么行动。参加集会的常在200人以上。

像现在这样的做法是不可能持久的。在这些人中间,已蔓延着某种厌倦情绪,这是因为他们对自己感到无聊了。他们用以对抗裁缝共产主义[38]的东西,实质上只不过是格律恩关于人性的空谈[39]和格律恩化的蒲鲁东学说,这些东西一部分是由格律恩先生自己,一部分是由他的一个奴仆、老气横秋的细木工艾泽曼老爷子,还有一部分是由我们的朋友艾韦贝克费了九牛二虎之力灌输给他们的。这一切自然马上就使他们感到厌烦了,说来说去总是那么一套;于是,为了防止他们**打瞌睡**(确是如此,这在会上已经可怕地蔓延开了),艾韦贝克就巧妙地谈些"真正的价值"(我对此也有部分责任)去折磨他们,还令人厌倦地胡扯什么日耳曼的原始森林,凯鲁斯奇人阿尔米纽斯,以及从阿德隆那里学来的完全错误的、十分荒唐的古德语词源学。

但是,这些人的真正的头头并不是艾韦贝克,而是曾经在布鲁塞尔住过的云格[40]。这个人很清楚地知道什么是应该加以改变的,也能做许多事情,因为他掌握着所有的人,并且比这帮人的悟性强十倍。可是他太摇摆不定,总是出些新花样。我差不多已三个星期没有见到他了——他总不来参加会,也无处找他——,这就是工作成果还

很少的原因。没有他,大多数人都提不起劲,拿不定主意。但是,对这些人必须有耐心。首先必须清除格律恩,他的确是直接或间接地对他们施加了一种极其涣散人心的影响,一旦使他们抛掉这些空谈,我就有希望对这些人做些工作了,因为他们全都渴望了解经济学问题。我现在完全能掌握住艾韦贝克,虽然大家都知道他的头脑非常混乱,但是他有十分良好的愿望,同时云格也完全站在我这一边,因此,这件事很快就会有所进展。关于通讯委员会的事,我征求了六个人的意见,这个计划得到了极大的支持,尤其是云格的支持,所以将在这里实行起来。但是,只要还没有清除格律恩的个人影响和根除他的空谈,从而使人们恢复先前的活力,再加上巨大的物质障碍(特别是几乎每天晚上都被占用),我们就什么事也干不成。我已经向他们建议当着他们的面彻底揭露格律恩所干的坏事,贝尔奈斯也想参加,就连艾韦贝克也要同他算老账。等到他们同格律恩了结了他们之间的一些私事,就是说等他们肯定能拿回为刊印格律恩那本关于议会的破烂货而给他垫的钱时,我们就会这样办。可是,由于云格没有来,其余的人在格律恩面前举止行为又或多或少像个孩子,因此,虽然这件事只需鼓一点劲在五分钟内就能解决,但还是没有就绪。糟糕的是,这些人大多数是士瓦本人。

(2)现在讲一件滑稽的事。蒲鲁东在一本尚未出版的新书里(该书由格律恩翻译)提出一个宏伟的计划,即凭空弄到钱,使所有工人都能进入天堂。[1]没有人知道这是怎么回事。格律恩也严守秘密,但却极力吹嘘他的点金石。大家都在紧张地期待着。终于,上星期艾泽

①皮·约·蒲鲁东《经济矛盾的体系,或贫困的哲学》1846年巴黎版第1、2卷。卡·格律恩分别于1847年2月和5月在达姆施塔特出版了这本书第1、2卷的德译本,题为《政治经济学的哲学,或贫困的必然性》。——编者注

曼老爷子来到细木工中间,当时我也在场,这个装模作样的老家伙带着极为天真而神秘的神情把这个计划一点一点地泄露了出来。格律恩先生出于信任,把全部计划告诉过他。现在请听听这个拯救世界的宏伟计划是什么吧:这不折不扣是在英国早已尽人皆知并且破产了十次的labour-bazars或者labour-markets[41],是各行业全体手工业者组成的协作社,是大货栈;在那里,由协作社社员提供的全部产品都严格按照原产品费用加上劳动费用来议价,并用其他以同样方式议价的协作社的产品来支付。超出协作社需要量的那部分产品,就在世界市场上出售,所得收入付给生产者。聪明的蒲鲁东以为,这样一来,他和他的协作社的其他社员,就可以免除中间商人的利润了。可是这个聪明人却没有想到,这样一来他连**他的协作社的资本**的利润也免除了,这种资本及其利润同被他免除了的中间商人的资本及其利润**恰好是一般多**,因此,他把他用左手得到的东西,又用右手扔掉了。他也完全忘记了:他的工人永远也无法筹集到必要的资本,否则他们就能同样成功地独自创业了;协作社所能带来的费用上的节约,与巨大的风险相比根本不算一回事;整个这一套办法无非是希望用魔术把利润从世界上清除而把利润的所有生产者保留下来;这一切完全是施特劳宾人[42]的田园诗,它一开始就排斥所有的大工业、建筑业、农业等等;这些生产者只能承担资产者的**亏损**,却不能分享资产者的利润——所有这一切,以及其他成百个明摆着的异议,他都由于沉醉于自以为是的幻想中而完全忘记了。这一套真是可笑之极!家长格律恩自然是相信这个新的救世办法,他心里已经认为自己是一个拥有两万工人的协作社的领袖了(他们想马上就开始**大干**一场),而且他的整个家族自然将免费得到衣食和住宅。但是,当蒲鲁东把这一套办法公开说出来的时候,他就使自己,使所有法国的社会主义者和共产主

义者在资产阶级经济学家面前永远丢尽了脸。这也就是他抱怨和攻击革命[37]的原因,原来他心里藏着一个和平的药方。蒲鲁东正好和约翰·瓦茨一模一样。瓦茨认为自己的使命是:尽管自己相信不可敬的无神论和社会主义,但在资产阶级眼里,却要成为一个可敬的人;蒲鲁东也想竭尽全力做到:尽管同经济学家论战,自己却要成为一个公认的大经济学家。**宗派分子就是这样**。而且这一套又是如此陈旧……

11

恩格斯致马克思

布 鲁 塞 尔

1846年9月18日于[巴黎]枯树街11号

亲爱的马克思:

……我在那份工作汇报中所讲的实在太冤枉蒲鲁东了。[①]因为上次那封信的篇幅不够,所以我必须在这封信里加以纠正。我原来以为他是做了一件小小的荒唐事,一件常理范围内的荒唐事。昨天这件事又一次提出来详细讨论,我才弄清楚,这一新的荒唐事的确是一件**极为荒唐的荒唐事**。你想想看:要无产者**积蓄**小额的股份。用这些小额股份(在少于1万—2万工人的情况下,自然是决不可能着手进行的)首先在一种或几种手工业行业里设立一个或几个作坊,让一部分

---

①参看本卷第35—37页。——编者注

恩格斯致马克思(1846年9月18日)

股东在那里工作;产品(1)以原料加劳动的价格卖给股东(这样他们就不必支付任何利润了),(2)可能剩余的部分则按照现行价格在世界市场上出售。协作社的资本一旦因新股东的加入或老股东的新储金而增加,就可用来设立新的作坊和工厂,如此继续下去,直到**所有的**无产者都有工作可做,国内**所有的**生产力都被收购过来,从而资产者手中的资本就丧失了支配劳动和获取利润的权力!这样一来,资本就被废除了,因为"找到了一种制度,使资本即利息的来源可以说是消失了"(这是古老的归公法⁴³的翻新,不过阐述得稍微详细一些罢了)。在艾泽曼老爷子重复过无数次的、而格律恩已经背下来的这一论点里,你会看到,蒲鲁东原来的花言巧语清晰地闪现出来。这些人的意图不多不少正是:用无产阶级的储金并通过放弃他们的资本所产生的利润和利息的办法暂时**收购下整个法国**,以后也许还要**收购下其余的世界**。这样一个卓越的计划,以前竟然就没有人想到过,不过,既然打算表演这样的戏法,倒不如用月亮的银光立刻铸造出五法郎银币,那岂不是更便捷得多吗?然而,这里工人中的一些愚蠢的年轻人(我指的是德国人)却**相信**这种无稽之谈;他们连晚上在小酒馆聚会时喝酒用的六个苏①都没有,却想用他们的储金来收购下整整一个美丽的法国!路特希尔德等人同这些大买主相比,简直是实足的蠢材。真是令人生气。格律恩把这些家伙弄得这样糊涂,甚至最无意义的空话对他们来说也比用来论证经济学说的最简单的事实更有意义。现在还必须认真地对付这种荒谬绝伦的废话,真丢人。但是要有耐心,我决不会把这些人丢开不管,直到我把格律恩逐出战场并使他们发昏的头脑清醒过来为止……

---

①法国旧辅币名,一个苏相当于二十分之一法郎。——编者注

12
恩格斯致布鲁塞尔共产主义通讯委员会

1846年10月23日于巴黎

给委员会的第三封信

关于这里的施特劳宾人[42]的事情，没有多少可说的了。最主要的是，以前使我不得不和这些人斗争的各种争执问题现在都解决了，格律恩的主要支持者和门徒艾泽曼老爷子已经被赶跑，其余的人对群众的影响也完全扫清了，我提出的反对他们的议案获得了一致通过。

事情的简单经过如下：

对于蒲鲁东的协作社计划争论了三个晚上，最初差不多所有的人都反对我，到最后只剩下艾泽曼和其余三个格律恩分子。我所要做的主要就是证明暴力革命的必要性，同时对格律恩那种在蒲鲁东的万应灵药中找到了新生命力的"真正的社会主义"[39]从根本上加以驳斥，指出它是反无产阶级的、小资产阶级的和施特劳宾人的东西。最后，我因我的对手们老是重复同样的论据而发火了，并且直接攻击了这些施特劳宾人，这激起了格律恩分子的极大恼怒，但是我借此迫使高贵的艾泽曼对共产主义进行了**公开的攻击**。于是我就把他痛骂一顿，使得他再也没有露面。

我当时紧紧抓住了艾泽曼给我的把柄——对共产主义的攻击，这尤其是因为格律恩在继续捣鬼，奔走于各个作坊之间，每个星期天

都把人召到他家里去,如此等等,而在上面说过的那次会议以后的星期天①,**他自己做了一桩天大的蠢事**:当着8—10个施特劳宾人的面攻击共产主义。因此,我宣布,在我继续参加讨论以前,必须先表决,我们在这里是不是以共产主义者的身份来集会的。如果是,那就必须注意不让像艾泽曼攻击共产主义那样的事情再度发生;如果不是,如果这里只是随便什么人在随便讨论某个问题,那我就不必同他们打交道,以后也不再来了。这使格律恩分子大为震惊,他们就辩解起来了,说他们是"为了人类的幸福",为了自己弄清问题来这里集会的,他们都是进步的人,并不是片面的空谈家,等等,像这样正直的人无论如何是不能称为"随便什么人"的。此外,他们**首先想要知道**,共产主义究竟是什么(这些卑劣的家伙多年来都以共产主义者自命,自从格律恩和艾泽曼打着共产主义的招牌混到他们里面以后,他们仅仅因为害怕这两个人才离经叛道!)。他们盛情地请求我用三言两语对他们这些无知的人说明共产主义是什么,这当然难不倒我。我给他们下了一个最简单的定义,这个定义恰好涉及当时争论的各点,它用主张财产公有**排斥了**对资产者和施特劳宾人采取和解、温情和体谅的态度,最后**也排斥了**蒲鲁东的股份公司及其所保留的私人**财产**以及与此有关的一切。此外,这个定义中没有任何东西可以让他们作为借口来离题发挥和回避所提出的投票表决。就是说,我把共产主义者的宗旨规定如下:(1)实现同资产者利益相反的无产者的利益;(2)用消灭私有制而代之以财产公有的手段来实现这一点;(3)除了进行暴力的民主的革命以外,不承认有实现这些目的的其他手段。

这个问题争论了两个晚上。到第二个晚上,三个格律恩分子中

---

① 1846年10月18日。——编者注

最好的一个觉察到大多数人的情绪,完全转到我这方面来了。其余两个老是自相矛盾,而自己却对此毫无觉察。好几个还从来没有发过言的人突然开了口,宣布坚决拥护我。在这以前只有云格这样做过。这些新人中有那么几个虽然因为害怕得发抖而口齿不清,但是都说得非常好,看来他们具有相当健全的头脑。一句话,在表决的时候,以13票对2票宣布集会是共产主义的,是遵守上述定义的。至于投反对票的那两个依然忠实的格律恩分子,其中的一个后来也宣称,他非常愿意改邪归正……

13

马克思致帕维尔·瓦西里耶维奇·安年科夫[44]

巴　黎

[1846年]12月28日于布鲁塞尔
那慕尔郊区奥尔良路42号

亲爱的安年科夫先生:

如果不是我的书商拖到上星期才把蒲鲁东先生的著作《贫困的哲学》给我寄来,那您早就接到我对您11月1日来信的回信了。为了能够立即把我的意见告诉您,我用了两天的时间把这本书浏览了一遍。由于读得很仓促,我不能深入细节,而只能对您谈谈这本书给我的一般印象。假如您需要的话,我可以在下一封信里来谈谈细节。[45]

我必须坦白地对您说,我认为它整个说来是一本坏书,是一本

很坏的书。您自己在来信里对蒲鲁东先生在这一杂乱无章而妄自尊大的著作中所炫耀的"德国哲学的一个角落"曾经取笑了一番，但是您认为哲学之毒并没有感染他的经济学论述。我也丝毫不把蒲鲁东先生在经济学论述中的错误归咎于他的哲学。蒲鲁东先生之所以给我们提供了对政治经济学的谬误批判，并不是因为他有一种可笑的哲学；而他之所以给我们提供了一种可笑的哲学，却是因为他不了解处于现代社会制度联结[engrènement]——如果用蒲鲁东先生像借用其他许多东西那样从傅立叶那里借用的这个名词来表示的话——关系中的现代社会制度。

为什么蒲鲁东先生要谈上帝，谈普遍理性，谈无人身的人类理性，认为它永无谬误，认为它永远等于它自身，认为只要正确地意识到它就可以获得真理呢？为什么他要借软弱的黑格尔主义来把自己装扮成坚强的思想家呢？

他自己给了我们一把解开这个哑谜的钥匙。蒲鲁东先生在历史中看到了一系列的社会发展。他发现进步是在历史中实现的。最后，他发现，人们作为个人并不知道他们在做些什么，他们误解了自身的运动，就是说，他们的社会发展初看起来似乎是和他们的个人发展不同、分离和毫不相干的。他无法解释这些事实，于是就作出假设，说是一种普遍理性在自我表现。发明一些神秘的原因即不合常理的空话，那是最容易不过的了。

但是，蒲鲁东先生既然承认自己完全不理解人类的历史发展——他在使用普遍理性、上帝等等响亮的字眼时就承认了这一点——，岂不是含蓄地和必然地承认他不能理解**经济发展**吗？

社会——不管其形式如何——是什么呢？是人们交互活动的产物。人们能否自由选择某一社会形式呢？决不能。在人们的生产力发

展的一定状况下,就会有一定的交换[commerce]和消费形式。在生产、交换和消费发展的一定阶段上,就会有相应的社会制度形式、相应的家庭、等级或阶级组织,一句话,就会有相应的市民社会[46]。有一定的市民社会,就会有不过是市民社会的正式表现的相应的政治国家。这就是蒲鲁东先生永远不会了解的东西,因为,当他从诉诸国家转而诉诸市民社会,即从诉诸社会的正式表现转而诉诸正式社会的时候,他竟认为他是在完成一桩伟业。

这里不必再补充说,人们不能自由选择**自己的生产力**——这是他们的全部历史的基础,因为任何生产力都是一种既得的力量,是以往的活动的产物。可见,生产力是人们应用能力的结果,但是这种能力本身决定于人们所处的条件,决定于先前已经获得的生产力,决定于在他们以前已经存在、不是由他们创立而是由前一代人创立的社会形式。后来的每一代人都得到前一代人已经取得的生产力并当做原料来为自己新的生产服务,由于这一简单的事实,就形成人们的历史中的联系,就形成人类的历史,这个历史随着人们的生产力以及人们的社会关系的愈益发展而愈益成为人类的历史。由此就必然得出一个结论:人们的社会历史始终只是他们的个体发展的历史,而不管他们是否意识到这一点。他们的物质关系形成他们的一切关系的基础。这种物质关系不过是他们的物质的和个体的活动所借以实现的必然形式罢了。

蒲鲁东先生混淆了思想和事物。人们永远不会放弃他们已经获得的东西,然而这并不是说,他们永远不会放弃他们在其中获得一定生产力的那种社会形式。恰恰相反。为了不致丧失已经取得的成果,为了不致失掉文明的果实,人们在他们的交往[commerce]方式不再适合于既得的生产力时,就不得不改变他们继承下来的一切社会形

式。——我在这里使用"commerce"一词是就它的最广泛的意义而言,就像在德文中使用"Verkehr"一词那样。例如:各种特权、行会和公会的制度、中世纪的全部规则,曾是唯一适应于既得的生产力和产生这些制度的先前存在的社会状况的社会关系。在行会制度及各种规则的保护下积累了资本,发展了海上贸易,建立了殖民地,而人们如果想把这些果实赖以成熟起来的那些形式保存下去,他们就会失去这一切果实。于是就爆发了两次霹雳般的震动,即1640年和1688年的革命。一切旧的经济形式、一切和这些形式相适应的社会关系、曾经是旧市民社会的正式表现的政治国家,当时在英国都被破坏了。可见,人们借以进行生产、消费和交换的经济形式是**暂时的和历史性的**形式。随着新的生产力的获得,人们便改变自己的生产方式,而随着生产方式的改变,他们便改变所有不过是这一特定生产方式的必然关系的经济关系。

这正是蒲鲁东先生没有理解、更没有证明的。蒲鲁东先生无法探索出历史的实在进程,他就给我们提供了一套怪论,一套妄图充当辩证怪论的怪论。他觉得没有必要谈到17、18和19世纪,因为他的历史是在想象的云雾中发生并高高超越于时间和空间的。一句话,这是黑格尔式的陈词滥调,这不是历史,不是世俗的历史——人类的历史,而是神圣的历史——观念的历史。在他看来,人不过是观念或永恒理性为了自身的发展而使用的工具。蒲鲁东先生所说的**进化**,是在绝对观念的神秘怀抱中发生的进化。如果揭去这种神秘词句的帷幕,那就可以看到,蒲鲁东先生给我们提供的是经济范畴在他的头脑中的排列次序。我用不着花很多力气就可以向您证明,这是一个非常没有秩序的头脑中的秩序。

蒲鲁东先生的书一开头就论述**价值**,论述他的这个拿手好戏。

我这次不来分析他书中的这些论述。

永恒理性的一系列经济进化是从**分工**开始的。在蒲鲁东先生看来,分工是一件非常简单的事情。但是,难道种姓[47]制度不是某种分工吗?难道行会制度不是另一种分工吗?难道在英国开始于17世纪中叶而结束于18世纪末叶的工场手工业时期的分工不是又和大工业即现代工业中的分工截然不同吗?

蒲鲁东先生离开真理这样遥远,竟然忘记了连普通经济学家都会做的事情。他谈分工时,竟没有感到必须谈世界**市场**。真行!难道14世纪和15世纪的分工,即在还没有殖民地、美洲对欧洲说来还不存在以及同东亚来往只有通过君士坦丁堡的那个时代的分工,不是一定与已经存在充分发展的殖民地的17世纪时的分工有根本的不同吗?

但是还不止于此。难道各族人民的整个内部组织、他们的一切国际关系不都是某种分工的表现吗?难道这一切不是一定要随着分工的改变而改变吗?

蒲鲁东先生竟如此不懂得分工问题,甚至没有提到例如在德国从9世纪到12世纪发生的城市和乡村的分离。这样,在蒲鲁东先生看来,这种分离必然成为永恒的规律,因为他既不知道这种分离的来源,也不知道这种分离的发展。他在他的整本书中都这样论述,仿佛这个一定生产方式的产物一直会存在到世界末日似的。蒲鲁东先生就分工问题所说的一切,最多不过是亚当·斯密和其他成百上千的人在他以前说过的东西的归纳,并且是个很表面、很不完备的归纳。

第二个进化是**机器**。在蒲鲁东先生那里,分工和机器间的联系是十分神秘的。每一种分工方式都有其特殊的生产工具。例如,从17世纪中叶到18世纪中叶,人们并不是一切工作都用双手来做。他们已经有了工具,而且是很复杂的工具,如织机、帆船、杠杆等等。

由此可见,把机器的产生看做一般分工的结果,是再可笑不过了。

我再顺便指出一点:蒲鲁东先生由于不懂得机器产生的历史,就更不懂得机器发展的历史。可以说,在1825年——第一次普遍危机时期——以前,消费的需求一般说来比生产增长得快,机器的发展是市场需求的必然结果。从1825年起,机器的发明和运用只是雇主和工人之间斗争的结果。而这一点也只适用于英国。至于欧洲各国,迫使它们使用机器的,是英国在它们的国内市场和世界市场上的竞争。最后,在北美,机器的引进既是由于和其他国家的竞争,也是由于人手不够,即由于北美的人口和工业上的需求不相称。根据这些事实您就可以得出结论:蒲鲁东先生把竞争这个鬼怪召来当做第三个进化,当做机器的反题,是表现得多么明达啊!

最后,把**机器**说成一种同分工、竞争、信贷等等并列的经济范畴,这根本就是极其荒谬的。

机器不是经济范畴,正像拉犁的牛不是经济范畴一样。现代**运用**机器一事是我们的现代经济制度的关系之一,但是利用机器的方式和机器本身完全是两回事。火药无论是用来伤害一个人,或者是用来给这个人医治创伤,它终究还是火药。

当蒲鲁东先生按照这里列举的次序在自己的头脑中产生出竞争、垄断、税收或警察、贸易差额、信用和所有权的时候,他真是在大显身手。在英国,几乎全部信用事业都在机器发明以前的18世纪初就发展起来了。公债不过是增加税收和满足资产阶级掌握政权所造成的新需要的一种新方式。

最后,**所有权**成为蒲鲁东先生的体系中的最后一个范畴。在现实世界中,情形恰恰相反:蒲鲁东先生的分工和所有其他范畴都是社会关系,这些关系的总和构成现在称之为**所有权**的东西;在这些关系之外,资产阶级所有权不过是形而上学的或法学的幻想。另一时代的所有权,封建所有权,是在完全不同的社会关系中发展起来的。蒲鲁东先生把所有权规定为独立的关系,就不只是犯了方法上的错误:他清楚地表明自己没有理解把**资产阶级**生产所具有的各种形式结合起来的纽带,他不懂得一定时代中各种生产形式的**历史的和暂时的**性质。蒲鲁东先生看不到现代种种社会制度是历史的产物,既不懂得它们的起源,也不懂得它们的发展,所以他只能对它们作教条式的批判。

因此,为了说明发展,蒲鲁东先生不得不求救于**虚构**。他想象分工、信用、机器等等都是为他的固定观念即平等观念而发明出来的。他的说明是极其天真的。这些东西都是特意为了平等而发明出来的,但是不幸它们掉过头来反对平等了。这就是他的全部论断。换句话说,他作出一种主观随意的假设,而因为实际发展进程和他的虚构每一步都是矛盾的,他就作出结论说,这里存在着矛盾。他对我们隐瞒了一点,这就是矛盾只存在于他的固定观念和现实运动之间。

这样,蒲鲁东先生主要是由于缺乏历史知识而没有看到:人们在发展其生产力时,即在生活时,也发展着一定的相互关系;这些关系的形式必然随着这些生产力的改变和发展而改变。他没有看到:**经济范畴**只是这些现实关系的**抽象**,它们仅仅在这些关系存在的时候才是真实的。这样他就陷入了资产阶级经济学家的错误之中,这些经济学家把这些经济范畴看做永恒的规律,而不是看做历史性的规律——只是适用于一定的历史发展阶段、一定的生产力发展阶段的规律。所以,蒲鲁东先生不是把政治经济学范畴看做实在的、暂时的、历史性的社会关系的抽象,而是神秘地颠倒黑白,把实在的关系只看做这些抽象的体现。这些抽象本身竟是从世界开始存在时起就已安睡在天父心怀中的公式。

在这里，这位善良的蒲鲁东先生陷入了严重的智力上的痉挛。既然所有这些经济范畴都是从上帝的心里流出来的东西，既然它们是人们的隐蔽的和永恒的生命，那么为什么：第一，有发展存在；第二，蒲鲁东先生不是一个保守分子？他认为这些明显的矛盾是由于有一整串对抗存在。

现在我们举个例子来阐明这一串对抗。

垄断是好东西，因为它是一个经济范畴，因而是从上帝那里流出来的东西。竞争是好东西，因为它也是一个经济范畴。但是，不好的是垄断的现实和竞争的现实。更不好的是垄断和竞争在相互吞并。该怎么办呢？因为上帝的这两个永恒思想是互相矛盾的，所以蒲鲁东先生就以为上帝的心怀里同样有这两个思想的综合，在这种综合中，垄断的祸害被竞争所抵消，而竞争的祸害则由垄断所抵消。两个观念互相斗争所引起的最终结果，将仅仅使它们的好的方面表露出来。应该从上帝那里夺取这个秘密的思想，然后加以运用，这样就万事大吉了。应该发现这个深藏在无人身的人类理性里面的综合公式。而蒲鲁东先生毫不犹豫地以发现者的身份出现了。

但是，请稍稍看一下现实生活吧。在现代经济生活中，您不仅可以看到竞争和垄断，而且可以看到它们的综合，这个综合并不是**公式**，而是**运动**。垄断产生竞争，竞争产生垄断。但是，这个方程式远不像资产阶级经济学家所想象的那样能消除现代状况的困难，反而会造成更困难、更混乱的状况。因此，如果改变现代经济关系赖以存在的基础，消灭现代的生产**方式**，那就不仅会消灭竞争、垄断以及它们的对抗，而且还会消灭它们的统一、它们的综合，亦即消灭使竞争和垄断达到真正平衡的运动。

现在我给您举一个蒲鲁东先生的辩证法的例子。

自由和**奴隶制**形成一种对抗。我没有必要谈自由的好的方面或坏的方面。至于奴隶制,它的坏的方面就不必去说了。唯一需要说明的,是奴隶制的好的方面。这里所说的,不是间接奴隶制,即对无产者的奴役。这里所说的,是直接奴隶制,即苏里南、巴西和北美南部各州的黑奴制。

直接奴隶制也像机器、信用等等一样,是我们现代工业的枢纽。没有奴隶制,就没有棉花;没有棉花,就没有现代工业。奴隶制使殖民地具有了价值,殖民地造成了世界贸易,而世界贸易则是机器大工业的必不可少的条件。在买卖黑奴以前,殖民地给予旧大陆的产品很少,没有显著地改变世界的面貌。可见,奴隶制是一个极为重要的经济范畴。没有奴隶制,北美这个最进步的国家就会变成宗法式的国家。只要从世界地图上抹去北美,结果就会出现混乱状态,就会出现贸易和现代文明的彻底衰落。但是,让奴隶制消失,那就等于从世界地图上把美国抹去。可见,正因为奴隶制是一个经济范畴,所以奴隶制从世界开始存在时起就在各个民族中存在。现代各民族无非是善于在本国把奴隶制掩饰起来,而在新大陆则公开地推行它。这样思考过奴隶制以后,这位善良的蒲鲁东先生又将怎么办呢?他会寻找自由和奴隶制的综合,寻求真正的中庸之道,即奴隶制和自由的平衡。

蒲鲁东先生很清楚地了解,人们生产呢子、麻布、丝绸——了解这么点东西确是一个大功劳!可是,蒲鲁东先生不了解,人们还按照自己的生产力而生产出他们在其中生产呢子和麻布的**社会关系**。蒲鲁东先生更不了解,适应自己的物质生产水平而生产出社会关系的人,也生产出**各种观念**、**范畴**,即恰恰是这些社会关系的抽象的、观念的表现。所以,范畴也和它们所表现的关系一样不是永恒的。它们是历史的和暂时的产物。而在蒲鲁东先生看来却完全相反,抽象、范畴是始因。根据他的意见,创造历史的,正是抽象、范畴,而不是人。**抽象、范畴就其本身来说**,即把它同人们及其物质活动分离开来,自然是不朽的、不变的、不动的。它不过是一种纯粹理性的存在物,这干脆就是说,抽象就其本身来说是抽象的。多么美妙的**同义反复**!

这样,当做范畴形式来看的经济关系,对于蒲鲁东先生说来,是既无起源又无发展的永恒的公式。

换个方式说:蒲鲁东先生不是直接肯定**资产阶级生活**对他说来是**永恒的真理**。他间接地说出了这一点,因为他神化了以观念形式表现资产阶级关系的范畴。既然资产阶级社会的产物被他想象为范畴形式、观念形式,他就把这些产物视为自行产生的、具有自己的生命的、永恒的东西。可见,他并没有超出资产阶级的视野。由于他谈到资产阶级的观念时,认为它们是永恒真理,所以他就寻找这些观念的综合,寻求它们的平衡,而没有看到,现在它们达到平衡的方式是唯一可能的方式。

其实,他所做的是一切好心的资产者所做的事情。他们都说,竞争、垄断等等在原则上,即如果把它们看做抽象的观念,是生活的唯一的基础,但是它们在实践中还得大加改善。他们全都希望有竞争而没有竞争的悲惨后果。他们全都希望有一种不可能的事情,即希望有资产阶级的生活条件而没有这些条件的必然后果。他们全都不了解,资产阶级生产形式是一种历史的和暂时的形式,也正像封建形式的情况一样。他们之所以犯这个错误,是由于在他们看来作为资产者的人是一切社会的唯一可能的基础,是由于他们不能想象会有这样一种社会制度:在那里人不再是资产者。

所以,蒲鲁东先生必然是一个**空论家**。变革现代世界的历史运动,对他来说不过是要发现两种资产阶级思想的正确的平衡、综合的问题。于是这个机灵的家伙就借用他的敏锐感觉来发现上帝的隐秘思想,发现两个孤立思想的统一,而这两个思想所以是孤立的,仅仅是因为蒲鲁东先生把它们从实际生活中孤立出来,把它们从现代生产即作为这两个思想所表现的种种现实的结合物的现代生产中孤立出来。蒲鲁东先生用自己头脑中奇妙的运动,代替了由于人们既得的生产力和他们的不再与此种生产力相适应的社会关系相互冲突而产生的伟大历史运动,代替了在一个民族内各个阶级间以及各个民族彼此间酝酿着的可怕的战争,代替了唯一能解决这种冲突的群众的实践和暴力的行动,总之,代替了这一广阔的、持久的和复杂的运动。可见,历史是由学者,即由有本事从上帝那里窃取隐秘思想的人们创造的。平凡的人只需应用他们所泄露的天机。

您现在就可以了解,为什么蒲鲁东先生十分强烈地敌视一切政治运动。在他看来,现代各种问题不是解决于社会行动,而是解决于他头脑中的辩证的旋转运动。由于在他看来范畴是动力,所以要改变范畴,是不必改变现实生活的;完全相反,范畴必须改变,而结果就会是现存社会的改变。

蒲鲁东先生一心想调和矛盾,因而完全避开了一个问题:是不是必须把这些矛盾的基础本身推翻呢?他完全像一个空论的政治家,想把国王、众议院、贵族院一并当做社会生活的构成部分,当做永恒的范畴。他只是寻求一个新公式,以便把这些力量平衡起来,而这些力量的平衡正是建立在现代运动的基础上,在这个运动中,各种力量时而取胜时而失败。同样,在18世纪,许多平庸的人物都曾努力去发现一个真正的公式,以便把各个社会等级、贵族、国王、议会等等平衡起来,而一夜之间无论国王、议会或贵族都消失了。这一对抗的真正

马克思致帕维尔·瓦西里耶维奇·安年科夫（1846年12月28日）

平衡是推翻一切社会关系——这些封建体制和这些封建体制的对抗的基础。

由于蒲鲁东先生把永恒观念、纯粹理性范畴放在一边，而把人和他们那种在他看来是这些范畴的运用的实践生活放在另一边，所以他自始就保持着生活和观念之间、灵魂和肉体之间的**二元论**——以许多形式重复表现出来的二元论。您现在可以看到，这个对抗不过是表明蒲鲁东先生不能了解他所神化了的各种范畴的世俗的起源和平凡的历史罢了。

我的信已经太长了，所以我不能再谈蒲鲁东先生对共产主义的可笑的责难。现在您会承认：一个不了解社会现状的人，更不会了解力求推翻这种社会现状的运动和这个革命运动在文献上的表现。

只有一点我完全同意蒲鲁东先生，这就是他对社会主义温情的厌恶。在他以前，我因嘲笑那种绵羊般的、温情的、空想的社会主义而招致许多敌视。但是，蒲鲁东先生用他的小资产者的温情（我指的是他关于家庭生活、关于夫妻恩爱的空谈及其一切庸俗议论）来反对社会主义的温情（这种温情在比如傅立叶那里要比我们这位善良的蒲鲁东先生大言不惭的庸俗议论高深得多呢）时，岂不是给自己造成一些奇怪的幻想？他本人感到自己的论据异常空洞，感到完全无力谈论这一切东西，于是突然忘形地恼怒起来，表示高尚的愤激，嚎叫，发疯发狂，肆口漫骂，指天画日，赌咒发誓，捶胸拍案，满口吹嘘说他丝毫没有沾染社会主义的龌龊！他没有对社会主义的温情或他所视为温情的东西加以批评。他像一个圣徒，像一个教皇，无情地惩戒可怜的罪人，竭力颂扬小资产阶级以及那种小气的爱的和宗法式家庭的幻想。这并不是偶然的。蒲鲁东先生彻头彻尾是个小资产阶级的哲学家和经济学家。**小资产者**在已经发展了的社会中，迫于本身所处的地位，必然是一方面成为社会主义者，另一方面又成为经济学家，就是说，他既迷恋于大资产阶级的豪华，又同情人民的苦难。他同时既是资产者又是人民。他在自己的心灵深处引以为骄傲的，是他不偏不倚，是他找到了一个自诩不同于中庸之道的真正的平衡。这样的小资产者把**矛盾**加以神化，因为矛盾是他存在的基础。他自己只不过是社会矛盾的体现。他应当在理论上说明他在实践中的面目，而蒲鲁东先生的功绩就在于他做了法国小资产阶级的科学解释者；这是一种真正的功绩，因为小资产阶级将是一切正在酝酿着的社会革命的组成部分。

我本来很想随信把我那本关于政治经济学的书[22]寄给您，但是直到现在，我既未能出版这本书，也未能出版我曾在布鲁塞尔向您说过的对德国的哲学家和社会主义者的那篇批判[①]。您很难想象，在德国出版这种书要碰到怎样的困难，这些困难一方面来自警察，一方面来自与我所抨击的一切流派利益攸关的出版商。至于我们自己的党，它不仅很贫困，而且德国共产党内有相当大的一部分人由于我反对他们的空想和浮夸而生我的气。

忠实于您的　卡尔·马克思

---

①马克思和恩格斯《德意志意识形态》，见《马克思恩格斯文集》第1卷。
——编者注

1847年

14
恩格斯致马克思

布 鲁 塞 尔

1847年1月15日星期五[于巴黎]

亲爱的马克思：

……你用法文写东西驳斥蒲鲁东，这很好。但愿在这封信到达的时候，这本小册子①已经完成。不言而喻，**我完全同意**你从我们的书②中引用你所需要的东西。我也认为蒲鲁东的协作社同布雷的计划48是一回事。我已经把这个善良的布雷忘得一干二净……

---

① 马克思《哲学的贫困》，见《马克思恩格斯文集》第1卷。——编者注
② 马克思和恩格斯《德意志意识形态》，见《马克思恩格斯文集》第1卷。——编者注

15

恩格斯致马克思

布 鲁 塞 尔

[1847年11月23—24日于巴黎]

亲爱的马克思：

今天晚上才决定我去①。这样，星期六②晚上到达奥斯坦德，在正对火车站的水池旁边的王冠旅馆见面，星期日早晨过海峡。你们如果乘4点到5点之间的火车动身，将大致和我同时到达。

如果星期日出乎意料地没有开往多佛尔的邮船，就立即回信告诉我。就是说，你星期四早晨接到这封信后，就必须马上去打听一下，如果需要回信给我，就在当天晚上(我认为要在5点钟以前)把信投到邮政总局去。所以，如果你想对我们的约会作些变动，还来得及。如果我星期五早晨接不到你的回信，那我就等着星期六晚上在王冠旅馆和你以及特德斯科见面了。这样我们就有足够的时间进行讨论；这次代表大会肯定是决定性的，**因为这一次我们将完全按照我们自己的方针来掌握大会**。49

……请你把《信条》考虑一下。我想，我们最好不要采用那种教义

---

① 指出席1847年11月29日—12月8日在伦敦召开的共产主义者同盟第二次代表大会。——编者注

② 1847年11月27日。——编者注

恩格斯致马克思(1847年11月23—24日)

问答形式,而把这个文本题名为《共产主义宣言》。因为其中或多或少要叙述历史,所以现有的形式完全不合适。我把我在这里草拟的东西①带去,这是用简单的叙述体写的,时间十分仓促,还没有作仔细的修订。我开头写什么是共产主义,接着写什么是无产阶级——它产生的历史,它和以前的劳动者的区别,无产阶级和资产阶级之间的对立的发展,危机,结论。其中也谈到各种次要问题,最后谈到了共产主义者的党的政策中应当公开的内容。这里的这个东西还没有提请批准,但是我想,除了某些小小不言的地方,要做到其中至少不包含任何违背我们观点的东西……

---

①恩格斯《共产主义原理》,见《马克思恩格斯文集》第1卷。——编者注

恩格斯在巴门的故居

1848年

16
恩格斯致埃米尔·布兰克

伦　敦

1848年3月28日于巴黎

亲爱的埃米尔：

……至于这里的党派，如果不算比较小的（正统派[50]和波拿巴派[51]，这些人只会搞阴谋，纯粹是一些宗派，在人民中间没有影响，其中一部分很有钱，但没有任何胜利的希望），实际上是三个大党派。这三个党派，第一是2月24日的战败者，即大资产者、证券投机商、银行家、工厂主和大商人、从前的保守派和自由派[52]。第二是小资产者、中间等级、在2月23日和24日站到人民一边的国民自卫军[53]的大多数、跟着拉马丁和《国民报》走的"明智的激进派"。第三是人民，是现在以武力控制着巴黎的巴黎工人。

大资产者和工人是直接对立的。小资产者扮演着一种居间调停的但是非常可怜的角色。不过，他们在临时政府中占多数（拉马丁、马拉斯特、杜邦·德勒尔、马利、加尔涅-帕热斯，有时还加上克雷米约）。[54]他们，还有和他们一起的临时政府，都摇摆得很厉害。局势越平静，政府和小资产阶级政党就越是倾向于大资产阶级；局势越动荡，他们就越是重新靠近工人。比如，最近，当资产者又变得极端厚颜

恩格斯致埃米尔·布兰克(1848年3月28日)

无耻,甚至发动8 000名国民自卫军到市政厅①去抗议临时政府的法令,特别是抗议赖德律-洛兰的果断措施⁵⁵的时候,他们竟真的吓坏了政府的多数成员,特别是软弱无能的拉马丁,致使他公开地抛弃了赖德律。但是在第二天,即3月17日,就有20万工人涌向市政厅,宣布他们无条件地信任赖德律-洛兰,并迫使政府的多数成员和拉马丁撤销了原来的决定。因此,在这一时刻,《改革报》派⁵⁶(赖德律-洛兰、弗洛孔、路·勃朗、阿尔伯、阿拉戈)又占了上风。在整个政府中,他们还是最能代表工人的,他们是不自觉的共产主义者。可惜小个子路易·勃朗由于他的虚荣心和他的那些狂妄的计划而大出其丑。他很快就会把自己弄得声名狼藉。⁵⁷而赖德律-洛兰表现得很好。

最糟糕的是:政府一方面不得不向工人许下种种诺言,另一方面却一个也不能兑现,因为它没有勇气采取对付资产者的各种革命措施,实行高额累进税,遗产税,没收一切流亡分子的财产,禁止现金输出,建立国家银行等等,从而使自己获得履行诺言所必需的资金。有人让《改革报》派许下诺言,然后又用极端荒谬的保守的决议使他们无法履行诺言。

现在国民议会中又增加了一种新因素:占法兰西民族人口七分之五并拥护《国民报》派⁵⁸,即小资产阶级政党的农民。很可能这个政党会取得胜利,而《改革报》派要遭到失败,那时又会发生一次革命。也有可能议员们到了巴黎,会看清这里的情况,认识到只有《改革报》派才能够长期站住脚。然而这种可能性不太大。

选举延期两周举行⁵⁹,这也是巴黎工人对资产阶级政党的一个胜利……

————

①巴黎市政厅在1848年二月革命胜利后是临时政府所在地。——编者注

1849年

17

恩格斯致燕妮·马克思

巴　　黎

1849年7月25日于沃州沃韦

亲爱的马克思夫人：

　　您和马克思想必都会感到奇怪，我这么久没有给你们一点音信。原因在于：就在我从凯撒斯劳滕给马克思写信[①]的那一天，传来消息说，霍姆堡已被普鲁士人占领，因而同巴黎的联系被切断了。当时我不能再发信，就到维利希那里去了。在凯撒斯劳滕，我本来没有参加任何所谓的革命活动[60]；但是当普鲁士人到来时，我就情不自禁地参加了战斗[61]。维利希是唯一有些才干的军官，于是我就到他那里去，做了他的副官。我参加了四次战斗，其中有两次，特别是拉施塔特会战[62]，是相当重要的；我发现，备受赞扬的冲锋陷阵的勇敢是人们能够具备的最平常的品质。子弹飞鸣简直是微不足道的事情；在整个战役中，虽然有不少胆怯行为，但我并没有看到有多少人**在战斗中**畏缩不前。而更多的却是"蛮勇举动"。总之，我幸运地摆脱了各种危险；不管怎样，《新莱茵报》方面有一个人参加了战斗是件好事，因为所有的民主派无赖当时都在巴登和普法尔茨，而目前他们正在吹嘘他们

[①] 指恩格斯1849年6月中旬给马克思的信，这封信没有保存下来。——编者注

恩格斯致燕妮·马克思(1849年7月25日)

所没有干过的英雄业绩。否则,又会有人叫嚷什么《新莱茵报》的先生们胆子太小,不敢参加战斗。可是,在所有的民主派先生当中,除了我和金克尔,没有一个人参加过战斗。金克尔加入我们的军团当了火枪手,他干得很出色;他在第一次参加战斗时头部被枪弹擦伤,并被俘。

在我们的军团掩护巴登的军队撤退以后,我们比其他所有部队都晚24小时进入瑞士,于昨天到达沃韦这里。[63]在战役中以及在进入瑞士的行军途中,我根本无法写信,甚至连一行也写不了。但是现在,我要赶快报告一下情况,尤其是赶紧写信给您,因为我在巴登某处听说马克思已在巴黎被捕。我们看不到任何报纸,因而什么也不知道。这件事情究竟是真是假,我根本无法断定。您可以理解,我为此多么焦急不安,我急切地恳求您消除我的不安,把有关马克思的命运的确实情况告诉我。因为马克思被捕的这个传闻我还没有得到证实,所以我仍然希望它不是真的。不过,德朗克和沙佩尔都在监狱里,对此我几乎是深信不疑的。总之,如果马克思还是自由的,那就请您把这封信转交给他,并请他马上给我写信。如果他感到在巴黎不安全,那么他在瓦特州①这里将会是十分安全的。政府本身自称是红色的,是不断革命的拥护者。日内瓦的情形也是一样。曾在美因茨军团里担任过指挥官的那个特里尔人席利,目前就在那里。

如果我能从家里搞到一些钱,那我很有可能到洛桑或日内瓦去,然后再考虑以后怎么办。我们那个曾经勇敢地作过战的部队现在使我感到腻烦,我在这里简直无事可做。维利希在战斗中勇敢、沉着、机智,并且能迅速而准确地总览全局,但是在不作战时他却或多或少

---

①瓦特州(Waadtland)即沃州(Vaud)。——编者注

是一个无聊的意识形态家[64],一个"真正的社会主义者"[39]。军团里能够谈得来的人大都分配到别的地方去了。

但愿我能确实知道马克思是自由的!我常常这样想,处在普鲁士的枪林弹雨中的我同在德国的其他人相比,特别是同在巴黎的马克思相比,危险还是小得多的。因此,请您立即使我摆脱这种不明真相的处境。

您的　恩格斯

来信寄瑞士沃韦德国流亡者弗·恩格斯收(如有可能,就用寄到蒂永维尔或梅斯的信封)。

燕妮·马克思,父姓冯·威斯特华伦收。

18

马克思致约瑟夫·魏德迈

美因河畔法兰克福

[1849年]12月19日于伦敦

切尔西国王路安德森街4号

亲爱的魏德迈:

……目前在英国这里,正在开展一个极其重要的运动。一方面是保护关税派的鼓动,这种鼓动受到狂热的农村居民的支持(谷物自由贸易[65]的后果开始像我几年前所预言的那样显现出来了①)。另一方面是自由贸易派[66],他们对内作为财政改革和议会改革派[67],对外作为和平派[68],从自己体系中作出进一步的政治和经济结论。最后是宪章派[69],他们同资产阶级一起反对贵族,同时又更加起劲地开展了他们这一派反对资产者的运动。[70]如果像我所希望的那样(这种希望不是没有可靠根据的),托利党[71]代替辉格党[72]进入内阁,那么,这些党派之间就会发生大规模的冲突,鼓动的表现形式就会更具革命性,更加激烈。另一个从大陆上看还不太明朗的事件,就是工业、农业和商业的大危机即将到来。如果大陆上的革命延迟到这个危机爆发以后,那么,英国也许一开始就不得不成为革命大陆的同盟者,即使是不受欢迎的同盟者。据我看,革命过早爆发(如果它不是直接由俄国的干涉所引起的),是一种不幸,因为现在正好是贸易日益扩大的时候,法国、德国等地的工人群众,以及整个小店主阶层等,也许在口头上是革命的,但是实际上肯定不是如此。

你知道,我的妻子给这个世界增添了一个公民②。她向你和你的夫人衷心问好。我也向你的夫人衷心问好。

请速回信。

你的 卡·马克思

---

①马克思《关于自由贸易问题的演说》,见《马克思恩格斯文集》第1卷。——编者注

②亨·吉·马克思。——编者注

1851年

19
马克思致恩格斯

曼 彻 斯 特

1851年1月7日于伦敦

亲爱的恩格斯：

今天写信给你，是想和你研究一个理论上的小问题，自然是政治经济学性质的。

现在从头说起，你知道，根据李嘉图的地租理论①，地租不过是生产费用和土地产品的价格之间的差额，或者，按照他的另一种说法，不过是最坏的土地的产品为补偿它的费用（租佃者的利润和利息总是算在这种费用里面的）所必需的出售价格和最好的土地的产品所能够得到的出售价格之间的差额。

依照他自己对他的理论的解释，地租的增加表明：

（1）人们不得不耕种越来越坏的土地，或者说，连续使用于同一块土地的同量的资本获得的产品不一样。一句话：人口对土地的要求越多，土质就变得越坏。土地变得相对地越来越贫瘠了。这恰恰为马尔萨斯的人口论73提供了现实基础，而他的学生们现在也在这里寻求最后的靠山。

---

①大·李嘉图《政治经济学和赋税原理》1821年伦敦版。——编者注

（2）只有当谷物价格上涨时，地租才能提高（至少**在经济学上是合乎规律的**）；当谷物价格下跌时，地租必定降低。

（3）**全国的地租总额**如果增加，这只是由于很大数量的较坏的土地被耕种了。

可是，这三个论点处处都是和历史相矛盾的。

（1）毫无疑问，随着文明的进步，人们不得不耕种越来越坏的土地。但是，同样毫无疑问，由于科学和工业的进步，这种较坏的土地和从前的好的土地比起来，是相对地好的。

（2）自1815年以来，谷物的价格从90先令下降到50先令，而在谷物法废除[65]以前，降得更低，这种下降是不规则的，但是不断的。而地租却不断地提高。英国是这样。大陆上到处也有相应的变化。

（3）我们在各个国家都发现，像配第曾经指出的：当谷物价格下跌时，国内地租的总额却增加了。①

在这里，主要问题仍然是使地租规律与整个土地肥力的提高相符合；只有这样，才能解释历史事实，另一方面，也才能驳倒马尔萨斯关于不仅劳动力日益衰退而且土质也日益恶化的理论。

我想，这个问题可以简单地解释如下：

假定在农业的某种状况下，1夸特小麦的价格为7先令，而1英亩地租为10先令的最好的土地生产20蒲式耳。那么，1英亩的收益＝20×7即140先令。在这种情况下，生产费用是130先令。因此，130先令就是最坏的耕地的产品价格。

假定农业现在普遍地改良了耕作。我们以此为前提，就要同时假定科学在进步，工业在发展，人口在增长。由于改良耕作而获得的

---

① 威·配第《政治算术论文集》1699年伦敦版第6篇。——编者注

土地肥力的普遍提高,就以这些条件为前提,这和仅仅因为偶然碰到一个好年景而获得的肥力是不同的。

假定小麦的价格从每夸特7先令跌到5先令;从前生产20蒲式耳的最好的、头等的土地现在生产30蒲式耳。那么,现在得到的就不是20×7即140先令,而是30×5即150先令。这就是说,地租现在是20先令,而不是从前的10先令了。不负担地租的最坏的土地必须生产26蒲式耳,因为按照我们上面的假定,它的必需的价格为130先令,而26×5＝130先令。如果耕作的改良,即和整个的社会进步、人口增长等等步调一致的科学的普遍进步,还没有达到使必须耕种的最坏的土地能够生产26蒲式耳那样普遍的程度,那么谷物价格就不可能跌到每夸特5先令。

和以前一样,20先令的地租表现着最好的土地上的生产费用和谷物价格之间的差额,或最坏的土地的生产费用和最好的土地的生产费用之间的差额。相对地说,一种土地和另一种土地比起来,仍然像以前那样贫瘠。但是**肥力普遍地**提高了。

这里只是假定:如果谷物价格从7先令跌到5先令,消费、需求也按同一比例增加;或者说,生产率没有超过价格为5先令时所能期望的需求。如果说,在价格由于年景异常好而从7先令跌到5先令时,这个假定是完全错误的,那么,在肥力由于生产者自己的努力而逐渐提高的情况下,这种假定则是完全必要的。无论如何,这里所涉及的只是这种假设的经济学上的可能性。

由此得出结论:

(1)虽然土地的产品的价格下跌,地租却能提高,而**李嘉图的规律仍然是正确的**。

(2)李嘉图用一个最简单的命题提出来的地租规律(撇开从它

引申出来的结论不谈),不是以土地肥力的递减为前提,而仅仅是以(**尽管随着社会的发展土地肥力普遍地日益提高**)土地肥力**各不相同**或连续使用于同一土地上的资本所产生的结果各不相同为前提。

(3)土地的改良进行得越普遍,被改良的土地的种类就越多,虽然谷物的价格普遍下跌,全国的地租总额却能够增加。拿上面的例子来说,这里的关键只是在于:生产26蒲式耳(每蒲式耳5先令)以上但不一定是恰好生产30蒲式耳的土地数目有多少,也就是说,介于最好和最坏之间的土地的质量有多少种。这和最好的土地的地租率没有关系。这和地租率根本没有直接的关系。

你知道,地租问题的根本实质就在于:地租是由于不同的生产费用所得到的产品的价格平均化而产生的,但是这种市场价格规律不过是资产阶级竞争的规律而已。此外,即使在资产阶级的生产被废除以后,仍然会存在这样的问题:土地相对地越来越贫瘠,连续使用同样的劳动所创造的东西越来越少,虽然那时和在资产阶级制度下不同,最好的土地所提供的产品将不会和最坏的土地所提供的产品一样贵了。可是依照上面所说,这种顾虑就消除了。

请把你对这个问题的意见告诉我……

20
恩格斯致马克思

伦　　敦

[1851年] 1月29日星期三晚上
[于曼彻斯特]

亲爱的马克思：

……无论如何,你关于地租的新观点是完全正确的。李嘉图关于土地肥力随着人口的增加而递减的看法[①],我始终是不信服的,同样他关于谷物价格不断上涨的论点,我也从来没有找到论据。但是,由于我在理论方面的众所周知的怠惰,我只满足于良好的自我在内心的不满,从来不去深究问题的实质。毫无疑问,你对问题的解决是正确的,这使你有新的理由获得地租问题经济学家的称号。如果世间还有公理和正义的话,那么至少一年的全部地租现在应该归于你,这还只是你有权要求的最低数目。

我怎么也不理解李嘉图的那个简单的命题,他把地租说成是各类土地的生产率之间的差额,但他在论证这个命题时,(1)除了说人们要去耕种越来越坏的土地,没有举出任何别的因素;(2)完全忽视了农业的进步;(3)最后几乎完全抛开了人们要去耕种越来

---

①大·李嘉图《政治经济学和赋税原理》1821年伦敦版。——编者注

越坏的土地的说法,而始终强调这样一种论点:连续投入一定的土地上的资本,使收益增加得越来越少。需要论证的命题本身是很清楚的,而在论证中举出的理由与这个命题却是毫不相干的。你也许会记得,我在《德法年鉴》上早已用科学耕作法的进步批驳过肥力递减论①,——当然那是很粗浅的,缺乏系统的论述。你现在把这一问题彻底弄清楚了,这就更是你必须赶快完成并出版经济学著作的一个理由。如果能够把你的论述地租的文章发表在英国的一家杂志上,那将会产生巨大的影响。请考虑一下这件事,文章的翻译由我负责……

21
马克思致恩格斯

曼 彻 斯 特

1851年2月3日［于伦敦］

亲爱的恩格斯:

……我的新地租理论目前只是使我获得了任何一个正直的人所必然追求的自信心。不过,无论如何,你对新地租理论表示满意,我是高兴的。土地肥力和人的生殖能力成反比,这不免使像我这样多子女的父亲很受触动。尤其是,我的婚姻比我的工作更多产。

①恩格斯《国民经济学批判大纲》,见《马克思恩格斯文集》第1卷第76—83页。——编者注

现在,我只是向你说明一下通货理论。黑格尔派会把我对这个理论的研究说成是对"异在"、"异物"的研究,总之,对"圣物"的研究。

从李嘉图开始,劳埃德先生和其他一切人的理论如下:

假定实行纯金属通货。如果这里货币流通过多,物价就会上涨,因此商品出口就会减少。国外的商品进口就会增加。进口就要超过出口。因此,就出现贸易逆差和不利的汇率。就要输出硬币,通货就会减少,商品价格就会下降,进口就会减少,出口就会增加,货币就重新流入,总之,重新恢复原来的平衡。

在相反的情况下,也是同样的,不过有相应的变化。

由此人们得出的教训是:因为纸币必然重复金属通货的运动,因为在这种情况下人为的调节必将取代在另一种情况下起作用的自然规律,所以每当贵金属流入时英格兰银行就要增加银行券的发行(例如,通过收购国家证券、国库券等手段),而贵金属减少时,它就要通过缩减自己的贴现业务或抛售国家证券的办法来减少银行券的发行。而我却认为,银行应当做的恰好相反,也就是说,当贵金属**减少**时,应当**扩大**自己的贴现业务,而当贵金属增加时,贴现业务仍应照常进行,以避免不必要地加剧即将到来的商业危机。不过,这个问题下次再谈。

我在这里要谈的是有关这个问题的基本原理。我断定,除了在实践中永远不会出现但理论上完全可以设想的极其特殊的情况,**即使在实行纯金属通货的情况下,金属货币的数量和它的增减,也同贵金属的流入或流出,同贸易的顺差或逆差,同汇率的有利或不利,没有任何关系**。图克提出了同样的论断,但是我在他的《价格史》有关1843—1847年的论述中没有发现任何论证。

你知道,这件事情是重要的。第一,这样一来,从根本上推翻了整个的流通理论。第二,这证明,**信用制度**固然是危机的条件之一,但是危机的过程所以和**通货**有关系,那只是因为国家政权疯狂地干预通货的调节,会使当前的危机进一步加剧,就像1847年那样。

应当指出,在下面的论述中,我的设想是:贵金属的**流入**是同商业繁荣,物价虽不高但在上涨,资本过剩,出口超过进口等现象相联系的。而黄金的流出则同相反的条件相联系,不过有相应的变化。那些同我论战的对手也是从这个前提出发的。他们根本无法反驳这一点。其实,可以举出一千零一个例子来说明,在输出黄金的国家,虽然其他商品的价格大大低于那些输入黄金的国家,但是其黄金仍然外流。例如,在1809—1811年和1812年英国就是这种情况,等等。不过,**总的前提**,第一,抽象说来是正确的,第二,通货学派[74]是可以接受的。因此在这里暂时不必争论。

现在我们假定**在英国纯金属通货**占统治地位。但并不由此假定**信用制度**已经不复存在。另外,假定英格兰银行成为既可以**存款**又可以**借贷**的银行,不过它的贷款完全用现金发放。如果不作这样的假定,这里**英格兰银行的存款**就会成为**私人钱财的积聚**,而银行的贷款就会成为私人的贷款。**因此,为了不使过程分散**,而集中到焦点上,**在这里关于英格兰银行的存款要谈的**,只是一个**概要**。

第一种情况。贵金属的流入。在这里问题很简单。闲置资本多,存款就增加。为了使存款投入周转,银行就要降低它的**利率**。这就造成国内营业扩大。只有在营业迅速发展,需要更多的通货来进行这些营业的**情况下,货币流通才会**增加。否则,流通中的过剩的货币就会以到期票据等形式作为存款等流回银行。因此，**通货**在这里不是**原因**。通货的增加归根到底是投入使用的资本的增长的**结果**，而不是相反。可见，在这种情况下，**直接**结果就是**存款**即闲置资本的**增加**，而不是货币流通的增加。

第二种情况。在这里问题实际上只是刚开始。假定：**输出贵金属**；货币紧迫期开始；汇率不利；同时由于收成不好等等（或者工业原料涨价），需要越来越多地进口商品。假定在紧迫期开始时英格兰银行的平衡表是下面的情形：

(a)

资本 ··· 14 500 000英镑
储备金 ··· 3 500 000英镑
存款 ··· 12 000 000英镑
30 000 000英镑

国家证券 ··· 10 000 000英镑
票据 ··· 12 000 000英镑
贵金属或铸币 ··· 8 000 000英镑
30 000 000英镑

假定没有**银行券**，银行的债务只有1 200万**存款**。按照这个银行的原则（存款银行和发行银行的共同原则是，只用三分之一的现款偿付自己的债务），800万贵金属比需要的多一倍。为了增加利润，银行就要**降低利率**和扩大比方说400万的贴现业务，这400万要输出国外，支付粮食等用款。这样，银行的平衡表就是如下的情形：

(b)

资本 ··· 14 500 000英镑

储备金 ·······················	3 500 000英镑
存款 ·························	12 000 000英镑
	30 000 000英镑

国家证券 ·····················	10 000 000英镑
票据 ·························	16 000 000英镑
贵金属或铸币 ·················	4 000 000英镑
	30 000 000英镑

从这个表中可以看出：

既然商人要输出**黄金**，他们**首先**就要影响**银行的贵金属储备**。输出这些黄金会使它的(银行的)储备**减少**，但是丝毫不影响**通货**。这400万无论放在银行的地下室或放在开往汉堡的轮船上，对通货来说**都是一样的**。最终表明，**贵金属**可能出现相当大的**流出**，在这里是流出400万英镑，但对通货和国内的营业毫无影响。这种情况正是发生在整个这样一个时期：与债务相比**数量过大的贵金属储备**将减少到同债务形成**适当的比例**。

(c)但是假定：使银行金属现金必须流出400万的情况继续存在，粮食缺乏，原棉价格上涨等等。银行就会担心自己的保证金。它就**提高利率**和限制自己的**贴现业务**。因此，商业界就出现货币紧迫。这种货币紧迫会产生什么影响呢?存户要求从银行提取**存款**，银行的贵金属相应减少。如果存款下降到900万，即存款减少300万，银行的贵金属储备也要减少300万。这样一来，贵金属储备就降到100万(400万减300万)，而存款是900万，这个比例对银行来说是危险的。所以，如果银行想要把它的贵金属储备保持在存款的三分之一的水平上，它就必须把它的贴现业务缩减200万。

这样，银行的平衡表就是如下的情形：

资本	14 500 000英镑
储备金	3 500 000英镑
存款	9 000 000英镑
	27 000 000英镑

国家证券	10 000 000英镑
票据贴现	14 000 000英镑
贵金属或铸币	3 000 000英镑
	27 000 000英镑

由此可以看出：一旦金属现金流出过多,使贵金属储备不能保持其同存款的适当比例,银行就要提高利率和缩减贴现业务。可是这样一来就开始**影响存款**,而由于存款减少,贵金属储备也要减少,不过票据贴现要以更大的比例缩减。但是**通货**却丝毫不受影响。失去的贵金属和存款有一部分会**填补**由于银行贷款减少而在国内流通中造成的真空,另一部分则流到国外。

(d)假定：继续进口粮食等等,存款减少到450万,那么银行为了保持贵金属储备同它的债务的适当比例,还要把它的贴现业务缩减300万,这样,平衡表就是如下的情形：

资本	14 500 000 英镑
储备金	3 500 000 英镑
存款	4 500 000 英镑
	22 500 000 英镑

国家证券	10 000 000 英镑
票据贴现	11 000 000 英镑
贵金属或铸币	1 500 000 英镑
	22 500 000 英镑

在这种前提下,银行就要把票据贴现从1 600万降低到1 100万,

即降低500万。货币流通的必不可少的需要由取出的存款来弥补。但是同时就会出现资本缺乏,原料价格高涨,需求缩减,因而营业缩减,**最后**,货币流通,即必要的**通货**缩减。通货的多余部分以贵金属的形式流出国外以支付进口。通货**最后**才会受到影响,并且只有在贵金属储备减少到其对存款的最必要的比例以下的时候,才会**减少**到必需的数量以下。

就以上所述,还必须指出:

(1)银行可以不缩减自己的贴现业务,而抛售它所掌握的国家证券。这在既定的前提下是不利的,但结果是一样的。银行不缩减它本身的储备金和贴现业务,而缩减把货币换成国家证券的私人的储备金和业务。

(2)我在这里假定银行的金属现金流出650万英镑。1839年曾经流出900万—1 000万。

(3)以纯金属通货为条件所假定的过程,和以纸币流通为条件一样,可能造成支付的停止。18世纪在汉堡曾经两度发生过这种情况。

请早日回信。

你的　卡·马·

22
恩格斯致马克思
伦　　敦

[1851年]2月25日星期二

[于曼彻斯特]

亲爱的马克思:

……无论如何,我早就应当向你答复通货问题。依我的看法,这件事情本身是完全正确的,并且对于把混乱的流通理论归结为简单明了的基本事实大有帮助。关于你在信中的阐述,我认为只有下列几点需要指出:

(1)假定货币紧迫初期在英格兰银行的平衡表中,像你所说的,存款为1 200万英镑,贵金属或铸币为800万。为了抛出过剩的400万英镑贵金属,你迫使银行降低贴现率。我想银行完全用不着这样做。根据我的记忆,货币紧迫初期降低贴现率的事情还从来没有发生过。我认为,货币紧迫会立刻影响到存款,并且很快不仅会恢复贵金属和存款之间的平衡,而且还会迫使银行提高贴现率,使贵金属不致减少到存款的三分之一以下。随着货币紧迫日益加剧,资本流通和商品销售也就日益停滞。但是曾经开出的汇票陆续到期,需要支付。因此必须动用准备资本,即存款——你知道,这不是作为通货,而是作为资本;因而贵金属的单纯流出本身,与货币紧迫一起,就足以使银行摆脱贵金属过剩的现象。此外,银行处于促使全国利率同时普遍**提高**的那些条件之下,也没有必要**降低自己的**利率。

(2)在货币紧迫加剧的时期,我认为,银行一定会根据货币紧迫加剧的程度提高贵金属对存款的比例(以免陷入困难的境地)。剩余的400万对银行来说是求之不得的,银行将会尽可能慢慢地把它消耗掉。在货币紧迫加剧的情况下,按照你的假定来说,贵金属对存款以 $\frac{2}{5}:1$, $\frac{1}{2}:1$,甚至 $\frac{3}{5}:1$ 为比例决不会是夸大的,而且这个比例实现起来也更容易,因为随着存款的减少,贵金属的储备也会绝对地减少,哪怕它相对地有所增加。在这种情况下,像在使用纸币的情况下一样,向银行挤兑同样是可能发生的,这可能由最普通的商业关系引起,所以不会动摇银行的信用。

(3)你说,"通货**最后**才会受到影响"。按你自己的假定——通货由于营业的停滞将受到影响,这时自然需要较少的通货——可以得出这样的结论:通货随着商业活动量的减少而同时减少,随着货币紧迫的加剧,通货的一部分将成为过剩。当然,这种减少只有到最后,在货币紧迫严重的情况下,才能**感觉得到**,但是整个说来,这个过程从货币紧迫初期就发生了,虽然在事实上不能把它详细指明。由于一部分通货的这种被闲置不用是其余一切商业关系的**结果**,是与通货无关的货币紧迫的**结果**,而其余一切商品和商业关系受到货币紧迫的影响比通货**早**,同时,由于通货的这种减少只是在最后才能**实际**感觉到,所以,通货自然是在最后才受到危机的影响。

你会看到,这些评论只涉及你的说明的方式。事情本身则是完全正确的。

你的 弗·恩·

23

恩格斯致约瑟夫·魏德迈

美因河畔法兰克福

1851年6月19日于曼彻斯特

亲爱的汉斯:

马克思刚刚把你的信转给我,从信中我终于知道了你的确切地址。一段时间以来我就在打听你的地址,因为我想问你以下这件事。

我自从迁来曼彻斯特以后[75],就开始啃军事,我在这里弄到的材料,至少对开端来说是足够了。军事在最近的运动中必将具有的重大意义,我往日的爱好,我在报纸①上发表的匈牙利军事通讯②,以及我在巴登的光荣的冒险经历[76]——所有这些都促使我在这方面下功夫,我想在这方面至少要做到能够发表一定的理论见解而又不致太丢脸。这里现有的关于拿破仑战争和部分革命战争的材料要求事先了解很多历史细节,可是我对这些完全不了解或者只是了解得很肤浅,有关这些细节不是根本得不到解释,就是只能得到一些极为肤浅的解释,而且还要费很大的劲去搜罗它们。自学往往是空话,如果不

---

① 《新莱茵报》。——编者注

② 指恩格斯在《新莱茵报》上发表的关于匈牙利战争的军事通讯和评论,见《马克思恩格斯全集》中文第1版第6卷和第43卷。——编者注

恩格斯致约瑟夫·魏德迈(1851年6月19日)

是系统地钻研,那就学不到什么正经的东西。为了使你更清楚地了解我真正需要的是什么,我提醒你——当然,我在巴登部队中的晋级除外——我在普鲁士王国后备军中只不过是炮手而已[77],因此对了解战役的细节,我还缺乏中间一环的知识,这种知识是普鲁士尉官考试、而且是各兵种尉官考试时所必须具备的。当然,我所说的不是军事操练等等的细节,这些对我毫无用处,因为现在我已确信,我的眼病使我不能服现役。我是说要一般地熟悉各个军事部门所必需的基本知识,了解和正确评价军事史实所必需的细节知识。例如,基本战术,筑城原理(多少带历史性的,包括从沃邦到现代独立堡垒的各种体系)以及对野战工事和其他有关军事工程问题(如各种类型的桥梁等等)的研究;还有一般的军事科学史和由于武器及其使用方法的发展和改进而引起的变化的历史。再就是需要认真熟悉炮兵学,因为我已经忘了不少,而且有些我根本不知道;还需要其他一些材料,我一时想不起来,不过你一定是知道的。

请把所有这些基本问题的资料来源告诉我,以便我能立即弄到它们。我最需要的是这样的书:它们一方面能使我了解目前各个军事部门的概况,另一方面还能使我了解现代各种军队之间的差别。例如,我想了解野炮炮架等等的各种不同的构造,师、军等等各种不同的编制和组织。我特别想得到关于军队、军需部门、野战医院的组织情况,以及任何一支军队所必需的装备方面的各种情况。

你现在大致可以了解,我所需要的是什么,你应该给我介绍些什么书。我猜想,恰恰在这类手册中,德国军事著作比法国或英国的同类著作适用得多。当然,对我来说重要的是了解实际的、确实存在的东西,而不是一些无人承认的天才们的体系或臆造物。至于炮兵学,贝姆的手册①也许是最好的。

在近代战争史方面(我对早期的历史不太感兴趣,这方面我有蒙特库库利老头儿的著作②),我在这里能找到的当然都是法文和英文的史料。在英文的史料中,特别出色的是威廉·纳皮尔中将的西班牙战争史;这是到目前为止我读过的战争史编纂方面最出类拔萃的一部作品。如果你没有看过这本书而又能在你那里找到它的话,那是值得一读的(《比利牛斯半岛和法国南部战争史》,共六卷)。我这里什么德文著作都没有,但我必须弄到几本;我首先想到的是维利森和克劳塞维茨的著作。他们两个人的书怎样?从理论和历史方面来说,哪些值得读,哪些不值得读?只要我有所进展,我就要下功夫钻一钻1848—1849年的历次战役,特别是意大利和匈牙利的战役。你大概知道普鲁士方面出版过什么关于巴登运动的或多或少正式的或者稍微客观的报道吧?

其次,我还希望你能介绍一些好的专用的德国地图(尤其是1801—1809年符腾堡、巴伐利亚、奥地利的,1806—1807年和1813年萨克森、图林根、普鲁士的,1814年法国东北部的,伦巴第、匈牙利、石勒苏益格—荷尔斯泰因和比利时的),价钱不要太贵,但足以用来研究1792年以后的各次战役。我有施梯勒大地图集③,但它远远不够用。我有1792—1814年期间各次会战的平面图,它们收在艾利生的《从法国革命开始的欧洲史》一书所附的地图集里,但是我发现,这些

---

① 约·贝姆《1819年以前波兰王国炮兵使用康格里夫燃烧火箭的经验》1820年魏玛版。——编者注

② 雷·蒙特库库利《军队总司令、皇家炮兵总指挥官蒙特库库利回忆录。附评论》1770年阿姆斯特丹—莱比锡版。——编者注

③ 阿·施梯勒《世界地形袖珍地图》1817—1822年哥达版。——编者注

平面图有许多是不正确的。德国有没有价钱不太贵但又可靠的这类地图集?

你对现在被法国人捧上了天的若米尼先生了解得多吗①?我只是从梯也尔先生那里②知道他的,众所周知,梯也尔无耻地抄袭过他的东西。这个小矮子梯也尔是当今仅有的最不要脸的撒谎家之一,没有一次战役他能举得出正确的数字。由于若米尼先生后来投奔了俄国人,所以人们当然会认为,他有理由不像梯也尔先生那样把法国人的英勇业绩描写得神乎其神,而在梯也尔的书里,一个法国人总是能打败两个敌人的。

瞧,我向你提出了一大堆问题。除此之外,我希望,现在在德国发生的对犹太人的迫害不再进一步扩大。但是丹尼尔斯的被捕令我忧虑[78]。看来,这里在准备进行搜查,以便把我们也牵连到这个案件中去,但是这不那么容易,想必也弄不出什么名堂,因为在我们这里是什么也找不到的。

关于在伦敦为美国建立石印所的计划③,马克思显然会写信告诉你的。像这样的事情,如果要安排好的话,在这里马上就需要花很大一笔钱,而美国报纸大部分都很不可靠。鲁普斯④和弗莱里格拉特正在伦敦。本月初我也在那里待了两个星期。

根据一切情况看来,既然你很快也要到那里去,那么最好你能

---

① 指昂·若米尼《革命战争的考据与军事史》1820—1824年巴黎版。——编者注

② 指阿·梯也尔《执政府时代和帝国时代的历史》1845—1851年巴黎版。——编者注

③ 指为美国出版石印通讯的计划,但马克思和恩格斯未能实现这个计划。——编者注

④ 威·沃尔弗。——编者注

和一家或者几家报纸或杂志签订关于通讯报道等的合同。这在伦敦是可以得到很高报酬的,不过,最有支付力的几家报纸当然已经满员了。此外,还有一个问题——现在在德国的报刊情况如何。

指挥官维利希仍旧住在他的兵营[79]里,靠兵营供养和救济过日子。你看会不会弄出什么大规模对抗的事情?

请尽快回信。

你的 弗·恩·

来信请寄:曼彻斯特欧门—恩格斯公司。

24

恩格斯致马克思

伦　　敦

[1851年7月20日前后于曼彻斯特]

亲爱的马克思:

文件①随信寄还。我喜欢米凯尔的信。这个人至少会考虑问题,如果到外国来住些时候,他一定会成为一个很能干的人。他担心现在公布的我们的文件②对民主派的影响不好,就他那个地区而言,这种担

①指阿·贝尔姆巴赫1851年7月10日前后给马克思的信和约·米凯尔1851年7月13日前给马克思的信。——编者注

②马克思和恩格斯《共产主义者同盟中央委员会告同盟书。1850年3月》,

心的确是有道理的;这个下萨克森土生土长的中农民主派(《科隆日报》新近在拍他们的马屁并提议同他们联合)的情况也正是这样,它远不如较大城市中的小市民民主派,并且还受着他们的支配。虽然这种典型的小资产阶级民主派显然会因这一文件而异常恼怒,但是,由于自身极受限制和压抑,它不得不和大资产阶级一起承认"渡过红海"①的必要性。这些家伙将越来越被迫承认无产阶级暂时的恐怖统治的必要性,但是深信这种统治不能长久继续下去,因为文件的实际内容是这样荒谬,根本谈不到这些人的永久统治和这些原则的最终实现!另一方面,汉诺威的大农和中农除了土地一无所有,鉴于各家保险公司即将破产,他们的房屋、农场和谷仓等等面临各种各样的危险,而且自恩斯特-奥古斯特那时以来,他们已经尝到了合法抵抗的种种甜头——这些强健的德国自耕农在被迫投红海之前是会加倍当心的。

从贝尔姆巴赫的信看来,豪普特是叛徒,但是我不能相信。无论如何,这件事情必须弄清。就我所知,豪普特还是自由的,这的确有些可疑。从格丁根或科隆到汉堡的旅行是不能想象的。能否从诉讼文件或审理材料中得到关于这件事的什么线索,什么时候能得到,很难说。如果这个人是叛徒,那么这件事是不应当忘记的,而且在适当的时机有一个实例,那是很好的。

我希望丹尼尔斯会很快被释放,他毕竟是科隆唯一有政治头脑的人,而且不管警察怎样监视,他还是能够继续正常地进行工作。

再回过来说说我们的文件对民主派的影响问题:米凯尔应当考虑到,我们曾在或多或少等于党的宣言的一些著作中连续不断地斥

见《马克思恩格斯文集》第2卷。——编者注

①参看《旧约全书·出埃及记》第13章第18节和第15章第22节。——编者注

责这些先生们。对一个只是以非常平和的、特别是决不牵涉个人的方式来概述一些早已发表的东西的纲领,现在为什么竟大喊大叫起来?是我们的大陆上的青年们背弃了我们吗?是他们同民主派的交往超出了党的政策和党的荣誉所允许的限度了吗?如果民主派正好是由于没有反对意见而这样叫嚷革命,那么究竟是谁使他们没有反对意见呢?决不是我们,至多只是在德国的德国共产党人。这似乎确实就是症结之所在。任何一个明智的民主主义者必定从一开始就知道他从我们党那里期望得到什么——文件不能给他们很多新东西。他们如果暂时同共产党人联合,那他们对于联合的条件和期限是完全清楚的,只有汉诺威的中农和律师才会相信,共产党人自1850年以来已经抛弃了《新莱茵报》的原则和政策。瓦尔德克和雅科比肯定决不会梦想这样的事情。无论如何,所有这类出版物,用施蒂纳的话来说,对"事物的本质"或"关系的概念"[1]是不会起什么长久作用的,而民主派的叫嚷和煽动会很快再次兴盛起来,而且他们会和共产党人携手并进。至于这些家伙在运动过后的第二天就会卑鄙地愚弄我们,这我们老早就知道了,而且这也不是任何外交手腕所能阻止的。

另一方面,如我所预见的,到处都有共产主义小组在《宣言》[2]的基础上建立起来,这使我非常高兴。这正是我们由于迄今的总参谋部软弱无力而缺乏的。士兵自然可以找到,只要局势发展到这种程度就行,但是,总参谋部将不是由施特劳宾人[42]组成,而且它可以比现在的只有受过某种教育的25人有更大的选择,这一前景是非常令人高兴的。最好是普遍建议到处在办事员中开展宣传。一旦要组织管理机

①麦·施蒂纳《唯一者及其所有物》1845年莱比锡版第126页。——编者注
②马克思和恩格斯《共产党宣言》,见《马克思恩格斯文集》第2卷。——编者注

构,这些人是不可缺少的——他们习惯于埋头工作和做清晰的簿记,而商业就是这些有用的办事员唯一的实习学校。我们的法学家等等不适于做这种工作。我们需要的是从事簿记和会计的办事员,编写电报、书信、文件的有才能、受过良好教育的人。我用六个办事员组织一个管理部门,可以比用60个政府顾问和财政学家所组织的要精练实用一千倍。后者甚至写不出通顺可读的文字,只会把所有簿记都弄得一塌糊涂,连鬼都不晓得里面记的是什么。由于我们越来越不得不对这种可能性做准备,所以这件事并不是不重要的。此外,这些办事员习惯于做连续不断的机械的工作,要求不高,不大会偷懒,当不适用的时候,也容易更换。

寄往科隆的信已经发出——弄得很好;如果寄不到,那我就不知道是怎么一回事了。要不然的话,就是使用舒尔茨的地址不大合适,他是我们从前的共同发行人!

25

恩格斯致马克思

伦　　敦

[1851年8月11日前后于曼彻斯特]

亲爱的马克思:

　　我对蒲鲁东的看法昨天没有谈完,今天继续谈。[80]我暂时撇开他的药方中的许多缺陷,例如,看不出,工厂将通过什么方法从工厂主的手中转入工人协会的手中,因为废除的是利息和地租,而不是利润(要知道竞争仍然存在);其次,没有谈到利用雇佣工人经营土地的大土地占有者的情况将会怎样,此外还有其他类似的缺点。要对这一切作为一个理论整体作出判断,手里就必须有这本书①。因此,我现在只能就我对各个措施在实行时是否行得通所作的分析,以及我对这些措施是否适合于集中全部生产力所作的研究,谈谈自己的意见。其实,就是为了这一点,也必须有这本书,以便看到他发挥自己论点的全部情况。

蒲鲁东先生终于认识到,实行或多或少是隐蔽的没收是必要的,我已经说过,这是一种进步。不过要问,他所提出的实行没收的理由在实际上是否行得通;因为对于所有这些目光短浅的家伙(他们总是自欺欺人地认为这一类强制措施不是没收)来说,这个理由正是全部问题的关键。"利率将降低到0.5厘或0.25厘。"如何降低?关于这一点,你的摘要只是谈到,国家,或者是秘密地以其他名义同国家融合在一起的银行,必须按这种利息每年发放5亿法郎的抵押贷款②。我补充一句,降低利率应当逐步实行。既然利率这样低,以每年支付5%或10%的办法来逐年偿还全部债务等等,当然是很容易的事情。但是,蒲鲁东先生并没有指出,通过什么途径来达到这个目的。这里就使我想起不久以前我们关于根据你的计划降低利率的讨论,你的计划是成立一个能够垄断纸币流通和停止金银流通的唯一享有特权的国家银行。我认为,任何想迅速地、恒久地降低利率的企图,都必然要遭到失败,因为在每一次革命爆发和营业停滞的时期,那些暂时手头

---

① 皮·约·蒲鲁东《19世纪革命的总观念》1851年巴黎版。——编者注
② 参看马克思1851年8月8日给恩格斯的信。——编者注

恩格斯致马克思(1851年8月11日前后)

拮据、处境困难,也就是说一时不宽裕的人对于高利贷和信贷的需求
都不断增加。即使算做借款的实际报酬的那一部分利率可以借助于
大量资本而减少,作为偿还贷款的保险的那一部分利率也仍然存在,
而且恰恰在危机时期会大大地增长。在任何革命时期,即使政府不以
0.25厘或0.5厘,而以**5厘**的利率贷款给商人,商人们也会对政府感激
不尽。请参看1848年的情况、信贷银行等等。但是,国家以及每个大
的集中的国家银行,当它还没有在一切地方直到最偏僻的角落都设
立自己的分支机构,而它的职员又没有获得丰富的商业经验时,只能
贷款给大商业,否则它贷款出去就会一无所得。而小商业又不能同大
商业一样,把自己的商品抵押给银行。这样一来,任何降低政府贷款
利息的做法所导致的最直接的结果,都是大商人利润的增加和这个
阶级的普遍上升。

　　小商业被迫和过去一样只好求助于中间商人,中间商人从政府
手里以0.5厘的利息借到贷款,再以5—10厘的利息贷出去。这是不可
避免的,因为小商业拿不出保证品,拿不出抵押品。因此,从这方面
看,结果也是抬高大资产阶级——间接造成一个大高利贷阶级即次
一级的银行家。

　　社会主义者和蒲鲁东想降低利息的全部永恒的迫切要求,依我
看来,是资产者和小资产者的虔诚的美好愿望。只要利息和利润成反
比,这种要求只能导致增加利润。只要有不宽裕的、不能提供保证的、
从而恰好非常需要钱的人存在,国家贷款就无法消灭私人贷款,因此
也不能降低所有交易的利率。如果国家以0.5厘的利息贷出款项,那
么相对于接受贷款的高利贷者,它所处的地位就会像1795年的法国
政府一样,当时法国政府征收了5亿阿西涅币的税款,而后来又当做
300万发放出去了;它纯粹是为了维持自己已经一钱不值的"信用",

在交纳税款时按票面额,即高于实际价值200倍的价额收回阿西涅币——总之,国家所处的地位就会像法国政府相对于当时的土地投机者和证券投机者所处的地位一样。

蒲鲁东太天真了。"个人信贷是在或者应该在工人协会中采用。"这就是说,两者必须择一:或者是由国家对这些协会进行监督、最终管理并制定规则,而蒲鲁东是不愿意这样做的,或者是玩弄一场组织协会的绝妙的骗局,在无产阶级、流氓无产阶级和小资产阶级的基础上重演1825年和1845年的骗局。

用商业措施和强制措施来逐渐降低利率,以便使利息的支付变成债务的清偿,从而消灭一切债务等等,并把一切现实的财产都集中在国家或者公社的手中——想把这当做主要的事情,我认为是完全行不通的,第一,是由于前面所说的理由;第二,因为时间拖得太长;第三,因为在以国家证券形式保留信贷的情况下,唯一的结果就是国家必然会欠外国人的债,因为所有付还的钱都会流到国外;第四,因为即使在原则上有这样做的可能性,但是,认为法国即共和国能够顶着英国和美国而实现这一点,那是荒谬的;第五,因为国外的战争和当前时局的压力总的说来正在使这一类有系统的、缓慢的、打算在二三十年内实现的措施,尤其是货币支付,失去任何意义。

我认为,这种事情实际上只有一种意义,就是在革命发展的某一时刻,确实可以利用垄断的国家银行颁布如下的法令:第一条,取消利息,或者利率限制为0.25厘;第二条,利息照旧继续支付,并且具有清偿债务的作用;第三条,国家有权按照现行的估定价值收买全部不动产等等,以每年支付5%的办法在20年内偿清。到某个时候也许**可能**需要类似的法令作为在实行公开的没收以前的最后措施,但是不切实际地考虑什么时候,怎么样和在什么地方实行这种措施,那是纯粹的思辨。

　　无论如何,蒲鲁东的这本书,看来比他以前那些书是接近尘世得多了;——甚至价值构成也具有了一种比较有血有肉的形式:小商贩的公平价格的形式。先生,四个法郎,这是最公平的价格!至于废除关税和废除利息彼此有什么关系,讲得不清楚。蒲鲁东从1847年以来,非常彻底地完成了从黑格尔到施蒂纳的过渡,这也是一种进步。他研究德国哲学一直研究到了他自己尸体的最后腐烂阶段,还能说他不了解德国哲学!

　　请立即回信,并把你对上述意见的看法告诉我。

你的　弗·恩·

26

马克思致恩格斯

曼　彻　斯　特

1851年8月14日于[伦敦]
索霍区第恩街28号

亲爱的恩格斯:

　　我在一两天内把蒲鲁东的原书寄给你,不过你一旦看完就寄回来。因为我想——由于需要钱用——就这本书写两三印张的评论去发表。因此希望把你对此书的意见更详细地告诉我,而不要像你惯常所做的那样匆忙地写出来。

蒲鲁东主义的实质——整个蒲鲁东主义首先是反对共产主义的一场论战,尽管蒲鲁东从共产主义中剽窃了许多东西,而且是通过卡贝—勃朗的改头换面来认识共产主义的——,我认为可以归结为以下几个论点:

必须反对的真正敌人是资本。资本的纯粹经济上的确认是利息。所谓利润无非是工资的一种特殊形式。把利息变成年金,即对资本的分年偿还,就可以废除利息。这样一来,将保证工人阶级——应读做**工业**阶级——永远占有优势,而资本家阶级本身则注定要逐渐消失。货币利息、房租、地租是利息的不同形式。这样,资产阶级社会仍然保存,并获得了正当的理由,被铲除的只是其不良倾向。

社会清算只是重建"健全的"资产阶级社会的一种手段。是快还是慢,这对我们无关紧要。我想先听听你对这种清算本身的矛盾、不确切的地方和不清楚的地方是怎样看的。但是这种重新建立的社会的真正灵药是废除利息,即把每年支付的利息变为年金。这种不是当做经过改良的资产阶级社会的手段,而是当做它的**经济规律**提出来的措施,自然会造成两种结果:

(1)使小的非工业资本家变成工业资本家。

(2)使大资本家阶级永世长存,因为在实质上,如按平均计算,社会**总的说来**——工业利润不计在内——任何时候都只是支付年金。不然的话,普赖斯博士所计算的复利①就成为现实了,而整个地球上的财富也不够用来**支付**从耶稣基督诞生以来就开始流通的最小的资本的**利息**。事实上,以英国,即最稳定最资产阶级化的国家为例,

———————

① 理·普赖斯《关于国债问题告公众书》1772年伦敦版和《评继承支付、孀老赡养金方案、人寿保险金计算法以及国债》1772年伦敦版。——编者注

可以有把握地说,在最近50年或100年中,投入土地或其他方面的资本,从来没有产生过利息,至少按照价格说来是如此,而这里所谈的正是这个问题。比如说,英国的国民财富估计最多有50亿。就算英国每年生产5亿,那么英国的全部财富仅仅等于年劳动产品的10倍。因此,资本不仅没有产生利息,而且按价值来说,甚至没有把它自身**再生产出来**。而这是由于一个简单的规律的缘故。

价值最初是由最初的生产费用,即根据生产该产品最初所必需的劳动时间来决定的。但是产品一旦生产出来,产品的价格便由该产品**再生产**所必需的费用来决定了。而再生产的费用在不断地下降,而且时代在工业方面越发展,这种下降就越迅速。因此,是资本价值本身不断贬值的规律,使地租和利息的规律失去作用,否则地租和利息的规律就会成为荒谬的东西。你提出一个论点,认为没有一个工厂能够抵偿它的生产费用,其原因也在这里。因此,蒲鲁东不能通过施行一种即使他不提出而社会实质上也在遵循的规律来改造社会。

蒲鲁东想赖以实现一切目的的手段就是银行。这里存在一种混淆。银行业务可以分为两部分:1.把资本**变成现金**。在这种场合我所给的只是**货币**而不是**资本**,其所以能这样做,当然只是考虑到生产费用,也就是考虑到0.5厘或0.25厘的利息。2.以货币的形式**贷出资本**,在这里利息要依资本的量而定。在这种场合,信用所能做的,只是通过积聚等等办法把现存的、非生产性的财富变成真正的、能动的资本。蒲鲁东把这第二项看得同第一项一样容易,然而最后他会发现,如果他依靠假想的一定量的货币形式的资本,在最好的情况下,也只是使资本的**价格**按资本的**利息**降低的比例提高。其结果无非是使他的证券失去信用。

至于关税同利息的联系,我想让你通过原文去玩味。这么美妙的东西是不应该由于删节而使它受到损害的。蒲鲁东先生既没有确切地说明,公社分享房屋和土地是怎么回事——而他为了反对共产主义者,无论如何是应该这样做的;也没有确切地说明,工人将怎样占有工厂。他虽然希望有"强大的工人协会",但是又十分害怕这些工业"行会",因此,他尽管没有让国家但却让社会具有**解散**它们的权利。作为一个地道的法国人,他只是把协会局限于工厂,因为他既不知道摩西父子公司,也不知道中洛锡安的农场主。在他看来,法国的农民和法国的鞋匠、裁缝、商人是自古以来就有的,必须承认他们的存在。我越是研究这种乌七八糟的东西,就越相信:改造农业,因而改造建立在农业基础上的所有制这种肮脏东西,应该成为未来的变革的核心。否则,马尔萨斯牧师就是对的了。

同路易·勃朗等人的东西相比,这部著作是很可贵的,特别是对于卢梭、罗伯斯比尔、上帝、博爱以及诸如此类的荒唐东西作了大胆抨击。

至于《纽约论坛报》的事,我由于忙于经济学,现在需要你的帮助。请你写一组关于1848年以来的德国的文章[81],要写得俏皮而不拘束。这些先生们在外国栏目中是非常**大胆的**……

27

恩格斯致马克思

伦　敦

1851年8月21日于曼彻斯特

亲爱的马克思:

　　你要我写的那篇文章①随信寄去。各种情况的巧合,使这篇东西写得不好。首先,从星期六②以来,我闹了点病,也算是一点波折。其次,我没有任何材料,只好完全凭记忆信笔写了一篇救急之作。还有,时间仓促,工作是约定的,对于这家报纸③及其读者的状况又几乎毫无了解,因此,也就不可能有什么正式的计划。最后,这一组文章的原稿不能全部留在手边以便前后对照,因此为了避免后面几篇文章中出现重复,就必然使文章的开头写得多少有些拘泥于条理。由于这一切,再加上我很久不写文章了,所以这篇东西写得十分枯燥,如果说还有什么可取之处,那就是英文还比较流畅,这是由于我八个月以来已经养成了几乎完全用英文讲话和阅读的习惯。总之,这篇东西由你随便处理。

---

　　①恩格斯《德国的革命和反革命》第一篇,见《马克思恩格斯文集》第2卷。
——编者注
　　②1851年8月16日。——编者注
　　③《纽约每日论坛报》。——编者注

　　蒲鲁东的书①我已经读完一半,我认为你的看法完全正确。他诉诸资产阶级,他复归到圣西门那里以及在批判部分的成百件其他事情,都证明:他把工业阶级,资产阶级和无产阶级,看成实质上相同的阶级,他认为,只是由于革命没有完成,它们之间才发生对抗。假哲学的历史结构是十分清楚的:革命前,工业阶级处于自在的状态;1789—1848年处于对抗的状态:否定;蒲鲁东的合题要一举解决这一切。我觉得,所有这些是想从理论上拯救资产阶级的最后的尝试;我们关于物质生产的决定性历史动因、关于阶级斗争等等的前提,有很大一部分被他接受了,但大多数都被歪曲了,他在这个基础上,利用假黑格尔主义的魔术,制造了把无产阶级反过来纳入资产阶级中去的假象。合题的部分我还没有读到。在对于路·勃朗、罗伯斯比尔和卢梭的抨击中,有时也有一些不错的见解,但是总的来说,再也没有什么东西比他对政治的批判更狂妄而肤浅的了,例如,在他谈到民主的时候,在他完全同《新普鲁士报》和整个旧历史学派82一样在人数上高谈阔论的时候,以及在他恬不知耻地想根据小学生式的琐屑的实际考虑来建立一整套体系的时候,就是如此。他认为,"权力"和"自由"是互不相容的对立物,任何政体都不能提出充分的道义上的理由,使他必须服从它,这思想可真够伟大啊!天啊,那权力还有什么用处呢?

　　此外,我相信艾韦贝克先生已经把他翻译的《宣言》②,可能还私下把你在《评论》上发表的那些文章③的译文都交给蒲鲁东了。有许多重要的论点无疑是从那里偷来的,例如,政府不过是一个阶级镇压

---

①皮·约·蒲鲁东《19世纪革命的总观念》1851年巴黎版。——编者注
②马克思和恩格斯《共产党宣言》,见《马克思恩格斯文集》第2卷。——编者注
③马克思《1848年至1850年的法兰西阶级斗争》,见《马克思恩格斯文集》第2卷。——编者注

另一个阶级的权力,它将随着阶级对立的消失而消失。其次是关于1848年以来的法国运动的许多重要论点。我不认为,这一切都是他在你反驳他的那本书①里找到的。

过几天,等我把全书读完,再写信详谈。另外,维尔特最近几天要到这里来,他像往常一样突然跑到布拉德福德去了。因此,蒲鲁东的书可能要在我这里多放两三天……

28
马克思致约瑟夫·魏德迈
苏 黎 世

[1851年]9月11日于[伦敦]
索霍区第恩街28号

亲爱的魏德迈:

……我认为马志尼的政策是根本错误的。他鼓动意大利立即同奥地利决裂,他完全是在为奥地利效劳。另一方面,他忘记了:应当面向多少世纪以来一直深受压迫的那部分意大利人,即农民,他忘记了这一点,就是在为反革命准备新的后援。马志尼先生只知道城市以及城市中的自由派贵族和开明的公民。意大利农村居民(他们同爱尔兰的农村居民一样,都遭到了敲骨吸髓的压榨,经常被弄得精疲力竭,

---

①马克思《哲学的贫困》,见《马克思恩格斯文集》第1卷。——编者注

愚昧无知)的物质需要,对马志尼的世界主义的、新天主教的、意识形态的宣言里的那一套高谈阔论来说,当然是不值一提的。但是要向资产者和贵族说明,使意大利获得独立的第一步就是使农民得到完全的解放,并把他们的分成租佃制变为自由的资产阶级所有制,这确实是需要勇气的。马志尼似乎认为,借到1 000万法郎要比争取到1 000万人更革命一些。我很担心,奥地利政府在万不得已时会**自己**动手去改变意大利的占有形式,会按照"加利西亚的方式"[83]去进行改革。

请告诉德朗克,过几天我就会给他去信。我的妻子和我向你和你的夫人衷心问好。你是否想在这里找事做,请再考虑一下。

你的 卡·马克思

29

恩格斯致马克思

伦 敦

[1851年9月26日于曼彻斯特]

亲爱的马克思:

就泰霍夫的战争史而言,从军事观点来看它也是极其肤浅的,而且有些地方简直就是错误的。①撇开暴力只有用暴力才能对付这样一个深刻的真理,撇开革命只有成为普遍的革命的时候(按字面理

---

① 参看马克思1851年9月23日给恩格斯的信。——编者注

解,就是当革命不遇到任何反抗的时候,而按意义理解,就是当革命是一种资产阶级革命的时候)才能取得胜利这样一种乏味的发现,撇开由某一个至今尚未被发现的军事独裁者(连卡芬雅克和维利希也不算数)来压制注定要发生的"内部政治"即真正的革命这样一种善良的意图,撇开这些先生们对革命的看法的这种独具特色的政治表达方式,从军事观点来看需要注意下列几点:

1.唯一能够保证胜利的铁的纪律,恰好就是"内部政治延期"和军事独裁二者的反面。这样的纪律从哪里来呢?这些先生们的确应当从巴登和普法尔茨[60]取得一些教训。军队的瓦解和纪律的完全松懈,既是迄今发生的每次胜利的革命的条件,又是这种革命的结果,这是很明显的事实。法国花了从1789年到1792年几年的时间才重新组织起一支约6万—8万人的军队——杜木里埃的军队,但这支军队又垮掉了,在1793年年底以前法国可以说没有什么有组织的军队。匈牙利花了从1848年3月到1849年年中这段时间才有了一支组织正规的军队。而在第一次法国革命时期是谁在军队中建立了纪律呢?并不是那些只是在革命的几次胜利以后才在临时组建的军队中具有影响和赢得权威的将军们,而是民政当局在内部政治方面所采取的恐怖手段……

30
恩格斯致马克思

伦　　敦

1851年12月3日 [于曼彻斯特]

"法国的代表们,安心地讨论吧!"[84]的确,还有什么地方比在万塞讷猎兵营保护下的奥尔塞兵营里能让这些先生们更安心地进行讨论呢!

法国的历史已经进入了极其滑稽可笑的阶段。一个全世界最微不足道的人物,在和平时期,依靠心怀不满的士兵,根据到目前为止能作出的判断并没有遭到任何反抗,就演出了雾月十八日[85]的可笑的模仿剧,还能有比这更有趣的事情吗!所有老驴都被抓住了,这多妙啊!全法国最狡猾的狐狸老梯也尔、律师界最奸诈的讼师杜班先生都落入了由本世纪最著名的蠢材给他们设下的陷阱,他们就像具有固执的共和主义美德的卡芬雅克先生一样,像吹牛大王尚加尔涅一样轻易地落入了陷阱![86]为了完成这幅图画,搞了一个以奥迪隆·巴罗扮演"卡尔伯的勒韦"的残阙议会[87],而同一个奥迪隆鉴于这类破坏宪法的行为要求把他自己逮捕起来,但人家并没有把他送进万塞讷监狱!整个事件都似乎是特别为红色沃尔弗①制造出来的;从现在

---

① 斐·沃尔弗。——编者注

起就只有他才能写法国的历史了。世界上有哪一次政变曾发表过比这一次更荒谬的宣言呢?拿破仑的可笑的仪式、加冕纪念日、奥斯特利茨[88]纪念日,以及就执政府时代的宪法进行的煽动,等等——这类事情即使能够成功一天,也会使法国老爷们真正跌落到幼稚得举世无双的水平。

伟大的秩序党[89]饶舌家们,首先是小矮子梯也尔和勇敢的尚加尔涅的被捕简直妙不可言。在第十区召开的有贝里耶先生参加的残阙议会的会议也是妙不可言,当时贝里耶先生朝着窗外大喊:共和国万岁,一直叫喊到全体都被逮捕起来并被拘禁在有士兵看守的一个兵营的院子里为止。而这时,愚蠢的拿破仑马上就收拾行李,以便搬到土伊勒里宫[90]去。人们即使整整一年绞尽脑汁,也不可能想出比这更美妙的滑稽剧来。

晚上,当愚蠢的拿破仑终于倒在早就梦寐以求的土伊勒里宫的床上的时候,这个笨伯竟然还不知道,他的处境如何。没有第一执政的执政府时代!没有比大约三年来所遇到的困难更大的内部困难,没有特殊的财政困难,甚至他自己的私囊也是如此,没有来自同盟国方面的边境威胁,没有必要越过圣伯纳德[91],没有必要在马伦戈[92]获得胜利!这的确使人失望。现在甚至不再有什么国民议会可以破坏这个不被赏识的人的伟大计划了;不会有了,至少在今天,这头驴子像雾月十八日晚上的老拿破仑一样自由自在,一样无拘无束,一样绝对专制,他感到那样不受羁绊,以致不由得在各方面显出了驴子的本性。这是多么可怕的没有对立面的前景啊!

但是,人民啊,人民!——人民对这一堆乱七八糟的东西毫不在乎,人民对赋予他们的选举权[93]高兴得像小孩子一样,他们可能也要像小孩子那样去使用它。即使下星期天举行这种可笑的选举,那么从这种选举中能得到什么呢?没有报刊,没有集会,有的是十足的戒严状态以及在两个星期内选出议员的命令。

但是,从这一大堆乱七八糟的东西中能得出什么来呢?"如果我们从世界历史观点出发"94,那么我们就会得到一个很堂皇的演说题目。例如,现在必须弄清楚:以完全按军事方式组织起来的幅员辽阔的国家、人口稀少的意大利和缺乏现代无产阶级为前提的罗马帝国时期的近卫军制度,是否可能在法国这样一个地理上集中、人口稠密、拥有人数众多的工业无产阶级的国家中存在。或者例如:路易-拿破仑没有自己的政党;他曾经践踏奥尔良派95和正统派50,现在他必须向左转了。向左转就包含着大赦,大赦就包含着冲突,如此等等。又例如:普选权是路易-拿破仑政权的基础。他不能攻击普选权,但**现在**普选权已同路易-拿破仑不相容了。还有其他一些很容易发挥的类似的思辨的题目。但是,就我们昨天所看到的而言,对人民是不能抱任何希望了,真好像是老黑格尔在坟墓里作为世界精神来指导历史,并且真心诚意地使一切事件都出现两次,第一次是作为伟大的悲剧出现,第二次是作为卑劣的笑剧出现,科西迪耶尔代替丹东,路·勃朗代替罗伯斯比尔,巴泰勒米代替圣茹斯特,弗洛孔代替卡诺,畸形儿①和十来个负债累累的尉官代替小军士②及其一桌元帅。这样,我们终于来到了雾月十八日。

巴黎人民的举动就像小孩子一样愚蠢:"这同我们没有关系;总统和议会互相厮杀,这碍我们什么事!"但是,军队竟敢强迫法国接受一个政府,而且还是这样一个政府,这确实是同人民有关系的。这些

---

①路·波拿巴。——编者注

②拿破仑第一。——编者注

恩格斯致马克思(1851年12月3日)

无知的人们将会感到奇怪:"从1804年以来第一次"①要实行的选举权,竟是这样一种普遍的、"自由的"选举权!

显然非常讨厌人类的世界精神还会使这出笑剧演多久,我们在一年之内是否将经历执政府、帝国、复辟等等,拿破仑王朝是否会在它无法在法国维持下去以前就在巴黎的街上被打垮,这一切都只有鬼才知道。但是,据我看来,事情似乎正在发生一个极其奇妙的转变,法国庸人们要遭到惊人的屈辱。

就算路易-拿破仑的政权能够暂时稳定下来,那么,即使法国人下沉到无法再深的地步,这类愚蠢的东西也不可能长久保持下去。但是以后会怎样呢?看来变红的希望非常小,这是相当清楚的,而如果勃朗先生和赖德律在昨天中午已收拾好他们的行李,那么他们今天又可能把行李打开。人民的雷鸣般的声音还没有把他们召回。

这一事件使这里的和利物浦的商业突然陷于停顿,但是利物浦的投机活动今天又重新活跃起来了。而法国的证券也仅仅下降了2%。

在这种情况下,试图在英国的报刊上为科隆人②辩护,当然需要等一等了。

关于为《论坛报》写的文章③(这些文章显然已在该报上发表),请你**用英文**给《论坛报》的编辑写封信,德纳也许不在,但一封业务性的信件是一定会得到答复的。告诉他,必须随下一班回航的邮船来信确切地说明,这批稿子现在怎样了;如果这批稿子已经被采用,那就

---

①这是路·波拿巴1851年12月2日发表的告法国人民书中的一段话。——编者注

②指被捕的科隆共产主义者同盟盟员。——编者注

③恩格斯《德国的革命和反革命》,见《马克思恩格斯文集》第2卷。——编者注

请他利用同一机会把载有这些稿子的几份《论坛报》寄来,因为这里没有留下底稿,我们要是不再看一下已经寄出的文章,在隔了如此长的一段时间以后是不可能继续写连载文章的。

法国的消息对欧洲的那群流亡者所产生的影响必定是很有趣的,但愿能看到这一点。

我在等待你的消息。

你的　弗·恩·

31

恩格斯致马克思

伦　　敦

1851年12月11日于曼彻斯特

亲爱的马克思:

附还莱茵哈特的信以及因为科隆事件[96]而暂时保留在我处的皮佩尔的信。

报纸上竭力宣扬的700个流浪者向巴黎的大规模远征似乎毫无结果;同时,根据小个子路·勃朗今天在《每日新闻》上新发出的痛苦呻吟[1]来判断,他目前即使不在伦敦,也还是在一个安全的地方。他

---

① 指路·勃朗《致〈每日新闻〉编辑》,载于1851年12月11日《每日新闻》。——编者注

最初的悲叹①同今天的悲叹比起来就十分高超了。"法国人民……高尚的自豪……不屈的勇气……对自由的永恒的热爱……光荣属于不幸中的勇气……"——接着,这个小个子就来了一个半面向右转,宣扬人民和资产阶级之间的信任和团结。可以参看蒲鲁东的《向资产阶级的呼吁》第2页②。看这些论证吧!如果起义者被打垮了,那是因为他们并不是"真正的人民","真正的人民"是打不垮的;而如果"真正的人民"不战斗,那是因为他们不愿意为国民议会战斗。当然,对此可以反驳说:"真正的人民"一旦获得了胜利,他们本身就会成为独裁者,但是在突如其来的情况下他们不可能想到这一点,何况他们是经常受骗的!

这是民主派的老一套的庸俗逻辑,每逢革命政党遭到失败,这种逻辑就被广泛应用。据我看来,事情是这样:如果说无产阶级这次没有群起而战斗,那是因为他们完全意识到自己的懈怠和无力,并以宿命论的驯顺态度屈从于共和国、帝国、复辟和新的革命这种一再的循环,直到他们在尽可能安定的统治下经历了若干年的灾难而重新积聚起新的力量为止。我并不是说,情况将来就一定是这样,但是我觉得,星期二③、星期三以及在恢复秘密投票97和随之而来的资产阶级在星期五退却以后,这是在巴黎人民中占上风的一种本能的基本看法。说这不是人民的时机,那是荒谬的。如果无产阶级愿意等待,一直等到政府向他们提出他们本身的问题,一直等到比1848年6月的矛盾更加尖锐更加明确的冲突出现,那还要等很长时间。关于无产阶级和资产阶级之间的问题,最近一次是由于1850年的选举法而相当

---

①指路·勃朗等人《告人民书》,载于1851年12月5日《每日新闻》。——编者注
②皮·约·蒲鲁东《19世纪革命的总观念》1851年巴黎版前言。——编者注
③1851年12月2日。——编者注

明确地提出的,但是当时人民宁愿避开战斗。这种情况以及老是把事情推到1852年去的论调,本身就是一种懈怠的证明,它使我们有充分的理由对1852年也作出相当坏的预测,除非是发生了商业危机。自从普选权被取消以后,自从无产阶级被排挤出官方的讲坛以后,期望官方政党按无产阶级口味提出问题,那就未免要求太高了。而二月①事件的情形又是怎么样的呢?当时人民也和现在一样,也是什么事情都不过问。不能否认,如果革命政党在革命发展中开始把决定性的转折关头一言不发地放过去,或者革命政党进行干预,但是没有获得胜利,那么,可以相当肯定地认为它在一段时间是死去了。热月以后和1830年以后发生的历次起义98就是证明。而目前大声叫喊什么"真正的人民"在等待时机的先生们,正面临着一种危险,即一步一步地陷入1795—1799年的软弱无力的雅各宾派和1831—1839年的共和派所曾经陷入的境地,并且大出其丑。

同样不能否认:恢复秘密投票对资产阶级、小资产阶级以及最后**也对许多无产者**(一切报道都说明这一点)的影响,使巴黎人的勇敢和洞察力显得非常奇特。显然,许多人根本没有想到,路易-拿破仑提出的问题是多么荒唐,正确地统计票数的保证在哪里;但是大多数人想必都已经看穿了这种骗局,然而还是竭力使自己相信现在一切都井然有序,**但求能找到一个逃避战斗的借口。**

根据莱茵哈特的信来判断,根据每天新揭露出来的关于士兵们的胡作非为以及关于他们在大街上对任何一个普通人——不管是工人还是资产者、是红色党人还是波拿巴分子所施加的特别暴行的材料来判断,根据越来越多的关于甚至在最偏僻的、没有人料想会发生

①1848年2月。——编者注

恩格斯致马克思(1851年12月11日)

反抗的地区都出现了地方性起义[99]的消息来判断，根据昨天《每日新闻》上登载的前法国议员和商人的信来判断，向人民的呼吁看来确实要发生一种使波拿巴不愉快的转变。这套新制度以及钦定的流放法似乎并不那么合乎巴黎资产阶级群众的口味。军事恐怖手段发展得太快，太无耻了。三分之二的法国都实行了戒严。我认为：在这一切之后，资产阶级群众是根本不会参加投票的；整个投票闹剧将毫无结果，因为在路易-拿破仑的反对者大批参加投票的所有成问题的地方，宪兵们将开始同选举人发生冲突，从而使这些地方的整个选举程序无效。到那时，路易-拿破仑就会说法国处于精神错乱状态，宣布军队是社会的唯一救主。到那时，这种肮脏勾当将真相大白，而路易-拿破仑也将暴露无遗。而正是在这种选举中，如果**到时候**还指望发生真正的反抗已经成立的政府的行动，那么事情就会变得很糟。

　　这个家伙在官吏和士兵中间肯定能得到100万张选票。在国内的波拿巴分子中间能得到50万张选票，也许还要多一些。还会有50万胆小的市民，也许还要多一些，投票赞成他。再加上50万愚蠢的农民和100万张统计时加上的票，已经有350万张票了，而老拿破仑在一个包括整个莱茵河左岸和比利时在内的足有3 200万居民的帝国里所得到的票数也不过这么多。他对此怎么还会一时感到不满足呢？如果他得到了这么多的票，那么即使有100万张票反对他，资产者很快也会倒向他那一边。但是也可能他得不到250万张票，可能（虽然这是对法国官吏的诚实要求过高）他无法通过加票的办法给自己增加100万张票。无论如何，这在很大程度上取决于他被迫在这个时候所采取的那些措施。可是，在投票开始以前，谁能阻止官吏们把几百张赞成票投入选举箱呢？报刊已不再存在——没有人能对此进行核实。

证券又开始下跌,无论如何这对克拉普林斯基[100]是很不利的,而路易·勃朗现在不得不承认英国是自由的国家,无论如何这对他也是很不利的。

过几个月,红色党人必然又会得到可以表现自己的机会,也许就是在投票的时候;但是,如果到那时他们又是等待,那我对他们就不抱什么希望了,因为在这种情况下,他们就是在最严重的商业危机中也会一无所得,而只能遭到一顿把他们赶出舞台好几年的痛打。如果这些败类竟忘记了战斗,那么他们还有什么作用呢?

皮佩尔又回到伦敦了吗?我想委托他到法兰克福去办理书籍的事,但不知道他是否还在布赖顿。

现在你同勒文塔尔打交道遇到了困难,真是糟糕。如果合同已签订,那就再好不过了。

利物浦市场平稳,还是昨天的价格,曼彻斯特的市场很稳定。一部分多余的货物正运往黎凡特。市场上仍然没有德国的买主。

你的 弗·恩·

1852年

32
马克思致约瑟夫·魏德迈
纽　约

1852年3月5日于伦敦
索霍区第恩街28号

亲爱的魏维：

　　……至于讲到我，无论是发现现代社会中有阶级存在或发现各阶级间的斗争，都不是我的功劳。在我以前很久，资产阶级历史编纂学家就已经叙述过阶级斗争的历史发展，资产阶级经济学家也已经对各个阶级作过经济上的分析。我所加上的新内容就是证明了下列几点：(1)**阶级的存在仅仅同生产发展的一定历史阶段**相联系；(2)阶级斗争必然导致**无产阶级专政**；(3)这个专政不过是达到**消灭一切阶级**和进入**无阶级社会**的过渡……

33

恩格斯致马克思

伦　　敦

1852年3月18日［于曼彻斯特］

亲爱的马克思：

　　……你信中谈的关于琼斯的事使我非常高兴，只是我现在时间少极了，否则我要多寄些文章给他。但是查理①还没有从德国回来，并且，除了给《论坛报》写文章和给我的老头儿②写每周报告以外，每星期还要按时给琼斯和魏德迈写文章，对于一个整天埋头于商行事务的人来说，这未免太繁重了。何况我必须最终学完我的斯拉夫语。¹⁰¹像过去那样从兴趣出发，我整整一年都毫无收获，但是因为已经开始学了，并且已经到了不能丢下的程度，所以现在我必须经常用一些时间来学习。最近两个星期我在努力啃俄语，现在差不多学完了语法，再用两三个月丰富必要的词汇，我就可以开始学别的东西了。我必须今年学完斯拉夫语，其实这些语言并不太难。除了这种学习引起我对语言学的兴趣之外，还有一个想法，那就是在下一场大型政治历史剧¹⁰²上演时，我们当中至少有一个人对那些恰好立即就会与之

---

①查·勒兹根。——编者注
②恩格斯的父亲老弗里德里希·恩格斯。——编者注

发生冲突的民族的语言、历史、文学以及社会制度的特点有所了解。说实在的,巴枯宁之所以捞到了一点东西,只是由于谁也不懂俄语。而这种把古代斯拉夫公社所有制变成共产主义和把俄罗斯农民描绘成天生的共产主义者的陈旧的泛斯拉夫主义的骗人鬼话,将会再次十分广泛地传播。

此外,在老奥康瑙尔确实疯了以后,现在琼斯绷紧了所有的弦是非常正确的。目前时机对他有利,如果公民嘿普嘿普乌拉①再脱离出去,琼斯的成功就有保证了。就我所看到的一切来说,宪章派[69]已经彻底分崩离析,同时又缺乏有能力的人才,因此,他们或者是完全各奔东西,分裂成小集团,即实际上变成财政改革派[67]的真正的尾巴,或者是由一个能干的人在全新的基础上进行改组。琼斯走在完全正确的道路上,我们也许可以说,如果没有我们的学说,他不可能走上正确的道路,也决不会发现:怎样才能一方面不仅保持工人对工业资产者的本能的阶级仇恨(这是宪章派改组的唯一可能的基础),而且还加强和发展这种仇恨,并把它当做进行教育宣传的基础;另一方面,站在进步的立场上来反对工人的反动欲望及其偏见。如果哈尼先生继续这样做下去,那他还会感到惊讶:支持他的那个狂热拥护者集团将很快把他踢开,就连他刊登在他的大便纸上的考斯丘什科及其他"爱国者"的照片也救不了他……

---

①乔·哈尼。——编者注

1853年

34
恩格斯致约瑟夫·魏德迈

纽　　约

1853年4月12日于曼彻斯特

亲爱的魏德迈：

……**我们的党**这次在完全不同的征兆下出场，这太好了。1848年为了反对纯粹民主派和南德共和派而不得不加以捍卫的一切社会主义**蠢事**，路易·勃朗的荒谬观念等等，甚至**我们**为了在混乱的德国局势中给我们的观点寻求支点而不得不提出的种种东西——所有这一切，现在我们的反对者先生们，卢格、海因岑、金克尔等人都要出来捍卫了。无产阶级革命的预备条件，为我们准备战场和扫清道路的种种措施，例如一个统一的、不可分割的共和国¹⁰³等等，**我们**当时为了**反对**某些人而必须加以捍卫的东西（实现或至少要求这些东西，本来是这些人天然的正常的使命），——这一切现在都已经得到了承认，这些先生们已经学会了这一切。这一次我们可以直接从《**宣言**》①开始，这也多亏了科隆案件⁹⁶，在这个案件中德国的共产主义（特别是由于勒泽尔）通过了毕业考试。

---

　　①马克思和恩格斯《共产党宣言》，见《马克思恩格斯文集》第2卷。——编者注

恩格斯致约瑟夫·魏德迈(1853年4月12日)

　　当然,这一切只涉及理论;在实践中,我们将一如既往,不得不首先要求措施坚决和毫不容情。麻烦也就出在这里。我感到,由于其他政党都一筹莫展和委靡不振,我们的党有一天不得不出来执政,而终究要去实行那些并不直接符合我们的利益,而是符合一般革命的利益、特别是小资产阶级利益的东西;在这种情况下,由于受到无产阶级大众的推动,由于受到我们自己所发表的、或多或少已被曲解的、而且在党派斗争中多少带着激昂情绪提出来的声明和计划的约束,我们将不得不进行共产主义的实验,并实行跳跃,但这样做还不是时候,这一点我们自己知道得非常清楚。这样做,会掉脑袋——但愿只在肉体方面——,会出现反动,并且在全世界能够对这种事情作出**历史的**判断以前,我们不仅会被人视为怪物(这倒无所谓),而且会被人看成笨蛋(那就糟透了)。我看不出还能有别的什么结果。在德国这样一个落后的国家里,由于它有一个先进的政党并且同法国这样一个先进的国家一起被卷入先进的革命,所以只要一发生严重的冲突,只要一出现**真正的危险**,这个先进的政党就不得不采取行动,而这对它来说无论如何是**为时过早的**。然而这无关紧要,重要的是在我们党的**文献**中为我们党应对这样的局面预先作历史的辩护。

　　此外,我们这次登上历史舞台也将比上次体面得多。第一,在人员方面我们已经幸运地摆脱了昔日的所有废物——沙佩尔、维利希及其同伙;第二,我们在某种程度上终究是壮大了;第三,我们可以寄希望于德国的年轻一代(即使没有别的东西,仅科隆案件就足以为我们保证这一点);最后,我们大家都从流亡生活中学到了不少东西。自然,我们中间也有一些人遵循这样的原则:我们干吗要刻苦学习呢,那是马克思老爹的事儿,他的职责就是什么都要懂。不过,一般说来,马克思派学习是相当刻苦的,当你看到流亡者中间还有些蠢驴到处搬用一些新词句并被弄得糊里糊涂的时候,你就会明白,无论绝对地说还是相对地说,我们党的优势都已经增大了。这也是必要的,因为艰巨的工作还在前头……

35

马克思致恩格斯

曼 彻 斯 特

1853年6月2日于[伦敦]

索霍区第恩街28号

亲爱的弗雷德里克:

……你来信中关于希伯来人和阿拉伯人的那一部分①使我很感兴趣。顺便提一下:(1)可以证明有史以来所有的东方部落中定居下来的一部分和继续游牧的一部分之间的**一般**关系。(2)在穆罕默德时代,从欧洲到亚洲的通商道路有了很大改变,同印度等地有过大量贸易往来的一些阿拉伯城市在商业方面已经衰落了,这当然也是个推动。(3)至于宗教,可以归结为一个一般的、从而是易于回答的问题:为什么东方的历史**表现为**各种宗教的历史?

在论述东方城市的形成方面,再没有比老弗朗索瓦·贝尔尼埃(他在奥朗则布那里当了九年医生)在《大莫卧儿等国游记》中描述得

---

① 见恩格斯1853年5月26日前后给马克思的信。——编者注

马克思致恩格斯(1853年6月2日)

更出色、更明确和更令人信服的了。他还出色地记述了军事状况,以及供养这些庞大军队的做法等等。关于这两个问题,他写道:

"骑兵是主要部分,如果不把那些随军的全部仆役和商贩同真正的战斗人员混在一起,步兵并不像传说的那样多。如果把全部人员都算上,那么光是跟随国王的军队就足足有20万—30万;有时,例如在确定国王要长久离开首都的时候,军队的人数就还要多。但是,所有这一切并不使人感到奇怪,因为随军队走的有令人难以置信的大量帐篷、炊具、服装、家具,甚至常常还有妇女,因此又有象、骆驼、牛、马、脚夫、粮秣采购员、各种商人和仆役,只要了解国家的情况和独特的管理制度,对所有这一切就不会感到奇怪,因为**国王是国中全部土地的唯一所有者**,由此必然产生的结果是,整个**首都**,如德里或阿格拉,几乎完全靠军队生活,因此当国王要在某个时期出征时,全城的人都得随同前往。这些城市一点也不像巴黎,**它们实际上是军营**,只不过比设在旷野的军营稍微舒适一些和方便一些而已。"

关于大莫卧儿率领40万人的军队征讨克什米尔等等,他说:

"这样庞大的一支军队,这样多的人和牲口在行军中靠什么生活,如何生活,是难以理解的。要理解这一点,只要这样设想一下就够了(实际上也的确如此):印度人在饮食方面非常节制和简朴,庞大的骑兵队伍在行军时吃肉的人不到十分之一,甚至不到二十分之一。只要有基什里(大米饭和蔬菜的混合物,再浇上点炼过的油),他们就心满意足了。还要知道,骆驼是极其耐劳和耐饥渴的,它们吃得很少,并且吃什么都行。只要一驻扎下来,赶骆驼的人就把它们赶到野地里去放牧,它们在那里找到什么就吃什么;其次,在德里开设小铺的商人,有义务在行军中开设小铺,小贩等也是如此…… 最后,至于饲料,所有这些贫苦的人分散到周围各个村庄去买一些,并靠此赚点钱。他们最主要、最常用的办法是,用镰刀一类的工具到整个野地里去割草,把割下的草抖掉土或洗干净,再拿到军队里去卖……"

贝尔尼埃正确地看到,东方(他指的是土耳其、波斯、印度斯坦)一切现象的基础是**不存在土地私有制**。这甚至是了解东方天国的一把真正的钥匙……

36

恩格斯致马克思[104]

伦　敦

[1853年]6月6日晚上于曼彻斯特

亲爱的马克思：

……不存在土地私有制，的确是了解整个东方的一把钥匙。这是东方全部政治史和宗教史的基础。但是东方各民族为什么没有达到土地私有制，甚至没有达到封建的土地所有制呢？我认为，这主要是由于气候和土壤的性质，特别是由于大沙漠地带，这个地带从撒哈拉起横贯阿拉伯、波斯、印度和鞑靼[105]直到亚洲高原的最高地区。在这里，农业的第一个条件是人工灌溉，而这是村社、省或中央政府的事。在东方，政府总共只有三个部门：财政(掠夺本国)、军事(掠夺本国和外国)和公共工程(管理再生产)。在印度的英政府对第一和第二个部门进行了调整，使两者具有了更加庸俗的形态，而把第三个部门完全抛开不管，结果断送了印度的农业。在那里，自由竞争被看成极丢脸的事。土壤肥力是靠人工达到的，灌溉系统一旦遭到破坏，土壤肥力就立即消失，这就说明了用其他理由难以说明的下述事实，即过去耕种得很好的整个整个地区(巴尔米拉，佩特拉，也门废墟，以及埃及、波斯和印度斯坦的某些地区)，现在一片荒芜，成了不毛之地。这也说明了另一个事实，即一次毁灭性的战争足以使一个国家在数世纪内荒无人烟，文

恩格斯致马克思(1853年6月6日)

明毁灭。依我看来,穆罕默德以前阿拉伯南部商业的毁灭,也属于这类现象,你认为这一点是伊斯兰教革命的一个重要因素[1],是完全正确的。我对公元最初六个世纪的商业史了解得不够,所以无法判断,一般的世界物质条件究竟使人们在多大程度上宁愿选择经波斯到黑海和经波斯湾到叙利亚和小亚细亚这条通商道路,而不选择经红海的道路。但是,无论如何下列情况起了巨大的作用:商队在萨珊王朝的秩序井然的波斯王国中行走比较安全,而也门在公元200—600年间则几乎一直受到阿比西尼亚人的奴役、侵略和掠夺。在罗马时代还很繁荣的阿拉伯南部各城市,在7世纪已经成了荒无人烟的废墟;毗邻的贝都因人在这500年内编造了一些关于他们起源的纯粹神话般的无稽传说(见古兰经和阿拉伯历史学家诺瓦伊里的著作),这些城市里的碑文所使用的字母几乎完全没有人能认识了,尽管那里并**没有第二种字母**,所以,实际上**这种文字**已被遗忘了。造成这种情况的原因,除了一般的商业状况所引起的排挤,还有直接的暴力破坏,这种破坏只能用埃塞俄比亚人的入侵来说明。阿比西尼亚人的被驱逐大约发生在穆罕默德前40年间,这显然是阿拉伯人的民族感觉醒的第一个行动,此外,这种民族感也受到从北方几乎直逼麦加城的波斯人的入侵的激发。只是这几天我才着手研究穆罕默德本身的历史。不过,目前我觉得,这段历史具有贝都因反动势力反对那些定居的、但日益衰落的城市农民的性质,这种农民当时在宗教方面也已极端败落,他们把衰败的犹太教和基督教同衰败的自然崇拜混合在一起。

老贝尔尼埃写的东西[2]的确很好。重读一个头脑健全而又清醒

---

①见本卷第111页。——编者注
②参看本卷第111—112页。——编者注

的法国老人的一点东西是非常愉快的,他总是能切中要害,而他自己却好像没有意识到这一点似的……

37

马克思致恩格斯

曼 彻 斯 特

1853年6月14日于伦敦
索霍区第恩街28号

亲爱的弗雷德里克:

……美国国民经济学家**凯里**出版了一本新著:《国内外的奴隶制》。这里所说的"奴隶制",是指各种形式的奴役、雇佣奴隶制等等。他给我寄了一本他的著作,他一再引用我的话(《论坛报》上的),时而把我称做"新近的英国作家",时而又把我称做"《纽约论坛报》的通讯员"。[106]我曾对你说过,此人在他过去出版的全部著作中,都是论述资产阶级社会的经济基础的"和谐",并把一切祸患归因于国家的多余的干涉。国家是他最憎恶的东西。现在他却唱另一种调子了。一切祸患都要归咎于大工业的集中化的影响。而这种集中化的影响又要归咎于英国,因为它使自己成为世界工厂,并使其他一切国家倒退到野蛮的、脱离工场手工业的农业中去。而要为英国的罪过负责的又是李嘉图—马尔萨斯的理论,特别是李嘉图的地租理论。无论是李嘉图的理论还是工业的集中化,其必然结果都将是共产主义。为了避免这

马克思致恩格斯(1853年6月14日)

一切,为了以地方化和散布在全国各地的工厂与农业的联盟来同集中化相对抗,我们这位极端自由贸易派终于建议实行**保护关税**。为了避免他认为应当由英国负责的资产阶级工业的影响,他这个真正的美国佬找到了一条出路,这就是在美国本土人为地加速这种发展。此外,由于他反对英国,因此他**像西斯蒙第那样**称颂瑞士、德国和中国等国的小资产阶级制度。而正是这个家伙,曾经由于法国和中国相似而不断地嘲笑法国。这本书里唯一真正有意思的地方,是把过去英国在牙买加等地的黑奴制同美国的黑奴制加以对比。他指出,牙买加等地的大部分黑人常常是新输入的野蛮人,因为在英国人的虐待下,黑人不仅不能维持他们原有的人口,而且每年新输入的黑人中总有三分之二死亡,而美国现在的一代黑人则是当地出生的,他们多多少少已经美国化了,会说英语,等等,因此**有能力求得解放**。

《论坛报》当然竭力替凯里的这本书吹嘘。它们二者确实有共同点,它们在西斯蒙第的博爱主义社会主义的反工业化的形式下,替美国主张实行保护关税的资产阶级即工业资产阶级说话。《论坛报》虽然大谈各种"主义"和社会主义的空话,却能够成为美国的"一流报纸",其秘密也就在于此。

你那篇关于瑞士的文章①当然直接打击了《论坛报》的"社论"(反对集中化等等)和**它的**凯里。我在第一篇论印度的文章②中继续了这场隐蔽的战争,在这篇文章中把英国消灭当地工业当做**革命**行为来描述。这会使他们很不高兴。然而,不列颠人在印度的全部统治

---

①恩格斯《瑞士共和国的政治地位》,见《马克思恩格斯全集》中文第2版第12卷。——编者注

②马克思《不列颠在印度的统治》,见《马克思恩格斯文集》第2卷。——编者注

是肮脏的,直到今天还是如此。

亚洲这一地区的停滞性质(尽管有政治表面上的各种无效果的运动),完全可以用下面两种相互促进的情况来解释:(1)公共工程是中央政府的事情;(2)除了这个政府之外,整个国家(几个较大的城市不算在内)分为许多**村社**,它们有完全独立的组织,自成一个小天地。在一份议会报告中,对这种村社是这样描写的:

> "从地理上看,一个村社就是一片占有几百到几千英亩耕地和荒地的地方;从政治上看,它很像一个地方自治体或市镇自治区。每一个村社都是,而且实际上看来过去一直是一个单独的村社或共和国。官吏:(1)**帕特尔**,在不同的语言中也被称为谷德、曼狄尔等等,是居民首脑,一般总管村社事务,调解居民纠纷,行使警察权力,执行村社里的收税职务……(2)**卡尔纳姆**、善姆波或浦特华里,负责登记事宜。(3)**塔利厄尔**或**斯图尔华**和(4)**托蒂**,是村社和庄稼的守护人。(5)**内干提**按照地块的大小来分配河流或水库的水。(6)**约西**或占星师,宣布播种和收获的时间,以及对各种农活吉利或不吉利的日子或时刻。(7)**铁匠**和(8)**木匠**,制造粗笨的农具和盖比较简陋的农舍。(9)**陶工**,为村社制造各种器皿。(10)**洗衣匠**,洗涤衣服……(11)**理发师**。(12)**银匠**,他往往同时也是村社中的**诗人**和**教师**。另外还有**婆罗门**管祭祀。从远古的时候起,这个国家的居民就在这种简单的自治制的管理形式下生活。村社的边界很少变动;虽然村社本身有时候受到战争、饥荒和疫病的严重损害,甚至变得一片荒凉,但是同一个名称、同一条村界、同一种利益、甚至同一个家族却一个世纪又一个世纪地保持下来。居民对于各个王国的崩溃和分裂毫不关心;只要他们的村社完整无损,他们并不在乎村社转归哪一个政权管辖,或者改由哪一个君主统治,反正他们内部的经济生活始终没有改变。"[107]

帕特尔多半是世袭的。在某些这样的村社中,全村的土地是共同耕种的,但在大多数情况下是每个土地所有者耕种自己的土地。在这种村社内部存在着奴隶制和种姓制[47]。荒地作为公共牧场。妻子和女儿从事家庭纺织业。这些田园共和国只是怀着猜忌的心情防范邻近村社侵犯**自己村社的边界**,它们在新近刚被英国人侵占的印度西北部还相当完整地存在着。我认为,很难想象亚洲的专制制度和停滞状态有比这更坚实的基础。英国人虽然已经使这个国家大大地爱尔兰化了,但是打破这种一成不变的原始形态毕竟是欧洲化的必要条件。只靠税吏是不能完成这项任务的。要破坏这些村社的自给自足的性质,必须消灭古老的工业。

在爪哇东海岸的巴厘岛,印度人的这种组织还完整地和印度人的宗教一起保存了下来,它的痕迹和印度人的影响一样,在整个爪哇随处可见。至于**所有制问题**,这在研究印度的英国著作家中是一个引起激烈**争论的问题**。在克里什纳以南的同外界隔绝的山区,似乎确实存在土地私有制。至于在爪哇,如前**英国**驻爪哇总督斯坦福·拉弗尔斯爵士在他的《爪哇史》中指出的,在这个"可以获得相当可观的地租的"国家中,全部土地的绝对所有者是君主。无论如何,伊斯兰教徒似乎首先从原则上确定了在整个亚洲"不存在土地私有制"。

关于上面提到的村社,我还要指出,它们在摩奴法典[108]中就已经出现,在这部法典中它们的整个组织是这样的:一个高级税吏管辖10个村社,以后是100个,再后是1 000个。

请赶快给我来信。

你的 卡·马·

38

马克思致阿道夫·克路斯

华 盛 顿

1853年10月5日于[伦敦]
索霍区第恩街28号

亲爱的克路斯：

……关于凯里和李嘉图的地租理论：

(1)如果我们假定,像凯里所希望的那样,地租只是资本利润的另一种形式,或者更确切地说,**利息**的另一种形式,那么李嘉图的理论不会被驳倒,而只会**被简化**。经济对立,就其最一般的表现而言,简直可以说同资本和雇佣劳动之间,利润(和利息)和工资两个方面之间的对立是一回事。即使同财产**内部的**资本的对立消除了(因为我们先撇开由于**分工**而形成的各**类**资本之间的对立,然后撇开各个资本家之间的对立),**同财产**的对立却会更加普遍。

(2)当然,我知道,好汉凯里为了使理论臻于完善,还把**利润**(包括利息)归结为工资的**另一种**形式。但是,比如说,基督教是否只是与天主教不同的**另一种**宗教形式呢?它们的对立、矛盾和斗争——他谈的就是这个问题——是否会因为二者都是**宗教**而消失呢?可见,即使认为利润和工资只是劳动收入的两种**不同**形式,也没有把它们调和起来,只不过是把它们的**区别**作了**简化的**表述而已。

他是如何规定它们的**异在**的呢?利润是**过去**劳动的工资。工资是**直接的现在的劳动**的利润。妙极了!他从这里得到了什么呢?当前的即**现实的**劳动所希望的正是挣脱被奴役状态,即对**过去的、物化的**劳动的奴隶般依附状态;**劳动**希望摆脱**劳动成果**强迫它所处的被奴役状态。封建制度的旧法律也**曾经**是当时人民活动的反映。我们是否愿意因此而服从它们呢?

可见,凯里**充其量**不过是把"资本压迫劳动"的说法变成"过去的劳动压迫现在的劳动"这样一种说法。

此外,还有一个问题:我**如何去掌握过去的劳动**?靠劳动?不是。一方面,靠继承,另一方面,靠过去的劳动同现在的劳动的**欺骗性的**交换。假设等量的过去的劳动同等量的现在的劳动相交换,那么过去的劳动的占有者只有在他还拥有可以交换的相应的份额时,才可以继续使用它,而他本人到了一定的时刻就必须重新开始劳动。

(3)凯里认为**土地的**逐渐**贫瘠化**是李嘉图地租理论的基础,说明他根本不理解这个理论本身。正如我在反驳蒲鲁东的著作中所证明的①,李嘉图把纯工业条件产生的那种土地占有形式当成全部历史的"永恒自然规律",于是他就犯了资产阶级经济学的通病。他的理论只是对充分发展的资产阶级社会来说才是正确的。**商业**形式的地租——他唯一谈到的形式——在其他情况下是根本不存在的。可见,在**不同**历史时期人们耕种的始终是好地而不是坏地这一论断,他是丝毫不顾及的。**从历史上来看**,一个时期的**好地**在另一个时期根本不能认为是土地。顺便提一下,李嘉图所谈的不仅是土地的**自然**状况,

---

①马克思《哲学的贫困》,见《马克思恩格斯文集》第1卷第640—641、643—644页。——编者注

而且还有**所处位置**,**社会成果**,社会特点。

我在反驳蒲鲁东的书中还指出过,**土地肥力**是一种纯粹相对的东西。随着化学科学及其在农业中的运用的不断变化,从社会方面来看,土地肥力及其肥沃**程度**也在发生变化,而这是与我们有关的唯一的肥力。

(4)就一定的社会状态而言(**假定**这个社会不是社会一般,而是充分发展的资产阶级社会,国家有一定的人口密度等等),甚至李嘉图理论的这一部分——这是他的体系非实质性的部分——也是正确的。

第一,各类土地上投入**资本**相同,具有同样有利的销售条件;它们的地租由于什么会有差别呢?只是由于土地的**自然**肥力。这一点构成了地租的**水平**。

在上述假设条件下,人们在什么情况下会在质量差的土地上种小麦或开采低产的煤矿呢?情况就是:小麦或煤炭的价格提高到可以耕种或经营低产的土地和矿场的程度。**可见**,**坏地的生产费用决定好地的地租**。(这是李嘉图的规律。)

第二,这是否排斥肥力**不断增长**这一事实呢?因而,这是否包括马尔萨斯的意思呢?绝对不是。

如果一等地是好地,然后是二、三、四等地等等,而且肥力递增十倍,则一、二、三、四等地等等之间的比例关系不变。如果肥力由于化学领域的发明而大大提高,以致只要有一、二、三等地就足够了,那么四等地便无人耕种。在这种情况下,地租决定于三等地的生产费用(假定它等于3)。如果还需要耕种四等地(假定它的生产费用等于4),那么一等地的地租(假如它的生产费用等于1)就应当$=4-1=3$,三等地的地租$=3-1=2$,二等地的地租$=2-1=1$。而现在一等地的地租应当＝2,二等地的地租＝1,三等地的地租＝0。如果土地肥力提高到只需要耕种一等地即最好的地,那么,地租就会**完全消失**。

(5)李嘉图理论的基础不是地租学说,而是**商品的价格**决定于**商品的生产费用**这一规律。但是,这个规律不应当理解为**个别**商品的价格决定于它的生产费用,而应当理解为在最不利的条件下生产的商品——生产它的**必要性**取决于需求——决定所有**其他同类商品**的价格。例如,如果需求量很大,以致生产价格为20先令1夸特的面粉能够在市场售出,那么生产费用为19、18、17、15先令等等的面粉1夸特也都卖20先令。市场价格是由上市的**最贵的**1夸特的生产费用来调节的,市场价格超出用较低的消耗所生产的面粉的生产费用的差额调节着地租。那么,地租是从哪里产生的呢?不是像李嘉图所认为的那样从土地产生的,而是从**市场价格**和调节市场价格的规律中产生的。如果只值15先令(包括利润)的1夸特不卖20先令,而卖15先令,那么它就不可能带来5先令的地租。为什么它能带来5先令的地租呢?因为市场价格由生产费用为20先令的面粉所调节。为了能有面粉供应市场,**一般**市场价格必定是**20先令**。可见,为了抛开地租,不应当从仁爱角度来解释它,而应当抛开**市场价格**规律,进而抛开一般价格的规律,即抛开资产阶级经济学的整个体系。

关于这个问题今天就谈到这里。

你的　卡·马·

如果是质量相同和所处位置同样有利的地块,那么地租当然**仅仅**决定于投入土地的资本的多少。这一点连李嘉图也不否认。在这种情况下,地租不过是固定资本的利息。如果不存在本来的**特定**意义上的地租,那么也就不存在地租同资本和劳动的特定对立,这正像说在既没有投入劳动也没有投入资本的地方也不存在资本和雇佣劳动之间的对立一样正确。在这种情况下反而存在利润和利息之间,食利者(通常意义上的)和工业资本家之间的对立。租佃者向投资于土地的人支付的钱越少,他的利润就越多,反之亦然。租佃者和他的地主(虽然后者仅仅从投入土地的资本中取得利息)像以往一样是相互敌对的。

对凯里来说,下述情况是最好的:

假定劳动**产品**是5,利润和利息=2,地租=1,工资=2。如果由于劳动生产率的提高,**产品**增加一倍而变成10,那么地租就会=2,利润和利息=4,工资=4。就这一点来说,每一种收入的增加都可以**不由劳动来负担**,而且不致造成土地所有者、资本家和工人相互敌对,但是:

(1)把这种**最好的情况**当做现实,只不过是使所有三种对立——地租、利润、工资——深化,而在相互关系方面实质上没有失去任何东西。

(2)它们要**相对地**提高或降低只能靠**相互**牺牲。在上述例子中,比例构成是1:2:2。如果这种比例数等于2:4:4,难道比例会变吗?但是,如果工资=5,利润=3,地租=2,那么,三种收入的**比例**就会发生变化。那时,利润就会相对**降低**,虽然它的绝对数还是增长了。

(3)如果认为,只要**劳动总产品**增长,应参加分配这种产品的三个阶级就会**均等**地分享这种增长,那就太幼稚了。当利润增长20%时,工人必须通过罢工才能提高工资2%。

(4)**总产品增长的条件从一开始就排除增长的这种相对均等的性质。**如果总产品是由于分工的改进而增长,或者是由于更广泛地采用机器而增长,那么工人一开始就处于比资本家不利的地位。如果总产品是由于土地肥力的提高而增长，那么土地所有者就处于比资本家不利的条件。

39

马克思致阿道夫·克路斯

华　盛　顿

1853年10月18日于伦敦

索霍区第恩街28号

亲爱的克路斯：

……**地租**。我在《贫困》中举过英国的一个例子：在一定的科学发展水平上认为是不肥沃的土地，在科学有了进一步发展的时候就变为比较肥沃的土地。①我可以指出一个具有普遍意义的事实，在整个中世纪，特别是在德国，主要是耕种**重黏土**土地，因为这些土地**原来**就比较肥沃。但是，最近四五十年来，由于种植马铃薯、养羊并因此而上了肥料等等，**轻沙土**土地提到了首位，这尤其是因为它们不需要花钱搞排水设施等等；另一方面，化肥很容易补充这种土壤所缺少的东西。由此可以看出，"肥力"，甚至"**天然**"肥力在多大程度上是**相对而言的**。同时也可以看出，凯里先生认为人们总是从**肥力最差**的土地开

---

①马克思《哲学的贫困》，见《马克思恩格斯文集》第1卷第645—646页。——编者注

始,他是多么不了解情况,甚至在历史方面也是这样。他根据什么得出这样的结论呢?根据这样的事实:热带沼泽地非常肥沃,而要加以开垦则需要文明。但是热带沼泽地本身对杂草来说是肥沃的,而对有益的草类决非如此。文明显然产生在**小麦**野生的地区,小亚细亚等等的某些地区就是这样。历史学家很有道理地把这样的土地,而不是把生长有毒植物和需要花很大的工夫耕耘才能使之成为**对人类来说是**肥沃的土地,称为**自然**沃土。肥力本来只是土地同人类需要的一种关系,它不是绝对的。

李嘉图的规律只适用于**资产阶级**社会。在那里只有资产者**本身**同土地发生相互关系,而一切农民的(或封建的)或宗法的关系都被排除,因此,在那里这个规律以它最纯粹的形式出现,即首先对开采贵金属的**矿场**和种植像甘蔗和咖啡这样的**经济作物**的**种植园**发生作用。关于这个问题,下次再详谈。在这两种情况下,资产者首先从纯商业的观点来看待对土地的使用和利用……

1854年

40

恩格斯致亨利·约翰·林肯

伦　　敦

[草稿]

1854年3月30日于曼彻斯特

圣玛丽街南门街7号

阁下：

我不揣冒昧,现在自荐为贵报**军事专栏**撰稿。我想,这一建议会得到赞同,尽管自愿效劳的人目前并不担任军职,而且还是一个外国人。

我认为,主要问题在于撰稿人是否真正有能力。在这方面,最好的证明是一系列关于各种军事题目的论文。这些论文,您如果愿意,可以让任何一个军事问题权威加以审阅。越权威越好。我非常愿意把我的论文交给威廉·纳皮尔爵士去评论,而不愿意交给一个二流的专家。

但是,我不能期望,在您不太了解我的情况下,会愿意对我进行考察。因此,请允许我自我介绍:我曾在普鲁士炮兵里受过军事教育。普鲁士炮兵虽然不像它本来可以达到的那样好,但却培养出了一批人,他们,正如我们的朋友尼古拉所说的,使"土耳其炮兵成为欧洲最好的炮兵之一"。后来,我又参加了1849年南德意志起义战争时期的战斗行动[76]。多年来,对军事科学的所有部门进行研究已成为我的主要工作之一,而我当时发表在德文报刊上的论述匈牙利战局的一些论文[109]有幸取得的成功,使我确信我的研究没有白费气力。我对欧洲大多数语言都比较熟悉,其中包括俄语、塞尔维亚语,也略懂罗马尼亚语,这就使我有可能利用一些最好的报道资料,也许这在其他方面对您也有用处。至于用英语正确而流利地写作的能力,您从我的文章中自然可以了解。关于我的其他一切情况,如果您想了解,我也乐于奉告,您也可以从您的教育问题撰稿人瓦茨博士那里得知,我同他相识已经有十多年了。

前些时候我就有意向您提出这种建议,但是我想,这个问题未必会使您感兴趣,因为当时还没有正式宣战,而对多瑙河战略的一切**评论**还只限于一些深奥的探讨性意见,即对于在保加利亚不可思议的行动,阿伯丁勋爵应负多少责任,奥美尔帕沙应负多少责任。现在情况不同了。局部战争只能是战争的**假象**,欧洲战争必然成为现实。此外,我承认还有一个原因也阻止了我。那时我还不像现在这样,拥有必要的关于战区和作战双方的地图、计划和专门资料,而如果不是以我所能得到的最好的资料作根据,我连一行字都不愿意寄给您。

我不仅不在战场,而且(至少目前如此)也不在贵报编辑部驻地,这一情况在很大程度上限定了我向您提供的稿件的性质。我的文章将限于描写现在正进行战斗行动的那部分战场的情况;评述交战军队的军事组织和兵力,它们取胜的可能性及可能进行的战役;仔细地评估正在进行的战斗;有时也**综述**(用法国术语来说)一个月或一个半月的作战情况,这要依情况而定。因为要正确判断实际上发生的事情必须有最充分的资料,所以我写作时将很少只根据电讯,而一般要等较详细的材料。如果我的文章能因此而写得好一些,就是迟一两天也没有什么要紧。因此,至少最近我不一定要去伦敦。如果您希望我的文章选题更广泛一些,我也不反对,并且期待您的建议。

如果您对我的建议表示欢迎,我过几个月大概可以完全迁到伦敦去。在此以前,如果合适的话,我可以去同您洽谈。

至于政治,我将尽量不把它同军事评论牵连在一起。在战争中,只有一条正确的政治路线:以最快的速度全力以赴地进行战争,粉碎敌人并迫使敌人接受战胜者的条件。如果同盟国政府这样做,我将承认他们的行动。如果它们设置障碍,束缚自己指挥官的手脚,我将反对这种行动。我真希望把俄国人狠狠揍一顿,但是如果他们仗打得好,那我会像一个真正的士兵那样,给这些魔鬼作出应有的评价。此外,我还将坚持一个原则,即军事科学像数学和地理学一样,并无特殊的政治见解……

1855年

41
马克思致恩格斯

曼 彻 斯 特

1855年3月8日于[伦敦]
索霍区第恩街28号

亲爱的恩格斯：

　　……不久前我又仔细研究了奥古斯都时代以前的(古)罗马史。国内史可以明显地归结为小土地所有制同大土地所有制的斗争,当然这种斗争具有为奴隶制所决定的特殊形式。从罗马历史发端以来就起着重要作用的债务关系,只不过是小土地所有制的自然的结果……

1856年

42
马克思致恩格斯

曼 彻 斯 特

[1856年]4月16日于伦敦

　　……前天为纪念《人民报》的创刊举行了一个小型宴会。这次我接受了邀请，因为目前的形势似乎要求我这样做，尤其是因为在所有的流亡者中只有我**一个人**（像《人民报》所披露的那样）受到邀请，而且还让我第一个举杯祝酒，即由我提议为无产阶级在各国取得统治权而干杯。因此我用英语发表了一个简短的演说①，但是我不让它刊登出来。我想达到的目的已经达到了。塔朗迪埃先生（他不得不花两个半先令买了一张入场券）以及其余一切法国的和其他的流亡者团伙都确信：我们是宪章派的唯一"亲密的"盟友；虽然我们不作公开的表示并且听凭法国人公开向宪章派献媚，我们仍然有能力随时重新占据历史上已经属于我们的地位。使这点变得更加必要的是，在前面已经提到的2月25日由皮阿主持的群众大会上，德国大老粗**谢尔策尔**（老滑头）发表了演说，并且以实在骇人听闻的施特劳宾人[42]的方式指责德国的"学者"即"脑力劳动者"抛弃了他们（大老

---

　　①马克思《在〈人民报〉创刊纪念会上的演说》，见《马克思恩格斯文集》第2卷。——编者注

粗),从而使得他们在其他民族面前丢丑。你在巴黎的时候就已知道这个谢尔策尔。我又和朋友**沙佩尔**见了几次面,我发现他是一个正在痛心忏悔的罪人。他近两年来所过的闭门幽居生活,看来对他的智力有相当大的磨炼。你知道,把这个人争取过来,尤其是把他从维利希手里争取过来,无论如何是好事情。沙佩尔现在对磨坊街①的大老粗非常恼怒。

你给施特芬的信我一定转交给他。莱维的信你本来应当留下。凡是我不请求退还的信件,你全都这样处理吧。信件越少通过邮局越好。我完全同意你对莱茵省的看法。对我们说来糟糕的是,遥望未来,我看到某种带有"背叛祖国"味道的东西。我们是否会被迫处于美因茨俱乐部派[110]在旧革命中所处的境遇,这在很大程度上要看柏林情况的转变如何。这将不是轻而易举的。我们是多么了解莱茵河彼岸我们那些英勇的兄弟啊!德国的全部问题将取决于是否有可能由某种再版的农民战争来支持无产阶级革命。如果那样就太好了……

---

①伦敦德意志工人教育协会所在地。——编者注

43

恩格斯致马克思

伦 敦

1856年5月23日于曼彻斯特

亲爱的马克思：

在我们的爱尔兰之行[111]中，我们从都柏林出发到西海岸的戈尔韦,接着向北往内地20英里,转利默里克,沿香农河而下,前往塔伯特、特拉利、基拉尼,最后返回都柏林。行程总共约450—500英里,因此看到了整个国家的三分之二左右。都柏林同伦敦的关系,就像杜塞尔多夫同柏林一样,它完全保持了昔日小王都的特点,而且是完全按英国式样建筑的;但是除了都柏林,整个国家,特别是各个城市,看起来就像法国或意大利北部一样。宪兵、教士、律师、官吏和贵族地主,触目皆是,而工业却一无所有,所以,如果没有农民的贫困这一相应的对立面,就难以理解所有这些寄生虫是靠什么生活的。到处都可以看到"惩治措施",政府对任何事情都要干涉,根本谈不上所谓自治。可以把爱尔兰看做英国的第一个殖民地,而且是这样一个殖民地,它由于靠近宗主国,仍然被直接用旧的方式统治着,在这里已可以看出,英国公民的所谓自由是建立在对殖民地的压迫上的。我无论在哪个国家都没有见过这么多宪兵,而普鲁士宪兵醉醺醺的形态,在爱尔兰这些装备了马枪、刺刀和手铐的警察身上,已发展到了登峰造极的地步。

废墟是这个国家的特色,最古老的有5—6世纪的,最新的有19世纪的,还有各个中间阶段的。最古老的全是教堂,1100年以后的是教堂和宫殿,1800年以后的是农舍。在整个西部,特别是在戈尔韦地区,这类倒塌了的农舍遍地皆是,它们多半是在1846年以后才被废弃的,我从来没有想到饥荒竟能这样现实地感受到。[112]整个整个的村庄荒无人烟,其间有一些较小的地主的漂亮花园,几乎只有他们还住在那里;这些人多半是律师。这种情况是由饥荒、移民和清扫领地[113]共同造成的。田野上甚至看不到牲畜,土地成了谁也不要的不折不扣的荒地。在戈尔韦南面的克莱尔郡,情况稍微好一些,那里毕竟还有牲畜;利默里克附近的丘陵地带主要由苏格兰农场主进行了精心耕作,废墟已被清除,这个地方看上去较为殷实;西南部是山地和沼泽,但也有非常繁茂的森林,接着又是很好的牧场,特别是在蒂帕雷里;而在靠近都柏林的地方,可以看出,土地正在逐步落到大农场主手里。

这个国家由于英国人从1100年到1850年所进行的侵略战争(这种战争以及戒严状态的确延续了这么长的时间),遭到了彻底的破坏。从大部分废墟可以看出,这是由于战争的破坏造成的。这样一来,人民也形成了他们特殊的性格,尽管他们对爱尔兰充满民族狂热,但感觉自己不再是自己国家的主人。爱尔兰属于撒克逊人!这一点现在正在成为现实。爱尔兰人知道,他们不可能同那些在各方面都拥有优越手段的英格兰人竞争;向外移民将持续下去,直到居民身上占主导地位的、甚至几乎是独有的凯尔特人的性格完全消失为止。爱尔兰人曾多少次想尽力取得一些成就,但是每次都遭到了惨败,不论在政治方面还是在工业方面。他们由于老受压迫,已经被人为地变成了一个完全赤贫的民族;大家知道,他们现在干的行业就是:为英国、美国、澳大利亚等地输送妓女、短工、皮条客、小偷、骗子、乞丐以及其他游民。这种贫困也渗透到贵族中间。在其他任何地方,地主都已经资产阶级化,而在这里却完全贫困化了。他们的住宅四周是非常漂亮的大花园,但附近却是一片荒地,看不出从哪里能弄到钱。这些家伙给人一种可笑的印象。他们都是混血种,多半是身材高大、强壮、漂亮的小伙子,在他们的大鹰鼻下面都留着一丛大胡子,硬装出退伍上校的样子,周游全国各地,以追求一切可能的欢乐,但是,如果一打听,就会知道,他们腰无分文,债务缠身,而且时刻提心吊胆,怕被送上债务法庭[114]。

关于英国统治这个国家的方式方法——压榨和行贿(在波拿巴试图运用这类方式方法以前很久就运用了),你如果不马上来这里的话,我准备下次再谈。你看呢?

你的 弗·恩·

1857年

44
马克思致恩格斯

赖 德

1857年9月25日[于伦敦]

亲爱的恩格斯：

……你的《军队》①一文写得非常好，只是它的分量之大就像给了我当头一棒，因为这么多的工作一定会损害你的健康。如果我知道你一直要工作到深夜，那我宁愿让这一切见鬼去。

军队的历史比任何东西都更加清楚地表明，我们对生产力和社会关系之间的联系的看法是正确的。一般说来，军队在经济的发展中起着重要的作用。例如，薪金最初就完全是在古代的军队中发展起来的。同样，罗马人的军役特有产②是承认非家长的动产的第一种法律形式。同样，工匠③公会是行会制度的开端。大规模运用机器也是在军队里首先开始的。甚至金属的特殊价值和它作为货币的应用，看来最初(格林石器时代以后)也是以它在军事上的作用为基础的。部门

---

①恩格斯《军队》，见《马克思恩格斯全集》中文第2版第16卷。——编者注

②指古罗马家庭中处于父权支配下的家庭成员在服役期间取得的并由他们自己直接占有和经管的财产。——编者注

③指古代罗马人军队里的作业队或军事工匠。——编者注

内部的分工也是在军队里首先实行的。此外,市民社会[46]的全部历史非常明显地概括在军队之中。如果今后有时间,你应当从这个观点去探讨这一问题。

在我看来,你在叙述中忽略的地方只有以下几点:(1)雇佣军制度以完备的形式一下子大规模地第一次出现在迦太基人当中(为了我们个人的需要,我将查考一本最近才知道的、一个柏林人写的关于迦太基军队的著作[①]);(2)15世纪和16世纪初意大利军队制度的发展。无论如何,战术方法是在这里发展起来的。同时,马基雅弗利在他所著的《佛罗伦萨史》中极其有趣地描写了雇佣兵队长的作战方式(我将摘要寄给你)。[115](不过,如果我去布赖顿看你——什么时候?[②]——,我不如把马基雅弗利写的书带给你。《佛罗伦萨史》是一部杰作。)最后,(3)亚洲的军事制度,最初出现在波斯人中间,但后来在蒙古人和土耳其人等等中间则被改得面目全非了……

---

①威·伯蒂歇尔《迦太基史》1827年柏林版。——编者注
②马克思大约于1857年9月30日在布赖顿和恩格斯见面。——编者注

马克思1850—1856年在伦敦的住所(索霍区第恩街28号)

45

马克思致恩格斯

曼 彻 斯 特

1857年12月8日［于伦敦］

亲爱的弗雷德里克:

当我在楼上给你写上一封信①的时候,我妻子在楼下被一群饿狼包围,他们以"困难时期"为借口逼她要钱,而她没有。(幸好,几天以后,从德国寄来了15英镑,使灾难推后了一两星期。)所以,在这样的情况下,我的信就写得杂乱无章,不过还不那么严重,发信以后的当天晚上我就想起了信中的错误,还对我妻子说,如果我竟让债户们凭着应该由他们自己承兑的票据去拿钱,那你的脸该拉得多长,等等。我一直在设想你会如何以巧妙的方式向我详细解释这一切,并以此来逗她高兴(她因同各种坏蛋打"小型战争"而感到非常苦恼)。但是我怎么也没有想到,你却把我这个荒谬的错误称之为"小误会"。谢谢您这种宽大,先生!

至于事实本身,根据《经济学家》的说法,明辛街和马克街②的先生们的确是用他们的产品作抵押又获得了贷款,不过大约从上**星期**

---

①马克思1857年11月24日给恩格斯的信。——编者注

②明辛街是伦敦殖民地商品批发商业的中心,马克街是粮食交易所的所在地。——编者注

三起,这种活动已经停止了.特别是谷物的价格,有几天甚至有上涨的趋势,但是由于法国的允许自由输出谷物和面粉的法令,每280磅又跌了3先令(这里说的是面粉);由于波罗的海沿岸的谷物价格猛跌,昨天谷物价格也大大下跌.(注意:波拿巴的这个措施,在法国只有一时的效果,法国的价格略微上涨,但这种上涨立即使至今还没有投入法国市场的供货进一步增加.)这里有些粮商已经破产,但暂时还只是一些小商行以及一些签订了长期谷物供售合同的粮食投机商.春季,从美国将运来大量的货物.一到英国不堪重负的时候,法国人就会不计价格用谷物轰击英国.依我看——如果按照老规矩,目前将有几次丰收——,废除谷物法65的后果在英国**只是现在**才影响到大地主和农场主,而且以前的农业灾难将十分自然地重新出现.工业繁荣带来的国内贸易的良好情况和多年的歉收,使这种实验不可能在1847—1857年期间进行,也使废除谷物法变为一纸空文.116

《论坛报》那里发生了一件令人十分惬意的事情.11月6日我在给它写的一篇解释1844年银行法117的文章①中说,过不了几天就会上演这个法令暂停生效的滑稽戏,但也不该认为这种金融恐慌有多么大的作用,因为问题的实质在于当前的工业崩溃.《论坛报》以社论的形式刊登了这篇文章.《纽约时报》(它处于伦敦《泰晤士报》的附庸的地位)在三天后回答《论坛报》说,第一,银行法**不会**暂停生效,并像印刷所广场118的金融评论员那样吹捧这个法令,宣称所谓英国"工业崩溃"的说法"简直是荒谬的".这是24日的事.而隔了一天,它就接到大西洋号的电报说,银行法**暂停**生效,同时还传来工业危机的消

---

①马克思《1844年银行法和英国金融危机》,见《马克思恩格斯全集》中文第2版第16卷.——编者注

息。然而,妙的是,现在劳埃德-奥弗斯顿发表演说,公开解释他狂热地拥护1844年法令的真正原由。他说,这项法令能使"那些善于算计的人"从商业界榨出20%—30%。

大肆叫嚣反对"劳动权"的资本家们,现在到处请求政府给予"公共支持",在汉堡、柏林、斯德哥尔摩、哥本哈根和英国本国(以银行法暂停生效的形式)宣称,要牺牲公众的利益维持自己的"利润权",这真是太妙了。同样妙不可言的是,汉堡的小市民拒绝今后再周济资本家。

在这整个事件中,法国的情况和大部分英国报刊对此所作的评论,都是令人奇怪的。如果说在美国危机以后,人们曾拿从容不迫的、镇静的商人约翰牛来同乔纳森大哥作对比,那么现在则拿笨伯雅克来同约翰牛作对比。在这方面,伦敦《经济学家》的巴黎通讯员十分天真地说:

> "尽管情况表明确实会发生恐慌,尽管法国人早就显示出他们随时随地都会因一点点小事情而陷于恐慌,然而却一点没有**恐慌的倾向**。"

尽管法国的资产阶级具有乐观的性格,然而它现在一想到恐慌就感受到恐慌,这当然最好地表明了,这一次法国的恐慌意味着什么。而巴黎资产者的高尚的气质,不会比汉堡防止恐慌协会[119]的活动有更大的效果。

上星期日的《观察家报》报道说,由于关于动产信用公司[120]的令人不快的流言到处传播,大家都涌入交易所,不惜一切代价抛售自己的股票。法国的资本——尽管贝列拉先生发现它具有**世界主义的**天性——在商业本身中照旧是胆怯、吝啬和谨慎的。投机狂(它反过来的确又成为**稳固的**商业和工业的前提)其实只存在于国家直接或间接作为**真正的企业主**的那些部门。像法国政府这样的大资本家,即使成为自在的(借用黑格尔的说法)破产者,还是可以比私人资本家多维持些日子,这是毫无疑问的。现在,法国实际上正竭力实行禁止贵金属输出的警察措施,而同时又不计价格地加大新收获的产品——谷物、丝、酒等等——的对外输出,这一切曾有几个星期制止了贵金属从法兰西银行外流。尽管如此,贵金属还是会外流的,而且只要外流达到像1856年(10月)那样的规模,一切都会完蛋。同时,法国的厂主对待他们的工人是这样冷酷无情,好像从没有发生过革命似的。这样更好。另一方面,波拿巴先生正在把法兰西银行变为那些陷于停顿的铁路工程的企业主。一当贵金属开始外流,下一个步骤大概就是发行阿西涅币。如果这家伙有胆量,而且还**能够**体面地给军队发饷,那么我们不久就会看到精彩的序幕。

你关于曼彻斯特情况的叙述使我很感兴趣,因为报纸对这些情况避而不谈。

我现在发狂似地通宵总结我的经济学研究[121],为的是在洪水之前至少把一些基本问题搞清楚。

祝好。

你的 卡·马·

你的**健康情况**如何?你已很久没有报告了。

因为鲁普斯对我们的**危机**预言作经常的记录,请你告诉他,根据上星期六的《经济学家》的解释,1853年的最后几个月、1854年全年、1855年秋季和"1856年的突然转变"期间,欧洲只是勉强躲过逼近眼前的危机。

46

马克思致恩格斯

曼 彻 斯 特

1857年12月18日［于伦敦］

亲爱的弗雷德里克：

……我的工作量很大，多半都要工作到早晨四点钟。工作是双重的：(1)写完政治经济学原理[121]。(这项工作非常必要，它可以使公众认清事物的实质，也可以使我自己摆脱这个讨厌的东西。)

(2)**当前的危机**。关于这个问题，除了给《论坛报》写的文章外，我只是做做笔记，但是花费的时间却很多。我想，到春天，我们可以**合**写一本关于这个问题的小册子①，以便**重新提醒**德国公众：我们还在，还和过去一样。我备了三个大笔记本——英国、德国、法国。至于美国，全部材料《论坛报》上都有。这些材料可以以后整理。此外，希望《卫报》尽可能**每天**寄来。一下子整理一星期或五六天的报纸，往往事倍功半，而且会出差错。

在法国(在商业中)，特别是在**勒阿弗尔**，"德国人"可能开始大吵大闹；总之，现在就要开始注意他们。此外——且不谈这个破产的国家的普遍腐化——，在马赛和波尔多，在外来者的加入和干预把卑鄙

---

① 马克思的这个意图没有实现。——编者注

的癞蛤蟆①身上那种卑鄙渺小的吝啬和胆怯打掉的一切地方,贸易方面的情况都特别糟糕。的确,只有在这样一个呆滞不动的国家,一个动产信用公司[120]的存在才是可能和必然的。对"各国的救世主"越是了解,就越是不喜欢他。

你一有时间,就给我写信,因为过后你会把那些对我们十分有用的危机"丑闻"都忘掉的;我要把它们从你的信中摘出,分别记入几个主要的笔记本中……

---

①指法国庸人。——编者注

1858年

47
马克思致恩格斯

曼 彻 斯 特

1858年1月16日［于伦敦］

亲爱的弗雷德里克：

……你的身体见好，使我非常高兴。我却又一连吃了三个星期的药，今天才停止。我经常夜间工作，工作时虽然只喝些柠檬水，但是抽了大量的烟。不过，我取得了很大的进展。例如，我已经推翻了迄今存在的全部利润学说。完全由于偶然的机会——弗莱里格拉特发现了几卷原为巴枯宁所有的黑格尔著作，并把它们当做礼物送给了我——，我又把黑格尔的《逻辑学》浏览了一遍，这在材料加工的**方法**上帮了我很大的忙。如果以后再有工夫做这类工作的话，我很愿意用两三个印张把黑格尔所发现、但同时又加以神秘化的方法中所存在的**合理的东西**阐述一番，使一般人都能够理解……

48

马克思致恩格斯

曼 彻 斯 特

1858年2月1日于[伦敦]哈弗斯托克小山
梅特兰公园路格拉弗顿坊9号

亲爱的弗雷德里克:

五英镑收到了。看来,两封信同时送到(一封信我是星期四发的,另一封信是星期五发的)这件事,说明邮局扣留流亡者的信,并加以检查等等。

新确定的"B"字头条目是:《比达索阿》(会战)、《布伦海姆》(同上)、《缅甸》(战争)、《博马尔松德》(围攻)、《博罗季诺》(会战)、《布雷西亚》(强攻)、《桥头堡》、《毕洛夫》、《布达》(围攻)、《贝雷斯福德》、《崖路》。德纳说"其中大多数我以前曾经向您要过",这是弄错了。他**把**你的"B"字头条目单同他**自己**的混淆了。他自己只要求写下面的条目:

《炮座》、《棱堡》、《刺刀》、《巴克莱-德-托利》、《炮兵连》、《会战》、《贝姆》、《卞尼格先》、《贝尔蒂埃》、《贝尔纳多特》、《贝西埃尔》、《露营》、《掩障》、《布吕歇尔》、《勃鲁姆》、《玻利瓦尔》、《爆炸弹》、《炮手》、《轰击》、《双桅炮艇,防弹工事,炮艇》、《垛墙》、《博斯凯》、《布里安》、《桥》(浮桥)、《布朗》(乔治爵士)、《布吕讷》、《毕若》。(所有这些,蠢驴都已经收到了。)

《弹射器》的材料(不多)我已给你准备好。《野营》的大部分也已经准备好了(不过,关于希腊的野营我还需查阅**瓦克斯穆特**写的《希腊古代》,关于犹太人的野营还需查阅德韦特的著作[①])。由于必须列举许多各种各样的枪栓等等,《雷管》[②]写得很详细。要不是德纳提出了新的要求,我早就把这篇讨厌的东西搞完了。现将这些乱七八糟的东西一起寄给你。此外,我每次去博物馆,都要查许多材料,一眨眼时间就到了(现在仅开馆到四点)。而且到那里还要走路。这样就浪费了许多时间。

明快的拉萨尔所写的《晦涩哲人赫拉克利特》,实际上是一部非常无聊的作品。赫拉克利特借以阐明肯定和否定的统一的许许多多形象,拉萨尔都一一提到了,并趁此机会给我们献出黑格尔《逻辑学》中的某些片断,而这样做却未必能使这一逻辑学增色;他还总是长篇大论,就像个小学生那样要在一次作业中证明,他已经把它的"本质"、"现象"以及"辩证过程"都掌握了。如果一个小学生作这样的抽象推理,那么可以肯定,他的思维过程只能准确地按照开好的方子、按照神圣化了的形式进行。我们的拉萨尔也正是这样。看来这个家伙试图通过赫拉克利特来阐明黑格尔的逻辑学,而且丝毫不知疲倦地一再重复这个过程。他竭力炫耀他的博学。但是每一个内行人都知道,只要有时间和金钱,并且像拉萨尔先生那样,能够随心所欲地叫人直接把波恩大学图书馆的书送到家里去,拼凑这样一个引文展览是不费什么事的。可以看出,这个家伙自以为

---

①威·德韦特《古犹太考古学教科书,附古犹太史简述》。——编者注
②《雷管》这个条目没有收入《美国新百科全书》。——编者注

戴上这种闪闪发光的语文学的装饰品就显得非常伟大，他的一举一动完全像一个生平第一次穿上时髦衣服的人那样优雅。因为大多数语文学家都**不**具备赫拉克利特常用的思辨概念，所以每个黑格尔分子都有无可争辩的特长——能理解语文学家所不理解的东西。（如果一个人不精通**德国**哲学，而因为他学习希腊语，就精通了**希腊**哲学，这倒是很奇怪的。）拉萨尔先生不是简单地把这一点看成不言而喻的事情，而是把这一切用冒牌的莱辛方式奉送给我们。这是以烦琐的法学家的方式拿黑格尔的解释去反对语文学家因缺乏专门知识而弄错的解释。这样一来，我们就得到双重的享受：首先，给我们完整地转述了我们几乎已经淡忘的辩证事物；其次，给我们拿出这种"思辨的遗产"，把它当做拉萨尔先生的一种特别的语文学—法学方面的博学多才去反对非思辨的语文学家。可是，不管这个家伙怎样大言不惭，说什么赫拉克利特迄今为止就像天书一般，其实他对黑格尔在《哲学史》中所说的**绝对没有**加进**一点新的东西**。他不过说得详细一点，而要做到这一点，两个印张自然就完全够了。这家伙更没有想到要披露关于辩证法本身的某些批判思想。把赫拉克利特的全部片断印在一起，也不见得印满半个印张。只有用可怕的"人"①的钱印书的家伙，才能以这样的借口把60印张的两卷书奉献给世人。

"晦涩哲人赫拉克利特"有一句名言，他想用这句名言解释一切事物向它们的对立面的转化，他说："金变万物，万物变金。"拉萨尔说，黄金在这里就是货币（这是正确的），而货币就是价值。②也就是

---

① 指索·哈茨费尔特伯爵夫人。——编者注

② 参看斐·拉萨尔《爱非斯的晦涩哲人赫拉克利特的哲学》1858年柏林版第1卷第222—223页。——编者注

说,是观念的东西,是一般,是一(价值),而物则是实在的东西,是特殊,是多。他利用这一惊人的论断,是为了在一条冗长的注释中说明他在政治经济学这门科学中的发现的重大意义。每句话都有错误,但都是用惊人的自负的口气说出来的。我从这样一条注释中看出,这个家伙竟打算在他的第二部大作中用黑格尔的方式来阐述政治经济学[122]。但是他会遗憾地看到:通过批判使一门科学第一次达到能把它辩证地叙述出来的那种水平,这是一回事,而把一种抽象的、现成的逻辑体系应用于关于这一体系的模糊观念上,则完全是另外一回事。

但是,正如我在接到他的第一封妄自尊大的信以后马上写给你的信中所说的,老年黑格尔派和语文学家们发现在一个享有伟大革命家声誉的青年人身上居然有这样古老的气质,实际上一定是感到高兴的。此外,他向各个方面阿谀奉承和卑躬屈膝,以期博得好评。这玩意儿我一浏览完,马上就寄给你。

祝好。

你的　卡·马·

49

马克思致斐迪南·拉萨尔

杜塞尔多夫

1858年2月22日于伦敦哈弗斯托克小山

梅特兰公园路格拉弗顿坊9号

亲爱的拉萨尔：

　　纳特现在已经把《赫拉克利特》①寄给我。一俟读完，就把意见告诉你。但是，你得耐心地等一些时候，因为恰好目前我的空闲时间特别少。对于斯多亚派[123]，我个人没有研究过他们在自然哲学方面对赫拉克利特的态度，因为我觉得他们在这个学科上就像小学生那样认真。相反，关于伊壁鸠鲁则可以详细地指出：虽然他是以德谟克利特的自然哲学为出发点，但是他到处都把问题要点颠倒过来。至于西塞罗和普卢塔克没有理解这一点，那几乎无可责怪，因为像培尔，甚至像黑格尔本人这样的聪明人都没有想到这一点。不过，对黑格尔这样一个最早了解全部哲学史的人，是不能要求他在细节上也不犯错误的。

　　你大概已经从报上看到，帕麦斯顿垮台了。最了解这个老骗子手的人大多倾向于这样的看法：他近来**故意**犯一些错误，为的是暂时

---

　　①斐·拉萨尔《爱非斯的晦涩哲人赫拉克利特的哲学》1858年柏林版。——编者注

退出舞台。他们说，他一生的最终目的就是挑起英法之间的战争，他目前以为已经达到了这一点，先借他人之手来实现**自己的**计划，等到把局面搞得混乱不堪无法收拾的时候，国家就会被迫重新召他回来。这种想法或许太狡猾了，但是帕姆的退职决不**违背他的意愿**，这一点我认为是毫无疑问的。

至于你的表弟①，有一点我可以同意，不过我仍然认为《新闻报》不会同意。124那就是，我所能承担的，是每星期写**一篇**文章，谈谈贸易、金融等等，谈谈英、法、美三国的情况，根据兴趣而定。这也是抨击波拿巴的**最可行的**形式。其次，这种形式可以使我在政治上绝对避免与《新闻报》产生关系。我认为，目前特别是对**法国的**金融状况以及法国的总的经济情况，普遍都是一无所知。试问，《新闻报》，或者更确切地说，它的读者，是否对这一切有足够的兴趣？关于这一点，当然他们自己最清楚。每星期写这样一篇文章，我希望能得到一英镑。此外，请先给我寄来几号《新闻报》，以便我能确定我的信念是否允许给该报撰稿。无论如何，承蒙你的表弟在这件事情上想到我，请代我向他致谢。

我想把我的经济学著作121的进展情况告诉你。事实上，最近几个月来我都在进行最后的加工。但是进展很慢，因为多年来作为主要研究对象的一些题目，一旦想最后清算它们，总是又出现新的方面的问题，引起新的考虑。加之，我并不是我的时间的主人，而宁可说是它的仆人。给我自己留下的仅仅是夜里的时间，而肝病的经常侵袭和复发，又使这种夜间工作受到妨碍。在这样一种情况下，如果我能把全部著作不定期地分册出版，那对我来说是最合适的了。这样做也许还有一个好处，就是比较容易找到出版商，因为他在这上面只要投入少

---

①麦·弗里德兰德。——编者注

量流动资本就行了。能不能在柏林找到一个出版商,如果你能打听一下,我当然非常感谢。我所指的"分册",就是像费舍的《美学》那样陆续出版的东西。

应当首先出版的著作是**对经济学范畴的批判**,或者,也可以说是对资产阶级经济学体系的批判叙述。这既是对上述体系的叙述,又是在叙述过程中对它进行的批判。我还一点儿都不清楚全部著作究竟有多少印张。假如我有时间、安宁和资金,能把全部著作好好加工一番再拿去出版,那么,我会把它大大压缩,因为我一向喜欢简要叙述的方法。而以这种分册的形式(也许更便于读者理解,但无疑会损害形式)陆续出版,必然会使这部著作写得长一些。**请注意**:一旦你打听清楚能**不能**在柏林办这件事,就请写信告诉我,因为如果那里不成,我想在汉堡试一下。另外还有一点,就是承办这件事的出版商必须**付钱**给我——这可能使整个事情在柏林告吹。

叙述(我指的是叙述的方式)是完全科学的,因而按一般意义来说并不违反警方规定。全部著作分成六个分册:1. 资本(包括一些绪论性的章节);2. 土地所有制;3. 雇佣劳动;4. 国家;5. 国际贸易;6. 世界市场。当然,我有时不能不对其他经济学家进行批判,特别是不能不反驳李嘉图,因为作为资产者,李嘉图本人也不能不犯**即使从严格的经济学观点看来**的错误。但是,总的来说,关于政治经济学和社会主义的批判及历史应当是另一部著作的对象。最后,对经济范畴或经济关系的发展的简短**历史概述**,又应当是第三部著作的对象。末了,我预感到,在我进行了15年研究工作以后的今天,当我能够动笔的时候,也许会受到外部暴风雨般的运动的干扰。这没有关系。如果我完成得太晚,以致世界不再关心这类东西,那显然是我自己的过错……

50
马克思致恩格斯

曼 彻 斯 特

1858年3月2日［于伦敦］

亲爱的弗雷德里克：

……再者,你能否告诉我,你们隔多少时间——例如在你们的工厂——更新一次机器设备?拜比吉断言,在曼彻斯特大多数机器设备平均每隔五年更新一次。[①]这种说法在我看来有点奇怪,不太可信。机器设备更新的平均时间,是说明大工业巩固以来工业发展所经过的多年周期的重要因素之一……

---

①参看查·拜比吉《论机器和工厂的节约》1832年伦敦版第285页。——编者注

51
恩格斯致马克思

伦　　敦

1858年3月4日于曼彻斯特

亲爱的摩尔：

　　……关于机器设备的问题很难作出确切的答复，但无论如何拜比吉是十分错误的①。最可靠的标准是每个厂主每年在自己机器设备的折旧和修理上扣除的百分率，这样，厂主在一定时期内就全部补偿了他的机器费用。这一百分率通常为7.5%，因此，机器设备的费用在十三年零四个月内就可以由每年收入中的扣除部分予以补偿，也就是说可以无亏损地使机器设备完全得到更新。例如，我有价值1万英镑的机器，一年以后我编平衡表时，

从10 000英镑中

扣除7.5%的损耗 ·························750英镑

9 250英镑

修理费 ·····························100英镑

现在机器的价值为：·····················9 350英镑
第二年底我从10 000英镑中扣除7.5%

---

　　①参看查·拜比吉《论机器和工厂的节约》1832年伦敦版第285页。——编者注

和从100英镑中扣除7.5% ············· 757英镑10先令

8 593英镑10先令

修理费 ···························· 306英镑10先令

现在全部机器价值为 ················ 8 900英镑

依此类推。的确,十三年零四个月是段很长的时间,在这期间会有许多破产事件和变化发生,人们会转向其他生产部门,出售旧机器,引进新的改良办法。不过,如果这种计算不是基本正确的话,那么,在实践中早就会加以修改。卖出去的旧机器也不是马上就变为废铁,它们可以在还用得着它们的小纺纱厂厂主等等中间找到买主。我们这里使用的机器有运转了不下20年的,如果到这里的衰败的老企业去看一看,就可以在那里看到至少已用了30年的非常陈旧的机器。大多数机器只有少许零件被磨损,这些零件过五六年就必须更换,而如果机器的主要原理没有被新的发明所排挤,那么磨损的零件甚至在15年以后也是非常容易更换的(我这里专门讲纺纱机和粗纺机),因此对这种机器的寿命就难以确定精确的界限。而且,近20年来纺纱机的改良几乎全部都是在现有的**机架**上进行的,在大多数情况下,都是改进个别细小部分。(诚然,梳棉机的滚筒加大是一项重大改良,在生产**优**等棉纱时,就要排挤旧机器,但是,旧机器对于生产普通等级的棉纱在很长时期内还是完全适用的。)

拜比吉的断言是如此荒谬,如果它符合真实情况,那么英国的工业资本就应该不断减少,而钱也白花了。一个工厂主在四年中把他的全部资本周转五次,也就是在五年中周转$6\frac{1}{4}$次,这样,除了10%的平均利润外,他每年还应当靠大约四分之三的资本(机器设备)赚20%,以便有可能无亏损地补偿旧机器设备的损耗,即收回25%。

因此,全部商品的成本就会大大提高,甚至会超过因工资增长而提高的幅度,那么,机器的好处在哪里呢?每年付出的工资约占机器设备价格的三分之一(简单的纺织厂当然要少一些),而耗损要占五分之一,——这是可笑的。可以肯定,在英国大工业的一般企业中没有一个企业是每隔五年就更新一次机器设备的。谁要是这样蠢,那在第一次更新时就必然遭到破产,因为旧机器设备即使非常不好,也比新的合算,并可以进行廉价得多的生产,因为市场不是依那些对每磅棉纱还要算上15%的损耗的人定的,而是依那些只加价6%(大约为7.5%的年损耗的五分之四)因而售价低廉的人定的。

10—12年的时间足以改变大部分机器设备的性能,因而多多少少使它得到更新。在十三年零四个月的时间里自然会发生破产事件、修理费极贵的重要部件的损坏等等,这一类的偶然事件会使这个期限缩短一些,但肯定不会少于10年……

52
马克思致恩格斯

曼 彻 斯 特

1858年3月5日 [于伦敦]

亲爱的弗雷德里克:

　　……非常感谢你对机器设备的说明。13年这个数字,就其必要性说来,与理论是相符的,因为它为大体上与大危机重现的周期相一致的工业再生产的周期确定了一个**计量单位**,而危机的过程从它们重现的时间来看,当然也是由截然不同的另一些因素所决定的。在大工业直接的物质先决条件中找到**一个**决定再生产周期的因素,对我来说是很重要的。在机器设备的再生产不同于流动资本的再生产这个问题上,使人不禁想起摩莱肖特派,他们像经济学家那样,也是很不重视骨骼更新周期的长短,而满足于人体的整个更新周期的平均数。另一个问题我也只需要一个例证,哪怕是大概的,例如在你们工厂里,或者更确切地说在一般工厂的营业中流动资本在原料和工资上是如何分配的?你们平均有多大一部分流动资本存进银行?其次,你们在自己的簿记里是怎样**计算**周转的?理论上的规律在这里十分简单明了。不过,这一切在实践中是什么样的,有一个概念还是好的。商人的计算方法比起经济学家的计算方法来,在某种程度上自然是建立在更多的幻想上面;但是另一方面,他们以实践中的幻想纠正经济学家们的理论上的幻想。你谈到10%的利润,我想你在这里没有把资本的利息计算进去,利息大概是和利润同时出现的。我在《工厂委员会的第1号报告》①中找到下列数据作为例证:

投在厂房和机器上的资本 …………10 000英镑
流动资本 ……………………………7 000英镑
500 英镑为10 000 英镑固定资本的利息
350 英镑为流动资本的利息
150 英镑为租金,国家税和地方税
650 英镑为6.5%的固定资本损耗折旧基金
─────────
1 650 英镑

①指《工厂调查委员会。皇家委员会中央评议会的第1号报告》。——编者注

1 100 英镑为意外费用(?)、运输、煤、油
————————
2 750 英镑

2 600 英镑为工资和薪金
————————
5 350 英镑

10 000 英镑购买约40万磅原棉(每磅6便士)
————————
15 350 英镑

16 000 英镑是363 000磅纱的价值。价值为16 000。**利润**为650，或为4.2%左右。这里工厂工人的工资约为六分之一。

的确，在这种情况下全部利润，包括资本利息，只有10%左右。但是为厂主的利益写作的西尼耳先生却指出曼彻斯特的平均利润为15%(包括资本利息)。[125]很遗憾，在上述材料中没有说明工人的**人数**；也没有说明所谓的**薪金**和真正意义上的**工资**之间的比例。

其实，就是最优秀的经济学家，甚至李嘉图本人，一旦走进资产阶级的思维怪圈，便陷于纯粹幼稚的妄谈。昨天我偶然看到李嘉图写的下面一段话，又使我清楚地看到这一点。你记得，那位始终坚持极其陈腐的观点的亚·斯密断言，对外贸易与国内贸易相比，对国家的生产活动只有一半的推动力，等等。李嘉图举了下面的例子予以反驳：

"我认为斯密的论据是错误的，因为——虽然斯密假设的是葡萄牙和英国两国的资本——用在对外贸易的资本总要比用于国内贸易的资本多一倍。假定苏格兰用1 000英镑的资本生产亚麻布，用以交换英格兰的以同量资本生产的丝绸。在这两个地方花费了2 000英镑和相应的劳动量。如果英格兰发现，拿它从前输往苏格兰的丝绸可以从德国换取更多的亚麻布，而苏格兰发现，它用它的亚麻布从法国换取的丝绸要比它以前从英格兰得到的更多的话，那么，英格兰和苏格兰就会停止相互之间的直接贸易，而国内消费品贸易就会让位于对外贸易。但是，即使这一贸易中增添了两笔资本，即德国的资本和法国的资本，难

道苏格兰和英格兰就不再花费以前在国内贸易中所花费的那样多的资本，不再投入那样多的产业劳动量了吗？"①

在上述情况下，德国将不是向法国而是向英格兰买丝绸，而法国将不是向德国而是向苏格兰买亚麻布，这种假设竟出自像李嘉图这样的人，真有些不可思议。

托马斯·图克这位朋友死了，他的死标志着英国的最后一个还有点影响的经济学家消失了……

53

马克思致恩格斯

曼　彻　斯　特

1858年4月2日［于伦敦］

亲爱的弗雷德里克：

……下面是第一部分的简单纲要。这一堆讨厌的东西将分为六个分册：1.资本；2.土地所有制；3.雇佣劳动；4.国家；5.国际贸易；6.世界市场。

一、**资本**又分成四篇。(a)资本一般（**这是第一分册的材料**）；(b)**竞争**或许多资本的相互作用；(c)**信用**，在这里，整个资本对单个的资本来说，表现为一般的因素；(d)**股份资本**，作为最完善的形式（导向

---

① 大·李嘉图《政治经济学和赋税原理》1821年伦敦版第420页。——编者注

马克思致恩格斯(1858年4月2日)

共产主义的),及其一切矛盾。从资本向土地所有制的过渡同时又是历史的过渡,因为现代形式的土地所有制是资本对封建土地所有制和其他土地所有制发生影响的产物。同样,从土地所有制向雇佣劳动的过渡不仅是辩证的过渡,而且也是历史的过渡,因为现代土地所有制的最后产物就是雇佣劳动的普遍确立,而这种雇佣劳动就是这一堆讨厌的东西的基础。好吧(今天我感到写东西困难),我们现在来谈"主要对象"①。

(一)**资本**。**第一篇**。**资本一般**。(在整个这一篇里,假定工资总是等于它的最低额。工资本身的运动,工资最低额的降低或提高放在论雇佣劳动的那一部分去考察。其次还假定:土地所有制=0,就是说,对土地所有制这一特殊的经济关系在这里还不加以考察。只有这样,才能在研究每一个别关系时不致老是牵涉到一切问题。)

1.**价值**。纯粹归结为劳动量;时间作为劳动的尺度。使用价值(无论是主观上把它看做劳动的有用性,或者客观上把它看做产品的有用性)在这里仅仅表现为价值的物质前提,这种前提暂时完全退出经济的形式规定。价值本身除了劳动本身没有别的任何"物质"。首先由配第②大致指出、后来由李嘉图③清楚地加以阐明的这种价值规定,只是资产阶级财富的最抽象的形式。这种规定本身就已经假定:(1)原始共产主义的解体(如印度等);(2)一切不发达的、资产阶级前的生产方式(在这种生产方式中,交换还没有完全占支配地位)的解体。虽然这是一种抽象,但它是历史的抽象,它只是在一定的社会经

①原文是"corpus delicti",直译是:犯罪构成。这里指研究的主要对象。——编者注

②威·配第《赋税论》1667年伦敦版。——编者注

③大·李嘉图《政治经济学和赋税原理》1821年伦敦版。——编者注

济发展的基础上才能产生出来。对价值的这个规定提出的一切反对意见,不是以比较不发达的生产关系为出发点,就是以下面这种混乱的思想为根据,即把比较具体的经济规定(价值是从这些规定中抽象出来的,因而另一方面也可以把这些规定看做价值的进一步发展)拿来与这种抽象的不发展的形式中的价值相对立。由于经济学家先生们自己弄不清这种抽象同资产阶级财富的后来的各种比较具体的形式有什么关系,这些反对意见就或多或少地被认为是有道理的。

从价值的一般特点(这也是后来表现在货币中的那些一般特点)同它表现为某种商品的物质存在等等之间的矛盾中产生出货币这个范畴。

2.货币。

关于作为货币关系体现者的贵金属的几点说明。

(*a*)**作为尺度的货币**。对斯图亚特、阿特伍德和乌尔卡尔特的**观念的**尺度的几点评论;在劳动货币的鼓吹者(格雷、布雷等人,顺便给蒲鲁东主义者一些打击)那里则以比较容易理解的形式表述出来。[126]转变为货币的商品价值,是商品的**价格**,这种价格暂时只是在同价值的这种**纯粹形式上的**区别中表现出来。根据一般的价值规律,一定数量的货币只表现一定数量的对象化劳动。就货币是尺度来说,货币自身的价值的变化无关紧要。

(*b*)**作为交换手段的货币或简单的流通**。

这里要考察的只是这种流通的简单形式本身。给这种流通以进一步的规定的一切情况都和这种形式无关,因此留待以后再考察。(这一切情况都以比较发达的关系为前提。)如果我们用W表示商品,用G表示货币,那么,简单的流通就表现为以下两种循环运动或两种终结:W—G—G—W和G—W—W—G(后者构成了向*c*的过渡),但是出发点和复归点决不重合,或者只是偶然重合。经济学家所提出的所谓规律,大多数不是在货币流通本身的范围内观察货币流通,而是把它看做从属于较高级的运动并由这种运动所规定的东西。这一切都应当撇开不谈。(一部分属于信用理论的范围,另一部分也应放到货币重新出现但却被进一步规定的那些地方去考察。)因此,货币在这里是流通手段(**铸币**),但同时也是价格的**实现**(不仅仅是瞬间的实现)。表现为**价格**的商品,在它现实地同货币交换以前,已经在观念上同货币交换了,从这一简单的规定中自然地得出下面这个重要的经济规律:**流通手段的数量由价格决定,而不是相反**。(在这里,列举一些有关这一点的争论的历史材料。)其次,从这里可以推论出:流通速度可以代替货币数量;而**一定的货币数量**对同时进行的交换行为是必要的,只要这些行为本身不像正和负那样互相抵消,但这种相互抵消和有关的考虑在这里我只是预先提一下。我在这一篇不准备作进一步的发挥。只是还要指出,W—G和G—W的分离,是表现出危机可能性的最抽象和最表面的形式。从阐明流通数量由价格决定这一规律中可以看出,在这里设想了一些决不是一切社会状态下都存在的前提;因此,例如,把货币从亚洲流入罗马而对那里的物价所起的作用简单地同现代的商业关系等量齐观,那是荒谬的。这些极其抽象的规定,在对它们作比较精确的考察时,总是表明了更加具体的规定了的历史基础。(这是当然的事情,因为它们在这种规定性上正是从这种基础中抽象出来的。)

(*c*)**作为货币的货币**。这是G—W—W—G这一形式的发展。货币是不依赖于流通而独立的价值存在;是抽象财富的物质存在。既然货币不仅表现为流通手段,而且还表现为实现着的价格,这一点在流通中就显露出来了。对于特性(*c*)来说,(*a*)和(*b*)只表现为职能,而在特性(c)中,货币则是契约中的一般商品(在这里,由劳动时间所决定的货币的价值的变化变得重要了),是贮藏的对象。(这种职能目前在亚洲仍然是重要的,而在古典古代和中世纪始终都是重要的。目前它在银行业务中仅处于次要地位。在危机时期,这种形式的货币又具有重要的意义。考察这种形式的货币以及由它所产生的世界历史上的错觉等等;货币的破坏性等等。)作为价值借以表现的一切较高形式的实现;一切价值关系借以得到外部完成的最终形式。但是,货币既然固定在这种形式中,就不再是经济关系,这种形式在货币的物质体现者金和银上消失了。另一方面,只要货币进入流通,而且又和商品交换,那么,最后的过程,即商品的消费也脱离经济关系。简单的货币流通本身不包含自我再生产的原则,因而要求超出自身。货币——正如它的规定的发展所表明的那样——包含着这样一种要求,即要求进入流通、在流通中保持自身、同时又成为这种流通的前提的价值,也就是要求**资本**。这种过渡同时也是历史的过渡。资本的太古形式是经常发展货币的商业资本。同时,真正的资本是从货币或支配生产的商业资本中产生出来的。

(d)从这种简单流通本身(它是资产阶级社会的表面,在这里,产生简单流通的各种较深刻的过程看不见了)来看,除了形式上的和转瞬即逝的区别以外,它并不显示各个交换主体之间的任何区别。这就是**自由、平等和以"劳动"为基础的所有权的王国**。在这里以贮藏的形式出现的积累只是较大的节约等等的结果。一方面是经济和谐论者、现代自由贸易派(巴师夏、凯里[1]等等)的庸俗伎俩:他们把这种

---

[1]弗·巴师夏《经济的和谐》1850年巴黎版,亨·查·凯里《论工资率:世界劳动人民状况差别的原因的探讨》1835年费城—伦敦版。——编者注

最表面的和最抽象的关系当做**他们的真理**应用到较发达的生产关系以及这些关系的对立中去。另一方面是蒲鲁东主义者以及类似的社会主义者的庸俗伎俩:他们把适应于这种等价交换(或被认为是等价交换)的平等观念等等拿来同这种交换所导致和所由产生的不平等等等相对立。通过劳动来占有,等价交换,在这一范围内就表现为占有规律,因为交换只是以另一种物质形式再现同样的价值。总而言之,在这里,一切都是"美妙的",但同时都会得到一种可怕的结果,而这正是等价规律的缘故。现在我们就来谈:

3.**资本**。

实际上,这是这第一分册中重要的部分,关于这部分我特别需要听听你的意见。但是我今天不能继续写下去了。讨厌的胆病使我难以执笔,一低头写字就感到头晕。因此下次再谈吧。

祝好。

你的　卡·马·

54

恩格斯致马克思

伦　　敦

1858年7月14日于曼彻斯特

亲爱的摩尔:

……顺便提一下:请把已经答应给我的黑格尔的《自然哲学》寄

来。目前我正在研究一点生理学,并且想与此结合起来研究一下比较解剖学。在这两门科学中包含着许多极富思辨成分的东西,但这全是新近才发现的;我很想看一看,所有这些东西老头子①是否一点也没有预见到。有一点是肯定的,如果他**现在**要写一本《自然哲学》,那么各种事物会从四面八方向他飞来。可是,人们对最近30年来自然科学所取得的成就却一无所知。对生理学有决定性意义的,一是有机化学的巨大发展,二是最近20年来才学会正确使用的显微镜。使用显微镜所造成的结果比化学更重大。使整个生理学发生革命并且首先使比较生理学成为可能的主要事实,是细胞的发现:在植物方面是由施莱登发现的,在动物方面是由施旺发现的(约在1836年)。一切东西都是细胞。细胞就是黑格尔的自在的存在,它在自己的发展中正是经过黑格尔的过程,直到最后"观念"即各个完成的有机体从细胞中发展出来为止。

会使老头子黑格尔感到高兴的另一个结果就是物理学中各种力的相互关系,或这样一种规律:在一定条件下,机械运动,即机械力转化为热(比如经过摩擦),热转化为光,光转化为化学亲和力,化学亲和力转化为电(比如在伏打电堆中),电转化为磁。这些转化也能通过其他方式来回地进行。现在有个英国人(他的名字②我想不起来了)已经证明:这些力是按照完全确定的数量关系相互转化的,一定量的某种力,例如电,相当于一定量的其他任何一种力,例如磁、光、热、化学亲和力(正的或负的、化合的或分解的)以及运动。这样一来,荒谬的潜热论就被推翻了。然而,这难道不是关于反思规定如何互相

①黑格尔。——编者注
②詹·焦耳。——编者注

转化的一个绝妙的物质例证吗？

可以肯定地说，人们在接触到比较生理学的时候，对人类高于其他动物的唯心主义的矜夸是会极端轻视的。人们到处都会看到，人体的结构同其他哺乳动物完全一致，而在基本特征方面，这种一致性也表现在一切脊椎动物身上，甚至表现在昆虫、甲壳动物和绦虫等等身上(比较模糊一些)。黑格尔关于量变系列中的质的飞跃这一套东西在这里也是非常适合的。最后，人们能从最低级的纤毛虫身上看到原始形态，看到独立生活的单细胞，这种细胞又同最低级的植物(单细胞的菌类——马铃薯病菌和葡萄病菌等等)、同包括人的卵子和精子在内的处于较高级的发展阶段的胚胎并没有什么显著区别，这种细胞看起来就同生物机体中独立存在的细胞(血球,表皮细胞和黏膜细胞,腺、肾等等的分泌细胞)一样……

55

恩格斯致马克思

伦　敦

1858年10月7日于曼彻斯特

亲爱的摩尔：

　　……琼斯的事非常令人厌恶。他在这里召开了一次群众大会，并完全按照新同盟的精神讲了话。[127]根据这件事来看，几乎确实应该相信：英国无产阶级运动的旧的传统的、宪章运动[69]那样的形式必须首先彻底毁灭,它的新的、具有生命力的形式才能发展起来。不过也很难想象,这种新的形式将是什么样子。此外我觉得,琼斯的新动向,与过去建立这种同盟而多少获得成功的一些尝试联系起来看,的确是有其根源的:英国无产阶级实际上日益资产阶级化了,因而这一所有民族中最资产阶级化的民族,看来想把事情最终弄到这样的地步,即**除了**资产阶级,它还要有资产阶级化的贵族和资产阶级化的无产阶级。自然,对一个剥削全世界的民族来说,这在某种程度上是有道理的。在这里,只有出现几个极坏的年头才能有所帮助,但是自从发现金矿以来,看来这样的年头已不再那么容易遇到了……

56

马克思致恩格斯

曼 彻 斯 特

1858年10月8日星期五于伦敦

亲爱的弗雷德里克:

……在目前世界贸易好转的时刻(虽然伦敦、巴黎和纽约等地的银行积存巨额存款这一事实证明,事情还远未走上正轨),至少令人感到安慰的是:在俄国**革命已经开始了**;我认为把"显贵们"召集到彼得堡去,就是这一革命的开端。[128]普鲁士也是这样,目前的情况比1847年还要糟,关于普鲁士亲王倾向于资产阶级的可笑幻想将在愤怒中烟消云散。[129]如果法国人看到,世界没有他们也在"运动"(如宾

马克思致恩格斯(1858年10月8日)

夕法尼亚人所说的),这对他们没有害处。同时,在斯拉夫人中间,特别是在波希米亚,正在发生不寻常的运动,虽然这是反革命的运动,但毕竟给真正的运动提供了酵素。[130] 1854—1855年的俄国战争虽然十分卑鄙,虽然结果对俄国人并没有多少损害(确切地说,只损害了土耳其),但是毕竟明显加速了俄国目前形势的变化。唯一使德国人在自己的革命运动中完全变成法国仆从的情况,就是俄国的态度。随着莫斯科公国内部运动的开始,这种恶劣的玩笑就要结束。一旦那里的情况发展得比较明显,我们就能获得证据,证明可敬的政府顾问哈克斯特豪森受到了"官吏"和经过这些官吏训练的农民的愚弄。[131]

不能否认,资产阶级社会已经第二次经历了它的十六世纪,我希望这个十六世纪把它送进坟墓,就像第一个十六世纪给它带来了生命一样。资产阶级社会的真正任务是建成世界市场(至少是一个轮廓)和确立以这种市场为基础的生产。因为地球是圆的,所以随着加利福尼亚和澳大利亚的殖民地化,随着中国和日本的门户开放,这个过程看来已完成了。对我们来说,困难的问题是:大陆上革命已经迫在眉睫,并将立即具有社会主义的性质。但是,由于在广大得多的地域内资产阶级社会还在走上坡路,革命在这个小小角落里不会必然被镇压吗?

至于特别谈到中国,我在仔细分析了1836年以来的贸易动向之后,可以肯定地说:**首先**,1844—1846年英国和美国的出口增长,在1847年就已经证明完全是假的,并且在后来的10年当中出口额平均起来几乎是停滞不动的,而英国和美国从中国的进口却大大地增长了;**其次**,五口通商和占领香港仅仅产生了一个结果:贸易从广州转移到上海。其他"贸易中心"是算不上数的。这个市场失败的主要原因看来是鸦片贸易,事实上,对中国的出口贸易的全部增长额始终都只限于这一项贸易,第二个原因则是这个国家内部的经济组织和小农业等等,摧毁这一切需要很长的时间。目前那个据我看是帕麦斯顿同彼得堡内阁联合炮制出来交给额尔金勋爵带去的英中条约[132],是一个彻头彻尾的讽刺……

57

马克思致斐迪南·拉萨尔

柏　林

1858年11月12日于伦敦哈弗斯托克小山

梅特兰公园路格拉弗顿坊9号

亲爱的拉萨尔:

　　……至于手稿①寄迟一事,起初是生病耽搁了,后来我为了稿酬必须赶写其他著作。但是,真正的原因是:材料我已经搞好了;所差的只是给它一个形式。然而,在我所写的一切东西中,我从文体上感觉出了肝病的影响。而我有双重理由不允许这部著作由于医疗上的原因而受到损害:

　　1.它是15年的即我一生中的黄金时代的研究成果。

　　2.这部著作第一次科学地表述了关于社会关系的重要观点。因此,我必须对党负责,不让这部著作为肝病期间出现的那种低沉、呆

①马克思《政治经济学批判。第一分册》,见《马克思恩格斯全集》中文第2版第31卷。——编者注

板的笔调所损害。

我所追求的不是优美的叙述,而只是写出我平素的风格。我在患病的这几个月中至少在这个题目上未能做到这一点,尽管我在这期间不得不写文章,而且也写了至少两大本关于各种各样事情的英文社论。

我想,即使是不如你机灵的人把这个情况告诉敦克尔先生,他也只会同意我的做法;要知道,对于他这个出版商,我的这种做法,简单说来,就是我给他头等商品,他给我钱。

大约过一个月,我才能完成,因为实际上我刚刚开始写。

还有另外一个情况(但是,要等稿件寄到后,你才能去谈这一点):第一篇《资本一般》很可能一下子就占**两个分册**,因为我在定稿过程中发现,这里正是叙述政治经济学的最抽象的部分,写得过于简短,读者不易理解。但是另一方面,这两个分册必须**同时**出版。内在的联系要求这样做,整个的效果也取决于这样做……

1859年

58
马克思致斐迪南·拉萨尔

柏　　林

1859年4月19日于伦敦

亲爱的拉萨尔:

……我现在来谈谈《弗兰茨·冯·济金根》①。首先,我应当称赞结构和情节,在这方面,它比任何现代德国剧本都高明。其次,撇开对这个剧本的纯批判的态度不谈,在我读第一遍的时候,它就强烈地感动了我,所以,对于比我更容易激动的读者来说,它将在更大的程度上产生这种效果。这是第二个非常重要的方面。

现在来谈谈不足的一面:**第一**,——这纯粹是形式问题——既然你用韵文写,你本来可以把你的韵律安排得更艺术一些。但是,不管**专业诗人**对这种疏忽会感到多么震惊,总的说来,我却认为它是一个长处,因为我们诗坛上专事模仿的庸才们除了形式上的光泽,就再没有保留下什么了。**第二**,你所构想的冲突不仅是悲剧性的,而且是使1848—1849年的革命政党必然灭亡的悲剧性的冲突。因此我只能完全赞成把这个冲突当做一部现代悲剧的中心点。但是我问自己:你所探讨的主题是否适合于表现这种冲突?巴尔塔扎尔的确可以设想,如

---

① 斐·拉萨尔的剧本。——编者注

果济金根不是借骑士纷争的形式发动叛乱,而是打起反对皇权和公开向诸侯开战的旗帜,他就会胜利。但是,我们也可以有这种幻想吗?济金根(而胡登多少和他一样)的覆灭并不是由于他的狡诈。他的覆灭是因为他作为**骑士**和作为**垂死阶级的代表**起来反对现存制度,或者说得更确切些,反对现存制度的新形式。如果从济金根身上除去那些属于个人和他的特殊的教养、天生的才能等等的东西,那么剩下来的就只是一个葛兹·冯·伯利欣根了。在后面这个**可怜的**人物身上,以同样的形式体现出骑士阶层同皇帝和诸侯的悲剧性的对抗,因此,歌德理所当然地选择他做主人公。在济金根——甚至胡登在某种程度上也是如此,虽然对于他,正像对于某个阶级的所有意识形态家[64]一样,这种说法应该有相当的改变——同诸侯作斗争时(他转而反对皇帝①,只是由于皇帝从骑士的皇帝变成诸侯的皇帝),他实际上只不过是一个唐·吉诃德,虽然是被历史认可了的唐·吉诃德。他在骑士纷争的幌子下发动叛乱,这只意味着,他是**按骑士的方式**发动叛乱的。如果他以另外的方式发动叛乱,他就必须在一开始发动的时候直接诉诸城市和农民,就是说,正好要诉诸那些本身的发展就等于否定骑士制度的阶级。

因此,如果你不想把这种冲突简单地化为《葛兹·冯·伯利欣根》中所描写的冲突——而你也没有打算这样做——,那么,济金根和胡登就必然要覆灭,因为他们自以为是革命者(对于葛兹就不能这样说),而且他们完全像1830年的**有教养的**波兰贵族那样,一方面使自己变成当代思想的传播者,另一方面又在实际上代表着反动阶级的利益[133]。革命中的这些**贵族**代表——在他们的统一和自由的口号后

---

① 查理五世。——编者注

面一直还隐藏着旧日的皇权和强权的梦想——不应当像在你的剧本中那样占去全部注意力,农民和城市革命分子的代表(特别是农民的代表)倒是应当构成十分重要的积极的背景。这样,你就能够在更高得多的程度上用最朴素的形式恰恰把最现代的思想表现出来,而现在除**宗教**自由以外,实际上,市民的**统一**就是你的主要思想。这样,你就得更加**莎士比亚化**,而我认为,你的最大缺点就是**席勒式地**把个人变成时代精神的单纯的传声筒。你自己不是也有些像你的弗兰茨·冯·济金根一样,犯了把路德式的骑士反对派看得高于闵采尔式的平民反对派这样一种外交错误吗?

其次,我感到遗憾的是,在人物个性的描写方面看不到什么特色,查理五世、巴尔塔扎尔和特里尔的理查除外。难道还有别的时代比16世纪具有更加突出的个性吗?照我看来,胡登过多地一味表现"兴高采烈",这是令人厌倦的。他不也是个聪明人,机灵鬼吗?因此你对他不是很不公平吗?

甚至你的济金根——顺便说一句,他也被描写得太抽象了——也是十分苦于不以他的一切个人打算为转移的冲突,这可以从下面一点看出来:他一方面不得不向他的骑士宣传与城市友好等等,另一方面他自己又乐于对城市施行强权司法。

在细节方面,我必须责备你在有些地方让人物过多地回忆自己,这是由于你对席勒的偏爱造成的。例如,在第121页上,胡登向玛丽亚叙述身世时,如果让玛丽亚把从"情感的全部阶梯"等等一直到"它的分量比我度过的岁月更沉重"这些话说出来,那就极为自然了。

前面的诗句,从"人们说"到"变老",可以摆在**后面**,但是"一夜之间处女就变成妇人"这种回忆(虽然这表明玛丽亚不仅仅知道纯粹抽象的恋爱),是完全多余的;无论如何,让玛丽亚以回忆自己"变老"

来开始,是最不应该的。在她说了她在"一个"钟头内所叙述的一切以后,她可以用关于她变老的警句把她的情感概括地表现出来。还有,下面的几行中,"我认为这是**权利**"(即幸福)这句话使我愤慨。为什么把玛丽亚所说的她迄今对于世界持有的天真看法变成关于权利的说教,从而把它斥为谎言呢?也许下次我将更详细地对你说明我的意见。

我认为济金根和查理五世之间的一场是特别成功的,虽然对话有些太像是对簿公堂;还有,在特里尔的几场也是成功的。胡登关于剑的格言很出色……

59

恩格斯致斐迪南·拉萨尔

柏　林

1859年5月18日于曼彻斯特

特隆克利夫小林坊6号

亲爱的拉萨尔:

我这样久没有给您写信,特别是我还没有把我对您的《济金根》的评价告诉您,您一定觉得有些奇怪吧。但这也正是我拖延了这样久才写信的原因。由于现在到处都缺乏美的文学,我难得读到这类作品,而且我几年来都没有**这样**读这类作品:读了之后还要提出详细的评价、明确的意见。没有价值的东西是不值得这样费力的。甚至我间

与马克思和恩格斯有通信联系的部分人士

阿尔诺德·卢格
（1802—1880）

路德维希·费尔巴哈
（1804—1872）

皮埃尔·约瑟夫·蒲鲁东
（1809—1865）

约瑟夫·魏德迈
（1818—1866）

彼得·拉甫罗维奇·拉甫罗夫
（1823—1900）

斐迪南·拉萨尔
（1825—1864）

威廉·李卜克内西
（1826—1900）

约瑟夫·狄慈根
（1828—1888）

路德维希·库格曼
（1828—1902）

弗里德里希·阿道夫·左尔格
(1828—1906)

奥古斯特·倍倍尔
(1840—1913)

威廉·白拉克
(1842—1880)

保尔·拉法格
(1842—1911)

尼古拉·弗兰策维奇·丹尼尔逊
(1844—1918)

弗兰茨·梅林
(1846—1919)

爱德华·伯恩施坦
(1850—1932)

维拉·伊万诺夫娜·查苏利奇
(1851—1919)

卡尔·考茨基
(1854—1938)

或还读一读的几本比较好的英国小说,例如萨克雷的小说,尽管有其不可辩驳的文学史和文化史的意义,也从来没有能够引起我这样的兴趣。但是我的判断能力,由于这样久没有运用,已经变得很迟钝了,所以我需要比较长的时间才能发表自己的意见。不过和那些东西相比,您的《济金根》是值得另眼看待的,所以我对它不吝惜时间。第一、二遍阅读您这部在各个方面——从题材以及处理上看——都堪称德意志民族戏剧的作品时,我的情绪激动不已,以致我不得不把它搁一些时候,特别是因为在这个贫乏的时期里,我的鉴赏力减弱到了这样的地步,我不得不惭愧地说:有时甚至价值不大的东西,在我**第一遍**阅读时也会给我留下一些印象。为了有一个不偏不倚、完全"批判的"态度,我把《济金根》往后放了一放,就是说,把它借给了几个相识的人(这里还有几个多少有些文学修养的德国人)。但是,"书有自己的命运"①——如果把它们借出去了,就很少能再看到它们,所以我不得不用暴力把我的《济金根》夺了回来。我可以告诉您,在读第三遍和第四遍的时候,印象仍旧是一样的,并且深知您的《济金根》经得住批评,所以我现在就把我的"意见"告诉您。

我知道,当我说出如下的事实,即当前德国的任何一个官方诗人都远远不能写出这样一个剧本时,我对您并没有作过分的恭维。再说,这的确是事实,而且是反映我国文学特点的,因而是不能不谈论的一个事实。如果首先谈形式的话,那么,对情节的巧妙安排和剧本的从头到尾的戏剧性使我惊叹不已。在韵律方面您确实处理得比较随意,而这给阅读时带来的麻烦比给上演时带来的麻烦还要大。我很想读一读舞台脚本[134];就眼前的这个剧本来看,它肯定是不能上演

---

①泰伦齐安·摩尔《论用词、音节和贺拉斯的韵律》。——编者注

的。我这里来了一个德国青年诗人(卡尔·济贝耳),他是我的同乡和远亲,和戏剧打过相当多的交道;他作为普鲁士近卫军的后备兵也许要到柏林去,那时我也许冒昧地托他带一封短信给您。他对您的剧本评价很高,但是认为,由于道白很长,根本不能上演,在念这些长篇道白时,只有一个演员做戏,其余的人为了不致作为哑角一直站在那里,只好三番两次地尽量做各种表情。最后两幕充分证明,您能够轻而易举地把对话写得简洁生动,我觉得,除了几场以外(这是每个剧本都有的情况),这在前三幕里也是能做到的,所以我毫不怀疑,您的舞台脚本大概考虑到了这一点。当然,**思想内容**必然因此受损失,这是不可避免的。[135]而您不无理由地认为德国戏剧具有的较大的思想深度和自觉的历史内容,同莎士比亚剧作的情节的生动性和丰富性的完美融合,大概只有在将来才能达到,而且也许根本不是由德国人来达到的。无论如何,我认为这种融合正是戏剧的未来。您的《济金根》完全是在正路上;主要的出场人物**是**一定的阶级和倾向的代表,因而也是他们时代的一定思想的代表,他们的动机不是来自琐碎的个人欲望,而正是来自他们所处的历史潮流。但是还应该改进的是,要更多地通过剧情本身的进程使这些动机生动地、积极地,所谓自然而然地表现出来,而使那些论证性的辩论(不过,我很高兴在这些辩论中又看到了您昔日在陪审法庭和民众大会上表现出来的雄辩才能[136])逐渐成为不必要的东西。您对舞台剧和文学剧作了区分,看来您自己也是把这种理想当做目标的;我相信,《济金根》是能够按照上面所说的那样改编成一个舞台剧的,虽然确实有困难(因为达到完美的确不是简单的事)。与此相关的是出场人物的个性描绘。您反对现在流行的**恶劣的**个性化,是完全正确的。这种个性化不过是玩弄小聪明而已,并且是垂死的模仿文学的一个本质的标记。此外,我觉得刻画一个人物不仅应表现他做**什么**,而且应表现他**怎样**做;从这方面看来,我相信,如果把各个人物用更加对立的方式彼此区别得更加鲜明些,剧本的思想内容是不会受到损害的。**古代人**的性格描绘在今天已经不够用了,而在这里,我认为您原可以毫无害处地多注意一下莎士比亚在戏剧发展史上的意义。然而这些都是次要的事情,我提到它们仅仅是为了使您看到,我在您的剧本的形式方面也用过一些心思。

　　至于历史内容,您以鲜明的笔调和对以后的发展的正确提示描述了您最关心的当时运动的两个方面:济金根所代表的贵族的国民运动和人道主义理论运动及其在神学和教会领域中的进一步发展,即宗教改革[137]。在这里我最喜欢济金根和皇帝①之间,教皇使节和特里尔大主教②之间的几场戏(在这里,您把世俗的受过美学和古典文学教育的、在政治上和理论上有远见的使节同目光短浅的德国僧侣侯爵加以对比,从而成功地直接根据这两个人物的**有代表性的**性格作出卓越的个性刻画);在济金根和查理的那场戏中对性格的描绘也是很动人的。不过,您对胡登的自传(您公正地称它的**内容**是本质的东西)采取了一种令人失望的做法,即把这种内容放到剧本中去了。第五幕里的巴尔塔扎尔和弗兰茨的对话也非常重要,在这段对话里前者向自己的主人说明他应当遵循的**真正革命的**政策。在这里,真正悲剧的因素出现了;而且正是由于这种意义,我认为在第三幕里就应当对这方面更强调一些,在那里有好几次机会这样做。但是,我现在又陷到次要问题上来了。——那个时代的城市和诸侯的态度在许多场合也都描写得非常清楚,这样,那时的运动中的所谓**官方**分子差

① 查理五世。——编者注
② 格赖芬克劳的理查。——编者注

恩格斯致斐迪南·拉萨尔（1859年5月18日）

不多被您描写得淋漓尽致了。但是，我认为对非官方的平民分子和农民分子，以及他们的随之而来的理论上的代表人物没有给予应有的注意。农民运动像贵族运动一样，也是一种国民运动，也是反对诸侯的运动，遭到了失败的农民运动的那种巨大的斗争规模，与抛弃了济金根的贵族甘心扮演宫廷侍臣的历史角色的那种轻率举动，正是一个鲜明的对照。因此，在我看来，即使就您对戏剧的观点（您大概已经知道，您的观点在我看来是非常抽象而又不够现实的）而言，农民运动也是值得进一步研究的；那个有约斯·弗里茨出现的农民场面的确有它的独到之处，而且这个"蛊惑者"的个性也描绘得很恰当，只是同贵族运动相比，它却没有充分表现出农民的鼓动在当时已经达到的高潮。我认为，我们不应该为了观念的东西而忘掉现实主义的东西，为了席勒而忘掉莎士比亚，根据**我**对戏剧的这种看法，介绍那时的五光十色的平民社会，会提供完全不同的材料使剧本生动起来，会给在前台表演的贵族的国民运动提供一幅十分宝贵的背景，只有在这种情况下，才会使这个运动本身显出本来的面目。在这个封建关系解体的时期，我们从那些流浪的叫花子王、无衣无食的雇佣兵和形形色色的冒险家身上，什么惊人的独特的形象不能发现呢！这幅福斯泰夫式的背景在**这种**类型的历史剧中必然会比在莎士比亚那里产生更强烈的效果。撇开这一点不说，我觉得，由于您把农民运动放到次要地位，所以您在一个方面对贵族的国民运动作了不正确的描写，同时您也就忽视了在济金根命运中的**真正**悲剧的因素。据我看来，当时广大的帝国直属贵族并没有想到要同农民结成联盟；他们靠压榨农民获得收入，所以不可能与农民结成联盟。同城市结成联盟的可能性倒是大一些；但是这种联盟并没有出现或者只是小部分地出现了。而贵族的国民革命只有同城市和农民结成联盟，特别是同后者结成联盟才能实现。据我看来,悲剧的因素正是在于:同农民结成联盟这个基本条件不可能出现,因此贵族的政策必然是无足轻重的;当贵族想取得国民运动的领导权的时候,国民**大众**即农民,就起来反对他们的领导,于是他们就不可避免地要垮台。您假定济金根和农民确实有某种联系,这究竟有多少历史根据,我无法判断,而问题也根本不在这里。此外,就我的记忆所及,在向农民呼吁的文件中胡登只是略微触及这个与贵族有关的麻烦问题,而企图把农民的愤怒都特别集中到僧侣身上去。但是我丝毫不想否认您有权把济金根和胡登看做是打算解放农民的。而这样一来马上就产生了一个悲剧性的矛盾:一方面是坚决**反对**解放农民的贵族,另一方面是农民,而这两个人却被置于这两方面之间。在我看来,这就构成了历史的必然要求和这个要求实际上不可能实现之间的悲剧性的冲突。您忽略了这一因素,把这个悲剧性的冲突缩小到相当有限的范围之内:使济金根不立即向皇帝和帝国宣战,而只向一个侯爵宣战(这里虽然您也非常恰当地把农民引进来),并且使他仅仅由于贵族的冷漠和胆怯就遭到了灭亡。但是,如果您在此以前就先着力地强调气势凶猛的农民运动以及由于先前的"鞋会"和"穷康拉德"[138]而必然变得更加保守的贵族的心情,那么这一点就会得到完全不同的论证。然而这一切都不过是可以把农民运动和平民运动写入戏剧的一种方法而已;此外至少还有十种同样好的或者更好的其他方法。

您看,我是从美学观点和史学观点,以非常高的亦即**最高的**标准来衡量您的作品的,而且我必须这样做才能提出一些反对意见,这对您来说正是我推崇这篇作品的最好证明。是的,几年来,**在我们中间**,为了党本身的利益,批评必然是尽可能坦率的;此外,每当出现一个新的例证,证明我们的党不论在什么领域中出现,都显出自己的优越性时,我和我们大家总是感到高兴。而您这次也提供了这样的例证……

60
马克思致恩格斯

曼 彻 斯 特

1859年11月7日于伦敦

亲爱的恩格斯:

格林的书①将寄给你。

关于摩洛哥[139],**我还没有写什么**,也没有写高加索[140],也没有写关于亚洲的军事文章。我没有任何关于摩洛哥的外交详情。因此还必须由你来写。在目前的情况下,我简直不可能继续写第二分册。我认为这个分册具有决定性的重要意义。[141]实际上,这是全部资产阶级污垢的核心……

---

①雅·格林《德意志语言史》1853年莱比锡第2版。——编者注

1861年

61
马克思致斐迪南·拉萨尔

柏　　林

1861年1月16日于伦敦哈弗斯托克小山
梅特兰公园路格拉弗顿坊9号

亲爱的拉萨尔：

……达尔文的著作①非常有意义，这本书我可以用来当做历史上的阶级斗争的自然科学根据。当然必须容忍粗率的英国式的阐述方式。虽然存在许多缺点，但是在这里不仅第一次给了自然科学中的"目的论"以致命的打击，而且也根据经验阐明了它的合理的意义……

---

① 查·达尔文《根据自然选择即在生存斗争中适者保存的物种起源》1859年伦敦版。——编者注

1862年

62
马克思致斐迪南·拉萨尔

柏　林

1862年4月28日于伦敦哈弗斯托克小山
梅特兰公园路格拉弗顿坊9号

亲爱的拉萨尔：

　　……至于**我的书**[142]，没有两个月是完不成的。为了不致饿死，最近一年来我不得不从事极其乏味的机械呆板的工作，而且往往整月整月不能为我的这部著作写一行字。此外，我还有这样一个特点：要是隔一个月重看自己所写的一些东西，就会感到不满意，于是又得全部改写。无论如何，这部著作不会因此而受到什么损失，而且德国读者当前正做着远为重要的事情……

63

恩格斯致马克思

伦　　敦

1862年5月23日于曼彻斯特

亲爱的摩尔：

……麦克莱伦用的还是他那一套尽人皆知的老办法。同盟军老是从他面前溜走，因为他借口他们比他强大得多而从来不向他们进攻。正因为如此，同盟军也就常常逃掉。从来还没有一次战争是这样进行的，为此人们会感谢他的。同时，这些退却中的失利的小战斗和士兵的不断逃跑已足以严重地削弱同盟军的士气，这种情况当决战到来时就会显示出来。

占领新奥尔良是舰队的一个勇敢行动。干得非常出色的是从两个堡垒之间穿过。在这以后，**一切**都好办了。[143]这次行动对同盟军精神上的影响显然是巨大的，而物质上的影响也已经可以感觉到了。博勒加德目前在科林斯已经再**没有什么**可以防守的了。这个阵地只有在它掩护着密西西比和路易斯安那、特别是新奥尔良的时候才有意义。在战略上博勒加德已陷入这样的境地：**一次**失利的会战就会使他把自己的军队分散成一些游击队，别的出路是没有的，因为在他的军队的后方没有一个作为铁路线和补给线中枢的大城市，他**无法**再把大量军队集结在一起。

恩格斯致马克思(1862年5月23日)

　　如果同盟军在弗吉尼亚被击溃,那它在经历了各种削弱士气的事件之后,很快就会自动地分散成一些游击队。这支军队的确是运气比较好,因为它的退却线上有许多从山上流入海洋的河流,而它的对手又是麦克莱伦这头蠢驴。但是事物的本质会迫使它或者接受一场决战,或者**不战而分散成一群一帮**。正如俄军在斯摩棱斯克和博罗季诺曾经被迫作战一样,虽然这样做**违背**了那些正确判断形势的将军们的本意。

　　即使博勒加德或者弗吉尼亚的军队赢得一次战役,就算是很大的一次,那也无济于事。同盟军不能从中得到任何好处。他们前进不了20英里就得停下来,因而也只好等着遭受新的攻击。他们缺少一切。再说,如果不发生直接背叛的行为,我认为这种情况是完全不可能有的。

　　因此,现在同盟军的命运要取决于唯一的一次战役。剩下的问题就是需要研究一下游击战成功的可能性。非常令人惊异的是,正是在这次战争中,居民很少参加,或者不如说是根本没有参加。1813年,法军的交通线常常被科隆布、吕措、车尔尼晓夫和其他20个游击队领袖及哥萨克首领切断和破坏;1812年在俄国,法军的进军线上连一个居民也看不到;1814年,法国农民曾经武装起来,杀死联军的巡逻兵和掉队者。但是这里根本没有发生这种事情。人们都屈服于**各次大规模会战的结局**,以胜者得到诸神赞助①之类的话来安慰自己。血战到底的大话变成了纯粹的废话。难道游击战能在这种地方开展起来吗?我估计南部的"白种废物"144在军队彻底瓦解后会试图这样

----

　　①"胜者得到诸神赞助,败者得到卡托欢心"(琉善《谐趣歌》)。原文是"victrix causa diis placuit, sed victa Catoni"。——编者注

做,但是,根据种植场主的资产阶级本性,我毫不怀疑,这立刻会使他们成为狂热的联邦派。只要这些贫民出来一试身手,拦路抢劫,种植场主就会到处张开双臂来欢迎北方佬。

关于密西西比河畔的大火的传闻,完全是由两个肯塔基州人传出来的,这两个人据说已来到路易斯维尔,但肯定不是**从**密西西比河来的。在新奥尔良燃起一场大火是不难的,并且将会在其他城市中重演;肯定还会烧掉一些东西,但是事情必然会使种植场主和商人同"白种废物"之间的裂痕达到顶点,那时也就是脱离运动[145]的末日。

新奥尔良的商人之所以狂热地拥护同盟,仅仅是因为这些家伙曾经不得不拿现金购买了大量由同盟发行的债券。我在这里知道不少这样的例子。这一点不应忘记。大量的强制公债是把资产者束缚于革命,以他们的个人利益来模糊他们的阶级利益的一种绝好办法。

向你的夫人和女孩子们衷心问好。

你的 弗·恩·

64

马克思致恩格斯

曼 彻 斯 特

1862年6月18日[于伦敦]

亲爱的恩格斯:

……此外,我现在正在加紧工作,奇怪的是,在种种困苦的包围之下,我的脑袋倒比前几年更好用了。我正在把这一卷¹⁴²大加扩充,因为德国的狗东西是按篇幅来估量一本书的价值的。现在我终于顺便把地租这个烂摊子也清理出来了(但是在这一部分我一点也**不打算涉及**它)。很久以来,我就怀疑李嘉图的学说是否完全正确,现在我终于揭穿了骗局。在我们没有见面的这一期间,我又发现了一些有意思的极其新鲜的东西,准备加到这一卷里去。

我重新阅读了达尔文的著作^①,使我感到好笑的是,达尔文说他把"马尔萨斯的"理论⁷³**也**应用于植物和动物,其实在马尔萨斯先生那里,全部奥妙恰好在于这种理论**不是**应用于植物和动物,而是只应用于人类,说人类是按几何级数增加的,把人类与植物和动物对立起来。值得注意的是,达尔文在动植物界中重新认识了他的英国社会及其分工、竞争、开辟新市场、"发明"以及马尔萨斯的"生存斗争"。这是霍布斯所说的一切人反对一切人的战争¹⁴⁶,这使人想起黑格尔的《现象学》,那里面把市民社会⁴⁶描写为"精神动物世界",而达尔文则把动物世界描写为市民社会……

---

①查·达尔文《根据自然选择即在生存斗争中适者保存的物种起源》1859年伦敦版。——编者注

65

马克思致恩格斯

曼 彻 斯 特

1862年8月2日［于伦敦］

亲爱的弗雷德里克：

10英镑已经收到，非常感谢。

你为了我在钱的问题上作难，使我非常不安，但是有什么办法呢？谁能经得住像美国这样的危机[147]？况且，我又特别倒霉，不得不同维也纳《新闻报》这类卑鄙的报纸打交道。否则，对我来说它至少可以在某种程度上代替《论坛报》。你是否认为，现在已经到了同比如《晚邮报》(纽约一家主张废除奴隶制的报纸)接洽撰稿一事的时候了？

我还能像现在这样推进我的理论工作，简直是奇迹。我还是打算把地租理论放在这一卷作为增补，即作为对前面提出的原理的"例解"。[148]我想把这个**详细叙述起来非常浩繁的问题**用几句话告诉你，希望你能**把你的意见告诉我**。

你知道，我把资本分成两部分，一部分是**不变资本**(原料、辅助材料、机器等)，它的价值只是在产品价值中**再现出来**，另一部分是**可变资本**，即用来支付工资的资本，它所包含的对象化劳动比工人为换取它而付还的劳动要少。例如，如果日工资＝10小时，而工人劳动12小时，那么，他所补偿的就是可变资本＋它的$\frac{1}{5}$(2小时)。我把这种余额

马克思致恩格斯(1862年8月2日)

称为**剩余价值**(surplus value)。

　　假定**剩余价值率**(即工作日的长度和超出工人为了再生产工资的必要劳动以外的剩余劳动余额)为50%。在这种情况下,工人在一个12小时的工作日中,8小时为自己劳动,4小时($\frac{8}{2}$)为雇主劳动。还假定一切工业部门中的比例都是这样,那么,对平均劳动时间的各种偏离,不过是对劳动难易程度等等的补偿而已。

　　在**不同**工业部门对工人的剥削程度**相同**的情况下,**等量**的不同资本在不同的生产领域会提供极**不相同**的剩余价值量,从而提供**极不相同的利润率**,因为利润率正是剩余价值和全部预付资本的比率。这将取决于资本的**有机构成**,即取决于资本怎样分为不变资本和可变资本。

　　假定剩余劳动和上面一样为50%。就是说,如果1英镑=1个工作日(把它设想为一个劳动周等等也是一样),1个工作日=12小时,而必要劳动(再生产工资的劳动)=8小时,那么,30个工人(或工作日)的工资=20英镑,而他们的劳动价值=30英镑;付给每个工人的可变资本(每日的或每周的)=$\frac{2}{3}$英镑,而他创造的价值=1英镑。100英镑资本在不同工业部门中所产生的剩余价值量,会按100英镑资本分为不变资本和可变资本的比例而有极大的不同。用c代表不变资本,v代表可变资本。例如,假使棉纺织业的资本构成是c80,v20,那么,产品价值就=110(在剩余价值或剩余劳动为50%的情况下)。剩余价值量=10,利润率=10%,因为利润率=10(剩余价值):100(所耗费的资本的总价值)。假设在大规模的裁缝业中资本构成是c50,v50,那么,产品=125,剩余价值(在剩余价值率和上面一样为50%的情况下)=25,而利润率=25%。假定另一工业部门的比例是c70,v30,那么,产品=115,利润率=15%。最后,还有一个工业部门的资本构成是c90,v10,那么,产品=105,而利润率=5%。

这里,在对劳动的**剥削程度相同**的情况下,等量的资本在不同的工业部门中产生的剩余价值量极不相同,从而利润率也极不相同。

但是,我们把上述四类资本列在一起,就得出:

产品价值

1.c80	v20	110	利润率＝10%	
2.c50	v50	125	利润率＝25%	在所有情况
3.c70	v30	115	利润率＝15%	下剩余价值
4.c90	v10	105	利润率＝ 5%	率都＝50%

资本　　　　400　　　　**利润**＝55

依此计算,每100英镑的利润率是$13\frac{3}{4}$%。

如果从这个**阶级**的**总资本**(400)来考察,那么,利润率＝$13\frac{3}{4}$%。资本家们都是兄弟。竞争(资本的转移,或者说,资本从一个工业部门流入另一部门)会使**等量的**资本在**不同的**工业部门中提供**同一的平均**利润率,而不管它们的有机构成如何。换句话说,投入某个工业部门的比如100英镑资本所提供的**平均**利润,并不是这笔资本作为这种特定情况下使用的资本,因而不是按这笔资本本身产生的剩余价值的比例提供出来的,而是这笔资本作为资本家阶级总资本的**相应部分**提供出来的。这笔资本是一个股份,它的股息依据它的数量按比例从这个阶级的全部可变资本(支付工资的资本)所产生的剩余价值(或者说无酬劳动)的总数中支付。

在上例中,要使1、2、3、4类得到同样的**平均利润**,其中每一类都必须按$113\frac{3}{4}$英镑出售自己的商品,1类和4类出售商品的价格**高于**它的价值,2类和3类**低于**它的价值。

　　这种经过上述调整的**价格**＝已耗费的资本＋平均利润(例如10%)，这就是斯密所说的**自然价格**、**费用价格**[149]等等。这就是**平均价格**,不同工业部门之间的竞争(通过资本的转移或流出)使不同工业部门的价格转化为这种价格。所以,竞争**不是**使商品转化为它们的**价值**,而是转化为**费用价格**,这种价格按资本的有机构成或高于或**低于**或**等于**它们的**价值**。

　　李嘉图把**价值**同**费用价格**混为一谈。所以他认为,如果存在**绝对地租**(即与各类土地的不同肥力**无关的**地租),那么,农产品等等的出售价格就会由于**高于**费用价格(预付资本＋平均利润)而经常**高于价值**。这就会推翻基本规律。所以,他否认绝对地租,只承认级差地租。

　　但是,他把商品的**价值**和**商品的费用价格**等同起来是根本错误的;这是同亚·斯密一脉相承的。

　　实际情况是这样:

　　假定一切**非**农业资本的**平均**构成是c80,v20,那么,产品(在剩余价值率为50%的情况下)＝110,而利润率＝10%。

　　再假定**农业资本**的平均构成＝c60,v40(从统计材料看来,这个数字在英国是相当准确的;畜牧地租等等在这个问题上并没有意义,因为它不是由本身决定,而是由谷物地租决定的),那么,在对劳动的剥削程度和上面相同的情况下,产品＝120,而利润率＝20%。因此,如果租地农场主按**农产品的价值**出售农产品,那么,他就将按120,而不是按它的**费用价格**110出售。但是**土地所有权**阻碍租地农场主像他们的资本家兄弟那样使产品的**价值**和**费用价格**相等。资本的竞争不能做到这一点。土地所有者出来干预,并攫取了**价值和费用价格之间的差额**。不变资本同可变资本的比例低,通常表明该生产领域的劳动生产力的发展水平低(或者是相对较低)。因此,如果农业资本的平均构成是c60,v40,而非农业资本的构成是c80,v20,那就证明农业还没有达到和工业相同的发展阶段。(这是很容易解释的,因为撇开其他各方面不谈,工业的前提是比较老的科学——力学,而农业的前提是崭新的科学——化学、地质学、生理学。)如果农业中的比例是c80,v20(在上述前提下),那么,**绝对地租**就会消失。剩下的只有**级差地租**,而我对级差地租的阐述,使李嘉图关于农业不断退化的假设显得极其可笑和武断了。

关于和**价值**不同的**费用价格**的上述规定,还应当指出,除了从资本的**直接生产过程**产生的不变资本和可变资本的区别,还有从资本的**流通过程**产生的**固定资本和流动资本**的区别。但是如果再把这一点考虑进去,这个公式就太复杂了。

这里你可以看到对李嘉图的理论的批判(粗略的,因为这个问题相当复杂)。无论如何你会承认,由于考虑到了**资本的有机构成**,许多一向似乎存在的矛盾和问题都消失了。

顺便附一笔。为了某种目的(我在下一封信中告诉你),**非常希望**你能为我详细地从军事方面(政治方面由我来做)批判拉萨尔—吕斯托夫关于解放的谬论[1]。

你的 卡·马·

问候女士们。

伊曼特已经通知说他要来。伊戚希[2]将在星期一动身。

---

[1]参看马克思1862年7月30日、8月20日给恩格斯的信和恩格斯1862年8月1、8日给马克思的信。——编者注

[2]斐·拉萨尔。——编者注

你看到,按照我对"绝对地租"的见解,**土地所有权**的确(在某种历史情况下)**提高了**原料的价格。从共产主义的观点来看这是很可以利用的。

如果上述观点是正确的,那么,根本**不必**在一切情况下或者对**任何一种土地**都支付**绝对地租**(即使农业资本的构成像上面所假定的那样)。凡是**土地所有权**(事实上或法律上)**不存在**的地方,就不支付绝对地租。在这种情况下,在农业中使用资本就不会遇到特殊的阻碍。资本在这个领域中就会像在其他领域中一样毫无拘束地运动。于是农产品就会像在许多工业品那里常见的那样按**低于**自己价值的**费用价格**出售。在资本家和土地所有者是同一个人的场合,**土地所有权**实际上也会失去意义,等等。

但是这里没有必要研究这些细节。

单纯的级差地租——它的产生不是由于资本仅仅投入土地而不投入其他任何部门——在理论上没有什么困难。这种地租不过是任何工业生产领域中经营条件优于平均水平的资本所具有的超额利润而已。不过它在农业中是固定的,因为它建立在不同种类的土地具有不同程度的自然肥力这样一个坚实而(相对地)牢固的基础上。

66

马克思致恩格斯[150]

曼 彻 斯 特

[1862年]8月7日于伦敦

亲爱的恩格斯：

……你对美国内战[151]的看法①，我不完全同意。我并不认为一切都完了。北部人从战争一开始就受各边界蓄奴州的代表的支配，布雷肯里奇的老党羽麦克莱伦也被他们捧为首领。相反，南部从一开始就行动一致。北部自己使奴隶制变成南部的军事力量，而没有使它转过来反对南部。南部把全部生产劳动交给奴隶去做，因而可以顺利地把它的全部作战力量投入战场。南部有统一的军事指挥，而北部却没有。从肯塔基军团占领田纳西以后的各次军事行动中已经可以清楚地看到，北军没有任何战略计划。据我看，这一切很快就会转变。北部终究会认真作战，采取革命的手段，并摆脱各边界蓄奴州的政客们的支配。只要有一个由黑人组成的团就会使南部大伤脑筋。

要征募30万人，其困难我看纯粹在政治方面。西北部和新英格兰[152]想要迫使、也一定会迫使政府放弃它一直采用的外交式的作战方法，而且它们现在正在创造能提供这30万人的条件。如果林肯不

① 参看恩格斯1862年7月30日给马克思的信。——编者注

让步(但他是会让步的),那就会发生革命。

说到缺乏军事人才,迄今所采用的纯粹依靠外交计谋或党派计谋来挑选将领的办法,是很难把军事人才选拔出来的。而波普将军在我看来是一个有毅力的人。

至于财政措施,那是不高明的,在一个至今实际上(就全国而言)不存在任何赋税的国家中,这种情况是意料之中的,但是还远不像皮特之流所实行的措施[153]那样毫无意义。目前货币贬值,我看不是出于经济上的原因,而纯粹是出于政治上的原因,即出于不信任。所以,这种情况将随着另一种政策而改变。

简单说来,我认为,这种战争必须按革命的方式进行,而北方佬至今却一直试图按照宪法进行。

祝好。

你的　卡·马·

67

马克思致恩格斯

曼 彻 斯 特

1862年8月9日[于伦敦]

亲爱的恩格斯:

……至于**地租理论**,我自然首先要等待你的来信。但是,为了使"辩论"(亨利希·毕尔格尔斯会这样说)简单些,说明以下几点:

一、我必须**从理论上**证明的唯一的一点,是绝对地租在不违反价值规律的情况下的**可能性**。这是从重农学派[154]起直到现在的**理论**论战的焦点。李嘉图否认这种可能性;我断定有这种可能性。同时我还断定,他否认这种可能性,是基于一种理论上错误的、从亚·斯密那里继承下来的教条,即假设**商品的费用价格**[149]和**价值**是同一的。此外,我还断定,当李嘉图**举例**说明这个问题时,他总是以或者不存在资本主义生产,或者(事实上或法律上)**不存在土地所有权**为前提。而问题正是要在这些东西存在的条件下来研究这个规律。

二、至于绝对地租**存在**的问题,这是在每个国家都应当**从统计上**来解决的问题。但是纯粹从理论上来解决问题的重要性,是由下列情况造成的:35年来统计学家和实践家全都坚持说有绝对地租存在,而(李嘉图派的)理论家则企图通过非常粗暴的和理论上软弱的抽象来否认绝对地租的存在。直到现在,我始终确信,在所有这一类争论中,理论家总是不对的。

三、我证明,即使假定绝对地租存在,也决不能由此得出结论说,在任何情况下最坏的耕地或最坏的矿山也都是支付地租的;相反,很可能它们不得不把自己的产品按市场价值、但**低于**其**个别**价值出售。李嘉图为了证明相反的主张,总是假定(这在理论上是错误的),不管市场条件怎样,在**最不利**的条件下生产出来的商品始终决定市场价值。你早在《德法年鉴》中就已经正确地对这一点作了反驳。①

以上是对地租问题的补充……

---

①恩格斯《国民经济学批判大纲》,见《马克思恩格斯文集》第1卷。——编者注

68

恩格斯致马克思

伦　敦

1862年11月15日于曼彻斯特

亲爱的摩尔：

　　……我迫不及待地等着将带来纽约选举[155]消息的轮船。如果民主党人在纽约州获胜，那我就不知道对这些北方佬该怎么看了。一个处在关系到本身存亡的伟大的历史抉择关头的民族，经过一年半的战斗竟会大批地反动起来，并投票同意作出让步，这是我怎么也不能理解的。资产阶级共和制在美国也丢尽了脸，因而将来再也不可能鼓吹它本身的价值，而只能说它是社会革命的手段和过渡形式，这是好的一面，然而，让我感到气愤的是，一种只控制居民总数一半的、可恶的寡头统治，竟证实自己同笨拙、庞大而又软弱的民主制度一样强大。况且，如果民主党人获胜，威武的麦克莱伦和西点人[156]就会完全占上风，那时好景马上就会结束。如果南部在总统永远由南方人担任而国会永远由人数相等的南方人和北方人组成的条件下回到联邦中来，那么，这些家伙就能够媾和。如果不能用其他方法获得和平，他们甚至能够立刻宣布杰弗逊·戴维斯为美国总统，甚至放弃各边界州。那时美国就完了。

　　关于林肯宣布的解放[157]，除西北部由于害怕黑人泛滥而投票拥护民主党以外,直到现在还看不到其他效果。

　　谈完大事谈小事——你对威武的威廉①怎么看?这家伙终于又恢复了本性;他忏悔了他所犯下的自由主义的罪恶,并且向瘸子伊丽莎白②说:母亲,我有罪了。为此,主就赐给他力量去打击患瘰疬病的自由派无赖,于是威廉就说道:"为此我需要军队。"这个家伙如此狂暴,甚至连俾斯麦在他看来都不够反动了。沙佩尔,你是愚蠢的,这一点我们都知道,你自己也知道,但是,你为什么**这样愚蠢**呢,如此等等。情况好极了,在1848年过去14年之后,自由资产阶级现在为了区区600万塔勒(约合85万英镑)又被推向极端紧迫的革命的抉择关头,能有什么形势比这更好呢。但愿这头老蠢驴不要又往后退缩。的确,他现在非常神气,但是对这些普鲁士人是一点也不能信赖的,就连他们的愚蠢也不能信赖。如果事情还这样发展下去,暴乱就完全不可避免,如果事情发展到极端,威廉就会由于"这些军人"发表意见的方式而感到惊奇,特别是普通士兵,他们将会为他们必须在三年而不是两年的服役期作战而对他感恩戴德。[158]

　　向你的夫人和女孩子们衷心问好。

你的　弗·恩·

---

①威廉一世。——编者注
②弗里德里希-威廉四世的妻子。——编者注

69

马克思致路德维希·库格曼[159]

汉 诺 威

1862年12月28日于伦敦哈弗斯托克小山

梅特兰公园路格拉弗顿坊9号

尊敬的先生：

……我很高兴地从您的信中得知，您和您的朋友对于我的《政治经济学批判》都抱有十分浓厚的兴趣。第二部分终于脱稿，只剩下誊清和付排前的最后润色了。[160]这部分大约有30印张。它是第一分册的续篇，将以《资本论》为标题单独出版，而《政治经济学批判》只作为副标题。其实，它只包括本来应构成第一篇第三章的内容，即《资本一般》。这样，这里没有包括资本的竞争和信用。这一卷的内容就是英国人称为"政治经济学原理"的东西。这是精髓(同第一部分合起来)，至于余下的问题(除了不同的国家形式对不同的社会经济结构的关系以外)，别人就容易在已经打好的基础上去探讨了。

拖延很久是由于以下的原因。第一，1860年，福格特的丑事占去我很多时间，因为我必须对那些本身毫无价值的琐事进行大量调查，打官司等等。1861年，由于美国内战[151]，我失去了我的主要收入来源——《纽约论坛报》。我给这家报纸的撰稿工作直到现在还没有恢复。因此，为了不致使全家真的流落街头，我过去和现在都不得不从事大量的零星工作。我甚至下决心做一个"务实的人",并打算明年年初到一个铁路营业所去做事。但是由于我的字写得不好,没有谋得这个差事,我不知道这该说是幸运还是不幸。总之,您可以看到,我时间很少而且也不大能安静下来从事理论工作。也正是由于这些原因,我的著作付排前的最后准备工作,很可能将拖延得比我预期的还要久。

至于出版,我无论如何不会把第二卷交给敦克尔先生了。第一分册手稿,他是1858年12月收到的,可是到1859年7月或8月才出版。我倒是希望布罗克豪斯能出版这本书,但这个希望并不太大。这伙德国文化流氓赏赐给我的沉默的阴谋——因为他们自己也明白,光靠谩骂是得不到什么结果的——,对于我的书的销路将产生不利的影响,更不用提我的著作的倾向了。等手稿誊清后(我从1863年1月起就着手),我马上就亲自把它带到德国去,因为当面和出版者交涉,事情好办一些。

我完全有根据希望,等我的著作的德文版一问世,法文版也会在巴黎准备好。我自己是绝对没有工夫去搞法译本的,况且我打算或者用德文写续篇,即阐述资本的结束部分,竞争和信用,或者为**英国**读者把头两本著作压缩成一本书。我认为,这本书在国外获得承认以前,不能指望它在德国产生什么影响。第一分册的叙述方式当然很不通俗。部分原因在于对象的抽象性质,给我规定的有限的篇幅,以及著作的目的本身。第二部分就比较容易懂了,因为这一部分论述的是比较具体的关系。使一门科学革命化的**科学**尝试,从来就不可能真正通俗易懂。可是只要科学的基础一奠定,通俗化也就容易了。一旦风暴更甚的时期到来,就可以再找到相应的色彩和笔墨来通俗地阐述**这些**题目。然而,我的确曾经期待,德国的专家学者们即使纯粹出于礼貌,也不会完全无视我这本书。此外,我有过极不愉快的体验:德国

马克思致路德维希·库格曼(1862年12月28日)

党内的朋友虽然长期研究这门科学,在私人通信中又过分地夸赞我的第一分册,但就是不愿意稍微费点力气在他们可以利用的杂志上发表一篇书评,或者哪怕是内容简介。如果这就是党的策略,那么坦白地说,这个秘密我是捉摸不透的……

1863年

70
马克思致恩格斯

曼 彻 斯 特

1863年1月28日［于伦敦］

亲爱的弗雷德里克：

……在上一封信^①中，我曾向你问过自动走锭纺纱机的事。问题是这样：在这种机器发明**以前**，所谓的纺纱工人是用什么方法操作的？自动走锭纺纱机我明白，但是它以前的状况我就不清楚了。

我正在对论述机器的这一节作些补充。在这一节里有些很有趣的问题，我在第一次整理时忽略了。为了把这一切弄清楚，我把我关于工艺学的笔记（摘录）¹⁶¹全部重读了一遍，并且去听威利斯教授为工人开设的实习（纯粹是实验）课（在杰明街地质学院里，赫胥黎也在那里讲过课）。我在力学方面的情况同在语言方面的情况一样。我懂得数学定理，但是需要有直接经验才能理解的最简单的实际技术问题，我理解起来却十分困难。

你知道——或许还不知道，因为事情本身无关紧要——，在**机器**和**工具**有什么区别这个问题上有很大的争议。英国的（数学）力学家，以他们那种粗率的方式称工具为简单的机器，而称机器为复杂的工

---

① 马克思1863年1月24日给恩格斯的信。——编者注

马克思致恩格斯(1863年1月28日)

具。但是比较注意经济方面的英国工艺学家们认为(英国经济学家中有许多人,甚至是大多数人都跟着他们走),二者的区别在于:一个的动力是人,而另一个的动力是自然力。德国的蠢驴们在这类小事情上是够伟大的,他们由此得出结论说,例如**犁**是机器,而极其复杂的"珍妮机"162等等,既然是用手转动的,就不是机器。但是,如果我们看一看机器的**基本**形式,那就毫无疑问,工业革命并不始于**动力**,而是始于英国人称为**工作机**的那部分机器,就是说,并不是始于比如说转动纺车的脚被水或蒸汽所代替,而是始于直接的纺纱过程本身的改变和人的一部分劳动被排除,而人的这部分劳动不是指单纯的力的使用(比如踩动轮子),而是同加工、同对所加工的材料的直接作用有关的。另一方面,同样没有疑问的是,一当问题不再涉及机器的**历史**发展,而是涉及在当前生产方式基础上的机器,**工作机**(例如在缝纫机上)就是唯一有决定意义的,因为现在谁都知道,一旦这一过程实现了机械化,就可以根据机械的大小,用手、水或蒸汽机来转动机械。

对纯粹的数学家来说,这些问题是无关紧要的,但是,在问题涉及证明人们的社会关系和这些物质生产方式的发展之间的联系时,它们则变得非常重要。

重读了我的关于工艺史的摘录之后,我产生了这样一种看法:撇开火药、指南针和印刷术的发明不谈——这些都是资产阶级发展的必要前提——,从16世纪到18世纪中叶这段时间,即从由手工业自身发展起来的工场手工业一直到真正的大工业这一时期,在工场手工业内部为机器工业做好准备的有两种物质基础,即**钟表和磨**(最初是磨谷物的磨,而且是水磨),二者都是从古代流传下来的。(水磨在尤利乌斯·凯撒时代从小亚细亚传入罗马。)钟表是第一个应用于实际目的的自动机;匀速运动生产的全部理论就是在它的基础上发展起来的。按其性质来说,它本身是以半艺术性的手工业和直接的理论相结合为基础的。例如,卡尔达诺曾写过关于钟表构造的书(并且提出了实际的制法)。16世纪的德国著作家把钟表制造业叫做"有学问的(非行会的)手工业";从钟表的发展可以证明,在手工业基础上的学识和实践之间的关系,同比如大工业中这二者之间的关系,是多么地不同。同样也毫无疑问的是,在18世纪把自动机(由发条发动的)应用到生产上去的第一个想法,是由钟表引起的。从历史上可以证明,**沃康松**在这方面的尝试对英国发明家的想象力有极大的影响。

另一方面,**磨**从一开始,从水磨发明的时候起,就具有机器结构的本质特征。机械动力,由这种动力发动的最初的发动机,传动装置,最后是处理材料的工作机,这一切都彼此独立地存在着。在磨的基础上建立了关于**摩擦**的理论,并从而进行了关于轮盘联动装置、齿轮等等的算式的研究;测量动力强度的理论和最好地使用动力的理论等等,最初也是从这里建立起来的。从17世纪中叶以来,几乎所有的大数学家,只要他们研究应用力学并把它从理论上加以阐明,就都是从磨谷物的简单的水磨着手的。因此,在工场手工业时期出现的*Mühle*和*mill*①这一名称,实际上也应用于为了实际目的而使用的一切机械发动机上。

磨的情况和压力机、机锤、犁等等的情况完全一样,即使动力是人力或畜力,但是打、压、磨、粉碎等等真正的作业,从一开始就**不需要人的劳动**。所以,这类机械至少从它的起源来看是很古老的,它最早使用了真正的机械动力。因此,它也几乎是工场手工业时期出现的唯一的机械。一旦机械应用于自古以来都必须通过人的劳动才能取

---

①德语和英语中的"磨"字。——编者注

得最后成果的地方,就是说,不是应用于如上述工具那样**从一开始**就**根本**不需要用人的手来加工原料的地方,而是应用于按事物的性质来说,人不是从一开始就只作为简单的**力**起作用的地方,**工业革命**就开始了。如果人们愿意和德国的蠢驴一样,把使用畜力(也就是完全和人的运动一样的**随意运动**)叫做使用**机器**,那么,使用这种发动机无论如何要比使用最简单的手工业工具古老得多……

71

马克思致恩格斯

曼 彻 斯 特

1863年4月9日［于伦敦］

亲爱的弗雷德里克:

……伊戚希① 又发表了两本关于他的诉讼的小册子②,幸而他**没有**寄给我。不过,他前天给我寄来了写给筹备莱比锡工人(应读做**手工业者**)代表大会的中央委员会的《公开**答复**》[163]。他摆出一副了不起的神气,大谈其从我们这里剽窃去的词句,俨然就是一个未来的工人独裁者。他"像玩游戏一样轻而易举地"(这是原话)解决工资和资本之间的问题。就是说,工人必须进行争取**普选权**的运动,然后把

---

① 斐·拉萨尔。——编者注

② 斐·拉萨尔《拉萨尔的刑事诉讼》1863年苏黎世版和《法院对我的判决和我为上诉而提出的批判性意见》1863年莱比锡版。——编者注

像他那样"带着闪闪发光的科学武器"的人送到议会中去。然后他们就创办由**国家**预付资本的工人工厂,而且这样的设施将逐渐遍布全国。这无论如何是令人吃惊的新鲜事!

……我出席了工联召开的一次群众大会,大会由布莱特主持。[164]他看起来完全像一个独立派分子,每当他说到"在美国没有国王,也没有主教"时,总是博得热烈的掌声。工人们自己讲得**很精彩**,完全没有资产者那套空洞词句,丝毫也不掩饰他们同资本家的对立(不过,布莱特老头也攻击了资本家)。

英国工人能够多快地摆脱资产阶级对他们的明显的腐蚀,还要等着瞧。此外,你的书①中的主要论点,连细节都已经被1844年以后的发展所证实了。我又把这本书和我关于后来这段时期的笔记对照了一下。只有那些用尺子和每条"报纸趣闻"来衡量世界历史的德国小市民才会认为,在这种伟大的发展中,二十年比一天长,殊不知以后可能又会有一天等于二十年的时期。

重读了你的这一著作,我惋惜地感到,我们渐渐老了。而这本书写得多么清新、热情和富于大胆的预料,没有学术上和科学上的疑虑!连认为明天或后天就会亲眼看到历史结局的那种幻想,也给了整个作品以热情和乐观的色彩,与此相比,后来的"灰暗的色调"就显得令人极不愉快。

祝好。

你的 卡·马·

---

① 恩格斯《英国工人阶级状况》,见《马克思恩格斯文集》第1卷。——编者注

72

恩格斯致马克思

伦　　敦

1863年6月11日于曼彻斯特

亲爱的摩尔：

……波兰的事态最近看来已不那么好。立陶宛和小俄罗斯的运动显然是软弱无力的,而波兰的起义者似乎也没有取得成果。领袖们全都阵亡或者被俘后遭到枪杀;看来,这可以证明,他们要率领自己的人前进,就必须冲在前头。从质量上来说,起义者现在已不如3月和4月,因为最优秀的人员都已经损失了。不过,对这些波兰人是无法作任何估计的,虽然现在成功的机会较少,但是情况可能还会好转。他们如果能坚持得住,那么还能够汇入一场能挽救他们的全欧洲的运动。但是,如果事情进展得不顺利,那么波兰会有十年左右一蹶不振。这样的起义会使有战斗力的居民在许多年内都不能恢复元气。

据我看来欧洲的运动很可能兴起,因为资产者现在又一点也不害怕共产主义者了,而且在必要时也准备一起行动。法国的选举,以及普鲁士从最近的选举[165]以来所发生的事件都证明了这一点。但是我并不认为这样的运动会在法国开始。巴黎的选举毕竟**过于**资产阶级化了;凡是工人提出自己的候选人的地方,都一概落选,他们甚至没有力量迫使资产者至少选举激进派。此外,波拿巴有一套牢牢控制大城市的方法。

在普鲁士,如果强硬的俾斯麦不封住那帮家伙的嘴①,他们还会继续唠叨下去。但是不管那里的事情进展如何,和平的立宪的发展已经终止,庸人们必定会准备吵闹一番。这已经很了不起了。虽然我根本看不上我们的民主派老朋友的勇气,但是我还是觉得,大量的易燃物已在那里堆积起来,而且,由于霍亨索伦王朝在对外政策方面几乎不可能不干愚蠢透顶的事情,所以很可能发生这样的情况:把军队一半放在波兰边境,一半散布在莱茵河畔,从而使柏林处于不设防状态,那时就会遭到打击。如果柏林领导运动,那对德国和欧洲都将是很糟糕的。

最使我感到奇怪的是,大俄罗斯居然没有爆发农民运动。看来波兰的起义在那里确实产生了不利的影响……

73

马克思致恩格斯

曼 彻 斯 特

1863年7月6日于伦敦

亲爱的恩格斯:

……伊戚希给我寄来了一本他新出的小册子②,即他在美因河

---

① 指普鲁士1863年5月27日提前解散议会。——编者注
② 斐·拉萨尔《工人读本》1863年美因河畔法兰克福版。——编者注

马克思致恩格斯(1863年7月6日)

畔法兰克福的演说。我现在每天必须花10个小时研究政治经济学，所以不能要求我把自己剩余的时间消磨在阅读他的小学生练习上。因此，暂时只能放在一边。有空时我研究微积分。顺便说说，我有许多关于这方面的书籍，如果你愿意研究，我准备寄给你一本。我认为这对你的军事研究几乎是必不可缺的。况且，数学的这一部分(仅就技术方面而言)，例如同高等代数相比，要容易得多。除了普通的代数和三角方面的知识外，并不需要先具备什么知识，但是必须对圆锥曲线有一个一般的了解。

……附上一份《经济表》，这是我用来代替魁奈的表[166]的，天气很热，但是你如果有可能，就仔细看一看，如有意见就告诉我。这个表包括全部再生产过程。

你知道，**亚·斯密**认为，"**自然价格**"或"**必要价格**"由工资、利润(利息)和地租构成，也就是全部分解为**收入**。李嘉图也承袭了这种谬论，不过他把地租当做只是偶然的现象排除出去了。几乎**所有的**经济学家都接受了斯密的这种见解，而那些持不同见解的人，又陷入了另一种荒唐见解之中。

斯密自己也感到，把社会**总产品**分解为**单纯的收入**(可能每年都被消费掉)是荒谬的，而他在**每一个单个的**生产部门中，是把价格分解为**资本**(原料、机器等等)和**收入**(工资、利润、地租)的。果真是这样，社会就必须每年都在**没有资本**的情况下从头开始。

至于我的表(这个表将作为**概括**插在我的著作最后某一章当中)，要理解它，应当注意以下几点：

1. 数字一律以百万为单位。

2. **生活资料**在这里是指每年列入**消费基金**的**一切东西**(或指可以列入消费基金而**不积累起来**的东西，积累**不包括**在这个表里)。

在第 I 部类(生活资料)里,**全部产品**(700)都是由**生活资料**组成,按其性质来说**不能列入不变资本**(原料和机器、建筑物等等)。同样,在第 II 部类里,**全部产品**都是由构成**不变资本**的商品组成,就是说,由作为原料和机器重新进入再生产过程的商品组成。

3. **上升的**线用**虚线**表示,**下降的**线用**实线**表示。

4. **不变资本**是由原料和机器组成的那一部分资本。**可变资本**是换取劳动的那一部分资本。

5. 例如在农业等等中,同一种产品中的一部分(例如小麦)构成生活资料,而另一部分(还是以小麦为例)又以它的自然形式(例如作为**种子**)作为原料进入再生产。但是,这丝毫没有改变事情本身,因为这样的生产部门,按一种性质来说,属于第 II 部类,而按另一种性质来说,则属于第 I 部类。

6. 因此,整个事情的要点是:

第 I 部类,生活资料。

劳动材料和机器(就是**机器中**作为**损耗**包括在年产品中的部分;没有消费掉的部分**不列入表内**),例如=400英镑。用于换取劳动的可变资本=100英镑,它再生产出来时成为300英镑。其中100英镑补偿产品中的工资,200英镑是剩余价值(**无酬的剩余劳动**)。产品=700,其中400是不变资本的价值,但是它已经完全转移到产品中,所以必须予以补偿。

在可变资本和剩余价值的这种比例中,是假定工人用三分之一工作日为自己工作,三分之二工作日为自己的"天然尊长"工作。

因此,如虚线所表示的,100(可变资本)是作为工资用货币付出的;工人用这100(用下降的线表示)购买本部类的**产品**,即购买价值为100的生活资料,因此,货币又回到第 I 部类资本家那里。

马克思致恩格斯(1863年7月6日)

　　剩余价值200在它的一般形式上＝**利润**，而利润分解为**产业利润**（包括**商业利润**），以及产业资本家用货币支付的**利息**和他同样用货币支付的**地租**。用于支付产业利润、利息和地租的这些货币，由于用来购买第Ⅰ部类的产品，又流了回来（用下降的线表示）。这样，由于全部产品700中的300是由工人、企业家、金融家和地主消费掉的，因此在第Ⅰ部类中由产业资本家花费的全部货币就流回到他那里。第Ⅰ部类的产品（生活资料）的**剩余**为400，而不变资本则缺少了400。

　　第Ⅱ部类，机器和原料。

　　因为**这一部类的全部产品**（不仅是产品中补偿不变资本的那部分，而且也包括代表工资的等价物和剩余价值的那部分）是由**原料**和**机器**组成的，所以这一部类的收入不能在它自己的产品中实现，而只能在第Ⅰ部类的产品中实现。如果像这里所做的那样，撇开积累不谈，那么第Ⅰ部类只能按它补偿它的不变资本所需的量，从第Ⅱ部类购买东西，而第Ⅱ部类也只能把自己产品中代表工资和剩余价值（**收入**）的那一部分用在第Ⅰ部类的产品上。所以第Ⅱ部类的工人把货币＝$133\frac{1}{3}$用在购买第Ⅰ部类的产品上。第Ⅱ部类中的剩余价值的情况也是这样，它也像在第Ⅰ部类中一样，分解为产业利润、利息和地租。这样，这400就以货币的形式从第Ⅱ部类流到第Ⅰ部类的产业资本家那里；而后者由此把自己的价值400的剩余产品卖给了前者。

　　第Ⅰ部类用这400（以货币形式）从第Ⅱ部类购买那些为补偿它的不变资本＝400所必需的东西，所以，第Ⅱ部类用在工资和消费（产业资本家本身、金融家和地主）上的货币以这种方式又流回第Ⅱ部类。这样，在第Ⅱ部类的全部产品中还余$533\frac{1}{3}$，它就是用这些来补偿自己所损耗的不变资本。

　　部分发生在第Ⅰ部类内部、部分发生在第Ⅰ部类和第Ⅱ部类之间

马克思1863年7月6日给恩格斯的信中所附的社会再生产过程图表
（中译文见下页）

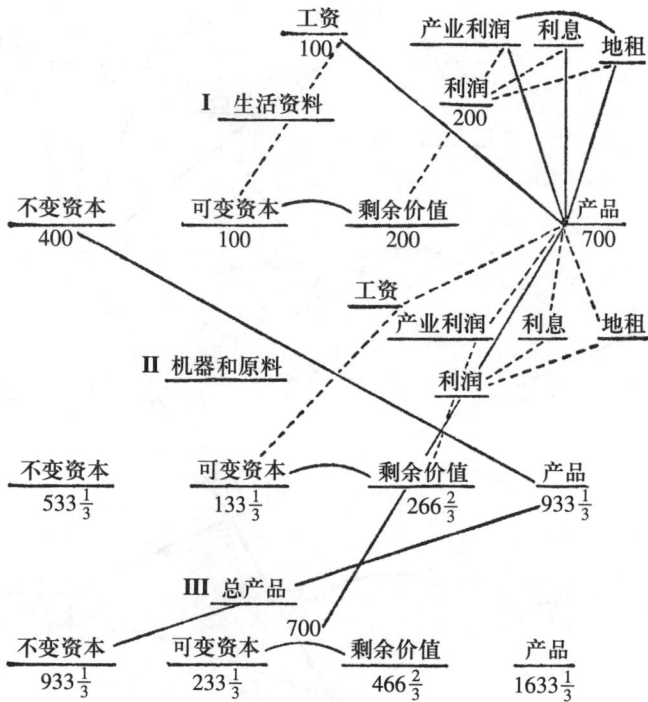

I 生活资料

工资 100　产业利润　利息　地租

利润 200

不变资本 400　可变资本 100　剩余价值 200　产品 700

II 机器和原料

工资　产业利润　利息　地租

利润

不变资本 $533\frac{1}{3}$　可变资本 $133\frac{1}{3}$　剩余价值 $266\frac{2}{3}$　产品 $933\frac{1}{3}$

III 总产品

700

不变资本 $933\frac{1}{3}$　可变资本 $233\frac{1}{3}$　剩余价值 $466\frac{2}{3}$　产品 $1633\frac{1}{3}$

魁奈博士的经济表

生产阶级　　　所有者　　　非生产阶级

a) 20亿　　e) 20亿　　10亿　f)

b) 10亿

c) 10亿　　　　　　　　10亿　g)

d) 10亿　　　　　　　　10亿　h)

每年预付 20亿　　　　　总计
总计 50亿

的运动,同时表明了货币是怎样流回这两部类中相应的产业资本家那里,使他们重新拿这些货币来支付工资、利息和地租的。

第III部类表明了全部再生产。

第II部类的全部产品在这里表现为整个社会的不变资本,而第I部类的全部产品,则表现为产品中补偿可变资本(工资总额)和瓜分剩余价值的各阶级的收入的那一部分。

我把魁奈的表附在下面,在下一封信①里我再作简单的解释。

祝好。

你的　卡·马·

---

①这封信没有保存下来。——编者注

1864年

74
马克思致恩格斯

曼 彻 斯 特

1864年11月4日［于伦敦］

亲爱的弗雷德里克：

……（2）**国际工人协会**[167]。

不久以前，伦敦工人就波兰问题向巴黎工人发出一篇呼吁书①，请求他们在这件事情上采取共同行动。

巴黎人方面派来了一个代表团，由一个名叫**托伦**的工人率领，他是**巴黎最近一次选举**[168]**中的真正的工人候选人**，是一个很可爱的人（他的伙伴们也都是很可爱的小伙子）。1864年9月28日在圣马丁堂召开了群众大会，召集人是奥哲尔（鞋匠，这里的各工联的伦敦理事会[169]的主席，也是工联的鼓动争取选举权的协会的主席，这个协会同布莱特有联系）和克里默——泥瓦匠，泥瓦匠工联的书记（这两个人为声援北美而在圣詹姆斯堂组织过由布莱特主持的工联群众大会，也为欢迎加里波第而组织过游行示威[170]）。一个叫**勒吕贝**的人被派到我这里来，问我是否愿意作为德国工人的代表参加会议，是否愿

---

①指《英国工人致法国工人》，载于1863年12月5日《蜂房报》第112号。——编者注

212

意专门推荐一个德国工人在会上讲话等等。我推荐了埃卡留斯,他干得很出色,我也在讲台上扮演哑角加以协助。我知道伦敦和巴黎方面这一次都显示了真正的"实力",因此我决定打破向来谢绝这类邀请的惯例。

(**勒吕贝**是一个年轻的法国人,30岁左右,但在泽西和伦敦长大,英语讲得很漂亮,是法国和英国工人之间很好的中间人。)(他是音乐兼法语教师。)

会场上挤得让人**透不过气来**(因为工人阶级现在显然重新开始觉醒了),沃尔弗少校(图尔恩-塔克西斯,加里波第的副官)代表伦敦的**意大利**工人团体[171]出席了大会。会上决定成立"国际工人协会",它的总委员会设在伦敦,"联系"德国、意大利、法国和英国的工人团体。同时决定于1865年在比利时召开全协会工人代表大会。这次群众大会选举了一个临时委员会,其中奥哲尔、克里默和其他许多人(一部分是老宪章主义者、老欧文主义者等等)代表英国;沃尔弗少校、方塔纳和其他一些意大利人代表意大利;勒吕贝等人代表法国;埃卡留斯和我代表德国。委员会有权任意吸收新的成员。

目前一切都进行得很顺利。我参加了委员会的第一次会议。会议选举了一个**小委员会**[172](我也在内)起草原则宣言和临时章程。我因病未能出席小委员会的会议和接着召开的委员会全会。

在我未能出席的两次会议——小委员会会议和接着召开的委员会全会——上发生了以下的事情:

沃尔弗少校提议把**意大利工人团体**(它们有中央组织,但是如后来所表明的,它所联合的基本上都是一些互助会)的规章(章程)当做新的协会的章程。[173]我后来才看到这个东西。这显然是**马志尼**的粗劣作品,因而你可以料到,真正的问题,即工人问题是以什么样的精神和措辞来阐述的。同样,也可以料到民族问题是怎样被放到里面去的。

此外,老欧文主义者韦斯顿——他本人现在是厂主,是一个非常和气有礼的人——起草了一个杂乱无章且又冗长拖沓的纲领。

接着召开的委员会全会授权小委员会修订韦斯顿的纲领和沃尔弗的章程。沃尔弗本人已离开伦敦,去参加在那不勒斯举行的意大利工人团体代表大会,并劝告它们参加伦敦的中央协会。

小委员会的第二次会议我又没有参加,因为我接到开会的通知太迟了。在这次会议上勒吕贝提出了"原则宣言"和由他修订过的沃尔弗的章程,小委员会把二者都接受下来提交委员会全会讨论。委员会全会于10月18日召开。因为埃卡留斯来信告诉我,危险在于迟缓①,我就出席了会议,当我听到好心的勒吕贝宣读妄想当做原则宣言的一个空话连篇、写得很糟而且极不成熟的导言时,我的确吃了一惊,导言到处都带有马志尼的色彩,而且披着法国社会主义的轮廓不清的破烂外衣。此外,意大利的章程大体上被采用了,这个章程追求一个事实上完全不可能达到的目的,即成立**欧洲**工人阶级的某种中央政府(当然是由马志尼在幕后操纵),至于其他错误就更不用说了。我温和地加以反对,经过长时间的反复讨论后埃卡留斯提议由小委员会重新"修订"这些文件。而勒吕贝的宣言中所包含的"意见"却被采纳了。

两天以后,10月20日,英国人的代表克里默、方塔纳(意大利)和勒吕贝在我家里集会(韦斯顿因故缺席)。我手头一直没有这两个文

---

①这句话出自罗马历史学家梯特·李维的著作《罗马建城以来的历史》第38卷第25章。——编者注

件(沃尔弗的和勒昌贝的),所以无法预先做准备;但是,我下定决心尽可能使这种东西连一行也不保留下来。为了赢得时间,我提议我们在"修订"导言之前,先"讨论"一下章程。于是就这样做了。40条章程的第一条通过时已是午夜一点钟了。克里默说(**这正是我所要争取的**):"我们向原定于10月25日开会的委员会提不出什么东西。我们必须把会议推迟到11月1日举行。而小委员会可以在10月27日开会,并且争取获得肯定的结果。"这个建议被采纳了,"文件"就"留下来"给我看。

我觉得,想根据这种东西弄出点什么名堂来是不可能的。我要用一种极其特殊的方法来整理这些已经"被采纳的意见",为了要证明这种方法正确,我起草了《告工人阶级书》[①](这不在原来的计划之内,这是对1845年以来工人阶级的命运的一种回顾)。我以这份《告工人阶级书》已经包括了一切实际材料和我们不应当再三重复同样的东西为借口,修改了整个导言,删掉了"原则宣言",最后以10条章程[②]代替了原来的40条章程。在《告工人阶级书》中说到国际的政策时,我讲的是各个国家而不是各个民族,我所揭露的是俄国而不是较小的国家。我的建议完全被小委员会接受了。不过我必须在章程导言中采纳"义务"和"权利"这两个词,以及"真理、道德和正义"等词,[③]但是,对这些字眼已经妥为安排,使它们不可能造成危害。

总委员会会议以很大的热情(一致)通过了我的《告工人阶级

---

①马克思《国际工人协会成立宣言》,见《马克思恩格斯文集》第3卷。——编者注

②马克思《协会临时章程》,见《马克思恩格斯全集》中文第2版第21卷。——编者注

③见《马克思恩格斯全集》中文第2版第21卷第17页。——编者注

书》,等等。关于付印方法等问题将在下星期二^①讨论。勒吕贝拿了
《告工人阶级书》的一个副本去译成法文,方塔纳拿了一个副本去译
成意大利文。(首先将刊登在叫做《蜂房报》的周报上,这是一种通报,
由工联主义者波特尔编辑。)我自己准备把这个文件译成德文。

　　要把我们的观点用目前水平的工人运动所能接受的形式表达
出来,那是很困难的事情。几星期以后,这些人将同布莱特和科布顿
一起举行争取选举权的群众大会。重新觉醒的运动要做到使人们能
像过去那样勇敢地讲话,还需要一段时间。这就必须做到实质上坚
决,形式上温和。这个文件一印出来,你就可以得到一份……

---

　　①1864年11月8日。——编者注

1865年

75

马克思致恩格斯

曼 彻 斯 特

[1865年]2月11日[于伦敦]

亲爱的弗雷德:

今天是星期六,我想你今天还没有把你的手稿①寄出去,还来得及提出下列"补充"修改建议:

(1)在**你提出工人的愿望是什么这个问题**的地方,我不会像你那样回答说,德国、法国和英国的工人要求什么什么。那样回答会显得好像是我们接受了**伊戚希**②的口号(至少会被**解释**成这样)。我会这样说:③

"看来,目前**德国**最先进的工人所提出的要求可以归纳如下,等等。"这样你就根本不会把自己牵连进去;这样做也比较好,因为后面你自己就在批判那种不具备适当条件的普选权。(此外,"直接"这个词,例如在英国等地并没有别的意思,只不过是和普鲁士人创造的

---

①恩格斯《普鲁士军事问题和德国工人政党》,见《马克思恩格斯全集》中文第2版第21卷。——编者注

②斐·拉萨尔。——编者注

③手稿删去以下这段话:"这里不是阐明你自己的观点的地方——或者你也可以把开头的话删去,干脆像下面这样说"。——编者注

"间接"选举权相对照罢了。)对德国庸人设想的那种拉萨尔式的国家干涉的形式,必须加以防范,彻底避免同"这种形式"混淆起来。如果你抓住庸人们讲的话,并且**让他们自己说说他们**希望什么,那就好得多(而且稳妥得多)。(我称他们为**庸人**,因为他们的确是爱发议论的、**拉萨尔化了的**一部分人。)[174]

(2)我不会说,1848—1849年的运动遭到失败,是由于资产者反对**直接的普选权**。其实,这种普选权曾经被法兰克福人宣布为德国人的权利,并且由帝国摄政①按照正式手续公布出来。[175](我也认为:在德国,一旦对这件事情进行认真的讨论,就应当把这种选举权看做是法律上**已经存在的**。)由于那里没有篇幅作太详细的说明,所以我会用这样一句话或类似的话带过去,即资产者当时宁愿要用屈从换取的平静,而不愿看到哪怕只是争取自由的斗争的**前景**。

总的说来,这篇东西写得很好,特别使我满意的一点是,阐明了现在的庸人运动实际上只是靠警察的恩惠才存在的。②

匆匆。

祝好。

你的　卡·马·

我不知道你为什么在一个地方安慰反动分子,说士兵在服役的第三年不会成为反动分子——或者不会长久地成为反动分子——,虽然你在后面又有了相反的说法,我把这一段删掉了。

---

①奥地利约翰大公。——编者注

②参看恩格斯《普鲁士军事问题和德国工人政党》,《马克思恩格斯全集》中文第2版第21卷第111—112页。——编者注

76

马克思致路德维希·库格曼

汉 诺 威

1865年2月23日于伦敦哈弗斯托克小山
梅特兰公园路摩德纳别墅1号

尊敬的朋友:

昨天接到您的一封信,我很感兴趣,现在就来逐项回答。

首先我想对您简略地说明一下我与**拉萨尔**的关系。在他从事鼓动的时期,我们的关系就已经断绝了,这是(1)由于他大肆自我吹嘘,甚至还把从我和其他人的著作里极其无耻地剽窃去的东西也拿来吹嘘;(2)因为我**谴责了**他的**政治**策略;(3)因为早在他开始进行鼓动**以前**,我在伦敦这里就向他详细解释和"证明":所谓"**普鲁士国家**"实行直接的**社会主义**干涉是荒谬的。他在给我的信(从1848年到1863年)中像同我会面时一样,老说他是我所代表的党的追随者。但是,一当他在伦敦(1862年底)确信,他**对**我不能施展他的伎俩,他就决定以"工人独裁者"的身份来**反对**我和原来的党。尽管如此,我还是承认他进行鼓动的功绩,虽然在他的短短的一生临近结束的时候,甚至这种鼓动也使我感到越来越暧昧了。他的突然死亡、旧日的友情、哈茨费尔特伯爵夫人的诉苦信、资产阶级报纸对一个生前曾经使他们胆战心惊的人采取的那种**怯懦无耻的态度**所引起的憎恶,所有这一切都促使我发表一个简短声明来反对卑鄙的布林德①(哈茨费尔特把这个声明送交《北极星》发表了)。但是这个声明没有涉及拉萨尔活动的**内容**。由于同样的原因,并由于希望能够消除那些在我看来是危险的因素,我同恩格斯一起答应给《社会民主党人报》撰稿(该报刊登了《成立宣言》的译文[176],我还按照该报的愿望,就蒲鲁东之死写了一篇关于他的文章②),而在施韦泽寄给我们一份**令人满意的编辑纲领**之后,我就同意把我们列为撰稿人。[177]**威·李卜克内西**担任编辑部的非正式编委,这对我们又是一层保证。但是不久就表明——这方面的证据已经落到我们手中——**拉萨尔**事实上已经**背叛**了党。他同俾斯麦订立了一个正式的契约(**他**自然并没有得到**任何**保证)。他本来要在1864年9月底到汉堡去,在那里(同疯狂的施拉姆和普鲁士警探马尔一起)"**迫使**"俾斯麦兼并石勒苏益格—荷尔斯泰因,也就是以"工人"的名义来宣布兼并,等等,而俾斯麦为此则答应给予普选权和实行某些冒牌的社会主义措施。[178]可惜拉萨尔未能演完这幕喜剧!否则这出戏一定会使他暴露出极其愚蠢可笑的面目!而所有这一类企图也一定会永远结束!

拉萨尔走上这条错误的道路,因为他是米凯尔先生式的"**现实政治家**",只是派头更大、目标更高罢了!(顺便说说,我早已看透了米凯尔,因此我认为,他的出场,是由于民族联盟[179]对一个小小的**汉诺威**律师来说是个很好的机遇,可以借助它在德国、在自己的小天地以外扬名,这样既能提高他自己的"**现实性**",反过来又能使他在汉诺威当地得到公认,并在"**普鲁士的**"保护下扮演"**汉诺威的**"米拉波。)正

---

①马克思《致斯图加特〈观察家报〉编辑》,见《马克思恩格斯全集》中文第2版第21卷。——编者注

②马克思《论蒲鲁东》,见《马克思恩格斯文集》第3卷。——编者注

如米凯尔和他现在的朋友们抓住了普鲁士摄政王所宣布的"新纪元"[180],以便加入民族联盟并依附于"普鲁士的领导地位"[181]一样,正如他们通常在**普鲁士的保护**下发展自己的"公民自豪感"一样,拉萨尔想在乌克马克的菲力浦二世面前扮演无产阶级的波扎侯爵①,而让俾斯麦扮演他和普鲁士王权之间的撮合者。他只是仿效民族联盟中的先生们而已。不过,那些人是为了中等阶级的利益而引起了普鲁士的"反动",而他则是为了无产阶级的利益而同俾斯麦握手言欢。那些先生们这样做要比拉萨尔更有根据,因为资产者习惯于把眼前的直接利益看做"现实",而且这个阶级实际上到处妥协,甚至和封建主义妥协,可是工人阶级按其本性来说应当是真正"革命的"。

对拉萨尔这样一个装腔作势、爱好虚荣的人来说(但是,他不是用市长等官职这样的小恩小惠可以收买的),一个很有诱惑力的想法就是:为无产阶级建立了直接功勋的是斐迪南·拉萨尔!他对建立这种功勋的现实的经济条件的确太无知,以致不能批判地对待自己!另一方面,由于曾经使德国资产者容忍了1849—1859年的反动并对愚民措施采取旁观态度的那个卑鄙的"**现实政策**",德国工人竟"**堕落**"到这种地步,以致对这位答应帮助他们一跃而进入天国的自吹自擂的救主表示欢迎!

现在我们再接着谈上面中断了的那个话题!《社会民主党人报》刚一创办,立刻就看得出,哈茨费尔特这个老太婆还想执行拉萨尔的"遗嘱"。她通过《十字报》的瓦盖纳同俾斯麦保持联系。她把"全德工人联合会"[182]、《社会民主党人报》等等都交给俾斯麦掌握。她打算在

---

①波扎侯爵和菲力浦二世是席勒的《唐·卡洛斯》一剧中的人物。"乌克马克的菲力浦二世"暗指威廉一世。——编者注

马克思致路德维希·库格曼(1865年2月23日)

《社会民主党人报》上宣布兼并石勒苏益格—荷尔斯泰因,完全承认俾斯麦为保护人等等。这一整套美妙的计划,由于我们有李卜克内西在柏林并且参加了《社会民主党人报》编辑部而**破产了**。虽然恩格斯和我都讨厌该报的方针,讨厌它对拉萨尔的阿谀和迷信,讨厌它一有机会就向俾斯麦谄媚,等等,但是,更重要的当然是暂时同该报保持正式联系,以防止哈茨费尔特这个老太婆的阴谋,使工人党不致声誉扫地。因此,我们采取了心里不高兴、表面上和颜悦色的态度,但是私下经常给《社会民主党人报》写信,要他们就像对进步党人[183]一样地对俾斯麦进行斗争。我们甚至容忍了妄自尊大的公子哥儿伯恩哈德·贝克尔**反对国际工人协会**的阴谋。这个人竟然一本正经地看待拉萨尔遗嘱赋予他的重要地位。

这时,施韦泽先生在《社会民主党人报》上发表的文章已经越来越俾斯麦化了。以前我就写信对他说过,进步党人在"结社问题"上可能**被吓倒**,但是**普鲁士政府绝对不会**同意完全废除结社法,因为这样做就会在官僚制度那里打开缺口,就必须给工人以公民权,必须撕碎奴仆规约[184],废除贵族在农村中使用的笞刑等等,这是俾斯麦永远不会容许的,是同普鲁士的**官僚**国家根本不相容的。我还补充说,如果议会否决了结社法,政府就会用**言辞**(如社会问题要求"更深刻的"措施等等一类的言辞)来搪塞,使这些法律仍然有效。这一切都已经得到证实。而冯·施韦泽先生做了些什么呢?他写了一篇**拥护俾斯麦**的文章[185],并把自己所有的勇气都用来反对舒尔采、孚赫等等这样一些渺小得无法再渺小的人物。

我相信,施韦泽等人这样做是有**诚意的**,然而他们是"**现实政治家**",他们要考虑**现存的**条件,不想把"现实政策"的**特权**都让给米凯尔先生之流。(后者似乎想给自己保留同普鲁士政府同流合污的权利。)他们知道,在普鲁士(从而在德国其他各地),工人报刊和工人运动只是由于警察的恩惠才存在。因此,他们愿意维持现状,不激怒政府等等,正如我们的"**共和派的**"现实政治家愿意"接受"姓霍亨索伦的**皇帝**一样。但是,因为我不是"现实政治家",所以我认为有必要和恩格斯一起公开声明同《社会民主党人报》断绝关系(您不久就会在某家报纸上看到这个声明)①。

同时,您由此可以了解,为什么目前我在普鲁士**任何事情**也不能做。那里的政府直截了当地拒绝恢复我的普鲁士国籍[186]。我如果要在那里进行**宣传活动**,那就只有采取冯·俾斯麦先生所希望的形式才会被允许。

我倒万分愿意在这里通过"**国际协会**"进行我的宣传活动。这对**英国**无产阶级的影响是直接的和极为重要的。现在我们正在这里搞普选权问题,这个问题在这里同在普鲁士,当然有着**完全不同的意义**。[187]

总的说来,在这里,在巴黎,在比利时、瑞士和意大利,这个"协会"的进展都是**完全出乎意料**的。只有在德国,我很自然地遭到了拉萨尔的继承人的反对,因为他们(1)愚蠢地害怕失掉自己的重要性;(2)知道我公开反对德国人称为"现实政策"的那种东西。(正是这种**"现实"**使德国远远落后于一切文明国家。)

由于每人花一先令取得会员证就能成为协会会员,由于法国人(以及比利时人)受法律禁止不能以"协会"的形式参加我们的组织而选择了这种个别取得会员资格的方式,由于德国的情况也与此类似,

---

①马克思和恩格斯《致〈社会民主党人报〉编辑部的声明》,见《马克思恩格斯全集》中文第2版第21卷。——编者注

所以我现在决定要求我在这里的和在德国的朋友们成立小团体,不管每个地方的成员有多少,这种团体的每个成员都购买一张英国会员证。由于英国的协会是**公开的**,所以,这种办法就是在法国也不会遇到任何障碍。我非常希望您以及您的亲朋好友用这种办法和伦敦建立联系……

77
恩格斯致弗里德里希·阿尔伯特·朗格

杜 伊 斯 堡

1865年3月29日于曼彻斯特
南门街7号

阁下:

　　……我的回信不得已而拖延下来,倒使我有机会在此期间接到了您的关于工人问题的著作①,我怀着很大的兴趣读了这本书。在我第一次读达尔文的著作②时,我也很快就发现他对动植物生活的描述同马尔萨斯的理论73异常相似。不过我得出了和您不同的结论,我认为:现代资产阶级的发展还没有超出动物界的经济形式,这对它来

---

　　①弗·阿·朗格《工人问题及其在目前和将来的意义》1865年杜伊斯堡版。
——编者注
　　②查·达尔文《根据自然选择即在生存斗争中适者保存的物种起源》1859年伦敦版。——编者注

说是极大的耻辱。在我们看来,所谓"经济规律"并不是永恒的自然规律,而是既会产生又会消失的历史性的规律,而现代政治经济学大全,只要是由经济学家真正客观地编纂出来的,对我们来说不过是现代资产阶级社会所赖以存在的规律和条件的总汇,一句话,是这个社会的生产条件和交换条件的抽象的描述和概括。因此,在我们看来,任何一个规律只要是表现**纯粹资产阶级关系**的,都不是先于现代资产阶级社会而存在的;那些或多或少地对过去的全部历史起过作用的规律则仅仅表现了以阶级统治和阶级剥削为基础的一切社会状态所共有的关系。所谓李嘉图规律[188]就属于前者,它无论对农奴制还是对古代的奴隶制都不起作用;而所谓马尔萨斯理论中的站得住脚的东西则属于后者。

马尔萨斯牧师的这个理论,同他所有的其他思想一样,都是直接从他的前人那里剽窃来的,只有两种级数的纯粹武断的运用,才属于他自己。[189]在英国,这一理论本身早就被经济学家纳入了合理的范围;人口不是对生活资料产生压力,而是对**就业**手段产生压力;人类可能增加得比现代资产阶级社会所能承受的更快。在我们看来,这又是一个根据,它表明这个资产阶级社会是必须消除的发展中的障碍。

您自己提出了如何使人口的增加和生活资料的增加相适应的问题;可是,除了序言中的一句话,我并没有发现您有解决这一问题的意图。我们的出发点是:创造了现代资产阶级社会的那些力量——蒸汽机、现代化的机器、大规模的殖民、铁路和轮船、世界贸易,现在已经由于接连不断的商业危机而使这个社会走向解体并且最后走向灭亡;这些生产资料和交换手段也足以在短时间内使比例关系翻转过来,把每个人的生产力提高到能生产出够两个人、三个人、四个人、五个人或六个人消费的产品;那时,城市工业就能腾出足够的人员,给农业提供同此前完全不同的力量;科学终于也将大规模地、像在工业中一样彻底地应用于农业;欧洲东南部和美国西部在我们看来是取之不尽、用之不竭的天然肥沃的地区将以空前巨大的规模进行开发。如果这些地区都已经开垦出来,可是还有匮乏现象,那才是该说应该警惕[190]的时候。

生产得太少,这就是全部问题之所在。但是,**为什么生产得太少**呢?并不是因为生产已经达到极限(即使是在今天,在使用现代化的手段的情况下)。不是由于这个原因,而是由于生产的极限并不取决于挨饿的肚子的数目,而取决于有购买力的有支付能力的**钱袋**的数目。资产阶级社会不希望,也不可能希望生产得更多。没有钱的肚子,即不能用来生产**利润**、因而也没有购买力的劳动,使死亡率不断提高。如果突然来一个工业繁荣(这是常有的现象),使这种劳动变得能用来生产利润,那么劳动就能得到钱买东西,而且总能找到生活资料.这就是整个经济所陷入的无尽头的恶性循环。人们总是把资产阶级关系的总体作为前提,然后证明,任何个别部分都是这个总体的必要部分,即"永恒的规律"。

您对舒尔采的合作社[191]的描述使我非常感兴趣。这一切也都在这里按自己的方式存在过,而现在大体上都已经过去了。在德国的人们一定还会表现出无产阶级自豪感。

我不能不提一下您所说的关于老黑格尔缺乏较深的数学和自然科学素养的意见。黑格尔的数学知识极为渊博,以致他的任何一个学生都没有能力把他遗留下来的大量数学手稿整理出版。据我所知,对数学和哲学了解到足以胜任这一工作的唯一的人,就是马克思。您说黑格尔的自然哲学的细节中有荒谬的东西,这我当然同意,但是他的**真正的**自然哲学是在《逻辑学》第二部分即《本质论》中,这是全部理论的真正核心。现代自然科学关于自然力相互作用的学说(格罗夫的《力的相互关系》,我记得该书最初是在1838年出版的①)不过是用另一种说法表达了,或者更确切地说,是从正面证明了黑格尔关于原因、结果、相互作用、力等等的论述。当然,我已经不再是黑格尔派了,但是我对这位伟大的老人仍然怀着极大的尊敬和依恋的心情。

尊敬您的　弗里德里希·恩格斯

78

马克思致恩格斯

曼 彻 斯 特

1865年5月1日[于伦敦]

亲爱的弗雷德:

……国际协会的伟大成就是:

改革同盟[187]是我们一手建立的,在由十二个人(六个资产者,六个工人)组成的小小的委员会里,工人都是我们总委员会的委员(其中有埃卡留斯)。我们已经挫败了资产者想把工人阶级引入歧途的一切折中的企图。各地的运动这一次完全以伦敦的运动为转移。例如,

---

①指威·罗·格罗夫《物理力的相互关系》,该书第1版于1846年在伦敦出版。——编者注

厄内斯特·琼斯在我们把事情推向前进以前是灰心失望的。如果英国工人阶级的政治运动能够用这种方式重新活跃起来,那么,我们的协会不声不响地为欧洲工人阶级做出来的事情,就会比用其他任何方式做出来的要多。而且大有取得成功的希望……

79

马克思致恩格斯

曼 彻 斯 特

1865年5月20日 [于伦敦]

亲爱的弗雷德:

附上从报纸剪下的我那封给约翰逊的公开信①。

埃德加②再次露面,自然使我们十分惊讶。他完全是我想象的那个样子,他的经历也完全同我想象的一样。很可惜,他并不始终是加里波第的助手。他对加里波第本来是很相宜的。但是这个可怜的家伙仍然十分虚弱。他将在这里多待一段时间,因此,你如果能帮我重新装满我的**酒窖**,那你就是做了件好事。

我现在像马一样地工作着,因为我必须利用我还能工作的时间,痛现在依然存在,尽管它只使我感到局部疼痛,而没有影响脑袋。

---

①马克思《致美国总统安德鲁·约翰逊》,见《马克思恩格斯全集》中文第2版第21卷。——编者注

②埃·冯·威斯特华伦。——编者注

在工作之余——当然不能老是写作——我就搞搞微分学 $\frac{dx}{dy}$。我没有耐心再去读别的东西。任何其他读物总是把我赶回写字台前。

今天晚上将举行国际的特别会议。一个好老头子,老欧文主义者**韦斯顿**(木匠)曾提出两个论点,他经常在《蜂房报》上为这些论点进行辩护:

(1)工资率的普遍提高对工人不会有任何好处;

(2)由于这一点以及其他原因,工联所起的作用是**有害的**。

这两个论点——在我们的协会中只有**他**相信——如果被接受,那么,我们就将在这里的工联和现在大陆上流行的罢工潮面前闹大笑话。

由于这次会议将允许非委员参加,所以他会得到一个土生土长的英国人的支持,这个人曾经写过一本同样意思的小册子。人们自然希望我加以反驳。我本来应当为今天晚上的会议准备我的反驳意见,但是我认为更重要的是继续写我的书①,所以我就只好临时去讲一通了。

我当然事先知道,两个主要论点是:

(1)**工资**决定商品的价值。

(2)如果资本家今天付出的是五先令而不是四先令,那么明天他们就将以五先令而不是以四先令出售自己的商品(他们能这样做,是由于需求的增长)。

这虽然平淡无奇,并且只涉及最表面的现象,但是,要对完全不懂的人把与此有关的一切经济学问题解释清楚,的确不是容易的事。不可能把一门政治经济学课程压缩在一小时之内讲完。但是我将尽

---

①马克思《资本论》。——编者注

力而为。[192]

埃德加在英国首先遇到你,他认为这是好的征兆。他对莉希很满意。

祝好。

你的 卡·马·

这个埃德加除了自己以外从来没有剥削过任何人,而且他始终是最严格意义上的工人,可是他却站在奴隶主方面参加了困苦不堪的战争;另外,内兄内弟两人目前都因美国内战[151]而遭到破产。这些都是命运的极大讽刺。

80
马克思致恩格斯

曼 彻 斯 特①

1865年7月31日［于伦敦］

亲爱的恩格斯:

……至于我的工作,我愿意把全部实情告诉你。再写三章就可以结束理论部分(前三册)。然后还得写第四册,即历史文献部分;[193]对我来说这是最容易的一部分,因为所有的问题都在前三册中解决

---

①信上盖有椭圆形图章:"国际工人协会中央委员会 伦敦"。——编者注

马克思(1861年)

了，最后这一册大半是以历史的形式重述一遍。但是我不能下决心在一个完整的东西还没有摆在我面前时，就送出任何一部分。不论我的著作有什么缺点，它们却有一个长处，即它们是一个艺术的整体；但是要达到这一点，只有用我的方法，在它们没有**完整地**摆在我面前时，不拿去付印。用雅科布·格林的方法不可能达到这一点，他的方法一般比较适用于那些没有辩证结构的著作[194]……

1866年

81
马克思致路德维希·库格曼

汉 诺 威

1866年1月15日于伦敦哈弗斯托克小山
梅特兰公园路摩德纳别墅1号

亲爱的朋友：

祝您新年幸福并衷心感谢您的友好的来信。

由于目前工作十分繁忙，所以只能写这样短短的几行，请原谅。下一次我将写得详细一些。

附上两张会员证，在下一封信里我将把5月底在日内瓦召开的公开的代表大会[195]上所要讨论的问题告诉您。

我们的协会有了很大的进展。它已经有三个正式的机关报，一个是伦敦的《工人辩护士报》，一个是布鲁塞尔的《人民论坛报》，一个是在瑞士的法国人支部的《国际工人协会报。瑞士罗曼语区支部》(日内瓦)；瑞士德国人支部的一个刊物《先驱》过几天就要出版，由**约·菲·贝克尔**主编。(通讯处：日内瓦摩尔街6号约·菲·贝克尔。如果您什么时候有政治性或社会性的通讯要寄给他，可以用这个通讯处。)

我们终于把一个唯一真正庞大的工人组织，即过去**仅仅**关心工资问题的英国**工联**吸引到运动中来了。几星期以前，我们建立的争取**普选权**的英国协会[196]（这个协会的中央委员会中有半数是我们的中央委员会的委员——工人)在工联帮助下举行了一次群众大会,在会上讲话的都是工人。¹⁹⁷《泰晤士报》接连两号都在社论中论述这次大会,由此您可以看出它所产生的影响了。①

至于我的著作②,现在我每天用12个小时去誊清。我想在3月份亲自把第一卷的手稿带到汉堡去,并且借这个机会看看您。

尤斯图斯·冯·默泽的继承人③的哗众取宠使我觉得很有趣。一个有才干的人在这样一些琐事上寻求并得到满足,这是多么可悲!④

至于毕尔格尔斯,他当然是一个好心人,但是太软弱。一年多以前,他曾经在科隆的一次公开的群众大会上宣称(科隆的一些报纸上都有报道):舒尔采-德里奇彻底"解决了"社会问题,只是他(毕尔格尔斯)**同我的私人友情**使他走上了共产主义的歧途!既然他作了这样的**公开声明**,我还能不把他看做"变节者"吗?④

忠实于您的 卡·马克思

①指1865年12月13、14日《泰晤士报》第25367、25368号上关于这次群众大会的报道。——编者注

②马克思《资本论》。——编者注

③约·米凯尔。——编者注

④参看马克思1865年12月26日给恩格斯的信。——编者注

82
马克思致恩格斯

曼 彻 斯 特

1866年2月13日［于伦敦］

亲爱的弗雷德：

　　告诉或写信给龚佩尔特，要他将药方及服用方法寄给我。我既然信任他，那他单是为了《政治经济学》的利益就应该抛开职业上的礼俗，从曼彻斯特替我诊治。

　　昨天我又躺倒了，因为左腰部的毒痈发作了。假如我有足够的钱——也就是说＞0——来养家，而我的书①又已完成，那我是今天还是明天被投到剥皮场上，换句话说，倒毙，对我都无所谓了。但在上述情况下，这暂时还不行。

　　说到这本"该死的"书，情况是这样：12月底已经**完成**。单是论述地租的倒数第二章，按现在的结构看，就几乎构成一本书。198我白天去博物馆，夜间写作。德国的新农业化学，特别是李比希和申拜因，对这件事情比所有经济学家加起来还要重要；另一方面，自我上次对这个问题进行研究以后，法国人已提供了大量的材料，——这一切都必须下功夫仔细研究。两年以前，我结束了对地租所作的理论探讨。正

---

　　①马克思《资本论》。——编者注

好在这一期间,许多新东西出现了,并且完全证实了我的理论。关于日本的新资料(如果不是职业上的需要,通常我是决不看游记的)在这里也是重要的。因此,就像1848—1850年英国狗厂主们把"换班制度"¹⁹⁹用在**同一些**工人身上一样,我也把这个制度用到了自己的身上。

手稿虽已完成,但它现在的篇幅十分庞大,除我以外,任何人甚至连你在内都不能编纂出版。

我正好于1月1日开始誊写和**润色**,工作进行得很顺利,因为经过这么长的产痛以后,我自然乐于舐净这孩子。但是痛又出现了,以致直到现在工作也没有取得更多的进展,而事实上只能对已经按计划完成的部分加以充实而已。

此外,我完全同意你的意见,一当第一卷完成,就立即寄给迈斯纳①。不过要完成它,我至少要能**坐着**才行。

不要忘记给瓦茨写信②,因为我现在已经写到关于机器的一章了²⁰⁰……

---

①参看恩格斯1866年2月10日给马克思的信。——编者注
②参看马克思1866年2月10日给恩格斯的信。——编者注

83

马克思致恩格斯

曼 彻 斯 特

1866年2月20日［于伦敦］

亲爱的弗雷德：

……亲爱的朋友,在所有这一切情况下我比任何时候都更感觉到,我们之间存在着这样的友谊是何等的幸福。你要知道,我对**任何**关系都没有作过这么高的评价。

明天我将寄给你《察赫斯》①和《工厂视察员报告》。

我亲爱的朋友,你明白,在像我这样的著作中细节上的缺点是难免的。但是**结构**,即整个的内部联系是德国科学的辉煌成就,这是单个的德国人完全可以承认的,因为这决不是**他的**功绩,而是全**民族**的功绩。这特别令人高兴,因为在其余方面,这个民族是天下**最愚蠢的民族**……

———

①恩·霍夫曼《小察赫斯》。——编者注

84

恩格斯致马克思

马 盖 特

1866年4月13日[于曼彻斯特]

亲爱的摩尔：

……可见，俾斯麦虽然没有他的拉萨尔，还是玩弄了普选权的把戏。看来，德国的资产者在作过某些反抗以后是会同意的，因为波拿巴主义毕竟是现代资产阶级的真正的宗教。我越来越清楚地看到，资产阶级没有自己直接进行统治的能力，因此，在没有一种像英国这样的寡头政治为了得到优厚报酬而替资产阶级管理国家和社会的地方，波拿巴式的半专政就成了正常的形式；这种专政维护资产阶级的巨大的物质利益，甚至达到违反资产阶级的意志的程度，但是，它不让资产阶级亲自参加统治。另一方面，这种专政本身又不得不违反自己的意志去承认资产阶级的这些物质利益。因此，我们现在看到，俾斯麦先生接受了民族联盟[179]的纲领。是否实行当然完全是另一回事，但是俾斯麦是很难由于德国资产者而遭受失败的。一个刚回到这里的德国人说，他发现许多人已经上钩；据路透社报道(见下面)，卡尔斯鲁厄人已经赞同这件事情，《科隆日报》在这件事情上的张皇失措清楚地表明了即将到来的转变……

85

马克思致恩格斯

曼 彻 斯 特

1866年7月7日 [于伦敦]

亲爱的弗雷德:

……现在,波拿巴在采用针发枪或其他威力相等的武器以前,当然不愿意发生战争。有一个**美国佬**①在这里提供给陆军部一种步枪,一个普鲁士流亡军官(维尔克)肯定地告诉我,这种枪构造非常简单,不易发热,不大需要擦拭,而且又便宜,这样就使针发枪显得落后了,就像针发枪使"老拜斯"²⁰¹显得落后一样。我们关于**生产资料**决定劳动**组织**的理论,在哪里能比在杀人工业中得到更为显明的证实呢?你的确值得费一些力气来写点这方面的东西(我缺乏这方面的知识),我可以把你写的东西署上你的名字放在我的书②中作为附录。请你考虑一下。如果这样做的话,那就应当放在第一卷里,在那里我专门探讨了这个题目。你知道,如果你能在我的主要著作(到目前为止,我只写了些小东西)中直接以合著者的身份出现,而不只是被引证者,这会使我多么高兴!

---

①雅·斯奈德。——编者注
②马克思《资本论》。——编者注

我现在顺便研究孔德,因为英国人和法国人都对这个家伙大肆渲染。使他们受迷惑的是他的著作简直像百科全书,包罗万象。但是这和黑格尔比起来却非常可怜(虽然孔德作为专业的数学家和物理学家要比黑格尔强,就是说在细节上比他强,但是整个说来,黑格尔甚至在这方面也比他不知道伟大多少倍)。而且这种实证主义破烂货是出版于1832年!

86
恩格斯致马克思

伦　　敦

1866年7月25日于曼彻斯特

亲爱的摩尔:

我想你这次肯定已经收到银行券了。我当时准是心不在焉,把登记银行券号码的纸条装进了信封,而没有把银行券装进去。银行券被我顺手夹在我的文件夹里了,收到你的电报时起初我大吃一惊,醒悟过来后,我才在那里找到它。希望这笔款子还到得及时。

目前我觉得德国的情况相当简单。自从俾斯麦利用普鲁士军队极其成功地实行了资产阶级的小德意志[202]计划的时候起,德国就这样坚决地沿着这个方向发展,以致我们和其他人一样只好承认这个既成事实,不管我们是否喜欢它。从这件事情的**民族**方面来看,俾

恩格斯致马克思(1866年7月25日)

斯麦无论如何要把小德意志帝国建立在资产阶级所希望的境界以内,就是说,要把德国的西南部包括在内;关于美因河线和可能建立一个单独的南德意志联邦的说法,那完全是讲给法国人听的,而在这期间普鲁士人正在向斯图加特挺进。此外,德意志奥地利各省区在不远的将来也将落到这个帝国手里,因为奥地利现在必将成为匈牙利的[203],而德意志人将成为那里的第三个民族——还在斯拉夫人之下。

在政治上俾斯麦将不得不依靠资产阶级,他需要资产阶级以便与帝国的诸侯们相抗衡。也许目前还不需要,因为现在他还有足够的威望和军队。但是,就是为了从议会那里为中央政权取得必要的条件,他也必须给资产者一些东西,而且事物的自然进程将会不断地迫使他或他的继承人一再请资产者帮忙;因此,即使俾斯麦现在给予资产阶级的东西可能不会超过他**必须**给的,他仍然会被日益推向资产阶级一边 。

这件事情有个好处,那就是它使局势简单化了,同时由于它消除了各小邦首都之间的争吵,而且无论如何是加速了发展,所以革命就容易发生了。归根到底,德国议会毕竟是和普鲁士议院完全不同的。所有的小邦都将被卷入运动,地方割据的最恶劣的影响将会消失,各个党派将最终成为真正全国性的,而不再只是地方性的。

主要的坏处是普鲁士主义在德国将不可避免地泛滥起来,这是一个很大的坏处。其次是德意志奥地利的暂时分离,这种分离的后果将是波希米亚①、摩拉维亚、克恩滕的斯拉夫化的立即加剧。可惜这

---

①捷克。——编者注

两件事都是**无法**阻止的。

因此,据我看来,我们所能做的就是不加赞许地承认这一事实,并尽可能利用现在即将出现的较大的可能性,把德国无产阶级在**全国范围内**组织起来和团结起来。

李卜克内西老兄成为狂热的奥地利拥护者,这是用不着施土姆普弗写信告诉我的,事情根本不可能是另外一个样子。此外,毫无疑问,正是他从莱比锡给《新法兰克福报》寄去了激昂的通讯。布林德的这家鼓吹刺杀君主的《新法兰克福报》竟走到这样的地步,它指责普鲁士人以卑鄙的态度对待"**可敬的黑森选帝侯**"[①],同时它还狂热地崇拜可怜的瞎子韦耳夫[②]!

我已经不再给《卫报》[③]写东西了。

向女士们致以良好的祝愿。

你的　弗·恩·

---

① 路德维希三世。——编者注
② 汉诺威国王格奥尔格五世。——编者注
③《曼彻斯特卫报》。——编者注

87

马克思致路德维希·库格曼

汉　诺　威

1866年10月[①]9日于伦敦哈弗斯托克小山

梅特兰公园路摩德纳别墅1号

亲爱的朋友：

　　我希望我不必根据您长久不来信得出结论说，我的上一封信[②]在某一点上得罪了您。事情恰好相反。一个人在处于绝望的境地时，有时是需要向人倾吐胸怀的。但是他只是对他特别信任的人才会这样做。我对您说实话，我日常生活中的一些麻烦事之所以使我感到恼火，主要是因为这些事情妨碍我去完成我的著作[③]，而不是由于任何个人的或家庭的原因。如果明天我愿意去找一个有收入的职业，而不是为我们的事业工作的话，那么明天我就能结束这种状况。我也希望**您**不要因为无法帮助我解决这种困难而烦恼。这是一个完全不成理由的理由。

　　现在来谈谈某些一般的情况。

　　我曾经很为第一次日内瓦代表大会[195]担心。可是从整个情况

---

①手稿为："11月"。——编者注

②马克思1866年8月23日给路·库格曼的信。——编者注

③马克思《资本论》。——编者注

看，结果比我预期的要好。在法国、英国和美国的影响是出乎意料的。我不能够，也不愿意到那里去，但是给伦敦代表拟定了一个纲领①。我故意把纲领局限于这样几点，这几点使工人能够直接达成协议和采取共同行动，而对阶级斗争和把工人组织成为阶级的需要则给以直接的滋养和推动。巴黎的先生们满脑袋都是蒲鲁东的空洞词句。他们高谈科学，却什么也不懂。他们轻视一切**革命的**、即产生于阶级斗争本身的行动，轻视一切集中的、社会的、因而也是可以通过**政治手段**（例如，**从法律上**缩短工作日）来实现的运动；在**自由**和反政府主义或反权威的个人主义的**幌子**下，这些先生们——他们16年来竟泰然自若地忍受并且现在还在忍受着最可耻的专制制度！——实际上在宣扬庸俗的资产阶级的生意经，只不过按蒲鲁东的精神把它理想化了！蒲鲁东造成了很大的祸害。受到他对空想主义者的假批判和假对立的迷惑和毒害的（他自己只是一个小资产阶级空想主义者，而在傅立叶、欧文等人的乌托邦里却有对新世界的预测和出色的描述），首先是"优秀的青年"，大学生，其次是工人，尤其是从事奢侈品生产的巴黎工人，他们不自觉地"强烈地"倾向于这堆陈腐的垃圾。愚昧、虚荣、傲慢、饶舌、唱高调，他们几乎把一切都败坏了，因为他们出席大会的人数同他们的会员人数是根本不相称的。在报告中我将要不指名地谴责他们几句。

同时在巴尔的摩召开的美国工人代表大会²⁰⁴使我感到很高兴。那里的口号是组织起来同资本作斗争，而且令人惊讶的是，在那里，我为日内瓦提出的大部分要求，工人们凭正确的本能也同样提

---

①马克思《给临时中央委员会代表的关于若干问题的指示》，见《马克思恩格斯全集》中文第2版第21卷。——编者注

出来了。

　　由我们中央委员会(此事我有大功①)在这里掀起的改革运动，目前已经有了巨大的规模，并且势不可挡。[187]我一直没有出头露面，既然事情在顺利进行，我也就不再为它操心了。

您的　卡·马克思

　　附带说一下。《工人报》是庸人的报纸，它和我们毫无关系。《共和国》周报是我们的人办的，可是现在(既由于经济原因，也由于政治原因)完全变成了改革运动的机关报。

　　不久前我读了1865年巴黎出版的**托·穆瓦兰**医生的《生理医学讲义》。书中有许多奇特的想法和太多的"构思"。但是毕竟对旧的疗法提出了许多批评。我希望您读一读这本书，并把您对它的看法详细地告诉我。我还要向您推荐**特雷莫**的《论生物的起源……》。这本书虽然写得很粗糙，充满了地质学上的错误，在历史文献批判方面也做得很差，但是总的说来，它还是比达尔文前进了一步。②

---

　　①见维吉尔《亚尼雅士之歌》第2卷。——编者注
　　②参看马克思1866年8月7日给恩格斯的信。——编者注

88

马克思致路德维希·库格曼

汉 诺 威

1866年10月13日星期六于伦敦

亲爱的朋友：

由于我想立即给您回信，而您的信刚好在邮局关门以前才寄到（明天又是星期日，这里不发信），所以我想简单地谈谈我被截去的那封信[205]的主要内容。(这样截取别人的信件当然是令人不快的，因为我并不想让俾斯麦先生知道我的**私事**。如果他想了解我对**他的**政策的看法，他可以直接来找我，而我当然会直截了当地说的。)

因为我长期生病和为治病花了很多钱，所以我的经济情况非常恶劣，以致在**不久的**将来会遇到财政危机，这除了直接影响我和我的家庭以外，在政治上对我也是极其有害的，因为在伦敦这里必须维持**外表上的体面**。我想向您打听一件事：您知道哪个人或者哪几个人（因为这种事**决不能公开**）能借给我大约1 000塔勒，利率5%或6%，时间至少两年？我现在出20%—50%的利率借小额款项，但是即使这样，我还是无法应付那帮债主，因此我面临着彻底破产的危险。

从我给您写上上封信以来，我的病老是复发，因此只能断断续续地搞理论研究。(国际协会的实际工作照常在进行，而且工作很多，因为事实上我必须领导整个协会。)下个月我将给迈斯纳寄去第

马克思致路德维希·库格曼(1866年10月13日)

一批稿子①,以后再陆续寄,最后一批我将自己带到汉堡去。那时我一定去看您。

我的情况(身体情况和日常生活中的事情老是把工作打断)迫使我只好先出版**第一卷**,而不是像我起初设想的那样两卷一起出版。而且现在看来总共可能有三卷。

这就是说,全部著作分为以下几部分:

第一册　资本的生产过程。

第二册　资本的流通过程。

第三册　总过程的各种形式。

第四册　理论史。

第一卷包括头两册。

我想把第三册编做第二卷,第四册编做第三卷。[193]

我认为在第一册中必须从头开始,也就是必须把我在敦克尔那里出版的书概括为专论商品和货币的**一章**[206]。我之所以认为需要这样做,不仅是为了叙述的完整,而且是因为即使很有头脑的人对这个题目也理解得不完全正确,就是说,最早的叙述,特别是关于**商品的分析**,必然有欠缺之处。例如,拉萨尔在他的《资本和劳动》②中自称是表达了我的阐述的"思想精髓",其实犯了许多重大错误,而这种情况常常发生在他肆无忌惮地剽窃我的著作的时候。可笑的是他甚至重复我在历史文献方面的"失误",因为我有时仅凭记忆引证,没有去查原著。我还没有最后决定,是否应该在序言中对拉萨尔的剽窃行为讲几句。他那班盲从的信徒无耻地跑出来反对我,就证明这样考虑无

---

①马克思《资本论》第一卷。——编者注

②斐·拉萨尔《巴师夏-舒尔采-德里奇先生,经济学上的尤利安,或者:资本和劳动》第3章。——编者注

论如何是正确的。[207]

英国工联伦敦理事会[169](它的书记就是我们的主席奥哲尔)目前正在讨论是否宣布自己为国际协会英国支部的问题。如果它这样做,那么这里的工人阶级的领导权从某种意义上说就会转移给我们,而我们就能够把运动大大地"向前推进"。

祝好。

您的 卡·马克思

1867年

89
恩格斯致马克思

汉 诺 威

1867年4月27日于曼彻斯特

亲爱的摩尔：

你的两封信都收到了，后一封是昨天下午收到的，如果我知道回信的地点，第一封信我早就回了。先谈几件事情。我已经给你的夫人（今天早晨我收到了她的一封来信）寄去10英镑，欠惠勒的10英镑下月初寄去。在这方面你可以多少放心些了。从你的信看来，未来总算呈现出了可喜的前景。我一直认为，使你长期以来呕尽心血的这本该死的书①，是你的一切不幸的主要根源，如果不把这个担子抛掉，你就永远不会而且也不能摆脱困境。这个一辈子也搞不完的东西，使你在身体、精神和经济方面都被压得喘不过气来，我非常清楚地了解，你现在摆脱这个梦魇后，会感到自己像换了一个人似的，这主要是因为，当你重新投入这个世界时，会感到它已经不像过去那样黑暗。特别是你已经有了一个像迈斯纳这样的出色的出版商。不过我担心，加快付印只会使你一直都要留在近旁，即留在大陆上，我看，荷兰也是非常适于达到这个目的的地方。我不认为，莱比锡的校对人员有

---

① 马克思《资本论》。——编者注

能力校对你那本书。我的那本小册子①迈斯纳也是在维干德那里排印的,看那些混账家伙把我的书校成了什么样子!我深信,你的这本书出版后会立刻产生很大的影响,但是,很有必要稍微推动一下有学问的市民和官吏们的热忱,并且也不要看不起小小的手腕。为了这个目的,**在书出版后**,可以在汉诺威做点工作;朋友济贝耳(据他说,他现在身体健康,精神愉快)日内就要离开马德拉回国,而且途经英国,因此可以请他很好地做些事情。为了对付那帮无赖文人,这样做是必要的,他们痛恨我们,这我们已经有充分的证据。此外,大部头学术著作如果没有这种辅助手段,要产生影响是很迟缓的,而一旦有了这种手段——想一想《晦涩哲人赫拉克利特》等等——,那就像"着火"一样208。但是,这一次必须做得更踏实,更努力,因为这里还有个**财政**结果的问题。如果搞得好,迈斯纳就会乐意接受出版文集,因此又可以得到钱,而且更可以获得著作上的新成就。《新莱茵报》上的文章,《雾月十八日》②等等现在将受到庸人的极大重视,如果我们在这个基础上再争得某些进展,那么很快还会出现各种其他的财源。情况的这种彻底转变使我高兴不已,第一,是为了这件事情本身,第二,特别是为了你和你的夫人,第三,因为现在的确是使这一切都有所改善的时候了。再过两年我和猪猡哥特弗里德③的合同就要期满,根据目前这里的情况来看,我们两人都不见得希望延长它;甚至提前中断合同也不是不可能的。如果这样,我就要**彻底抛弃**商业;因为现

---

①恩格斯《普鲁士军事问题和德国工人政党》,见《马克思恩格斯全集》中文第2版第21卷。——编者注

②马克思《路易·波拿巴的雾月十八日》,见《马克思恩格斯文集》第2卷。——编者注

③哥·欧门。——编者注

恩格斯致马克思(1867年4月27日)

在再去独自创业,那就意味着要极其辛勤地操劳五六年而得不到什么显著的结果,然后要再干五六年才能收获前五年的果实。那样的话,我可就彻底毁了。我最渴望不过的事情,就是摆脱这个鬼商业,它耗费时间,使我的精神完全沮丧了。只要我还在经商,我就什么也不能干;尤其是我当上老板之后,负的责任更大,情况也就更糟了。如果不是为了增加收入,我真想再当办事员。无论如何,再过几年我的商人生活就要结束,那时收入就会减少很多很多。我脑子里老是在转,那时候我们怎么办呢。不过,如果事情照目前这样发展下去,即使到那时不发生革命,一切财政计划也没有终止,那么事情也总是会安排妥当的。如果不是这样,那么等我脱身出来的时候,我打算开他一个大大的玩笑,写一本有趣的书:《英国资产阶级的苦与乐》。

迈斯纳的建议①我不能接受。**一两个印张**倒是可以很快就搞好;但是更长的,比如六到十个印张,那就要求付出很多劳动,而且对目前的战争叫嚣说来,会**赶不上时机**。总不能像福格特的《研究》209那样去胡诌。况且,这种东西多少会被人看成是党的宣言,因此我们事先也必须商量一下。不过,我早就想写一篇反俄的东西了。如果事态有可乘之机,我立刻就动手,并写信告诉迈斯纳。对我来说,问题只在于,把"民族原则"210放在首要地位呢,还是把"东方问题"放在首要地位。

俾斯麦会来敲你的门,我是料到的,虽然没有想到会这样快②。这很能说明这个家伙的思维方式和眼界,他总是以己度人。资产阶级当然会颂扬今天的大人物,把他们当做自己的体现。波拿巴和俾斯麦借以获得成就的一切品质都是商人的品质:用耐心等待和实验的办

①指奥·卡·迈斯纳约请恩格斯写关于俄国问题的著作一事。参看马克思1867年4月24日给恩格斯的信。——编者注

②参看马克思1867年4月24日给恩格斯的信。——编者注

法去追求既定目标,直到有利时机的到来,为了利益,经常进行后门外交,讨价还价,忍受屈辱,也就是说:"我们不想当盗贼",总之,到处都是商人的气质。哥特弗里德·欧门,从某一点来看,也是一位像俾斯麦一样的大政治家。如果注意一下这些大人物的手腕,往往会觉得自己好像是走进了曼彻斯特的交易所。俾斯麦想:只要我继续去敲马克思的门,终究会交上一次好运的,那时我们就共同来做一桩好买卖。这真是道道地地的哥特弗里德·欧门。

我没有想到,你那里对普鲁士人的憎恨会**那么**强烈。但是,这和选举①的结果怎么相符呢?民族联盟[179]的那些蠢驴们不是当选了一半,而且在黑森选帝侯国不是几乎都当选了吗?

福格特让人在《凉亭》上刊登了一张他的全身像。近年来他更加肥得像头猪了,看起来够神气的。

我最近得到一期《民主研究》,上面有一篇特里尔的西蒙的文章②,他整页整页地抄袭《波河与莱茵河》③,简直幼稚得很,也没有想一想,他是从多么有毒的来源中汲取养料的!还有一个中尉在《我们的时代》上发表军事论文,他在《武装的普鲁士》这篇文章中大量抄我的小册子④,自然也没有指明出处。

吕斯托夫无论如何想弄个普鲁士将军当当,以为这件事情像在加里波第那里那样容易办到。他在他那本论战争的糟糕透顶的和肤

---

①指北德意志联邦国会选举。——编者注

②路·西蒙《德意志和它的两个大邦》。——编者注

③恩格斯《波河与莱茵河》,见《马克思恩格斯全集》中文第1版第13卷。——编者注

④恩格斯《普鲁士军事问题和德国工人政党》,见《马克思恩格斯全集》中文第2版第21卷。——编者注

浅的书①中,百般向征服者威廉和亲王②**献媚**。**因此**他搬到柏林去住了。

这几天我看见了厄内斯特·琼斯;有四个地方建议他根据新选举法[211]参加竞选,其中也有曼彻斯特。他拼命地咒骂这里的工人,而且坚决支持普鲁士反对法国。我希望这场肮脏的战争不要发生,我看不出,它能带来什么好处。一场事先规定有占领义务的法国革命是非常可恶的,看来波拿巴只要得到一点点东西就会满足,但是,军队的统治者是否允许美男子威廉③也让出这一点点东西,这我们就得等着瞧了。

请向库格曼医生——虽然我们不相识——热情问好,并感谢他送给我的《神圣家族》④。

你的　弗·恩·

---

①威·吕斯托夫《从军事政治观点看1866年德国的和意大利的战争》1866年苏黎世版。——编者注

②威廉一世和弗里德里希-卡尔。——编者注

③威廉一世。——编者注

④马克思和恩格斯《神圣家族》,见《马克思恩格斯文集》第1卷。——编者注

90

马克思致齐格弗里德·迈耶尔

纽　　约

1867年4月30日于汉诺威

亲爱的朋友：

　　您一定会把我想得很坏，而当我告诉您，您的来信不仅使我**非常高兴**，而且在接到来信的这段极端困苦的时期中对我也是一种**真正的安慰**时，您就会把我想得更坏。想到我已给我们党物色到一个原则性很强的能干的人，那么最坏的事情也就得到了补偿。此外，您的来信也充满了对我个人的最真挚的友谊，您知道，当我正在和(官方的)世界作最艰苦的斗争的时候，我是决不会低估这种友谊的。

　　那么，我为什么不给您回信呢？因为我一直在坟墓的边缘徘徊。因此，我不得不利用我还能工作的**每时每刻**来完成我的著作，为了它，我已经牺牲了我的健康、幸福和家庭。我希望，这样解释就够了。我嘲笑那些所谓"实际的"人和他们的聪明。如果一个人愿意变成一头牛，那他当然可以不管人类的痛苦，而只顾自己身上的皮。但是，如果我没有全部完成我的这部书(至少是写成草稿)就死去的话，那我的确会认为自己是**不实际的**。

　　这部著作的**第一卷**在几个星期内就会由汉堡的**奥托·迈斯纳**出版社出版。书名是：《**资本论。政治经济学批判**》。我是为了送稿子才到

德国来的,在回伦敦的途中,我在汉诺威的一个朋友①家里住一些日子。²¹²

第一卷包括《**资本的生产过程**》。除了一般理论上的阐述,我还根据从来没有被利用过的**官方**材料非常详尽地叙述了英国农业和工业无产阶级**最近20年**的状况,以及**爱尔兰**的状况。您从一开始就会理解,我只不过是把所有这一切当做令人信服的证据。

我希望整部著作能够在明年这个时候出版。**第二卷是理论部分**的续篇和结尾,**第三卷是17世纪中叶以来的政治经济学史**。¹⁹³

至于国际工人协会,它在英国、法国、瑞士、比利时都已成为一种力量。请您在美国尽可能多成立一些支部。会费是每个会员每年一便士(约合一个银格罗申)。但是每个支部可以尽自己的力量交纳。今年的代表大会将于9月3日在洛桑召开。²¹³每个支部可派一个代表参加。请您把关于这件事的情况以及您自己在美国的近况和一般情况写信告诉我。如果您不回信,那我就认为您还没有原谅我。

致以最衷心的问候。

您的　卡尔·马克思

---

① 路·库格曼。——编者注

恩格斯(19世纪60年代)

91

马克思致恩格斯

曼 彻 斯 特

1867年5月7日于汉诺威

亲爱的弗雷德:

首先非常感谢你在最紧急的危难关头伸出援手,其次也感谢你那封详尽的信。

先谈几件事情。该死的维干德直到4月29日才开始印刷①,因此我到前天,即我的生日那天,才拿到第一个印张来校对。真是历尽艰险!印刷错误不算太多。要在这里等到全书印完,是不可能的。第一,我担心,书印出来会比我原先估计的厚得多,第二,他们没有把原稿退给我,因此,许多引文,特别是有数字和希腊文的地方,我只好查对留在家里的那份手稿。此外,对库格曼医生我也不能叨扰过久。最后,迈斯纳要求第二卷最迟在秋末完成。因此,必须尽快开始工作,尤其是关于信用和土地所有制的那几章,自从初稿写成后,又有了很多新材料。今年冬天应该完成第三卷,以便明年春天能够摆脱这整部作品。193当已经完成的书稿的校样源源送来而书商又在后面催促的时候,写起书来自然完全不同了。

---

① 马克思《资本论》第一卷。——编者注

马克思致恩格斯(1867年5月7日)

在这里,时间总算没有白过。我向各方面发出了信件,许多德国报纸也都刊登了预告。

我希望,并且坚信,再过一年我会成为一个不愁吃穿的人,能够根本改善我的经济状况,并且终于又能站稳脚跟。没有你,我永远不能完成这部著作。坦白地向你说,我的良心经常像被梦魇压着一样感到沉重,因为你主要是为了我才把你的卓越才能浪费在经商上面,使之荒废,而且还要分担我的一切琐碎的苦恼。另一方面,也不瞒你说,我还要受一年的折磨。我所走的这一步,有许多事都要取决于它,也就是说,我能不能从这个唯一可能的来源获得几百英镑要取决于它。获得肯定结果的希望相当大,但是,在大约六星期内,我对此还无法确定。我不可能更早得到最终的确切消息。除了没有把握以外,我最怕的是回伦敦,然而再过六至八天我却非回去不可。我在伦敦欠下的债务相当多,摩尼教徒[214]们正"迫不及待"地等我回去。然后又是家庭的烦恼,内部纠纷和忙碌,而不能以蓬勃的朝气无牵无挂地进行工作。

库格曼医生和他的夫人对我的招待亲切极了。他们哪怕只是从我的眼神中看出我有什么愿望,也都一一办到。他们真是太好了。他们事实上不让我有时间来窥探"自我的阴暗道路"。顺便提一下,关于俾斯麦那件事你千万要完全保密。[①]我决心不告诉任何人,就连库格曼也不告诉,这一点我已经做到了。但是,我当然作了思想上的保留,你是例外。

你觉得奇怪,既然这里人们非常仇恨普鲁士人,民族自由党人[215](或者,如库格曼所说的**欧洲人**)在选举中怎么会获得这样大的成功。其实非常简单。他们在所有比较大的城市中都失败了,而在小

---

① 参看马克思1867年4月24日给恩格斯的信和本卷第250—251页。——编者注

地方,通过他们从哥达派²¹⁶时代起就已经存在的组织,他们获得了
胜利。总之,这些家伙表明,党的组织是多么重要。上面所说的是汉诺
威方面的情况。在黑森选帝侯国,普鲁士的恫吓,受到民族联盟¹⁷⁹成
员的叫嚣的支持,产生了无限的影响。同时普鲁士人在这里完全像波
斯人那样作威作福。他们固然不能把居民迁移到他们的东部各省去,
但是,他们确实把官员以至铁路管理员以及军官都迁走了,就连穷苦
的邮差也不得不迁到波美拉尼亚去。同时,你每天都可以看到载着到
美国去侨居的黑森人、汉诺威人等等的列车源源开往不来梅。从善良
的德国存在的时候起,还从来没有如此多的人从它的各个角落涌向
大西洋彼岸。他们有些人是为了逃避赋税,有些人是为了逃避兵役,
还有一些人是为了逃避政治环境,而所有的人都是为了逃避军刀的
统治和日益逼近的战争风暴。

　　我感觉这里的(亲普鲁士的)资产者很好玩。他们要战争,而且希
望**立刻**就爆发。他们说,工商业再也忍受不了这种动荡不定的局势
了,生意长此萧条下去,鬼知道拿什么去缴捐税?此外,你很难想象得
出,上次战争和捐税对普鲁士农村居民的压力有多大。在这里,例如
在和普鲁士——威斯特伐利亚毗邻的地方,还盛行着爱尔兰生活方式。

　　附带谈一谈,前几天本地一个合股经营的铸造厂(主要生产自
来水管和煤气管)的经理带我到该厂去参观了一下。整个说来,工厂
组织得很好;采用了很多非常现代化的设备。不过另一方面,还有很
多东西(零件)是用手工做的,而英格兰人和苏格兰人在这些地方已
采用自动机械了。我和那个经理还一起参观了一个作坊,那里正在制
造阿尔米纽斯圆柱。制造这玩意儿就像建造德国本身一样缓慢。阿尔
米纽斯的头部尺寸非常大,你在旁边就显得像一个小孩,它的样子看
起来很憨厚,而阿尔米纽斯先生在当年堪称是一个外交家。威斯特伐

马克思致恩格斯(1867年5月7日)

利亚人的忠厚只是他用来掩盖一个非常狡猾的头脑的假面具。我在离开伦敦之前不久,偶然地从你所知道的格林出版的历史资料①中又一次看到阿尔米纽斯先生的生平。

你还记得(比勒费尔德的)尤·迈耶尔吗?他曾拒绝刊印我们批判施蒂纳等等的稿件[217],并把青年克利盖的东西硬塞给我们。这位迈耶尔几星期前在华沙——他因事到那里去——从窗口跳下去痛快地摔死了。

我们的那位老是说准备为统一而牺牲自由的朋友米凯尔,据说竟在追求高官厚禄。在我看来,这个好心人打错算盘了。如果他不是这样无条件地、狂热地卖身投靠俾斯麦的话,他本来是可以得到一笔不小的赏钱的。但是,现在!有什么用?他在北德意志联邦[218]国会上的发言引起了人们对他的强烈憎恨,[219]以致他和普鲁士人锁在一起了,就像一个囚犯和另一个囚犯锁在一起一样。而普鲁士人,大家都知道,是不喜欢"无谓的"和多余的开支的。不久以前,一家俾斯麦的报纸,即无耻的布拉斯主编的《北德总汇报》,刊登了一篇嘲讽这些民族联盟成员的很俏皮的文章,文中说,甚至连"关于死者,是记善不记恶的"②这个原则也不能遵循。这家报纸在狠狠地揍了北德意志联邦的拥护者、俾斯麦在民族联盟内的奴仆一顿以后就把他们抛开了。

谈到战争,我完全同意你的意见。**目前**它只能是有害的。推迟战争,即使只推迟一年,对我们来说也很宝贵。一方面,波拿巴和征服者威廉③必然会出洋相。普鲁士的反对派将会重新活跃起来(它现在唯

① 雅·格林参与编辑的《德国史前史学家》第1卷《原始时代》1849年柏林版。——编者注

② 第欧根尼·拉尔修《著名哲学家的生平》第1卷第3章。——编者注

③ 威廉一世。——编者注

一的一家机关报是雅科比创办的柏林的《未来报》),而在法国则可能发生事变。工商业越来越萧条,无论是条顿人的还是高卢人的大话都掩盖不了大陆上的困境。

在我看来,战争的推迟**完全**要归功于德比内阁。这个内阁是反俄的,而俄国在对英国放心之前,不敢发出信号。格莱斯顿这个满嘴空话的人(他完全处在帕麦斯顿夫人、舍夫茨别利、库珀勋爵等人的影响下)和布莱特,不要忘记还有罗素,会向俄国保证英国将有合适的气氛。1859年德比也曾下野,以便能演出意大利的那场戏①。在北德意志联邦国会上,俾斯麦被迫用极为粗暴的方式向波兰人挑战220,从而把灵魂和肉体都出卖给了沙皇②。

在普鲁士军队较好的军官中,对俄国人都采取了极不信任的态度,这一点是我在这里从冯·伯耳齐希上尉(近卫团军官,曾在军校学生团受训,拥护普鲁士王室,但是这个小伙子还不坏)那里亲自了解到的。他主动地说:"我不理解俾斯麦在北石勒苏益格的行动。只有俄国人希望我们同丹麦的紧张关系持续得越久越好。"他还称弗里德里希-威廉四世是一个"名声有问题的人",他使德国成为俄国的仆从达半个世纪之久。他说,俄国军官都是"下流坯",俄国军队除近卫团外,毫不中用,单是奥地利就对付得了俄军云云。我还说了许多关于俄国佬的事情,这使他很愤慨。

再见。向莉希夫人致以最衷心的问候。

忠实于你。

你的　摩尔

---

①指法国和皮埃蒙特反对奥地利的战争。——编者注
②亚历山大二世。——编者注

92

恩格斯致马克思

伦　敦

1867年6月16日于曼彻斯特

亲爱的摩尔：

　　一星期来，由于和哥特弗里德①先生的种种争执，以及其他类似的事情和打扰，我简直得不到安宁，很少能静下心来研究价值形式。否则我早就把那些印张②寄还给你了。第二个印张特别带有一些受痈困扰的痕迹，但是现在已经无法修改了，同时我认为，你不必在附录中再作任何补充，因为庸人并不习惯于这种抽象思维，而且肯定不会为价值形式去伤脑筋。至多可以把这里用辩证法获得的东西，从历史上稍微详细地加以证实，就是说，用历史来对这些东西进行检验，虽然这方面最必要的东西都已经说过了。你在这方面掌握了许多材料，所以你一定能就这个问题写出一个很好的补充说明，用历史方法向庸人证明货币形成的必然性并表明货币形成的过程。

　　你犯了一个很大的错误，没有多分一些小节和多加一些小标

---

①哥·欧门。——编者注
②马克思《资本论》第一卷的校样。——编者注

题,使这种抽象阐述的思路明显地表现出来。这一部分你应当用黑格尔《全书》①那样的方式来处理,分出简短的章节,用专门的标题来突出每一个辩证的过渡,并且尽可能把所有的补充说明和纯粹的例证用特殊的字体印出来。这样,看起来可能有点像教科书,但是对广大读者来说要容易理解得多。读者,甚至有学识的读者,现在都已经不再习惯这种思维方法,因而必须尽量减少他们阅读的困难。

同以前的叙述(由敦克尔出版)②相比,在辩证阐述的明确性上,有非常明显的进步,但是就叙述本身来说,我更喜欢第一种形式的某些地方。恰恰是重要的第二个印张受到痈的影响,这是十分可惜的。但是这已经无法修改了,谁能辩证地思维,谁就能理解它。其余各个印张都很好,我感到非常高兴。希望你能够很快再给我寄来五六个印张(同时请你再把第五个印张附上,以便我不致失去线索);把这里分开读过的各个印张合起来读要好得多。

我还发现了几处印刷错误。我只把那些确实失去原意的列成勘误表。

昨天我到龚佩尔特那里去了。可怜的人!他越来越颓废。任何科学问题甚至政治问题都不能引起他的兴趣。他感兴趣的除了街谈巷议,还是街谈巷议!而他对人们不常到他那里去还感到奇怪。

霍夫曼的书③已经读过。这种比较新的化学理论,虽然有种种缺点,但是与以前的原子理论相比,它是一大进步。作为物质的**能够独立存在**的最小部分的分子,是一个完全合理的范畴,如黑格尔所说

---

①黑格尔《哲学全书纲要》。——编者注

②马克思《政治经济学批判。第一分册》,见《马克思恩格斯全集》中文第2版第31卷。——编者注

③威·霍夫曼《现代化学入门》。——编者注

的,是在分割的无穷系列中的一个"关节点"[221],它并不结束这个系列,而是规定质的差别。从前被描写成可分性的极限的原子,现在只不过是一种**关系**,虽然霍夫曼先生自己经常回到旧观念中去,说什么存在着真正不可分的原子。另外,这本书中所证实的化学的进步的确是巨大的,肖莱马说,这种革命还每天都在进行,所以人们每天都可以期待新的变革。

向你的夫人、女孩子们和电学家①致以良好的祝愿。

你的　弗·恩·

今天寄回五个印张。

93
马克思致恩格斯

曼 彻 斯 特

1867年6月22日［于伦敦］

亲爱的弗雷德:

随信附上我昨天收到的另四个印张。这些家伙对于我校正得很清楚的印刷错误还有一些没有改。"Children's Employment Commission"②我们错改为Childrens'。因为*Children*是复数主格,所

---

①指保·拉法格,他曾想把电应用于医疗。——编者注
②"童工调查委员会"。——编者注

以"'"是表示属格的符号。我再看蓝皮书[222]的时候,就立即发觉了这一点。

金来信说,《芬尼社社员》[223]**还没有出版**。他们正在尽可能地拖延,并且力图拖延到议会会议结束。

我希望你对这四个印张感到满意。你到现在为止都还表示满意,这对我来说比所有其他人可能作出的任何评价都更为重要。无论如何,我希望资产阶级毕生都会记得我的痈。他们究竟怎样卑鄙,现在又有了新的证据!你知道,童工调查委员会已经工作五年了。在委员会的第一个报告于1863年发表以后,那些被揭露的部门立刻受到了"惩戒"。这次议会会议一开始,托利党内阁就通过沃尔波尔这株垂柳提出了一个法案,根据这个法案,委员会的所有建议虽然大大打了折扣,但都被通过了。应受惩戒的那些家伙,其中有金属加工厂的大厂主,以及"家庭手工业"的吸血鬼,当时弄得很难堪,不敢说话。现在他们却向议会呈递请愿书,要求**重新调查**!说过去的调查是不公正的!他们指望改革法案[211]能吸引住公众的全部注意力,让这件事趁刮起反对工联的狂风[224]的时候悄悄地私下了结。《报告》中最丑恶的东西是**这些家伙的自供**。他们知道,重新调查只会有**一个**意思,那就是"我们资产者所希望的"——使剥削期限再延长五年!幸而我在"国际"中的地位使我能粉碎这些畜生的如意算盘。这是一件非常重要的事情。这是一个**解除**150万人(成年男工还不计算在内)的**痛苦**的问题![225]

至于对**价值形式**的阐述,我是既接受了你的建议,又**没有**接受你的建议,因为我想在这方面也采取辩证的态度。这就是说:第一,我写了一篇**附录**,[226]把**这个问题**尽可能简单地和尽可能教科书式地加以叙述,第二,根据你的建议,把每一个阐述上的段落都变成**章节**等

马克思致恩格斯(1867年6月22日)

等,**分别加上小标题**。另外,我在**序言**中告诉那些"不懂辩证法的"读者,要他们跳过$x-y$页而去读附录。这里指的不仅是庸人,也包括有求知欲的青年人等等。此外,这部分对全书来说是太有决定意义了。经济学家先生们一向都忽视了这样一件极其简单的事实:**20码麻布=1件上衣**这一形式,只是**20码麻布=2英镑**这一形式的未经发展的基础,所以,最简单的商品形式——在这种形式中,商品的价值还没有表现为对其他一切商品的关系,而只是表现为和它自己的天然形式**不相同的东西**——就包含着**货币形式的全部秘密**,因此也就包含着萌芽状态中的**劳动产品的一切资产阶级形式的**全部秘密。在第一次的叙述(由敦克尔出版)[①]中,只是当价值表现已经以发展的形式即作为货币表现出现时,我才对**价值表现**作应有的分析,从而避免了阐述中的困难。

你对霍夫曼[②]的看法是完全正确的。此外,你从我描述手工业师傅——由于单纯的量变——变成资本家的第三章结尾部分可以看出,我在那里,**在正文中**引证了黑格尔所发现的**单纯量变转化为质变的规律**,并把它看做在历史上和自然科学上都同样有效的规律。在正文的一条**注释**中(当时我正好听过霍夫曼的演讲)我提到了**分子说**,但是没有提到霍夫曼,因为他在这方面并**没有什么**发现,只是给这个学说增添了一点**色彩**,而提到洛朗、热拉尔和**维尔茨**,后者是这一学说的**真正创始人**。[227]你的来信使我模模糊糊地想起了这回事,因此我重阅了我的手稿。

在最近两星期,排印工作进展迟缓(只印了四个印张),也许是因

---

①马克思《政治经济学批判。第一分册》,见《马克思恩格斯全集》中文第2版第31卷。——编者注

②威·霍夫曼《现代化学入门》。——编者注

为圣灵降临节的缘故。但是奥·维干德先生一定会弥补这一点。附带说一下,**你的书**①还可以弄得到。工人协会³⁵向奥·维干德订购了两本新的,并且已经收到了(1848年第二版²²⁸)……

94
马克思致恩格斯

曼 彻 斯 特

1867年6月②27日［于伦敦］

亲爱的弗雷德:

……我最后收到的是第20印张。全书大约会有40—42个印张。**清样**除去寄给你的以外,直到今天我**一张也没有**收到。你启程时,要把手中的那些寄还给我。

关于你所提到的庸人和庸俗经济学家的不可避免的怀疑(他们自然忘记了,如果他们把**有酬劳动**算做**工资**,那他们就把**无酬劳动**算做**利润**等等了),要是科学地把它表达出来,就可归结为下面的问题:

商品的**价值怎样转化为**它的**生产价格**,在生产价格中,

(1)**全部劳动似乎是**以**工资**的形式**得到报酬**;

(2)但是剩余劳动或剩余价值在利息、利润等等名称下,采取了**成本价格**(＝不变资本部分的价格＋工资)**的增加部分**的形式。

---

①恩格斯《英国工人阶级状况》,见《马克思恩格斯文集》第1卷。——编者注
②手稿为:"7月"。——编者注

回答这个问题的前提是:

一、阐明例如**劳动力的日价值转化为工资或日劳动的价格**。这在本卷**第五章中**已经谈到。[229]

二、阐明**剩余价值转化为利润,利润转化为平均利润**,如此等等。要阐明这个问题,首先必须阐明**资本的流通过程**,因为资本周转等等在这方面是起作用的。因此,这个问题只能在第三册里加以叙述(**第二卷**包括第二册和第三册)[230]。在那里将指出庸人和庸俗经济学家的**想法**是怎样产生的:由于反映在他们头脑里的始终只是各种关系的直接**表现形式**,而不是它们的**内在联系**。情况如果真是这样,那么还要**科学**做什么呢?

如果我想把所有这一类怀疑都**预先打消**,那我就会损害整个辩证的阐述方法。相反地,这种方法有一种好处,它可以不断地给那些家伙**设下陷阱**,迫使他们早早地暴露出他们的愚蠢。

此外,紧接在你最后拿到的第三节**《剩余价值率》**后面的是**《工作日》**(为劳动时间的长短而进行斗争)这一节,对这个问题的讨论将**清楚地**表明,资产者先生们**实际上**对他们利润的来源和实质了解得多么透彻。这也表现在**西尼耳身上**,他的例子说明了资产者确信他们的全部利润和利息是从**最后的无酬劳动小时**中得来的。[231]

衷心问候莉希夫人。

你的　卡·马·

95

恩格斯致马克思

伦　敦

1867年8月23日于曼彻斯特

亲爱的摩尔:

　　到现在为止我已经仔细读完了将近36个印张。我向你表示祝贺,你采取了完满的处理方式,你只是把错综复杂的经济学问题放在恰当的位置和正确的联系之中,就完满地使这些问题变得简单明了,几乎一眼就能看清楚;同时我还要向你表示祝贺,你实际上非常出色地叙述了劳动和资本的关系,这种关系在这里第一次得到完满而又相互联系的叙述。看到你掌握了工艺术语,我也感到很高兴,对你来说这一定有许多困难,因此我曾有过各种各样的担心。个别的笔误我用铅笔在旁边做了订正,而且我还冒昧地做了一些修改。但是你怎么会把书的**外部**结构弄成现在这个样子!第四章大约占了200页,而且只分四个部分,由于这四个部分的标题是用普通字体排印的,很难找得到。此外,思想进程经常被说明打断,而且对所说明的问题**从未**在说明的结尾处加以概括,以致经常从对**一点**的说明直接进入对另一点的叙述。这会让人感到非常疲倦,要是不全神贯注的话,甚至会感到混乱。在这里把题目分得更细一些,把主要部分更强调一些是绝对合适的[232],在准备英文版时这一点一定要做到。总的说来,在这一章的叙述中(特别是协作和工场手工业部分)有几点我还不完全清楚，我不能确定，你是基于什么事实而只作一般的阐述的。从叙述的**外在形式**来看，第四章可能也是写得最快而仔细加工最少的一章。但是这些都没有关系，重要的是，经济学家先生们在这里找不到他们可以突破的任何一个弱点。其实我倒有兴趣听听这些先生们将说些什么，他们是什么把柄也抓不着的。罗雪尔等人当然会感到快慰，但是对于这里的那些不是为三岁小孩写作的英国人来说就是另一回事了。

　　盼望你能再寄给我几个印张。我很想把关于积累的一章[233]合在一起阅读。

　　衷心问候你的夫人。女孩子们什么时候回来？

你的　弗·恩·

96

马克思致恩格斯

曼　彻　斯　特

1867年8月24日〔于伦敦〕

亲爱的弗雷德：

　　……我的书最好的地方是：(1)在**第一章**就着重指出了劳动或是表现为使用价值或是表现为交换价值这种**劳动的二重性**(这是对事实的**全部理解的基础**)；(2)研究**剩余价值**时，**撇开了它的特殊**形式——利润、利息、地租等等。这一点将主要在第二卷[230]中加以论述。

古典经济学对特殊形式的研究非常混乱,它总是把特殊形式和一般形式混淆起来。

请把你的要求、批评、问题等等都**写到**清样上。这对我非常重要,因为我估计迟早会出第二版的。[232]至于第四章,我是费了很大力气才找到**这些东西的本身**即它们的**联系**的。[①]这件事情做完之后,在最后**加工**时,**蓝皮书**[222]接踵而来,我非常高兴地看到我的理论成果完全得到了事实的证明。这本书总算在痈的折磨和债主每天登门逼债的情况下写成了!

我**现在**正在写第二册[234](**流通过程**)的结尾部分,和许多年前一样,有一点我必须再向你请教一下!

固定资本比如说要在10年以后才能以实物形式得到补偿。在这期间,随着用它生产出来的商品的出售,它的价值一部分一部分地逐渐流回。只有在固定资本的实物形式(例如机器)已经报废的时候,才需要把这种逐渐增长的流回用来补偿固定资本(修理这类事情除外)。但是,**在这期间**,资本家掌握了这些陆续流回的东西。

我在好几年前曾写信告诉你,在我看来**积累基金**就是这样形成的,因为资本家在用流回的货币补偿固定资本以前,**在这期间已经使用了**这种流回的货币。你曾经在一封信中有些粗略地表示反对这种看法。[235]**后来**我发现,麦克库洛赫把这种**折旧基金**说成是**积累基金**。我确信麦克库洛赫决不会想出什么正确的东西来,所以就把这件事丢开了。他在这方面进行**辩护的**意图已经被马尔萨斯主义者驳倒了,但是**他们**也**承认事实**。[236]

你作为一个厂主一定会知道,在必须**以实物形式**去补偿固定资

---

①参看本卷第267—268页。——编者注

本**以前**,你们是怎样处理那些为补偿固定资本而流回的货币的。你一定要回答我这个问题(不谈理论,**纯粹谈实际**)。

祝好。

你的　卡·马·

97

恩格斯致马克思

伦　敦

1867年8月26日于曼彻斯特

亲爱的摩尔:

关于补偿基金问题,明天写信详细告诉你,并附有计算表。①我还要再问几个厂主,看我们的方法是通用的或者只是例外。问题在于:在机器的最初费用为1 000英镑的情况下,第一年扣除100英镑,按照惯例,第二年是扣除**1 000英镑**的10%呢,还是扣除**900英镑**的10%,依此类推。我们用的是后一种办法,这样,事情显然就没有尽头了,至少在理论上是这样。这使计算变得非常复杂。但是毫无疑问,在机器损耗以前,厂主**平均**在四年半的时间里已经**使用**或者至少支配补偿基金。而这就算做所谓对无形损耗的某种保证,换句话说,厂主声明:机器在10年中完全损耗这一假定只是大致正确,也就是说,

---

① 参看恩格斯1867年8月27日给马克思的信。——编者注

其前提是,从一开始就以10年分期支付的方式付给我补偿基金。不管怎样,都应该把计算表寄给你,至于这件事在经济学上的**意义**我还不完全清楚。我不懂,厂主怎么能用这种花招长期欺骗其他瓜分剩余价值的人,或剩余价值的最后消费者。注意,机器通常折旧**7.5%**,也就是说损耗期大约是13年。

穆尔附上自己的照片,并且提醒你,你曾经答应把你的照片给他,他正等着要呢。

关于积累的一章非常出色。

你的 弗·恩·

98

马克思致恩格斯

曼 彻 斯 特

1867年11月30日于伦敦

亲爱的弗雷德:

……英国人还不知道,自从1846年以来,英国在爱尔兰的统治的经济内容,因而还有政治目的都已进入一个崭新的阶段,正因为如此,芬尼运动[237]的特点是,它具有一种社会主义的倾向(从否定的意义上说,即作为反对强占土地的运动),而且是下层等级的运动。把伊丽莎白或克伦威尔想用英国(罗马式的)殖民者来排挤爱尔兰人的那种野蛮行为,同当前想用羊、猪、牛来排挤爱尔兰人的这种制度混为

271

一谈,还有什么比这更可笑的呢!1801—1846年的制度(那时逐出土地只是例外,大都发生在土地特别适宜于畜牧业的伦斯特)及其高额地租和中间人,已经在1846年一起垮台了。谷物法的废除[65](部分地是由于爱尔兰的饥荒,至少是这次饥荒起了促进作用)剥夺了爱尔兰在平常年景供给英国谷物的**垄断权**。羊毛和肉变成了口号,这就是要把耕地变为牧场。因此,从那时起就系统地合并农场。负债地产法令使一批过去发了财的中间人变成了地主,加速了这一过程。[238]**清扫爱尔兰的领地!**——这就是英国目前在爱尔兰的统治的唯一含义。在伦敦的**愚蠢的**英国政府对于1846年以来所发生的这一巨大变化自然是一无所知。但是爱尔兰人却知道这一情况。从**米格尔的声明**(1848年)直到**亨尼西的选举宣言**(托利党和乌尔卡尔特派)(1866年),爱尔兰人都以极其明确和极其有力的方式表明了他们对这件事的认识。

现在的问题是,**我们**应当给**英国**工人提出什么样的建议呢?我认为他们应当在自己的纲领中写上**取消合并**这一条(简单地说,就是**1783年的要求**,只是要把它民主化,使之适合于当前的形势)。[239]这是一个**英国**政党在其纲领中所能采纳的使爱尔兰获得解放的唯一**合法的**,因而也是唯一可能的形式。以后的经验一定会表明,两个国家之间的单纯的君合制是否能持续存在。即使到时候出现这种情况,我也不太相信能持续下去。

爱尔兰人需要的是:

1. 自治和脱离英国而独立。

2. 土地革命。英国人即使有再好的愿望,也不能替爱尔兰人实行这种革命,但是能够给他们合法的手段,让他们自己去实行。

3. **实行保护关税制度以抵制英国**。从1783年到1801年,爱尔兰的所有工业部门都繁荣起来了。英爱合并废除了爱尔兰议会已经建立的保护关税制度,摧毁了爱尔兰的全部工业生命。[240]这无论如何也不是一点麻纺织业所能补偿的。1801年的合并对爱尔兰工业的影响同英国议会在女王安、乔治二世等人统治时期对爱尔兰毛纺织业所采取的压制措施的影响是完全一样的。爱尔兰人一旦获得独立,他们的处境就会迫使他们变成保护关税派,就像在加拿大和澳大利亚等国所发生的情况一样。

我在中央委员会发表我的意见(下星期二,好在这次**不会有记者出席**)之前,非常希望你能把你的意见简单地告诉我。

祝好。

你的 卡·马·

99
马克思致路德维希·库格曼

汉 诺 威

1867年11月30日于伦敦

亲爱的库格曼:

我拖延回信只是因为身体不好。我又犯病几个星期了。

首先,非常感谢您的帮忙。恩格斯已经(或者将要)写信给李卜克内西。此外,李卜克内西(和格茨等人一起)曾打算在国会里要求**调查工人的状况**。他写信给我谈到了这件事,按照他的要求,我把一些有关这个问题的英国议会法令寄给了他。[241]这个计划落空了,因为按照议事日程,没有时间这样做。有一件事情,由您写信给李卜克内西,比由恩格斯或我写更为合适。这就是:他其实有责任在**工人集会**上引起人们对我的书①的注意。这件事,如果他不去做,拉萨尔派就会把它抓在手里,就会歪曲一切。

孔岑(莱比锡的非公聘讲师,罗雪尔的学生和追随者)通过李卜克内西要一本我的书,为此他答应从他的立场出发为这本书写一个详细的评论。迈斯纳已把书寄给他了。这可能是一个良好的开端。

在您的短评②中,有一处可笑的印刷错误:把"Faucher"印成了"Taucher"③。孚赫是一个经济学的"巡回传教士"。这个家伙还算不上像罗雪尔、劳、莫耳等等这样"博学的"德国经济学家。甚至只是提到他一下,对他来说就是莫大的荣幸了。因此,我从来不把他当做名词,而只当做动词。242

请告诉您的夫人,她可以先读我的书的以下部分:《工作日》、《协作、分工和机器》,再就是《原始积累》。243不明白的术语,您务必向她解释。如果还有疑问,我可以为你们效劳。

在法国(巴黎)很有希望出现对我的书的详细评论(在《法兰西信使报》上,可惜是蒲鲁东主义的报纸!),甚至会翻译我的书。244

一待我病情好转,我会多写一些。目前希望您能经常来信。这对我总是能起到鼓舞作用。

您的 卡·马·

---

①马克思《资本论》第一卷德文第一版。——编者注
②路·库格曼《评〈资本论〉》,载于1867年11月10日《德意志人民报》。——编者注
③"Taucher"意为"潜水者","Faucher"(孚赫)是德国一个庸俗经济学家的姓。——编者注

1868年

100
马克思致恩格斯

曼 彻 斯 特

1868年1月8日［于伦敦］

亲爱的弗雷德：

关于杜林[245]。他几乎完全接受了《原始积累》这一节[①]，这对他来说已经很不容易了。他还年轻。作为凯里的信徒，他是直接反对自由贸易派[66]的。此外，他还是非公聘**讲师**，所以妨碍他们这些人的前程的罗雪尔**教授**挨了脚踢[246]，他并不伤心。他的评论中有一处特别引起我的注意。这就是：当劳动时间决定价值这一点像在李嘉图本人的书里那样还"不明确"的时候，它并没有引起这些人不安。但是，一旦把它同工作日和工作日的变化准确地联系起来时，他们就感觉到这是一种令人十分难堪的新见解。我相信，杜林完全是由于憎恨罗雪尔才来评论这部书的。他害怕自己也陷入罗雪尔的处境，这的确是十分明显的。奇怪的是，这个家伙并没有觉察到这部书中的三个崭新的因素：

（1）过去的**一切**经济学**一开始**就把表现为地租、利润、利息等固

---

①指马克思《资本论》第一卷德文第一版第六章《所谓原始积累》这一节。
——编者注

定形式的剩余价值特殊部分当做已知的东西来加以研究,与此相反,我首先研究剩余价值的一般形式,在这种形式中所有这一切都还没有区分开来,可以说还处于融合状态中。

(2)经济学家们毫无例外地都忽略了这样一个简单的事实:既然商品是二重物——使用价值和交换价值,那么,体现在商品中的劳动也必然具有二重性,而像斯密、李嘉图等人那样只是单纯地分析劳动本身,就必然处处都碰到不能解释的现象。实际上,对问题的批判性理解的全部秘密就在于此。

(3)工资第一次被描写为隐藏在它后面的一种关系的不合理的表现形式,这一点通过工资的两种形式即计时工资和计件工资得到了确切的说明。(在高等数学中常常可以找到这样的公式,这对我很有帮助。)

至于杜林先生对价值规定所提出的温和的反对意见,他在第二卷[230]中将会惊奇地看到:价值规定在资产阶级社会中不是"直接"实现的。实际上,**没有一种**社会**形式**能够阻止社会所支配的劳动时间以这种或那种方式调节生产。但是,只要这种调节不是通过社会对自己的劳动时间所进行的直接的自觉的控制——这只有在公有制之下才有可能——来实现,而是通过商品价格的变动来实现,那么,结局就始终像你在《德法年鉴》中已经十分正确地说过的那样[1]……

---

①恩格斯《国民经济学批判大纲》,见《马克思恩格斯文集》第1卷。——编者注

101
恩格斯致马克思

伦　敦

1868年1月16日于曼彻斯特

亲爱的摩尔：

　　我刚发觉我把你的所有来信都放在家里另一件上衣的口袋里了(你的可敬的首席秘书①的最近一封来信也在内，对此信我特别感谢)，所以我只能凭记忆写回信。

　　《法兰西信使报》你昨天该收到了，《维也纳日报》也该收到了。

　　给你寄去附有专门说明的普鲁士报告②。实际上，只要看一下报告里列出的7月28日晚的兵力配置略图，就可确信：贝奈德克曾在两平方英里的地区内集中了六个军(不包括骑兵)，而王储③却只有第五军和第六军的一个旅与之对峙。如果贝奈德克在29日攻击施泰因梅茨(第五军)，那么后者就可能被击退到山那边，投奔第六军，贝奈德克在30日则可以用至少四个军放心大胆地去进攻并击退近卫军与第一军；在这以后，谨慎的弗里德里希-卡尔当然不敢贸然行动。弗里德里希-卡尔有五个军，而与他对峙的至少有六个军。如果王储的

---

　　①劳·马克思。——编者注
　　②指《1866年的德国战局》，总参谋部战史处编，1867年柏林版。——编者注
　　③弗里德里希-威廉。——编者注

三个独立的纵队被击溃,弗里德里希-卡尔一定会接到撤退命令,那时整个战局的性质就会完全不同。当然,只要普鲁士人谨慎一些,奥地利人终究会被击败,这从兵力对比上已经看得出来。但是,在这种情况下普鲁士的无赖们就会被迫抛弃自己坏透了的制度,那时胜利的就不是改组和俾斯麦,而是人民。

克吕泽烈(他在伦敦也扮演过芬尼社社员)搞了一个民军计划,他比德国人还要疯狂。美国内战[151](战争双方都有民军)证明,民军制度之所以空前耗费财力和人力,正是因为这种组织只是一纸空文。如果北方佬所面临的不是南部民军,而是几十万人的常备军,那他们的情形会怎样呢?在北部组织起来之前,这些常备军可能已进入纽约和波士顿,并靠民主党人的帮助迫使媾和,接着西部就可能玩弄分离把戏。这个家伙有一点讲得好:最主要的是要有优秀的军官和人们对军官的信任,——而在民军制度下,这两点都是完全办不到的!至于民军制度到处都受到欢迎,那是由于能够一下子弄到一大批人,并且比较易于训练,特别是在面临敌人的时候。不过,后一种情况并不新奇,老拿破仑也曾把经过三个月训练的新兵编为团队拉去打仗;但是,为此要有优秀的基干人员,并且还要有某种不同于瑞士和美国的民军制度的东西。直至内战末期,北方佬的基干人员仍然不能令人满意。自从采用了后装枪,纯粹的民军便真的完了。这就是说,任何一种合理的军事组织不能不是介乎普鲁士制度和瑞士制度之间的东西,——但究竟是什么呢?这取决于各种不同的情况。只有以共产主义方式建立和**培育**起来的社会,才能十分接近民军制度,但即使这样也还不能完全达到。

关于维也纳的那些报纸,我正碰到一些困难,虽然我偶尔也翻翻《新自由报》,但是,整个这方面的情况对我来说是完全陌生的。①对此以及关于《双周》②,你有些什么设想?此事倒值得花点工夫好好想一想。

但愿你能重新**坐下来**,而且不要再发生新的火山爆发。龚佩尔特笑你讨厌砒剂,他说,恰恰是砒剂能使你**恢复健康**,而且他确信,对你来说没有更好的药了。但是,如果你确实不愿意服用这种药,那你就应当服用酸剂,并且要长期服用。因此,他在附上的药方里又给你开了以前开过的王水,你必须服用。

向你的夫人、女孩子们和拉法格致以良好的祝愿。

你的　弗·恩·

我在这里最恭敬地祝贺厉害的矮子阿尔贝里希③过生日,并在此刻为她的健康干啤酒一杯。至于棉线,他们忘在工厂里了,我只好明天寄出。

---

①指在奥地利的报纸上为马克思的《资本论》第一卷撰写书评。参看恩格斯1868年1月7日给马克思的信和马克思1868年1月8日给恩格斯的信。——编者注

②指《双周评论》。——编者注

③爱·马克思。——编者注

102

马克思致路德维希·库格曼

汉　诺　威

1868年3月6日于伦敦

亲爱的朋友：

……我现在能够理解杜林先生的评论[245]中的那种异常尴尬的语调了。就是说，这是一个往常极为傲慢无礼的家伙，他俨然以政治经济学中的革命者自居。他做过两件事。第一，他出版过一本(以凯里的观点为出发点)《国民经济学批判基础》(约500页)，其次，出版过一本新的《自然的辩证法》(反对黑格尔辩证法的)。我的书①在这两方面都把他埋葬了。他是由于憎恨罗雪尔等人才来评论我的书的。此外，他在进行欺骗，这一半是出自本意，一半是由于无知。他十分清楚地知道，我的阐述方法**不是**黑格尔的阐述方法，因为我是唯物主义者，而黑格尔是唯心主义者。黑格尔的辩证法是一切辩证法的基本形式，但是，只有**在剥去它的神秘的形式之后**才是这样，而这恰好就是**我的**方法的特点。至于说到李嘉图，使杜林先生感到不自在的，正是在我的论述中**没有**凯里以及他以前的成百人曾用来反对李嘉图的那些弱点。因此，他恶意地企图把李嘉图的局限性强加到

---

①马克思《资本论》第一卷德文第一版。——编者注

马克思、恩格斯和马克思的女儿燕妮、爱琳娜和劳拉

我身上。但是,我不在乎这些。我应当感谢这个人,因为他毕竟是谈论我的书的第一个专家……

103
马克思致恩格斯

曼 彻 斯 特

1868年3月14日①[于伦敦]

亲爱的弗雷德:

……顺便提一下,在博物馆里,我除钻研其他著作外,还钻研了老毛勒(前巴伐利亚枢密官,曾当过希腊摄政,并且是远在乌尔卡尔特之前最早揭露过俄国人的人之一)关于**德国的马尔克、乡村等等制度**的近著[247]。他详尽地论证了土地私有制只是后来才产生的,等等。威斯特伐利亚的容克们(默泽等人)认为,德意志人都是各自单独定居的,只是后来才形成了乡村、区等等,这种愚蠢见解完全被驳倒了。现在有意思的恰好是,**俄国人**在一定时期内(在德国起初是每年)重分土地的做法,在德国有些地方一直保留到18世纪,甚至19世纪。我说过,欧洲各地的亚细亚的或印度的所有制形式都是原始形式②,这

---

①手稿为:"11月14日"。——编者注

②马克思《政治经济学批判。第一分册》,见《马克思恩格斯全集》中文第2版第31卷第426页。另见马克思《资本论》第1卷,《马克思恩格斯文集》第5卷第95页。——编者注

个观点在这里(虽然毛勒对此毫无所知)再次得到了证实。这样,俄国人甚至在这方面要标榜其独创性的权利也彻底丧失了。他们那里所剩下的,就是他们至今仍然保留着早已被他们的邻居抛弃了的形式。老毛勒的书(1854—1856年的,等等)具有真正德意志的博学,同时也具有亲切而易读的文风,这是南德意志人有别于北德意志人之处(毛勒是海德堡人;在这一点上,巴伐利亚人和蒂罗尔人更是如此,例如,法耳梅赖耶尔、弗腊斯等人就是这样)。书中有些地方还猛烈地抨击了老格林(《古代法》),就是说,从实质上,而不是从形式上进行了抨击。此外,我还看了看弗腊斯等人关于农业的一些著作[248]。

顺便提一下,你应该把杜林的书①,还有我的书②的校样寄还给我。从杜林的书中你可以看到什么是凯里的伟大发现,那就是:在农业中人类是从较坏的土地向越来越好的土地转移的。这部分是因为作物是从无水的丘陵等处向下移到潮湿的谷地。而特别是因为凯里先生认为,最肥沃的土地,正是那些先要经过**改造**才能变成耕地的**沼泽**等等。最后是因为英国在美洲的殖民是从荒芜的新英格兰开始的,也就是从凯里视为典型的马萨诸塞州开始的。

……从毛勒的著作中我看到,关于"日耳曼"所有制等等的历史和发展的观点的转变,是由**丹麦人**而来的,看来,他们已经着手全面研究考古学了。但是,虽然他们这样下功夫,他们的事情在这儿那儿总不那么顺当,因为他们缺乏正确的批判本能,尤其是缺乏尺度。让我感到十分惊异的是,毛勒经常引用非洲、墨西哥等作为例子,但对凯尔特人却一无所知,因而硬把法兰西的公社所有制的发展完全归

---

①欧·杜林《贬低凯里的人和国民经济学的危机》1867年布雷斯劳版。——编者注

②马克思《资本论》第一卷。——编者注

于日耳曼人的征服。"好像",布鲁诺①先生会说,"好像"我们还没有一部11世纪完全共产主义的凯尔特人(威尔士)法令汇编②,"好像"法国人恰恰在最近几年没有在某些地方发掘出凯尔特形式的原始公社遗迹!"好像"!但是道理很简单。老毛勒除了德国和古罗马的情况之外,只研究过东方(希腊—土耳其)的情况。

104
马克思致恩格斯

曼 彻 斯 特

1868年3月25日[于伦敦]

亲爱的弗雷德:

昨天我本来想在博物馆里给你写信,但是我突然感到很不舒服,只好合上手中那本非常有趣的书。我两眼发黑,头痛得要命,胸部闷得慌。我就慢慢走回家了。空气和阳光使我感到舒服一点,到家后我睡了一会儿。照我的情况来看,本来应当把一切工作和思考都丢开一些时候;但是,这**对我来说,即使有钱去游荡,也很难做到**。

关于毛勒:他的书是非常有意义的。不仅是原始时代,就是后来的帝国直辖市、享有豁免权的地主、公共权力以及自由农和农奴之间

---

①布·鲍威尔。——编者注
②《威尔士的古代法律和规章》1841年版第1—2卷。——编者注

马克思致恩格斯(1868年3月25日)

的斗争的全部发展,都获得了崭新的说明。

在人类历史上存在着和古生物学中一样的情形。由于某种判断的盲目性,甚至最杰出的人物也会根本看不到眼前的事物。后来,到了一定的时候,人们就惊奇地发现,从前没有看到的东西现在到处都露出自己的痕迹。对法国革命以及与之相联系的启蒙运动的第一个反应,自然是用中世纪的、浪漫主义的眼光来看待一切,甚至像格林这样的人也不能摆脱这种看法。第二个反应是越过中世纪去看每个民族的原始时代,而这种反应是和社会主义趋向相适应的,虽然那些学者并没有想到他们和这种趋向有什么联系。于是他们在最旧的东西中惊奇地发现了最新的东西,甚至发现了连蒲鲁东看到都会害怕的平等派。

我们大家被这种判断的盲目性束缚得多么厉害啊:恰好在**我的**故乡,即在**洪斯吕克**①,古代德意志的制度一直保存到**最近**几年。我现在还记得,我的**当律师的**父亲还和我谈到过这件事呢!另一个证明是:地质学家,甚至像居维叶那样一些最优秀的地质学家也把某些事实完全解释错了,同样,像格林那样一些大语文学家也把最简单的拉丁文句子**译**错了,因为他们深受默泽(我记得,他所叹赏的是:德意志人那里从来没有"自由",但是"空气造成占有")等人的影响。例如,塔西佗有一句名言,"*arva* per annos mutant, et *superest ager*"②,意思是:他们更换(通过抽签,后来所有蛮族法典249中的*sortes*[抽签]一词就是由此而来的)田地(arva),而仍然保留公有地(ager同arva相反,是ager publicus[公有地]),格林等人却把它译成:他们每年耕种

---

①德国西南部的一个山区。——编者注
②塔西佗《日耳曼尼亚志》第26章。——编者注

生地,但仍有(荒)地存在!

同样,"他们**单独地和分散地**进行耕作"①这句话可以证明,德意志人自古以来就像威斯特伐利亚的容克那样,经营单个的田庄。但在这句话的后面还有:"**他们建立村庄**的方式和我们的不同,他们不是把**房屋聚集在一起**并**使之互相毗连**,而是每家**住所周围都有一块空地**";像上面所描写的那种日耳曼原始村落,如今在丹麦的一些地方仍然存在。斯堪的纳维亚对德国的法学和经济学,就像对德国的神话学一样,自然是非常重要的。只有从这里出发,我们才能重新认清我们的过去。此外,甚至格林等人也在凯撒的书中发现,德意志人总是按血族共同体集体定居,而不是单独定居的:"他们是按氏族和亲属关系一起居住的"②。

不过,要是老黑格尔有在天之灵,他知道德文和北欧文中的 *Allgemeine*[一般]不过是公有地的意思,而*Sundre*, *Besondre*[特殊]不过是从公有地分离出来的Sondereigen[私人财产],那他会说什么呢?真糟糕,原来逻辑范畴还是产生于"我们的交往"!

弗腊斯的《各个时代的气候和植物界,二者的历史》(1847年)一书十分有趣,这本书证明,气候和植物在**有史**时期是有变化的。他是达尔文以前的达尔文主义者,他认为**物种**甚至产生于有史时期。但是他同时是农学家。他断定,农民非常喜欢的"湿度"随着耕作的发展(并且与耕作的发展程度相适应)逐渐消失(因此,植物也从南方移到北方),最后形成了草原。耕作的最初影响是有益的,但是,由于砍伐树木等等,最后会使土地荒芜。这个人既是化学家、农学家等等,又是

---

①塔西佗《日耳曼尼亚志》第16章。——编者注
②凯撒《高卢战记》第4卷第22章。——编者注

知识渊博的语言学家(他曾经用**希腊文**著书)。结论是：耕作——如果自发地进行，而不是**有意识地加以控制**(他作为资产者当然想不到这一点)——会导致土地荒芜，像波斯、美索不达米亚等地以及希腊那样。可见，他也具有不自觉的社会主义倾向！

这位弗腊斯还具有德国人的那种有趣的特点。他最初是医学博士，后来是视察员，化学和工艺学教师，现在是巴伐利亚兽医管理局局长，大学教授，全国农艺实验所所长，等等。他在担任最后这几项职务时年事已高，但仍然像个精神饱满的小伙子。他曾游历过希腊、小亚细亚和埃及的许多地方！他的《农业史》也很有意义。他称傅立叶是一位"虔诚的和人道的社会主义者"。关于阿尔巴尼亚人等等是这样写的："各种缺德的通奸和强奸"。[①]

必须认真研究全部近代和现代农业文献。**物理学**派同**化学**派是对立的。

别忘了把库格曼寄来的那个厂主[②]的信还给我。

再没有比即将在这里看到你更使我高兴的了。

你的　卡·马·

又及：埃德加[③]的种植场主的帽子又找到了，这一次你可以把它带给莉希夫人。

---

① 见卡·弗腊斯《农业史》1852年布拉格版第12页。——编者注
② 古·迈耶尔。——编者注
③ 埃·冯·威斯特华伦。——编者注

105

马克思致路德维希·库格曼

汉 诺 威

1868年4月6日于伦敦

亲爱的库格曼:

……现在,这里众所注目的问题是爱尔兰问题。当然,格莱斯顿及其同伙利用这个问题,只不过是为了重新取得政权,并且首先是为了在实行户主选举权的下一届选举[250]中有一个**竞选口号**(electoral cry)。由于事情的这种转变而受害的**首先**是工人政党。工人中想参加下届议会的阴谋家,如奥哲尔、波特尔之流,现在有了投靠资产阶级自由派的新**借口**了。

然而,这只是英国——因而也是英国工人阶级——由于数百年来对爱尔兰犯下的滔天大罪而得到的**惩罚**。但是它终究又会有利于英国工人阶级本身。就是说,在**爱尔兰的英国国教会**——或者如这里的人们通常所说的,**爱尔兰教会**——是**英国地主所有制**在爱尔兰的宗教堡垒,同时又是英国本土的国教会的前沿堡垒(在这里我是把国教会当做**土地所有者**来谈的)。随着国教会在爱尔兰的垮台,在英国它也会衰败下去,而紧跟在这二者之后(没落)的将首先是爱尔兰的地主所有制,然后是英国的地主所有制。我早就确信,社会革命必须

认真地从基础开始,就是说,从土地所有制开始①。

此外,事态将会产生极其有利的结果:爱尔兰教会一旦垮台,阿尔斯特省信仰**新教**的爱尔兰佃农便会向爱尔兰其他三省信仰天主教的佃农靠拢,并参加他们的运动,而到目前为止,地主所有制还是能够利用这种**宗教**矛盾的……

106
马克思致约瑟夫·狄慈根

彼 得 堡

[1868年5月9日于伦敦]

……一旦我卸下经济负担,我就要写《辩证法》。辩证法的真正规律在黑格尔那里已经有了,当然是具有神秘的形式。必须去除这种形式……*251*

---

①双关语:"基础"的原文是"Grund",也是"土地"的意思;"土地所有制"的原文是"Grund- und Bodeneigentum"。——编者注

马克思的夫人燕妮·马克思（1864年）

107

马克思致路德维希·库格曼

汉 诺 威

1868年7月11日于伦敦

亲爱的朋友:

……至于《中央报》,那个人已经作了尽可能大的让步,因为他承认,如果想象价值这个东西总还有点什么内容,就只好同意我的结论。[252]这个不幸的人看不到,即使我的书中根本没有论"价值"的一章,我对现实关系所作的分析仍然会包含对实在的价值关系的论证和说明。[253]胡扯什么价值概念必须加以证明,只不过是由于既对所谈的东西一无所知,又对科学方法一窍不通。任何一个民族,如果停止劳动,不用说一年,就是几个星期,也要灭亡,这是每一个小孩子都知道的。小孩子同样知道,要想得到与各种不同的需要量相适应的产品量,就要付出各种不同的和一定量的社会总劳动量。这种按一定比例**分配**社会劳动的**必要性**,决不可能被社会生产的**一定形式**所取消,而可能改变的只是**它的表现方式**,这是不言而喻的。自然规律是根本不能取消的。在不同的历史条件下能够发生变化的,只是这些规律借以实现的**形式**。而在社会劳动的联系体现为个人劳动产品的**私人交换的**社会制度下,这种按比例分配劳动所借以实现的形式,正是这些产品的**交换价值**。

马克思致路德维希·库格曼(1868年7月11日)

    科学的任务正是在于阐明价值规律是**如何**实现的。所以,如果
想一开头就"说明"一切表面上与规律矛盾的现象,那就必须**在科学
之前**把科学提供出来。李嘉图的错误恰好是,他在论价值的第一章①
里就把尚待阐明的一切可能的范畴都假定为**已知的**,以便证明它们
和价值规律是等同的。

    另一方面,如您所正确地指出的,**理论的历史**确实证明,对价值
关系的理解**始终**是**同一个东西**,只是有时比较清楚,有时比较模糊,
有时掺杂着较多的错觉,有时包含着较多的科学的明确性。因为思维
过程本身是在一定的条件中生成的,它本身是一个**自然过程**,所以真
正理解着的思维永远只能是同一个东西,只是随着发展的成熟程度
(其中也包括思维器官发展的成熟程度)逐渐地表现出区别。其余的
一切都是废话。

    庸俗经济学家根本想不到,实际的日常的交换关系和价值量是
不能直接等同的。资产阶级社会的症结正是在于,对生产自始就不存
在有意识的社会调节。合理的东西和自然必需的东西都只是作为盲
目起作用的平均数而实现。当庸俗经济学家不去揭示事物的内部联
系却傲慢地鼓吹事物从现象上看是另外的样子的时候,他们自以为
这是作出了伟大的发现。实际上,他们所鼓吹的是他们紧紧抓住了外
表,并且把它当做最终的东西。这样一来,科学究竟有什么用处呢?

    但是,在这里事情还有另外的背景。内部联系一旦被了解,相信
现存制度的永恒必要性的一切理论信仰,还在现存制度实际崩溃以
前就会破灭。因此,在这里统治阶级的绝对利益就是把这种缺乏思想
的混乱永远保持下去。那些造谣中伤的空谈家不凭这一点,又凭什么

---

①大·李嘉图《政治经济学和赋税原理》1817年伦敦版。——编者注

取得报酬呢?他们除了根本不允许人们在政治经济学中进行思考以外,就拿不出任何其他的科学王牌了。

但是,够了,足够了。这无论如何表明,这些资产阶级的传教士已经堕落到什么地步,工人,甚至工厂主和商人都读懂了我的书,并且了解得很清楚,而这些"**博学的**〈!〉著作家"却抱怨我对他们的理解力要求过高……

108
马克思致恩格斯

曼 彻 斯 特

1868年10月10日于伦敦

亲爱的弗雷德:

……正如你所知道的,奥哲尔先生提名自己为切尔西的候选人,我认为他没有成功的希望。自从根据我的提议取消了"国际工人协会**主席**"的职位[254]从而也永远取消了奥哲尔的"主席"称号以来,去年整整一年他对我们都非常冷淡。现在他因为自己在布鲁塞尔代表大会上重新当选而表示感谢,并希望我们给他的选举委员会写封信支持他为候选人。我们同意他的要求,只是因为这样做对国际有利,并能引起伦敦工人对国际的注意。[255]

你上次在这里逗留的时候,曾经看到关于1844—1845年爱尔兰土地关系的蓝皮书[222]。我在一家小旧书店里偶然发现了关于1867年爱尔兰租佃者权利的报告和记述(上院)。这是一个真正的发现。当经济学家先生们围绕地租是因土地的自然差别而作的支出或仅仅是对土地所投资本的利息这个问题进行纯教条式的争论的时候,我们这里的农场主和大地主之间却在进行一场实际的生死斗争,这就是:**除**因土地的差别而作的支出**以外**,地租**还应当**包括**多少**不是由大地主而是由租佃者把资本投入土地而得的利息。只有抛开互相矛盾的教条,而去观察构成这些教条的隐蔽背景的各种互相矛盾的事实和实际的对立,才能把政治经济学变成一种实证科学。

祝好。

你的 卡·马·

109

马克思致约翰·巴蒂斯特·施韦泽

柏 林

1868年10月13日于伦敦

阁下:

……首先,关于拉萨尔的联合会[182],它是在一个反动时期成立的。在德国工人运动沉寂了15年之后,拉萨尔又唤醒了这个运动,这是他的不朽的功绩。但是,他犯了很大的错误。他受直接的时代条件的影响太深了。他把一个小小的出发点——他同舒尔采-德里奇这样一个无足轻重的人[191]的对立——当做自己的鼓动的中心点:以国家帮助反对自助。这样,他不过是重新提出了**天主教**社会主义的首领**毕舍**为反对法国的真正的工人运动而于1843年和以后几年提出的口号。拉萨尔是够聪明的,当然认为这个口号是权宜之计,所以他只能以这个口号(据说!)可以直接实现为理由来为之辩护。为了这个目的,他不得不断言这个口号在**最近的**将来就会实现。因此,**这种**"国家"就变成了普鲁士国家。这样一来,他就不得不向普鲁士君主制、向普鲁士反动派(封建党派)、甚至向教权派让步。他把宪章派的普选权口号[256]同毕舍所说的国家对协作社的帮助结合起来。他忽略了德国和英国的条件是不同的。他忽略了衰落帝国[257]在法国普选权问题上的教训。其次,就像每一个说自己的口袋里装有能为群众医治百病的万应灵丹的人一样,他一开始就使自己的鼓动带有宗教的宗派性质。其实,任何宗派都带有宗教性质。再次,正因为他是一个宗派的创始人,所以他否认同德国和外国以前的运动有任何天然的联系。他陷入了蒲鲁东的错误之中,他不是从阶级运动的实际因素中去寻找自己的鼓动的现实基础,而是想根据某种教条式的处方来规定这一运动的进程。

在我现在的追述中,大部分内容早在拉萨尔1862年来到伦敦要求我同他一起领导新的运动的时候,我就对他讲过。

您本人根据切身的体验,知道宗派运动和阶级运动是对立的。宗派不是在它和阶级运动的**共同之处**中,而是在把它和阶级运动**区别开来**的**特殊护符**中,寻求自己存在的权利和自己的荣誉。因此,当您在汉堡建议召开工会成立大会时,您只有以放弃主席职务相威胁,才粉碎了宗派的反抗。[258]此外,您曾经不得不把自己变成双重人物,宣布您时而作为宗派首脑进行活动,时而作为阶级运动的代表进行活动。

全德工人联合会的解散[259]曾使您有机会向前迈进一大步,并有机会声明,如果需要的话,还可以证明,现在一个新的发展阶段已经到来,把宗派运动融合于阶级运动和消除一切宗派主义的时机已经成熟。至于说到宗派的真实内容,那么像过去的一切工人宗派一样,宗派会把它当做丰富运动的因素带到总的运动中去。但是您并没有这样做,您实际上是要求阶级运动服从特殊的宗派运动。与您为敌的人就由此得出结论,说您千方百计地想保持您"自己的工人运动"。

至于柏林代表大会[260],首先是不应匆忙召开,因为结社法[261]还没有通过。因此,您本应同拉萨尔集团**之外**的领袖们商量,和他们共同制订计划并召开代表大会。但是您并没有这样做,您只是让他们二者择一:公开地附和**您**或者**反对您**。这次代表大会本身不过是汉堡代表大会的增订版。

至于章程草案[262],我认为它在原则上是错误的,我相信我在工会方面的经验并不比任何同时代人少。在这里,我不想再作详细的说明,只想指出,**集中制的**组织不管对秘密团体和宗派运动多么有用,但它同工会的本质是相矛盾的。即使这种组织是可能存在的——我说它根本不可能存在——,那它也是不适宜的,至少在德国是这样。这里的工人从小就受官僚主义的管束,相信权威,相信上级机关,所以在这里首先应当**教会**他们**自己走路**。

您的计划在其他方面也是不切实际的。在"联合会"中有三个来源不同的独立的权力机构:(1)由**工会**选出来的**委员会**;(2)由**普选**产生的**主席**(他在这里完全是多余的);(3)由**地方**选出来的代表大会。这样一来,到处都是冲突,而竟说这样有利于"迅速行动"!在国际工人协会的章程中,也设有协会的主席。但是,实际上他的职能只不过是主持总委员会的会议。我在1866年拒绝了主席的职务,1867年根据我的建议根本取消了这个职位,而代之以在总委员会的每周例会上选出的执行主席(Chairman)。**工联伦敦理事会**[169]也只有一个执行主席。**书记**才是它的常设的负责人员,由他处理日常事务。拉萨尔从1852年法国宪法中搬用了"由普选产生总统"的做法,是极大的失策。况且是搬用到工会运动!这种运动多半是围绕着钱的问题兜圈子,您很快就会发现,在这里任何独裁都将完结。

但是,不管在组织方面出现了什么样的错误,这些错误大概都可能被合理的实践或多或少地克服掉。作为国际的书记,我准备充当您和直接参加了国际的纽伦堡多数派之间的调解人,——当然是在合理的基础上进行调解。我已经把同样的意思写信告诉莱比锡方面。我不会忽视您的难处,并且永远不会忘记,我们每一个人都是更多地受环境的支配,而不是受自己的意志的支配。

我向您担保,在任何情况下我都将是公正的,这是我的责任。但是,另一方面,我不能向您担保,我不会在某一天——在我认为是工人运动的利益所绝对需要的时候——作为**著作家**以**个人**名义公开批判拉萨尔派的偏见,就像当年我对待蒲鲁东派的偏见那样①。

我向您保证,我对您个人怀着最良好的愿望。

忠实于您的 卡·马·

---

①参看马克思《哲学的贫困》和《论蒲鲁东》,《马克思恩格斯文集》第1卷和第3卷。——编者注

110
恩格斯致马克思

伦　　敦

1868年11月6日于曼彻斯特

亲爱的摩尔：

艾希霍夫的信和狄慈根的手稿①一并寄还。由于女人们要收拾屋子，我把这份手稿放到一个**保险的**地方去了，因而就完全把它忘了。

要对这本书作出完全确定的评价是困难的；这个人不是天生的哲学家，而且一半是靠自学出来的。从他使用的术语上一下子就可以看出他的一部分知识来源(例如，费尔巴哈、你的书②和关于自然科学的各种毫无价值的通俗读物)，很难说他此外还读过什么东西。术语自然还很混乱，因此缺乏精确性，并且常常用不同的术语重复同样的东西。其中也有辩证法，但多半是星星点点，没有什么关联。关于自在之物是想象之物的描述，如果能够**肯定这是他自己的**创造，那么这种描述应当说是很出色的，甚至是天才的。他这本著作中有许多地方很机智，而且，尽管语法上有缺点，但是表现了出色的写作才能。总的

---

① 约·狄慈根《人脑活动的实质》1869年汉堡版。——编者注
② 马克思《资本论》第一卷。——编者注

说来,他有一种值得注意的本能,能够在这样缺乏基础性研究的情况下苦思冥想出这么多正确的东西……

111

马克思致恩格斯

曼 彻 斯 特

1868年11月7日于伦敦

亲爱的弗雷德:

五英镑已收到,谢谢。

你们那里流行伤寒病,我(和我们全家)很担心。这可是一种传染性很强的病,望尽快把情况再告诉我一下。

既然和该死的波克罕(我今天要去见他)打交道,就不可能阻止他转载你的两篇文章(即关于巴枯宁对斯拉夫人的宣言的文章)①。我只是要对他说,你和巴枯宁是有私交的老朋友,因此你的文章无论如何不应该被用来侮辱后者。波克罕太自命不凡了,还真以为自己要去完成一项政治使命。他正在替我翻译一本论述以前的农业关系解体的俄文著作②的主要章节,并且还给了我一本俄国人谢多-费罗蒂

---

①恩格斯《民主的泛斯拉夫主义》,见《马克思恩格斯全集》中文第1版第6卷。——编者注

②帕·利林费尔德-托阿尔《土地和自由》1868年圣彼得堡版。——编者注

论述这一问题的法文著作①。后者——总的来说是个非常肤浅的家伙——犯了一个大错误,他竟说,俄国公社的产生只是由于禁止农民离开土地。俄国公社里的一切,**包括最细微之处**,都同**古日耳曼**公社完全一样。此外,在俄国人的公社里还可以看到(在**一部分印度公社**里也可以看到,不是旁遮普的,而是南部的):第一,公社的管理机构的性质**不是民主制的**,而是**家长制的**;第二,向国家交税采用**连环保**的办法等等。从第二点可以看出,俄国的农民越勤劳,国家对他们的剥削就越重,他们不仅要交纳捐税,而且还要在军队经常调动时供给膳食、马匹等,并充当国家的驿卒等等。所有这些肮脏的东西正在走向崩溃。

狄慈根的论述②,除去费尔巴哈等人的东西,一句话,除去他的那些资料之外,我认为完全是他的独立劳动。此外,我完全同意你所说的。关于重复的问题,我将向他提一下。他恰恰**没有**研究过黑格尔,这是他的不幸。

伟大的韦伯③以"德意志革命鼓动等等联合会"的名义,同皮阿领导下的法国的迈尔之流及其他无赖一起开了大会。这些人在一份呼吁书263中教训美国佬,要他们出面**支持**西班牙共和国。

我们的黑人保尔·拉法格不走运。法国人根本不承认他的英国毕业证书,要他参加五门考试,而不是像他原先希望的那样最多考一两门。

劳拉女士向你们致以良好的祝愿。

祝好。

你的　卡·马·

---

①德·克·谢多-费罗蒂《关于俄国前途的论文。第十篇论文:人民的世袭财产》1868年柏林版。——编者注

②约·狄慈根《人脑活动的实质》1869年汉堡版。——编者注

③约·韦伯。——编者注

112

马克思致路德维希·库格曼

汉　诺　威

1868年12月12日于伦敦

亲爱的朋友：

……请转告您亲爱的夫人，我从来没有"猜疑"她听命于白痴将军夫人①。我提的问题只是开开玩笑。何况妇女对于"**国际**"是无可抱怨的，因为它任命了一位妇女罗夫人担任**总委员会**委员。说正经的吧。美国"**劳工同盟**"²⁶⁴最近一次代表大会有很大进步，别的不说，这也表现在它对待女工完全平等，而英国人在这一方面还受某种狭隘观点的束缚，对妇女彬彬有礼的法国人更是如此。每个了解一点历史的人也都知道，没有妇女的酵素就不可能有伟大的社会变革。社会的进步可以用女性（丑的也包括在内）②的社会地位来精确地衡量……

---

①指玛·戈克。"戈克"这个姓的原文是"Gögg"，同"白痴"（Geck）发音相近。——编者注
②此处"女性"照德文字面意思是"美性"。——编者注

1869年

113
马克思致恩格斯

曼 彻 斯 特

1869年3月5日［于伦敦］

亲爱的弗雷德：

　　附上的文件²⁶⁵是**昨天**收到的（虽然日期写的是2月27日）。阅后请立即退回，因为下星期二我要把它提交给委员会。"同盟"的先生们为了搞出这部作品可没少花时间。

　　事实上，我们倒乐意他们能在法国、西班牙和意大利为自己保住"无数的军团"。

　　巴枯宁以为：如果我们赞同他的"激进纲领"，他就可以把这件事宣扬出去，从而在某种程度上败坏我们的名誉。如果我们表示反对，人们就会骂我们是反革命分子。此外，如果我们允许他们参加，他就会设法在巴塞尔代表大会上争取一些败类支持他。

　　我认为应当答复如下²⁶⁶：

　　根据章程第一条，接受"追求共同目标即**工人阶级**得到保护、发展和**彻底解放**"的一切工人团体①。

---

　　①参看马克思《国际工人协会共同章程》，《马克思恩格斯文集》第3卷第227页。——编者注

因为同一个国家各行各业的工人的发展水平和不同国家的工人阶级的发展水平都必然是极不相同的,所以,实际运动也必然以十分不同的理论形式反映出来。

国际工人协会所确定的行动一致,通过各国支部的各种机关报刊所进行的思想交流,以及在全协会代表大会上所进行的直接讨论,也将逐步为整个工人运动创造出共同的理论纲领。

因此,说到"同盟"的纲领,总委员会没有必要批判地审查它。总委员会无须研究这个纲领是不是如实地、科学地反映了工人运动。它只需要弄清楚,纲领的**总的方向**同国际工人协会的总的方向——工人阶级的彻底解放有没有相抵触的地方!

纲领中只有一句话是可以受到这种指责的,即第二条:"同盟首先力求实现**各阶级**在政治、经济和社会方面的平等"。"各阶级的平等",照字面上理解,不过是资产阶级社会主义者所鼓吹的"资本和劳动的协调"的另一种说法而已。国际工人协会力求达到的最终目标,不是违背常理的"各阶级的平等",而是历史地必然出现的"消灭阶级"。但是,从纲领中这句话的上下文可以看出,这纯粹是一个笔误。因此,总委员会完全相信,这句可能引起危险误解的话将会从纲领中删掉[267]。

在此条件下,根据国际工人协会的原则,允许每个支部自己对自己的纲领负责。因此,没有任何障碍阻挡同盟各支部改变为国际工人协会的支部。

如果将这样做的话,那么,根据条例,必须把注明新加入的支部的国名、所在地和成员人数的登记表寄给总委员会。

最后这一点——清点他们的军团——会使这些先生们特别不痛快。你觉得这个复信草稿应该作哪些修改,请在退回原信时告诉我……

114

马克思致恩格斯

曼　彻　斯　特

1869年8月10日〔于伦敦〕

亲爱的弗雷德:

　　……登在附刊上的威廉的这部分演讲(在**柏林**作的)[268]虽然是荒谬的,但仍表明他善于用不可否认的巧妙手法把事情说得娓娓动听。而这是很妙的!**因为只能把国会当做鼓动工具**,所以**决不能**在那里为某种合理的东西和直接涉及工人利益的东西**进行鼓动**!勇敢的威廉的幻想实在令人神往:因为俾斯麦"喜欢"使用工人爱听的词句,所以他就不会反对**真正符合工人利益的措施**!"好像"——如布鲁诺·鲍威尔所说的——瓦盖纳先生没有在国会中宣布他在理论上**赞成**工厂法,而**在实际上**反对工厂法,"因为这些法律在普鲁士的条件下是没有用处的"!"好像"俾斯麦先生如果真正愿意并且**能够**替工人做点什么的话,那他就不会**在普鲁士本国**强迫**实行**现存的法律!仅仅因为在普鲁士会这样做,所以自由主义的"萨克森"等地区就**不得不跟着**学。威廉并不了解,现在的各国政府尽管向工人谄媚,但是它们清楚地知道,它们唯一的支柱是资产阶级,因此它们**可能**利用工人爱听的言辞去恐吓资产阶级,但是决不**可能**真正反对它。

　　这个畜生相信未来的"<u>民主国家</u>"!而且所想到的时而是立宪制

的英国,时而是资产阶级的美国,时而又是可怜的瑞士。"**它**"丝毫没有革命政策的概念。他——跟在士瓦本的迈尔后面——拿来证明民主制的活力的是:通往加利福尼亚的铁路建成了。但是这条铁路之所以能建成,是由于资产者通过国会**赠送**给自己大量"民地",也就是说从工人那里**剥夺了**这些土地,是由于资产者输入了中国苦力来压低工资,最后是由于资产者建立了一个新的支系——"金融贵族"……

115

恩格斯致马克思

伦　敦

1869年11月19日于曼彻斯特

亲爱的摩尔:

　　……勒克律什么时候到过伦敦?你的书的法译本情况怎样?[269]自从我回来以后,我一点也没有听到过有关此事的消息。

　　现在来谈谈**凯里**①。

　　在我看来,整个争论问题同真正的经济学根本没有直接关系。李嘉图说,地租是比较肥沃的土地的收入和最贫瘠的土地的收入之间的差额。凯里说的也完全是同一个意思。

　　其余下次再谈。

你的　弗·恩·

──────────

　　①查·凯里《社会科学原理》1868—1869年费城版。——编者注

恩格斯致马克思（1869年11月19日）

　　总之，在什么是地租这个问题上，他们是一致的。争论仅仅在于，地租是怎样产生和由于什么产生的。而李嘉图对地租产生过程的描述（凯里，第104页）同样是非历史的，就像经济学家们的一切诸如此类的历史叙述一样，像凯里自己关于亚当和夏娃的伟大的鲁滨逊故事（第96页及以后几页）一样。对于以前的经济学家，包括李嘉图，这在一定程度上还可原谅；他们根本没想掌握历史知识，他们自己的整个世界观也是非历史的，就像18世纪的其他启蒙学者一样，而启蒙学者的这种所谓的历史补论从来只不过是一种可以用来合理地说明某一事物的产生的表达方式，在他们那里，原始人的思考和行动从来都是同18世纪的启蒙学者一模一样的。凯里则奢望创立自己的历史理论，当他在我们面前把亚当和夏娃描绘成居住在原始森林里的美国佬时，他就不能要求别人相信他，对他就不能这样原谅了。

　　假如李嘉图没有出于幼稚而把提供收入较多的土地简单地叫做"肥沃的"土地，那么，整个争论问题就不存在了。按照李嘉图的看法，**最肥沃的**和**位置最有利的土地**首先耕种。一个生活在已经耕种数百年的土地上的有头脑的资产者想必也正是这样考虑问题的。于是凯里抓住"肥沃的"一词，硬说李嘉图认为首先耕种的是**本身**能够提供最多收入的土地。然后凯里断言：不，与此相反，**本身**最肥沃的土地（亚马孙河谷、恒河三角洲、热带非洲、婆罗洲和新几内亚等地）甚至迄今还没有耕种；最初的移民总是先去开垦**自动排水**的土地，即处于高地和斜坡的土地，因为他们不能不这样做，而这些土地天然是**比较贫瘠的**。当李嘉图说肥沃的**和位置最有利的土地**的时候，他说的是一回事，可是他没有注意到，他的表述是不严谨的，在这两个用"和"字连接起来的定语中可能含有矛盾。但是，凯里（第138页）却描绘出一幅图画，硬说李嘉图把他的最初的移民安置在河谷，而凯里则把他们安置在高地上(从他描绘的图画来看,是安置在光秃的岩顶和实际上不宜耕种的45度坡地上),这纯粹是诽谤李嘉图。[270]

凯里书中唯一有价值的东西是从历史方面举出的实例,因为这些例子是和**美国**有关的。他作为一个美国佬有可能亲身经历殖民过程并从一开始就关注这一过程,因此他熟悉情况。虽然如此,这里想必也有许多应首先予以分析的非批判性的东西。但是只要一谈到欧洲,他就开始任意虚构,大出其丑。凯里在美国的事情上也并非没有偏见,这表现在他热衷于千方百计地证明,未耕地不仅没有任何价值,而且甚至有**负**价值(土地的价值据说一英亩为负十美元),因而他称赞那些以自己的完全破产为代价来使荒地变为可供人类利用的土地的人的自我牺牲精神。在一个盛行大规模土地投机的国家里说这种话,岂不令人发笑。此外,这里没有一处提到**大草原土地**,而且在别处也只是轻描淡写地一带而过。其实,关于荒地的负价值的整个故事和他的全部数据,用美国本身作例子就能最好不过地予以驳斥。如果确实是那样的话,那么美国必然不仅是最穷的国家,而且会变得一年比一年**相对地**贫穷,因为在这种没有价值的土地上花费的劳动会越来越多。

现在来看看他给地租下的定义:"以地租形式取得的金额是所花费劳动的价值的利息,**扣除**(付租土地的)生产力和较新的土地的生产力之间的差额,而后一种生产力是在使用与投入已耕种土地同等数量的劳动的情况下才能达到的"(第165、166页)。他下的这个定义,在某些地方,在一定的范围内,可能是正确的,特别是在美国。但是,即使在最好的情况下,地租也是一种复杂的东西,它受到许多其他条件的影响,所以即使在这类情况下,这个定义也只有在其他条件相同时才可能是正确的,即只有对两块**并列的**土地来说才可能是正确的。至于地租中还包含有"所花费劳动的价值的利息",这一点李嘉图了解得并不比凯里差。如果凯里说土地本身比没有价值的东西还要糟,那么地租自然**必定**是"所花费劳动的价值的利息",或者像第139页上所说的那样,是盗窃。当然,盗窃是怎样变为利息的,凯里并没有向我们说明。

我觉得,在不同的国家里,甚至在同一个国家里,地租的**产生**决不像李嘉图或凯里所想象的那样是一个简单的过程。在李嘉图那里,正如我已经说过的,这是情有可原的,这不过是关于农业领域里的渔夫和猎人的故事。这甚至不是经济学的**信条**;而凯里则想把自己的理论当做信条,并把它当做信条向全世界证明,为此当然就需要进行与凯里先生完全不同的历史研究。甚至可能在有些地方,地租是按照李嘉图的说法产生的,可能在另一些地方,地租是按照凯里的说法产生的,还有一些地方,地租产生的方式又是完全不同的。还可以向凯里指出,在必须考虑到热病而且是热带的热病的地方,经济学就几乎不再起作用了。除非他这样来解释他的人口理论:随着人口的增长,过剩人口不得不去耕种最肥沃的即位于最不利于身体健康的地区的土地,这些人在那里或者是成功,或者是灭亡。这样他也就幸运地使自己跟马尔萨斯一致起来了。

在北欧,地租既不是按照李嘉图的说法,也不是按照凯里的说法产生的,而完全是从封建赋役产生的,这种封建赋役后来通过自由竞争达到了适当的经济水平。在意大利则又不一样,请看罗马。要算出在那些老的文明国家中地租有多少是本来的原始地租,有多少是所投入劳动的利息,是不可能的,因为这在每个场合都各不相同。况且,这也无关紧要,因为已经证明,即使不向土地投入劳动,地租也会增加。住在曼彻斯特附近的老特拉福德的汉弗莱·德·特拉福德爵士的祖父曾经债台高筑,一筹莫展。而他的孙子在还清全部债务以后,每年还有4万英镑的收入。如果从这里扣除建筑地段上所得的大约1万英镑,那么每年还有3万英镑的收入是来自田庄,而田庄在80年前的收益大概是2 000英镑。如果再假定3 000英镑是投入的劳动和资本的利息(这是很高的),那么收入的增长额为25 000英镑,或为包括改良费用在内的从前价值的五倍。凡此一切并不是因为向这块土地投入了劳动,而是因为向近旁的其他东西投入了劳动,因为田庄紧挨着曼彻斯特市,在那里,牛奶、油类和蔬菜等能卖上好价钱。在大的范围内情况也是这样。自从英国成为粮食和牲畜的输入国时起,甚至更早一些,人口密度已成为确定地租额或者说提高地租额的因素之一,而完全不以整个投入英国土地的劳动为转移。李嘉图在提到"位置最有利的土地"时,还考虑到它们**同市场**的联系。凯里则忽视了这一点。如果他说土地本身只有负价值,而它的**位置**有正价值,那么这正好是承认了他所否认的东西,也就是说,土地正是因为它可以被垄断才具有或**可能**具有不以投入的劳动为转移的价值。可是关于这一点,凯里却只字未提。

在文明国家里投入土地的劳动是否经常有报酬,这同样是无关紧要的。我在20多年以前就提出过一个论点:在现今社会中,没有任何一种生产工具能够使用60—100年,没有任何一个工厂、任何一座建筑物等等到其存在的终点时能够抵偿它的生产费用。[1]我现在仍然认为,整个说来这是完全正确的。但是,如果凯里和我都是对的,那么,这不论在利润率方面或在地租的产生方面都是什么也没有证明,而只是证明,资产阶级生产即使是用它自己的尺度来衡量也是腐朽的。

[1]参看本卷第90页。——编者注

关于凯里的这些粗略评论对你来说是足够了。这些评论写得很凌乱，因为我没有作摘录。至于谈到历史的唯物主义的自然科学的边饰，那它的全部价值同凯里在他的天书中栽种的两棵树即生命树和知善恶树的价值完全一样，的确，凯里栽这两棵树不是为了他的亚当和夏娃——他们不得不汗流浃背地在茂密的原始森林中劳动——，而是为了他们的后代。这里的无知和浅薄只有他发表诸如此类的胡说八道时的无耻能比得上。

你大概不会要求我读其他各章。那是十足的胡言乱语，文法错误多到无以复加的程度。我在星期一或星期二进城时把书寄给你，因为这里没有一个信箱放得进这本书。

威廉的报纸①实在丢人。我姑且不谈自由公理会²⁷¹牧师的废话²⁷²，关于他们自己的联合会等等的一切消息往往要过一两个星期才能见报。施韦泽9日在**莱比锡**召开会议并发出电报吹嘘自己的胜利，这些电报10日就刊登在《社会民主党人报》上了。12日的《社会民主党人报》报道说，李卜克内西从银行家弗伦克尔那里得到了1 000塔勒。**直到17日还没有进行任何反击**！而且还要我们对这种愚蠢和怠惰负责！

杜西近几天会收到信。

致以良好的祝愿。

你的　弗·恩·

---

①《人民国家报》。——编者注

116

马克思致恩格斯

曼 彻 斯 特

1869年11月26日［于伦敦］

亲爱的弗雷德：

这个星期我感到不太舒服，臂下的毛病总还是一个累赘。因此，我没有及早地对你寄来的关于凯里的评论表示感谢，他的书我昨天也收到了。

在我还完全接受**李嘉图的**地租论时所写的反对蒲鲁东的著作中，我就已经分析了其中即使从他的(李嘉图的)观点看来也是错误的东西。①

"尽管李嘉图已经假定资产阶级的生产是规定租的必要前提，但是他仍然把他的租用于一切时代和一切国家的土地所有权。这就是把资产阶级的生产关系当做永恒范畴的一切经济学家的通病。"蒲鲁东先生当然立刻把李嘉图的理论转变为平等的道德词句，并因此在李嘉图所确定的地租里看到：

"所有者和租佃者……为了更高的利益而从相反的角度编成的一份巨大的

---

① 马克思《哲学的贫困》，见《马克思恩格斯文集》第1卷第644—646页。
——编者注

马克思致恩格斯(1869年11月26日)

地籍册,其最终结果将是土地使用者和产业家平均占有土地。"

在这个问题上,除了其他方面,我还指出:

"只有在当代社会的条件下,租所造成的某种地籍册才可能有实际意义。但是,我们已经指出,租佃者向土地所有者交纳的**租金**只是在工商业最发达的国家里才多少正确地表现为**租**。而且这租金里面往往也还包含向所有者支付的投入土地的资本的**利息**。土地的位置、靠近城市以及其他许多情况都影响着租金,使租发生变化……　另一方面,租不能作为表明**一块土地肥力程度的固定**指标,因为化学在现代的应用不断改变着土质,而地质科学目前又在开始**推翻过去对相对肥力的估价**。……肥力并不像人们所想的那样是一种天然素质,它和当前的**社会关系**有着密切的联系。"

至于美国本身的耕作的进步,凯里先生忽略了人所共知的事实。例如,英国农业化学家约翰斯顿在他的关于美国的札记①中分析道:新英格兰的农业移民迁往纽约州,是离开较坏的土地去找较好的土地(所谓较好,不是指凯里所说的那种尚待开发的较好的土地,而是在化学意义上,同时也是在经济学意义上较好的土地),纽约州的农业移民最初是住在大湖的彼岸,例如住在密歇根,他们是离开较好的土地去找较坏的土地的,如此等等。弗吉尼亚的移民由于滥用无论**从位置上**或**土地肥力上**来说都是对他们的主要产品即烟草最有利的土地,以致不得不迁到对于同一种产品(虽然不是对于小麦等等)来说土地要坏一些的俄亥俄州去,如此等等。移民的国籍在他们定居的问题上也是起作用的。来自挪威和我们的高山森林地区的人们选择

---

①詹·约翰斯顿《北美农业、经济和社会问题札记》1851年爱丁堡—伦敦版。——编者注

威斯康星的未开垦的北方森林地带,而美国北方人却住在同一个地区的大草原上,如此等等。

大草原,无论是美国的或澳洲的,实际上都是凯里的肉中刺。按照他的意见,一块不完全布满森林的土地,是天然不肥沃的,所以一切自然草原也都是这样。

最妙的是,凯里的两大结论(关于美国的)是与他的信条直接矛盾的。**第一**,因为这些人是受了英国的恶魔般的影响,他们不在新英格兰优良的开发好的土地上去从事社会性的耕作,却分散到西部较坏的(!)土地上去。这样就出现了从较好的土地向较坏的土地的转移(此外,附带说一句,凯里的与协作相对立的分散完全是从韦克菲尔德那里①抄袭来的)。**第二**,在美国南部,不幸的是,奴隶主(凯里先生是个和谐论者,在他过去的一切著作中总是替他们辩护的)过早地把较好的土地拿去耕种,而把较坏的土地抛开不管。就是说,不应该从较好的土地开始!既然凯里根据这个例子确信,真正的耕种者(在这里是奴隶)的活动既不是由经济原因也不是由他们自身的其他原因决定的,而是由**外界的强制**决定的,那么,他不费吹灰之力就能证明,这种情况在其他国家中也存在着。

根据他的理论,欧洲的耕作应该从挪威的山地开始,从那里再扩展到地中海各国,而不是从相反的方向进行。

凯里企图用一种极端荒谬的和幻想的货币论来驱除这样一种使人不愉快的经济状况:同其他一切经过改良的机器相反,在他看来,**不断改良的**土地机器没有使自己的产品——至少在某个一定时期

---

①爱·韦克菲尔德《英国和美国。两国社会状况和政治状况的比较》1833年伦敦版。——编者注

　　马克思致恩格斯(1869年11月26日)

——**降低价格**,反而**使价格提高了**(这是左右了李嘉图的一种状况;他所看到的也不过是大约1780—1815年的英国谷物价格史)。

作为和谐论者,凯里首先证明,在资本家和雇佣工人之间没有什么对抗。第二步是证明土地所有者和资本家之间的和谐,并且是这样做的:在土地所有权**还没有**发展起来的地方就把它**看做正常的现象**。在殖民地和老的文明国家之间的巨大的、有决定意义的区别是,文明国家的民众因为**土地所有权**而被排除在土地之外,不论这种土地是否肥沃,是否耕种过,而殖民地的土地,相对说来还能为耕种者自己所有——这种情况在凯里看来根本不该提及。这种情况根本不该在殖民地的迅速发展中起什么作用。这种令人不愉快的"**所有权问题**"(而且它还具有令人极不愉快的形式)会破坏和谐。

另外,在生产发达的国家中,土地的自然肥力对于剩余价值的生产是一个重要的情况(或者像李嘉图所说的,影响利润率),而凯里却由此反过来得出结论说,在天然最肥沃的地带,也必定有最丰富的和最发达的生产,例如墨西哥的生产一定高于新英格兰,关于这种有意的歪曲,我已经在《资本论》第502页及以下几页[1]中作了答复。

凯里的唯一功绩是,他同样片面地主张从较坏的土地向较好的土地转移,李嘉图则与此相反,而实际上肥沃程度不同的各种土地总是同时被耕种的,因此,在日耳曼人、斯拉夫人、凯尔特人当中,各种小块土地都很细心地分配给公社成员,这种分配给后来公有地的划分带来了许多困难。至于说到耕作在历史进程中的发展,有时——根据各种不同情况——是同时沿着两个方向发展,有时是一个时期这

---

　　[1]马克思《资本论》第一卷德文第一版的页码。参看《马克思恩格斯文集》第5卷第587页及以下几页。——编者注

个方向占优势,一个时期那个方向占优势。

投入土地的资本的**利息**之所以成为**级差地租**的组成部分,正是由于土地所有者得到了不是由**他**,而是由**租佃者**投入土地的资本的利息。这种整个欧洲都知道的事实,凯里竟想把它说成在经济学上是不存在的,因为在**美国**租佃制度**还没有**发展起来。可是,这种事情已经在那里以另一种形式发生了。不是租佃者,而是土地投机者最后在土地**价格**中取得租佃者消耗掉的资本。美国的开拓者和土地投机者的历史的确常常使人想起那些例如在爱尔兰发生过的最丑恶的事情……

117

马克思致路德维希·库格曼

汉 诺 威

1869年11月29日于伦敦

亲爱的库格曼:

……也许你在《人民国家报》上已经看到我提出的在爱尔兰大赦问题上反对格莱斯顿的决议案①。我现在抨击格莱斯顿——这件事在这里已经引起轰动——和以前抨击帕麦斯顿②完全一样。在这

---

① 马克思《总委员会关于不列颠政府对被囚禁的爱尔兰人的政策的决议草案》,见《马克思恩格斯全集》中文第1版第16卷。——编者注

② 马克思《帕麦斯顿勋爵》,见《马克思恩格斯全集》中文第2版第12卷。——编者注

里进行煽动的流亡者喜欢从安全的远方攻击大陆上的专制君主。对我来说,只有当着威势逼人的暴君的面做这类事才觉得够刺激。

但是,我的关于爱尔兰大赦问题的发言,以及紧接着我在总委员会里提出的讨论英国工人阶级对爱尔兰的态度并作出有关决议的建议,除了要大声疾呼坚决支持被压迫的爱尔兰人反对他们的压迫者以外,当然还有其他目的。

我越来越确信——问题只在于要让英国工人阶级也确信——,只要英国工人阶级对爱尔兰的政策还没有和统治阶级的政策一刀两断,只要英国工人阶级还没有做到不仅和爱尔兰人一致行动,而且倡议取消1801年所实行的合并[239],代之以自由联盟的关系,它在英国本土就永远不会有所作为。这是必须做到的,这并不是出于对爱尔兰的同情,而是基于英国无产阶级利益的要求。如果不这样做,英国人民就还得受统治阶级的摆布,因为**他们**必然要和统治阶级结成反对爱尔兰的统一战线。在英国本土的任何人民运动都会因为和爱尔兰人(他们占英国本土工人阶级的相当大的一部分)的不和而陷入瘫痪状态。英国无产阶级解放的**首要条件**——推翻英国的土地寡头政权——也就不能实现,因为当英国的土地寡头政权在爱尔兰还保持着自己的非常巩固的前哨时,它在英国本土的阵地就不可能被摧毁。但是,在那里,只要事情掌握在爱尔兰人民自己的手中,只要他们成为自己国家的立法者和执政者,只要他们获得了自治权,那么消灭土地贵族(其中大部分**也就是**英国的地主)要比在这里容易得多,因为这在爱尔兰不仅是一个单纯的经济问题,同时还是一个**民族**问题,因为那里的地主不像在英国这样是传统的显贵和代表人物,而是令人深恶痛绝的民族压迫者。英国和爱尔兰目前的关系不仅阻碍了英国内部的社会发展,而且也妨害了它的对外政策,特别是对俄国和美国的政策。

　　但是,因为英国工人阶级在整个社会解放的天平上毫无疑问是举足轻重的,所以杠杆必须安放在这里。实际上,克伦威尔时代的英吉利共和国就是由于爱尔兰而覆灭的。[273]不要重蹈覆辙!爱尔兰人和英国政府开了个大玩笑,他们把"被判决的重罪犯"奥顿诺凡-罗萨选为议员。政府报纸正以重新废除"人身保护法"[274]、重新恢复恐怖制度来进行威胁!实际上,英国从来都是依靠最残酷的恐怖政策和最卑鄙的收买手段来统治爱尔兰的,而且只要现在的关系继续保持下去,它也决不**可能**依靠别的手段来统治……

118
马克思致恩格斯

曼 彻 斯 特

1869年12月10日于伦敦

亲爱的弗雷德:

　　……**关于爱尔兰问题**。本星期二①我没有去中央委员会。虽然我承担了在辩论时首先发言的任务,但是,我的"家庭"鉴于我目前的健康状况,不准许我在这种**大雾天**出门。

---

　　①1869年12月7日。——编者注

马克思致恩格斯(1869年12月10日)

　　至于《国民改革者》上的报道①,那里面不仅把一些无聊的东西强加在我身上,而且报道得**对的**东西实际上也是**错的**。但是我不想要求更正。首先,我会因此得罪报道者(哈里斯)。其次,只要我不加干预,所有这些报道就决不会具有正式的性质。如果我更正了什么地方,那就等于我承认其余的地方是正确的。而该报所刊载的一切都是不正确的。此外,**我有理由**不让这些报道变成**反对我的法律证据**,而如果我去**更正细节**,这一情况立刻就会发生。

　　下星期二我将把这个问题用下列形式提出来:完全撇开**替爱尔兰主持公道**的各种"国际主义的"和"人道主义的"词句——这一点在**国际委员会**里是不言而喻的——,指出**英国工人阶级直接的绝对的利益,是要它摆脱现在同爱尔兰的关系**。我确信这一点,至于其理由,有一部分我是**不能**向英国工人说明的。我长期以来认为可以借英国工人阶级的崛起来推翻统治爱尔兰的制度。我在《纽约论坛报》上总是维护这种观点②。但是我更加深入地研究了这个问题以后,现在又得出了相反的信念。只要英国工人阶级没有摆脱爱尔兰,那就**毫无办法**。杠杆一定要安放在爱尔兰。因此,爱尔兰问题才对整个社会运动有这样重大的意义。

　　戴维斯的书③我读过很多摘要。原书我只是在博物馆里粗略地

---

　　①指1869年11月28日、12月5日《国民改革者》对国际工人协会总委员会1869年11月16、23日关于爱尔兰问题讨论情况的报道。参看马克思1869年12月4日给恩格斯的信。——编者注

　　②参看马克思《强迫移民。——科苏特和马志尼。——流亡者问题。——英国选举中的贿赂行为。——科布顿先生》,《马克思恩格斯全集》中文第2版第11卷。——编者注

　　③约·戴维斯《史学论文集》1787年都柏林版。——编者注

浏览了一遍。因此,你如果把有关**公有制**的部分抄下来给我,我将感激不尽。你**一定要搞到一本戴维斯编的《柯伦的演说》**(伦敦天父巷**22号詹姆斯·达菲**)。你在伦敦的时候,我本想让你把这本书带走。现在它正在中央委员会的英国委员中传阅,天知道什么时候才能回到我手中。这本书对于**1779—1800年**(合并[239])的这一时期具有非常重要的意义,不仅**因为这是柯伦的演说**(特别是**在法庭上的**;我认为**柯伦**是18世纪**唯一的伟大律师**——人民律师,他具有**极高贵的品质**,而**格拉顿**则是一个议会中的流氓),而且因为你能够从书中找到关于**爱尔兰人联合会**[275]**的全部史料**。这个时期在科学上和戏剧上都非常值得关注。第一,1588—1589年英国人的卑鄙行为又在1788—1789年重演(也许还变本加厉);**第二**,从爱尔兰的运动本身能够容易地看到阶级运动;**第三**,皮特的无耻的政策;**第四**,使英国老爷们感到非常恼火的,就是证明了爱尔兰的失败,因为实际上从革命的观点看来,**爱尔兰人对于拥护英国国王和教会的乌合之众来说是太先进了**,而另一方面英国内部的英吉利反动势力(像在克伦威尔时代一样)根源于对爱尔兰的奴役。**这一时期**至少要用一章的篇幅来叙述[276],这是把约翰牛拿来示众!

随信附上有关法国的某些材料和与此形成对照的有关弗莱里格拉特的材料。

如果你**尽早地**把下一季度的钱寄来,我将非常高兴。

顺便说一下,杜西在干一件傻事——为你们过圣诞节绣一个沙发靠垫。我不相信她在新年以前能绣好。无论是妈妈、小燕妮,还是琳蘅,她都不让绣一针,所以,她已经有好几个星期不干**其他**事情了。不过,这是个**大秘密**,你当然**丝毫不能**表示已经知道这件事,否则,杜西会吃掉我的。

向莉希夫人致以良好的祝愿。

你的 卡·摩尔

在我给你寄去的法国报纸中,《高卢人报》——半波拿巴主义的,半反对派的——愚蠢极了。《度申老头》的粗暴无礼会使你惊奇。在这种情况下,欧仁妮这个淫妇还敢前进吗?[277]那她一定是想被绞死。

顺便说一下,《**资本论**》的翻译有进展。但目前凯勒把它停下来了。他打算先出版《**雾月十八日**》[①],他认为在目前情况下这是可能的,而且对于法国是重要的。

至于当前的**爱尔兰运动**,有三个重要的因素:(1)反对律师、职业政客和花言巧语;(2)反对教士横行霸道,他们(这些**高贵的先生们**)就像在奥康奈尔时代和1798—1800年一样,都是叛徒;(3)在最近的几次大会上**农业工人阶级**起来反对农场主阶级(1795—1800年发生过类似现象)。

《**爱尔兰人报**》是因为**芬尼社社员的**报纸被查封才冒出来的。它在很长时期内对芬尼运动持反对态度。《爱尔兰人民》等报纸的卢比等人是有教养的人,他们把宗教看做微不足道的东西。政府把他们关进监狱,于是皮戈特之流就走上了舞台。《爱尔兰人报》只是在那些人出狱以前才起点作用。这一点皮戈特是知道的,虽然他现在正从为"重罪犯"辩护的演说中捞取**政治资本**。

---

①马克思《路易·波拿巴的雾月十八日》,见《马克思恩格斯文集》第2卷。
——编者注

1870年

119
马克思致路德维希·库格曼

汉　诺　威

1870年2月17日于伦敦

亲爱的库格曼：

……你寄给我的小册子,是德国人居住的俄罗斯波罗的海沿海各省的特权等级目前用来呼吁德国人给予同情的一种辩护词。这帮**流氓**一向都以热心为俄国的外交、军队和警察效劳而出名,自从这些省区从波兰划归俄国以后,他们便心甘情愿地出卖自己的民族来换取剥削农民的合法权利,现在却因为看到自己的特权地位受到威胁而喊叫起来。旧的等级制度、正统的路德教以及对农民的榨取,这就是他们所谓的**德国文化**,他们要欧洲现在行动起来,保卫这种文化。因此,这本小册子的最后一句话也是,**地产是文明的基础**,而据这位可怜的小册子作者自己供认,这种地产大多是领主的地产或**须交纳赋税的**小农地产。

这个家伙在他的那些——有关俄国公社所有制方面的——引证中既表现了自己的无知,也露出了马脚。谢多-费罗蒂就是这类人中的一个,他们宣称(当然是为了地主的利益)公社所有制是造成俄国农民悲惨境况的原因,这同以前有人把西欧**农奴制度的废除**——而不是把农奴丧失自己的土地——说成产生赤贫现象的原因是一模一样的。俄文的《土地和自由》一书也是这类货色。它的作者是波罗的海的地主**冯·利林费尔德**。造成俄国农民贫困的原因也就是在路易十四等人统治下造成法国农民贫困的原因,即**国税和交给大地主的代役税**。**公社所有制**并没有造成贫困,恰恰相反,只有它才减轻了贫困。

其次,**公社所有制起源于蒙古**的说法是一个历史谎言。正像我在我的著作①中多次指出的那样,它起源**于印度**,因而在欧洲各文明民族发展的初期都可以看到。俄国公社所有制的特殊的**斯拉夫的**(不是蒙古的)形态(它也可以在**非俄罗斯的南方斯拉夫人**中看到),经过相应的改变,甚至与印度公社所有制的**古代德意志的**变种极为相像。

波兰人**杜欣斯基**在巴黎宣称大俄罗斯部族**不是斯拉夫族**,而是**蒙古族**,并且旁征博引试图证明这一点,②这从一个波兰人的立场来说是正常的。但是这种见解是错误的。不是在俄国农民中,而只是在俄国贵族中才混杂着大量的蒙古-鞑靼族成分。法国人**昂利·马丁**的理论是从杜欣斯基那里搬来的,而"有灵感的哥特弗里德·金克尔"翻译了马丁的书③并成为波兰的热心拥护者,目的是让民主党忘记他在俾斯麦面前的卑躬屈节行为……

---

①马克思《政治经济学批判。第一分册》,见《马克思恩格斯全集》中文第2版第31卷第426页。另见马克思《资本论》第1卷,《马克思恩格斯文集》第5卷第95页。——编者注

②弗·杜欣斯基《斯拉夫人的起源。波兰人和卢西人》1861年巴黎版。——编者注

③昂·马丁《俄国和欧洲》1866年巴黎版。——编者注

120
马克思致劳拉·拉法格和保尔·拉法格

巴　黎

1870年3月5日于伦敦

亲爱的劳拉和保尔：

　　你们一定对我长期不写信很不满意，这是完全应该的，但是你们应当原谅我，首先是因为生病，其次是我需要加倍地工作来弥补失去的时间。

　　保尔通知我们的不幸消息①，我并不感到意外。在收到他来信的前一天晚上，我向家里人说，我很为这个小孩担心。我自己曾饱受这种失去孩子的痛苦，因此我深深同情你们。但是，我根据亲身的体验也知道，在这种情况下，一切好听的套话和宽慰话只能加重真正的痛苦，而不会减轻它。

　　我希望得到你们关于小施纳普斯②、我最宠爱的宝贝的好消息。这个可怜又可爱的小家伙一定冻得够呛吧，因为寒冷对"深肤色人种"[278]是非常有害的。顺便提一下，有一个叫德·戈比诺的先生，大约十年前发表过一部四卷本的著作：《论人种的不平等》，他

---

①指拉法格夫妇1870年1月1日出生的女儿在2月底夭折。——编者注
②沙·埃·拉法格。——编者注

写这本书主要是要证明,"白种人"是其余人种的上帝,而"白种人"中的名门望族自然又是精华中的精华。我怀疑,当时任"法国驻瑞士公使馆一等秘书"的戈比诺先生很可能不是某个古代法兰克武士的后裔,而是一个现代法国看门人的后裔。不管怎么样,他尽管仇视"黑种人"(对这样的人来说,认为自己有权鄙视别人始终是他们得到满足的源泉),却宣称"黑人"或"黑色血统"是艺术的物质源泉,而"白色民族"的一切艺术作品都取决于这些民族同"黑色血统"的混合。

我可爱的前任秘书①的最近一封来信使我非常高兴,保尔关于在穆瓦兰家里开会情况的描述也很有趣[279]。

这个"未经公认的大人物"看来终于找到了"沽名钓誉"的诀窍,而以往他总是眼看着就要到手的名誉无情地从手边溜走。他发现,要想在世界上取得成功,只要把这个世界圈在自己的小天地里就可以了,在那里他可以自封为主席,可以拥有一批用师长的语言②发誓的听众。

这里家中的情况你们非常清楚,芬尼社社员占绝对统治地位。杜西是他们的"首脑"[280]之一。燕妮代表他们用燕·威廉斯的笔名给《马赛曲报》写文章。[281]我不仅就这个题目在布鲁塞尔《国际报》上发表了文章③,而且促使总委员会通过了反对他们的狱吏的决议[282]。在总委员会给我们的各通讯委员会的通告信中,我阐述了爱尔兰问

---

①劳·拉法格。——编者注

②见贺拉斯《书信集》第1册第1封信。——编者注

③马克思《英国政府和被囚禁的芬尼社社员》,见《马克思恩格斯全集》中文第1版第16卷。——编者注

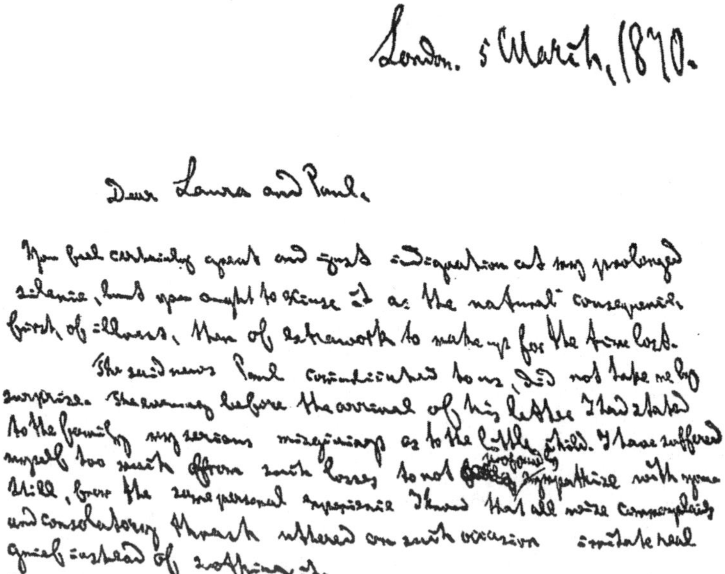

London. 5 March, 1870.

Dear Laura and Paul,

You feel certainly great and just indignation at my prolonged silence, but you ought to excuse it as the natural consequence first of illness, then of extrawork to make up for the time lost.

The sad news Paul communicated to us, did not take me by surprise. The evening before the arrival of his letter I had stated to the family my serious misgivings as to the little child. I have suffered myself too much from such losses to not profoundly sympathize with you. Still, from the same personal experience I know that all wise commonplaces and consolatory trash uttered on such occasion irritate real grief instead of soothing it.

I hope you will send us good news of little Schnappy, my greatest favourite. The poor dear little fellow must have suffered severely from the cold so adverse to „la nature mélancolique". À propos. Un certain M. de Gobineau has published, „il y a à peu près dix ans", a work in 4 volumes „Sur l'inégalité des races humaines", written for the purpose to prove in the first instance that „la race blanche" is a sort of god amongst the other human races and of course, the noble families within the „race blanche" are again la crème de la crème. I rather suspect that M. de Gobineau, „dans ce temps là „premier secrétaire de la légation de France en Suisse", to have sprung himself not from an ancient Frank warrior but from a modern French huissier. However that may be, and despite his spite against the „race noire" — to such people it is always a source of satisfaction to have somebody they think themselves entitled to mépriser — he declares „le nègre"

马克思1870年3月5日给劳拉·拉法格和
保尔·拉法格的信的第一页

题的意义①。

你们当然了解,我不仅仅是从人道出发的。除此以外还有其他一些原因。为了加速欧洲的社会发展,必须加速官方英国的崩溃。为此就必须在爱尔兰对它进行打击。这是它的最薄弱的环节。丧失了爱尔兰,不列颠"帝国"也就完蛋了,至今一直处于昏睡迟滞状态中的英国阶级斗争,将会变得激烈起来。要知道,英国是全世界地主所有制和资本主义的大本营。

有布朗基的消息吗?他在巴黎吗?

你们想必还没有听到我的翻译凯先生②的任何消息。我依然被此事困扰着。

弗列罗夫斯基的《俄国工人阶级状况》是一部卓越的著作。我很高兴,现在能够查着字典比较顺畅地阅读它。这本书第一次描述了俄国的整个经济状况。这是一部非常认真的著作。作者在15年中周游全国,从西部边境到西伯利亚东部边境,从白海到里海,唯一目的是研究事实,揭露传统的谎言。当然,他对俄罗斯民族的无限的完善能力和俄国式的**公社所有制**的天意性质还抱有一些幻想。但这不是主要的。在研究了他的著作之后可以深信,波澜壮阔的社会革命在俄国是不可避免的,并在日益临近,当然是具有同俄国当前发展水平相应的初级形式。这是好消息。俄国和英国是现代欧洲体系的两大支柱。其他所有国家,甚至包括美丽的法国和有教养的德国在内,都只具有次要意义。

恩格斯打算离开曼彻斯特,于今年8月初定居伦敦。这将让我感

---

①马克思《总委员会致瑞士罗曼语区联合会委员会》,见《马克思恩格斯全集》中文第1版第16卷。——编者注

②沙·凯勒。——编者注

到非常高兴。

再见,我亲爱的孩子们。不要忘记代我吻吻可爱的小施纳普斯。

老尼克

121

马克思致齐格弗里德·迈耶尔和
奥古斯特·福格特

纽 约

1870年4月9日于伦敦

亲爱的迈耶尔和亲爱的福格特:

……后天(4月11日)我将把我刚刚拿到手的一些国际的文件寄给你们。(今天已经来不及送邮局了。)同时,我将再补寄给你们一些"巴塞尔"[283]的材料。

在我寄给你们的材料中,还有几份你们所知道的总委员会**11月30日**就**爱尔兰大赦**通过的决议(由我起草的),以及一本关于被囚禁的芬尼社社员所受待遇的爱尔兰文小册子。

我曾打算再提出几个关于必须把现在的这种合并[239](即对爱尔兰的奴役)变为同大不列颠的自由平等的联盟的决议案。由于我无法出席总委员会,这件事情就暂时搁置起来,未能作出公开的决议。总委员会里没有一个委员可以在这方面代替我,因为他们对爱尔兰问题没有足够的了解,而且在总委员会的**英国**委员中也没有足够的威信。

可是时间并没有白白地过去，我请你们特别注意下列各点：

对爱尔兰问题作了多年研究之后，我得出了这样的结论：**不是在英国**，而是**只有在爱尔兰**才能给英国统治阶级以决定性的打击（而这对全世界的工人运动来说是有决定意义的）。

1870年1月1日[①]总委员会发出一个由我用法文草拟的秘密通告[②]（就对英国的反作用而言，重要的仅仅是法文报纸，而不是德文报纸），其中阐述了爱尔兰的民族斗争和工人阶级解放的关系，从而也就阐述了国际工人协会对爱尔兰问题应该采取的态度。

在这里，我只简略地把要点告诉你们。

爱尔兰是**英国土地贵族**的堡垒。对这个国家的剥削不仅是他们的物质财富的主要来源，而且也是他们最大的**精神**力量。英国土地贵族事实上代表着**英国对爱尔兰的统治**。所以，爱尔兰是英国贵族用来保持**他们在英国**本土的**统治**的重要工具。另一方面，如果英国军队和警察明天从爱尔兰撤走，那么爱尔兰立刻就会发生土地革命。而英国贵族如果在爱尔兰被推翻，其后果就是他们在英国也必然会被推翻。这就为英国的无产阶级革命创造了前提。因为在爱尔兰，**土地问题**一向是社会问题的**唯一形式**，因为这个问题对绝大多数爱尔兰人民来说是一个生存问题，即**生或死的问题**，同时它又是同**民族**问题分不开的，所以，在爱尔兰消灭英国的土地贵族比在英国本土要容易得多。何况爱尔兰人比英国人更热情，更富于革命性。

至于英国**资产阶级**，它首先是和英国贵族有着共同的利益，都想把爱尔兰变成一个纯粹的牧场，向英国市场提供最廉价的肉类和

---

①手稿上是："1869年12月1日"。——编者注

②马克思《总委员会致瑞士罗曼语区联合会委员会》，见《马克思恩格斯全集》中文第1版第16卷。——编者注

羊毛。他们也都想用驱逐佃户和强制移民的办法使爱尔兰的人口尽量减少,少到能够让**英国资本**(租佃资本)"安全地"在这个国家里发挥作用;他们都想清扫爱尔兰领地,就像过去清扫英格兰和苏格兰的农业区一样。此外,现在每年流入伦敦的在外地主[284]的收入和其他从爱尔兰得到的收入6 000—10 000英镑,也应当计算在内。

但是,英国资产阶级在爱尔兰当前的经济中还有更重要得多的利益。由于租地日益集中,爱尔兰就不断为英国的劳动市场提供自己的过剩人口,因而压低了英国工人阶级的工资,使他们的物质状况和精神状况恶化。

而最重要的是:英国所有工商业中心的工人阶级现在都**分裂为**英国无产者和爱尔兰无产者这样两个**敌对**阵营。普通的英国工人憎恨爱尔兰工人,把他们看做会降低自己生活水平的竞争者。英国工人在爱尔兰工人面前觉得自己是**统治民族**的一分子,正因为如此,他们就把自己变成了本民族的贵族和资本家用来**反对爱尔兰**的工具,从而巩固了贵族和资本家**对他们自己**的统治。他们对爱尔兰工人怀着宗教、社会和民族的偏见。他们对待爱尔兰工人的态度和以前美国各蓄奴州的白种贫民对待黑人的态度大致相同。而爱尔兰人则以同样的态度加倍地报复英国工人。同时,他们把英国工人看做**英国对爱尔兰统治**的同谋者和愚笨的工具。

报刊、教堂讲坛、滑稽小报,总之,统治阶级所掌握的一切工具都人为地保持和加深这种对立。**这种对立就是英国工人阶级**虽有自己的组织但**没有力量的秘密所在**。这就是资本家阶级能够保持它的权力的秘密所在。这一点资本家阶级自己是非常清楚的。

祸害还不止于此。它还越过了大洋。英国人和爱尔兰人之间的对立是美国和英国之间的冲突的隐秘的基础。它使两国工人阶级之间不可能有任何认真的和真诚的合作。它使两国政府能够在它们认为合适的时候用互相恐吓的手段,必要时用两国之间的战争去缓和社会冲突。

英国作为资本的大本营,作为至今统治着世界市场的强国,在目前对工人革命来说是最重要的国家,同时它还是这种革命所需要的物质条件在某种程度上业已成熟的**唯一**国家。因此,加速英国的社会革命就是国际工人协会的最重要的目标。而加速这一革命的唯一办法就是使爱尔兰独立。因此,"国际"的任务就是到处把英国和爱尔兰的冲突提到首要地位,到处都公开站在爱尔兰方面。伦敦中央委员会的特殊任务就是唤醒英国工人阶级,使他们意识到:**爱尔兰的民族解放对他们来说**并不是一个抽象的正义或博爱的问题,而是**他们自己的社会解放的首要条件**。

这个通告的几个要点大致就是这样,同时,通告借此说明了中央委员会就爱尔兰大赦作出的决议的理由。此后不久,我寄给《国际报》(设在布鲁塞尔的我们的比利时中央委员会[1]的机关报)一篇论述英国人对芬尼社社员及其他人的待遇并反对格莱斯顿等人的措辞激烈的匿名文章[2]。我在这篇文章中还同时谴责了法国的共和派(《马赛曲报》登载了居住在这里的可怜的塔朗迪埃所写的论述爱尔兰的一篇乌七八糟的东西),说他们由于民族的自私心,而把自己全部的愤怒都蓄积起来准备对付帝国。

这篇文章发生了作用。我的女儿燕妮用"燕·威廉斯"的笔名(她

---

① 比利时联合会委员会。——编者注

② 马克思《英国政府和被囚禁的芬尼社社员》,见《马克思恩格斯全集》中文第1版第16卷。——编者注

在给编辑部的私人信中自称燕妮·威廉斯)给《马赛曲报》写了一系列文章，并且还公布了奥顿诺凡–罗萨的一封信。①由此引起了很大的轰动。**格莱斯顿**多年来一直无耻地拒绝对被囚禁的芬尼社社员的待遇问题进行**议会调查**，最后他也**因此**不得不同意了。燕妮现在已经是《马赛曲报》在爱尔兰问题方面的正式通讯员了。(**这一点当然不要对外人说**。)英国政府和报刊感到非常恼火的是，爱尔兰问题目前在法国**成了关注的中心**，而且整个大陆正在通过巴黎来监视和揭露这些坏蛋。

还有一个附带的收获：我们已经迫使在都柏林的爱尔兰领袖和新闻工作者等等同我们建立了联系，而这一点是**总委员会**至今没有做到的！

在美国，你们有广阔的天地来按同样的精神进行工作。使**德国工人同爱尔兰工人**(当然，也同那些愿意联合的英国工人和美国工人)**联合起来**，这就是你们现在能够从事的最重要的工作。这必须以"国际"的名义去做。必须把爱尔兰问题的社会意义解释清楚。

下一次，我将专门谈谈英国工人的情况。

敬礼和兄弟情谊。

卡尔·马克思

---

①燕·马克思关于爱尔兰问题的文章，见《马克思恩格斯全集》中文第1版第16卷附录。——编者注

122

马克思致保尔·拉法格和劳拉·拉法格

巴　　黎

1870年4月19日于伦敦

亲爱的保尔·洛朗①:

下星期二我将请杜邦推荐您。285

同时请你们注意,**巴枯宁的代理人罗班**参加了你们的委员会②。罗班在日内瓦曾竭力**破坏总委员会的威信**(他曾在《平等报》上公开攻击总委员会286)并为巴枯宁在国际协会中实行独裁统治准备条件。他是专门被派往巴黎进行同样性质的活动的。因此,必须密切注视这个家伙,但是不要让他发觉。

为了使你们了解情况,应当扼要地谈一谈巴枯宁的阴谋。

巴枯宁加入**国际**总共只有一年半左右的时间。他是一个新会员。在**和平和自由同盟**287(他是这个为同无产阶级国际相对抗而创立的国际资产阶级组织的**执行委员会委员**)伯尔尼③代表大会(**1868年9月**)上,巴枯宁扮演了一个他最得心应手的江湖骗子的角色。他提出了一系列决议案,这些决议案本身是荒谬的,其目的是以

①保·拉法格的笔名。——编者注
②巴黎联合会委员会。——编者注
③此处以及下面一处,在马克思的手稿中是"洛桑"。——编者注

马克思致保尔·拉法格和劳拉·拉法格(1870年4月19日)

夸张的激进主义语调激起资产阶级蠢货们的恐惧。由于这个缘故,当他遭到大多数人的否决时,他吵吵嚷嚷地退出了同盟,并煞有介事地在欧洲报刊上宣布了这一巨大事件。[288]他几乎同维克多·雨果一样善于张扬,用海涅的话来说,雨果不仅仅是利己主义者,而且是雨果主义者①。

　　于是巴枯宁加入了我们的协会,加入了协会的日内瓦罗曼语区支部。他的第一个步骤就是策划阴谋。他建立了**社会主义民主同盟**。[289]这个团体的纲领[290]无非是巴枯宁向和平同盟伯尔尼代表大会提出的那些决议案。这个团体是作为一个宗派创立起来的,其主要中心在日内瓦,它是一个有自己的代表大会的**国际组织**,它既要作为一个独立的国际联合组织而存在,**同时**又要成为我们的**国际**的一个组成部分。总之,我们的协会由于这个钻进来的秘密团体而势必会逐渐变成俄国人巴枯宁的工具。建立这个新团体的借口是为了达到一个所谓的专门目的——"进行理论宣传"。如果考虑到巴枯宁及其信徒在理论上的无知,会觉得这真是非常可笑的。但是巴枯宁的纲领就是"**理论**"。它实际上包含三点:

　　(1)社会革命的第一个要求——**废除继承权**,这是圣西门派的旧货色[291],江湖骗子和**无知之徒**巴枯宁却冒充是这种货色的首倡者。显然,如果有可能通过全民投票在一天之内完成社会革命,那么马上就会废除土地所有权和资本,因而也就根本没有必要研究**继承权**。另一方面,如果没有这种可能性(当然,设想有这种可能性是荒谬的),那么宣布**废除继承权**就不是一个严肃的举动,而是一种愚蠢的威胁,这种威胁会使全体农民和整个小资产阶级围拢在反动派周围。请设

---

　　①见海涅《吕太斯》第1部分。——编者注

想一下,比如美国佬未能用武力废除奴隶制,那么,宣布**废除奴隶继承权**会是多么愚蠢的行为!这全部货色来源于一种陈旧的唯心主义,它认为现在的法学是我们经济状况的基础,而不是把我们的经济状况看做我们法学的基础和根源!至于巴枯宁,他只是想炮制他自己的纲领。如此而已。这是一个应景的纲领。

(2)"**各阶级的平等**"。一方面要保留现存的**阶级**,另一方面又要使这些阶级的成员**平等**——这种荒谬见解一下子就表明这个家伙的可耻的无知和浅薄,而他却认为自己的"特殊使命"就是在"理论"上开导我们。

(3)工人阶级不应当从事**政治**。它只可以在工联中组织起来。而工联借助于**国际**总有一天会取代所有现存国家的地位。你们看,他把我的学说变成了什么样的漫画!既然把现存的国家改造成协作社是我们的最终目的,那么我们就应当允许各国政府,即统治阶级的这些庞大的工联做它们愿意做的一切事情,因为同它们打交道,就意味着承认它们。原来如此!旧学派的社会主义者也正是这样说的:你们不应当研究工资问题,因为你们想消灭雇佣劳动。为提高工资水平而同资本家作斗争就意味着承认雇佣劳动制度!这头蠢驴甚至不了解,一切阶级运动**本身**必然是而且从来就是**政治**运动。

先知巴枯宁,这个没有古兰经的先知的全部理论货色就是这样。

他秘密地继续进行他的阴谋活动。他在西班牙和意大利有一些拥护者,在巴黎和日内瓦也有一些头脑简单的人。善良的老贝克尔竟愚蠢到这种程度,听任巴枯宁把他当做主角推到前台。他现在对自己的错误感到懊悔。

在巴枯宁认为自己的计划已经是既成事实之后,才把情况告诉总委员会,并要求它批准"同盟"的章程。然而他错了。总委员会在一份经过仔细研究拟定的文件中宣布"同盟"是用来瓦解组织的工具,并拒绝同它发生任何联系。(我将把这个文件①寄给你们。)

几个月之后,"同盟"的**中央局**寄给总委员会一封信,内容如下:这些大人物同意解散自己的组织并使它同**国际**合并,但是,另一方面,我们必须以"**是**"或"**否**"来明确回答我们是否承认他们的原则!如果不承认,他们那一方面就要实行公开的分裂,而我们却要对局势恶化负责!

我们回答说,总委员会不是教皇,我们容许每个支部对实际运动抱有自己的理论观点,但是有一个前提,即不得提出任何与我们的章程直接抵触的论点。我们委婉地暗示,我们认为他们的"理论"是一种欺骗。我们坚持用"消灭阶级"来代替"阶级平等",这一点他们做到了[267]。我们要求他们提供关于同盟成员数量的材料,他们没有这样做。(你们也将收到这第二个文件②。)

这样,同盟**名义上**是解散了。实际上它继续作为国中之国而存在。它的支部同总委员会没有任何联系,唯一的联系就是进行反对总委员会的阴谋活动。同盟听从巴枯宁的独裁统治。而巴枯宁做好了一切准备,企图在巴塞尔代表大会上发动决定性的袭击。一方面他唆使日内瓦委员会③提出**继承权问题**。我们接受了挑战[292]。另一方面,他到处搞阴谋,破坏我们的威信,以便使总委员会从伦敦迁往日内瓦。

①马克思《国际工人协会和社会主义民主同盟》,见《马克思恩格斯全集》中文第2版第21卷。——编者注
②马克思《国际工人协会总委员会致社会主义民主同盟中央局》,见《马克思恩格斯全集》中文第1版第16卷。——编者注
③瑞士罗曼语区联合会委员会。——编者注

在代表大会上这个骗子作为"那不勒斯和里昂的代表"出现(在里昂追随他的是**阿尔伯·里沙尔**,这是一个在其他方面非常积极且又正派的年轻人)。这个家伙是从什么地方弄到钱来耍弄他的全部阴谋诡计、开支旅费、委派代理人等等,目前还是一个谜。他穷得像教堂里的老鼠,一生中从来没有靠自己的劳动挣过一分钱。

在代表大会上巴枯宁遭到挫败。代表大会以后,他在自己的私人通报——《进步报》(勒洛克勒)和《平等报》(日内瓦)上公开攻击我们,《进步报》是由他的喽啰,瑞士的一名教师詹姆斯·吉约姆出版的。在一段时间内我们听任事态发展,后来我们向日内瓦联合会委员会发出了一封通告信①。(**瓦尔兰**有这个文件的副本。)而对巴枯宁和**同盟**从来没有好感的日内瓦联合会委员会,早在收到我们的通告信以前就同他断绝了关系。罗班及其同伙被逐出了《平等报》编辑部。瑞士罗曼语区联合会委员会举行了反对同盟及其俄国佬独裁者的阴谋的政变。

这时巴枯宁从日内瓦迁回泰辛。他的经济状况发生了变化。赫尔岑突然逝世。不久前还猛烈攻击赫尔岑的巴枯宁(大概是因为赫尔岑的钱袋没有向他开放),忽然在法国的和其他地方的报刊上成了他的热烈辩护者[293]。为什么?因为赫尔岑(尽管他本人是百万富翁)每年为自己的《钟声》和"俄国宣传"从俄国的"民主主义者—泛斯拉夫主义者"那里得到一笔相当可观的钱[294]。巴枯宁虽然极端仇视继承权,但还是想继承赫尔岑的地位和钱。他通过颂扬死者成功地把《钟声》、资金等等都转入自己手中。

---

①马克思《总委员会致瑞士罗曼语区联合会委员会》,见《马克思恩格斯全集》中文第1版第16卷。——编者注

马克思致保尔·拉法格和劳拉·拉法格(1870年4月19日)

　　与此同时,在日内瓦形成了俄国流亡者的侨民团体[295],他们是巴枯宁的反对者,因为他们了解这个极平庸的人(虽然作为阴谋家他是很能干的)纯粹的个人野心,因为他们知道,巴枯宁在他的"**俄国的**"作品中所鼓吹的教条是完全违反**国际**的原则的。

　　巴枯宁及其一群盲从者不久前利用在拉绍德封举行的**瑞士罗曼语区代表大会**(今年4月5日)来制造公开分裂[296]。结果代表大会分裂成两个:一个是宣布放弃一切政治的巴枯宁派的代表大会,代表着大约600人;一个是日内瓦联合会委员会的代表大会,代表着2 000人。吴亭(一个年轻的俄国人)公开揭露了巴枯宁的阴谋。他(巴枯宁)的拥护者宣称自己是瑞士罗曼语区的"联合会中央委员会",并创办了自己的机关报《团结报》,由巴枯宁的喽啰詹姆斯·吉约姆出版。这家报纸的"**原则**"就是"巴枯宁"。双方都向总委员会提出了申诉。

　　这样,这个可恶的俄国佬就在我们的队伍中挑起了一场公开的大争吵,他把自己当做一面旗帜,用宗派主义的毒药毒化我们的工人协会,并以密谋来遏制我们的行动。

　　他期望在我们的下一次代表大会上取得强有力的地位。为了在巴黎引起注意,他开始同《马赛曲报》通信。但是我们已同弗路朗斯谈过,弗路朗斯将加以制止。

　　现在你们已经了解到足够的情况,可以在我们的巴黎各支部中抵制巴枯宁的阴谋。

　　谢谢洛朗的来信[297]。下一次请设法给你们的信件找一个不易拆开的信封。顺便说一下,请看一看,你们是否还保存着《女王信使报》上关于克兰里卡德勋爵的文章。我们这里需要这篇文章,但是我们哪里也无法弄到。

你们的　老尼克

123

马克思致路德维希·库格曼

汉 诺 威

1870年6月27日于伦敦

亲爱的温采尔皇帝①:

我在曼彻斯特待了一个月,本星期又回到这里,并且看到了你最近的来信。

事实上,我无法回答你我什么时候动身,甚至也无法告诉你**我究竟去不去旅行**,虽然你没有问我这个问题。

去年我曾经估计,在复活节书市过后,我的书②将会再版,因而将会拿到第一版的**稿酬**。但是,你从信里所附的今天收到的迈斯纳的来信中可以看出,这一切都还遥遥无期。(请把信寄还给我。)

德国的教授先生们最近迫不得已在好些地方都提到我,虽然他们采用的方式是十分愚蠢的,例如,阿·瓦格纳的一本论土地所有制的小册子,黑尔德(波恩)的一本论莱茵省农业信贷银行的小册子就是这样。

朗格先生(在《论工人问题……》第二版中)对我大加赞扬,但目

---

① 路·库格曼的绰号。——编者注
② 马克思《资本论》第一卷。——编者注

的是为了抬高他自己。事情是这样的,朗格先生有一个伟大的发现:全部历史可以纳入一个唯一的伟大的自然规律。这个自然规律就是"struggle for life",即"生存斗争"这**一句话**(达尔文的说法这样应用就变成了一句空话),而这句话的内容就是马尔萨斯的人口规律[73],或者更确切些说,人口过剩规律。这样一来,就可以不去分析"生存斗争"如何在各种不同的社会形式中历史地表现出来,而只要把每一个具体的斗争都变成"生存斗争"这句话,并且把这句话变成马尔萨斯关于"人口的狂想"就行了。必须承认,这对于那些华而不实、假冒科学、高傲无知和思想懒惰的人说来倒是一种十分有用的方法。

同一个朗格在谈到黑格尔的方法和我对这种方法的应用时所说的话实在是幼稚。第一,他完全不懂黑格尔的方法;因而,第二,也就更加不懂我应用这个方法时所采取的批判方式。在某一方面他使我想起了莫泽斯·门德尔松。这个典型的草包曾经写信问莱辛,他怎么会想到要严肃地对待"死狗斯宾诺莎"![298]朗格先生同样感到很惊奇,在毕希纳、朗格、杜林博士、费希纳等人早就一致认为,他们早已把可怜虫黑格尔埋葬了以后,恩格斯和我以及其他一些人竟还严肃地对待死狗黑格尔。朗格极其天真地说,我在经验的材料中"以罕见的自由运动着"。他根本没有想到,这种"材料中的自由运动"只不过是对一种处理材料的**方法**即**辩证方法**的诠释而已。

衷心感谢伯爵夫人①的亲切短信。在这种"好人一个接一个地消逝"的时候,这的确是令人愉快的。不过说正经的,当你亲爱的夫人的几行短信使我回想起我和你们一同度过的美好日子的时候,我总是

---

①盖·库格曼。——编者注

高兴的。

　　至于迈斯纳催着要第二卷[230]的问题,这项工作整整中断了一个冬天,这不仅仅是因为我生病。我发现有必要认真学习一下俄文,因为在探讨土地问题时,就不可避免地要从原文材料中去研究俄国的土地所有制关系。加之,由于爱尔兰的土地问题,英国政府出版了一套关于各国土地关系的蓝皮书[222](很快就出齐)。最后——请勿外传——,我希望先出第一卷第二版。如果这一工作和第二卷最后的结尾工作搅在一起,那只会造成不方便。

　　燕妮和我向库格曼全家致以良好的祝愿。

你的　卡·马·

124

恩格斯致马克思

拉姆斯盖特

1870年8月15日于曼彻斯特

亲爱的摩尔:

　　三天来,我的肚子一直痛得很厉害,偶尔还有点发烧。在这种情况下,即使病情开始好转,我也不会有很大兴趣详细谈论威廉①的政策。但是,既然你一定要把这些乱七八糟的东西收回,那就

---

　　①威·李卜克内西。——编者注

恩格斯致马克思(1870年8月15日)

这样吧。

　　实在软弱不堪的白拉克对民族热情究竟迷恋到什么程度,我不知道,同时,由于我两个星期至多收到一号《人民国家报》,所以,除了以邦霍尔斯特给威廉的信(这封信总的说来是冷静的,但暴露了理论上的不坚定性)作为根据,我就无法判断委员会①在这方面的态度。比较起来,李卜克内西那种死守原则的狭隘的坚定性一般说来倒显得好些。299

　　我看情况是这样:德国已被巴登格300卷入争取民族生存的战争。如果德国被巴登格打败了,那么,波拿巴主义就会有若干年的巩固,而德国会有若干年、也许是若干世代的破产。到那时,就再也谈不上什么独立的德国工人运动了,到那时,恢复民族生存的斗争就将占去一切,德国工人充其量也只能跟在法国工人后面跑。如果德国胜利了,那么,法国的波拿巴主义就肯定要遭到破产,关于恢复德国统一的无休止的争论就将最终平息,德国工人就能按照与过去截然不同的全国规模组织起来,同时,不管法国出现什么样的政府,法国工人无疑将获得比在波拿巴主义统治下要自由一些的活动空间。包括各个阶级在内的德国全体人民群众已经认识到,问题首先正是在于争取民族生存,因此,他们立即投入了这场斗争。在这种情况下,一个德国的政党要按照威廉的那一套去宣传全面抵制,并把形形色色的次要的考虑置于主要的考虑之上,我认为是不行的。

　　此外,如果没有大批法国人的沙文主义,即资产者、小资产者、农民以及由波拿巴在大城市中所创造出来的、怀有帝国主义情绪的、欧斯曼的、出身于农民的建筑业无产阶级301的沙文主义,巴登格是无

---

　　①设在不伦瑞克的德国社会民主工党执行委员会。——编者注

法进行这场战争的。这种沙文主义不遭到打击,而且是彻底的打击,德国和法国之间就不可能实现和平。本来可以指望这一工作由无产阶级革命担负起来;但是战争既已开始,德国人只好自己来做这一工作,并且立即就做。

现在来谈谈次要的考虑。这场战争是在列曼①和俾斯麦之流指挥下进行的,如果他们有幸打赢了这场战争,那他们必然会赢得暂时的荣誉,这一点,我们要归因于德国资产阶级的软弱无力。这种情况确实非常讨厌,然而是无法改变的。但是,由此就把反俾斯麦主义提高为唯一的指导原则,那是荒谬的。首先,现在俾斯麦同1866年一样,总是在按照**他自己**的方式给我们做一部分工作,虽然他并不愿意做,然而还是在做着。他在给我们创造比过去更宽阔的活动场地。此外,现在已经不是1815年了。现在,南德意志人必然要参加国会,从而就将产生一种与普鲁士主义相抗衡的力量。而且,落在俾斯麦身上的民族责任,正如你所写的,从一开始就不允许同俄国结成同盟。总之,像李卜克内西那样,因为不喜欢1866年以来的全部历史,就想让这段历史倒退回去,那是愚蠢的。但是我们了解我们的典型的南德意志人。同这些蠢材是什么事也办不成的。

我认为我们的人可以:

(1)参加民族运动——这种运动强大到什么程度,你从库格曼的信中可以看到[302]——,只要这一运动是保卫德国的(但这并不排除在缔结和约以前在某种情况下的进攻);

(2)同时强调德国民族利益和普鲁士王朝利益之间的区别;

(3)反对兼并阿尔萨斯和洛林的一切企图——俾斯麦现在暗示,

---

①威廉一世的绰号。——编者注

他打算把这两个地方并入巴伐利亚和巴登；

(4)一等到巴黎由一个共和主义的、非沙文主义的政府掌握政权，就力争同它达成光荣的和平；

(5)不断强调德国工人利益和法国工人利益的一致性，他们过去不赞成战争，现在也不彼此交战；

(6)至于**俄国**，就像国际的宣言①中所说的那样。

威廉的下列说法很有趣：因为俾斯麦过去是巴登格的同谋者，所以正确的立场是保持中立。如果这是德国人的普遍意见，那么马上又会出现莱茵联邦303，而高贵的威廉总有一天会看到，他在这个联邦中会扮演什么角色，工人运动会变成什么样子。一贯受到拳打脚踢的人民，才是真正能够实现社会革命，而且是在威廉所喜爱的无数小邦里实现社会革命的人民！

这个可怜虫企图要我对"据说"曾在《埃尔伯费尔德日报》上发表过的某些东西负责304，这多妙啊！可怜的家伙！

法国的崩溃看来是可怕的。一切都在衰败，都在被出卖、被盗窃。沙斯波式步枪②造得很拙劣，在战斗时打不响，现在连这种枪也没有了，只好把古老的燧发枪找出来。可是，如果革命政府**很快**就能出现，那它是用不着灰心失望的。但它必须抛开巴黎不管，从南方来继续进行战争。那时，它或许能坚持到买到武器、组织起新的军队并利用新的军队再把敌人一步步压回到边界上去。如果两个国家互相证明自己是不可战胜的，这才是战争的最好结局。但是，如果这一情况并不马上出现，那么喜剧就会收场。毛奇的作战行动是非常卓绝

---

①马克思《国际工人协会总委员会关于普法战争的第一篇宣言》，见《马克思恩格斯文集》第3卷。——编者注

②一种后装步枪，以它的发明者的名字命名。——编者注

的,老威廉①似乎给了他以完全的行动自由,军队正在增配第四营,而法国的第四营还不存在。

如果巴登格还没有离开麦茨,他的情况可能是不妙的。

海水浴对风湿病并没有什么好处。不过龚佩尔特认为**海洋空气**是特别有效的。他已去威尔士,要在那里待四个星期。我希望你的疼痛能很快消除,这是非常难受的。但无论如何这并没有什么危险,而恢复全身的健康却重要得多。

衷心问好。

你的 弗·恩·

此外,你知道,糟糕的威廉怎样继续同反动的分立主义者[305]——武尔斯特、奥伯弥勒等等一道进行欺骗,并使党陷入窘境。

威廉显然指望波拿巴获胜,只想这样一来他的俾斯麦就会彻底完蛋。你记得他总是用法国人去威胁俾斯麦。当然,**你**也是**站在威廉一边**的!

---

①威廉一世。——编者注

125

恩格斯致马克思

伦　　敦

1870年9月12日于曼彻斯特

亲爱的摩尔：

　　……假如人们在巴黎能做点什么,那就应当阻止工人在缔结和约之前采取行动。俾斯麦不久就会缔结和约,这或者是在占领巴黎之后,或者是由于欧洲的局势迫使他结束战争。不管和约如何,它必然会在工人们有所行动之前就缔结。如果工人们现在为保卫国家效劳而取得胜利,那他们就不得不继承波拿巴和当前这个满目疮痍的共和国的遗产,他们将无谓地遭到德国军队的镇压,又会倒退20年。如果他们等待,则什么也不会失去。边界可能会有某些改变,但这只是暂时的,将来又会被取消。为了资产阶级去同普鲁士人作战,那是荒谬的。不管是什么样的政府缔结和约,仅仅由于这一点它就不可能长期维持下去,而被俘释放回来的军队在发生内部冲突时也就不那么可怕了。对工人来说,在缔结和约以后,一切条件都将比任何时候更有利。但是,他们是否会在外国进攻的压力下陷入迷津,并在攻打巴黎前夕宣布成立社会共和国呢?假如德国军队要以对巴黎工人进行街垒战作为最后的战争行动,那是很可怕的。这会使我们倒退50年,而且会造成十分混乱的局面,以致所有的人和事都会陷入迷误的境地,

那时法国工人中将会滋长民族仇恨和盛行空谈的风气……

126

马克思致爱德华·斯宾塞·比斯利

伦　敦

1870年10月19日［于伦敦］

阁下：

德亚克是反对工人的。他实际上是英国辉格党人[72]的匈牙利版本。

至于里昂，我已收到了几封不宜发表的信。最初，一切都顺利。在"国际"支部的压力下，里昂在巴黎之先宣告了共和国的成立。立即建立了革命政府——**公社**，它的成员一部分是参加"国际"的工人，一部分是激进的资产阶级共和派。立即废除了入市税，而这是正确的。波拿巴派和教权派阴谋家们都被吓倒了。还采取了武装全民的有力措施。资产阶级即使不是真正同情新秩序，至少已经开始默默地忍受这种新秩序了。里昂的行动立刻得到马赛和图卢兹的响应，在这些地方"国际"支部是很强的。

但是，**蠢驴**巴枯宁和克吕泽烈跑到了里昂，把一切都弄糟了。他们两个人都是"国际"的成员，所以，不幸得很，他们有足够的影响力把我们的朋友们引入歧途。人们——一度——占领了市政厅，颁布了愚蠢透顶的**关于废除国家**的法令以及诸如此类的胡说八道。您知道，一个俄国人（资产阶级报纸说他是俾斯麦的代理人）想冒充**拯救**

法兰西委员会的首领,这一事实本身就足以使舆论发生变化。至于**克吕泽烈**,他的行为既像傻瓜又像胆小鬼。这两个人在遭到失败以后都离开了里昂。

在鲁昂,同在法国的其他大多数工业城市一样,国际的各个支部都效法里昂,坚持让工人正式参加"保卫委员会"[306]。

但是,我必须告诉您,根据我从法国得到的种种消息来看,整个资产阶级都宁愿让普鲁士占领,而不愿让带有社会主义倾向的共和国取得胜利。

忠实于您的　卡尔·马克思

寄上我昨天收到的《纽约论坛报》一份。如果您读完后把它退还给我,我将非常感谢。其中有一篇关于国际的文章,我不知道是谁写的,但从风格和文笔来推测,可能是德纳先生写的。

此外,转寄给您三份《国防报》,这是拉法格给您的,他还向您问好。

127

马克思致路德维希·库格曼

汉 诺 威

[1870年]12月13日于伦敦

亲爱的库格曼:

你应当这样来理解我很久不给你写信的原因:在这场战争中,

总委员会的绝大部分负责国外通信的人都被吸引到法国去了,我不得不处理**几乎所有的国际通信**,这不是一件小事情。此外,目前在德国,特别是在北德意志联邦[218],尤其"特别"是在汉诺威,在实行"**通信自由**"的情况下,如果我把我对战争的看法写信告诉我的德国通信者,这对我来说倒没有什么,但是对他们来说是很危险的,而在目前,除此以外还能写些什么呢?

比如,你向我索要我们关于战争的第一篇宣言。我已经把它寄给你了。显然它已被没收。今天我把两篇宣言[①]的合订本、比斯利教授在《双周评论》上发表的文章[②]和今天的《每日新闻》寄给你。因为这家报纸带有普鲁士色彩,这类东西也许能通得过。比斯利教授是一个孔德主义者[307],因此不能不抛出各种各样的怪论;但是在其他方面,他是一个很能干而又勇敢的人。他是伦敦大学的历史学教授。

看来,不但波拿巴、他的将军们和他的军队已经成了德国的俘虏,而且千疮百孔的整个帝国制度也同他们一起适应橡树和菩提树之国的气候了。

至于德国的资产者,他们那种征服者的醉态一点也不使我感到惊奇。首先,掠夺是一切资产阶级的生存原则,夺取外国领土始终是"夺取"。此外,德国的资产者长期以来驯服地承受着他们的国君们、特别是霍亨索伦王朝的脚踢,如果变换一下,把这种脚踢加之于外国人,那么,德国的资产者是必然会感到心满意足的。

无论如何,这场战争已经使我们摆脱了"资产阶级共和派"。战争已经给这帮人带来了可怕的结局。这可是一个重大的结果。战争也给

---

① 指国际工人协会总委员会关于普法战争的第一篇宣言和第二篇宣言,见《马克思恩格斯文集》第3卷。——编者注

② 爱·比斯利《国际工人协会》。——编者注

马克思致路德维希·库格曼(1870年12月13日)

了我们的教授们一个最好的机会,使他们在全世界面前暴露出自己原来是一伙卑躬屈节的学究。战争所引起的种种情况将给我们的原则提供最好的宣传材料。

在英国这里,战争爆发时,舆论是非常同情普鲁士的,现在却完全相反。例如,在咖啡馆里,唱《守卫在莱茵河上》的德国歌手都要被嘘下台来,而唱《马赛曲》的法国歌手却博得齐声伴唱。除了人民群众对共和国的坚决同情、上流社会对业已公开的俄普同盟的恼怒,以及普鲁士外交在军事上获得胜利以来所使用的无耻腔调以外,进行战争的方式——征集制度、焚毁村庄、枪杀自由射手308、扣留人质以及类似三十年战争309时期的种种暴行——在这里已经激起了公愤。当然,英国人在印度、牙买加等地也这样干过,可是法国人既不是印度人,也不是中国人,更不是黑人,而普鲁士人也不是"天生的"英国人!一个国家的人民,如果他们的常备军已被彻底消灭,而他们还要继续保卫自己的话,那简直就是犯罪,这是一种真正的霍亨索伦的观念。事实上,反对拿破仑第一的普鲁士人民战争,在堂堂的弗里德里希-威廉三世看来,简直是眼中钉,这一点,可以从佩尔茨教授写的关于格奈泽瑙的历史著作①中清楚地看出来,格奈泽瑙曾在他的《民军条例》中把自由射手战争加以系统化。310人民按照自己的意图而不按照圣谕作战,使弗里德里希-威廉三世感到很伤脑筋。

但是,这还不是最后定局。法国的战争还可能出现极其"不愉快的"转变。卢瓦尔军团311的抵抗还在计算之"外",而德国的军事力量目前向左右分散,仅仅是为了进行恐吓,可是,实际上,除了在各地激

①格·佩尔茨《陆军元帅奈特哈德·冯·格奈泽瑙伯爵的生平》1864、1865和1869年柏林版。——编者注

起防御力量,并且削弱进攻力量,不会有别的结果。炮轰巴黎的威胁也不过是一种诡计。根据概率论的所有规则,炮轰是根本不可能对巴黎这个城市本身产生严重影响的。即使毁坏了几处外围防御工事,打开了一个缺口,可是在被围者的人数超过包围者的人数的情况下,那又有什么用呢?而如果被围的人进行特别出色的出击,迫使敌人躲在工事后面保卫自己,那么,在角色互换的时候,又会产生什么样的结果呢?

通过断粮迫使巴黎投降倒是唯一现实的办法。但是,如果这一期限拖得很长,从而使外省有时间组织军队和开展人民战争,那么,除了转移重心之外,也将一无所获。此外,即使在巴黎投降以后,用少数人也不可能占领并控制住它,因而将使大部分入侵者无法行动。

可是,不管战争怎样结束,它已经教会法国无产阶级掌握武器,而这就是未来的最好的保证。

俄国和普鲁士对英国所使用的无耻腔调,可能会给它们带来完全出乎意料的不愉快的结果。简单地说,事情是这样的:依照1856年的巴黎和约,英国**自行解除了武装**。[312]英国是一个海上强国,它只能用海战的手段来同大陆的军事强国相抗衡。在这里,可靠的手段就是暂时破坏或中断大陆国家的海外贸易。这主要靠运用这样一个原则:劫夺中立国船上的敌对国货物。英国人在作为巴黎和约附件的所谓宣言中已经放弃了这项海上权利(以及其他类似的权利)。克拉伦登是遵照亲俄派帕麦斯顿的密令这样做的。但是这个宣言并不是条约本身的有机部分,也**从来没有**经过英国正式批准。如果俄国和普鲁士的先生们异想天开,以为因家族利益而普鲁士化了的女王①的影响

---

① 维多利亚。——编者注

和格莱斯顿之流的资产阶级的怯懦心理,将会在决定性的时刻阻止约翰牛抛弃这个由他自己制造的"神圣障碍物"①,那他们就失算了。到那时,约翰牛在几星期内就能扼杀俄德两国的海外贸易。到那时,我们就将有机会看到彼得堡和柏林的外交家们的拉长了的脸和"极端爱国者们"的拉得更长的脸了。等着瞧吧!

衷心问候伯爵夫人和小弗兰契斯卡②。

你的　卡·马·

又及:你能把文特霍尔斯特在国会的演说稿寄几份给我吗?

---

①见海涅《新春集。序章》。——编者注
②盖·库格曼和弗·库格曼。——编者注

1871年

128
马克思致威廉·李卜克内西

莱　比　锡

1871年4月6日［于伦敦］

亲爱的李卜克内西：

得到你和倍倍尔以及不伦瑞克人获释的消息[313]，在这里，在中央委员会①里大家都感到万分高兴。

看来巴黎人是要失败了。这是他们的过错，但这种过错实际上是由于他们过分**仁慈**而造成的。中央委员会②以及后来公社都给了梯也尔这个邪恶的小矮子以集中敌人兵力的时间：(1)因为它们愚蠢地不愿意开始**内战**，好像梯也尔力图用暴力解除巴黎武装并不是开始内战似的；好像只是为解决对普鲁士人的和战问题而召集的国民议会不曾立即对**共和国**宣战似的！(2)为了避免篡夺政权的嫌疑，它们进行公社的选举，而组织公社的选举等等又花费了许多时间，因而它们失去了宝贵的时机(当反动派在巴黎——旺多姆广场——失败[314]以后，本来是应该立刻向凡尔赛进军的)。

你千万一个字也不要相信报纸上出现的关于巴黎内部事件的

---

① 总委员会。——编者注
② 巴黎国民自卫军中央委员会。——编者注

种种胡说八道。这一切都是谎言和欺骗。资产阶级报纸上那一套下流的胡言乱语还从来没有表现得这样出色。

最显著的特点是,德国的统一皇帝[1]、统一帝国和柏林的统一议会,对外部世界来说,似乎是**根本不存在的**。巴黎的任何风吹草动都会引起更大的关注……

129

马克思致路德维希·库格曼

汉 诺 威

1871年4月12日于伦敦

亲爱的库格曼:

……如果你查阅一下我的《雾月十八日》[2]的最后一章,你就会看到,我认为法国革命的下一次尝试不应该再像以前那样把官僚军事机器从一些人的手里转到另一些人的手里,而应该把它**打碎**,这正是大陆上任何一次真正的人民革命的先决条件。这也正是我们英勇的巴黎党内同志们的尝试。这些巴黎人,具有何等的灵活性,何等的历史主动性,何等的自我牺牲精神!在忍受了六个月与其说是外部敌人不如说是内部叛变所造成的饥饿和破坏之后,他们起义了,在普军

---

①威廉一世。——编者注

②马克思《路易·波拿巴的雾月十八日》,见《马克思恩格斯文集》第2卷。——编者注

的刺刀下起义了,好像法国和德国之间不曾发生战争似的,好像敌人并没有站在巴黎的大门前似的!历史上还没有过这种英勇奋斗的范例!如果他们战败了,那只能归咎于他们的"仁慈"。当维努瓦和随后巴黎国民自卫军中的反动分子逃出巴黎的时候,本来是应该立刻向凡尔赛进军的。由于讲良心而把时机错过了。他们不愿意**开始内战**,好像那邪恶的小矮子梯也尔在企图解除巴黎武装时还没有开始内战似的!第二个错误是中央委员会为了让位给公社而过早地放弃了自己的权力。[315]这又是出于过分"诚实的"考虑!不管怎样,巴黎的这次起义,即使它会被旧社会的豺狼、瘟猪和下贱的走狗们镇压下去,它还是我们党从巴黎六月起义[316]以来最光荣的业绩。就让人们把这些冲天的巴黎人同那个戴着陈腐面具,散发着兵营、教堂、土容克的气味,特别是市侩气味的德意志普鲁士神圣罗马帝国[317]的天国奴隶们比较一下吧……

130
马克思致路德维希·库格曼

汉 诺 威

1871年4月17日［于伦敦］

亲爱的库格曼:

你的信按时收到了。现在我手头的事情很多。因此只能写几句话。我完全无法理解,你怎么能把1849年6月13日之类的小资产阶级的示威游行[318]同目前巴黎的斗争相提并论。

如果斗争只是在机会绝对有利的条件下才着手进行,那么创造世界历史未免就太容易了。另一方面,如果"偶然性"不起任何作用的话,那么世界历史就会带有非常神秘的性质。这些偶然性本身自然纳入总的发展过程中,并且为其他偶然性所补偿。但是,发展的加速和延缓在很大程度上是取决于这些"偶然性"的,其中也包括一开始就站在运动最前面的那些人物的性格这样一种"偶然情况"。

这一次,起决定作用的不利的"偶然情况",决不应该到法国社会的一般条件中去寻找,而应该到普鲁士人盘踞法国并兵临巴黎城下这样一种情况中去寻找。这一点,巴黎人是知道得非常清楚的。但是,资产阶级的凡尔赛恶棍们也知道这一点。正因为如此,这些恶棍才要巴黎人抉择:或是进行战斗,或是不战而降。工人阶级在后一场合下的消沉,是比无论多少"领导者"遭到牺牲更严重得多的不幸。工人阶级反对资本家阶级及其国家的斗争,由于巴黎的斗争而进入了一个新阶段。不管这件事情的直接结果怎样,具有世界历史意义的新起点毕竟是已经取得了。

再见。

卡·马·

131

马克思致莱奥·弗兰克尔和
路易·欧仁·瓦尔兰[319]

巴   黎

[草稿]

1871年5月13日[于伦敦]

亲爱的弗兰克尔和瓦尔兰公民:

我已经同送信人①见过几次面。

把那些能使凡尔赛的恶棍们声名狼藉的案卷放到安全的地方去,是不是更好一些?这类预防措施是决不会有什么害处的。

有人从波尔多写信告诉我,在最近的市镇选举中,有四个国际会员当选。[320]外省已经开始闹风潮。可惜那里的行动只是地方性的和"和平"的。

为了维护你们的事业,我已经写了几百封信,寄给世界各地凡有我们支部的地方。何况工人阶级从公社成立那天起就是拥护公社的。

甚至英国的资产阶级报纸也放弃了它们最初那种凶狠的态度。有时,我还能在这些报纸上发表一些对你们有利的文章。

---

① 大概是艾劳。——编者注

马克思致莱奥·弗兰克尔和路易·欧仁·瓦尔兰(1871年5月13日)

　　我觉得,公社浪费在琐碎事务和个人争执上的时间太多了。大家知道,除了工人的影响之外,还有其他各种影响存在。如果你们来得及弥补已失去的时间,那么这一切就不会造成什么损害。

　　你们完全有必要在巴黎以外,在英国和其他地方赶快做你们认为需要做的一切事情。普鲁士人虽然不会把炮台交到凡尔赛分子手里,但是在和约[321]最终缔结(5月26日)以后,他们是会允许政府用自己的宪兵去包围巴黎的。你们知道,因为梯也尔之流在由普耶-凯尔蒂埃签订的合同中搞到了一大笔酬劳费[322],所以他们拒绝接受俾斯麦所提出的德国银行家的援助。他们要是接受了这种援助,就会失掉这笔酬劳费。因为履行**他们的**合同的先决条件是攻占巴黎,所以他们要求俾斯麦把第一次付款的期限延至占领巴黎之后。俾斯麦接受了这个条件。因为普鲁士本身非常迫切地需要这笔钱,所以,普鲁士就会尽可能地给予凡尔赛分子种种方便,以加速占领巴黎。因此,你们要当心啊!

132
马克思致爱德华·斯宾塞·比斯利

伦　　敦

1871年6月12日于伦敦西北区
梅特兰公园路1号

阁下：

拉法格、他的全家和我的女儿们都住在法国和西班牙边境的比利牛斯山区，但在法国这一边。因为拉法格出生在古巴，所以他能弄到一张西班牙的护照。但是，我还是希望他最后在西班牙那一边定居下来，因为他曾在波尔多起过突出的作用。

尽管我很钦佩您在《蜂房报》上发表的文章①，但是我简直为在该报上看到您的大名而感到遗憾。——请允许我顺便指出，我作为一个有党派的人，是同孔德主义307势不两立的，而作为一个学者，我对它的评价也很低。不过，我认为您是英国和法国的唯一的一个不是作为宗派主义者、而是作为历史学家(从这个词的最好的意义上讲)来对待历史转折点(危机)的孔德主义者。《蜂房报》冒充工人报纸，而实际上它是叛徒的机关报，它已经出卖给赛米尔·莫利之流了。在最近

---

① 指爱·斯·比斯利1871年3—6月在《蜂房报》上发表的专门论述巴黎公社的文章。——编者注

马克思致爱德华·斯宾塞·比斯利(1871年6月12日)

的普法战争期间,国际总委员会不得不同这家报纸断绝一切关系,并且公开声明:它是一家冒牌的工人报纸。[323]但是,除了伦敦的地方报纸《东邮报》以外,伦敦的各家大报都拒绝刊登这项声明[①]。在这种情况下,您在《蜂房报》上撰稿会给正义的事业造成更多的损失。

我的一位女友在三四天内就要到巴黎去。我给了她几份合法的护照,让她带给现在还匿居在巴黎的一些公社委员。如果您或者您的某一个朋友有事要托她在那里办理的话,请写信告诉我。

使我感到欣慰的是,"街头小报"每天都在发表关于我的文章和我同公社之间的关系的无稽之谈,而且这类东西每天都从巴黎寄到我这里来。这证明凡尔赛的警察当局要弄到真正的文件是有很大困难的。我与公社的联系是通过一位德国商人[②]保持的;这位商人一年到头都往来于巴黎和伦敦之间做买卖。所有的事情都由口头转达,只有两次例外:

第一次是,我通过这位中间人送给公社委员们一封信,答复他们提出的如何在伦敦交易所拍卖一批有价证券的问题。

第二次是,5月11日,即惨剧发生前10天,我用同一办法告诉他们有关俾斯麦和法夫尔在法兰克福达成秘密协议[324]的详情细节。

这个消息来自俾斯麦的一位得力助手[③],这个人过去(1848—1853年)参加过我所领导的秘密团体[325]。他知道我还保存着他从德国寄给我的有关德国情况的所有报告。他要依赖我保全他。因此,他老是想方设法向我证明他的善意。我对您说过,有一个人曾经警告我

---

①马克思《总委员会关于〈蜂房报〉的决议草案》,见《马克思恩格斯全集》中文第1版第16卷。——编者注

②大概是艾劳。——编者注

③约·米凯尔。——编者注

说,如果我今年还到汉诺威去访问库格曼医生,俾斯麦就决定逮捕我,那个人就是他。

如果公社听从我的警告,那该多好啊!我曾建议公社委员们加强蒙马特尔高地的北部,即对着普鲁士人的那一面,而且当时他们还是有时间这样做的;我曾事先告诉他们,如果不这样做的话,他们就会陷入罗网;我向他们揭露了皮阿、格鲁塞和韦济尼埃;我曾要求他们立即把那些足以使国防政府成员声名狼藉的全部案卷寄到伦敦来,以便在一定程度上遏制公社敌人的疯狂行为。——如果公社听从我的警告,那么凡尔赛分子的计划总会部分地遭到失败的。

要是凡尔赛分子已经找到了这些文件,他们就不会公布伪造的文件了。

国际的宣言①不会在星期三以前发表。到时候,我会马上寄给您一份。四五个印张的材料,现在印成了两个印张。这就要校对、订正好几遍,并且难免发生一些印刷错误。因此,发表的日期也就延迟了。

忠实于您的　卡尔·马克思

---

①马克思《法兰西内战》,见《马克思恩格斯文集》第3卷。——编者注

133

恩格斯致卡洛·卡菲埃罗[326]

巴　列　塔

1871年7月1[—3]日于伦敦

亲爱的朋友：

　　希望您已收到总委员会关于法兰西内战的宣言①，我是按您留下的地址寄到佛罗伦萨的。另一份，为了安全起见，过一两天将放在信里给您寄到巴列塔。

　　收到您从巴列塔寄来的信，我很高兴，本想早些回信，但是宣言给我们带来了很多工作，因为它受到报刊的猛烈攻击，我们不得不回应各种报纸。我还要把宣言译成德文，供给我们莱比锡的报纸(《人民国家报》)。荷兰译文登在海牙的《未来报》上。如果您能组织一下意大利文译本的出版工作，那将对您的宣传工作大有帮助，可以使意大利工人迅速了解总委员会的立场，了解我们协会的原则和做法。

　　经过仔细考虑，我认为，最好还是给佛罗伦萨的卡斯泰拉佐寄**两**份我们的宣言，并请他在信中转寄给您一份。我将利用这个机会，开始和他经常通信[327]。您应当原谅我没有及早给他写信，但是除了

---

　　①马克思《法兰西内战》，见《马克思恩格斯文集》第3卷。——编者注

意大利之外，我还要同西班牙和比利时通信。现在谈谈关于那不勒斯的情况和卡波鲁索。此人出席过一次我们的代表大会①，但是从来没有和总委员会保持经常的通信，为了说明这一点，我应当谈一谈某些历史细节。卡波鲁索和他的朋友们属于俄国人巴枯宁的宗派。巴枯宁有他自己的理论，这种理论是共产主义和蒲鲁东主义的某种混合物。巴枯宁想把这两种理论合而为一，这说明他对政治经济学完全无知。另外，他从蒲鲁东那里借用了关于无政府主义是"社会最终状态"的词句，同时他反对工人阶级的一切政治行动，因为这种行动似乎就是承认现存的政治状况，此外还因为一切政治行动，按照他的意见，都是"权威的"。至于他希望怎样消灭现存的政治压迫和资本的暴虐，他打算如何不用"权威的行动"来实现自己最喜爱的关于废除继承权的思想，他没有说明。1870年9月里昂起义爆发时，巴枯宁在市政厅下令废除国家，却没有采取任何措施来对付国民自卫军中的一切资产者，后者便非常从容地开进市政厅，赶走了巴枯宁，不到一小时的工夫就恢复了国家。不管怎样，巴枯宁借助自己的理论建立了一个宗派，参加这个宗派的有一小部分法国和瑞士的工人，有许多我们在西班牙的人，有在意大利的某些人，其中包括卡波鲁索和他的朋友们，这样，卡波鲁索证明自己的名字是起得正确的——他的上司是俄国的②。

我们的协会设立的目的，是要成为追求共同目标即工人阶级得到保护、发展和彻底解放的各国工人团体进行联络和合作的中心（协

---

①1869年巴塞尔代表大会。——编者注

②双关语：意大利语"capo"音"卡波"，意即上司，"russo"音"鲁索"，意即俄国的。——编者注

会章程第一条)①。由于巴枯宁及其朋友们的特殊理论不违反这一条,所以没有反对接受他们为会员,也没有反对他们用一切可以接受的方式尽可能地宣传他们的思想。在我们的协会中,有各种各样的人,有共产主义者、蒲鲁东主义者、工联主义者、合作社派、巴枯宁主义者,等等,甚至在我们总委员会中也有观点极不相同的人。

假如协会成了宗派,那它就会灭亡。我们的力量就在于我们用以说明章程第一条的那种广泛性,这就是说,一切被接受加入协会的人都竭力谋求工人阶级的彻底解放。可惜,由于一切宗派所共有的狭隘性,巴枯宁主义者们不满足于这一点。他们硬说,总委员会是由反动分子组成的,协会的纲领过于含糊不清。按照他们的意见,无神论和唯物主义(这是巴枯宁自己从我们德国人这里剽窃的)应当是必须遵守的义务,废除继承权和国家等等应当成为我们纲领的一部分。但是要知道,马克思和我本来差不多就像巴枯宁一样早就是坚定的无神论者和唯物主义者,差不多我们所有的会员也都是这样的。关于继承权是毫无意义的东西这一点,我们也和巴枯宁一样,知道得很清楚,尽管我们在对待废除继承权的重要性和作用上,也就是在能否把废除继承权描绘成摆脱一切祸害的出路这一点上与他的看法不同。至于“废除国家”,这是旧的德国哲学用语,我们在年轻幼稚的时候曾多次使用过它。但是把这一切都列入我们的纲领,那就等于排斥我们广大的会员,那就等于分裂、而不是联合欧洲无产阶级。当这种要把巴枯宁主义的纲领强加给国际的努力失败以后,他们就试图把协会推上歧途。巴枯宁在日内瓦建立了“社会主义民主同盟”289,这个组

---

①参看马克思《国际工人协会共同章程》,《马克思恩格斯文集》第3卷第227页。——编者注

织要成为一个与我们的协会分立的国际性协会。我们一些支部的"最激进的分子",即巴枯宁主义者们,要在各地成立这个**同盟**的支部,而这些支部要服从在日内瓦的另外一个总委员会(即巴枯宁),并且要有单独的全国委员会,来与我们的全国委员会相对抗。在我们全体代表大会上,同盟上午要同我们一起开会,下午则要召开它自己单独的代表大会。这个绝妙的计划是在1868年11月向总委员会提出来的。但是1868年12月22日,总委员会拒绝接受这些违反我们协会章程的规章,并且声明,只能个别地接纳同盟的支部,同盟应当自行解散,或者是不再加入国际。①1869年3月9日,总委员会通知同盟说,"没有任何障碍会阻挡同盟各支部变成国际工人协会的支部。如果**解散**同盟以及同盟各支部加入国际工人协会的问题最后决定了,那么,根据我们的条例,必须把每一个新支部的所在地及其人数通知总委员会。"②这些条件从来也没有得到完全履行,但是同盟本身在各地都遭到反对,只有在法国和瑞士,它终于把事情弄到分裂的地步:约有1 000名巴枯宁主义者——不到我们的拥护者的十分之一——退出了法国和瑞士的联合会,并向总委员会要求承认它们为单独的联合会,总委员会对此很可能不会加以阻止。由此您可以看出,巴枯宁主义者的活动的主要结果就是给我们队伍造成分裂。谁也没有为他们的特殊信条设置障碍,但是他们还是不满足,他们想发号施令,想把自己的学说强加给我们全体会员。我们义不容辞地予以回击,但是如果他们同意与我们其他的会员和平共处,那么,我们既没有权力也不打算将

---

①参看马克思《国际工人协会和社会主义民主同盟》,《马克思恩格斯全集》中文第2版第21卷。——编者注

②参看马克思《国际工人协会总委员会致社会主义民主同盟中央局》,《马克思恩格斯全集》中文第1版第16卷第394页。——编者注

他们开除出去。问题在于,把这样一些人提到首位是否适宜,而如果我们能够把没有沾染这种特殊狂热病的意大利支部吸引过来,那么,我们自然会更好地同他们合作。您可以根据您在那不勒斯看到的情况,自己判断此事。在为了反对我们而发表的茹尔·法夫尔通告[328]中当做国际纲领引用的那个纲领,实际上就是上面提到的巴枯宁主义者的纲领。我们对法夫尔的回答,您可以在6月13日伦敦《泰晤士报》上找到。①

1864年,马志尼企图利用我们的协会来达到自己的目的,但是他没有得逞。他的主要工具是加里波第的一个拥护者沃尔弗少校(他的真名是图尔恩–塔克西斯公爵),蒂巴尔迪现在已经揭发他是法国警察机关的间谍[329]。当马志尼看到,国际不能作为他的工具时,他便开始疯狂地攻击国际,并利用各种机会诽谤它,但是,正如您所说的,时代在迅速变化,"**上帝**和人民"的口号已经不是意大利工人阶级的口号了。

我们很清楚,租佃制或"分成租佃制",是从罗马时代起到现在为止意大利农业生产的基础。无疑,这个制度总的说来使得租佃者较之无产者得到的政治独立性,比他们在英国所享有的更为广泛。但是,如果相信西斯蒙第和近代著作家对这个问题的著述,那么,在意大利,土地占有者对租佃者的剥削同各地一样,也是很重的,而最底层农民的负担是最重的。在伦巴第,地产是很大的,当我在那里的时候②,租佃者都相当富裕,但是,除了他们之外,还存在着受租佃者雇用的农村无产者阶级,这个阶级事实上担负了一切工作,却从这个制

---

①马克思和恩格斯《总委员会关于茹尔·法夫尔的通告的声明》,见《马克思恩格斯全集》中文第1版第17卷。——编者注

②恩格斯1841年5月中旬至7月底曾在瑞士和意大利作过一次商务旅行。——编者注

度中得不到任何利益。在租佃者较少的意大利其他地方，根据我从远处可以作出的判断，"分成租佃制"不会使他们免遭法国、德国、比利时和爱尔兰小租佃者常常遭受的那种贫困、愚昧和屈辱。我们对待农村居民的政策整个说来就是：凡是有大地产的地方，租佃者对于农业工人来说就是资本家，我们就应当采取维护农业工人利益的行动；凡是地产不大的地方，租佃者虽然名义上也是小资本家或小私有者（像法国和德国部分地区那样），但是实际上，他们通常也落到和无产者一样贫困的地步，在这种情况下，我们就应当采取维护他们的利益的行动。无疑，这种情况也必然存在于意大利。如果您能给我们提供关于这个问题以及意大利有关农村所有制关系和其他社会问题的最新法律的情况，总委员会将非常感谢您。

经过多次的中断，我于7月3日才写完这封信，请您快些回信。我今天就给卡斯泰拉佐写信。

忠实于您的　弗·恩格斯

134
恩格斯致伊丽莎白·恩格斯

恩格斯基兴

1871年10月21日于伦敦

亲爱的妈妈：

很久没有给你写信，因为我想用适当的形式来答复你最近对我

恩格斯致伊丽莎白·恩格斯(1871年10月21日)

的政治活动提出的意见,以便使你不致感到不快。但是,当我一次又一次地看到《科隆日报》上的无耻谎言,特别是瓦亨胡森这个坏蛋的卑鄙行为,当我看到那些在战时把所有法国报刊上的东西全都看做是谎言的人,现在却把警察局的每一个捏造和卖身投靠的巴黎下流报纸对于公社的每一个诽谤,都当做福音书一样在德国各地传布,这时我的心情就不太适于写回信了。由于按照普鲁士的做法枪毙了几个人质,由于按照普鲁士的先例烧毁了几座宫殿——而其余一切全是谎言——,人们就对此大叫大嚷起来,而对于凡尔赛分子枪杀**已经**解除武装的4万男人、妇女和儿童一事,却无人谈论!然而,你们不可能知道这一切;你们只有靠《科隆日报》和《埃尔伯费尔德日报》得到消息,而这两家报纸简直是在向你们灌输谎言。不过,你在自己的一生中也曾听说过,有不少人,例如在老拿破仑统治时期的道德协会[330]会员、1817年和1831年的蛊惑者[331]、1848年的人们,都曾被诽谤为真正的食人生番,而后来总是证实,他们根本不是那么坏;出于私利的迫害狂起先给他们编造了各种各样骇人听闻的故事,但后来这些故事都烟消云散了。亲爱的妈妈,我希望你在报纸上读到这些捏造的恶行时,会记起这些,同时对1871年的人们也会从好处着想。

我丝毫没有改变将近30年来所持的观点,这你是知道的;而且每当事变需要,我就不仅会坚持它,在其他方面也会去履行自己的义务,对此想必你也没有感到意外。我要是不这样做,你倒应该为我感到羞愧。即使马克思不在这里或者根本没有他,情况也不会有丝毫改变。所以,归罪于他是很不公平的。当然我还记得,从前马克思的亲属曾经断言,是**我**把他引坏了。

这一点不必多谈了。这是无法改变的,只好任其如此。如果再平静一段时间,叫嚣自然会沉寂下来,而你自己也就会比较平静地看待这些事情了……

135

马克思致弗里德里希·波尔特

纽　　约

1871年11月23日［于伦敦］

波尔特朋友：

　　……成立**国际**是为了用工人阶级的真正的战斗组织来代替那些社会主义的或半社会主义的宗派。只要看一下最初的章程和《成立宣言》就会发现这一点。另一方面，要不是历史的进程已经粉碎了宗派主义，国际就不可能巩固。社会主义的宗派主义的发展和真正工人运动的发展总是成反比。只要宗派有其(历史的)存在的理由，工人阶级就还没有成熟到可以进行独立的历史运动。一旦工人阶级成熟到这种程度，一切宗派实质上就都是反动的了。可是，在国际的历史上还是重复了历史上到处出现的现象。过时的东西总是力图在新生的形式中得到恢复和巩固。

　　国际的历史就是**总委员会**对那些力图在国际内部巩固起来以抗拒真正工人阶级运动的各个宗派和各种浅薄尝试所进行的**不断的斗争**。这种斗争不仅在**历次代表大会**上进行，而且更多的是在总委员会同个别支部的非正式的商谈中进行。

　　在巴黎，由于蒲鲁东主义者(互助主义派[332])是协会的共同创

367

始人,在最初几年他们自然就掌握了巴黎的领导权。后来,在那里自然又成立了一些和他们相对立的集体主义派、实证论派[307]等等的团体。

在德国有拉萨尔集团。我个人和声名狼藉的施韦泽通过两年信,并且无可争辩地向他证明了,拉萨尔的组织是一个纯粹的宗派组织,这种组织是和国际所追求的**真正**工人运动的组织相敌对的。他不理解这一点是有他自己的"理由"的。

1868年底俄国人巴枯宁参加了**国际**,目的是要在国际内部建立**一个以他为首领的叫做"社会主义民主同盟"的第二个国际**。他这个没有任何理论知识的人妄图以这个特殊团体来代表国际进行**科学的**宣传,并把这种宣传变成**国际内部的**这个第二个国际的专职。

他的纲领是东一点西一点地草率拼凑起来的大杂烩——**阶级平等**(!),以**废除继承权**作为社会运动的**起点**(圣西门主义的谬论),以**无神论**作为会员必须遵守的**信条**,等等,而以**放弃政治运动**作为主要信条(**蒲鲁东主义的**)。

这种童话在工人运动的现实条件还不太成熟的意大利和西班牙曾经受到欢迎(现在也还受到一定的支持),在瑞士罗曼语区和比利时的一些爱好虚荣的、沽名钓誉的空论家中间也受到欢迎。

对巴枯宁先生来说,学说(从蒲鲁东、圣西门等人那里乞取而拼凑成的废话)过去和现在都是次要的东西——仅仅是抬高他个人的手段。如果说他在理论上一窍不通,那么他在干阴谋勾当方面却是颇为能干的。

几年来总委员会都不得不对这种阴谋(它在一定程度上受到法国蒲鲁东主义者的支持,特别是在**法国南部**)进行斗争。最后,总委员会根据代表会议的决议(第一条、第二条、第三条以及第九项、第十六项、第十七项)给予了经过长期准备的打击。[333]

不言而喻,总委员会不会在美国支持它在欧洲所反对的东西。决议的第一条、第二条、第三条和第九项现在给了纽约委员会合法的武器来取消一切宗派主义和浅薄之徒的团体,并且在必要的时候把他们清除出去。

……工人阶级的政治运动自然是以为自身夺得政权作为最终目的,为此当然需要一种发展到一定程度的、在经济斗争中成长起来的工人阶级的预先的组织。

但是另一方面,任何运动,只要工人阶级在其中作为**一个阶级**与统治阶级相对抗,并试图通过外部压力对统治阶级实行强制,就都是政治运动。例如,在某个工厂中,甚至在某个行业中试图用罢工等等来迫使个别资本家限制工时,这是纯粹的经济运动;而强迫颁布八小时工作日等等**法律的**运动则是**政治**运动。这样,到处都从工人的零散的经济运动中产生出**政治**运动,即目的在于用一种普遍的形式,一种具有普遍的社会强制力量的形式来实现本阶级利益的**阶级**运动。如果说这种运动以某种预先的组织为前提,那么它们本身也同样是这种组织发展的手段。

在工人阶级在组织上还没有发展到足以对统治阶级的集体权力即政治权力进行决定性攻击的地方,工人阶级无论如何必须不断地进行反对统治阶级政策的鼓动(并对这种政策采取敌对态度),从而使自己在这方面受到训练。否则,工人阶级仍将是统治阶级手中的玩物,法国的九月革命已经证明了这一点,而格莱斯顿先生及其同伙在英国直到今天还能够要把戏也在某种程度上证明了这一点。

136

恩格斯致保尔·拉法格

马　德　里

1871年12月30日于伦敦

亲爱的朋友：

　　昨天晚上，我刚刚动笔给西班牙委员会就翻译和发表巴枯宁派的通告[334]写一封措辞相当激烈的信时，接到了您的来信，这使我十分高兴。虽然我对您被迫去马德里一事感到遗憾，但是您目前在那里倒真是一件大好事，因为西班牙委员会采取暧昧态度和保持沉默确实会引起令人不快的解释。我给莫拉写信已经有24天了，但始终没有得到答复，或许发表那篇怀有敌意的通告就是答复。要是您不来信，对此我们会怎么想呢？

　　随信寄上30个日内瓦支部的决议，因为我怕您找不到。此外还寄上罗曼语区委员会对巴枯宁派的答复；[335]**我很希望《解放报》也向自己的读者介绍这个出色文件的译文**。在同一号《平等报》上，您可以看到有关这一争论和30个支部的会议的其他一些文章。日内瓦人的答复目前是足够的了。不言而喻，总委员会应立即进行这项工作，用通告的形式给予答复，内容包括争论产生以来的各个阶段；您知道，通告会很长，会占去我们一些时间。目前重要的是提请西班牙人注意以下几点：

（1）从松维利耶通告[336]中可以清楚地看出这些先生们想干什么。攻击代表会议①无非是一种借口。现在他们在攻击对协会具有**法律效力**并为总委员会所**必须遵守**的**巴塞尔决议**[337]。这是一种公然的叛变行为，这些人撕下了假面具，这是好事。然而，

（2）这些**巴塞尔决议**是谁的作品呢？是伦敦的总委员会的吗？完全不是。这些决议是**比利时的**代表们（其中就有巴枯宁分子**罗班**！）提出的，而得到了哪些人的热烈支持呢？是巴枯宁、吉约姆、施维茨格贝尔等人，即正是那些现在攻击这些决议，说什么这些决议由于其权威的性质而败坏了总委员会声誉的人。不过这并不妨碍吉约姆和施维茨格贝尔在上述通告上签名。我们这里有证人，而如果森蒂尼翁和法尔加－佩利塞尔没有被宗派主义者的胡言乱语所迷惑，那他们是应该记得这件事的（只要他们参加了那次会议，这一点我不大清楚）。然而，当时是另一种情况。巴枯宁派当时以为，他们肯定能取得多数，而总委员会将迁往日内瓦。结果不是这样，于是，这些决议一下子就成为权威的和资产阶级的了，而如果由巴枯宁派推选的总委员会来执行的话，这些决议就会是最为革命的了！

（3）召开代表会议是绝对合法的。在总委员会中代表汝拉人的罗班本人曾要求将分歧的问题提到**这次代表会议**上来，由于罗班是汝拉人的常任通讯员，汝拉人一定会从他那里知道这件事。瑞士书记荣克已经不能再同一个公然蔑视总委员会的决议并继续以罗曼语区联合会委员会的名义来装饰自己的委员会[338]保持正式通信联系。总委员会的这项决议②是根据巴塞尔代表大会关于组织问题的第八项

---

①1871年伦敦代表会议。——编者注

②马克思《总委员会关于瑞士罗曼语区联合会委员会的决议》，见《马克思恩格斯全集》中文第1版第16卷。——编者注

决议(新版章程,组织条例第二节第7条^①)授予它的权力而通过的。其他各支部都以通常的途径接到了正式通知。

现在,我们的西班牙朋友们一定能看清楚,这些先生们是怎样滥用"**权威的**"这个字眼的。巴枯宁派对什么一不如意,他们就说,这是**权威的**,以为这样一来他们就作出了永远的判决。如果他们是工人,而不是资产者、新闻记者等等,或者,如果他们哪怕是稍微研究一下经济问题和现代工业的条件,他们就会知道,不强迫某些人接受别人的意志,也就是说没有权威,就不可能有任何的一致行动。不论这是多数表决人的意志,还是作为领导机构的委员会的意志,或是某一个人的意志,它总是一种要强迫有不同意见的人接受的意志;而没有这种统一的和指导性的意志,要进行任何合作都是不可能的。请试试看,在没有领导,也就是没有权威的情况下让巴塞罗那的某个大工厂去进行生产!或者在不能肯定每一个工程师、司炉等等在正是需要的时候都坚守自己岗位的情况下去管理铁路!我想知道,如果铁路是按照谁不愿意服从规章制度的权威,谁就可以不坚守自己岗位的原则去管理,那么好样的巴枯宁是否会把自己肥胖的身躯托付给铁路列车,而这种规章制度在任何社会中都比巴塞尔代表大会所通过的条例更加权威得多!所有这些娓娓动听的极端激进和革命的词句无非是掩盖着思想的极其贫乏和对社会日常生活所处条件的根本无知。请试试看,在船上废除船员"所承认的一切权威"!

您说得对,应当设法在大陆上更好地传播关于总委员会会议的报道。我一直在寻找这样的办法。一段时间以来,我一直在给洛伦佐转

---

①参看马克思《国际工人协会的共同章程和组织条例》,《马克思恩格斯全集》中文第1版第17卷。——编者注

寄《东邮报》，因为他曾对我说过，他们那里有人懂英语。今天我给您寄去该报的最近一号，另外还有前几号的剪报（**给洛伦佐**）。您可以从这里面为《解放报》搞点东西。我现在确实没有时间亲自翻译所有这些东西，因为我同意大利有大量的书信来往。不过我会考虑一下能够做些什么，如果巴塞罗那有人懂英语，我是否可以把报纸寄到那里去？

今天我没有见到摩尔，他正在加紧进行德文第二版的工作[1]。今晚我将把您的信转交给他。我们大家都很好，燕妮[2]也很好，摩尔也还可以。我让他尽可能经常散散步，因为他很需要呼吸新鲜空气。我的妻子[3]向您问好并恭贺新年。给劳拉写信的时候，代我向她问好。邮班就要截止了。

您的 将军[4]

如果拉法格在马德里，就给拉法格，如果不在，就给莫拉和洛伦佐。[5]

---

① 马克思《资本论》第一卷。——编者注
② 马克思的女儿燕·马克思。——编者注
③ 莉·白恩士。——编者注
④ 恩格斯的绰号。——编者注
⑤ 这段附言是恩格斯用西班牙文写在信纸背面的。——编者注

1872年

137

恩格斯致卡洛·特尔察吉[339]

都　灵

[第二稿]

1872年1月14[—15]日于伦敦
海-霍耳博恩街256号

亲爱的特尔察吉：

我没有早一些回复您12月4日的来信，是因为我想对您最关心的问题，即《无产者报》的经费问题，给以确切的答复。

您知道，国际的百万财富只存在于资产阶级和某些政府的惊恐万状的想象之中，他们不能理解，像我们这样的协会没有数百万的财富怎么能占据这样强大的阵地。要是他们看到最近一次代表会议上提出的关于经费的报告就好了！

尽管很穷，我们本来还是决定给你们寄去150法郎，但这时那份登载着有关报道等等的《玫瑰小报》来了[340]。这就改变了一切。如果你们单是决定派代表参加未来的代表大会，那很好。但是，这是一个充满了对总委员会的诽谤和毫无根据的指责的通告[336]所要求召开的代表大会啊！如果你们能够等一等总委员会对这个通告的回答[341]，那就好了！总委员会认为你们的决议只能证明，你们不等总委员会起来辩护，就站到指责者那一方面去了，因此，我给你们寄上述款项的委托就被撤销了。在此期间你们理应收到了载有罗曼语区委员会的答复①的《平等报》342，这个委员会所代表的瑞士工人比汝拉人所代表的要多十倍。但是，从汝拉通告中已经暴露出起草者本身的恶毒意图。起初，他们借口代表会议来同我们争吵，现在又攻击我们，原因是我们在执行巴塞尔代表大会的决议337——我们**有义务**执行的决议。他们不希望总委员会有任何权威，**即使这种权威是大家自愿承认的**。我很想知道，如果没有这种权威（如他们所称呼的），怎么对付得了托伦之流、杜朗之流或涅恰耶夫之流，又怎么能够用关于支部自治——像在通告中所说的那样——的华丽辞藻阻止警探和叛徒的渗入。

当然，谁也不会否认支部有自治权，但是，如果联合会不把某些全权给予联合会委员会，并且最终给予总委员会，那么联合会的存在是不可能的。但是，您知道谁是这些**权威性的**决议的起草人和维护者吗？或许是总委员会的代表吧？根本不是。这些权威性的措施是由比利时的代表们提出的，而施维茨格贝尔们、吉约姆们和巴枯宁们当时都是**最热烈的维护者**。事情就是这样。

我认为，"权威"和集中这些字眼用得太滥了。我不知道什么东西能比革命更有权威了，如果用炸弹和枪弹把自己的意志强加于别人，就像在一切革命中所做的那样，那么，我认为，这就是在行使权威。巴黎公社遭到灭亡，就是由于缺乏集中和权威。胜利以后，你们可以随意对待权威等等，但是，为了进行斗争，我们必须把我们的一切力量捏在一起，并使这些力量集中在同一个攻击点上。如果有人对我说，

---

①《罗曼语区联合会委员会对松维利耶代表大会十六名参加者的通告的答复》。——编者注

权威和集中是两种在任何情况下都应当加以诅咒的东西,那么我就认为,说这种话的人,要么不知道什么叫革命,要么只不过是口头革命派。

如果您想知道通告的起草人在实践中为国际做了些什么,那就请读一下他们自己向代表大会所作的关于汝拉联合会状况的正式报告(1871年11月23日的日内瓦《社会革命报》),您将会看到,他们使一年前还很稳固的联合会陷入了怎样的瓦解和软弱的境地。[343]而这些人还想改革国际!

敬礼和兄弟情谊。

您的　弗·恩格斯

138

恩格斯致泰奥多尔·库诺[344]

米　兰

1872年1月24日于伦敦

亲爱的库诺:

……巴枯宁一直到1868年都是阴谋反对国际的,他在伯尔尼和平同盟的代表大会上遭到惨败[288]之后,加入了国际,并且立刻就开始在**国际内部**进行反对总委员会的阴谋活动。巴枯宁有一种独特的理论——蒲鲁东主义和共产主义的混合物,其中最主要的东西就是:他认为应当消除的主要祸害不是资本,就是说,不是由于社会发展而产生的资本家和雇佣工人的阶级对立,而是**国家**。广大的社会民主党工人群众都和我们抱有同样的观点,认为国家权力不过是统治阶级——地主和资本家——为维护其社会特权而为自己建立的组织,而巴枯宁却硬说**国家**创造了资本,资本家只是**由于国家的恩赐**才拥有自己的资本。因此,既然国家是主要祸害,那就必须首先废除国家,那时资本就会自行完蛋。我们的说法恰好相反:废除了资本,即废除了少数人对全部生产资料的占有,国家就会自行垮台。差别是本质性的:要废除国家而不预先实行社会变革,这是荒谬的;废除资本**正是**社会变革,其中包括对整个生产方式的改造。但是,既然在巴枯宁看来国家是主要祸害,就不应当做出任何事情来维持国家的生命,即任何一种国家——不管是共和国,君主国等等——的生命。因此就应当**完全放弃一切政治**。进行政治活动,尤其是参加选举,那是对原则的背叛。应当进行宣传,咒骂国家,组织起来,而当**一切**工人即大多数人都站到自己这方面来的时候,就撤销一切政权机关,废除国家,而代之以国际的组织。千年王国由以开始的这一伟大行动,就叫做**社会清算**。

这一切听起来都异常激进,而且简单得五分钟就能背熟,因此,巴枯宁的这套理论在意大利和西班牙也很快受到了青年律师、医生以及其他空论家们的欢迎。但是,工人群众决不会轻信:他们国内的公共事务并不同时是他们自己的事。他们天生就是**有政治头脑的**;任何要他们放弃政治的人,都终究会被他们所唾弃。向工人宣传在任何情况下都应当放弃政治,这就等于把他们推到传教士或资产阶级共和主义者的怀抱里去。

根据巴枯宁的意见,既然国际的建立并不是为了进行政治斗争,而是为了在进行社会清算时能够立即代替旧的国家组织,所以国际应当尽可能地接近巴枯宁的未来社会的理想。在这个社会中,首先是不存在任何**权威**,因为权威＝国家＝绝对的祸害。(没有一个作出最后决定的意志,没有统一的领导,人们究竟怎样经营工厂,管理铁路,驾驶轮船,这一点他们当然没有告诉我们。)多数对少数的权威也将终止。每一个人、每一个乡镇,都是自治的;但是,一个哪怕只由两个人组成的社会,如果每个人都不放弃一些自治权,又怎么可能存在,——关于这一点巴枯宁又闭口不谈。

所以,国际也应当照这个样子来建立。每一个支部都是自治的,每一个支部中的每一个人也是自治的。**巴塞尔决议**[337]见鬼去吧,它竟授予总委员会以一种危险的和可以败坏它自己的权威!即使这种权威是**自愿**授予的,它也必须终止,就是**因为**它是权威!

整个骗局的要点简单说来就是如此。但是究竟谁是巴塞尔决议的首倡者呢?正是**巴枯宁先生自己**及其同伙!

当这些先生们在巴塞尔代表大会上看到,他们无法实现自己的计划——把总委员会迁移到日内瓦去,即把它抓到自己手里,这时,他们便采取了另一套办法。他们创立了社会主义民主同盟[289],即大国际**内部**的一个国际协会,他们这样做的借口,目前您在巴枯宁派的意大利报刊,如《无产者报》、《玫瑰小报》上面又可以看到:热情的拉丁种族比起冷淡的、迟缓的北方人来,需要一个更为鲜明的纲领。这个卑鄙的计划因总委员会的反对而遭到失败,总委员会自然不能容忍国际**内部**有任何分立的**国际**组织存在。此后,由于巴枯宁及其拥护者力图用巴枯宁的纲领来偷换国际的纲领,这个计划又以各种不同的形式出现过;另一方面,从茹尔·法夫尔和俾斯麦起到马志尼止的反动派,每当要攻击国际的时候,他们所抨击的始终正是巴枯宁的空洞而浮夸的词句。因此我12月5日发表的反对马志尼和巴枯宁的声明①是很必要的,这个声明也在《玫瑰小报》上刊载过。

巴枯宁派的核心是由汝拉的几十个人组成的,拥护他们的工人总共不到200人。其先头部队是现在到处以意大利工人代表的身份出现的意大利的青年律师、医生和新闻记者,是巴塞罗那和马德里的一些同样的人物,是里昂和布鲁塞尔有时出现的个别人物,几乎没有一个是工人;在这里②,有一个唯一的标本,那就是罗班。因为不能召开代表大会而必须召开的代表会议345让他们找到了借口,而且由于瑞士境内的大多数法国流亡者转到他们那方面去——因为这些人(蒲鲁东主义者)在那里找到了许多引起共鸣的东西,同时也是出于个人的动机——,于是他们就发动了战役。自然,在国际里到处都有少数不满的人和没有得到承认的天才,这些人也是他们不无理由地可以指靠的。目前他们的战斗·力量如下:

(1)巴枯宁本人——这一战役中的拿破仑。

(2)200个汝拉人和法国人支部的40—50人(在日内瓦的流亡者)。

(3)在布鲁塞尔,有《自由报》的编辑安斯,但是他**并不公开**拥护他们。

(4)在这里,有从来没有被我们承认过的1871年法国人支部346的残余分子,这个支部已经分裂为三个彼此敌对的部分;其次是大约20个从德国人支部中清除出去的(由于提议大批**退出国际**的缘故)冯·施韦泽先生式的拉萨尔分子,他们这些捍卫极端的集中和严密的组织的人,十分适合同无政府主义者和自治主义者结成联盟。

---

①恩格斯《总委员会就马志尼关于国际的若干文章给意大利几家报纸编辑部的声明》,见《马克思恩格斯全集》中文第1版第17卷。——编者注

②指伦敦。——编者注

(5)在西班牙,有巴枯宁的几个私人朋友和信徒,他们至少在理论方面对工人,特别是对巴塞罗那的工人有很大的影响。但是,另一方面,西班牙人很重视组织,而别人没有组织的情况是会引起他们注意的。巴枯宁在这里能指望获得多大的成功,只有在4月间的西班牙代表大会[347]上才能看出来,由于工人将在大会上占优势,所以我并不为此担心。

(6)最后,在意大利,据我所知,都灵、博洛尼亚和吉尔真蒂①的支部都主张**提前**召开代表大会。巴枯宁派的报刊说已经有20个意大利支部站在他们方面,我不知道这些支部。反正领导权几乎到处都掌握在巴枯宁的乱叫乱嚷的朋友和信徒的手中;但是,只要较为仔细地研究一下,大概就会发现,拥护他们的人并不多,因为绝大多数意大利工人到现在终究还是马志尼主义者,而且只要国际在那里被认为是放弃政治的,他们将仍然是马志尼主义者。

但是,无论如何,意大利的现状是,在那里,巴枯宁派目前还是可以在国际里左右形势的。总委员会并不想抱怨这种情况;意大利人有权随心所欲地干蠢事,而总委员会将只用和平辩论的办法来反对他们。这些人也有权声明拥护汝拉人所说的代表大会,虽然无论如何总使人感到极为奇怪,那些刚刚加入而且一点情况也不可能了解的支部,怎么会在这样一个问题上立即站到某一方面,尤其是在它们听取**双方的**意见之前!我已经直率地对都灵人说明我对此事的看法,对于其他像这样发表过声明的支部,我也将这样做,因为任何这种附和通告[336]要求的声明,都是间接赞同通告中所包含的对总委员会的毫无根据的指责和诽谤,而总委员会也即将就这个问题发出自己的

---

①现称阿格里真托。——编者注

通告①。如果您**在通告发出之前**能够阻止米兰人发表类似的声明,那么您就完全实现了我们的愿望。

最可笑的是,正是那些声明拥护汝拉人并从而谴责我们搞权威主义的都灵人,现在突然要求总委员会用一种它从来没有采取过的权威的方式去对付他们的对手都灵工人联合会348,开除那个根本不属于国际的《多事人报》的贝盖利,等等。而这一切都是要我们在听取工人联合会对这件事的意见以前就做!

星期一②我给您寄去了一份载有汝拉通告的《社会革命报》、一期日内瓦出版的《平等报》(可惜,载有日内瓦联合会委员会所作的答复③的那一期,我再也没有了,该委员会所代表的工人比汝拉人所代表的要多20倍)以及一期《人民国家报》,您从这期《人民国家报》中可以看出,在德国人们对这件事是怎样想的。萨克森区域代表大会——来自60个地方的120个代表——已**一致**声明拥护总委员会。349比利时代表大会(12月25—26日)要求修改章程,但是要求在**例行的**代表大会上(9月)进行修改。350我们每天都从法国收到拥护我们的声明。在英国这里,所有这些阴谋自然都得不到任何支持。总委员会决不会为了讨好几个阴谋家和妄自尊大的人而召开非常代表大会。只要这些先生们还不越出合法的范围,总委员会是乐意给他们行动自由的,这个由各式各样的人物结成的联盟很快就会自行瓦解;但是,只要他们做出什么违反章程或代表大会决议的事情,总委员会就要履行自

---

①马克思和恩格斯《所谓国际内部的分裂》,见《马克思恩格斯全集》中文第1版第18卷。——编者注

②1872年1月22日。——编者注

③《罗曼语区联合会委员会对松维利耶代表大会十六名参加者的通告的答复》。——编者注

恩格斯致泰奥多尔·库诺(1872年1月24日)

己的职责。

　　如果想一想,这些人是在什么时候——正好是在国际到处都受到极为残酷的迫害的时候——开始他们的阴谋的话,那就不能不想到,国际密探先生们在这件事情上是插了一手的。事实正是这样。在贝济耶,日内瓦的巴枯宁分子让警务总长①做了他们的通讯员!巴枯宁派的两个主要人物——里昂的阿尔伯·里沙尔和勃朗②曾经到过这里,并且向他们所要争取的一个里昂工人绍耳说,推翻梯也尔的唯一方法就是重新把波拿巴扶上王位,所以,他们是拿着**波拿巴的钱**周游各地,向流亡者进行**拥护波拿巴复辟的宣传**!这些先生们所谓的放弃政治就是如此!在柏林,俾斯麦资助的《新社会民主党人报》唱着完全同样的调子。俄国警察插手这件事情有多深,我暂且不去讨论,但是巴枯宁是彻头彻尾地卷进涅恰耶夫事件中去了。(他固然否认这一点,但是我们这里有原版的俄文报道,而马克思和我都懂俄文,所以他是无法骗过我们的。)[351]涅恰耶夫要么是俄国奸细,要么是进行过这样的活动;此外在巴枯宁的那些俄国朋友中还有各种形迹可疑的人物。

　　您丢掉了自己的职位,我感到很遗憾,我曾经特意给您写过信,要您避免能导致这种后果的所有活动;您住在米兰,这对国际说来要比**公开**活动所能取得的一点点效果重要得多;在秘密状态下也能做许多事,等等。如果我在翻译等方面能对您有所帮助的话,我将非常高兴地去做。不过您得告诉我,您能**从**哪种文字**译成**哪种文字,我**怎样**才能对您有所帮助。

---

　　①阿·布斯凯。——编者注
　　②加·勃朗。——编者注

　　既然警察狗仔把我的照片也扣下了,我现在随信另给您寄上一张,并请给我寄来两张您的照片,其中一张用来促使马克思小姐给您一张她父亲的照片(只有她还有几张好的)。

　　我还要提醒您当心和巴枯宁有联系的**一切**人物。紧紧地纠集在一起和进行阴谋活动是一切宗派的特点——**您提供的任何消息**(您可以确信这一点)都会立刻传到巴枯宁那里去。他的基本原则之一就是:信守诺言一类的事情纯系资产阶级偏见,真正的革命者为了事业必须始终加以蔑视。在俄国,他是公开这样说的,在西欧,这是秘密的信条。

　　请您**即刻**给我写信。如果我们能够使米兰支部不参加意大利其他各支部的大合唱,那就太好了。

　　敬礼和兄弟情谊。

您的　弗·恩格斯

1873年

139
恩格斯致莫里斯·拉沙特尔[352]

圣塞瓦斯蒂安

[草稿]

[1873年2月下半月于伦敦]

公民：

我接受您的关于撰写卡尔·马克思传略的建议，这个传略同时也是1848年以前德国共产党和1852年以后社会党的简史。

从这个角度撰写的一个人的传记会变成一个无疑以马克思为其最高体现的党的历史，这也会引起法国民主派的极大兴趣。正是这种考虑促使我放下我的工作，致力于这一著作，要写好这样一部同它的主题相称的著作，需要花费时间，也需要进行研究。但是我只有等您在下一封信里把您的条件告诉我之后才能开始工作，而您的条件——显然由于疏忽——在您2月14日的信里并没有提到。

140

恩格斯致马克思[353]

曼 彻 斯 特

1873年5月30日［于伦敦］

亲爱的摩尔：

今天早晨躺在床上，我脑子里出现了下面这些关于自然科学的辩证思想。

自然科学的对象是运动着的物质，物体。物体是离不开运动的，各种物体的形式和种类只有在运动中才能认识，处于运动之外，处于同其他物体的一切关系之外的物体，是谈不上的。物体只有在运动之中才显示出它是什么。因此，自然科学只有在物体的相互关系之中，在物体的运动之中观察物体，才能认识物体。对运动的各种形式的认识，就是对物体的认识。所以，对这些不同的运动形式的探讨，就是自然科学的主要内容。①

1.最简单的运动形式是**位置**移动(是在时间之中的——为了使老黑格尔高兴)——**机械**运动。

(a)**单个**物体的运动是不存在的；但是相对地说，可以把**下落**看做这样的运动。向着许多物体所共有的一个中心点运动。但是，只要

---

①卡·肖莱马在页边上写着："很好，这也是我个人的意见。卡·肖·"——编者注

单个物体不是向着中心而是向着**另外的**一个方向运动,那么,虽然它还是受**落体**运动定律的支配,但是这些定律已经变化成为[①]

(b)抛物线运动定律并直接导致几个物体的相互运动——行星等等的运动,天文学,平衡——在运动本身中的暂时的或表面上的平衡。但是,这种运动的**真正**结果最终总是运动着的诸物体的**接触**,一些物体落到另一些物体上面。

(c)接触的力学——相互接触的物体。普通力学,杠杆、斜面等等。但是**接触的作用并不就此穷尽**。接触直接表现为两种形式:摩擦和碰撞。二者都具有这样一种特性:在一定的强度和一定的条件下产生**新的**、不再仅仅是力学的作用,即产生**热、光、电、磁**。

2.本来意义上的物理学——研究这些运动形式的科学,它逐一研究了每种运动形式之后确认,在一定的条件下这些运动形式**互相转化**;并且最后发现,所有这些运动形式在一定的强度(因不同的运动着的物体而异)下就产生超出物理学范围的作用,即物体内部构造的变化——**化学**作用。

3.化学。过去,对于研究上述运动形式来说,无论研究的是有生命的物体或无生命的物体,都没有多大关系。无生命的物体所表现出来的现象甚至是**最纯粹**的。与此相反,化学只有在那些从生命过程中产生的物质身上才能认识最重要的物体的化学性质;人工制造这些物质越来越成为化学的主要任务。它构成了向关于有机体的科学的过渡,但是,这种辩证的过渡只是在化学已经完成或者接近于完成实际的过渡的时候才能实现。[②]

---

①卡·肖莱马在页边上写着:"完全正确!"——编者注
②卡·肖莱马在页边上写着:"这是最根本的!"——编者注

恩格斯1873年5月30日给马克思的信的第一页

4.有机体——在这里,我暂时不谈任何辩证法。①

由于你那里是自然科学的中心,所以你最有条件判断这里面哪些东西是正确的。

你的 弗·恩·

如果你们认为这些东西还有点意义,请不要对别人谈起,以免被某个卑鄙的英国人剽窃,加工这些东西总还需要很多时间。

141
马克思致恩格斯

伦 敦

1873年5月31日于[曼彻斯特]

多佛尔街25号

亲爱的弗雷德:

……我在这里向穆尔讲了一件我私下为之忙了好久的事。然而,他认为这个问题无法解决,至少暂时无法解决,因为涉及这个问题的因素很多,而且大部分还有待于发现。事情是这样的:你知道那些统计表,在表上,价格、贴现率等等在一年内的变动等情况是以上升和下降的曲线来表示的。为了分析危机,我不止一次地想计算出这

---

①卡·肖莱马在页边上写着:"我也不谈。卡·肖·"——编者注

389

些作为不规则曲线的升和降,并曾想用数学方式从中得出危机的主要规律(而且现在我还认为,如有足够的经过整理的材料,这是可能的)。如上所说,穆尔认为这个问题暂时不能解决,我也就决定暂且把它搁下……

142

恩格斯致奥古斯特·倍倍尔

胡贝图斯堡

1873年6月20日于伦敦

亲爱的倍倍尔:

……至于党对拉萨尔主义的态度,您自然能够比我们更好地判断应当采取什么策略,特别是在个别场合下。但是,也应当考虑到下述情况。当人们像您一样在一定程度上处于和全德工人联合会[182]竞争的地位时,就容易过于顾忌对手,并且习惯于在一切事情上都首先想到对手。但是,全德工人联合会和社会民主工党二者合起来,在德国工人阶级中也只占无足轻重的少数。根据我们的已经由长期的实践所证实的看法,宣传上的正确策略并不在于经常从对手那里把个别人物和一批批成员争取过来,而在于影响还没有卷入运动的广大群众。我们自己从荒地上争取到的每一个新生力量,要比十个总是把自己的错误倾向的病菌带到党内来的拉萨尔派倒戈分子更为宝贵。如果能够只是把群众争取过来,而不要他们的**地方首领**,那也不错。

然而总还得附带接受一大批这样的首领,这些人即使没有被自己过去的观点所束缚,也被自己过去公开发表的言论所束缚,他们首先想证明:他们并没有放弃自己的原则,倒是社会民主工党在宣扬**真正的拉萨尔主义**。这就是爱森纳赫[354]的不幸,这在当时也许是不可避免的,但这些人无疑是危害了党,而且我不知道,要是没有他们参加,党在今天是否起码就不会同样强大。但是无论如何我认为,如果让这些人的势力得到加强,那将是一个不幸。

不要让"团结"的叫喊把自己弄糊涂了。那些口头上喊这个口号喊得最多的人,恰好是煽动不和的罪魁;现在瑞士汝拉的巴枯宁派正是如此:他们是一切分裂的制造者,可是叫喊团结叫喊得最响。这些团结狂,或者是一些目光短浅的人,想把一切都搅在一锅稀里糊涂的粥里,但是这锅粥只要沉淀一下,其中的各种成分正因为是在一个锅里,就会以更加尖锐的对立形式再现出它们之间的差别(在德国,最好的例子是那些宣扬工人和小资产者调和的先生们);或者就是一些无意(如米尔柏格)或有意伪造运动的人。正因为如此,最大的宗派主义者、争论成性者和恶徒,在一定的时机会比一切人都更响亮地叫喊团结。在我们的一生中,这些大嚷团结的人给我们造成的麻烦和捣的鬼,比任何人都多。

自然,任何党的领导都希望看到成功,这也是很好的。但是在某些情况下,需要有勇气为了更重要的事情而牺牲**一时的**成功。尤其是像我们这样的政党,它的最后的成功是绝对不成问题的,它在我们这一生中并且在我们眼前已获得了如此巨大的发展,所以它决不是始终无条件地需要一时的成功。以国际为例。它在巴黎公社之后获得了巨大的成功。吓得要死的资产者认为它是个万能的东西。国际本身的大批成员以为,这样的情形会永远继续下去。我们深知,气泡是**一定**

恩格斯致奥古斯特·倍倍尔(1873年6月20日)

要破灭的。什么乌七八糟的人都钻到国际里来了。它里面的宗派主义者猖狂起来,滥用国际,希望会容许他们去干极端愚蠢而卑鄙的事情。我们没有容忍这种情况。我们很清楚,气泡总有一天是要破灭的,我们所关心的不是使灾祸推迟到来,而是设法使国际纯净清白地从灾祸中脱身出来。气泡在海牙破灭了[355],您知道,大会的多数代表都怀着沉重的失望心情回家去了。而几乎所有这些误以为可以在国际中找到博爱和调和的理想的失望者,在自己家里进行了比在海牙激烈得多的争吵!现在,好争吵的宗派主义者竟宣扬起调和来了,而且还诬蔑我们好争吵,说我们是独裁者!如果我们在海牙采取调和的态度,如果我们掩饰分裂的爆发,那么,结果将会怎样呢?宗派主义者,特别是巴枯宁派,就会有一年之久的时间以国际的名义干出许多更加愚蠢而无耻的事情;最发达的国家的工人就会厌恶地背过身去;气泡就不会破灭,它将由于被针刺破而慢慢地瘪下去,而势必带来危机的下一次代表大会,则会变成无耻之徒的丑剧,因为**原则**早已在海牙牺牲掉了!在这种情况下,国际确实就会灭亡,会因"团结"而灭亡!而我们并没有这样做,现在我们光荣地摆脱了腐败分子(出席最后一次有决定意义的会议的公社委员们说,从来没有一次公社会议像这一次对欧洲无产阶级叛徒所进行的审判会那样给他们以如此强烈的印象);我们让他们在10个月中尽一切力量撒谎,诽谤,搞阴谋,而结果怎样呢?他们,即所谓的国际大多数的代表现在自己声明说,他们不敢出席下一次的代表大会(详见和这封信同时送交《人民国家报》的那篇文章①)。如果我们不得不再一次采取行动的话,大体说来,我们

---

①恩格斯《在国际中》,见《马克思恩格斯全集》中文第1版第18卷。——编者注

还会这样做;当然,策略上的错误总是可能犯的。

无论如何,我相信,拉萨尔派中的优秀分子会逐渐地自己来投靠你们,所以,在果实成熟以前,就像团结派所希望的那样把它摘下来,那是不明智的。

顺便提一句,老黑格尔早就说过:一个党如果**分裂**了并且经得起这种分裂,这就证明自己是胜利的党。[①]无产阶级的运动必然要经过各种发展阶段;在每一个阶段上都有一部分人停留下来,不再前进。仅仅这一点就说明了,为什么"无产阶级的团结一致"实际上到处都是在各种不同的党派中实现的,这些党派彼此进行着生死的斗争,就像在罗马帝国里处于残酷迫害下的各基督教派一样。

您也不应当忘记,比如《新社会民主党人报》比《人民国家报》的订户多,原因在于每个**宗派**都必然是狂热的,而由于这种狂热心理——特别是在宗派还新鲜的地方(例如全德工人联合会在石勒苏益格—荷尔斯泰因),它获得的一时的成功要比没有任何宗派怪癖而只代表真正运动的政党所能获得的大得多。然而狂热心理是不能持久的……

---

①参看黑格尔《精神现象学》中的《启蒙的真理性》一节。——编者注

143

恩格斯致路德维希·库格曼

汉 诺 威

1873年7月1日于伦敦

亲爱的库格曼：

关于马克思病情的所有消息都是从糊涂虫巴里那里来的，他把有关此事的消息在报纸上发表了[356]，等他露面的时候，将给他以应有的斥责。

事情本身是这样的：马克思若干年来就时常失眠，而且越来越严重，他为这种病作了各种各样的荒唐的解释，比如他说这是久治未愈的喉性咳嗽造成的；但是，在咳嗽痊愈以后，失眠还是照旧。《资本论》法译本[357]给他带来的繁重工作(可以说，他必须重新翻译)，出版者①的催促以及与此有关的其他不愉快的事情，使病情恶化，但是他不愿停止过于繁重的工作，最后他开始感到头顶受到剧烈的压迫，失眠更加严重，甚至服用很大剂量的三氯乙醛也不起作用了。这种情况我是熟悉的，因为鲁普斯②有过这种经历，他一开始也是工作累病的；医生对他没有在意，后来又误诊为脑膜炎；我当时就对马克思说，

---

①莫·拉沙特尔。——编者注
②威·沃尔弗。——编者注

他的情况和鲁普斯一样,应当停止工作。起初他想用一些蹩脚的玩笑支吾过去,但是他自己很快发觉,他越是勉强工作,工作能力就越弱;因此我劝他到曼彻斯特去请教龚佩尔特。①那时龚佩尔特正好在策勒他表兄弟瓦克斯上尉那里,这样,在他到来之前,马克思就有可能在曼彻斯特休息大约12天。我写信把我的看法告诉了龚佩尔特,而且对他说,马克思通常很快就能恢复健康。龚佩尔特完全同意我的意见,并给马克思作了严格的规定:工作时间上午不能超过两小时,晚上也不能超过两小时,必须进早餐,早餐后必须运动,饮用苏打水冲淡的葡萄酒,多活动,保持大便通畅(这种处方我从来没有见过),在持续失眠时服用很大剂量的三氯乙醛,等等。马克思从曼彻斯特回来时情况大为好转,虽然不能指望他一直保持这样的状态,但是,现在甚至在不舒服的日子里,他也比从前好得多了。我想让他马上把旧的工作习惯改变一段时间,其实这也是龚佩尔特给他规定的根本治疗措施;只要他能休息两三个星期,呼吸一些新鲜空气,他很快就能变得壮实一些。不管怎样,他现在不服三氯乙醛每晚可睡四五个小时,午饭后睡一至一个半小时,这已经比他几乎整整一年来通常的睡眠时间多了。例如,在海牙**他几乎根本不能入睡**。此外,这一次他知道,情况是严重的,他简直是在过分严格地执行规定;由于病情的任何恶化都能立即发现,所以我总是能够及时地劝他休息和养病。

至于其他方面,我们这里的情况还可以。燕妮②很快就要分娩了(但是绝对**不要**让她知道这件事是我写信告诉你的)。拉法格和我已经根据代表大会的决议写完了关于巴枯宁和同盟的文章,一经委员

①马克思1873年5月抵达曼彻斯特,大约6月3日离开。——编者注
②燕·龙格。——编者注

会同意，就可刊印，³⁵⁸这将引起一场轩然大波。拉法格和杜邦开办了一个铜管乐器厂，以便利用杜邦得到的专利权；赛拉叶是他们的销售员；若昂纳尔去了利物浦，维沙尔打算经商，莫特斯赫德仍像以前那样喝酒。黑尔斯和荣克想在这里制造分裂的企图完全失败了，埃卡留斯在议会还没有解散的时候就已销声匿迹。其他的消息我寄给了《人民国家报》，你在最近的一号上可以看到①。

衷心问好。

你的　弗·恩格斯

144

马克思致弗里德里希·阿道夫·左尔格

霍　博　肯

1873年9月27日［于伦敦］

亲爱的左尔格：

……鉴于欧洲的形势，我认为，暂时让国际这一形式上的组织退到后台去，是绝对有利的，但是，如果可能的话，不要因此就放弃纽约的中心点而让培列之流的白痴或克吕泽烈之流的冒险家篡夺领导权并败坏整个事业。事变的发生以及形势的不可避免的发展和复杂

---

①恩格斯《在国际中》，见《马克思恩格斯全集》中文第1版第18卷。——编者注

化将会自然而然地促使国际在更完善的形式下复活。在目前,只要同各个国家中最能干的人物不完全失去联系就够了,另外,根本不要去考虑地方性的日内瓦决议[359],干脆不要去理会它。那里作出的唯一的好决议——推迟两年召开代表大会,对这种活动方式是有利的。此外,这也会使目前大陆各国政府在**即将进行的反动的十字军征讨**中利用国际的幽灵这种打算落空,确切地说,资产者会以为这个幽灵在各地已经被顺利地埋葬了……

1874年

145

恩格斯致弗里德里希·阿道夫·左尔格

霍 博 肯

1874年9月12[—17]日于伦敦

亲爱的左尔格:

……在你退出以后[360],旧国际算是完全终结了。这也是件好事。它是属于第二帝国时期的东西,当时笼罩着整个欧洲的压迫,要求刚刚复苏的工人运动实现统一和抛开一切内部争论。在那个时候,无产阶级共同的世界性的利益能够提到首要地位了。德国、西班牙、意大利、丹麦刚刚加入了运动,或者正在加入运动。在1864年,运动本身的理论性质在整个欧洲,即在群众中间,实际上还是很模糊的,德国共产主义还没有作为工人政党而存在,蒲鲁东主义很弱,还不能夸耀它的那一套特别的幻想,巴枯宁的那一套新的荒谬货色甚至在他自己的头脑里都还不存在,连英国工联的领袖们也认为可以按照章程①的导言中所规定的纲领加入运动。第一个伟大的成就必然打破各个派别的这种幼稚的联合。这个成就就是巴黎公社,公社无疑是国际的精神产儿,尽管国际没有动一个手指去促使它诞生;要国际在一

---

① 马克思《协会临时章程》,见《马克思恩格斯全集》中文第2版第21卷。——编者注

定程度上对公社负责是完全合理的。当国际由于公社而在欧洲成为一种道义上的力量时,争吵马上就开始了。各个派别都想利用这个成就。不可避免的瓦解开始了。由于看到唯一真正打算按照广泛的旧纲领继续工作的人们——德国共产党人——的力量日益增长而产生的忌妒心,驱使比利时的蒲鲁东主义者投入了巴枯宁主义冒险家的怀抱。海牙代表大会[355]实际上是一个终结,而且对于两派来说都是如此。当时还能够以国际的名义做出点事情的唯一的国家就是美国,因而出于健全的本能就把最高领导机关搬到那里去了。可是现在,国际在美国也没有威望了。任何想注入新生命的进一步的努力,都会是愚蠢而徒劳的。10年来,国际支配了欧洲历史的一个方面,即蕴藏着未来的一个方面,它能够自豪地回顾自己的工作。可是,它的旧形式已经过时了。要创立一个像旧国际那样的新国际,即世界各国各无产阶级政党的联盟,需要有对工人运动的普遍镇压,即像1849—1864年那样的情形。可是现在的无产阶级世界太大、太广了,要达到这一点已不可能了。我相信,下一个国际——在马克思的著作产生了多年的影响以后——将是纯粹共产主义的国际,而且将直截了当地树立起我们的原则⋯⋯

146

恩格斯致马克思

汉　　堡

1874年9月21日于伦敦

亲爱的摩尔：

　　……我正埋头研究关于本质的理论。从泽西岛回来后，我在这里找到了丁铎尔和赫胥黎在贝尔法斯特的演说[361]，其中再次暴露出这些人在自在之物面前完全陷入困境，因而渴求一种解救的哲学。这促使我在排除了头一个星期的各种干扰之后，重新投入辩证法的研究。虽然大《逻辑》①在真正辩证法的意义上更加深刻地触及事物的本质，但自然科学家有限的智力却只能利用它的个别地方。相反，《全书》②中的论述似乎是为这些人写的，例证大都取自他们的研究领域并极有说服力，此外由于论述比较通俗，因而唯心主义较少。我不能也不想使这些先生们免遭研究黑格尔本身的惩罚，可以说这里是真正的宝藏，况且老头子给他们提出了现在也还很伤脑筋的难题。不过，丁铎尔的开幕词是迄今为止在英国的这类会议上所发表的最大胆的演说，它给人以强烈的印象并引起了恐惧。显然，海克尔的远为

---

　　①黑格尔《逻辑学》。——编者注

　　②黑格尔《哲学全书纲要》。——编者注

坚决的姿态使他坐立不安。我这里有一份**一字不差地**登在《自然界》上的演说全文，你可以读一读。他对伊壁鸠鲁的推崇会使你发笑。可以肯定的是，就回到真正思考问题的自然观而论，在英国这里要比在德国认真得多，在这里人们不是到叔本华和哈特曼那里去，而至少是到伊壁鸠鲁、笛卡儿、休谟和康德那里去寻求出路。对他们来说，18世纪的法国人当然依旧是禁忌……

1875年

147

马克思致玛蒂尔达·贝瑟姆-爱德华兹

伦　　敦

1875年7月14日于[伦敦]西北区

梅特兰公园月牙街41号

先生：

在您写的《国际工人协会》[362]一文中,有事实错误,对其中一些错误,我想提醒您注意。不过,在此之前,请允许我对您的下述论断表示惊讶：

"我们相信,这一著作(《**资本论**》)的节译本马上就要出版。"

我保留有翻译权,而且在德国和英国之间有版权协定。因此,我当然要阻止任何这类**未经我事先准许的**删节本的发行。删节会给**译者**(*traduttore*)变为**背叛者**(*traditore*)提供特别方便的条件。甚至**校订**在巴黎**分册**出版的未经删节的法译本[357],也比我用法文重写这整部书还要费劲。

我估计您认识译者,并且我很希望避免一场诉讼的麻烦,所以不揣冒昧,将此事写信告诉您。

至于您文章中存在的事实错误,我只谈几点。

您写道：

马克思致玛蒂尔达·贝瑟姆-爱德华兹(1875年7月14日)

　　"《**资本论**》是在蒲鲁东关于'**政治经济学的错误**'的论著发表后不久问世的,马克思**在标题为《哲学的贫困》的篇幅不大的一章中**答复了蒲鲁东的《**贫困的哲学**》一章",等等。

　　针对蒲鲁东的大部头著作《**经济矛盾的体系,或贫困的哲学**》,我是用法文写了一本小册子《**哲学的贫困**》来回答的。这本小册子出版于1847年,而《**资本论**》则是在20年之后即1867年才出版。我推测,您是被弗里布尔的一本最不可信的关于"国际"的著作[1]误导了。

　　您在全文引用国际的章程导言和成立宣言的一些段落时,不知道实际上是在援引我写的著作,而您在转引一篇没有署名和没有日期的演说中的一些论断时,却说这些论断"一定是出自马克思博士本人的手笔"。可惜并非如此。我在《弗雷泽杂志》上读到这篇演说以前,从未见过它。它显然是我的一个拥护者写的,但是,它同时包含着一些不明确的用语,我不愿意别人把这些用语说成是我写的。

　　马志尼和布朗基同**国际**总委员会从来没有过任何"通信"。**国际**建立时,有一些追随马志尼的意大利工人以及马志尼的一个代理人沃尔弗少校(在巴黎公社时期发现的文件证明他曾经是一个领取波拿巴**警察局长**的定期津贴的警探)成了总委员会的成员。沃尔弗提出了众所周知的由马志尼写的成立宣言和章程。因为两个文件都被拒绝,而我所草拟的被接受,所以不久之后,马志尼就唆使他的追随者退出了总委员会,此后,马志尼一直到死都是国际的最不可调和的敌人。奥尔西尼(那位意大利爱国者[2]的兄弟)从未出席过总委员会的会议,他从未在那里作过关于什么问题的任何报告——有意义的或无意义的。他

---

　　①厄·爱·弗里布尔《国际工人协会》1871年巴黎版。——编者注

　　②费·奥尔西尼。——编者注

只是就他在美国的活动和我有过私人通信。

波特尔从来就不是"国际"的会员,黑尔斯没有出席过巴塞尔代表大会[283],等等。

先生,我荣幸地向您表示最崇高的敬意。

卡尔·马克思

148

恩格斯致奥古斯特·倍倍尔

莱 比 锡

1875年10月12日于伦敦

亲爱的倍倍尔:

您的来信完全证实了我们的看法:这种合并[363]从我们这方面来说是太轻率了,而且它本身就包含着将来分裂的萌芽。如果这种分裂能推迟到下届帝国国会选举[364]以后,那就很好了……

现在的这个纲领[365]包括三个部分:

(1)拉萨尔的词句和口号,接受这些东西是我们党的一种耻辱。如果两派想就共同的纲领达成一致,那就应当把双方一致同意的东西写入纲领,而不涉及双方不一致的地方。诚然,拉萨尔的国家帮助也曾列入爱森纳赫纲领[366],但是,在那里它不过是许多**过渡措施**中的**一个**,而且就我所听到的一切来看,可以相当肯定地说,**要不是**合并,它就会在今年的代表大会上根据白拉克的提案[367]被删掉了。现在它却被看做医治一切社会病症的万无一失的和唯一的良药。让别人把"铁的工资规律"和拉萨尔的其他词句强加在自己头上,这是我们党在道义上的一次巨大失败。我们的党改信拉萨尔的信条了。这是怎么也否认不了的。纲领的这一部分是卡夫丁轭形门[368],我们党就从这下面爬向神圣拉萨尔的赫赫声名;

(2)民主要求,这些要求完全是按照人民党[305]的精神和风格拟出的;

(3)向"**现代国家**"提出的要求(不知道其余的"要求"究竟应当向谁提),这些要求是非常混乱和不合逻辑的;

(4)一般性的论点,多半是从《共产主义宣言》[①]和国际的章程[②]中抄来的,但是修改得不是把内容**全部弄错**,就是变成了**纯粹的谬论**,正如马克思在您熟知的那篇文章[③]中所详细指出的那样。

整个纲领都是杂乱无章、混乱不堪、毫无联系、不合逻辑和丢人现眼的。要是资产阶级新闻出版界有一个有批判头脑的人,他就会把这个纲领逐句加以研究,弄清每句话的真实含义,极其明确地指出荒诞无稽的地方,揭露出矛盾和经济学上的错误(例如,其中说劳动资料今天为"资本家阶级所垄断",似乎地主已经不存在了;不说工人阶级的解放,而胡说"**劳动的解放**",其实劳动本身在今天恰恰是**过分自由了!**),从而把我们的整个党弄得非常可笑。资产阶级新闻出版界的蠢驴们没有这样做,反而以非常严肃的态度来对待这个纲领,领会出其中所没有的东西,并作了共产主义的解释。工人们似乎也是这样做

---

①即《共产党宣言》。——编者注

②马克思《国际工人协会共同章程》,见《马克思恩格斯文集》第3卷。——编者注

③马克思《哥达纲领批判》,见《马克思恩格斯文集》第3卷。——编者注

的。**仅仅是由于这种情况**，马克思和我才没有公开声明这个纲领同我们毫无关系。当我们的敌人和工人都把我们的见解掺到这个纲领中去的时候，我们可以对这个纲领保持沉默。

如果您对人事问题上的结果感到满意，那就是说，我们这方面的要求一定已降得相当低了。两个是我们的人，三个是拉萨尔分子！369因此，在这里，我们的人也不是享有平等权利的同盟者，而是战败者，并且从一开始就决定了要处于少数地位。委员会的活动，就我们所知道的来说，也不是令人欣慰的：(1)通过决议，**不**把白拉克的和伯·贝克尔的关于拉萨尔主义的两本著作收进党的文献目录；至于这个决议又被撤销了，这与委员会无关，也与李卜克内西无关；370(2)禁止瓦尔泰希接受宗内曼向他提出的担任《法兰克福报》通讯员的建议。这是宗内曼亲自告诉路过那里的马克思的①。使我感到惊奇的，与其说是委员会的妄自尊大和瓦尔泰希对委员会不是嗤之以鼻而是唯命是从，不如说是这项决议的极端愚蠢。委员会倒是应该设法使得像《法兰克福报》那样的报纸在各地都**只**由我们的人为它服务。

……这整个事件是一次富有教育意义的试验，它即使在这种情况下也还有希望取得极其有利的结果，在这一点上，您是完全正确的。这样的合并只要能维持两年，就是一个很大的成功。但是，它无疑是可以用小得多的代价取得的。

---

①参看马克思1875年8月21日给恩格斯的信。——编者注

149

恩格斯致奥古斯特·倍倍尔

莱 比 锡

1875年10月15日 [于伦敦]

……①不过我认为,印刷所371的法律地位必定发生了很大变化。我希望得到有关这方面的解释,并请一并说明:究竟有什么保证,可以做到一旦发生分裂时整个印刷所不致被执行委员会中的拉萨尔多数派所攫取。

我从搬迁这件事上间接得知,购置自己的厂房的计划已被放弃或者成为多余的了。这当然很好,因为对于我们这样一个穷党来说,只有在极端必要的情况下才允许把钱投入不动产。第一,把钱作为经营资金可以使用得更好一些;第二,在德国,当有关政治问题的法规极不稳定时,根本无法预料,一旦出现严重的反动局面,不动产将会遇到什么情况。

我们在葡萄牙又有了报纸——《抗议报》。在那里尽管政府和资产阶级设置了很大的障碍,但运动仍在向前推进。

在第104号上给马克思那本"反蒲鲁东"的书中的一句话——"经济学家和社会主义者在谴责同盟这一点上是一致的"——加了一个

---

①原信开头部分缺损。——编者注

不可理解的注释,说这是指"蒲鲁东一类的社会主义者",马克思对此非常不满。[372]第一,当时除蒲鲁东本人外根本不存在蒲鲁东一类的社会主义者。第二,马克思的论断适用于**所有**那时已经出现的以**罗伯特·欧文**为首的社会主义者(我们两人是例外,我们当时在法国还不为人所知),只要他们谈论同盟!这一论断同样适用于欧文主义者和卡贝这样的法国人。因为在法国没有结成同盟的权利,所以在那里这个问题也就很少涉及。但是,因为在马克思以前只有封建的、资产阶级的、小资产阶级的或空想的社会主义或者由这种种成分混合而成的社会主义,所以很明显,所有这些社会主义者,每一个人都说自己拥有某种万应灵药,而每一个人又都完全站在真正的工人运动之外,他们把**任何**形式的真正的运动,从而把同盟和罢工,都看成一种歧途,认为它会引导群众离开唯一可以得救的真正信仰的道路。您可以看出,这个注释不仅是错误的,而且是绝顶荒谬的。但是,对我们的人,至少是其中某些人来说,似乎不可能在他们的文章里只限于写自己真正了解的东西。Kz①、辛马霍斯②以及其他诸如此类的人所写的以社会主义理论为内容的长得像绦虫一样的文章就是证明,这些人在经济学上的错误、各种荒谬观点以及对社会主义文献的一无所知,都是彻底摧毁到现在为止德国运动在理论方面的优势的有效手段。马克思几乎要为这个注释发表一篇声明。

但是牢骚发够了。但愿对这种缺乏考虑的轻率的合并所寄予的种种希望和期待能够实现;但愿能够使拉萨尔派的群众抛弃对拉萨尔的迷信而理智地看待他们的实际的阶级地位;但愿那像二乘二等

---

①1875年《人民国家报》发表的一系列文章的作者署名。——编者注
②卡·考茨基的笔名。——编者注

于四一样肯定不可避免的分裂能够在对我们有利的情况下发生。但是要求我也相信这一切,这似乎太过分了。

如果不算德国和奥地利的话,我们应当最密切注意的国家仍然是俄国。那里也像我们这里一样,政府是运动的主要同盟者,但它是比我们的俾斯麦们、施梯伯们、泰森多夫们要好得多的同盟者。现在可以说占统治地位的俄国宫廷党,企图把1861年及以后数年的"新纪元"[373]时期所作的一切让步重新推翻,而且是使用地道的俄国手段。例如,现在又只许"上等阶层的子弟"上大学,而为了做到这一点,就使其他一切人在中学毕业考试时不及格。仅仅在1873年这一年遭到这种命运的青年人就不下24 000人,这些青年人一生的前途就因此被葬送了,因为他们连当小学教员也被绝对禁止!尽管如此,人们还是对"虚无主义"在俄国的蔓延感到惊讶。要是瓦尔斯特(他是懂俄文的)愿意把在柏林由贝尔出版的**自由主义**反对派的一些小册子①加一加工,或者找一个波兰文较好的人读读伦贝格的报纸(例如《波兰报》或《人民日报》),并且作一些有关的摘录,那么,《人民国家报》就可以在俄国问题上成为欧洲首屈一指的报纸。看来下一场舞蹈很可能是在俄国开演。如果这种事情发生在德意志普鲁士帝国和俄国之间的**不可避免的**战争期间(而这是很可能的),那它对德国的反作用也是不可避免的。

马克思向您衷心问好。

忠实于您的　弗·恩格斯

衷心问候李卜克内西。

---

　　①大概是指1875年在柏林出版的亚·柯舍列夫的小册子《我们的状况》和《论俄国的公社土地占有制》。——编者注

150

恩格斯致彼得·拉甫罗维奇·拉甫罗夫

伦　敦

1875年11月12—17日于伦敦

亲爱的拉甫罗夫先生：

从德国旅行回来以后，我终于能够来谈一谈您的那篇文章①了，我刚刚怀着极大的兴趣读完了它。以下是我对这篇文章的意见，意见是用德文写的，这样可以叙述得简洁些。374

（1）在达尔文的学说中我接受他的**进化论**，但是我认为达尔文的证明方法(生存斗争、自然选择)只是对一种新发现的事实所作的初步的、暂时的、不完善的说明。在达尔文以前，现在到处都只看到生存**斗争**的那些人(福格特、毕希纳、摩莱肖特等)所强调的正是有机界中的**合作**，植物界怎样给动物界提供氧和食物，反过来动物界怎样给植物界提供碳酸和肥料，李比希就曾特别强调这一点。这两种见解在一定范围内都是有一定道理的，但两者也都同样是片面的和褊狭的。自然界中物体——不论是无生命的物体还是有生命的物体——的相互作用既有和谐，也有冲突，既有斗争，也有合作。因此，如果有一个

①彼·拉·拉甫罗夫《社会主义和生存斗争》，载于1875年9月15日《前进!》第17号。——编者注

所谓的自然科学家想把历史发展的全部丰富多样的内容一律概括在"生存斗争"这一干瘪而片面的说法中,那么这种做法本身就已经对自己作出了判决,这一说法即使用于自然领域也还是值得商榷的。

(2)在您所列举的三个"坚定的达尔文主义者"中,看来只有赫尔瓦尔德值得一提。泽德利茨顶多只能说是一个小有才气的人物,而罗伯特·比尔是一个小说家,他的小说《三次》目前正在《海陆漫游》杂志上发表。那里也正是他夸夸其谈的好地方。

(3)我要把您的那种攻击法叫做心理攻击法,这种方法的优点我并不否认,但是我宁愿选择另一种方法。我们每一个人都或多或少地受着我们主要在其中活动的精神环境的影响。对于俄国(您对自己在那里的读者了解得比我清楚),对于依靠"感情上的联系",依靠道义感的宣传性刊物,您的方法可能是比较好的。对于德国,由于虚伪的温情主义已经并且还在继续造成闻所未闻的危害,这种方法并不合适,它会被误解,会被歪曲为温情主义的。我们更需要的是恨,而不是爱(至少在最近期间),而且首先要抛弃德国唯心主义的最后残余,恢复物质事实的历史权利。因此,我向这些资产阶级达尔文主义者进攻时(也许在适当时候这样做),大概会采取下述方式:

达尔文的全部生存斗争学说,不过是把霍布斯关于一切人反对一切人的战争[146]的学说和资产阶级经济学的竞争学说以及马尔萨斯的人口论[73]从社会搬到生物界而已。变完这个戏法以后(正像我在第一点中已经指出的,我否认它是无条件合理的,特别是同马尔萨斯的学说相关的东西),再把同一种理论从有机界搬回历史,然后就断言,已经证明了这些理论具有人类社会的永恒规律的效力。这种做法的幼稚可笑是一望而知的,根本用不着对此多费唇舌。但是,如果我想比较详细地谈这个问题,那么我就要首先说明他们是蹩脚的**经济**

学家,其次才说明他们是蹩脚的自然科学家和哲学家。

(4)人类社会和动物界的本质区别在于,动物最多是**采集**,而人则**从事生产**。仅仅由于这个唯一的然而是基本的区别,就不可能把动物界的规律直接搬到人类社会中来。由于这种区别,就有可能,如您所正确指出的,使

"人不仅为生存而斗争,而且为享受,为增加自己的享受而斗争……准备为取得高级的享受而放弃低级的享受"①。

在不否定您由此得出的进一步结论的情况下,我从我自己的前提出发将进一步作出下面的结论。人类的生产在一定的阶段上会达到这样的高度:能够不仅生产生活必需品,而且生产奢侈品,即使最初只是为少数人生产。这样,生存斗争——我们暂时假定这个范畴在这里是有效的——就变成为享受而斗争,不再是单纯为**生存**资料而斗争,而是为**发展**资料,为**社会地生产出来的**发展资料而斗争,对于这个阶段,来自动物界的范畴就不再适用了。但是,如果像目前这样,资本主义方式的生产所生产出来的生存资料和发展资料远比资本主义社会所能消费的多得多,因为这种生产人为地使广大真正的生产者同这些生存资料和发展资料相隔绝;如果这个社会由于它自身的生存规律而不得不继续扩大对它来说已经过大的生产,并从而周期性地每隔10年不仅毁灭大批产品,而且毁灭生产力本身,那么,"生存斗争"的空谈还有什么意义呢?于是生存斗争的含义只能是,生产者阶级把生产和分配的领导权从迄今为止掌握这种领导权但现在已经无力领导的那个阶级手中夺过来,而这就是社会主义革命。

---

①见彼·拉·拉甫罗夫《社会主义和生存斗争》。——编者注

顺便提一下,只要把迄今的历史视为一系列的阶级斗争,就足以看出,把这种历史理解为"生存斗争"的稍加改变的翻版,是如何肤浅。因此,我是决不会使这些冒牌的自然科学家称心如意的。

(5)由于同样的理由,我想用相应的另一种措辞来表述您的下面这个实质上完全正确的论点:

> "为了便于斗争而团结起来的思想,最后能够……发展到把全人类都包括在内,使全人类作为一个团结一致的兄弟社会,而与另一个矿物、植物和动物的世界相对立。"①

(6)但是,另一方面,我不能同意您认为"一切人反对一切人的斗争"是人类发展的第一阶段的那种说法。在我看来,社会本能是从猿进化到人的最重要的杠杆之一。最初的人想必是群居的,而且就我们所能追溯到的来看,我们发现,情况就是这样。

———

11月17日

我再次被打断了,今天又拿起这封信,以便给您寄去。您可以看出,我的这些意见与其说是与您的攻击的内容有关,倒不如说是与您的攻击的形式和方法有关。但愿您会觉得我的这些意见写得够清楚了。这是我仓促写成的,重读之后,本想把许多词句修改一下,但是又担心会把信改得字迹难以辨认。

衷心问好。

弗·恩格斯

---

① 见彼·拉·拉甫罗夫《社会主义和生存斗争》。——编者注

1876年

151

恩格斯致马克思

伦　敦

1876年5月28日于拉姆斯盖特

亲爱的摩尔：

　　你说得倒好。你可以躺在暖和的床上，研究具体的俄国土地关系和一般的地租，没有什么事情打搅你。我却不得不坐硬板凳，喝冷酒，突然又把一切都搁下来去收拾无聊的杜林。[375]但是，既然我已卷入一场没完没了的论战，那也只好这样了；否则我是得不到安宁的。此外，友人莫斯特对杜林的《哲学教程》的吹捧①已明确地给我指出，应当从哪里进攻和怎样进攻。这本书一定要仔细读一读，因为它在许多关键问题上更明显地暴露了《经济学》[376]中所提出的论断的弱点和基础。我将立即订购这本书。实际上，该书根本没有谈到真正的哲学——形式逻辑、辩证法、形而上学等等，它倒论述了一般的科学理论，在这里，自然、历史、社会、国家、法等等都是从某种所谓的内部联系方面加以探讨的。该书还有一整章描写未来社会或所谓"自由"社会，其中从经济方面说得极少，却为未来的初等学校和中等学校拟订

---

　　①指约·莫斯特《一位哲学家》初稿。这篇文章发表在1876年9—10月《柏林自由新闻报》上。——编者注

好了教学计划。所以,这本书暴露出的平庸性比他的经济著作更直截了当,把这两本书放在一起看,就能同时从这一方面来揭露这个家伙。对于评论这位贵人的历史观(即认为杜林之前的东西全都没有价值),这本书还有一个好处,这就是可以从中引证他自己说的尖刻话。无论如何,他现在已经落到我的手里。①我的计划已经订好——j'ai mon plan。开始时我将纯粹就事论事地、看起来很认真地对待这些胡说,随着对他的荒谬性和平庸性这两个方面的揭露越来越深入,批判就变得越来越尖锐,最后给他一顿密如冰雹的打击。这样一来,莫斯特及其同伙就没有借口说什么"冷酷无情"等等了,而杜林则受到了应得的惩罚。要让这些先生们看到,我们用来对付这种人的不只是**一种**办法。

我希望威廉②在《新世界》上登载莫斯特的文章,这篇文章显然就是为《新世界》写的。莫斯特总是不会抄书,竟把自然科学中最可笑的谬论,如**环体**和**恒星**分离说(根据康德的理论),安在杜林头上!

对于威廉来说,问题不仅仅在于缺乏稿件,如果缺乏稿件,那可以采取赫普纳和布洛斯那时的做法,用刊登其他时事文章等等来补救。问题在于,威廉一心想要弥补我们理论的不足,对庸人的一切异议给以回答,并且描绘出未来社会的图景,因为庸人毕竟也会在这方面向他们提出问题;同时,威廉还一心想在理论方面尽量离开我们而独立,由于他在理论上一窍不通,所以他在这方面总是走得比他自己意料的远得多。他因此也就使我不得不认为,同《人民国家报》的那些理论上的蠢材相比,杜林总还是一个有学问的人,他的著作总还比那

---

① 套用莎士比亚的喜剧《威尼斯商人》第4幕第1场中的一句话。——编者注
② 威·李卜克内西。——编者注

些在主观上和客观上都糊涂的先生们的著作要好一些。

关于土耳其事件,你的见解完全正确;我只是希望事态顺利地向前发展;最近一周,事态看来有些停滞,而东方革命比其他革命更加要求迅速的决断。苏丹①在宫廷中聚积了大量金银财宝——这就是对他永无止境地搜刮钱财怨声载道的原因——,数量相当之大,索弗特[377]要求从其中拿出500万英镑,可见那里的钱财必定还多得多。但愿三国皇帝的哥尔查科夫照会[378]的递交会使事态出现危机。

代我向燕妮和龙格致以衷心的谢意,感谢他们给予我的荣誉,我将竭力不辜负这个荣誉。但愿取了三个大名的小家伙②已经康复。

我重温古代史和研究自然科学,对我批判杜林大有益处,并在许多方面有助于我的工作。特别是在自然科学方面,我觉得自己对于这个领域熟悉得多了,尽管在这方面还要十分谨慎,但行动起来毕竟已经有点自由和把握了。连这部著作③的最终面貌也已经开始呈现在我的面前。这部著作在我的头脑中已初具轮廓,在海滨闲逛对此有不小的帮助,在这里我可以反复思考各个细节。在这个广阔的领域中,不时中断按计划进行的研究工作,并深入思考已经研究出来的东西,是绝对必要的。

从1853年以来,亥姆霍兹先生一直没有中断对自在之物的探讨,但始终没有弄清楚。此人不知羞耻,现在还若无其事地再版他在**达尔文的著作问世以前**出版的荒谬货色。[379]

莉希和我衷心地问候你们大家。我们将于星期五④返回伦敦。彭

---

①阿卜杜尔·阿齐兹。——编者注
②指马克思女儿燕妮和沙·龙格的儿子让·洛·弗·龙格。——编者注
③恩格斯《自然辩证法》,见《马克思恩格斯文集》第9卷。——编者注
④1876年6月2日。——编者注

普斯的文风有了那样大的进步,我感到很高兴,当然我也注意到这一点,但是注意得不够。

你的 弗·恩·

152

恩格斯致马克思

卡尔斯巴德

1876年8月25日星期五于拉姆斯盖特

亲爱的摩尔:

……目前在拉姆斯盖特住的几乎全是小菜贩和其他很小很小的伦敦小店主。这些人在返程票有效期间,在这里待一个星期,然后让位给另一批这样的人。这些人以前是当天来当天走,现在则要待一个星期。乍看起来,会以为这是些工人,但是这些人的谈吐立即显出他们的状况大概略好一些,属于伦敦社会最令人厌恶的阶层,这种人在言谈和举止上已经准备好在必然临头的破产以后从事同样必然临头的沿街叫卖的行业。让杜西想象一下自己的老朋友戈尔早晨在沙滩上被三四十个这样的市场女商贩围住的情景吧!

在海滨浴场的鄙俗气氛变得越来越浓的情况下,最适宜的读物自然是杜林先生的自然现实哲学①。我还从来没有看到过如此自然的东

---

① 欧·杜林《哲学教程》1875年莱比锡版。——编者注

西。一切都被看做是自然之物，凡是杜林先生认为是自然地发生的一切，都应被看做是自然的；因此，他也就永远从"公理式的命题"出发，因为自然的东西不需要任何论证。这本东西的平庸程度超过以往的一切。但是，不管它怎样不好，谈论自然界的那一部分还是最好的。在这里总算还有一些辩证说法的可怜残余，但是只要他一转到社会和历史方面，以**道德**形式出现的旧形而上学就占支配地位，于是他就像骑在一匹真正的瞎马上，由这匹瞎马驮着无望地兜圈子。他的视野几乎没有越出通用邦法[380]的适用范围，而普鲁士的官僚统治在他看来就体现了"国家"。从今天算起，过一个星期，我们将返回伦敦，那时我立即着手批判这个家伙。他宣扬的永恒真理是些什么，你可以从他把烟草、猫和犹太人看做三样令人厌恶的东西并痛加叱骂这一点看出来。

杜西给琳蘅的信刚刚收到，我立即把它寄往伦敦。

《每日新闻》和老罗素关于"土耳其暴行"[381]的叫喊，给俄国人帮了大忙，为他们即将发动的战争做了出色的准备。一俟自由党的先生们在这里执政，战争就会爆发。自由党的地方报刊现在也大肆鼓噪，而且由于老迪希①已经退居上院[382]，自由党的叫喊家们在最近下院开会时想必会在那里左右一切。对于黑山人和黑塞哥维那人的卑鄙行为，当然都闭口不谈。好在塞尔维亚人挨了打[383]——顺便提一下，甚至福布斯这个还是唯一有理智的战地记者，也以毫不掩饰的热情谈到土耳其军队在军事上的出色表现——，而白色沙皇②进行干预并不那么容易。

你的夫人和莉希向杜西和你衷心问好。

你的 弗·恩·

---

①本·迪斯累里。——编者注

②亚历山大二世。——编者注

1877年

153
恩格斯致威廉·李卜克内西

莱　比　锡

1877年7月2日于伦敦

亲爱的李卜克内西：

　　……我们认为，《前进报》对待法国的事件过于轻率[384]。诚然，这些事件暂时与工人没有什么关系，工人们知道这一点，他们说："资产者先生们，现在轮到你们了，你们干吧！"但是，对法国的发展毕竟非常重要的是：下一次工人运动到来之前的目前这个间歇期正处在资产阶级共和制条件之下，而不是像以前那样处在帝国压迫之下，在这种共和制条件下，甘必大之流正在败坏自己的声誉，要是处在帝国压迫下，他们又会受人欢迎，并且在运动爆发的时候又能成为头面人物；对法国已毫无意义的关于**国体**的争论即将最终结束，共和制将暴露其本来面目，即它是资产阶级统治的典型形式，同时也是即将到来的资产阶级统治瓦解的典型形式。顺便提一下，你们在德国也会相当强烈地感觉到法国反动派的胜利[385]……

154

马克思致弗里德里希·阿道夫·左尔格

霍 博 肯

1877年10月19日［于伦敦］

亲爱的左尔格：

……在德国，我们党内流行着一种腐败的风气，在群众中有，在领导人(上等阶级出身的分子和"工人")中尤为强烈。同拉萨尔分子的妥协已经导致同其他不彻底分子的妥协：在柏林(通过**莫斯特**)同杜林及其"崇拜者"妥协，此外，也同一帮不成熟的大学生和过分聪明的博士妥协，这些人想使社会主义有一个"更高的、理想的"转变，就是说，想用关于正义、自由、平等和博爱的女神的现代神话来代替它的唯物主义的基础(这种基础要求人们在运用它以前进行认真的、客观的研究)。《未来》杂志的出版人赫希柏格博士先生是这种倾向的代表，他已经"捐资"入党，——我想他可能怀有"无比高尚的"意图，但是，我对"意图"不感兴趣。世界上很难找到一种比他的《未来》杂志的纲领①更糟糕、更"谦逊地自负"的东西了。

工人本身如果像莫斯特先生那帮人一样放弃劳动而成为**职业**

---

① 指卡·赫希柏格《社会主义和科学》，载于1877年10月《未来》杂志第1期。
——编者注

文人，就会不断制造"理论上的"灾难，并且随时准备加入所谓"有学问的"阶层中的糊涂虫行列。尤其需要指出的是，几十年来我们做了许多工作、花了许多精力才把**空想**社会主义，即对未来社会结构的一整套幻想从德国工人的头脑中清除出去，从而使他们在理论上（因而也在实践上）比法国人和英国人优越，但是，现在这些东西又流行起来，而且其形式之空虚，不仅更甚于伟大的法国和英国空想主义者，也更甚于魏特林。当然，**在**唯物主义的批判的社会主义时代**以前**，空想主义本身包含着这种社会主义的萌芽，可是现在，**在**这个时代到来**以后**它又出现，就只能是愚蠢的——愚蠢的、无聊的和根本反动的……

155
马克思致西格蒙德·肖特
美因河畔法兰克福

1877年11月3日于伦敦西北区
梅特兰公园路41号

阁下：

衷心感谢您寄来材料。

您表示要再给我寄来一些法国、意大利、瑞士等国的材料，尽管我不好意思过多地麻烦您，但是我对此深表欢迎。顺便说一句，我可以安心地等待，而丝毫不妨碍我的工作，因为我的著作的各个部分是交替着写的。实际上,我本人写作《资本论》的顺序同读者将要看到的顺序恰恰是相反的(即从第三部分[386]——历史部分开始写),只不过我最后着手写的第一卷当即做好了付印的准备,而其他两卷仍然处于一切研究工作最初阶段所具有的那种初稿形式。

　　附上一张相片,因为与这封信同时寄上的法文本只是翻印了一张在伦敦拍的相片,而这张相片又被巴黎艺术家更进一步地,但决不是令人愉快地理想化了。

忠实于您的　卡尔·马克思

156

马克思致威廉·布洛斯

汉　堡

1877年11月10日于伦敦西北区
梅特兰公园路41号

亲爱的布洛斯:

　　……我"不生气"(如海涅所说)[①],恩格斯也一样。[387]我们两人都把声望看得一钱不值。举一个例子就可证明:由于厌恶一切个人崇拜,在国际存在的时候,我从来都不让公布那许许多多来自各国的、使我厌烦的歌功颂德的东西;我从来也不予答复,偶尔答复,也只是

---

　　① 见海涅《抒情间奏曲》第18首。——编者注

加以斥责。恩格斯和我最初参加共产主义者秘密团体^①时的必要条件是：摒弃章程³⁸⁸中一切助长迷信权威的东西。(后来,拉萨尔的所作所为却恰恰相反。)

但是,最近一次党的代表大会上所发生的那类事件³⁸⁹——它一定会被党在国外的敌人充分利用——,毕竟促使我们慎重对待与"德国的党内同志"的关系。

另外,我的健康状况迫使我把医生给我限定的工作时间全都用于完成我的著作^②;恩格斯现在正忙于写几部篇幅较大的著作,同时仍在继续为《前进报》写文章^③。

关于我"和贝克斯神父的配合"这种说法³⁹⁰,我想不时地了解些详情,这会很有趣的。

恩格斯日内将给你写信。

我的妻子和女儿爱琳娜向你衷心问好。

完全属于你的　卡尔·马克思

---

① 共产主义者同盟。——编者注
② 马克思《资本论》。——编者注
③ 恩格斯《反杜林论》,见《马克思恩格斯文集》第9卷。——编者注

1878年

157

恩格斯致威廉·白拉克

不 伦 瑞 克

1878年4月30日于伦敦

亲爱的白拉克:

……我觉得,在您对帝国铁路和烟草专卖的看法中[391],关于未来的展望稍多了一些。尽管一方面由于享有不受任何监督的完全的财政独立,另一方面由于直接支配铁路职员和烟草经销商这两支新的大军,从而有权分配职位并且可以贪污受贿,普鲁士主义的实力会获得巨大增长,尽管有这一切,但不应该忘记,今天将工商业职能向国家的任何移交,根据情况的不同,都可能有两重意义和两重效果:一种是反动的,向中世纪倒退一步,一种是进步的,向共产主义前进一步。[392]但是,我们德国刚刚从中世纪挣脱出来,目前还仅仅是准备借助于大工业和通过崩溃[393]来进入现代资产阶级社会。在我国,需要尽可能发展的,恰恰是促使资本积聚并使对立尖锐化的**资产阶级**经济制度,特别是在东北部。易北河以东地区封建制度在经济上的解体,在我看来,是我们最迫切需要的前进的一步,除此之外,我们所需要的是,全德国工业的和手工业的小生产的解体并为大工业所取代。归根到底,烟草专卖的唯一积极方面就在于,它将一举把一种最低下的家庭工业变为大工业。然而,另一方面,对国家烟草工人也可能立即实行非常法,剥夺他们结社和罢工的自由,而这可能更糟糕。在我国没有必要使帝国铁路和烟草专卖成为国有经济部门,至少对铁路**还**没有必要,这在英国也刚刚开始;相反,对于邮政和电讯,这倒**是**必要的。对于这两种新的国家垄断会给我们造成的全部损失,我们将得到的补偿只能是鼓动演说中一句新的响亮的空话。因为纯粹出于财政和权势的考虑,而并非由于迫切的内在需要建立的国家垄断,不会给我们提供哪怕多少像样一点的论据。况且,实行烟草专卖和废除家庭烟草工业所需的时间,至少将同俾斯麦主义的最长寿命相等。您还可以相信,普鲁士国家会使烟草的**质量**大大下降,并使它的价格大大提高,从而使得自由竞争的拥护者们能兴高采烈地宣扬国家共产主义已大出其丑,而人民将不得不承认他们是正确的。所有这一切全都是俾斯麦的无知妄想,同他1863年关于兼并波兰和在三年内使它日耳曼化的计划相比毫不逊色……

您的 弗·恩格斯

158

马克思致尼古拉·弗兰策维奇·丹尼尔逊

彼 得 堡

1878年11月15日于伦敦西北区

梅特兰公园路41号

尊敬的先生：

……关于《资本论》第二版，我要请您注意以下几点：³⁹⁴

(1)我希望**分章**——以及**分节**——按法文版处理。

(2)译者应始终仔细地把德文第二版同法文版对照，因为后一种版本中有许多重要的修改和补充(尽管在法文版中，特别是在第一章中，我有时不得不使阐述"简化")。

(3)我认为作**某些修改**是有益的，无论如何**我会在一星期内设法**把这些修改之处为您**准备好**，以便能够在下星期六(今天是星期五)寄给您①。

一俟《资本论》**第二卷**²³⁰付印——但是这未必会早于1879年底——，您就会像您希望的那样得到手稿。

我收到了从彼得堡寄来的一些出版物，对此我十分感谢。³⁹⁵有关**契切林**和其他一些人对我的反驳，除了您1877年寄给我的东西

---

①见马克思1878年11月28日给尼·弗·丹尼尔逊的信。——编者注

（一篇季别尔写的文章,另一篇似乎是米海洛夫①写的文章,两篇都登在《祖国纪事》上,是为答复那个自命为百科全书派的怪人茹柯夫斯基先生而写的)以外,我什么也没有看到。在此地的柯瓦列夫斯基教授曾对我说,《资本论》引起了相当激烈的论战。396

我在法文版第351页(注释)上预言要发生的英国危机,终于在近几周内爆发了。我的朋友们——既有理论家也有实业家——曾经要求我删掉这个注,因为他们觉得这个注没有充分的根据。他们竟然确信,美国北部和南部以及德国和奥地利的危机可以说会"抵消"英国的危机。

商业会沿着**上升**路线发展的第一个国家将是北美**合众国**。只不过在那里,这种回升将在条件完全变了的、而且是变得更坏的情况下出现。人民要想摆脱大公司的垄断权力以及(对于群众的**直接福利**的)有害影响,将是徒然的,这些大公司从内战151一开始就以日益加快的速度控制工业、商业、地产、铁路和金融业。美国的优秀著作家们公开宣布了一个无可辩驳的事实:尽管反对奴隶制的战争打碎了束缚黑人的锁链,然而在另一方面,却使白人生产者遭到奴役。

现在,经济学家最感兴趣的地方当然是美国,特别是从1873年(从九月崩溃)到1878年这一时期,即持续危机的时期。在英国需要数百年才能实现的那些变革,在这里只用几年就完成了。但是研究者的注意力不应当放在历史比较长的、大西洋沿岸的各州上,而应放在比较新的(**俄亥俄**是最显著的例子)和最新的(例如**加利福尼亚**)各州上。

欧洲的蠢人们认为,祸根在于像我这样的理论家和其他理论

---

①尼·康·米海洛夫斯基。——编者注

家,他们该去读一读美国的**官方**报告,从中吸取有益的教训。

　　您如果能提供一些关于俄国金融业现状的资料,我将非常感激。您是从事银行业的人,一定会有这种资料。

忠实于您的　阿·威·①

---

　　①马克思的化名。——编者注

1879年

159

马克思致马克西姆·
马克西莫维奇·柯瓦列夫斯基

莫 斯 科

[1879年4月于伦敦]

卡列耶夫先生的著作[397]非常好(excellent)。只是我不完全同意他对重农学派[154]的看法。就拿资本的理论,即现代社会结构的理论来说吧。从配第开始到休谟为止,这个理论只是根据作者生活的那个时代的需要,一部分一部分地——零零碎碎地——发展起来的。魁奈第一个把政治经济学建立在它的真正的即资本主义的基础上,不过奇怪的是,他在这样做的时候看起来却像是土地所有者的一个佃户。卡列耶夫先生说,重农学派只是把一种社会职业即农业与其他社会职业即工业和商业对立起来,却从来没有像斯密那样把社会各阶级对立起来,他的这种说法根本不对。如果卡列耶夫先生还记得李嘉图在他那部名著①的序言中所表述的主要思想(在序言中他分析了国家的三个阶级:土地所有者、资本家和耕种土地的工人),那么他就会相信,只有在农业系统中才能首先发现经济领域里的三个阶级及其相互关系,正像魁奈所做的那样。此外,对一个著作家来说,把某个作

---

① 大·李嘉图《政治经济学和赋税原理》1817年伦敦版。——编者注

者实际上提供的东西和他自认为提供的东西区分开来,是十分必要的。这甚至对哲学体系也是适用的:例如,斯宾诺莎视为自己体系的基石的东西和实际上构成这种基石的东西,两者完全不同。因此,毫不奇怪,魁奈的某些拥护者,如梅尔西埃·德拉里维耶尔,认为妻的动产[398]是整个体系的实质,而1798年从事写作的英国重农学派却与亚·斯密相反,根据魁奈的学说第一次证明了消灭土地私有制的必要性。

160
马克思致尼古拉·弗兰策维奇·丹尼尔逊

彼 得 堡

1879年4月10日于伦敦

尊敬的先生:

　　收到您2月的来信时(珍贵的出版物和您提到的其他书籍也同时寄到)[399],我妻子正病得很厉害,医生甚至怀疑这次发病她能否挺得过去。与此同时,我自己的健康状况也出了一些问题。(实际上,自从德国和奥地利的局势①使我无法继续我的一年一度的卡尔斯巴德之行以来,我的健康状况就一直不太好。)在这种情况下,我无法研究您寄给我的资料,而这种情况直到不久以前才有所好转。在此期间,

---

①指由于实行反社会党人非常法而形成的严酷局势。——编者注

我曾请一个去圣彼得堡的德国人给您带去一封信,信中只是说明收到了您的信并向您介绍送信人。但是,使我非常惊讶的是,昨天这个人又在这里出现了,他告诉我,由于出了些事,他最远只到了柏林并已完全放弃了彼得堡之行。

现在我首先要告诉您(这一点请不要对外人说),据我从德国得到的消息说,只要那里现行的制度仍然像现在这样严厉,我的第二卷230就**不可能出版**。鉴于目前的状况,这个消息并没有使我感到惊奇,而且我还应当承认,它也一点没有使我感到气愤,其原因在于:

第一,在英国目前的工业危机393还没有达到顶峰之前,我决不出版第二卷。这一次的现象十分特殊,在很多方面都和以往不同,完全撇开其他各种正在变化着的情况不谈,这很容易用下列事实来解释:在**英国的危机**发生以前,**在美国、南美洲、德国和奥地利**等地就**出现**如此严重的、至今几乎已经持续五年之久的危机,这还是从来没有过的事。

因此,必须注意目前事件的进展,直到它们完全成熟,然后才能把它们"消费到生产上",我的意思是"**理论上**"。

目前形势的特点之一是,正如您所知道的,在苏格兰以及在英格兰的一些郡,主要是西部各郡(康沃尔和威尔士),出现了银行倒闭。然而**货币市场**的真正**中心**(不仅是联合王国的,而且是世界的)**伦敦**直到现在仅仅受到些微的影响。与此相反,除了少数例外,那些大股份银行,如英格兰银行,至今还只是从普遍停滞中**获利**。至于这种停滞意味着什么,您可以从英国工商业界的庸人们的极端绝望中去判断,他们害怕再也看不到较好的日子了。我还从来没有经历过类似的情况,从来没有目睹过这种惶惶不可终日的现象,尽管1857年和

马克思致尼古拉·弗兰策维奇·丹尼尔逊(1879年4月10日)

1866年我都在伦敦。[①]

毫无疑问,**法兰西银行**的状况是有利于伦敦货币市场的条件之一,自从最近两国之间的交往发展以来,法兰西银行已经成了英格兰银行的一个**分行**。法兰西银行握有大量的贵金属储备,它的银行券的自由兑现还没有恢复,而在伦敦证券交易所稍稍出现一点骚乱迹象的时候,法国货币就会涌来购买暂时跌价的证券。假如去年秋天法国货币突然被撤回的话,英格兰银行肯定会采取最后的**极端的**医治手段,即**中止实行银行法**[117],那样一来,我们的货币市场就要崩溃了。

另一方面,美国不声不响地恢复了现金支付,这就消除了从这一方面加于英格兰银行的储备的种种压力。但是到目前为止,使伦敦货币市场免于崩溃的主要原因,是**兰开夏郡**和其他工业区(西部矿区除外)各银行的明显的稳定状况;不过,有一点是确定无疑的,即这些银行不仅把它们的很大一部分资金用于为工厂主无利可图的交易进行票据贴现和垫款,而且把它们的很大一部分资本用来创办新的工厂,例如在奥尔德姆就是这样。同时,以棉织品为主的存货,不仅在亚洲(主要是在印度)——这是运到那里去委托销售[400]的——,而且在曼彻斯特等等地方都一天天地堆积起来。如果不是首先在工厂主当中、继而在地方银行当中发生一次直接影响伦敦货币市场的普遍崩溃,这种情况会怎样结束,是很难预见的。

在这期间到处都是罢工和混乱。

我顺便说明一下,当去年所有其他行业都很不景气的时候,唯独**铁路**事业很繁荣,但这只是一些特殊情况,如巴黎博览会[②]等等造

---

①这两年发生了影响英国经济的世界危机。——编者注

②指1878年5月1日在巴黎开幕的世界博览会。——编者注

成的。事实上,铁路不过是通过增加债务从而日益扩大自己的**资本账户**来维持着繁荣假象的。

不论这次危机可能怎样发展——仔细观察这次危机,对资本主义生产的研究者和职业理论家来说当然是极其重要的——,它总会像以前的各次危机一样地过去,并且会开始一个具有繁荣等等各个不同阶段的新的"工业周期"。

但是,在这个"表面上"如此稳固的英国社会的内部,正潜伏着另外一个危机——**农业**危机,它将在这个社会的社会结构方面引起巨大而深刻的变化。这个问题等以后有机会我再来谈。① 现在来讨论这个问题,未免扯得太远了。

第二,我不仅从**俄国**而且也从**美国**等地得到了大批资料,这些资料使我幸运地得到一个能够继续进行我的研究的"借口",而不是最后结束这项研究以便发表。

第三,我的医务顾问②警告我,要我把我的"工作日"大大缩短,否则就难免重新陷入1874年和以后几年的境地,那时我时常头晕,只要专心致志地工作几小时就不能再坚持下去。

关于您的极其值得注意的信,我只想讲几句。

铁路首先是作为"实业之冠"出现在那些**现代工业最发达**的国家,如英国、美国、比利时、法国等。我把它叫做"实业之冠",不仅是因为它终于(同远洋轮船和电报一起)成了和现代生产资料相适应的**交通联络工具**,而且也因为它给巨大的股份公司提供了基础,同时形成了从股份银行开始的**其他各种**股份公司的一个新的起点。总之,它给

---

① 参看马克思1880年9月12日给尼·弗·丹尼尔逊的信。——编者注
② 乔·艾伦。——编者注

资本的积聚以一种从未预料到的推动力,而且也加速了和大大扩大了**借贷资本的世界性活动**,从而使整个世界陷入金融欺诈和相互**借贷**——资本主义形式的"国际"博爱——的罗网之中。

另一方面,铁路网在居主导地位的资本主义国家的出现,促使甚至迫使那些资本主义还局限在社会的少数点面上的国家在最短期间建立起它们的资本主义的**上层建筑**,并把这种上层建筑扩大到同主要生产仍以传统方式进行的社会机体的躯干完全不相称的地步。因此,毫无疑问,铁路的敷设在这些国家里加速了社会的和政治的解体,就像在比较先进的国家中加速了资本主义生产的最终发展,从而加速了资本主义生产的彻底变革一样。在一切国家中(英国除外),政府都让铁路公司依靠国库发财和发展。在美国,铁路公司除了赢利外,还无偿地得到大量国有土地,其中不仅有敷设铁路所必需的土地,而且还包括线路两旁许多英里之内布满森林等等的土地。这样,它们就变成了最大的土地所有者,移民中的小农场主当然优先选择这种为他们的产品提供现成的运输工具的土地。

路易-菲力浦在法国创立的把铁路交给一小帮金融贵族、让他们长期占有并靠国库保证一定收入等等的制度,被路易·波拿巴发展到了顶点。路易·波拿巴的制度事实上主要是建立在铁路承租权的交易上,在这方面他竟仁慈到把运河等等赠送给某些承租者。

但是,在奥地利,特别是在意大利,铁路成了难以承受的国债和群众负担的一个新的根源。

一般说来,铁路当然有力地推动了对外贸易的发展,但是这种贸易在主要出口**原料**的国家里却加深了群众的贫困。不仅是政府为了发展铁路而举借的新债增加了压在群众身上的**赋税**,而且从一切土产能够变成世界性的黄金的时候起,许多**以前**因大量卖不出去而**很便宜的东西**,如水果、酒、鱼、野味等等,都变得**昂贵**起来,人民再也消费不起了;另一方面,**生产本身**(我指的是特殊**种类**的**产品**)也都按其**对出口用途的大小**而有所变化,而它在过去主要是适应**当地**的消费的。例如,在石勒苏益格——荷尔斯泰因,农田就变成了牧场,因为出口牲畜收益更大;但同时农村居民被赶走了。这一切变化对大地主、高利贷者、商人、铁路公司、银行家等等的确是非常有利的,但对真正的生产者来说却是非常悲惨的!

在结束我的这封信(投邮的时间越来越近了)时,我再指出一点:要找出美国和俄国之间的真正的相似之处是不可能的。在美国,政府的开支日益减少,国债也逐年迅速减少,而在俄国,国家破产好像越来越成为不可避免的结局。美国已经摆脱了自己的纸币(尽管采取的是有利于债权人而有损于平民的极端可耻的方式),俄国却没有任何工厂像印钞厂那样兴隆。在美国,资本的积聚和对群众的逐步剥夺不仅是空前迅速的工业发展、农业进步等等的先决条件,而且也是它们的自然结果(虽然被内战[151]人为地加速了);俄国则同路易十四和路易十五时代更为相像,那时财政、商业和工业方面的上层建筑,或者更确切地说是社会大厦的**正面**,看起来好像是对生产的主体部分(农业)的停滞状态和生产者的贫困现象的一种讽刺(诚然,法国当时有一个比俄国稳固得多的基础)。美国经济进步的速度现在已经大大地超过了英国,虽然美国在已获得的财富的数量方面还落后于英国;同时,群众更为活跃,并掌握着更为强大的政治手段,可用来拒绝那种以牺牲他们的利益为代价的进步形式。我用不着再继续对比下去了。

顺便问一下:您认为关于信贷和银行业的最好的俄文著作是

什么？

考夫曼先生非常友好地把他的《银行业的理论和实践》一书寄给了我，但是，使我感到有些惊讶的是，这个曾在彼得堡《欧洲通报》上批评我的聪明人[401]竟变成了玩弄现代交易所欺骗把戏的平达式的人物。此外，这本书即使完全从专业的角度来看——总的来说，我对这类书已不再抱什么期望——，在细节上也没有什么独到之处。其中最精彩的部分是反纸币的论战。

据说，某国政府想从某些国外银行家那里得到新的借款，这些银行家要求它以实施宪法作为保证。我难以相信这是真的，因为他们用现代的方法做生意，至少到目前为止，他们对政体一直是满不在乎的，而且他们也有能力这样做。

忠实于您的　阿·威廉斯①

161
恩格斯致爱德华·伯恩施坦

苏　黎　世

[草稿]

[1879年]6月17日[于伦敦]

我昨天才收到您13日的来信，在答复这封信时，我必须遗憾地

---

①马克思的化名。——编者注

通知您,我不能向您推荐一个能切实按要求撰写您所需要的那种文章的人。[402]

英国的工人运动多年来一直在为增加工资和缩短工作时间而罢工的狭小圈子里毫无出路地打转转,而且这些罢工不是被当做权宜之计和宣传、组织的手段,而是被当做最终的目的。工联甚至在原则上根据其章程排斥任何政治行动,因此也拒绝参加工人阶级作为阶级而举行的任何一般性活动。工人在政治上分为保守派和自由主义激进派,即迪斯累里(比肯斯菲尔德)内阁的拥护者和格莱斯顿内阁的拥护者。所以,关于这里的工人运动,只能说这里有一些罢工,这些罢工无论是成功还是失败,都不能把运动推进一步。在生意萧条的最近几年里,这样的罢工常常是资本家为找到关闭自己工厂的借口而故意制造出来的,它不能使工人阶级前进一步,把这样的罢工吹嘘为具有世界历史意义的斗争,例如像这里的《自由》所做的那样,在我看来只有害处。毋庸讳言,目前在这里还没有出现大陆上那样的真正的工人运动;因此,我认为,即使您暂时得不到有关这里工联活动的报道,对您也没有多大损失。

162
马克思致卡洛·卡菲埃罗

那 不 勒 斯

[草稿]

1879年7月29日于伦敦西北区

梅特兰公园路41号

亲爱的公民：

衷心感谢您寄来两本书①。不久前我收到了类似的两本著作：一本是用塞尔维亚文写的，另一本是用英文写的(在美国出版)[403]。不过这两本书都有一个毛病：虽然它们想对《资本论》②作一个简明通俗的概述，但同时却过于学究式地拘泥于叙述上的科学**形式**。我觉得，由于这种毛病它们没有完全达到自己的主要目的，即对公众产生影响，而这类出版物本来就是为公众写的。在这方面您的著作有很大的优点！

至于说到问题的**本质**，我相信我没有弄错，我认为您在序言中阐述的观点有一个明显的缺陷，就是说，其中没有指出，无产阶级解放所必需的**物质条件**是在资本主义生产发展过程中自发地

---

①卡·卡菲埃罗《卡尔·马克思的〈资本论〉》1879年米兰版。——编者注
②马克思《资本论》第一卷。——编者注

产生的。①

此外，我同意您的意见——如果我对您的序言的理解是正确的话——，不应当过分加重所要教育的人们的精神负担。您完全可以在适当的时候再来谈这个题目，以便更多地强调《资本论》的唯物主义基础。

再次表示感谢。

忠实于您的　卡尔·马克思

163

恩格斯致奥古斯特·倍倍尔[404]

莱 比 锡

1879年11月14日于伦敦

亲爱的倍倍尔：

……您关于议员、尤其是党的领导人在保护关税问题上的态度的那番话，证实了我信中②的每一个字。非常糟糕的是，党自夸在经济问题上比资产者如何高明，但在第一次经济方面的考验中，就和民

---

①手稿上删去下面几句话："同时，阶级斗争最终导致社会革命。我认为，把批判的和革命的社会主义同其先驱者区别开来的东西，正是这个唯物主义基础。它表明，当历史发展到一定的阶段动物必然要变成人。"——编者注

②马克思和恩格斯《给奥·倍倍尔、威·李卜克内西、威·白拉克等人的通告信》，见《马克思恩格斯文集》第3卷。——编者注

族自由党人[215]一样发生分裂,一样显得一窍不通,而民族自由党人至少还可以为自己可怜的分崩离析辩解,说资产阶级的实际利益在此发生了冲突。更糟糕的是,人们竟然让这种分裂公开暴露,而且在行动上犹豫不决、摇摆不定。既然意见不能统一,那么就只有一条出路:宣布这个问题纯粹是资产阶级的问题(它也确实是这样一个问题),并且不参加投票。① 但最糟糕的是:容许凯泽尔发表可悲的演说和**在初读时投票赞成法案**。[405]只是在这次投票**之后**,希尔施才对凯泽尔进行了抨击[406],即使随后在三读时凯泽尔又投票反对这个法案,那也无济于事,而且更糟了。

代表大会的决议不是辩护的理由。[407]党如果现在还让自己受以前在安逸的和平时期作出的种种代表大会决议的约束,那就是给自己戴上了枷锁。一个有生命力的党所借以进行活动的法律基础,不仅必须由它自己建立,而且还必须可以随时改变。反社会党人法[408]使任何代表大会都不能召开,从而对旧的决议不能作出修改,这也就废除了这些决议的约束力。一个党丧失了作出有约束力的决议的可能性,它就只能在自己的活的、经常变化的需要中去寻找自己的法规。如果党甘愿使这种需要服从于那些已经僵化和死去的旧决议,那它就是自掘坟墓……

---

① 草稿中删去下面一段话:"援引纲领中关于废除一**切**间接税的条款,采取禁止同意这个政府征收**任何**捐税的策略,并把拒绝参加投票作为唯一的行动准则。"——编者注

164

恩格斯致奥古斯特·倍倍尔

莱 比 锡

1879年11月24日于伦敦

亲爱的倍倍尔:

……在关税问题上,您的信恰恰证实了我所谈的看法。[①]既然事实上发生了意见分歧,那就要考虑到这种意见分歧,而**在表决时正好**应当**弃权**。没有这样做就只是考虑了**一部分**意见。不过实在看不出,为什么主张保护关税的那部分意见应当比主张自由贸易的那部分意见更受到重视。您说,您不能在国会里采取单纯否决的立场。可是,既然他们最后全都投票**反对**那项法律,那也就是采取了单纯否决的立场。我只是说,一开始就应当知道该采取什么态度;应当使行动同最后的表决一致。

社会民主党议员可以在哪些问题上超出单纯否决,这个范围是很有限的。这全是些直接涉及工人和资本家的相互关系的问题:工厂立法,正常工作日,企业主的责任,以实物发工资等等。其次是具有进步性质的纯粹资产阶级的改良:统一币制和衡制,迁徙自由,扩大个人自由等等。您暂时还不会为这些问题所困扰。对于所有其他的经济

---

① 见本卷第439—440页。——编者注

恩格斯致奥古斯特·倍倍尔(1879年11月24日)

问题,如保护关税、铁路和保险业的国有化,社会民主党议员必须始终遵循一个基本原则:不投票赞同加强政府对人民的权力的任何措施。由于党内在这些问题上经常发生意见分歧,自然而然地要求在表决时弃权和否决,这一点就更加容易做到。

……我主要指的是报告①中的这几处:(1)有一处认为争取舆论具有十分重大的意义,好像舆论这个因素反对谁,谁就要失掉活动能力似的;生命攸关的问题是"**把这种仇恨变成同情**"云云(同情!从不久前在恐慌时期⁴⁰⁹表明自己是恶棍的人们那里来的同情!)。根本不需要走得这么远,尤其是因为恐慌**早已过去了**。(2)另一处说,党谴责任何形式的战争(就是说也谴责它本身**必须**进行的战争,它尽管这样做却仍要进行的战争)并以一切人的博爱作为自己的目的(在口头上,这是一切政党的目的,而实际上没有一个政党是这样的,因为我们也不打算和资产者讲博爱,只要他们还想当资产者),这样的党不会主张国内战争(就是说,即使在国内战争是达到目的的唯一手段的情况下也是如此)。这个论点也可以理解为:党谴责任何形式的流血,它就不会主张放血,也不会主张切除坏疽的肢体,也不会主张科学上的活体解剖。讲这样的话干什么?我并不要求你们把话说得"很厉害";我批评这个报告,不是因为它讲得太少,相反,是因为不该讲的话讲得太多了。后面的要好得多,因此,汉斯·莫斯特幸好忽略了几处他能够从中捞到一点油水的地方。

……顺便说一句,我们决不否认,我们在这里,如人们所说的,评论容易,你们的处境比我们要困难得多。

小资产者和农民的加入的确证明,运动有了极大的进展,但是

---

①指《社会民主党德意志帝国国会议员的报告》。——编者注

同时这对运动也是危险的,只要人们忘记,这些人是被迫而来的,他们来,仅仅是**因为**迫不得已。他们的加入表明,无产阶级已经确实成为领导阶级。但是,既然他们是带着小资产阶级和农民的思想和愿望来的,那就不能忘记,无产阶级如果向这些思想和愿望作出让步,它就会丧失自己在历史上的领导地位。

　　致以友好的问候。

您的　弗·恩格斯

165

恩格斯致奥古斯特·倍倍尔[404]

莱 比 锡

1879年12月16日于伦敦

亲爱的倍倍尔:

　　我不明白,奥尔现在怎么能够说他指的是莫斯特等人,因为他在那篇文章中已十分明确地把莫斯特排除在外了。[410]不过,这个问题就不提了。

　　《社会民主党人报》第10号上刊载的《报刊历史的回顾》一文,肯定是出自三星①之一的笔下。这篇文章说:同谷兹科和劳伯这样的文学家相比,也就是说,同这些早在1848年之前很久就埋葬了自己的

---

　　①卡·赫希柏格、爱·伯恩施坦、卡·奥·施拉姆。——编者注

政治价值的最后残余的人相比(如果这些人确实有过什么政治价值的话),社会民主党人**只会感到自豪**。下面又说:

> "1848年的事件本应**带来和平的种种好处**,如果各国政府满足了时代的要求的话;但由于各国政府没有这样做,因而,**很遗憾**,除了暴力革命的道路以外,没有其他道路可走。"

这家报纸竟然公开地**抱怨**第一次为社会民主党开辟了道路的1848年革命,这样的报纸不是我们撰稿的地方。这篇文章和赫希柏格的信清楚地表明,三星要求在《社会民主党人报》上像宣传无产阶级的观点那样来宣传他们最初在《年鉴》上明确提出的小资产阶级社会主义观点。[411]我看不出,在他们已经走得这样远以后,您在莱比锡除了公开决裂之外,还能有什么办法阻止他们这样做。您还像过去一样,把这些人看成党内同志。我们做不到这一点。《年鉴》上的文章断然地和无可挽回地把我们同他们分开了。只要这些人声称他们和我们同属于一个党,我们就不能同他们进行任何谈判。这里涉及的是任何一个无产阶级政党内都根本不容讨论的问题。在党内讨论这些问题,就意味着对整个无产阶级社会主义提出怀疑。

的确,在这样的条件下,我们最好是不予撰稿。否则,我们只能不断地提抗议,并且在几个星期后不得不公开声明退出,这样对事业确实也没有好处。

我们很遗憾,在这个遭到镇压的时刻,不能无条件地支持你们。当党在德国忠实于自己的无产阶级性质的时候,我们曾经把其他一切考虑都放在一边。但是,现在,当进入党内的小资产阶级分子已经公开表明态度①的时候,情况就不同了。只要还允许他们把自己的小

---

①草稿中删去下面一段话:"并且要求把他们自己那种小资产阶级的疑虑

资产阶级观点一点一点地偷运到德国党的机关报中来,这个机关报就等于对我们关上了大门。①

　　……此外,世界历史在沿着自己的道路前进,不去理会这些聪明而温和的庸人。在俄国,事态在几个月内就会发展到决定性的关头。要么是专制制度崩溃,那时候,随着这个强大的反动堡垒的崩溃,欧洲的风向也会马上转变;要么是爆发欧洲战争,而这次战争也将把**现在的**德国党葬送在每个民族争取本民族生存的不可避免的斗争之中。这样的战争对我们来说将是极大的不幸,它可能使运动倒退20年。但是,新的党终究一定会由此建立起来,它在欧洲各国将会摆脱现在到处都阻碍着运动的各种疑虑和浅见。

　　致以友好的问候。

　　　　　　　　　　　　　　　　您的　弗·恩·

和短见当做社会主义在党内加以宣扬,情况就不同了。我们是不属于他们所隶属的那个党的;我们也不能同这样的人进行谈判,只要他们还没有组成一个自己的小资产阶级社会主义政党的派别,也就是说,只要他们还声称仍和我们属于同一个党时,我们就决不能同他们进行谈判。"——编者注

　　①草稿中删去下面一段话:"我们决不能而且也永远不会和小资产阶级的社会主义一道走。"——编者注

1880年

166
恩格斯致约翰·菲力浦·贝克尔

日　内　瓦

1880年4月1日于伦敦

老朋友：

告诉你，我已通过邮局给你汇去四英镑，折合100法郎80生丁；希望你能顺利地收到。但愿在严冬终于过去之后，你和你夫人的健康状况已经好转。我们这里的情况还凑合。马克思夫人还没有复原，马克思的身体要能再好一些就好了。冬天过后，他总有一段时间很不舒服，痉挛性咳嗽使他不能安眠。

另外，1850年的历史又在这里重演了[412]。工人协会分裂为各种各样的派别：这里是莫斯特，那里是拉科，我们好不容易才没有卷进这场纠纷。这一切只不过是杯水风浪，它对于参与其事的人可能产生某些有益的影响，使他们学到一些东西，但是，这里的一百来个德国工人是拥护这些人还是拥护那些人，这对世界进程是毫无影响的。他们哪怕能对英国人产生一些影响也好，但是这也根本谈不到。莫斯特总有一种说不清楚的要干一番事业的渴望，他是不会安静的，但是他又根本不能把任何事情进行到底。在德国的人们大概根本不想理会这种说法：由于莫斯特被驱逐出了德国，革命的时刻来到了。《自由》拼命想成为世界上最革命的报刊，但是，光在每一行字里重复"革命"

这个词是做不到这一点的。幸运的是,这家报纸写什么和不写什么,其意义是微不足道的。苏黎世机关报①也是这样,它今天宣传革命,而明天又声称暴力变革是极大的不幸;它一方面害怕莫斯特的调子比它唱得高,另一方面又担心工人们会认真看待自己的高调。请在《自由》的夸夸其谈和《社会民主党人报》的庸人短见之间选择吧!

我担心,我们在德国的朋友们对当前状况下应该保持的组织形式会产生错误的看法。我不反对那些当选为国会议员的人来担任领导,因为没有别的领导。但是,他们不能要求、也不能推行原来党的领导所能要求的那种绝对服从,而原来党的领导正是为了**这个**目的选出来的。至少在目前没有报纸、没有群众集会的条件下是这样。现在,组织在外表上越是松散,它在实际上就越是坚强。但是,人们没有这样做,人们要保存旧的体制:党的领导的决定就是最后的决定(虽然没有代表大会来纠正领导的错误并在必要时罢免他们),谁要是触犯了某个领导人,谁就是叛逆者。在这种情况下,那些非常优秀的人自己就会意识到,他们中间也有各种各样的无能之辈或不那么纯洁的人。确实,他们除非是目光过于短浅才会看不到,不是他们在对自己的机关报发号施令,而是赫希柏格借助于自己的钱袋伙同他的庸人朋友施拉姆和伯恩施坦在发号施令。据我看,**原来的**党及其原先的组织已经走到了尽头。如果欧洲的运动像预期的那样很快重新活跃起来,那么德国无产阶级的广大群众就会投入这个运动,到那时,1878年的50万人[413]将成为这些群众中受过教育和训练的核心,而继承了拉萨尔派传统的旧的"严密组织"将成为一种障碍,但是,它即使能挡住车轮,也挡不住滚滚洪流。

---

①《社会民主党人报》。——编者注

在这种情况下,这些人所做的一切,只会使党陷于瓦解。第一,他们要求党继续保留原有的宣传员和编辑,为此又把一大堆报纸强加于党,这些报纸上除了资产阶级小报上的东西,没有别的货色。而工人们竟应该长期忍受这一切!第二,在帝国国会和萨克森邦议会中,这些人在大多数情况下表现得如此温顺,使自己和党在全世界面前丢脸,他们向现任政府"积极"建议在各种细枝末节的问题上怎样做得更好一些,等等。而被宣布为非法的、被捆住手脚听任警察当局恣意摆布的工人们,却应该认为这样就是真正地代表他们!第三,《社会民主党人报》上的庸人的小资产阶级货色,得到这些人的赞许。他们**在每一封**信里都对我们说,决不要相信所谓在党内出现了分裂或产生了意见分歧的说法;但是每一个从德国来的人都肯定地说,这些领导人的做法把大家完全弄糊涂了,大家根本不同意那样的做法。由于我们的工人们具有已卓越地表现出来的那种品质,情况也不可能不是这样。德国的运动的特点是,领导的一切错误总是由群众来纠正。当然,这一次也会是这样。

喂,振作起来,并给我们写信。波克罕还是像原先那样行动很不方便。

你的 弗·恩·

167
马克思致斐迪南·多梅拉·纽文胡斯

海　牙

1880年6月27日于伦敦西北区
梅特兰公园路41号

阁下：

　　……但是从我在《社会科学年鉴》(第一年卷第二册)上读到的您的文章[414]来看,我毫不怀疑,您是最适于向荷兰人简要介绍《资本论》的人。我还要**顺便**指出,施拉姆先生(卡·奥·施·,第81页)**对我的价值理论的理解是错误的**。[415]《资本论》中有一个注说,亚·斯密和李嘉图**把价值和生产价格**(因此更不用说**市场价格**了)**混为一谈**是错误的。[416]他本来从这个注里就可以看出,"价值"和"生产价格"之间,因而"价值"和围绕"生产价格"而波动的市场价格之间的关系,根本不属于价值理论本身,更不能用一般的经院式的词句来**预先确定**。

　　在目前条件下,《资本论》的第二卷[230]在德国不可能出版,这一点我很高兴,因为恰恰是在目前某些经济现象进入了新的发展阶段,因而需要重新加以研究。

　　致以衷心的问候。

忠实于您的　卡尔·马克思

168

恩格斯致敏娜·卡尔洛夫娜·哥尔布诺娃

巴　黎

1880年8月5日于伦敦西北区
瑞琴特公园路122号

尊敬的夫人：

　　……我怀着极大的兴趣读完了您关于自己在莫斯科的活动以及您有望在地方自治局主席的协助下开办一所技术学校的介绍。我们这里也有俄国所有地方自治局的统计报告，此外还有一份有关俄国经济状况的非常出色的材料。可惜我目前无法查阅，因为这些东西都在马克思那里，而他和他的全家正在海滨疗养。不过，这些材料对于我回答您的问题[417]也不会有多大帮助，因为回答您的问题必须对家庭工业的有关部门有所了解，需要对它们的经营状况、它们的产品、它们的竞争能力有所了解，而这些情况只有在当地才能了解到。一般说来，我认为您所提到的那些工业部门，至少是其中的大部分，可能在一段时间内还有能力和大工业竞争。这种工业变革进行得极其缓慢；在德国，在一些部门中甚至连手工织机都还没有完全被排挤掉，而在英国，手工织机早在二三十年前就从这些部门里被排挤出去了。俄国在这方面可能走得更慢。那里，在漫长的冬季农民有很多的空闲时间，他们只要每天随便干点什么活，就总能赚到一些钱。这种原始的生产方法当然逃脱不了最终的灭亡,而在高度发达的工业国家,例如在这里,可以说,加速这种瓦解过程要比延缓这种过程更人道一些。俄国的情况很可能有所不同,何况那里的整个政治局面无疑将发生巨大变化。正如您所确信的,一些微小的治标办法在德国或其他地方所起的作用是微不足道的,而在俄国也许能够在某些方面帮助人民度过政治上的危机,并把他们的工业维持下去,直到他们自己有发言权为止。而学校或许能够使他们至少在一定程度上知道自己究竟应当说些**什么**。在人民中间传播的一切真正的教育因素都或多或少地有助于实现这个目的。如果技术教育能够一方面设法至少使那些具有生命力的普通工业部门的经营更加合理,另一方面又对儿童事先进行普及性的技术训练,使他们能够比较容易地转到其他工业部门,那么,技术教育也许就能够真正达到自己的目的。由于我远离这一切,除了这种一般看法之外,很难再说出些什么来。但是,有一点我看是相当肯定的:莫斯科省由于远离产煤区而且目前就已经感到木柴不足,所以还不会很快成为一个大工业的基地。尽管保护关税制度会使某些大企业得到发展,例如弗拉基米尔省舒亚和伊万诺沃的棉纺织工业,但是,某些种类的家庭工业,即使有种种周折,仍能维持一个较长时期。归根到底,只有使农民得到更多的土地,并且协作耕种,才能对他们有所帮助。

您信中所谈关于公社[418]和劳动组合已经开始瓦解的情况,证实了我们从其他来源得到的消息。即使这样,这种瓦解过程可能还要延续很长时间。因为西欧总的潮流是向着正好相反的方向发展,而且在下一次的震荡中必定会具有非同寻常的力量,所以可以预料,在近30年来出现了那么多有批判头脑的人物的俄国,这种潮流也会及时地变得足够强大,以致还能在人民千百年来的天然的协作本能完全泯灭之前,求助于这种本能。因此,对于俄国人民那里的生产协作社和实行协作的其他做法,也应当以不同于西方的观点来看待。当然,它们毕竟还是一些微小的治标办法。

致以崇高的敬意。

忠实于您的　弗·恩格斯

169

马克思致弗里德里希·阿道夫·左尔格

霍 博 肯

1880年11月5日于[伦敦]西北区
梅特兰公园路41号

亲爱的左尔格:

……你或许已经注意到,恰恰是《平等报》(主要是由于**盖得**转到我们这边和我的女婿拉法格的努力)第一次成了真正意义上的"法国的"**工人报纸**。连《社会主义评论》的**马隆**——虽然还带有同他的折中主义本性分不开的不彻底性——也不得不声称自己信仰现代科学社会主义,即**德国的**社会主义(我们过去是仇敌,因为他原来是**同盟**[289]的创始人之一)。我为他编写了《调查表》[419],最初刊登在《社会主义评论》上,后来又印了大量单行本在全法国发行。此后不久,盖得来到伦敦,在这里和我们(我、恩格斯和拉法格)一起为即将到来的普选起草一个工人竞选纲领[420]。尽管我们反对,但盖得还是认为有必要把法定**最低工资**之类的废话奉献给法国工人(我对他说:如果法国无产阶级仍然幼稚到需要这种诱饵的话,那就根本不值得拟定任何纲领),除此之外,这个很精练的文件在导言中用短短的几行说明了共产主义的目的,而在经济部分中只包括了真正从工人运动本身自发产生出来的要求。这是把法国工人从空话的云雾中拉回现实的土地上来的一个强有力的步骤,因此,它引起了法国一切以"制造云雾"为生的骗子手的强烈反对。虽然无政府主义者激烈反对,这个纲领还是首先在**中央区**,即在巴黎及其郊区被通过,接着又在其他许多工人区被通过。同时形成了这样一些工人团体,它们对纲领持反对态度,但是它们(那些不是由真正的工人,而是由游民以及少数受骗工人作为普通成员组成的无政府主义者团体除外)接受纲领中的大部分"实际"要求,而在其他问题上则提出了各种各样的观点,在我看来,这种情况证明,这是法国**第一次真正的工人运动**。在此以前,那里只有一些宗派,它们的口号自然是来自宗派的创始人,而无产阶级群众却跟着激进的或伪装激进的资产者走,在决定性关头为这些人战斗,但在第二天就遭到由他们捧上台的家伙的屠杀、放逐等等……

1881年

170

恩格斯致卡尔·考茨基

维 也 纳

1881年2月1日于伦敦西北区
瑞琴特公园路122号

亲爱的考茨基先生：

耽搁了很久，终于动手给您写回信。

不过，既然您打算很快就到这里来，对您惠寄给我的那本书写详细的**书面**评论，看来也许是多余的了，我将有机会和您面谈这一问题，所以这里只稍微谈点意见。[421]

（1）第66页以及后面几页上的说法是站不住脚的，因为在剩余价值和资本利润之间，除了对可变资本或总资本的百分比计算的差别之外，还有其他的一些实际差别。《反杜林论》第182页上汇总了《资本论》中与此有关的一些重要段落。[①]

（2）即使讲坛社会主义者[422]硬要我们无产阶级社会主义者向他们解答一个谜，即我们用什么办法可以消除可能发生的人口过剩以及由此而来的新的社会制度垮台的危险，那我也决无义务去满足他们的愿望。为这些人解决他们由于自己的混乱的超智慧所产生的一

---

① 见《马克思恩格斯文集》第9卷第220—221页。——编者注

切顾虑和疑问,或者,比如说,哪怕是仅仅反驳一个谢夫莱在他的许多厚书[423]中所写的那一大堆荒谬已极的胡言乱语,我看,这简直是浪费时间。光是修改这些先生们加上引号从《资本论》中摘引的**错误引文**,大概就可以凑成一大本书。在他们要求回答他们的问题之前,让他们首先学会阅读和抄写吧。

况且,我决不认为这个问题在当前是一个迫切的问题,当前刚刚处于形成时期的美国的大规模生产和**真正的**大农业,生产出堆积如山的生活资料,使我们大有窒息的危险;当前是变革的前夜,这种变革除了其他后果之外,还会使**地球上住满居民**——您在第169—170页上所谈的,只是很浅地涉及这个问题——,这种变革在欧洲也**必然要求**大量增加人口。

欧拉的计算法[424],其价值跟下面这种计算克劳泽的方法完全一样,即假定从公元1年起按复利存放一个克劳泽,则每隔13年增加一倍,那么现在就应为大约 $\frac{1 \times 2^{144}}{60}$ 古尔登,这是体积超过地球的一大块银子。您在第169页上说美洲的社会关系和欧洲差别不大,这只有在您观察的都是一些沿海的大城市,或者只是这些关系的表面的法律形式的情况下才是对的。广大美洲居民的确生活在非常有利于人口增长的条件下。移民源源而来,就能证明这一点。而要使人口增长一倍,仍然需要30年以上。这没有什么可怕的。

人类数量增多到必须为其增长规定一个限度的这种抽象可能性当然是存在的。但是,如果说共产主义社会在将来某个时候不得不像已经对物的生产进行调节那样,同时也对人的生产进行调节,那么正是这个社会,而且只有这个社会才能无困难地做到这点。在这样的社会里,有计划地达到现在法国和下奥地利在自发的无计划的发展过程中产生的那种结果,在我看来,并不是那么困难的事情。无论如何,共产主义社会中的人们自己会决定,是否应当为此采取某种措施,在什么时候,用什么办法,以及究竟是什么样的措施。我不认为自己有向他们提出这方面的建议和劝导的使命。那些人无论如何也会和我们一样聪明。

其实,早在1844年我就谈过这个问题(《德法年鉴》第109页):"即使马尔萨斯完全正确,也必须立刻进行这种(社会主义)变革,原因是只有这种变革,只有通过这种变革来教育群众,才能够从道德上限制繁殖本能,而马尔萨斯本人也认为这种限制是对付人口过剩的最有效和最简易的办法。"①

暂时告一段落——其余的问题等以后和您面谈。您要到这里来,很好。您是年轻一代中真正想学到点东西的少数人之一,而在无批判的气氛下,现在德国出的一切历史和经济书籍越来越糟,对您来说,摆脱这种气氛将是很有益处的。

衷心问好。

您的　弗·恩格斯

---

① 恩格斯《国民经济学批判大纲》,见《马克思恩格斯文集》第1卷第81—82页。——编者注

171

马克思致斐迪南·多梅拉·纽文胡斯

海　牙

1881年2月22日于伦敦西北区
梅特兰公园路41号

尊敬的同志：

我长时间没有回信，是因为我想在答复您1月6日的来信时附上一份修正表，这些修正也许是您在再版《资本与劳动》[425]时必须做的。由于家务事忙乱以及一些预料不到的工作和其他的干扰，这份表我还没有完成，因此暂且先寄给您这封短信，没有附表，因为我再继续沉默可能会引起您的误会。我认为必须修改的地方都是一些细节；主要的东西，问题的实质，已经讲清楚了。

感谢您的友好的献辞；您用这一献辞亲自向我们的资产阶级敌人提出了挑战。

《伟人传》[426]的作者①是一个学校视察员之类的人，他曾写信请我把我的传记材料寄给他；此外，他还让他的出版者找我的妹夫尤塔，要尤塔说服我答应他的请求，因为我通常对这类请求都加以拒绝。这位先生——《伟人传》的作者——给我写信说，他不同意我的观

---

① 阿·凯迪伊克。——编者注

点,但承认这些观点的重要性,并对我表示尊敬等等。就是这个人后来厚颜无耻地把声名狼藉的普鲁士间谍施梯伯的诽谤谰言写入了他的小册子,即硬说——大概是在某一个波恩讲坛社会主义者[422]的怂恿下——我有意捏造引文;然而这位正人君子甚至都没有花点力气去读读我发表在《人民国家报》上的同尊敬的布伦坦诺论战的文章[427],如果他读了我的文章,他会看到布伦坦诺起先是在《协和》杂志(工厂主的刊物)上责备我"在形式上和实质上都进行了伪造",后来又作狡辩,说他对此不是这样理解的等等。一家荷兰杂志愿意向我提供版面来驳斥那个"学校视察员",不过我对这种臭虫的叮咬**原则上**是置之不理的。即使在伦敦,我对这种文坛上的谎言也从来都是不屑一顾的。要是采取相反的做法,那我就不得不花费我的大部分时间从加利福尼亚起到莫斯科止到处辟谣。在我还年轻的时候,我有时会给以迎头痛击,但是,人上了年纪也就学聪明了,不去徒劳无益地浪费精力了。

您告诉我的要在即将召开的苏黎世代表大会上讨论的"问题"[428],在我看来提得不正确。在将来某个特定的时刻应该做些什么,应该**马上**做些什么,这当然完全取决于人们将不得不在其中活动的那个既定的历史环境。而现在提出这个问题是**不着边际的**,因而这实际上是一个幻想的问题,对这个问题的唯一的答复应当是**对问题本身的批判**。如果一个方程式的已知各项中不包含解这个方程式的因素,那我们就无法解这个方程式。此外,一个由于人民的胜利而突然产生的政府陷入窘境,这决不是什么特别的"社会主义的"东西。恰好相反。胜利的资产阶级政治家由于自己的"胜利"立刻感到束手束脚,而社会主义者至少可以无拘无束地采取行动。有一点您可以深信不疑,这就是,如果在一个国家还没有发展到能让社会主义政府首先采取必要的措施把广大资产者威吓住,从而赢得首要的条件,即持续行动的时间,那么社会主义政府就不能在那个国家取得政权。

也许您会向我指出巴黎公社;但是,且不说这不过是在例外条件下的一个城市的起义,公社中的大多数人也根本不是社会主义者,而且也不可能是社会主义者。然而,只要懂得一点常理,公社就可能同凡尔赛达成一种对全体人民群众有利的妥协——这是当时唯一能做到的事情。只要夺取法兰西银行,就能吓住凡尔赛分子,使他们不敢再自吹自擂,如此等等。

法国资产阶级在1789年以前所提出的一般要求,除了必要的改变之外,大体上同无产阶级当前提出的最基本的直接要求一样明确,而无产阶级的这些要求在资本主义生产占统治地位的一切国家里大致相同。但是,在18世纪有哪一个法国人曾经事先、先验地哪怕是极模糊地意识到用什么方式实现法国资产阶级的要求呢?对未来的革命的行动纲领作纯学理的、必然是幻想的预测,只会转移对当前斗争的注意力。世界末日日益临近的幻梦曾经煽起原始基督徒反对罗马世界帝国的火焰,并且给了他们取得胜利的信心。对于占统治地位的社会秩序所必然发生而且也一直在我们眼前发生着的解体过程的科学认识,被旧时代幽灵的化身即各国政府折磨得日益激愤的群众,以及与此同时生产资料大踏步向前的积极发展——所有这些就足以保证:真正的无产阶级革命一旦爆发,革命的直接的下一步的行动方式的种种条件(虽然决不会是田园诗式的)也就具备了。

我确信,建立一个新的国际工人协会的关键性的形势还不具备;因此,我认为,任何工人代表大会或社会党人代表大会,只要它们不和这个或那个国家当前的直接的条件联系起来,那就不仅是无用的,而且是有害的。它们只能在没完没了的翻来覆去的陈词滥调之中化为乌有。

友好地忠实于您的　卡尔·马克思

172

恩格斯致爱德华·伯恩施坦

苏　黎　世

1881年3月12日于伦敦

亲爱的伯恩施坦先生:

……把国家对自由竞争的每一种干涉——保护关税、同业公会、烟草专卖、个别工业部门的国有化、海外贸易公司[429]、皇家陶瓷厂——都叫做"社会主义",纯粹是曼彻斯特的资产者为了自己的利益而在胡说。对这种胡说我们应当**批判**,而不应当**相信**。如果我们相信它,并且根据它建立起一套理论,那么,只要提出下面的简单论据就会使这套理论连同它的前提一起破产,这种论据就是:此类所谓的社会主义一方面不过是封建的反动,另一方面不过是榨取金钱的借口,而它的间接目的则是使尽可能多的无产者变成依赖国家的公务员和领养老金者,即除了一支有纪律的士兵和公务员大军以外,再组织一支类似的工人大军。在国家长官,而不是在工厂监工的监视下举行强制性的选举——好一个美妙的社会主义!但是,如果相信资产阶级这一套连他们自己都不相信、而只是假装相信的说法,那就会得出结论:国家等于社会主义……

173

马克思致弗里德里希·阿道夫·左尔格

霍 博 肯

1881年6月20日[于伦敦]

亲爱的左尔格:

……在收到你寄来的那本亨利·乔治的书①之前,我已经得到了另外两本:一本是从斯温顿那里得到的,一本是从威拉德·布朗那里得到的;因此,我把一本给了恩格斯,另一本给了拉法格。今天我只能非常简单地谈一下我对该书的意见。

这个人在理论方面是非常落后的。他根本不懂**剩余价值**的本质,因此,就按照英国人的榜样,在关于剩余价值的已经独立的部分的思辨中,即在关于利润、地租和利息等等的相互关系的思辨中兜圈子,而他思辨的水平比英国人还要低。他的基本信条是:如果把地租付给国家,那就**一切问题都解决了**(在《**共产主义宣言**》②里讲到**过渡措施**的地方,你也能找到这种要求③)。这本来是资产阶级经济学家的观点;它最早(撇开18世纪末提出的类似要求不谈)是由李嘉图的第一批**激进的**信徒在他刚去世以后提出来的。1847年,我在一篇反

---

①亨·乔治《进步和贫困》1880年纽约版。——编者注

②即《共产党宣言》。——编者注

③参看《马克思恩格斯文集》第2卷第52页。——编者注

对蒲鲁东的著作里曾经谈到这一点:"穆勒(老穆勒,不是他的儿子约翰·斯图亚特,后者也曾大同小异地加以重复)、舍尔比利埃、希尔迪奇等一些经济学家要求租归国家所有以代替税收,我们是可以理解的。这不过是**产业资本家**仇视**土地所有者**的一种公开表现而已,因为在他们的眼里,土地所有者在整个资产阶级生产中是一个无用的累赘。"①

如上所述,我们自己也把国家占有地租看做许许多多**过渡措施**中的一种。这些措施,正如《宣言》同样指出的,充满了矛盾,而且必然要充满矛盾。

但是,第一个把**激进的**英国资产阶级经济学家的这种要求变为**社会主义的灵丹妙药**,并宣称这种措施可以解决现代生产方式中所包含的种种对抗的人,是**科兰**。他生于比利时,当过拿破仑的骠骑兵军官,在基佐当权的后期和小拿破仑⁴³⁰执政的初期,他住在巴黎,写了几大卷关于他的这个"发现"的专著②以造福世界。他还有另一个发现,那就是:虽然没有上帝,但是有**"不灭的"**人的灵魂,而动物"没有感觉"。如果动物有感觉,即有灵魂,那么我们就是食人生番,就永远不可能在地球上建立正义的王国。他的少数残存的信徒,多半是比利时人,多年来每月在巴黎的《未来哲学》杂志上宣扬他的"反土地私有论"和灵魂论等等。他们自称**"有理性的集体主义者"**,并且吹捧这个亨利·乔治。

继他们之后,普鲁士的银行家、曾做过彩票经纪人的东普鲁士人扎姆特(这是一个大傻瓜),还独自拼凑了一本关于这种"社会主

---

① 马克思《哲学的贫困》,见《马克思恩格斯文集》第1卷第645页。——编者注
② 让·吉·科兰《政治经济学。革命及所谓社会主义乌托邦的起源。无产者和资产者》1856—1857年巴黎版。——编者注

义"的大作①。

从科兰算起,所有这些"社会主义者"都有一个共同点:他们不触动**雇佣劳动**,也就是不触动**资本主义生产**,他们想哄骗自己或世人,说什么把地租变成交给国家的赋税,资本主义生产的**一切弊端**就一定会自行消灭。可见,所有这一切无非是企图在社会主义的伪装下**挽救资本家的统治**,并且实际上是要在比现在**更广泛的基础上来重新巩固**资本家的统治。

亨利·乔治的论调显然也露出了这种狡猾的,同时也是愚蠢的用心。他这样做是更加不能原谅的,因为他本来应当反过来提出问题:在美国,既然广大人民曾经相对地,即同文明的欧洲相比,容易得到土地,而且在某种程度上(也是相对地)现在还是这样,那么,怎样解释美国的资本主义经济及其对工人阶级的相应的奴役比在其他任何一个国家都发展得**更迅速**、**更无耻**呢?

另一方面,乔治的书以及它在你们那里引起的轰动,其意义在于,这是想从正统的政治经济学中解放出来的第一次尝试——虽然是不成功的尝试。

看来,亨·乔治根本不了解那些与其说是理论家不如说是实践家的早期**美国抗租者**[431]的历史。不过,他是一个天才的著作家(也是一个天才的美国式的广告家),例如他在《大西洋》杂志上发表的论加利福尼亚的文章②就能证明这一点。他还有一种令人讨厌的傲慢无礼、自命不凡的态度,这是所有这类发明灵丹妙药的人的显著特点。

---

①阿·扎姆特《社会学说》1875年莱比锡版。——编者注

②大概是指亨·乔治《卡尼在加利福尼亚的宣传鼓动》,载于1880年8月《大众科学月刊》。——编者注

只是在我们之间说说,不幸得很,我妻子①的病是不治之症。过几天我同她到海滨的伊斯特本去。

致以兄弟般的问候。

你的　卡·马克思

174

恩格斯致马克思

伦　敦

1881年8月18日于布里德灵顿码头
望海路1号

亲爱的摩尔:

昨天晚上才收到你从阿让特伊寄来的信,知道了你突然到来的原因。但愿杜西的病实际上并不严重,——她前天还给我写了一封有趣的信;无论如何,希望今晚或明早能得到详细的消息,还希望知道你的夫人是否和你一起到了布洛涅或加来,以及她是否留在那里了。

昨天,我终于鼓起勇气,没用参考书便研究了你的数学手稿[432],我高兴地看到,我用不着参考书。为此我向你表示祝贺。事情是这样清楚,真是奇怪,为什么数学家们要那样顽固地坚持把它搞得神秘莫

---

① 燕·马克思。——编者注

测。不过这是那些先生们的思想方法的片面性造成的。肯定地、直截了当地令 $\frac{dy}{dx} = \frac{0}{0}$，这是他们难以理解的。但是很明显，只有当**量** x 和 y 的最后的痕迹消失，剩下的只是它们的变化过程的表示式而不带任何量时，$\frac{dy}{dx}$ 才能真正表示出在 x 和 y 上已经完成了的过程。

你无须害怕在这方面会有数学家走在你的前面。这种求微分的方法其实比所有其他的方法要简单得多，所以我刚才就运用它求出了一个我一时忘记了的公式，然后又用普通的方法对它进行了验证。这种方法很值得注意，尤其是因为它清楚地表明，通常的方法忽略了 $dx\ dy$ 等是**完全错误的**。特别值得注意的是，只有当 $\frac{dy}{dx} = \frac{0}{0}$ 时，而且**只有那时**演算在数学上才是绝对正确的。

所以，老黑格尔猜得完全正确，他说，微分法作为一个基本条件要求两个变量都有不同的幂，并且至少其中的**一个**变量是二次或二分之一次幂。[433]现在我们也知道为什么了。

当我们说在 $y = f(x)$ 这个公式中 x 和 y 是变量时，如果我们只停留在这一步，那么这只是一个没有任何进一步结果的论断，而 x 和 y 暂时实际上仍然是常数。只有当它们真正地变化时，也就是**在函数内部**变化时，它们才真正成为变量，而且只有那时，才能显示出隐藏于最初的方程式中的不只是两个量本身的关系，而是它们的可变性的关系。最初的微商 $\frac{\Delta y}{\Delta x}$ 表示在实际变化过程中，即在每一**特定**的变化当中，这种关系是如何发生的；最后的微商 $\frac{dy}{dx}$ 才表现出它的普遍的、纯粹的关系，因此我们可以由 $\frac{dy}{dx}$ 得出任何的 $\frac{\Delta y}{\Delta x}$，而 $\frac{\Delta y}{\Delta x}$ 本身永远只适应于个别场合。而为了从个别场合得出一般关系，个别场合本身应当予以抛弃。所以当函数完成由 x 到 x' 的过程，并带着该过程的全部结果之后，可以放心地把 x' 重新取做 x；这已不是原来的 x，只是按名称来说还是变量 x，它已经过了**真正的变化**，而且，即使我们把它本身再度抛弃,变化的**结果**仍保留着。

最后,这里一下子弄清了许多数学家早就断言过、但未能提出合理论据来加以论证的一点,即微**商**是最初始的,而微分dx和dy是推导出来的:推导出这个公式本身要求,这两个所谓无理因子首先构成方程的一方,只有等到使方程回到它的这一本来的形式$\frac{dy}{dx} = f(x)$的时候,才能用它来做点什么,才能消除无理式,而代之以有理式。

这件事引起我极大的兴趣,以致我不仅考虑了一整天,而且做梦也在考虑它:昨天晚上我梦见我把自己的领扣交给一个青年人去求微分,而他拿着领扣溜掉了。

你的　弗·恩·

175

恩格斯致爱德华·伯恩施坦

苏　黎　世

1881年10月25日于伦敦

亲爱的伯恩施坦先生:

……但是盖得的确到这里来过,当时是为了起草法国工人党的纲领**草案**[420]。导言①就是在这里,在我的房间里,我和拉法格都在

---

① 马克思《法国工人党纲领导言(草案)》,见《马克思恩格斯文集》第3卷。——编者注

场,由马克思口授,盖得笔录的:工人只有在成了他们的劳动资料的占有者时才能获得自由;这可以采取个体形式或集体形式;个体占有形式正在被经济的发展所排斥,而且将日益被排斥;所以,剩下的只是共同占有形式,等等。这真是具有充分说服力的杰作,寥寥数语就可以对群众说得一清二楚,这样的杰作是我少见的,措辞这样精练,真使我自己也感到惊叹。接下去就讨论纲领的其他内容,在这里我们作了某些增减,但是很难说盖得是马克思的传声筒,这可以从下列事实中看出来:盖得硬要把他的那一套最低工资额的谬论放到纲领里去,因为对纲领负责的不是我们而是法国人,所以最后我们只得随他的便,虽然他也承认这一点在理论上是荒诞无稽的。

布鲁斯当时在伦敦,他是很乐意出席的。但是盖得的时间很有限,并且不无根据地预料到布鲁斯会引起一场关于他自己也不懂的无政府主义论调的无聊争论,所以坚持不要布鲁斯参加这次会议。这是他的事情。可是布鲁斯对盖得的这种做法耿耿于怀,从此他那反对盖得的小集团便产生了。

法国人后来讨论了这个纲领,作了一些改动以后便通过了,其中马隆所作的改动决不是什么改进。

后来,我还在《平等报》第2期上写了两篇关于"俾斯麦先生的社会主义"的文章①,就我所知,这就是我们积极参加法国运动的全部经过。

可是,最使那些微不足道而又自命不凡的满腹牢骚的小人恼火的是:马克思由于在理论上和实践上的成就已经赢得了这样的地位,

---

① 恩格斯《俾斯麦先生的社会主义》,见《马克思恩格斯全集》中文第2版第25卷。——编者注

各国工人运动的最优秀的人物都充分信任他。他们在**紧要关头**都向他请教,而且总是发现他的建议是最好的。他已经在德国、法国、俄国赢得了这种地位,至于在比较小的国家就更不用说了。所以,并不是马克思把自己的意见,更谈不上把自己的意志强加于人,而是这些人自己来向他求教的。马克思所起的特殊的、对运动极端重要的影响,正是建立在这种基础上的。

马隆也曾想到这里来,但是他想通过拉法格得到马克思的特别邀请;他当然没有得到这种邀请。我们愿意同其他任何怀有良好意愿的人,也愿意同他进行商谈,但是要邀请他!为什么?我们什么时候这样邀请过人呢?

马克思,其次是我,对其他国家的运动所持的态度同对法国人的态度是一样的。我们总是同他们保持接触,如果值得花力气这样做,而且有机会这样做的话;但是,违反别人的意志去影响别人的任何企图,都只会对我们有害,只会毁灭在国际时期取得的原有的信任。在革命事业中我们在这方面的经验实在太多了……

1882年

176

恩格斯致爱德华·伯恩施坦

苏 黎 世

1882年1月25—31日于伦敦

亲爱的伯恩施坦先生：

……关于德国"领袖"中的情况的报道，使我们很感兴趣。我从来不讳言：在我看来，德国的群众要比领袖先生们好得多，特别是在党由于报刊和宣传而变成了为这些领袖提供黄油的奶牛，而俾斯麦和资产阶级却突然宰了这头奶牛[434]之后，情况就更是这样了。上千人因此一下子被剥夺了生存条件，他们没有被直接置于革命者的处境中即没有被放逐到国外去，这是他们个人的不幸。否则，许多现在垂头丧气的人都会转到莫斯特的营垒里去，或者无论如何会认为《社会民主党人报》是过于温和了。这些人大部分都留在德国，而且必须这样做；他们大部分都去了相当反动的地方，受到社会排斥，为了自己的生存而依靠庸人，因而大多数人也被庸俗习气所侵蚀。他们的一切希望很快都集中在废除反社会党人法[408]上面来了。在庸俗习气的压抑下，在他们中间产生了一种确实荒唐的幻想，以为只要温顺就可以达到目的，这是毫不足怪的。对意志薄弱的人来说，德国是一个很坏的国家。日常关系和政治关系的狭隘琐碎，甚至在大城市中也存在的小城市风气，在同警察和官僚进行斗争时总要遇到的小小的但是层出不穷的刁难——这一切把人弄得精疲力竭,而不是激发人起来反抗;于是,在这个"大幼儿园"[435]里,许多人自己也变得很幼稚了。生活条件的狭隘造成了眼界的狭隘,以致生活在德国的人,必须有很大的智慧和精力才能超出身边的事物而看得更远一些,才能看见世界大事的巨大联系,才不至于陷入自满自足的"客观性"。这种"客观性"不能看得比自己的鼻子更远,因此恰恰是最狭隘的主观性,虽然它是成千上万的这种人都具有的。

但是,无论这种用"客观的"过分聪明来掩盖自己缺乏判断力和抵抗力的倾向是怎样自然而然地产生的,我们还是必须对它进行坚决的斗争。而在这里,工人群众本身是最好的支点。在德国,只有他们是生活在比较现代的条件下,他们的一切大大小小的不幸都是**资本**的压迫所造成的;德国的其他一切斗争,无论是社会斗争或政治斗争,都是琐碎的和微不足道的,都是围绕着一些在别的地方早已解决了的琐碎的事情打转,而工人的斗争是唯一伟大的、唯一站在时代高度的、唯一不使战士软弱无力而是不断加强他们的力量的斗争……

177

恩格斯致卡尔·考茨基

苏 黎 世

1882年2月7日于伦敦

亲爱的考茨基先生：

我终于着手答复您11月8日的来信了。

1848年革命的实际任务之一(而一次革命的**实际的**、非幻想的任务总是通过这一革命得到解决的)，是恢复中欧那些被压迫、被分割的民族，因为一般说来当时它们是有生命力的，特别是已经成熟得可以独立了。对于意大利、匈牙利和德国来说，这一任务由革命的遗嘱执行人波拿巴、加富尔、俾斯麦根据当时的情况予以解决了。剩下的是爱尔兰和波兰。这里可以撇开爱尔兰不谈，它只是非常间接地影响大陆的事务。而波兰地处大陆中部，使波兰保留分割状态的，正是一再把神圣同盟[436]联结起来的那种联系，所以波兰使我们很感兴趣。

一个大民族，只要还没有实现民族独立，历史地看，就甚至不能比较严肃地讨论任何内政问题。1859年以前，在意大利根本谈不上社会主义，甚至当时算是最有活力的因素的共和主义者也并不很多。共和主义者到1861年以后才多起来，他们当中最优秀的力量后来投入了社会主义者的行列。[437]德国的情况也是这样。拉萨尔在幸运地被枪弹击中的时候，已经准备承认事业失败并准备放弃事业了。只是

恩格斯致卡尔·考茨基(1882年2月7日)

在1866年大普鲁士统一小德意志[202]的问题实际解决了以后,拉萨尔派[438]也好,所谓爱森纳赫派[354]也好,才有了意义;只是从1870年波拿巴进行干涉的渴望彻底破灭以后,事业才蓬勃发展起来。假如在我们这里还保留着旧的联邦议会[439],那么,我们的党会怎么样啊!匈牙利的情况也一样。只是从1860年起,它才被卷入现代的运动[440]:上层是欺诈,下层是社会主义。

　　无产阶级的国际运动,无论如何只有在独立民族的范围内才有可能。1830—1848年,有点共和主义色彩的国际主义寄希望于法国,认为它负有解放欧洲的使命,**其结果,法国的沙文主义日益加强**,以致法国解放世界的使命及其与此相联的领导运动的长子权利,直到现在还在步步妨碍着我们(这在布朗基主义者身上表现为滑稽的形式,在比如马隆及其同伙身上也表现得很强烈)。而在国际①中,法国人也把这个观点当做天经地义的东西来坚持。只有事变才能教育他们,而且还要天天教育他们——以及许多其他的人,使他们知道,只有在**平等者**之间才有可能进行国际合作,甚至平等者中间居首位者也只有在直接行动的条件下才是需要的。只要波兰还被分割,还受压迫,那么,不仅在国内不可能形成强大的社会主义政党,而且德国和其他国家的无产阶级政党也不可能同**除流亡者以外的任何波兰人**进行真正的国际交往。每一个波兰的农民和工人,一旦从自己的闭塞状态中觉醒,参加为共同利益进行的斗争,首先就会碰到存在民族压迫的事实,这一事实到处都是他们前进道路上的第一个障碍。排除民族压迫是一切健康而自由的发展的基本条件。那些不把解放国家提到自己纲领的首要地位的波兰社会主义者,我比之为不愿意要求首先

――――――――

　　①指国际工人协会。——编者注

472

废除反社会党人法,实行新闻出版、结社和集会自由的德国社会主义者。为了能够进行斗争,首先需要有土壤、空气、光线和场地。否则,一切都是空话。

关于在最近一次革命**之前**波兰是否能恢复的问题,没有什么意义。**我们**根本无意阻止波兰人去努力争取为自己的进一步发展所必需的条件,或者硬要他们相信,从国际观点来看民族独立是很次要的事情,恰恰相反,民族独立实际上是一切国际合作的基础。此外,在1873年,德国同俄国差一点打起仗来[441],所以当时波兰完全可能**以某种形式**得到恢复,成为以后的真正的波兰的萌芽。如果俄国的先生们不马上停止自己的泛斯拉夫主义阴谋和在黑塞哥维那的挑唆[442],他们就会招致一场他们自己、奥地利和俾斯麦都控制不了的战争。黑塞哥维那的事态变得严重,只有俄国的泛斯拉夫主义政党和沙皇感兴趣;波斯尼亚匪帮则同目前在那里活动的愚蠢的奥地利大臣和官僚一样,并不会引起人们多大的兴趣。因此,甚至**不经过**起义,而仅仅由于欧洲的冲突就恢复独立的小波兰,这并不是绝对不可能的。这就像资产阶级所发明的普鲁士小德意志一样,它并不是靠这个资产阶级所幻想的革命道路或议会道路,而是靠战争建立的。

因此,我认为,欧洲有**两个**民族不仅有权利,而且有义务在成为国际的民族以前先成为国家的民族:这就是爱尔兰人和波兰人。他们只有真正成为国家的民族时,才更能成为国际的民族。波兰人在历次危难中懂得了这一点,并且在历次革命战争的战场上证明了这一点。如果剥夺他们恢复波兰的期望,或者硬要他们相信一个新波兰不久就会从天上掉下来给他们,他们就会对欧洲革命失去任何兴趣。

我们尤其没有丝毫理由在波兰人不可避免地渴望独立的时候去阻挡他们。第一,他们在1863年发明和运用了俄国人现在很有成效地加以仿效的斗争方法(《柏林和彼得堡》附件二)[443];第二,在巴黎公社中,他们是唯一可靠而有才干的统帅[444]。

　　而反对波兰人的民族意向的是哪些人呢?第一,是欧洲的资产者,波兰人从1846年起义[445]以来,同时也由于自己的社会主义倾向,失去了欧洲资产者的任何信任;第二,是俄国的泛斯拉夫主义者和受他们影响的人,比如以赫尔岑的眼光看问题的蒲鲁东。要知道,在俄国人中间,甚至在他们的优秀人物中间,现在已摆脱了泛斯拉夫主义的倾向和记忆的人寥寥无几;俄国负有泛斯拉夫主义的使命,在他们看来是毫无疑问的,就像法国天生享有革命倡导权在法国人看来是毫无疑问的一样。其实,泛斯拉夫主义是在并不存在的**斯拉夫**民族这一假面具之下争夺世界霸权的骗术,它是我们和俄国人的最凶恶的敌人。这种骗术总有一天会烟消云散,但目前还是会给我们造成很大的麻烦。目前正在酝酿着一场泛斯拉夫主义的战争,这是拯救俄国沙皇制度和俄国反动势力的最后一点指望;战争会不会爆发,是一个很大的疑问,但是如果战争爆发,那么只有一点是肯定的:在德国、奥地利和俄国那里朝着革命方向顺利发展的情况,将受到极大的破坏,并且会被推到现在还很难预言的其他道路上去。在最好的情况下,我们也会因此丧失三年到十年的时间,那时情况很可能是:在德国,可能也在俄国,宪制的“新纪元”[373]的死期还要推迟一段时间;德国统治小波兰;对法国进行报复战争;各民族互相进行新的挑拨离间;最后,形成新的神圣同盟。所以,泛斯拉夫主义虽然已经快进坟墓了,或者正是因为这样,它现在比任何时候都更是我们的死敌。卡特柯夫们、阿克萨科夫们、伊格纳季耶夫们及其同伙都知道,只要沙皇制度一被推翻,俄国人民一登上舞台,他们的王国就永远完蛋了。因此,在国库空虚而又没有一个银行家肯借给俄国政府一文钱的时候,就产生了进行战争的这种热望。

所有泛斯拉夫主义者都恨死了波兰人,因为波兰人是唯一**反对**泛斯拉夫主义的斯拉夫人,他们是神圣的斯拉夫事业的叛徒,因而必须用暴力将他们圈在大斯拉夫沙皇帝国之内,帝国未来的首都将是沙皇格勒,即君士坦丁堡。

您可能要问我,难道我对被插进斯拉夫民族中去的三个楔子——德意志人、马扎尔人和土耳其人——分割得支离破碎的那些小的斯拉夫民族和民族碎片不抱任何同情吗?的确是少极了。捷克斯洛伐克人呼救道:"上帝啊,世界上竟没有人公正地对待斯拉夫人!"[①]彼得堡予以响应,于是捷克的整个民族运动都盼望沙皇"公正地对待"他们。其他的人:塞尔维亚人,保加利亚人,斯洛文尼亚人,加利西亚的卢西人(至少是一部分)的情况也是如此。我们却不能赞同这些目的。只有在沙皇制度崩溃以后,这些小民族的民族意向同谋求世界霸权的泛斯拉夫主义倾向脱离了联系时,我们才能给予他们行动自由,而且我深信,对于多数奥地利—匈牙利的斯拉夫人来说,只要有六个月的独立,他们就会央求接受他们回去。但是无论如何不能承认这些小民族目前在塞尔维亚、保加利亚和东鲁米利亚硬说自己拥有的那种权利,即阻止修筑通向君士坦丁堡的欧洲铁路网的权利……

①见扬·科拉尔《光荣的女儿》第3篇《多瑙河》。——编者注

178

恩格斯致约翰·菲力浦·贝克尔

日 内 瓦

1882年2月10日于伦敦

老朋友：

……我们已经考虑过你的建议[446]，认为实行这个建议的时机还没有到来，但是，它是很快就会到来的。第一，一个新的经过正式改组的国际，在德国、奥地利、匈牙利、意大利和西班牙都只能招致新的迫害，最后只能是二者择一：要么放弃这一事业，要么使这个组织成为**秘密的**。后一种做法是不幸的，因为它不可避免地会产生阴谋和暴动的欲望，同样不可避免地会让密探混进来。甚至在法国，也完全有可能重新利用那个还根本没有废除的反对国际的法律[447]。

第二，在目前《平等报》和《无产者报》争吵不休的情况下，对法国人根本不能有所指望，可是必须表明自己支持哪一方，但这样做也有它的坏处。至于我们自己，我们是站在《平等报》方面的，但是我们仍然要避免**现在**就公开出面支持这些人，这是因为，尽管我们明确地向他们提出过警告，他们还是一再犯策略上的错误。

第三，同英国人打交道，现在比过去任何时候都更困难。在五个月当中，我一直力图通过《劳动旗帜报》(我为它写过社论[448])从论述往日的宪章运动开始来传播我们的思想，看看这样是否能得到一些反应。但毫无结果,因为那位编辑①,一个好心的但是很软弱的人,最后对我在该报所写的大陆上的异端邪说也感到害怕了,所以我就放弃了这个打算。②

所以,只剩下这样一个国际,这个国际,除比利时以外,**仅仅**限于**流亡者**,因为除了日内瓦及其近郊,连瑞士人也不能指望,——请看一看《工人呼声》和毕尔克利。但是,花费力气去建立一个仅仅由流亡者组成的协会,未必是值得的。因为荷兰人、葡萄牙人、丹麦人也帮不了多少忙,而同塞尔维亚人和罗马尼亚人打交道则越少越好。

但是另一方面,国际实际上是继续**存在着**的。各国革命工人之间的联系,就其能够发挥作用而言,也还是保持着的。每一个社会主义的报刊都是一个国际的中心;从日内瓦、苏黎世、伦敦、巴黎、布鲁塞尔、米兰向四面八方伸展出许多线,互相交叉,而我实在看不出,在目前,让这样多的小中心聚结在一个大的主要中心的周围会给运动带来什么新的力量——恐怕这只会增加摩擦。但是,正因为如此,当需要把这些力量集合起来的时机到来的时候,这是可以立即做到的,并不需要做长期的准备。每一个国家的先进战士的名字在其他所有国家中都是人所共知的,任何一个由他们签署并为他们拥护的公开行动都会产生巨大的影响,——这和大多为人们所不知道的旧总委员会③委员们的名字完全不同。正因为如此,在这种行动能够起决定性作用之前,即当欧洲的事变促使它诞生之前,应当暂不采取这种行动。否则就会损害它将来的效果,就只能是徒劳无益的。这样的事变正在俄国酝酿着,在那里,革命的先锋队就要出击了。照我们看来,应

---

①乔·希普顿。——编者注
②参看恩格斯1881年8月10日给乔·希普顿的信。——编者注
③指国际工人协会总委员会。——编者注

当等待这样的事变以及在德国必然产生的反应,——到那时,采取伟大的行动和建立一个**正式的**真正的国际的时机就到来了,不过到那时,它再也不会是一个宣传的团体,而只能是一个行动的团体了。因此,我们坚决主张,这样一种优越的斗争手段,决不应当在还比较平静的时期,即革命的前夜就使用它,损害它,从而削弱它的作用。

　　我相信,如果你再次考虑一下这个问题,你就会同意我们的意见。现在,我们俩都祝你早日痊愈,并且希望很快听到你又完全恢复健康的消息。

永远是你的　老弗·恩·

179

恩格斯致奥古斯特·倍倍尔

莱 比 锡

1882年5月16日于伦敦

亲爱的倍倍尔:

　　……前天辛格尔到我这儿来了,我从他那里得悉,秘密通讯处还可以用,以前我对此没有充分的把握,因为我们已经很久没有使用这个地址了。辛格尔有另一种考虑。他属于这样一种人:这些人认为对任何东西实行国有化都是半社会主义的措施,或者无论如何也是预备性的社会主义措施,因而暗暗热衷于保护关税、烟草专卖、铁路国有化等等。⁴⁴⁹所有这一切全是胡说,是被片面地夸大了的反对曼彻斯特主义[66]斗争的遗产；这种胡说特别是在投奔到我们方面来的资产阶级的和受过大学教育的分子当中追随者最多，因为这种胡说可以使他们在同自己那些资产阶级的及"有教养的"人士争论时占上风。据辛格尔说，不久以前你们在柏林辩论过这个问题，他——幸亏——是少数。我们无论在政治上或经济上都不应当为了这样一些细小的打算使自己的名声受到损害。我曾试图向他说明：(1)照我们的看法，在德国，保护关税是完全错误的(在美国则不同)，因为我们的工业是在自由贸易的情况下发展起来并形成出口能力的，而对于这种出口能力来说，外国的半成品在国内市场上的竞争是绝对必需的；能够生产比国内的需要多出三倍产品的钢铁工业，利用保护关税仅仅是为了对付**国内市场**，而在**国外**却像事实证明的那样采取倾销价格；(2)烟草专卖是一种微不足道的国有化，以致我们在辩论中甚至不能拿它来作例证。另外，不管俾斯麦能否将它付诸实现，我都毫不在乎，因为不论出现哪种情况，结果只会对我们有利；(3)铁路国有化只是对股东们有利，他们可以把股票高价卖出去，而对我们却没有丝毫利益，因为我们只要首先把国家掌握在手中，我们就可以迅速地像收拾国家一样，收拾几个大公司；股份公司业已提供证明，资产者本身是何等的多余无用，因为全部管理工作都是由雇佣人员去做的，而国有化对此并没有增添任何新的论据。但辛格尔对这种国有化过分固执己见，只同意我一点，即从政治观点看来，你们采取的否定的立场是唯一正确的。

邮局快关门了。衷心问候你和李卜克内西。

你的　弗·恩·

180

恩格斯致卡尔·考茨基

维 也 纳

1882年9月12日于伦敦

亲爱的考茨基先生:

……您问我,英国工人对殖民政策的想法如何?这和他们对一般政策的想法一样:和资产者对它的想法一样。这里没有工人政党,只有保守派和自由主义激进派,工人十分安然地分享英国在世界市场上的垄断权和英国的殖民地垄断权。依我看,真正的殖民地,即欧洲移民占据的土地——加拿大、好望角和澳大利亚,都会独立的;相反地,那些只是被征服的、由土著人居住的土地——印度、阿尔及利亚以及荷兰、葡萄牙、西班牙的属地,无产阶级不得不暂时接过来,并且尽快地引导它们走向独立。这一过程究竟怎样展开,还很难说。印度也许会,甚至很可能会闹革命,既然争取解放的无产阶级不能进行殖民战争,那就必须容许它这样做,那时自然不会没有种种破坏,但是,这类事情恰恰是任何革命都免不了的。在其他地方,如阿尔及利亚和埃及,也可能发生同样情况,这**对我们**来说当然是最好不过的事情。我们在自己家里将有足够的工作要做。只要欧洲和北美一实行改造,就会产生巨大的力量和做出极好的榜样,使各个半文明国家完全自动地跟着走,单是经济上的需要就会促成这一点。至于这些国家要经过哪些社会和政治发展阶段才能同样达到社会主义的组织,我认为我们今天只能作一些相当空泛的假设。不过有一点是肯定的:胜利了的无产阶级不能强迫他国人民接受任何替他们造福的办法,否则就会断送自己的胜利。当然,这决不排除各种各样的自卫战争。

埃及的事件⁴⁵⁰是俄国外交制造的。让格莱斯顿侵占埃及(埃及还远未落入他的手中,他即使能得到埃及,也远不能守住),以便俄国占据亚美尼亚,按照格莱斯顿的说法,这样做又可以把一个基督教国家从伊斯兰教的压迫下解放出来。在这件事上其余的一切都是幌子、托词、借口。这种企图是否会得逞,很快就会见分晓。

热情问好。

您的 弗·恩·

181

恩格斯致爱德华·伯恩施坦

苏 黎 世

1882年10月20日于伦敦

亲爱的伯恩施坦先生:

我早就想写信告诉您法国的情况,但是一直到现在才动笔。也好,这样倒可以一举两得了。

(1)**圣艾蒂安**。尽管有比利时人的好意劝告,不可避免的事还是发生了,互不相容的因素已经分开。⁴⁵¹这是一件好事。起初,在工人

恩格斯致爱德华·伯恩施坦(1882年10月20日)

党创立的时候,必须容许所有接受纲领的人参加到党里来;如果他们
在接受纲领的时候暗地里还有保留,这在以后是一定会表现出来
的。在这里我们从来没有被马隆和布鲁斯所迷惑。他们两人都是在
巴枯宁的阴谋学校里培养出来的;马隆甚至是建立巴枯宁的秘密
"同盟"[289]的共谋者(他是17个创始人之一)。但是,毕竟还应当给他
们一个机会来表明,他们是否连同巴枯宁的理论一起放弃了巴枯宁
的实践。事情的进程表明,他们接受了纲领(同时歪曲了它,马隆给它
加进了许多坏的东西),不过暗中却想推翻纲领。在兰斯和巴黎开始
的事情[452],在圣艾蒂安完成了。纲领的无产阶级的阶级性已经被抛
弃。1880年的共产主义的导言[453],已经被1866年国际章程的导言所
代替,而1866年的国际章程之所以不得不那么一般地表述,正是因
为法国的蒲鲁东主义者非常落后,而又不能把他们排除在外。纲领的
正面要求都被取消了,因为每个地方组织有权为了任何一种它们随
意设定的特殊目的制定自己特有的纲领。这个所谓的圣艾蒂安党,不
仅不是工人党,而且根本不是一个党,因为它实际上没有任何纲领:
它至多只是一个马隆—布鲁斯派。这两个人能够对旧纲领提出的最
严厉的责难,就是这个纲领推出去的人比吸收进来的人还多。这一点
现在已可以补救:蒲鲁东主义者和激进派[454]再也没有理由留在党外
了,而如果事情照马隆这一帮人所希望的那样发展,那么福尔马尔所
抱怨的"革命稀粥"[455]就会成为法国无产阶级的正式说法。

　　在所有的罗曼语国家中(可能还有其他地方),对待代表大会的
代表资格证向来是很宽松的。这些代表资格证很多都是见不得阳光
的。当这种事情还没有做得太过分的时候,当这还只涉及次要问题的
时候,其危害性还不那么大。但是巴枯宁主义者把这种做法变成了常
规(最初是在汝拉),他们一贯地伪造代表资格证,企图用这种办法来

窃取领导地位。现在在圣艾蒂安就是这样。在筹备代表大会的时候，完全使用了巴枯宁的一整套旧策略，不惜采取撒谎、诽谤、搞阴谋诡计等一切手段。只有在这方面布鲁斯才是能手。但是这些人忘记了，这在小的支部里和在汝拉这样小的地区能够获得成功，而在一个大国的真正的工人党内则必然要使那些干这种事情和耍这种手腕的人遭到毁灭。圣艾蒂安的表面的胜利不会长久保持下去，马隆和布鲁斯很快就会彻底完蛋。

看来，一个大国的**任何**工人政党，只有在内部斗争中才能发展起来，这是符合一般辩证发展规律的。德国党就是在爱森纳赫派[354]和拉萨尔派[438]的斗争中变成现在这个样子的，在这种斗争中连吵架本身也起了重要的作用。只是在被拉萨尔特意豢养起来充当其工具的一帮恶棍垮下来以后，合并才有可能，即便在那时从我们这方面来说去争取合并也是过于匆忙了。[456]在法国，有些人虽然抛弃了巴枯宁的理论，却继续运用巴枯宁的斗争手段，同时还想为了自己的特殊目的而牺牲运动的阶级性质，这些人也必须先垮下来，然后重谈合并才有可能。在这种情况下宣传合并就是十足的愚蠢。道德说教对于反对目前情况下不可避免的幼稚病是没有帮助的。

此外，甚至罗阿讷派也很需要经常的尖锐的批评。他们常常醉心于革命的词句和软弱无力的行动要求……

182

恩格斯致奥古斯特·倍倍尔

莱 比 锡

1882年10月28日于伦敦

亲爱的倍倍尔：

我终于可以给你写信了。马克思又在这里住了约三个星期，他后天要去怀特岛，因此我一直没法安静地做点事。

福尔马尔的两篇文章，我非常喜欢的是第一篇457，因为它给了"右翼"先生们的哀怨以应有的回击，这些先生们甚至不惜接受那些对党来说要比反社会党人法408本身还要坏的条件，来争取废除反社会党人法，这无非是想借此重新筹办像《审判报》之类的报纸，以便回到旧日的写作方面的"埃及的肉锅"458。我认为，向这些先生们——文章就是针对他们的——指出下面的一点，是完全正确的，即：如果反社会党人法被**自愿**废除，就很容易出现使**党**的处境更加恶化的条件；应当强调指出，靠屈膝乞求的办法我们是很难摆脱反社会党人法的。

其实，在我看来，这个问题也是纯理论的问题。我认为，这个法律将会被那些导致革命而且不久就会到来的事件459一扫而光。

第二篇文章我相当匆忙地看了一遍，当时有两三个人一直在旁边谈话，否则我就会从作者对革命的看法看出法国的影响，同时大概也就认清了我们的福尔马尔。你在这方面的看法是完全正确的。460

"只是反动的一帮"⁴⁶¹这种说法终于在长久期待之后被实现了。**这边**是所有的正式党派纠合在一起，**那边**是我们社会主义者组成严整的队伍；一场大决战，一举获得全线胜利。实际上事情并不那么简单。恰好相反，实际上，正如你也指出过的，革命是在绝大多数人民和正式党派联合起来**反对**因此而遭到孤立的政府并要推翻它的时候开始的；而且只有在那些还能继续存在下来的正式党派在相互斗争中一个促使一个和一个接着一个地垮台以后，只有在这以后，才会出现福尔马尔所谈的彻底分裂，与此同时，我们取得统治权的时机也就来临了。假如我们和福尔马尔一起立刻从革命的**最后一举**开始革命，那对我们将是非常不利的。

末尾论及新策略的那一段话，我当时没有怎么重视，——无论如何，要是对照一下刑法典，就可以在这里发现许多能使人**坐牢**的东西。但是，如果有人偶尔向这方面偏了，那也不是了不得的事，因为偏向另一方面的人也不少。如果说我把这一点看得太轻了，那么我认为你则看得太重了。你看看菲勒克在《南德意志邮报》上那种兴高采烈的样子，就可以知道，右翼在怎样想方设法利用你的反驳。⁴⁶²我不认为我们在德国的同志会由于福尔马尔的文章就真的立即接受他的说法。不过，对他要求宣布"我们要**秘密**组织起来"这一点，应当断然拒绝。

我焦急地等待关于俾斯麦的材料，但是现在你们两人①正在坐牢⁴⁶³，我大概得再等一些时候。不过，如果我那时要埋头于另外的、也是我早该动手的长篇文章②，那我就不能把它中途搁下，而不得不

---

① 奥·倍倍尔和威·李卜克内西。——编者注
② 恩格斯《自然辩证法》，见《马克思恩格斯文集》第9卷。——编者注

把俾斯麦往后推了①。

在法国,早已预料到的分裂发生了。451在建立党的时候,盖得和拉法格同马隆和布鲁斯之间的最初的合作是不可避免的,但是马克思和我从来没有幻想这种合作能够长期维持下去。争论的问题完全是原则性的:是应当把斗争作为无产阶级对资产阶级的**阶级斗争**来进行呢,还是应当像机会主义者(翻译成社会主义者的语言就是:可能派)那样,只要能获得更多的选票和更多的"支持者",就可以把运动的阶级性和纲领都丢开不管?马隆和布鲁斯赞成后一种做法,从而牺牲了运动的无产阶级的阶级性,并且使分裂成为不可避免的事。这也好。无产阶级的发展,无论在什么地方总是在内部斗争中实现的,而现在第一次建立工人政党的法国也不例外。在德国,我们已经走过了这种内部斗争(同拉萨尔派)的第一阶段,其他阶段还摆在我们面前。在可能团结一致的时候,团结一致是很好的,但还有高于团结一致的东西。谁要是像马克思和我那样,一生中对冒牌社会主义者所作的斗争比对其他任何人所作的斗争都多(因为我们把资产阶级只当做一个**阶级**来看待,几乎从来没有去和资产者个人交锋),那他对爆发不可避免的斗争也就不会感到十分烦恼了。

我希望这封信能在你入狱以前到达你手里。马克思和杜西向你表示衷心的问候。马克思的健康正在完全恢复,如果胸膜炎不再犯,明年秋天他的身体将会比近几年以来都好。如果你在"塔笼"②(在伯尔尼的叫法)碰到李卜克内西,请代我们大家问候他。

你的 弗·恩·

---

①恩格斯曾打算撰文评论俾斯麦的经济政策和社会政策,该计划没有实现。参看恩格斯1882年9月13日给爱·伯恩施坦的信。——编者注
②指监狱。——编者注

183
恩格斯致爱德华·伯恩施坦

苏　黎　世

1882年11月2—3日于伦敦

亲爱的伯恩施坦先生：

　　……您屡次硬说"马克思主义"在法国威信扫地，所根据的无非就是**马隆的陈词滥调**。诚然，法国的所谓"马克思主义"完全是一种特殊的产物，以致有一次马克思对拉法格说："有一点可以肯定，我不是马克思主义者"。但是，既然《公民报》去年夏天的销售量为25 000份，并取得了那样的地位，以致利沙加勒为了夺取它①竟拿自己的名誉下赌注，那么，这似乎同流传的所谓威信扫地的情况有些矛盾。而与此更加矛盾的是这样一个事实：威信扫地没有妨碍这些人享有这样的威望，即他们被驱逐出《公民报》以后，**当天就创办了一家新的大型日报**464，**几乎完全靠工人和小资产者**(ouvriers et petits industriels——拉法格语)的支持使该报整整两周免受旧《公民报》所有者②的阴谋诡计的破坏，并且已经找到一个资本家，明天就要同他就报纸③问题进行最后的谈判——行还是不行。在这样雄辩的事实面前，马隆

---

① 参看恩格斯1882年10月20、27日给爱·伯恩施坦的信。——编者注
② 布洛默斯泰因。——编者注
③《平等报》(日报)。——编者注

大概只好把他所说的"威信扫地"留给自己了。而马隆先生本人的"威望"如此之高,以致当他请求罗什弗尔给他在《不妥协派报》上发表的文章增加稿费时,那人答复他说:"**如果您写得少些**,我会付给您多些"。让马隆试试口袋里一文不名能否在巴黎创办日报,以表明他享有怎样的威望……

184
恩格斯致马克思

文 特 诺

1882年11月21日于伦敦

亲爱的摩尔:

我正想问你"储备"情况怎样,今天恰好接到了你的来信①。附上30英镑支票,你可以像往常那样去兑取。这样,下星期一,或许就在本星期六,你便可以拿到钱,如果你舍得花一个先令的电报费,星期五就可拿到。

附上(1)穆尔的一篇数学研究465。代数方法只不过是一种变相的微分方法,这一结论当然只是就他自己的几何作图法而言,在这里也还算正确。我已写信②告诉他说,你对于人们如何用几何作图法来

---

① 马克思1882年11月20日给恩格斯的信。——编者注
② 这封信没有保存下来。——编者注

体现事物这一点,是完全不重视的,应用曲线方程便足够了。此外,你的方法和老方法的根本差别在于:你把x变为x',也就是使之**真正起变化**,而其他人则是从$x+h$出发,这终归是两个量的和,而不是表示一个量在变化。因此,你的x纵然通过x'再变回到原来的x,毕竟和原先的已不是一回事;而如果先把h加到x上,然后再把它减去,x是始终保持不变的。但是,变化的每一图解都只能表示出**已经完成了的**过程,即**结果**,也就是一个已经变为常数的量;表示线段x及其附加线段的是$x+h$,也就是一根线段的两节而已。从这里已经可以看出,x如何变为x'并再变为x,这是不可能用图解表示出来的。

另外附上(2)刚刚收到的伯恩施坦的一封信,望阅后退还给我。

(彭普斯带着小家伙①来把我打断了,所以这封信不得不就此草草结束,因为我打算在五点半把它发出。)

我不知道,对福尔马尔所作的马隆式的历史叙述466要不要给以斥责。对马赛代表大会467只字不提,这已是严重歪曲历史了。如果伯恩施坦在给最后一篇文章加的按语中不指出这一点,那就有必要予以纠正。

《平等报》我读完后即寄出。拉法格答应写的信和往常一样还未收到。他用教授的口气给预审法官②写的公开复信468是幼稚的。这些人的所作所为,似乎是千方百计想使自己被捕一样。幸好内阁状况不稳,所以他们也许还能逃脱。

杜西和琼尼昨天平安到达。

你的 弗·恩·

---

①女儿莉莲。——编者注

②爱·皮康。——编者注

185

马克思致恩格斯

伦　　敦

1882年11月22日于文特诺市
圣博尼费斯花园1号

亲爱的弗雷德：

支票已收到，非常感谢！

正像你也马上看出来的那样，赛姆①在批评我所运用的分析方法：他若无其事地把这种方法抛在一边，他不研究这种方法，而去研究我还只字未曾提到过的几何应用。

我未尝不可以用同样的态度去看待所谓微分方法本身的发展过程——这种方法始于牛顿和莱布尼茨的神秘方法，继之以达兰贝尔和欧拉的理性主义方法，终于拉格郎日的严格的代数方法（但始终是从牛顿—莱布尼茨的原始的基本原理出发的）——，我未尝不可以用这样的话去对待分析的这一整个历史发展过程，说它在微分的几何应用方面，即在几何图解方面，**实际上**并未引起任何实质性的变化。

太阳刚刚出来，正是适于散步的时候，因此在这里我就暂且不

---

①赛·穆尔。——编者注

再谈数学了,不过以后有机会还要回过头来细谈各种方法。

伯恩施坦关于普鲁士铁路"国有化"的消息很有意思。[469]

我不同意他关于马隆—布鲁斯的组织[470]规模庞大的看法;盖得当时对圣艾蒂安代表大会上的那个"人数众多的"(!)代表团所作的分析并没有被驳倒;不过这已是无谓的争论了。法国真正的工人党的第一个组织是从马赛代表大会开始建立的;马隆当时在瑞士,布鲁斯还是一个无名小卒,而《无产者报》——以及它的工团——则采取了否定的立场。

阿莫斯这头蠢驴——英国官吏在埃及的传声筒——给《对埃及人的掠夺》这本小册子的作者凯伊提供了在《现代评论》上发表《答辩》的机会[471],从而使得他的当事人的处境极其困难。里弗斯·威尔逊、罗塞尔和戈中以及站在他们一边的英国内阁更是被凯伊弄得非常狼狈。

祝好。

摩尔

186
恩格斯致爱德华·伯恩施坦

苏 黎 世

1882年11月28日于伦敦

亲爱的伯恩施坦先生：

……巴枯宁主义者也完全是这样做的。据拉法格说，可能派只是在蒙马特尔才真正有些势力，并且在那里也组织得很好。

暂时处于少数——在组织上——而有正确的纲领，总比没有纲领而只是表面上拥有一大批虚假的拥护者要强得多。我们一辈子都处于少数，我们觉得这样也非常好。巴黎的组织力量较弱(果真如此，我还远不理解可能派为什么不敢出席罗阿讷派举行的关于两个代表大会[451]的辩论会)，这可以通过报刊的影响而两倍三倍地得到弥补。

在这样的情况下，您的巴黎通讯员们怎么会认为圣艾蒂安派是"真正的工人政党"，我真是无法理解。首先，这帮人根本不是什么党，更不是什么**工人**政党，就像此地的工人一样。他们其实从骨子里就是**激进资产阶级政党的尾巴**，正像此地的工人已经完全变成的那样。把他们维系在一起的唯一的东西，就是资产阶级的激进主义，他们根本没有工人的纲领。那些为激进派搜罗这类工人投票工具的工人领袖们的行为，在我看来，是**直接的背叛**……

187

恩格斯致马克思

文　特　诺

1882年12月15日于伦敦

亲爱的摩尔:

附上关于"马尔克"的附录①。请于**星期日**寄还给我,以便我能在星期一进行修改——今天我没有来得及完成最后的修改。

这里所提出的对中世纪的农民状况和15世纪中叶以来**第二次**农奴制的起源的看法,我认为总的说来是无可争辩的。我查阅了毛勒的全部著作[472]中所有与此有关的地方,在那里面几乎找到了我的全部论点,**而且都有证据**,此外,也有一些正好相反的论断,但它们不是缺乏证据,就是从这里恰好**没有**涉及的时代得出的。这种情况尤其出现在第四卷《领主庄园》的结论中。在毛勒的著作中这些矛盾的产生是由于:(1)他习惯于不分主次地和杂乱无章地引用一切时代的证据和事例;(2)他带有法律偏见的残余,每当问题涉及对**发展**的理解时,这种偏见就对他起阻碍作用;(3)他对于**暴力**及其作用注意得非常不够;(4)他具有"开明的"成见,以为自从黑暗的中世纪以来**必定**会不断朝着更美好的方向进步。这不仅妨碍他认识真正进步的对抗性质,

---

①恩格斯《马尔克》,见《马克思恩格斯全集》中文第2版第25卷。——编者注

而且也妨碍他认识个别的倒退情况。

你可以看出,这篇东西决不是一气呵成的,而确实是一段段拼凑起来的。初稿虽是一气呵成的,但可惜有错误。我是逐步掌握材料的,因此做了很多补缀工作。

附带谈一下,农奴制的普遍恢复是17世纪和18世纪德国工业未能发展起来的一个**原因**。首先,行会中存在着**相反的**分工,也就是同工场手工业中的分工相反的分工:分工不是在手工工场内部实行,而是在**行会之间实行**。在英国这里,工业向没有行会组织的农村迁移。在德国,这种做法因为农民和从事农业的小市镇居民变为农奴而受到阻碍。而由于这一点,一出现外国工场手工业的竞争,行会本身也就终于瓦解了。至于妨碍德国工场手工业发展的其他原因,在这里我就不谈了。

今天又是整天浓雾弥漫,整天都点着煤气灯。加特曼的电堆大概不能用于照明,至多只能用于电报等。关于这一点,等事情彻底弄清以后再详谈。

祝你健康,希望天气很快就会好转,那样你就可以出门了。

你的　弗·恩·

1883年

188
恩格斯致爱德华·伯恩施坦

苏 黎 世

1883年1月18日于伦敦

亲爱的伯恩施坦先生：

……格里伦贝格尔和《社会民主党人报》对普特卡默的伪善态度的回答[473]使我们感到非常高兴。这样做是对的。不要像许多人还在做的那样，一遇到敌人的打击就逃避、退让，不要哀号，不要呜咽，不要低声下气地求饶，说什么我们并没有任何恶意。我们要以牙还牙，要以两倍、三倍的打击来还击敌人对我们的每一个打击。我们的策略从来就是这样，而且到现在为止，我认为，我们已经相当成功地战胜了一切敌人。老弗里茨在给他的将军们的一个指令中说："总之，我们士兵的天才就是善于进攻，仅仅这一点就很了不起"[①]。这句话也适用于我们德国工人。但是如果凯泽尔在辩论非常法[408]的时候——假定□[②]的摘录是确实的——退缩和诉苦，说什么我们只不过是匹克

---

① 弗里德里希二世《1748年8月14日给骑兵少将的指令》，载于《弗里德里希大帝全集》第6卷第310页。——编者注

② 指菲勒克。原文为"Viereck"，是一姓氏，也有"四角形"的意思。——编者注

威克式的革命者^①，那该怎么办呢？那就应当说：整个帝国国会和联邦会议都只是靠革命建立起来的；老威廉在并吞三个王位和一个自由市⁴⁷⁴的时候也曾经是革命者；全部法制、全部所谓的法律基础都只不过是完全违背人民意志的和直接反对人民的无数革命的产物。德国人的这种思想上和意志上的该死的委靡状态(有人如此卖力地把它同"有教养者"一起带到党内来)，什么时候我们才能摆脱掉啊！

　　邮局要关门了。我也许遗漏了您来信中的个别事项，一有机会，我立即答复。谢谢寄来的照片。您什么时候寄来校样^②呢？

　　祝好。

你的　弗·恩·

189

恩格斯致爱德华·伯恩施坦

苏　黎　世

1883年2月8日于伦敦

亲爱的伯恩施坦先生：

　　……4.交易所税。在英国这里，它老早就以简单的、最普通的印花税形式存在着，就是在转让时交纳占支付额的0.5%的印花税和

---

①见麦·凯泽尔1883年1月11日在帝国国会辩论反社会党人法时的发言。——编者注

②指恩格斯《社会主义从空想到科学的发展》德文版校样。——编者注

五先令手续费(无记名股票这里很少,不用纳税)。结果只是,在没有实际转让的差额交易中存在着**真正的**证券投机。所以课税只涉及所谓的"可靠的投资"。因此根本不能做到使交易所投机商无法逃税。

我反对这个,(1)因为我们一般只要求**直接税**而反对**一切**间接税,以便人民知道和感觉到,他们交纳多少和应当怎样对付资本;(2)因为我们无论如何不能赞成给**这个**政府一文钱。

您把反对交易所的喧嚣称做小资产阶级的行为,这是很对的。交易所只改变从工人身上**已经窃得的**剩余价值的**分配**,而这种分配是如何进行的,这一点对于工人本身而言,起初可以说是无所谓的。但交易所朝着集中的方向改变分配,大大加速资本的积聚,因此这是像蒸汽机那样的革命的因素。

出于道德目的而征税,这也纯粹是小资产阶级的想法——只有征收啤酒税和白酒税还勉强说得过去。这种主张真是可笑之极和反动透顶。如果交易所没有在美国造成巨大财富,那么,在这个农民国家里怎么可能产生大工业和社会运动呢?……

497

190

恩格斯致爱德华·伯恩施坦

苏　黎　世

1883年2月10日于伦敦

亲爱的伯恩施坦先生：

谨向您确认敝函①昨日已发，现附上给考茨基的信②，他原先的地址可能已经不能用了。

再来谈谈交易所税，我们完全用不着去否定交易所的"不道德行为"和诈骗行为，我们甚至可以把它如实地描绘成资本主义赢利的顶峰，在那里所有权简直变成了盗窃；不过还应当作出进一步的结论：摧毁现代经济的这个表现得最清楚的顶峰，绝对不利于无产阶级，相反，应当让它充分地自由发展，以便使最蠢的人也能明白，现代经济会造成什么后果。有些人尽管不是交易所的经纪人，却贪得无厌地搞证券投机，因此必然成为掠夺的牺牲品，我们让这些人去表示义愤吧。当交易所和"实力雄厚的实业界"互相角斗的时候，当那些也企图进行证券投机并不可避免地要被洗劫一空的土容克，在剥削阶级这三个主要组成部分的互相斗争中成为第三方的时候，——那时候，

---

①见本卷第496—497页。——编者注
②恩格斯1883年2月10日给卡·考茨基的信。——编者注

我们就将成为第四方:欢笑的一方。

还请您把准确地址——街名和门牌号码告诉我。否则我无法寄钱,而为了购买六本关于施米特的小册子①我需要把钱寄上,我和肖莱马希望把小册子寄往德国,请您办一下。

我该就此搁笔了。

您的　弗·恩·

191
恩格斯致爱德华·伯恩施坦

苏　黎　世

1883年2月27日—3月1日于伦敦

亲爱的伯恩施坦先生:

……菲勒克就电工技术革命掀起了一阵喧嚷,却丝毫不理解这件事的意义,这种喧嚷只不过是为他出版的小册子做广告。但是这件事实际上是一次巨大的革命。蒸汽机教我们把热变成机械运动,而电的利用将为我们开辟一条道路,使**一切**形式的能——热、机械运动、电、磁、光——互相转化,并在工业中加以利用。循环完成了。德普勒的最新发现[475]在于,能够把高压电流在能量损失较小的情况下,通过普通电报线输送到迄今连做梦也想不到的远处,并在那一端加以

---

①莫·奥本海默《德国秘密警察同社会民主党的斗争》。——编者注

利用——这件事还只是处于萌芽状态——,这一发现使工业彻底摆脱几乎所有的地方条件的限制,并且使极遥远的水力的利用成为可能,如果说在最初它只是对**城市**有利,那么到最后它必将成为消除城乡对立的最强有力的杠杆。而且非常明显的是,生产力将因此得到大发展,以至于越来越不再需要资产阶级的管理了。笨蛋菲勒克从这里只是看到了自己所喜爱的国有化的新论据:资产阶级办不到的事,应当由俾斯麦来办……

192

恩格斯致爱德华·伯恩施坦

苏 黎 世

1883年3月14日于伦敦

亲爱的伯恩施坦:

我的电报①想必您已经收到。事情来得太突然了。本来大有希望,但是今天早晨体力突然衰竭,接着就完全睡着了。在两分钟之内这个天才的头脑就停止了思考,而这正是发生在医生们给了我们最大的希望的时候。这个人在理论方面,而且在一切紧要关头也在实践方面,对我们究竟有多么大的意义,这只有同他经常在一起的人才能想象得出。他的广阔的眼界将同他一起长久地从舞台上消逝。这种眼

---

①这封电报没有保存下来。——编者注

界是我们其余的人所达不到的。运动必将沿着自己的道路发展下去，但是已经缺少那种沉着的、及时的、深思熟虑的指导了，这种指导到现在为止曾多次使它避免在歧路上长期徘徊。

其余的下次再谈。现在已是午夜12点钟了，整个下午和晚上我都不得不写信并且为各种事情奔忙。

您的　弗·恩·

193
恩格斯致威廉·李卜克内西

莱　比　锡

1883年3月14日于伦敦

亲爱的李卜克内西：

从我给倍倍尔夫人(这是我所知道的唯一通讯处)的电报①里，你们大概已经知道，欧洲的社会主义革命党遭受了多么严重的损失。上星期五医生②——伦敦最好的医生之一——还告诉我们，只要营养跟得上，维持住他的体力，他完全有希望恢复得像以前那样健康。而且正是从那时候起，他的胃口又开始好一些了。但是今天下午两点多钟我去的时候，看到全家都在掉泪，说他异常地虚弱；琳蘅叫我上

---

①这封电报没有保存下来。——编者注
②霍·布·唐金。——编者注

楼去看他，说他处在半睡的状态，当我上了楼的时候——此时她离开房间不过两分钟光景——他已完全睡着，但是长眠不醒了。19世纪下半叶最伟大的头脑停止思考了。关于致死的直接原因，没有医生的意见我不好判断；整个情况是这样复杂，以致医生们要把它详细写出来，也要花费许多笔墨。然而，现在这毕竟已经不是那么重要的了。最近六个星期以来，我饱受了惊恐，而我所能说的只是，在我看来，起初他的夫人去世，接着，在他非常危急的关头燕妮①又去世，这些都起了作用，加速了他的逝世。

虽然今天晚上我看到他仰卧在床上，面孔已经僵硬，但是我仍然不能想象，这个天才的头脑不再用他那强有力的思想来哺育新旧大陆的无产阶级运动了。我们之所以有今天的一切，都应当归功于他；现代运动当前所取得的一切成就，都应归功于他的理论活动和实践活动；没有他，我们至今还会在黑暗中徘徊。

你的　弗·恩格斯

---

①燕·龙格。——编者注

194

恩格斯致弗里德里希·阿道夫·左尔格

霍 博 肯

1883年3月15日晚11时45分于伦敦

亲爱的左尔格:

你的电报已于今晚收到。衷心感谢!

当时要把马克思的健康状况定期告诉你是不可能的,因为病情一直变化不定。现在简单地谈谈主要情况。

在他夫人逝世前不久,1881年10月,他得了胸膜炎。痊愈后,他在1882年2月被送到阿尔及尔,由于路上碰到寒冷潮湿的天气,到那里又得了胸膜炎。那里天气一直很坏;由于酷暑即将到来,他的病刚一治好,就被送到蒙特卡洛(摩纳哥)去。到那里他又得了一次胸膜炎,不过病势较轻。那里天气也很坏。最后,病治好了,他到了巴黎附近的阿让特伊,住在他的女儿龙格夫人家里。在那里,他用附近的昂吉安的硫矿泉水医治他的慢性支气管炎。那里虽然天气仍旧不好,但治疗还是有效的。然后他又到沃韦住了六个星期,九月间,他从那里回来时,看起来几乎完全恢复健康了。医生许可他到英国南部的海滨去过冬。而他自己对无所事事的漫游生活已感到很厌倦,所以,要是再一次把他流放到欧洲南部去,也许对他的身体有好处,而对他的精神却有害处。当伦敦雾季开始的时候,他被送到怀特岛去。那里阴雨

恩格斯致弗里德里希·阿道夫·左尔格(1883年3月15日)

连绵;他又患了感冒。新年时我和肖莱马想去看他,但是得到通知,要杜西马上到他那里去。紧接着燕妮[1]去世了,他回到这里的时候又得了支气管炎。由于过去的种种情况,加上他这么大的年纪,这是很危险的。此外还产生许多并发症,尤其是肺脓肿以及体力异常迅速地衰竭。虽然如此,病情总的是在好转;上星期五,他的主治医生[2](伦敦最好的青年医生之一,是由雷·朗凯斯特专门推荐的)还给了我们莫大的希望。但只要在显微镜下观察过一次肺部组织的人都知道,肺部化脓的地方血管壁穿孔的危险是很大的。所以,六个星期以来,每天早晨当我走到拐角地方的时候,我总是怀着极度恐惧的心情看看窗帘是不是放下来了。昨天下午两点半钟——这是白天探望他的最合适的时间——我到了他家里,看到全家人都在掉泪,说他快到临终的时刻了。我就询问了情况,想弄清原因,进行安慰。他先是少量出血,接着体力就突然衰竭了。我们那个好样的老琳蘅看护他要胜过任何母亲照顾自己的孩子,她走上楼去,立刻又走下来,说他处在半睡状态,我可以跟她一起上去。当我们进去的时候,他躺在那里睡着了,但是已经长眠不醒了。脉搏和呼吸都已停止。在两分钟之内,他就安详地、毫无痛苦地与世长辞了。

由于自然的必然性而发生的一切事件,不管多么可怕,它们自身都包含着一种安慰。这一次情况也是一样。医术或许还能保证他勉强拖几年,无能为力地活着,不是很快地死去,而是慢慢地死去,以此来证明医术的胜利。但是,这是我们的马克思决不能忍受的。眼前摆着许多未完成的工作,受着想要完成它们而又不能做到的唐达鲁士

---

① 燕·龙格。——编者注
② 霍·布·唐金。——编者注

式的痛苦,这样活着,对他来说,比安然地死去还要痛苦一千倍。他常常喜欢引用伊壁鸠鲁的话:"死不是死者的不幸,而是生者的不幸。"[1]不能眼看着这个伟大的天才像废人一样勉强活着,去给医学增光,去受他健壮时经常予以痛击的庸人们嘲笑,——不能那样,现在的情况要比那样好一千倍,我们后天把他送到他夫人安息的墓地去,这要比那样好一千倍。

根据过去发生的、连医生也不如我了解得清楚的情况来看,我认为只有这一条出路。

尽管这样,人类却失去了一个头脑,而且是人类在当代所拥有的最重要的头脑。无产阶级运动在沿着自己的道路继续前进,但是,法国人、俄国人、美国人、德国人在紧要关头都自然地去请教的中心点没有了,他们过去每次都从这里得到只有天才和造诣极深的人才能作出的明确而无可反驳的忠告。那些土名人和小天才(如果不说他们是骗子的话),现在可以为所欲为了。最后的胜利依然是确定无疑的,但是迂回曲折的道路,暂时的和局部的迷误——虽然这也是难免的——,现在将会比以前多得多了。不过我们一定要克服这些障碍,否则,我们活着干什么呢?我们决不会因此丧失勇气。

你的　弗·恩格斯

---

①此处套用了伊壁鸠鲁给梅诺伊凯乌斯的信中的一句话。——编者注

195

恩格斯致菲力浦·范派顿[476]

纽   约

[草稿]

1883年4月18日于伦敦

亲爱的同志们:

你们在4月2日来信问我,卡尔·马克思对无政府主义者,特别是对约翰·莫斯特抱什么态度,我的答复是简短而明确的。

马克思和我从1845年起就持有这样的观点:未来无产阶级革命的最终结果**之一**,将是称为**国家**的政治组织逐步解体直到最后消失。这个组织的主要目的,从来就是依靠武装力量保证富有的少数人对劳动者多数的经济压迫。随着富有的少数人的消失,武装压迫力量或国家权力的必要性也就消失。同时我们始终认为,为了达到未来社会革命的这一目的以及其他更重要得多的目的,工人阶级应当首先掌握有组织的国家政权并依靠这个政权镇压资本家阶级的反抗和按新的方式组织社会。这一点在1847年写的《共产主义宣言》①的第二章末尾已经阐明。

无政府主义者把事情颠倒过来了。他们宣称,无产阶级革命应当

---

①即《共产党宣言》。——编者注

从废除国家这种政治组织**开始**。但是,无产阶级在取得胜利以后遇到的唯一现成的组织正是国家。这个国家或许需要作一些改变,才能完成自己的新职能。但是在这种时刻破坏它,就是破坏胜利了的无产阶级能用来行使自己刚刚夺取的政权、镇压自己的资本家敌人和实行社会经济革命的唯一机构,而不进行这种革命,整个胜利最后就一定归于失败,工人就会大批遭到屠杀,巴黎公社以后的情形就是这样。

这种无政府主义的谬论从巴枯宁用现在的形式把它提出来的第一天起就遭到马克思的反对,这难道还需要我特别证明吗?国际工人协会的整个内部的历史证实了这一点。从1867年开始,无政府主义者就企图用各种最卑鄙的手段夺取国际的领导权;他们遇到的主要障碍就是马克思。经过五年的斗争,终于在1872年9月的海牙代表大会[355]上把无政府主义者驱逐出国际;在驱逐无政府主义者这件事情上出力最大的就是马克思。如果你们希望知道更详细的情况,我们的老朋友、出席那次大会的代表,霍博肯的**弗·阿·左尔格**可以告诉你们……

196

恩格斯致奥古斯特·倍倍尔

博斯多夫

1883年5月10—11日于伦敦

亲爱的倍倍尔:

……你对经济情况的判断,正为英国、法国和美国发生的事情所证实。① 现在是中间危机,和1841—1842年的危机相似,但是规模要大得多。十年一个周期,大致只是从1847年才明显地表现出来(由于加利福尼亚和澳大利亚的黄金开采以及世界市场的完全形成)。现在,当美国、法国和德国开始打破英国在世界市场上的垄断地位,并由此像1847年以前那样又开始更迅速地出现生产过剩时,又产生了为期五年的中间危机。这证明资本主义生产方式已经彻底衰竭。繁荣期再也达不到充分发展的程度了;五年过后,便又出现生产过剩,甚至在这五年当中,整个说来,情况也是不大妙的。然而,这决不意味着,在1884—1887年间,就不会再像1844—1847年间那样,工商业又有相当大的复苏。但是,在这之后,彻底崩溃必将到来……

197

恩格斯致约翰·菲力浦·贝克尔

日　内　瓦

1883年5月22日于伦敦

老朋友:

　　……在马克思家里我们还得忙到明年3月,因此不必急于离开那里和制订未来的计划。整理这些遗物,也要花费许多劳动。我感到惊奇

---

　　①奥·倍倍尔在1883年5月2日给恩格斯的信中说,德国各经济部门已经呈现出危机临近的征兆。——编者注

的是,马克思甚至把1848年以前所写的几乎全部文稿、书信和手稿都保存下来了,这是写传记的绝好材料。传记我当然要写。另外,这部传记也将是一部《新莱茵报》和1848—1849年下莱茵地区运动的历史,是一部1849—1852年讨厌的伦敦流亡生活的历史和国际的历史。首先要出版《资本论》第二卷[230],这不是一件小事。第二册的手稿有四稿或五稿,其中只有第一稿是写完了的,而后几稿都只是开了个头。这需要花费不少的劳动,因为像马克思这样的人,他的每一个字都贵似金玉。但是,我喜欢这种劳动,因为我又和我的老朋友在一起了……

198
恩格斯致爱德华·伯恩施坦

苏　黎　世

1883年8月27日于伊斯特本市
卡文迪什街4号

亲爱的伯恩施坦:

……波拿巴式的君主政体(它的特点,马克思和我分别在《雾月十八日》[①]和《论住宅问题》第二篇[②]以及其他地方阐述过)在无产阶级和资产阶级之间的阶级斗争中所起的作用,同旧的专制君主政体

---

①马克思《路易·波拿巴的雾月十八日》,见《马克思恩格斯文集》第2卷。——编者注

②见《马克思恩格斯文集》第3卷。——编者注

在封建制度和资产阶级之间的斗争中所起的作用相类似。但是,正像后一种斗争不能在旧的专制君主政体下而只能在立宪君主政体下(英国、1789—1792年和1815—1830年的法国)才能进行到底一样,资产阶级和无产阶级之间的斗争也只有在共和政体下才能进行到底。因此,如果说,有利的条件和革命的经历曾经帮助法国人打倒了波拿巴,建立了资产阶级共和国,那么,同依然停滞在半封建主义和波拿巴主义的混合体中的我们相比,法国人有这样一个优越性:他们拥有一定会把斗争进行到底的形式,而这种形式我们还有待于**夺取**。他们在政治上要比我们先进整整一个阶段。因此,如果君主政体在法国复辟,其结果必然是争取恢复**资产阶级**共和国的斗争又出现在日程上;而共和国的继续存在就意味着无产阶级和资产阶级之间**直接的**、非隐蔽的阶级斗争将日益尖锐化,一直到发生危机。

在我们这里,革命的第一个直接结果,按其**形式**来说,同样只能是而且**必然**是一个**资产阶级**共和国。但是,它在这里只是一个短暂的过渡阶段,因为我们很幸运,没有一个纯粹共和主义的资产阶级政党。这个也许是以进步党[183]为首的资产阶级共和国,我们可以利用它首先来**为革命的社会主义争取广大的工人群众**;这件事将在一两年内完成,并将引起除我们以外还可能存在的一切中间党派彻底衰退和自行瓦解。只有到那个时候,我们才能胜利地取得政权。

德国人的重大错误就在于把革命想象成一夜之间就能完成的事情。事实上,它是群众在加速情况下的多年发展过程。任何一个一夜之间就完成的革命,或者只不过是推翻一个早已毫无希望的反动政权(1830年),或者直接导致预定目的的反面(1848年的法国)。

您的   弗·恩·

1884年

199
恩格斯致卡尔·考茨基

苏　黎　世

1884年2月4日于伦敦

亲爱的考茨基：

邮班快停收了，匆忙写几行。

请您赶快告诉我，您对德维尔的书[477]打算**怎样**加工，是整章地保留，逐字逐句地翻译呢，还是按我所建议的加以压缩。只有等我知道了这一点，我才能够向迈斯纳征求意见，因为我得告诉他一个确定的消息。已经在巴黎给迈斯纳订了一本；等书来的时候，您的回答大概也到了。

理论部分我很愿意校订，虽然我并不认为有必要这样做。至于叙述部分，校订没有意义，因为您会避免德维尔的错误。他的主要错误在于：他把马克思认为只在一定条件下起作用的一些原理解释成绝对的原理。德维尔删去了这些条件，因此那些原理看来就不正确了。

其余的问题过几天再谈。

您的　弗·恩·

200
恩格斯致卡尔·考茨基

苏　黎　世

1884年2月16日于伦敦

亲爱的考茨基：

……如果有人肯花点力气用**爪哇**(国家社会主义在这里极为盛行)的实例来说明猖獗一时的国家社会主义,那倒是一件好事。全部的材料都包括在詹·威·贝·莫尼律师著的《爪哇,或怎样管理殖民地》(1861年伦敦版,共两卷)这本书里。从这里可以看到,荷兰人怎样在古代公社共产主义的基础上由国家组织生产,并且怎样保证人们过上一种在荷兰人看来是非常舒适的生活;结果是:人民被保持在原始的愚昧阶段上,而荷兰的国库却每年得到7 000万马克的收入(现在大概还要多)。这种情况很有意思,而且很容易从中吸取有益的教训。这也附带证明了,那里的原始共产主义,像在印度和俄国一样,今天正在给剥削和专制制度提供最好的、最广阔的基础(只要现代共产主义的因素不去震动这种原始共产主义),并且在现代社会条件下,它和瑞士各旧州[478]的独立的马尔克公社一样,成为极其引人注目的(或者应当被克服或者应当得到进一步发展的)历史遗迹。

在论述社会的原始状况方面,现在有一本像达尔文的著作对于生物学那样具有**决定意义**的书,这本书当然也是马克思发现的,这就是摩尔根的《古代社会》(1877年版)。马克思谈到过这本书,但是,当时我脑子里正装着别的事情,而以后他也没有再回头研究;看来,他是很想回头再研究的,因为从他所作的十分详细的摘录①中可以看出,**他自己**曾打算把该书介绍给德国读者。摩尔根在他自己的研究领域内独立地重新发现了马克思的唯物主义历史观,并且最后还对现代社会提出了直接的共产主义的要求。他根据野蛮人的、尤其是美洲印第安人的氏族组织,第一次充分地阐明了罗马人和希腊人的氏族,从而为原始史奠定了牢固的基础。假如我有时间,我倒想利用马克思的札记把这些材料加加工,为《社会民主党人报》的杂文栏或《新时代》写点东西,但是,目前不可能去考虑这一点。泰勒、拉伯克及其同伙所搞的整个骗局,不管是内婚制、外婚制,还是其他各种荒诞无稽之谈,现在都被彻底揭穿了。[479]这些先生们在这里拼命抵制这本书,它是在美国印刷的,而在扉页上还印着一家伦敦书局作为共同出版者,五个星期以前我就订购了这本书,但是还没有收到!

衷心问好。

您的　弗·恩·

---

①马克思《路易斯·亨·摩尔根〈古代社会〉一书摘要》,见《马克思恩格斯全集》中文第1版第45卷。——编者注

201
恩格斯致爱德华·伯恩施坦

苏 黎 世

1884年3月24日于伦敦

亲爱的爱德:

……关于三月的文章不管怎么说还是很好的,要点都强调得十分正确。刊登在下一号里的那篇论述人民党人对农民进行说教的文章也很好,只是其中对民主这个"概念"的引证是糟糕的。[480]这个概念每次都随着人民的变化而变化①,因此它没有帮助我们前进一步。照我的意见,应当这样说:无产阶级为了夺取政权也需要民主的**形式**,然而对于无产阶级来说,这种形式和一切政治形式一样,只是一种手段。在今天,如果有人要把民主看成**目的**,那他就必然要依靠农民和小资产者,也就是要依靠那些正在灭亡的阶级,而这些阶级只要想人为地保全自己,那他们对无产阶级说来就是**反动的**。其次,不应该忘记,资产阶级统治的**彻底的**形式正是民主共和国,虽然这种共和国由于无产阶级已经达到的发展水平而面临严重的危险,但是,像在法国和美国所表明的那样,它作为单纯的资产阶级统治,总还是可能

---

①"民主"的德文原文是"Demokratie",这个词来源于希腊文,有"人民当权"的意思。——编者注

的。可见,自由主义的"原则"作为"一定的、历史地形成的"东西,实际上不过是一种不彻底的东西。自由主义的立宪君主政体是资产阶级统治的适当形式,那是(1)在初期,当资产阶级还没有和专制君主政体彻底决裂的时候,(2)在后期,当无产阶级已经使民主共和国面临严重的危险的时候。不过无论如何,民主共和国毕竟是资产阶级统治的**最后**形式:资产阶级统治将在这种形式下走向灭亡。就此结束我的赘谈……

202
恩格斯致卡尔·考茨基

苏 黎 世

1884年4月26日于伦敦

亲爱的考茨基:

我曾经打算,并且在这里也对大家谈过,要作弄一下俾斯麦,写一篇他绝对无法查禁的东西(摩尔根)①。愿望虽好,但是做不到。关于专偶制那一章,以及关于私有制是阶级矛盾的根源和破坏古代公社的杠杆的那最后一章,我根本**不可能**写得适合反社会党人法的要求。正如路德说的:宁可让我去见鬼,我也不能改变!

---

①恩格斯《家庭、私有制和国家的起源》,见《马克思恩格斯文集》第4卷。——编者注

恩格斯致卡尔·考茨基(1884年4月26日)

　　如果只是"客观地"介绍摩尔根的著作①,对它不作批判的探讨,不利用新得出的成果,不同我们的观点和已经得出的结论联系起来阐述,那就没有意义了。那对我们的工人不会有什么帮助。总之,写得好,就一定被查禁;写得坏,就会得到许可。可是按后一种做法,我办不到。

　　到下星期,我大概可以完成(肖莱马又在这里,要住到星期一)。足足有四个印张,甚至更多。你们读了以后,如果**愿意冒险**刊登在《新时代》上,那一切后果落到你们头上,可别怨我。如果你们明智一些,不致为一篇文章而让整个杂志担风险,那就把这篇东西印成小册子,或者在苏黎世印,或者照《妇女》一书处理。481这就是你们的事情了。

　　我想,这篇东西对于我们共同的观点,将有特殊的重要性。摩尔根使我们能够提出崭新的观点,因为他通过史前史为我们提供了前所未有的事实根据。不管你对原始史和"蒙昧时代"的某些事实还有什么怀疑,他通过研究氏族基本上把问题解决了,并且阐明了原始历史。因此,这篇东西要认真加工,仔细推敲,从总体上作周密思考,但是在写作时**不应当顾虑反社会党人法**。

　　还有很重要的一点:我应当指明,傅立叶早就天才地想到了摩尔根谈的很多问题。而傅立叶对文明时代的批判,则由于摩尔根而显示出它的全部天才。对这一点还要下一番功夫②……

---

　　①路·亨·摩尔根《古代社会》。——编者注
　　②参看恩格斯《家庭、私有制和国家的起源》,《马克思恩格斯文集》第4卷第197页。——编者注

203

恩格斯致爱德华·伯恩施坦

苏 黎 世

1884年5月23日于伦敦

亲爱的爱德：

……反社会党人法**不是**废除，而是延长了有效期，对此我实质上是满意的。自由派庸人会在选举中让保守党[482]取得巨大的胜利；为了维持反社会党人法，他们不仅会赴汤蹈火，而且会陷进最深的粪坑。其结果将是出现新的更严厉的法令。按目前情况判断，这很可能是最后一次延长了，如果老威姆①因肾脏病一命呜呼，这个法令实际上很快就会废止。德国自由思想党[483]和中央党[484]在投票中大出其丑，也有某种价值，而更有价值的是俾斯麦的劳动权[485]。这个糊涂虫抓住这一点以后，我们就有希望摆脱盖泽尔之流的抱怨派[486]。也只有像俾斯麦这样的人，才会在连非常法也无法镇压下去的工人运动面前干这种蠢事。目前我们的人做得对，只要他在这个问题上稍微再多做些承诺(不过他不会轻易地这样做)，就要求他兑现自己的话，使他陷得越深越好，这样全部谎言必将化为普鲁士的警察统治。拿这种空话当做竞选纲领，丝毫帮不了他的忙。

————————

①威廉一世。——编者注

恩格斯致爱德华·伯恩施坦(1884年5月23日)

　　劳动权是傅立叶发明的,但是,他认为这种劳动权只有在法伦斯泰尔[32]那里才能实现,所以,它是以建立法伦斯泰尔为前提的。傅立叶派,即《和平民主日报》(这是他们报纸的名称)的爱好和平的庸人们,之所以能到处散布这种空话,正是因为它听起来不让人感到危险。1848年巴黎工人(由于在理论上非常模糊)相信了这种空话,因为这种话听起来是那样实际,那样不带有空想色彩,又那样容易实行。政府用设立毫无意义的国家工场[487]的办法(这是资本主义社会能实现这种空话的唯一办法)实现了这种空话。在1861—1864年棉纺织业危机期间,在这里的兰开夏郡,劳动权同样是通过开办市营工场的办法来实现的。而在德国,劳动权也是通过建立挨饿的和挨打的工人移民区来实现的,而这种移民区目前却正是德国庸人梦寐以求的。作为**单独的**要求而提出来的劳动权,根本**不可能**用别的办法来实现。要求资本主义社会实现劳动权,它就只能在**自己的**生存条件以内来实现;如果向**它**要求劳动权,那就是要求在这些特定条件下的劳动权,也就是要求建立国家工场、习艺所[488]和工人移民区。如果说要求劳动权便**间接地**表明要求资本主义生产方式发生变革,那么,这对当前的运动状况来说,是一种怯懦的退步,是对反社会党人法的一种让步,是一句空话,这种空话不可能有别的目的,只能使工人思想混乱,认识模糊,看不清自己应当追求的目标,看不清唯一能够达到自己目标的条件……

204

恩格斯致爱德华·伯恩施坦

苏 黎 世

1884年6月5日于伦敦

亲爱的爱德:

在海滨住了一个星期。右手食指割破,很厉害,所以写得简短而潦草。这样一来,考茨基只好等一等了,因为《社会民主党人报》比《新时代》更重要,况且后者的情况是这样的:不论我是否发表意见,反正一样。再说,考茨基的一切行动,就他告诉我的和就我对事态的判断而言,我认为是完全正确的。[489]

《社会民主党人报》情况有些不同。自从抱怨派[486]先生们形式上联合成一个党派并在国会党团中占了多数之后,自从他们意识到他们这种由于实施反社会党人法而取得的力量并利用这一力量之后,我认为,我们尤其必须竭尽全力守住**我们**掌握的一切阵地,而首先是守住其中最重要的阵地——《社会民主党人报》。

这些人是靠反社会党人法**过日子**的。假如明天能公开论战,我主张立即出击,那时他们马上就会完蛋。但是目前任何的公开论战都不可能,目前所有在德国出版的报刊都在他们手中,而且他们的人数(在"领袖"中间占多数)使他们有可能拼命造谣中伤,施展阴谋和暗中破坏,——我认为,在这样的时候**我们**应当避免一切使他们有口实说我们搞分裂,即把分裂的**罪名**加在我们身上的行动。这是党内斗争的常规,而现在比任何时候更应当遵循这一常规。若是分裂,我们应当继续掌握老的党,而他们或者退党,或者被开除。

再来谈谈时机问题。现在一切都对**他们**有利。我们不能阻止他们在分裂后在德国诬蔑和诽谤我们,不能阻止他们冒充群众的代表(因为群众真会**选举**他们!)。我们手中只有《社会民主党人报》和国外的报刊。他们的话能够被人倾听,而我们却很难办到。如果**我们**现在就造成分裂,那么全体党员群众就会不无理由地说,党费了很大力气,冒着种种危险,刚刚开始改组,而我们却在这时候制造不和,瓦解党。如果我们能够避免这一情况,那么我仍然认为,分裂应当推迟到德国发生某种变化的时候,那时我们就会有较大的行动自由。

但如果分裂还是不能避免的话,那么它决不应当带有私人的性质,不应当成为个别人之间的争吵(或某种可能被描绘成这类争吵的东西),例如,你和斯图加特人之间的争吵,而应当在某个十分明确的原则性问题上发生,也就是说,在当前应当由于纲领[365]遭到破坏而发生。无论纲领怎样坏,你对它稍加研究就会发现,对你来说,那里足以找到立脚点。况且,国会党团是管不着纲领的。其次,分裂必须经过充分的准备,至少要使倍倍尔同意这样做并立即跟我们一起走。第三,你自己应当弄清楚,分裂一旦发生,你打算怎么办和你**能够**怎么办。如果让《社会民主党人报》落入这些人的手中,那就是在全世界面前败坏德国党的声誉。

在这个问题上,再没有什么比急躁更糟的了;一时激动作出的决定,在自己看来似乎总是非常高尚的和英雄主义的,但是通常会导致蠢举,这一点我从千百次的亲身经验中知道得太清楚了。

总之:(1)分裂应当尽可能往后拖;(2)如果分裂不可避免的话,

那就应当让**他们**提出来;(3)同时做好一切准备;(4)至少要有倍倍尔,而且尽可能还要有李卜克内西,否则不采取任何行动,李卜克内西只要看到分裂不可避免,就会又转变过来(也许,甚至会**矫枉过正**);(5)不顾一切地竭尽全力守住《社会民主党人报》这个阵地。我的意见就是这样。

对待这些先生们的"傲慢态度",你们完全可以用千百倍的傲慢去回敬他们。你们本来是很会讲话的,你们完全可以用相当尖刻和相当讽刺的话去对付这些蠢驴,以便消除他们的此类癖好。同这些不学无术而又自命不凡的人,没有必要进行认真的争论,而应当挖苦他们,用他们自己讲过的话嘲弄他们,等等。

同时你别忘了,我的手脚已经被我承担的大量工作束缚住了,所以,如果发展到短兵相接的地步,我不会有时间像我希望的那样参加进去。

我还想从你那里比较详细地了解这些庸人不满的是**什么**和他们要求的是**什么**,而不是对这些庸人的一般的怨言。你要记住,你同他们谈判越久,他们向你提供的可用来指责他们自己的材料就会越多!

请来信告诉我,我在和倍倍尔通信中关于这些问题可以谈到什么程度。我这几天本应该给他写信,但我想拖到星期一,本月9日;到时候我也许能接到你的回信。

问候考茨基。

你的　弗·恩·

205
恩格斯致爱德华·伯恩施坦

苏 黎 世

[1884年7月于伦敦]

……①我硬着头皮看了几期《新世界》。这个杂志无聊透了，没法看下去。至于盖泽尔先生，他的"科学"是碰不得的。一个人在如此低贱的杂志上炫耀他的科学，就证明他实际上什么学问也没有，何况他还一直把"bacillus"印成"Cholera-Baccillus"，好像这个词是来源于bacca，而不是来源于baculus。而这个词是任何一本拉丁文词典里都有的。说什么唯物主义同唯心主义一样，二者都有片面性，应当结合为一个更高的统一体②，这种说法是陈词滥调，你不必去管它。至于无神论只是表示一种否定，这一点我们自己早在40年前驳斥哲学家们的时候就已经说过了，但是我们补充说：无神论作为对宗教的**单纯的**否定，它始终要涉及宗教，没有宗教，它本身也不存在，因此它本身还是一种宗教……

---

①原信开头部分残缺。——编者注
②布·盖泽尔《地球的内部结构》一文中的说法。——编者注

206

恩格斯致卡尔·考茨基[490]

苏 黎 世

1884年9月20日于伦敦

亲爱的考茨基：

随信将稿子挂号寄还。

你评洛贝尔图斯的文章[①]，有关经济方面写得很好；我又要指摘的地方是你在那些自己明知没有把握的领域所下的不容争辩的论断，你这样也就把弱点暴露给施拉姆，这个人是很会抓住这些弱点的。

这特别表现在对待"抽象"这个问题上，你的确过于一般地贬低"抽象"了。这里的区别在于：

马克思把存在于事物和关系中的共同内容概括为它们的最一般的思维表现，所以他的抽象只是用思维形式反映出已存在于事物中的内容。

与此相反，洛贝尔图斯给自己制造出一种或多或少是不完备的思维表现，并用这种概念来衡量事物，让事物必须符合这种概念。他

---

①卡·考茨基《洛贝尔图斯的〈资本〉》，载于1884年《新时代》第2年卷第8、9期。——编者注

寻求事物和社会关系的真正的、**永恒的**内容,但是它们的内容实质上是暂时性的。这样就有了**真正的**资本。这不是**目前的**资本,目前的资本只不过是这个概念的不完备的体现。他不从目前的、唯一实际存在的资本里面得出资本概念,却为了从今天的资本达到真正的资本,去求助于孤立的人们,询问在他们的生产当中能体现为资本的是什么。当然是单纯的生产资料。这样一来,就干脆把**真正的**资本和根据不同情况有时是资本有时不是资本的生产资料混在一起。这样一来,一切**坏的**属性,即一切**真实的**资本属性就都从资本中排除掉了。于是他就可以要求真实的资本必须符合这个概念,就是说,它只行使单纯的社会生产资料的职能,抛弃一切使它成为资本的东西,然而它必须仍旧是资本,也正因为如此,它才成为真正的资本……

207

恩格斯致约翰·菲力浦·贝克尔

日 内 瓦

1884年10月15日于伦敦

老朋友:

　　……你不必为我的健康担心。我的病是局部的,虽然有时令人厌烦,但是对整个健康毫无影响,而且决不是什么不治之症;它最坏不过使我不适于服兵役,但是也许过几年我还能够骑马。四个月以来,我不能动笔,但是我口述并几近完成了《资本论》第二册,还校订了第一册的英译文(已译完的那部分,占全书的八分之三)。另外,我现在找到了一种办法,它使我的病好了一些,但愿不久会进一步好转。不幸的倒是,自从我们失去了马克思之后,我必须代替他。我一生所做的是我注定要做的事,就是拉第二小提琴,而且我想我做得还不错。我很高兴我有像马克思这样出色的第一小提琴手。当现在突然要我在理论问题上代替马克思的地位去拉第一小提琴时,就不免要出漏洞,这一点没有人比我自己更强烈地感觉到。而且只有在时局变得更动荡一些的时候,我们才会真正感受到失去马克思是失去了什么。我们之中没有一个人像马克思那样高瞻远瞩,在应当迅速行动的时刻,他总是作出正确的决定,并立即切中要害。诚然,在风平浪静的时期,有时事件证实正确的是我,而不是马克思,但是在革命的时期,他的判断几乎是没有错误的……

208

恩格斯致卡尔·考茨基

苏 黎 世

1884年11月8日于伦敦

亲爱的考茨基:

……你看看多有趣。正是德国的工业落后,给我们事业的进展帮了大忙。英国和法国向大工业的过渡大体已经完成。无产阶级所处的境况现在已经稳定;农业区和工业区,大工业和家庭工业已经分

恩格斯致卡尔·考茨基(1884年11月8日)

离,并且按现代工业所能容许的程度固定下来了。甚至每隔十年一次的周期性危机引起的波动,也已经成了习以为常的生存条件。工业变革时期出现的政治运动或直接社会主义运动(那时还不成熟)遭到了失败,遗留下来的与其说是鼓舞,不如说是沮丧;资产阶级的即资本主义的发展证明自己比革命的反抗更有力量;再要反对资本主义生产,就需要新的更强大的推动力,例如,英国失去它目前在世界市场上的统治地位或者法国发生某种特别的革命事件。

相反,德国大工业的发展在1848年才开始,这是那一年最可观的遗产。工业变革仍然在继续,而且是在极其不利的条件下继续着。以小块自由地产或租佃地产支撑的家庭工业,仍然在同机器和蒸汽抗争;濒于毁灭的小农抓住家庭工业作为最后的救命稻草;但是,他们刚刚被卷入工业,就又被机器和蒸汽压下去。农业的辅助收入,自己种的马铃薯,成为资本家压低工资最有力的工具;资本家现在把全部正常的剩余价值赠送给外国买主,只有靠这种办法才能在世界市场上保持住竞争能力,他自己的全部利润则通过降低正常工资来榨取。同时,由于大工业突飞猛进的发展,工业中心的整个生活条件发生了根本变化。这样,整个德国(也许只有容克统治的东北地区除外)都卷入社会革命,小农被拉入工业,最守旧的地区也被卷进这个运动,因而整个德国的革命化比英国或法国彻底得多。而这场最终导致剥夺小农和手工业者的社会革命,又是发生在这样的时候:恰好一个德国人——马克思已经从理论上总结了英国和法国的实践和理论发展史的成果,揭示了资本主义生产的全部本质,从而也揭示了它的最终历史命运。这就给德国无产阶级提供了它的先驱者英国人和法国人从来没有过的纲领。一方面是更加深刻的社会变革,另一方面是人们更加心明眼亮,——这就是德国工人运动势不可挡地发展的奥秘……

209
恩格斯致奥古斯特·倍倍尔

德累斯顿—普劳恩

1884年11月18日于伦敦

亲爱的倍倍尔:

我本想写信把洛贝尔图斯的欺诈行为告诉你,但现在《新时代》要发表我为《哲学的贫困》写的序言[①];你可以从那里找到全部最必要的说明,这要比我在信里讲得好。更进一步的论述将放在《资本论》第二册的序言[②]里。

但是,还有一个在我看来是迫切的问题,我想对你谈谈我对这个问题的想法。

所有自由派庸人们都对我们如此尊敬,他们异口同声地喊道:"是呀,如果社会民主党人愿意守**法**,放弃**革命**,那么,我们是赞成立即废除反社会党人法[408]的。"由此看来,毫无疑问,在国会里会立即向你们提出这种要求。你们的答复,对德国不如对外国那么有意义,

---

[①] 恩格斯《马克思和洛贝尔图斯》,见《马克思恩格斯文集》第4卷。——编者注

[②] 指恩格斯为马克思《资本论》第二卷写的序言,见《马克思恩格斯文集》第6卷第3—25页。——编者注

因为在德国,我们的可爱的小伙子们在选举中已经作了答复。要是作出**顺从的**答复,就会立即失去选举[491]所造成的全部巨大影响。

在我看来,情况如下:

整个欧洲现有的政治制度,都是革命的产物。法制基础、历史权利、合法性到处都遭到千百次破坏或彻底颠覆。但是所有通过革命取得政权的政党或阶级,就其本性说,都要求由革命创造的新的法制基础得到绝对承认,并被奉为神圣的东西。革命权**原先**是存在的,否则现在的执政者就是不合法的了,但是后来这种权利被取消了。

……各政党的情况如何呢?

1848年11月,保守党人毫不犹豫地破坏了1848年3月确立的新的法制基础[492]。他们认为立宪制度只是暂时的,他们对于任何封建专制政变都会深表欢迎。

各种色彩的自由派都参加了1848—1866年的革命,即使今天他们也不会放弃这样的权利:用暴力对付以暴力颠覆宪法的尝试。

中央党[484]认为教会是居于国家之上的最高权力,因而也是在一定的情况下可以**责成**它进行革命的权力。

而这些政党却向我们提出要求,要**我们**,**而且仅仅是要我们**发表声明:**不管在什么情况下**,都不诉诸暴力,而要屈从于任何压迫和任何暴力,不仅在它们形式上是合法的(在我们的敌对者看来是合法的)时候要这样,而且在它们完全不合法的时候也要这样!

任何一个政党,要是不撒谎的话,都不曾否认过**在一定的情况下**有进行武装反抗的权利。从来没有一个政党会放弃这种非常的权利。

但是,如果就一个政党在**什么情况**下可以保留这种权利发生了争论,那对我们是有利的。那时争论就会越扯越远。何况是一个被宣布为非法的党,因而是一个被当局逼迫得只能进行革命的党。我们每天都可能被宣布为非法,就像已经被宣布过了一次那样。要求这个党作出这种无条件的声明,简直是荒谬极了。

不过,这些先生们可以放心。在目前的军事情况下,当武装力量还在反对我们的时候,我们不会去同军队发生战斗。我们可以等待,直到武装力量本身不再**是反对我们的力量**。在此之前所发生的任何革命,即使取得了胜利,也不会使**我们**掌握政权,而会使最激进的资产者即小资产者掌握政权。

总而言之,选举已经表明:对敌对者采取顺从和让步的办法,我们什么也得不到。只有通过顽强的抵抗,我们才能迫使人们尊重我们,才能成为一支力量。只有力量才能赢得尊重,只有当我们有力量时,庸人们才会尊重我们。向庸人让步的人,庸人是瞧不起的,这种人在庸人看来不是一支力量。可以让人透过丝绒手套感觉到钢手铁腕,但必须让人感觉到它。德国无产阶级已经成为一个强大的党,愿它的代表人物无愧于这个阶级!

(邮班快截止了。)

你的 弗·恩·

1885年

210
恩格斯致劳拉·拉法格

巴　黎

1885年3月8日于伦敦

亲爱的劳拉：

今天晚上我总算有点空闲时间，于是坐下来给你写信，希望不会有人来看我。因为最近晚上经常有人来访，有时手头有工作，就感到来访的人太多了。而我必须看《资本论》①已经口授的那部分稿子，趁我现在记忆犹新，原稿又在手边，好修订错误。此外我还有些译稿要校订（上星期校订了我那本《起源》②的一部分丹麦文译稿，译得很不错），要辨读几本俄文小册子（维拉·查苏利奇寄给我一本普列汉诺夫同拉甫罗夫和吉霍米罗夫论战的小册子[493]，并要我提出我的看法，而且俄国人的这些争论也不是没有意思的），还有诸如此类的事情，这样一来，除了日常零碎的东西以外，几个月来我就没有时间看书。

我钻研得越深，就越觉得《资本论》第三册伟大，一共有525页，可是我现在只整理了230页（约有70页手稿，完全略去未看，因为这

---

① 指马克思《资本论》第3卷，见《马克思恩格斯文集》第7卷。——编者注
② 恩格斯《家庭、私有制和国家的起源》，见《马克思恩格斯文集》第4卷。
——编者注

部分手稿由于后来的一个手稿而在某种程度上变得陈旧了)。一个人有了这么巨大的发现,实行了这么完全和彻底的科学革命,竟会把它们在自己身边搁置20年之久,这几乎是不可想象的。因为我现在整理的手稿,要不是在**第一卷**以前写的,就是和**第一卷**同时写的;手稿的重要部分,已经包含在1860—1862年的旧稿494里了。实际情况是:首先,内容复杂的第二册(这是他最后写的,也是他在1870年后唯一动过的一册)使他腾不出手来,因为他当然是想按照正常顺序出版他的三卷书的;其次,他为地租理论所收集的俄国和美国的材料495也需要加工并加到旧稿里去,这样,稿子的篇幅就几乎会增加一倍。

……尼姆和杜西以及彭普斯星期六①将到海格特②去。我不能去,因为有时还行动不便,刚刚还受到一个小小的警告,要我务必保持安静。不管怎样,我要把整理摩尔的书③的工作坚持下去。这部书将成为他的一座纪念碑,这是他自己树立起来的,比别人能为他树立的任何纪念碑都更加宏伟。到星期六就是两年了!然而,说实在的,在整理这部书时,我感到好像他还活着跟我在一起似的。

第二册的进展顺利,已修改了13个印张。请保尔立刻把他给丹尼尔逊写信的那个地址**寄给**我。我收到丹尼尔逊的一封来信,要给他寄校样496,但地址没有把握,而且说不定已经换了……

---

① 1885年3月14日。——编者注
② 伦敦海格特公墓。——编者注
③ 马克思《资本论》。——编者注

211
恩格斯致维拉·伊万诺夫娜·查苏利奇[404]

日 内 瓦

1885年4月23日于伦敦

亲爱的女公民：

……首先，我再对您说一遍，得知在俄国青年中有一派人真诚地、无保留地接受了马克思的伟大的经济理论和历史理论，并坚决地同他们前辈的一切无政府主义的和带点泛斯拉夫主义的传统决裂，[497]我感到自豪。如果马克思能够多活几年，那他本人也同样会以此自豪的。这是一个对俄国革命运动的发展将会具有重大意义的进步。在我看来，马克思的历史理论是任何**坚定不移**和**始终一贯**的革命策略的基本条件；为了找到这种策略，需要的只是把这一理论应用于本国的经济条件和政治条件。

但是，要做到这一点，就必须了解这些条件；至于我，对俄国现状知道得太少，不能冒昧地对那里在某一时期所应采取的策略的细节作出判断。此外，对俄国革命派内部的秘密的事情，特别是近几年的事情，我几乎一无所知。我在民意党人中的朋友从来没有对我谈过这类事情。而这是提出意见的必不可少的条件。

我所知道的或者我自以为知道的俄国情况，使我产生如下的想法：这个国家正在接近它的1789年。革命**一定**会在某一时刻爆发；它每天都**可能**爆发。在这种情况下,这个国家就像一颗装上炸药的地雷,所差的就是点导火线了。从3月13日[498]以来更是如此。这是一种例外情况,在这种情况下,一小伙人就能**制造出**一场革命来,换句话说,只要轻轻一撞就能使处于极不稳定的平衡状态(用普列汉诺夫的比喻①来说[499])的整个制度倒塌,只要采取一个本身是无足轻重的行动,就能释放出一种接着便无法控制的爆炸力。如果说布朗基主义(幻想通过一个小小的密谋团体的活动来推翻整个社会)有某种存在的理由的话,那这肯定是在彼得堡②。只要火药一点着,只要力量一释放出来,只要人民的能量由位能变为动能(仍然是普列汉诺夫爱用的、而且用得很妙的比喻[500]),那么,点燃导火线的人们就会被炸得粉身碎骨,因为这种爆炸力将比他们强一千倍,它将以经济力和经济阻力为转移尽可能给自己寻找出路。

假定这些人设想能够抓到政权,那有什么关系呢?如果他们凿穿堤坝引起决堤,那急流本身很快就会把他们的幻想冲得一干二净。而即使这种幻想偶然赋予他们更大的意志力,这有什么值得抱怨的呢?那些自夸**制造出**革命的人,在革命的第二天就会看到,他们不知道他们做的是什么,**制造出的**革命根本不像他们原来打算的那个样子。这就是黑格尔所说的历史的讽刺[501],免遭这种讽刺的历史活动家为数甚少。③您不妨看看违心的革命者俾斯麦,看看到头来竟同自己所崇拜的沙皇④闹得不可开交的格莱斯顿。

---

①草稿中这里删去:"爱用的比喻"。——编者注

②草稿中这里删去:"我不说是在俄国,因为在远离行政中心的省份,这样的打击是无法进行的。"——编者注

③草稿中这里删去:"也许我们大家的命运都会是这样。"——编者注

④亚历山大三世。——编者注

据我看来，最重要的是：在俄国能有一种推动力，能爆发革命。至于是这一派还是那一派发出信号，是在这面旗帜下还是那面旗帜下发生，我认为是无关紧要的。如果这是[①]一场宫廷革命，那它在第二天就会被一扫而光。在这个国家里，形势这样紧张，革命的因素积累到这样的程度，广大人民群众的经济状况日益变得无法忍受，社会发展的各个阶段——从原始公社到现代大工业和金融巨头——都有其代表，所有这一切矛盾都被举世无双的专制制度用强力禁锢着，这种专制制度日益使那些体现了民族智慧和民族尊严的青年们忍无可忍了，——在这样的国家里，如果1789年一开始，1793年很快就会跟着到来……

212
恩格斯致弗里德里希·阿道夫·左尔格

霍 博 肯

1885年6月3日于伦敦

亲爱的左尔格：

……《资本论》第二卷即将出版，我在等待序言的后半部分的清样，在这篇序言中，洛贝尔图斯又将得到应有的惩罚。第三册的工作进展顺利，但还要花很长的时间，这也没有什么不好，首先得把第二

---

　　①草稿中这里删去："贵族集团或交易所投机分子集团，好吧，欢迎！直到"。——编者注

卷消化掉。第二卷定会使人大失所望，因为它在很大程度上是纯学术性的，没有多少鼓动性的材料。而第三卷则又如雷鸣电闪，因为它第一次从总的联系中考察了全部资本主义生产，完全驳倒了全部官方的资产阶级经济学。但是对它还需要付出不少的劳动。新年以后，经我口授誊清的稿子已经过半，我打算再用约四个月的时间结束这第一阶段的工作。然后开始真正的编辑工作，这件事并不容易，因为最重要的几章写得很乱——指叙述形式。但是，所有这一切都会做好的，只不过需要时间。你知道，在完成这一工作以前，我不得不把其余的事情全部搁下来。它甚至影响到我的通信，至于写文章就更谈不上了。请费心注意一下，不要把我说的有关第三卷的任何情况传到《社会主义者报》那里去。这在苏黎世或其他地方都会引起不快。读者所需要的一切，我将在第二卷序言中谈到……

213

恩格斯致盖尔特鲁黛·吉约姆-沙克

博 伊 滕

[草稿]

[1885年7月5日前后于伦敦]

尊敬的夫人：

对您提的问题⁵⁰²，我只能回答说：关于马克思和我在政治著述方面**互信**合作的情况，我没有权利作任何报道，供最后拿去发表。我

恩格斯致盖尔特鲁黛·吉约姆—沙克(1885年7月5日前后)

既不能以马克思的名义,也不能以我本人的名义对法国的整个纲领承担任何责任,因为在起草纲领时[①],实际上我们至多只是提些建议。**出于信任**,我可以告诉您,罗阿讷派工人党纲领[420]的**导言**的确出自马克思之意。

如果说法国人在要求限制妇女劳动方面不像德国人那么迫切,那是由于在法国,尤其是在巴黎,妇女的工厂劳动只起比较次要的作用。就我所知,在工资还根本没有废除以前,争取男女同工同酬始终是所有社会主义者的要求。劳动妇女,由于她们的特殊生理机能,需要特别的保护,来对抗资本主义的剥削,我认为这是很明显的。英国那些女先锋们争取妇女的形式上的权利,让妇女和男子受资本家同样厉害的剥削,她们自己多半同资本主义对男女劳动者的剥削有直接或间接的利害关系。我承认,在资本主义生产方式存在的最后年代里,我关心下一代人的健康更甚于关心两性在形式上的绝对平等。我深信,只有在废除了[②]资本对男女双方的剥削并把私人的家务劳动变成一种公共的行业以后,男女的真正平等才能实现。

---

①草稿中这里删去:"我们只是作为顾问"。——编者注
②草稿中这里删去:"在男权统治基础上发展起来的资本"。——编者注

214
恩格斯致奥古斯特·倍倍尔

苏 黎 世

1885年7月24日于伦敦

亲爱的倍倍尔：

……你从考茨基身上发现的正是他的主要弱点。他那种年轻人爱草率下结论的倾向，由于在一些大学尤其是在奥地利的一些大学里受到恶劣的历史讲授法的影响，而变得更加严重了。那里一直是这样教学生写历史著作的：明知材料不充分，也得把它**看做是充分的**，因而，写的东西明知不对，也得认为是正确的。这种事情考茨基当然是干得很在行的。其次是他的文人生活方式，就是为稿费而写作，而且写得很多。因此，什么叫做真正的科学工作，他一无所知。后来，他在人口问题[503]方面，接着在关于原始社会婚姻的几篇论文[504]上，一连碰了几次大钉子。那时，我曾经十分善意地向他提出过诚恳的告诫；在这方面，我对他毫不宽容，并且从**这个**角度对他写的一切进行无情的批评。但同时我幸而还可以这样来安慰他：我自己在年轻自负的年代也正是这样做的，只是从马克思那里才学会应当如何工作。我的批评已经对他有很大帮助……

215

恩格斯致尼古拉·弗兰策维奇·丹尼尔逊

彼 得 堡

1885年11月13日于伦敦

尊敬的先生：

您8月6日(18日)和8月9日(21日)的两封来信,我是在泽西岛时收到的,并立即把您要我写给《北方通报》的那封信505寄给了您。自那以后,我由于工作繁忙,未能比较详细地答复这两封信以及8月25日(9月5日)的来信。

我不怀疑,第二卷①也会使您像我一样感到高兴。在这一卷里,理论阐述确实精辟高深,庸俗的读者是不会花力气去深入领会并寻根究底的。目前德国的情况就是如此。在德国,全部历史科学,包括政治经济学在内,已经堕落到几乎是无以复加的地步。我们的讲坛社会主义者422在理论方面向来不过是一些略带博爱主义色彩的庸俗经济学家,而现在他们简直已经堕落到俾斯麦国家社会主义的辩护士的地步了。对他们来说,第二卷将始终是一部无法弄懂的书。德国的历史科学在三十年战争309以后,曾经由于德国的政治极端腐败而堕落到卑贱的地步,现在竟然由于德国上升到欧洲第一强国的地位而

---

①马克思《资本论》第2卷,见《马克思恩格斯文集》第6卷。——编者注

再次堕落到同样卑贱的地步,这是黑格尔所说的那种世界历史的讽刺[501]的一个绝妙的例证。然而这却是事实。因此,德国"学术界"对这卷新书目瞪口呆,无法理解。只是由于对后果的正常的恐惧,他们才不敢对它进行公开的批评,因此,官方的经济学书刊对它保持谨慎的沉默。可是,第三卷会迫使他们开口的。

至于第三卷,我已经初步把原稿誊写清楚,其中四分之三几乎可以按照现在这个样子拿去出版;但是,最后的四分之一,也许是三分之一,还要花费大量的劳动;第一篇(剩余价值率和利润率的关系)以及下面的关于信用、部分地还有关于地租的各篇;此外,还有几乎所有其他各篇中的某些部分。最近两个月来,我不得不去做许多别的工作,这都是因为我专心于第二卷和第三卷而耽搁下来的。这些工作还要持续一些时候。接下去也许还要花一个月的时间校订已接近完成的第一卷英译稿,再接下去我就要开始搞第三卷了,并且要把它搞完。这一卷也许分两册出版,因为它大约有1 000页。

我非常感谢您从作者①1879—1881年间所写的信中作的摘录。[506]我读到这些摘录时,禁不住苦笑了。唉,我们多么熟悉这些为没有完成这一著作而提出的理由啊!每当他的健康状况使他不能继续进行这一工作时,他总是感到很难过;而当他能发现某种理论上的理由来说明著作当时不能完成时,他却感到很高兴。所有这些论据他在同我谈话时都使用过,它们似乎能使他得到宽慰。

完成第三卷并从其他手稿中挑选出适于发表的部分以后,我很愿意设法收集作者的那些具有重要科学意义的书信,在这方面,他给您的那些信件属于最重要的信件之列。因此,到那时,我将接受您要

---

① 马克思。——编者注

把这些书信的抄件提供给我的善意。

我可以经常给您寄些小册子等,即作者和我本人的再版著作等等,但是我不知道,把这些东西直接寄给您是否安全。如果您能告诉我怎么办,那我将非常感激。

但愿我们共同的朋友①的健康状况好转,尽管他的医生们作了不妙的预言[507]。有关他的任何消息,都请告诉我。

作者在他的信中谈到的危机,确实是很不寻常的一次。[508]事实上危机还在继续,整个欧洲和美国直到今天还深受其苦。金融没有破产是其原因之一。而主要的原因无疑是世界市场状况已经完全改变。从1870年以来,德国,尤其是美国,已经成为英国在现代工业中的竞争者,而大多数其他欧洲国家都已经把它们自己的制造业发展到不再依赖英国的水平。后果就是:生产过剩的过程所涉及的范围已经比该过程主要局限于英国的时期大得多,而且这种后果直到目前还是慢性的,而不是急性的。这样一来,先前每10年把大气层清洗一次的大雷雨就推迟了,因此这种持续的慢性的萧条必定酝酿着一次空前剧烈和广泛的破产。况且,作者所说的农业危机也一直持续到今天,几乎蔓延到了欧洲所有的国家,而且只要美国西部草原的黑土处女地还没有开垦完,这次农业危机就必定会持续下去。

忠实于您的   珀·怀·罗舍[509]

---

①格·亚·洛帕廷。——编者注

216
恩格斯致保尔·拉法格[510]

巴　　黎

1885年11月14日于伦敦

亲爱的拉法格：

画像收到,谢谢。在法国这样一个据说人们笑口常开的国家里,却把我画得如此哭丧着脸;也许人们也会笑我吧。尼姆说,从画像看,我好像老了10岁,但这大概是恭维话。

1849年的五月起义[511],是由德意志大多数邦政府拒绝服从法兰克福国民议会通过的全德宪法引起的。这个议会从来不掌握物质力量,而且不采取任何措施使自己获得这种力量,终于在它结束"制宪工作"的时候,丧失了它最后一点道义上的影响。它那部宪法是一纸空文,并且具有相当多的浪漫主义色彩。虽然如此,这部宪法在当时是唯一的一面旗帜,还可以打着它来开始新的运动,等胜利以后再甩开它。因此,在一些小邦里,人们想迫使政府承认它;举行起义的有德累斯顿(5月3日),几天之后是巴伐利亚的普法尔茨,以及巴登大公国(巴登大公①在军队转向人民以后逃跑了)。

德累斯顿的起义经过英勇的抵抗(四天的斗争)后,被普鲁士军

---

①莱奥波德。——编者注

恩格斯致保尔·拉法格(1885年11月14日)

队镇压下去了(在普鲁士,反动势力靠1848年11月政变取得了胜利,柏林被解除武装,宣布戒严)。但要制服普法尔茨和巴登,当时是需要军队的。因此,普鲁士一开始就召集了后备军。在伊瑟隆(威斯特伐利亚)和埃尔伯费尔德(莱茵普鲁士),后备军拒绝开拔。派去了军队,军队发现这些城市都筑了街垒,他们被击退了。两星期以后,伊瑟隆在两天的抵抗后被占领。埃尔伯费尔德没有这种防守的可能性;因为军队从四面八方包围过来,将近千人的防守者决定向南突围,到起义地区去。他们在路上就被击溃了,但很大一部分人在居民的帮助下到达了目的地。我当时是埃尔伯费尔德卫戍司令米尔巴赫的副官,但他还在实施自己的计划以前,就派我到科隆这个敌军阵营去执行任务,我去了以后藏在丹尼尔斯家里。实际上米尔巴赫是不想让一个有名的共产党人留在自己队伍里,怕吓倒他必须通过的那些地方的资产阶级。他与我约定在普法尔茨会合,但他没有到达那里就被俘了(一年后他在埃尔伯费尔德由陪审法庭宣告无罪)。米尔巴赫曾经参加过希腊1825—1829年的战役以及波兰1830年和1831年的战役。后来他又去了希腊,死在那里。

在此期间,南方的起义声势日益浩大,但它犯了不转入进攻的致命错误。邻近小邦的军队只要找到一个借口就会前来参加起义,因为他们决定不反对人民。而且当时也有这样的借口,那就是应采取进攻去保卫法兰克福议会以抵御包围它的普军和奥军。《新莱茵报》被迫停刊之后,马克思和我前往曼海姆,想向一些领导人提出进军的建议,但遭到了各式各样的推托,说什么军队因原来的军官一跑都瓦解了,什么都缺,等等,等等。

6月初,普鲁士和巴伐利亚两方面的军队,再加上一些小邦的军队(这些小邦军队本来我们采取勇敢一些的行动就能争取过来的,但后来被反动军队的巨流席卷过去了),开往起义地区。有一周,普法尔茨遭到了扫荡,那里是36 000普军对付8 000—9 000个起义者,而当地的两座要塞又在反动派手里。于是起义者实行退却,向巴登的军队(约8 000人的正规军和12 000人的志愿部队)靠拢。反动军队一个军30 000人迫使他们后撤。进行了四次大的会战,反动军队占了上风,因为他们在人数上占优势,加之又侵犯了符腾堡的边界(这使他们在决定性时刻包抄了我们)。经过六星期的战斗之后,起义军残部被迫转入瑞士境内。

在这次战争期间,我是某志愿军团司令官维利希上校的副官,该部队具有明显的无产阶级性质。我参加了三次较小的会战和最后一次决定性的穆尔格河战斗。[512]

如果您执意要给公民克拉吕斯的佳作撰写评论的话,这些介绍想来够您写几行提要的了。

希望您那有意思的疖子早日破口。您可以用2%的石碳酸水洗患处,它对杀灭化脓性细胞有特效。

代我吻劳拉。

您的　弗·恩·

217

恩格斯致明娜·考茨基

维 也 纳

1885年11月26日于伦敦

亲爱的考茨基夫人：

　　……《旧和新》[①]我已经看过了，衷心地感谢您寄给我这本书。您在这本书里对盐场工人生活的描写，就像在《斯蒂凡》[②]里对农民生活的描写一样出色。对维也纳社交界的描写大部分也是很好的。维也纳的确是唯一有社交界的德意志城市，柏林只有一些"固定的小圈子"，而更多是不固定的，因此，在那里只有描写文人、官员和演员的那种小说才能找到地盘。在您的作品的这一部分里，情节的发展有的地方是否太急促了一些，您比我更能作出判断；使我们这样的人得到这种印象的某些东西，在维也纳可能是完全自然的，因为那里具有把南欧和东欧的各种因素混合在一起的独特的国际性质。对于这两种环境里的人物，我认为您都用您平素的鲜明的个性描写手法刻画出来了；每个人都是典型，但同时又是一定的单个人，正如老黑格尔所说的，是一个"这个"，而且应当是如此。但是，为了表示没有偏颇，我

---

　　① 明·考茨基《旧和新》1885年莱比锡版。——编者注
　　② 明·考茨基《格里兰霍夫的斯蒂凡》1881年莱比锡版。——编者注

还要找点毛病出来，在这里我来谈谈阿尔诺德。这个人确实太完美无缺了，因此，当他最终在一次山崩中死掉时，人们只有推说他不见容于这个世界，才能把这种情形同文学上的崇尚正义结合起来。可是，如果作者过分欣赏自己的主人公，那总是不好的，而据我看来，您在这方面也多少犯了这种毛病。爱莎尽管已经被理想化了，但还保有一定的个性描写，而在阿尔诺德身上，个性就更多地消融到原则里去了。

至于产生这个缺陷的原因，从小说本身就能感觉到。显而易见，您认为需要在这本书里公开表明您的立场，在全世界面前证明您的信念。这您已经做了，已经是过去的事了，用不着再以这种形式重复。我决不反对倾向诗本身。悲剧之父埃斯库罗斯和喜剧之父阿里斯托芬都是有强烈倾向的诗人，但丁和塞万提斯也不逊色；而席勒的《阴谋与爱情》的主要价值就在于它是德国第一部有政治倾向的戏剧。现代的那些写出优秀小说的俄国人和挪威人全是有倾向的作家。可是我认为，倾向应当从场面和情节中自然而然地流露出来，而无须特别把它指点出来；同时我认为，作者不必把他所描写的社会冲突的历史的未来的解决办法硬塞给读者。此外，在当前条件下，小说主要是面向资产阶级圈子里的读者，即不直接属于我们的人的那个圈子里的读者，因此，如果一部具有社会主义倾向的小说，通过对现实关系的真实描写，来打破关于这些关系的流行的传统幻想，动摇资产阶级世界的乐观主义，不可避免地引起对于现存事物的永恒性的怀疑，那么，即使作者没有直接提出任何解决办法，甚至有时并没有明确地表明自己的立场，我认为这部小说也完全完成了自己的使命。您对奥地利农民和维也纳"社交界"的透彻了解以及您对他们的出色的生动描写，表明在这方面的素材是很多的，而在《斯蒂凡》中您已证明您还善于用巧妙的讽刺处理您的主人公，这种讽刺显示出作者能驾驭自己的作品……

1886年

218
恩格斯致奥古斯特·倍倍尔

柏　　林

1886年1月20—23日于伦敦

亲爱的倍倍尔：

……至于我提的关于在国有土地上建立生产合作社的建议，它的唯一目的就是给当时**赞成**轮船公司津贴[513]的多数派指明一条出路，告诉他们怎样才能不失体面地投票反对这个提案，走出他们已经陷入的死胡同。而在我看来，这个建议原则上是完全正确的。我同意，如果我们要提出积极的东西，那我们应该只提**可行的**建议。但是，它们应该是**实质上**可行的，不管现政府会不会实行。我还认为，如果我们提出导致资本主义生产崩溃的社会主义措施（如上所述），那只能是一些**切实可行**、但对**现**政府说来是**不可行的**措施。因为现政府会败坏和糟蹋任何类似的措施，政府实行这类措施仅仅是为了断送它们。而这个建议是任何一个容克的或资产阶级的政府都不会实行的。给东部各省的农村无产阶级指明道路，使他们本身走上一条他们能够消灭容克和租佃者的剥削的道路——正是把这样一部分居民吸引到运动中来，这部分居民由于受到奴役和愚化，使得支撑整个普鲁士的军队能从他们中间得到兵员的补充，总之，要从内部、从根基上炸毁普鲁士，这样的建议多数派是想不到的。只要那里还存在大土地所有制,这个措施我们无论如何必须坚持,而我们一旦掌握政权,就一定要付诸实施:把大地产转交给(先是租给)在国家领导下独立经营的合作社,这样,国家仍然是土地的所有者。这个措施有一个很大的优点:它在实质上是切实可行的,但是除了我们党以外,没有一个党会实行它,因而也没有一个党能破坏它。而仅仅这一个措施就能使普鲁士完蛋,我们越早宣传这个措施,对我们就越有利。

这件事无论同舒尔采-德里奇还是同拉萨尔都毫无共同之处。他们两个人提出建立小合作社,一个是靠国家帮助,另一个是不靠国家帮助;但他们两个人都认为,这些合作社不应占有**现存的**生产资料,而只是**同现存的**资本主义生产**并列地**建立新的合作生产。我的建议要求把合作社推行到现存的生产中去。正像巴黎公社要求工人按合作方式经营被工厂主关闭的工厂那样,**应该将土地交给合作社,否则土地会按照资本主义方式去经营**。这是一个巨大的差别。至于在向完全的共产主义经济过渡时,我们必须大规模地采用合作生产作为中间环节,这一点马克思和我从来没有怀疑过。但事情必须这样来处理,使社会(即首先是国家)保持对生产资料的所有权,这样合作社的特殊利益就不可能压过全社会的整个利益。至于德意志帝国没有国有土地,那无关紧要:总是可以找到适当方式的,就像在关于波兰人问题的辩论过程中那样,当时驱逐出境的事[514]同帝国也并没有直接的关系。

正因为政府决不可能接受这类东西,所以,提出我所建议的津贴来同轮船公司津贴相对抗是没有什么危险的。如果政府能同意这一点,那你当然是正确的……

219

恩格斯致爱德华·皮斯⁵¹⁵

伦　敦

[草稿]

1886年1月27日[于伦敦]

尊敬的先生：

对于您昨天友好的短笺，很遗憾，我只得告诉您，我的时间现在已被无法拖延的工作完全占去，至少最近一年我无法承担任何新的义务。

如上所述，我无须再申述其他理由，来说明为什么我不能写您所请求的文章。但是无论如何应当声明，我所在的党并没有任何一劳永逸的现成方案。我们对未来非资本主义社会区别于现代社会的特征的看法，是从历史事实和发展过程中得出的确切结论；不结合这些事实和过程去加以阐明，就没有任何理论价值和实际价值。这些特征的经济方面，我在自己的《欧根·杜林先生在科学中实行的变革》一书中曾试图加以叙述和解释，见该书第二版第253—271页，转载于我的著作《社会主义从空想到科学的发展》第三版第28—48页。①这样一个无论是政治的还是非经济的社会问题都根本未触及的特殊的概

---

①见《马克思恩格斯文集》第9卷第283—300页、第3卷第547—567页。——编者注

述,我无法写得更简短。因此要为您写600字的提要,对我来说是一项力所不及的任务。

忠实于您的

220

恩格斯致弗洛伦斯·凯利-威士涅威茨基

苏 黎 世

1886年2月25日于伦敦

亲爱的威士涅威茨基夫人:

今天我**用挂号**给您寄去了译稿的其余部分和我的序言或附录①(看您认为把它放在哪里合适)。我认为书名最好索性译为:《1844年**的**英国工人阶级状况……》。

出版的一切障碍都已顺利克服,我很高兴。遗憾的只是,从2月13日纽约《社会主义者报》登载的关于纽约社会主义工人党[516]执行委员会会议的报道中可以看出,福斯特小姐曾经向该委员会提出请求。[517]无论是马克思还是我,凡是可能被说成是向某个工人组织要求给我们个人提供帮助的事,都从来没有做过。其所以必须如此,不仅是为了要保持我们自己的独立性,而且还因为资产阶级经常造谣

---

① 恩格斯《〈英国工人阶级状况〉美国版附录》,见《马克思恩格斯全集》中文第1版第21卷。——编者注

诬蔑,说什么"煽动家们骗取工人们辛辛苦苦赚来的钱,用于自己的个人目的"。因此,我将不得不通知执行委员会:这个请求,我完全不知道,也不是受我的委托。毫无疑问,福斯特小姐是按照她认为最好的方式去做的,而她的这个做法本身当然也是完全可以容许的,但是,如果我能事先预料到,那我就会尽一切可能加以阻止……

221
恩格斯致奥古斯特·倍倍尔

德累斯顿—普劳恩

1886年3月18日于伦敦

亲爱的倍倍尔:

……我完全同意你的看法,六个多月的繁荣期将要结束。工商业复苏的唯一前景——这至少对制铁业来说是直接的,对其他行业则是间接的——是中国的铁路建设可能开放;这样,这最后一个闭关自守的、以农业和手工业相结合为基础的文明将被消灭。但是,只要六个月,这个前景就会结束,然后我们也许又要经历一次**急性的**危机。除了英国在世界市场上垄断地位的崩溃而外,新的交通联络工具,如电报、铁路、苏伊士运河和取代了帆船的轮船等,也促使十年一次的工业周期遭到破坏。如果中国今后将开放,那么不仅生产过剩的最后一个安全阀门将会失灵,而且中国将开始大批向外移民,仅仅这一点就会在整个美洲、澳洲和印度的生产条件方面引起革命,甚至也许还会波及欧洲——如果这里的情况能一直延续到那个时候的话……

222

恩格斯致弗洛伦斯·凯利-威士涅威茨基

苏 黎 世

1886年6月3日于[伦敦]西北区
瑞琴特公园路122号

亲爱的威士涅威茨基夫人：

校样①我已看过，用铅笔又改了几处错误。

书的装帧根本不会美观，这一点，当我知道是谁经手这一工作时早就预见到了；因此，我并不感到特别惊奇。恐怕现在已经无能为力了，抱怨也没有用。

不管运动的领袖以及部分开始觉醒的群众会犯什么错误，思想多么狭隘，有一点是清楚的，即美国工人阶级投入了运动，这是毫无疑问的。在走过一些弯路之后，他们将很快地走上正轨。我认为，美国人登上舞台，是今年最重要的事件之一。[518]美国阶级战争的爆发，对全世界的资产阶级来说，犹如俄国沙皇制度的崩溃对欧洲各大军事

---

①恩格斯《〈英国工人阶级状况〉美国版附录》，见《马克思恩格斯全集》中文第1版第21卷。——编者注

君主国来说一样,意味着它们的主要支柱的垮台。因为美国毕竟是一切资产者的理想:一个富裕、辽阔、正在发展的国家,建立了没有封建残余或君主制传统的纯粹资产阶级的制度,没有固定的、世袭的无产阶级。这里每一个人如果不能成为资本家,也一定能成为独立的人,可以用自己的资金自行经营,从事生产或商业。由于这里**在此以前还**没有利益相互对立的阶级,我们的(以及你们的)资产者曾经以为,美国是**凌驾于**阶级对抗和阶级斗争**之上**的。这种幻想现在破灭了,地球上资产阶级的最后一个天堂正在迅速地变为涤罪所,而只有刚成长起来的美国无产阶级的迅速发展,才有可能使它不致像欧洲那样变为地狱。美国工人登上舞台的方式,是极不寻常的:半年以前谁也没有看出任何迹象,现在他们却突然变成如此有组织的群众而行动起来,足以引起整个资本家阶级的恐惧。我感到遗憾的只是,马克思没有能活着看到这一点!

　　不知道这封信往哪里寄好——苏黎世还是您在信末写的那个巴黎的地址。万一寄错,寄苏黎世还比较可靠,因此,我把这封信和校样寄给施留特尔先生,他一定会把它们转寄到该寄的地方。

忠实于您的　弗·恩格斯

223

恩格斯致劳拉·拉法格

巴　黎

1886年10月2日于伦敦

亲爱的劳拉:

　　……保尔把巴黎判决看成是工业资产阶级可以接受社会主义思想的一种迹象,这恐怕是夸大了它的意义。[519]高利贷者和工业资本家之间的斗争是资产阶级内部的斗争,虽然一定数量的小资产者会被推向我们这一边,因为他们很清楚自己正面临着被交易所投机者剥夺的威胁,可是我们决不能期望大批的小资产者转到我们这一边来。而且,这也不是我们所希望的,因为他们会带来他们狭隘的阶级偏见。在德国,这种人我们见得太多了,正是他们成为阻碍党前进的绊脚石。小资产者(作为一个整体)的命运总是在两大阶级之间摇摆不定,一部分将被资本集中所压垮,另一部分则将被无产阶级的胜利所摧毁。在决定性的时刻,他们跟平常一样彷徨、动摇、不知所措和任人摆布,如此而已。即使他们赞同我们的观点,他们也会说:当然,共产主义是最终的解决办法,但那是遥远的事情,也许一百年以后才能实现,——换句话说,我们并不打算为在我们这一代或者在下一代实现共产主义而努力。这就是我们在德国的经验。

　　另一方面,这次判决也是一个重大的胜利,它表明向前跨出了重要的一步。资产阶级自从面对着一个有觉悟、有组织的无产阶级以来,就陷入了无法解决的矛盾之中:**一方面**是它的自由和民主的总倾向;**另一方面**是它对无产阶级进行防御斗争所需要的镇压。一个怯懦的资产阶级,如德国的和俄国的资产阶级,可以牺牲自己总的阶级倾向,去换取残酷镇压所带来的暂时利益。可是一个具有自己革命历史的资产阶级,如英国的特别是法国的资产阶级,是不能够轻易这样做的。这样就产生了资产阶级内部的斗争,这种斗争尽管有时也使用暴力和镇压,但总的来说,是推动资产阶级前进的。英国格莱斯顿的历次选举改革和法国激进主义的进展就是例证。这次判决是一个新阶段。所以资产阶级在为它自己工作的同时,也在为我们工作。

　　现在我必须搁笔。我要把这封信用挂号寄出,而且还要在第一个邮班截止前给杜西写一封信。

爱你的　弗·恩格斯

224

恩格斯致奥古斯特·倍倍尔

莱　比　锡

1886年10月8日于伦敦

亲爱的倍倍尔：

……我早就建议他把自己的回忆和经历写出来[①]，这次他告诉我，你和其他一些人也鼓励他这样做，并且他本人也很愿意，甚至已不止一次地动手写过，但是，已发表的一些片断没有得到真正的鼓励(《新世界》就是如此，几年前他曾经给这家杂志寄去过几篇非常好的东西[②]，但是李卜克内西通过莫特勒告诉他说，他们认为这些文章"文艺性"不够)。对他说来，更大的障碍是他必须靠写作维持生活，每星期给维也纳写一篇通讯挣25法郎。[520]为此他必须阅读大量报刊，而由于他在巴黎搞发明时发生的爆炸使他的视力减退[521]，所以只此一项工作就超过了他力所能及的限度。因此，我答应他就这件事情首先写信同你和爱德谈谈。

我认为，党既然在财力上允许(根据李卜克内西的话和从苏黎世得到的消息来看，情况是这样的)，那它就应该用自己的抚恤基金

---

①指恩格斯建议约·菲·贝克尔撰写回忆录,参看恩格斯1885年12月5日给约·菲·贝克尔的信。——编者注

②约·菲·贝克尔《我的生活片断》。——编者注

恩格斯致奥古斯特·倍倍尔(1886年10月8日)

起码是部分地负担这位老战士的生活费用,而不要让他为了每星期挣25法郎累瞎了眼睛。贝克尔每月从范科尔那里得到25法郎,从巴塞尔的一位朋友那里得到同样的数目,我也答应每个季度一定给他寄5英镑(合125法郎),合起来是每年1 100法郎。他们两个人寄给他的钱数,我可能搞错了,也许他们每人只给20法郎;那样的话,总数就是980法郎。这样一来,党需要贴补的钱数就不会很大;通过私人捐助大概很容易就能凑够这个数目,而党的财务处就只是起一个付这笔款子的中间人的作用。究竟需要补助多少钱,最好爱德能同老头子本人共同确定下来。

如果这件事能够办成,他就有时间去写或口授他的回忆录,这个回忆录对德国革命运动史,因而也对我党成立以前的历史,从1860年起部分地对我们党本身的历史,都是极端重要的。这样也就给人民书店①提供了一本极为珍贵的畅销书。我认为这项工作是很必要的,否则老贝克尔就会把一大批十分珍贵的历史材料带进坟墓里去,或者在最好的情况下,这些材料就会保存在我们的敌人和半敌人、庸俗民主派等等那里并由他们叙述出来。此外,老头子在政治上和军事上都起过重大的作用。在1849年的运动中,他是唯一的一个真正来自人民的指挥员。他用自己在瑞士军队中学到的那种并不高明的战略和战术,比所有巴登军官和普鲁士军官作出了更大的贡献,而且他在政治上坚决执行了正确路线。他还是一位天生的人民统帅,具有惊人的冷静的头脑和罕见的善于指挥新部队的才能……

①社会民主党在苏黎世的出版社。——编者注

225

恩格斯致弗里德里希·阿道夫·左尔格

霍 博 肯

1886年11月29日于伦敦

亲爱的左尔格:

……亨利·乔治的成就[522]当然已经暴露了一大堆骗局,我感到高兴的是,我当时没有在场。但是,尽管如此,那还是一个划时代的日子。德国人一点不懂得把他们的理论变成推动美国群众的杠杆;他们大部分连自己也不懂得这种理论,而用学理主义和教条主义的态度去对待它,认为只要把它背得烂熟,就足以满足一切需要。对他们来说,这是教条,而不是行动的指南。此外,他们原则上是不学英语的。因此,美国的群众不得不自找出路,看来他们首先在"劳动骑士"[523]那里找到了这种出路,这一团体的混乱的原则和可笑的组织看来是同他们自己的混乱情况相适应的。但是根据我所听到的一切来判断,"劳动骑士"已经成了一种真正的力量,特别是在新英格兰和西部地区,而且,由于资本家的疯狂反对,这种力量将日益增大。我认为,必须在他们中间开展工作,在这批还完全可塑的群众中培养一个核心,让这一核心了解运动和运动的目的,从而在目前的"骑士团"必然发生分裂的时候能自然而然地把该团的领导权(至少是一部分领导权)抓到手中。"劳动骑士"的最大的弱点就是他们在政治上的中立态度,

恩格斯致弗里德里希·阿道夫·左尔格(1886年11月29日)

结果出现了鲍德利等人的十足的欺诈行为。可是这种中立态度已经在11月选举时期,特别是在纽约,由于群众所采取的行动而遭到挫败。每一个新参加运动的国家所应采取的第一个步骤,始终是把工人组织成独立的政党,不管怎样组织起来,只要它是一个真正的工人政党就行。而这一步已经做到了,并且比我们所预期的要快得多,这是最主要的。这个党的第一个纲领还是混乱的和极不完备的,[524]它还打着亨·乔治的旗号,这都是不可避免的缺点,然而也是暂时的缺点。群众需要有时间和机会来成长,而只要他们有了自己的运动——不管这种运动采取什么形式,只要是**他们自己的**运动——,他们就会有这种机会,因为在这种运动中,他们将通过本身的错误而取得进步,吃一堑,长一智。

美国的运动正处于我们在1848年以前所处的那种阶段上,那里真正有才智的人物首先应当起共产主义者同盟[49]在1848年以前在各个工人联合会中所起的那种作用。不同的是,在美国,这一切目前将进展得无比迅速;运动开展不过八个月,就能在选举中取得那样的成绩,这简直是闻所未闻的。而如果有做得不够的地方,资产者就会去补做;全世界没有哪一个地方的资产者像你们那里的资产者那样无耻和专横,你们那里的法官比起俾斯麦手下的那帮帝国讼棍来有过之而无不及。[525]凡是资产者用这种手段进行斗争的地方,斗争很快就会见分晓,如果我们在欧洲不加紧行动,那么美国人很快就会超过我们。不过,恰恰是现在,你们那里更需要有几个我们方面的人,他们要在理论和久经考验的策略方面毫不动摇,同时要能说英文和写英文,因为美国人由于各种显而易见的历史原因在所有理论问题上都远远落后,他们虽然没有接受欧洲中世纪的制度,但是接受了大量中世纪的传统、宗教、英国的普通(封建)法、迷信、降神术,总之,接受了过去对做生意并不直接有害而现在对愚化群众则非常有用的各种荒唐的东西。如果那里有几个理论头脑清醒的人,能预先告诉他们,他们自己的错误会造成什么后果,能使他们弄清楚,任何一个运动,要是不始终把消灭雇佣劳动制作为最终目标,它就一定要走上歧途,遭到失败,那么,许多蠢事都可以避免,整个过程也将大大地缩短。可是,这必须按英国方式去做,德国的特点必须抛开,《社会主义者报》的先生们未必能胜任这一工作,而《人民报》的先生们也只是在**做生意**方面比他们聪明一点……

226

恩格斯致弗洛伦斯·凯利-威士涅威茨基

纽　约

1886年12月28日于伦敦西北区
瑞琴特公园路122号

亲爱的威士涅威茨基夫人:

　　……我的序言①当然将完全转到论述美国工人最近十个月来所取得的巨大进展上来,自然也要涉及亨·乔治和他的土地改革计划。但是不能要求非常详尽地谈论这个问题。而且我并不认为这样做的时机已经到了。使运动扩大,使它协调地发展,扎下根子并尽可能地

---

①指恩格斯《美国工人运动》,见《马克思恩格斯文集》第4卷。——编者注

恩格斯致弗洛伦斯·凯利-威士涅威茨基(1886年12月28日)

包括整个美国无产阶级,要比使它从一开始就按照理论上完全正确的路线出发和前进重要得多。要获取明确的理论认识,最好的道路就是从本身的错误中学习,"吃一堑,长一智"。而对于整整一个大的阶级来说,特别是对于像美国人这样一个如此重视实践而轻视理论的民族来说,别的道路是没有的。最主要的是使工人阶级**作为阶级**来行动;一旦做到了这一步,他们就会很快找到正确的方向,而一切进行阻挠的人,不论是亨·乔治还是鲍德利,都将同他们自己的小宗派一起被抛弃。因此,我也认为"劳动骑士"[523]是运动中的一个极重要的因素,不应当从外面冷眼看待它,而要从内部使之革命化,而且我认为,那里的许多德国人犯了一个严重的错误,他们在面临一个强大而出色的、但不是由他们自己创造出来的运动时,竟企图把他们那一套从外国输入的、常常是没有弄懂的理论变成一种"唯一能救世的教条",并且同任何不接受这种教条的运动保持遥远的距离。我们的理论不是教条,而是对包含着一连串互相衔接的阶段的发展过程的阐明。希望美国人一开始行动就完全了解在比较老的工业国家里制定出来的理论,那是可望而不可即的。德国人所应当做的事情是,根据自己的理论去行动——如果他们像我们在1845年和1848年那样懂得理论的话——,参加工人阶级的一切真正的普遍的运动,接受运动的实际出发点,并通过下列办法逐步地把运动提到理论高度:指出所犯的每一个错误、遭到的每一次失败都是原来纲领中的各种错误理论观点的必然结果。用《共产主义宣言》①里的话来说,就是他们应当在当前的运动中代表运动的未来。②可是,首先要让运动有巩固自己

①即《共产党宣言》。——编者注
②参看《马克思恩格斯文集》第2卷第65页。——编者注

的时间,不要硬把别人在开始时还不能正确了解、但很快就能学会的一些东西灌输给别人,从而使初期不可避免的混乱现象变本加厉。一二百万工人在下一个11月投票拥护真正的工人政党,在目前来说,要比十万人投票拥护一个在学理上无可挑剔的纲领更有价值得多。一旦运动向前发展,马上要做的第一个尝试,就是要在全国范围内把卷入运动的群众联合起来,从而使所有的人——乔治的拥护者、"劳动骑士"、工联主义者以及所有其他人都处于面对面的地位。如果我们的德国朋友们到那时把这个国家的语言学得很好,能够参加讨论,那时他们就能批评别人的观点,通过揭发各种立场的内在矛盾,逐步地使这些人了解他们本身所处的实际地位,即资本和雇佣劳动的相互关系给他们造成的地位。而任何可能拖延或阻挠工人政党在全国范围内巩固起来(不管根据什么样的纲领)的举动,我都认为是个大错误,因此,我认为全面而详尽地谈论亨·乔治或"劳动骑士"的时机尚未到来……

1887年

227

恩格斯致弗洛伦斯·凯利-威士涅威茨基

纽　　约

1887年1月27日于[伦敦]西北区
瑞琴特公园路122号

亲爱的威士涅威茨基夫人：

　　……美国的运动,我认为正是目前从大洋的这一边看得最清楚。在当地,个人之间的纠纷和地方上的争论必然要使运动大为失色。真正能够阻碍运动向前发展的唯一的东西,就是这些分歧的加剧并从而导致宗派的形成。在某种程度上说,这种情形将是不可避免的,但是越少越好。而德国人尤其应当提防这一点。我们的理论是发展着的理论,而不是必须背得烂熟并机械地加以重复的教条。越少从外面把这种理论硬灌输给美国人,而越多由他们通过自己亲身的经验(在德国人的帮助下)去检验它,它就越会深入他们的心坎。当我们在1848年春天回到德国的时候,我们参加了民主派,因为这是唯一能引起工人阶级注意的手段;我们是该派的最先进的一翼,但毕竟是它的一翼。当马克思创立国际的时候,他草拟的总章程①使当时**一切**

① 马克思《协会临时章程》,见《马克思恩格斯全集》中文第2版第21卷。
——编者注

工人阶级社会主义者——蒲鲁东分子、皮埃尔·勒鲁分子、甚至英国工联中比较先进的部分都可以参加国际；就是由于这种广泛性，国际才成为它当时的那个样子，即成为逐步融解和吸收除无政府主义者外的各个比较小的宗派的一种工具，无政府主义者在各个国家的突然出现不过是公社失败以后资产阶级的极端反动的结果，因此我们可以泰然地让他们寿终正寝，事实上也已经是这样了。如果我们在1864—1873年间坚持只和那些公开承认我们纲领的人合作，那我们今天会处于什么境地呢？我认为，我们的全部实践已经证明，可以在工人阶级普遍性的运动的各个阶段上同它进行合作，而无须放弃或隐瞒我们自己的独特立场甚至组织；我担心的是，如果在美国的德国人选择另一条道路，那他们要犯大错误……

228
恩格斯致布鲁诺·舍恩兰克

纽 伦 堡

1887年8月29日于伊斯特本

尊敬的舍恩兰克先生：

您的信考茨基转给了我，读后使我感到有些不安。我饶有兴趣地读了《新时代》上刊载的您那本关于制镜业的很有价值的著作的摘录，说实在的，我并不反对您给我的荣誉——把这本书题献给我。[526]但是，首先，题献的做法一般说来已不时兴，其次，这种多少是借故表示敬意的做法,总是使马克思和我感到有些为难。此时此刻,我的心情正是这样,我觉得我的功绩被许多人估计得过高了。谁有幸在40年间同一个比自己高大的人物合作并能够每天与之相比较,谁就有可能学会正确地估计自己个人的功绩。而对我的活动的任何过度赞扬,在我看来都是无意中贬低了我们大家都应归之于马克思的功绩。

您称我为记述经济学的创始人,这我也不能同意。您在配第、布阿吉尔贝尔、沃邦、亚·斯密和其他许多人那里,都可以找到记述经济学。此类记述,特别是关于无产者状况的记述,在我之前就有法国人和英国人做过了。我只不过幸运地处于现代大工业的中心,第一个看出那里的相互联系——至少是最表面的相互联系。

因此,如果您放弃自己的打算,而且**仅仅是**根据上述的理由,那**我本人**会更高兴。但是,如果我这样还说服不了您,那我也不想给您下任何命令。

尊敬您的和忠实于您的　弗·恩格斯

1888年

229
恩格斯致若安·纳杰日杰[404]

雅　　西

1888年1月4日于伦敦西北区
瑞琴特公园路122号

尊敬的公民：

我的朋友、《新时代》的编辑卡·考茨基给我寄来好几期《社会评论》和《现代人》，其中有您翻译的我的几篇著作，特别是《家庭……的起源》[527]。请允许我对您表示感谢，您不辞辛劳，使这些著作能为罗马尼亚读者所了解。您不但以此给予我荣誉，而且还帮助了我，使我终于学会了一点贵国的语言。我之所以说"终于"，是因为50年前我就试图利用狄茨的《罗曼语语法》学习贵国的语言，但是没有成功。不久前，我得到一本乔恩卡的语法，但是既无读本，又无词典，我没有取得多大进展。而借助您的译文，我倒取得了一些进步，我以自己的原文、拉丁语语源学和斯拉夫语语源学代替了词典。多亏了您的译文，我现在可以说，罗马尼亚语对我来说不再是完全陌生的语言了。但是，如果您能推荐一本好的词典（罗德词典、罗法词典或罗意词典都行），我将非常感激；这样我就能更好地用原文来阅读和理解您的文章以及考茨基寄来的两本小册子：《罗马尼亚社会党人想做什么》、《卡尔·马克思和我国经济学家》①。

我很高兴地看到,贵国的社会党人在自己的纲领中接受了我的已故朋友卡尔·马克思所创立的理论的基本原理,这个理论把欧美几乎所有社会主义者都团结在一个统一的战斗队伍中。当这位伟大的思想家逝世的时候,所有文明国家中的社会形势和政治形势以及我们党所取得的成绩,使他可以瞑目,因为他可以深信,他为把两大陆的无产者在同一面旗帜下团结成一支统一的大军所作的努力,定将获得圆满的成功。但是,如果他能够看到,从那以后我们在美洲和欧洲所取得的巨大成绩,那该有多么好啊!

这些成绩非常大,因而有可能也有必要制定共同的国际政策,至少对于欧洲的党是这样。在这一方面,我也高兴地看到,您在原则上同我们以及同西欧的社会主义者是一致的。您翻译我的《欧洲政局》②一文,以及您写给《新时代》编辑部的信,向我充分证明了这一点。的确,我们大家都遇到同一个巨大的障碍,它阻碍一切民族的以及每个民族的自由发展,而没有这种自由发展,我们既不可能在各国开始社会革命,更不可能在彼此支持下完成社会革命。这个障碍就是旧的神圣同盟436,即三个扼杀波兰的刽子手的同盟,这个同盟从1815年以来一直受俄国沙皇政府的控制,尽管发生过种种暂时的内讧,但继续存在到现在。这个同盟是1815年为了对抗法国人民的革命精神而建立的;1871年,这个同盟由于兼并了阿尔萨斯和洛林而得到巩固,这次兼并把德国变成了沙皇政府的奴隶,把沙皇变成了欧洲的主宰;1888年,这个同盟继续保存,是为了镇压三个帝国内部的

---

①这两本小册子的作者是康·多布罗贾努-盖雷亚,后一本小册子是匿名出版的。——编者注

②见《马克思恩格斯全集》中文第1版第21卷。——编者注

革命运动,即民族运动以及工人阶级的政治运动和社会运动。由于俄国具有几乎攻不破的战略地位,俄国沙皇政府便成为这个同盟的核心,成为欧洲反动派的主要后备力量。我们认为,推翻沙皇政府,消灭这个压迫整个欧洲的祸害,是解放中欧和东欧各民族的首要条件。一旦沙皇政府垮台,那么,现在以俾斯麦为代表的那个倒霉的国家就会因失去它的主要支柱而崩溃①。奥地利将会解体,因为它将丧失自己存在的唯一理由:它的存在是为了阻止沙皇政府吞并喀尔巴阡和巴尔干地区各分散的民族。波兰将会复兴。小俄罗斯将可以自由地选择自己的政治立场。罗马尼亚人、马扎尔人、南方斯拉夫人将能自己处理自己的事务和解决边界问题,而不受任何外来干涉。最后,高贵的大俄罗斯民族所竭力追求的,将不再是为沙皇政府的利益进行毫无意义的征服,而是在亚洲负起自己传播文明的真正使命,并且同西方一起发挥自己广博的才智,而不是用绞架和苦役去摧残自己的优秀人物。

此外,您在罗马尼亚必定了解沙皇政府。基谢廖夫的《组织规程》528、对1848年起义的镇压、对比萨拉比亚的两次侵占529、对贵国的无数次入侵(贵国对俄国来说只是通向博斯普鲁斯的一个兵站),这些足以使您有所体会。同时,可以确信,一旦沙皇政府占领君士坦丁堡的夙愿得到实现,贵国的独立存在也就完了。在此以前,沙皇政府会让你们注意罗马尼亚的特兰西瓦尼亚尚在马扎尔人的手中这个事实,以此来诱骗你们;其实正是由于沙皇政府的罪过,特兰西瓦尼亚才从罗马尼亚分离出去。只要彼得堡的专制制度一垮台,欧洲随即

---

①草稿中这里还写道:"于是我们工人政党就会大踏步地走向革命。"——编者注

也就不存在奥匈帝国了。

现在这个同盟看来是瓦解了,战争的威胁迫在眉睫。但是,即使战争爆发,那也只是为了使不顺从的奥匈帝国和普鲁士屈服。我们希望,战争不要爆发,对于这类战争,决不能同情交战的任何一方,相反,只能希望它们**统统**垮台,如果能够做到的话。这种战争是可怕的,但是无论发生什么情况,归根结底,都会有利于社会主义运动,都会使工人阶级早日执掌政权。

请原谅我的信写得这么长,但是在目前这种时候,我给罗马尼亚人写信,不能不谈谈自己对这些迫切问题的看法。这些看法归结起来就是:在目前,要是俄国发生革命,它就会使欧洲免遭全面战争的灾难,并成为全世界社会革命的开端。

如果同德国社会党人的关系以及交换报纸等等还不能令人满意,那么,我可以在这方面帮助您。

致以兄弟般的问候。

弗·恩格斯

230

恩格斯致玛格丽特·哈克奈斯

伦　　敦

[草稿]

[1888年4月初于伦敦]

尊敬的哈克奈斯女士：

　　多谢您通过维泽泰利出版公司把您的《城市姑娘》转给我。我无比愉快地和急切地读完了它。的确，正像我的朋友、您这本书的译者艾希霍夫所说的，它是一件小小的艺术品。他还说——您听了一定会满意的——，他几乎不得不逐字逐句地翻译，因为任何省略或试图改动都只能损害原作的价值。

　　您的小说，除了它的现实主义的真实性以外，给我印象最深的是它表现了真正艺术家的勇气。这种勇气不仅表现在您敢于冒犯傲慢的体面人物而对救世军[530]所作的处理上，这些体面人物也许从您的小说里才第一次知道救世军**为什么**竟对人民群众产生这样大的影响；而且还主要表现在您把无产阶级姑娘被资产阶级男人所勾引这样一个老而又老的故事作为全书的中心时所使用的朴实无华的手法。平庸的作家会觉得需要用一大堆矫揉造作和修饰来掩盖这种他们认为是平凡的情节，然而他们终究还是逃脱不了被人看穿的命运。您觉得您有把握叙述一个老故事，因为您能够如实地叙述它，使它变成一个新故事。

您对阿瑟·格兰特先生的刻画十分出色。

如果我要提出什么批评的话,那就是,您的小说也许还不够现实主义。据我看来,现实主义的意思是,除细节的真实外,还要真实地再现典型环境中的典型人物。您的人物,就他们本身而言,是够典型的;但是环绕着这些人物并促使他们行动的环境,也许就不是那样典型了。在《城市姑娘》里,工人阶级是以消极群众的形象出现的,他们无力自助,甚至没有试图作出自助的努力。想使他们摆脱其贫困而麻木的处境的一切企图都来自外面,来自上面。如果说这种描写在1800年前后或1810年前后,即在圣西门和罗伯特·欧文时代是恰如其分的,那么,在1887年,在一个有幸参加了战斗无产阶级的大部分斗争差不多50年之久的人看来,就不可能是恰如其分的了。工人阶级对压迫他们的周围环境所进行的叛逆的反抗,他们为恢复自己做人的地位所作的令人震撼的努力,不管是半自觉的或是自觉的,都属于历史,因而也应当在现实主义领域内占有一席之地。

我决不是责备您没有写出一部直截了当的社会主义的小说,一部像我们德国人所说的"倾向性小说",来鼓吹作者的社会观点和政治观点。我决不是这个意思。作者的见解越隐蔽,对艺术作品来说就越好。我所指的现实主义甚至可以不顾作者的见解而表露出来。让我举一个例子。巴尔扎克,我认为他是比过去、现在和未来的一切左拉都要伟大得多的现实主义大师,他在《人间喜剧》里给我们提供了一部法国"社会",特别是巴黎上流社会的无比精彩的现实主义历史,他用编年史的方式几乎逐年地把上升的资产阶级在1816—1848年这一时期对贵族社会日甚一日的冲击描写出来,这一贵族社会在1815年以后又重整旗鼓,并尽力重新恢复旧日法国生活方式的标准。他描写了这个在他看来是模范社会的最后残余怎样在庸俗的、满身铜臭的暴发户的逼攻之下逐渐屈服，或者被这种暴发户所腐蚀；他描写了贵妇人(她们在婚姻上的不忠只不过是维护自己的一种方式,这和她们在婚姻上听人摆布的情况是完全相适应的)怎样让位给为了金钱或衣着而给自己丈夫戴绿帽子的资产阶级妇女。围绕着这幅中心图画，他汇编了一部完整的法国社会的历史,我从这里,甚至在经济细节方面(诸如革命以后动产和不动产的重新分配)所学到的东西,也要比从当时所有职业的史学家、经济学家和统计学家那里学到的全部东西还要多。不错，巴尔扎克在政治上是一个正统派[50]；他的伟大作品是对上流社会无可阻挡的衰落的一曲无尽的挽歌；他对注定要灭亡的那个阶级寄予了全部的同情。但是,尽管如此,当他让他所深切同情的那些贵族男女行动起来的时候,他的嘲笑空前尖刻,他的讽刺空前辛辣。而他经常毫不掩饰地赞赏的唯一的一批人,却正是他政治上的死对头,圣玛丽修道院的共和党英雄们[531],这些人在那时(1830—1836年)的确是人民群众的代表。这样,巴尔扎克就不得不违背自己的阶级同情和政治偏见；他**看到了**他心爱的贵族们灭亡的必然性,把他们描写成不配有更好命运的人；他在当时唯一能找到未来的真正的人的地方**看到了**这样的人,——这一切我认为是现实主义的最伟大的胜利之一,是老巴尔扎克最大的特点之一。

　　为了替您辩解,我必须承认,在文明世界里,任何地方的工人群众都不像伦敦东头[①]的工人群众那样不积极地反抗,那样消极地屈服于命运,那样迟钝。而且我怎么能知道:您是否有非常充分的理由这一次先描写工人阶级生活的消极面,而在另一本书中再描写积极面呢?

------

　　①伦敦东头是无产阶级和贫民的居住区。——编者注

1889年

231
恩格斯致卡尔·考茨基

维 也 纳

1889年1月28日于伦敦

亲爱的考茨基：

今天我要向你提一个建议，这个建议爱德①、吉娜②和杜西都同意。

我预感到，在最好的情况下，我也还需要长时期地少用眼睛，以便恢复正常。这样，我至少在几年内不能亲自给人口授《资本论》第四册[193]的手稿。

另一方面，我要考虑到，不仅使马克思的这一部手稿，而且使其他手稿离了我也能为人们所利用。要做到这一点，我得教会一些人辨认这些潦草的笔迹，以便必要时能代替我，在目前哪怕能够帮助做些出版工作也好。为此我能够用的人只有你和爱德。所以我首先建议，我们三个人来做这件事。

……爱德也热切希望学会辨认潦草的笔迹，我已经打算给他另外的手稿；我也要教会他，但是我当然对他说过，我只能把钱付给一

---

① 爱·伯恩施坦。——编者注
② 雷·伯恩施坦。——编者注

个人，他完全同意这样做。

归根结底，问题也涉及将来某个时候出版马克思和我的全集，这一点我在世的时候未必能够实现，而我现在就要为此做必要的准备。我也对杜西谈过这一点，我们能从她那里得到全力支持。一旦我教会你们两人熟练地辨认马克思的笔迹，我就如释重负了，那时我就可以少用眼睛，同时又不至于忽略这项非常重要的义务，因为到那时，这些手稿至少对于两个人来说不再是看不懂的天书了。

直到现在，除了琳蘅，只有爱德夫妇和艾威林夫妇知道我的计划，如果你也同意的话，那么除你们以外，同样也不必让任何人知道这件事情的细节。同时对路易莎来说，这也许是一件合适的工作……

232

恩格斯致卡尔·考茨基

维　也　纳

1889年9月15日于伦敦西北区
瑞琴特公园路122号

亲爱的考茨基：

……正如我已经对阿德勒①说过的，你们的关系发生这样的变化②，

---

① 维·阿德勒。——编者注
② 指考茨基夫妇离婚一事。——编者注

恩格斯致卡尔·考茨基(1889年9月15日)

丝毫不改变我就第四卷手稿向你提出的建议①。这项工作是一定要做的,而你和爱德是我唯一能够委托这项工作的人。据保尔②说,档案馆532的事情现在也顺利解决了,因此,到冬天你肯定还要到这里来,那时我们就可以进一步商量,动手干起来。由于该死的代表大会533,我从2月份起就根本无法搞第三卷,而现在第一卷又需要出第四版,我必须先把它搞出来。这不需要做很多工作,但是如果每天只能伏案工作三小时,那还是要拖相当长的时间。何况即将来临的两个月又是昏暗的雾季。

……你那篇关于图林根矿工的文章③,是你迄今为止写得最好的文章,这是一项真正的研究,对重大问题作了详尽的阐述,并且仅限于研究事实,而不是像你在人口问题503和原始家庭问题504上所做的那样去论证一些成见,因此也就获得了一些实际的成果。这篇文章阐明了德国史上的一个重要时期,在论述发展过程时某些地方有些小缺陷,但这是非本质的。我只是到现在才真正明白(从泽特贝尔的著作④中我只是得到一些模糊不清的印象),德国的金银开采(以及匈牙利的金银开采,它的贵金属是通过德国流入整个西方的)在多大程度上成为最后的推动因素,使德国在1470—1530年在经济方面居欧洲首位,从而使它成为以宗教形式(所谓宗教改革)出现的第一

---

①见本卷第572—573页。——编者注

②保·辛格尔。——编者注

③卡·考茨基《矿工和农民战争(主要是在图林根)》,载于1889年《新时代》第7年卷第7—11期。——编者注

④阿·泽特贝尔《从发现美洲到现在的贵金属的生产和金银比值》1879年哥达版。——编者注

次资产阶级革命的中心。说它是**最后一个**因素,是说行会手工业和转运贸易已达到较高的发展水平,因此相对于意大利、法国和英国而言,这个因素对德国是具有决定性意义的……

233
恩格斯致弗里德里希·阿道夫·左尔格

霍 博 肯

1889年12月7日于伦敦

亲爱的左尔格:

10月8日和29日的来信收到了,谢谢。

情况未必会好到使"社会主义工人党"[516]消亡。除了舍维奇以外,罗森堡还有一批别的追随者,而在美国的那些自命不凡的空谈理论的德国人,当然不愿意放弃他们在"不成熟的"美国人中间所窃取的导师地位。要不然,他们就一文不值了。

这里的情况表明:即使掌握了从一个大民族本身的生活条件中产生出来的出色理论,并拥有比社会主义工人党所拥有的还要高明的教员,要用空谈理论和教条主义的方法把某种东西灌输给该民族,也并不是那样简单的事情。现在,运动终于**开展起来**了,我相信,它是会一直继续下去的。可是,运动并不直接是社会主义的,而英国人中最懂得我们的理论的那些人都站在运动之外:海德门,因为他是一个不可救药的阴谋家和忌妒者;巴克斯,因为他是一个书呆子。

恩格斯致弗里德里希·阿道夫·左尔格(1889年12月7日)

从形式上看,运动首先是工联的运动,可是它和旧工联的运动,也就是熟练工人或工人贵族的运动截然不同。现在,人们用完全不同的方式勤奋地工作,引导更广泛的群众投入战斗,更加深刻地震撼社会,并提出进一步的要求:实行八小时工作日,把所有组织普遍地联合起来,完全团结一致。由于杜西的努力,煤气工人和杂工工联534**第一次**建立了女工支部。同时,人们把自己目前的要求本身仅仅看成是暂时的,虽然他们自己还不知道他们所奋斗的最终目的是什么。可是,有关这种最终目的的模糊观念在他们中间已经深深地扎下了根,足以使他们**只**选择那些公开的社会主义者做自己的领袖。同其他所有的人一样,他们也要从亲身经验中学习,从本身所犯错误的后果中学习。可是,因为他们同旧工联相反,是以讥笑的态度对待劳资双方利益一致的种种说法的,所以这种学习不会花很长的时间。我希望,下届普选再推迟三年左右,(1)以便使俄国的走狗格莱斯顿在战争危险迫在眉睫的时候不至于执政(仅仅这一点就足以使沙皇①挑起战争);(2)使反对保守党的多数派日益壮大,以致爱尔兰的**真正**地方自治535成为必要,否则格莱斯顿又会欺骗爱尔兰人,这一障碍(爱尔兰问题)就消除不掉;(3)使工人运动进一步向前发展,并且尽可能利用目前繁荣时期之后必然出现的商业不景气时期所带来的冲击使它更快地成熟起来。这样,下届议会中可能会有20—40个工人代表,而且是和波特尔、克里默之流不同的另一种类型的工人代表。

这里最可恶的,就是那种已经深入工人肺腑的资产阶级式的"体面"。社会分成大家公认的许多等级,其中每一个等级都有自己的

---

①亚历山大三世。——编者注

自尊心,但同时还有一种生来就对比自己"更好"、"更高"的等级表示尊敬的心理;这种东西已经存在得这样久和这样根深蒂固,使得资产者要搞欺骗还相当容易。例如,我决不相信,在约翰·白恩士心中,他在本阶级中享有的声望会比他在曼宁红衣主教、市长①和一般资产者那里的声望更使他感到自豪。秦平(退伍的中尉)历来同资产阶级分子、主要是保守派分子串通一气,却在教会的教士会议上鼓吹社会主义等等。甚至连我认为是他们中间最优秀的人物汤姆·曼也喜欢谈他将同市长大人共进早餐。只要把他们同法国人比较一下,就会发现革命有什么好处。不过,资产者即使把几个领导人引诱到他们的网罗之中,他们也不会赢得多少东西。等到运动变得相当强大的时候,这一切都会被克服掉……

234

恩格斯致格尔松·特里尔

哥 本 哈 根

[草稿]

1889年12月18日于伦敦

亲爱的特里尔先生:

衷心地感谢您8日的有趣来信。

---

①亨·阿·艾萨克斯。——编者注

恩格斯致格尔松·特里尔(1889年12月18日)

　　如果要我对最近在哥本哈根演出的大型政治历史剧[536](您成了它的牺牲品)发表意见,那么,我就从和您的意见**不同**的一点开始吧。

　　您原则上拒绝同其他政党采取任何共同行动,甚至是暂时的共同行动。而我即使不绝对拒绝在采取共同行动比较有利或害处最小的情况下采取这种手段,我仍不失为一个革命者。

　　无产阶级不通过暴力革命就不可能夺取自己的政治统治,即通往新社会的唯一大门,在这一点上,我们的意见是一致的。无产阶级要在决定关头强大到足以取得胜利,就必须(马克思和我从1847年以来就坚持这种立场)组成一个不同于其他所有政党并与它们对立的特殊政党,一个自觉的阶级政党。

　　可是,这并不是说,这一政党不能暂时利用其他政党来达到自己的目的。同样也不是说,它不能暂时支持其他政党去实施或是直接有利于无产阶级的、或是朝着经济发展或政治自由方向前进一步的措施。在德国谁真正为废除长子继承权和其他封建残余而斗争,为废除官僚制度和保护关税制度而斗争,为废除反社会党人法和对集会结社权的限制而斗争,那我就会支持谁。如果我们德国的进步党[183]或者你们丹麦的农民党[537]是真正激进的资产阶级政党,而不仅仅是一些一受到俾斯麦或埃斯特鲁普的威胁就溜之大吉的可怜的说大话的英雄,那么,我决不会**无条件地**反对同他们一起采取任何暂时的共同行动,来达到特定的目的。当我们的议员投票赞成(他们不得不经常这样做)由另一方提出的建议时,这也就是一种共同行动。可是,我只是在下列情况下才赞成这样做:对我们的直接的好处或对国家朝着经济革命和政治革命的方向前进的历史发展的好处是无可争辩的、值得争取的。而所有这一切又必须以党的无产阶级性质不致因此发生问题为前提。对我来说,这是绝对的界限。您在1847年的《共产主义宣言》①中就可以看到对这种政策的阐述,我们在1848年,在国际中,到处都遵循了这种政策。

我把道德问题抛开不说——这里不是谈这一点的地方,所以我把它撇在一边——,对于我这个革命者来说,一切达到目的的手段都是可以使用的,不论是最强硬的,还是看起来最温和的。

这种政策要求洞察力和坚强意志,但是什么政策不要求这些呢?无政府主义者们和朋友莫里斯说:它使我们有腐化的危险。是啊,如果工人阶级是一群傻瓜、懦夫和干脆卖身投靠的无赖,那我们最好马上卷起铺盖回家,那无产阶级和我们大家在政治舞台上就毫无作为了。和其他一切政党一样,无产阶级将从没有人能使它完全避免的错误的后果中最快地取得教训。

因此,在我看来,您把首先纯属策略的问题提高到原则问题,这是不正确的。我认为这里原本只是策略问题。但是策略上的错误在一定情况下也能够导致破坏原则。

而在这方面,据我判断,您反对中央执委会的策略是正确的。丹麦左派党②多年来充当反对派,表演着一出有失体面的喜剧,不遗余力地一再在全世界面前显示本身的软弱无力。它早已放过拿起武器来惩罚宪法的破坏者538的机会(如果曾经有过的话),看起来,这个左派党党内越来越多的人力求同埃斯特鲁普和好。我觉得,一个真正的无产阶级政党不能同这种党共同行动,否则长此下去就要丧失其工人政党的阶级性。所以,您反对这一政策,强调运动的阶级性,我只能表示同意。

---

①即《共产党宣言》。——编者注

②农民党。——编者注

恩格斯致格尔松·特里尔(1889年12月18日)

　　至于中央执委会对您和您的朋友们采取的做法,在1840—1851年期间的秘密团体中确实发生过这种不分青红皂白地把反对派开除出党的现象,而秘密组织这样做是不可避免的。另外,英国宪章派中物质力量派[539]在奥康瑙尔独裁时期也相当经常地采取这种做法。但是,宪章派正像其名称所表明的,是一个直接为进攻而组织起来的政党,所以他们服从独裁,而开除则是一种军事措施。相反,在和平时期我只知道约·巴·冯·施韦泽那个"严密组织"中的拉萨尔派有过类似的专横行为。冯·施韦泽由于同柏林的警察有着可疑的联系而有必要这样做,其结果只是加速了全德工人联合会[182]的瓦解。任何现有的社会主义工人政党——在美国自从罗森堡先生自己幸运地退出[540]以后——恐怕都不会想到按照丹麦的方式对付自己队伍中产生的反对派。每一个党的生存和发展通常伴随着党内较为温和的派别和较为极端的派别的发展和相互斗争,谁如果不由分说地开除较为极端的派别,那只会促进这个派别的发展。工人运动的基础是最尖锐地批评现存社会,批评是工人运动的生命要素,工人运动本身怎么能逃避批评,禁止争论呢?难道我们要求别人给自己以言论自由,仅仅是为了在我们自己队伍中又消灭言论自由吗?
　　如果您希望**全文**发表这封信,我丝毫不反对。

忠实于您的

1890年

235

恩格斯致威廉·李卜克内西

德 累 斯 顿

1890年3月9日于伦敦

亲爱的李卜克内西：

祝贺你获得了42 000张选票，使你成了德国得票最多的当选人[541]。如果现在再有某个卡尔多夫、黑尔多夫或者还有某个容克多夫敢于打断你的讲话，你就能够回答他说："住嘴！我一个人代表的选民和您这样十多个人代表的同样多！"

在长时间为胜利所陶醉之后，我们在这里正在逐渐地清醒过来，但是并没有醉后头痛的现象。我原希望得到120万票，大家都说我过分乐观。现在看来，我还是过于拘谨了。我们的伙伴们表现得极好，不过这只是开始，他们还面临着更艰巨的战斗。我们在石勒苏益格—荷尔斯泰因、梅克伦堡和波美拉尼亚的胜利，将保证我们当前在东部农业工人中取得巨大的成就。现在当我们掌握了一些城市以及我们胜利的消息传到了最偏僻的地主庄园时，我们在乡村所能燃起的火焰就不是12年前那种短暂的闪光了。我们能够在三年内把农业工人争取过来，那时我们将拥有普鲁士军队的模范团。能够阻止这一情况发生的只有一种手段，那就是猛烈炮击和不可避免的残酷恐怖。无情地使用这一手段,这是小威廉①和俾斯麦现在还能取得一致的唯一的一点。为此目的,任何借口他们都会加以利用,而只要普特卡默的"大炮"[542]向几个大城市的街道一发射榴霰弹,整个德国就会宣布戒严,庸人就会重新变得规规矩矩,盲目地按照上面的命令进行投票,而我们则将在多年内陷于瘫痪。

我们应当阻止这种情形发生。我们不应当在胜利的道路上受人迷惑,给我们自己的事业带来危害,我们不应当妨碍我们的敌人为我们工作。因此,我同意你的意见:**在当前**,我们应当尽可能以和平的和合法的方式进行活动,避免可以引起冲突的任何借口。但是,毫无疑问,你那样愤慨地反对任何形式的和任何情况下的暴力,我认为是不恰当的。第一,因为反正没有一个敌人会相信你的话(要知道他们不会愚蠢到这种程度);第二,因为根据你的理论,我和马克思也成了无政府主义者了,因为我们从来也没有打算像善良的贵格会[543]会士那样,如果有人打我们的右脸,我们还把左脸也转过去让他打。无疑,这一次你做得有点过头了……

①威廉二世。——编者注

恩格斯同苏黎世第三次国际社会主义工人代表大会（1893年8月）部分代表的合影

自左至右：斐·西蒙，弗·西蒙，克·蔡特金，弗·恩格斯，尤·倍倍尔，奥·倍倍尔，

恩·沙特奈尔，雷·伯恩施坦，爱·伯恩施坦

236
恩格斯致保尔·恩斯特[544]

柏 林

[草稿]

1890年6月5日于伦敦

尊敬的先生：

……至于您用唯物主义方法处理问题的尝试，我首先必须说明：如果不把唯物主义方法当做研究历史的指南，而把它当做现成的公式，按照它来剪裁各种历史事实，那它就会转变为自己的对立物。如果巴尔先生认为他抓住了您的这种错误，我看他是有点道理的。

您把整个挪威和那里所发生的一切都归入小市民阶层的范畴，接着您又毫不迟疑地把您对**德国**小市民阶层的看法硬加在这个挪威小市民阶层身上。这样一来就有两个事实横亘在您的面前。

第一，当对拿破仑的胜利在整个欧洲成了反动派对革命的胜利的时候，当革命还仅仅在自己的法兰西祖国引起这样多的恐惧，使从国外返回的正统王朝不得不颁布一个资产阶级自由主义宪法的时候，挪威已经找到机会争得一个比当时欧洲的任何一个宪法都要民主得多的宪法。

第二，挪威在最近20年中所出现的文学繁荣，在这一时期除了俄国以外没有一个国家能与之媲美。这些人无论是不是小市民，他们创作的东西要比其他人所创作的多得多,而且他们还给包括德国文学在内的其他各国的文学打上了他们的印记。

在我看来,这些事实使我们有必要对挪威小市民阶层的特性作一定程度的研究。

在这里,您也许会发现一个极其重大的区别。在德国,小市民阶层是遭到了失败的革命的产物,是被打断和遏制了的发展的产物;由于经历了三十年战争[309]和战后时期,德国的小市民阶层具有胆怯、狭隘、束手无策、毫无首创能力这样一些畸形发展的特殊性格,而正是在这段时间里,几乎所有的其他大民族都在迅猛发展。后来,当德国再次被卷入历史运动的时候,德国的小市民阶层仍然保留着这种性格;这种性格十分顽强,在我国的工人阶级最后打破这种狭窄的框框以前,它作为一种普遍的德国典型,也给德国的所有其他社会阶级或多或少地打上它的烙印。德国工人"没有祖国",这一点正是最强烈地表现在他们已经完全摆脱了德国小市民阶层的狭隘性。

可见,德国的小市民阶层并不是一个正常的历史状态,而是一幅夸张到了极点的漫画,是一种退化,正如波兰的犹太人是犹太人的漫画一样。英法等国的小资产者和德国的小资产者决不是处于同一水平的。

而在挪威,掺杂着少量中等资产阶级的小农和小资产阶级(大致和17世纪时英法两国的情形一样),好几个世纪以来都是正常的社会状态。在挪威,谈不上由于伟大运动的失败和三十年战争而被迫退回到过时的状态中去。这个国家由于它的闭塞和自然条件而落后,可是,它的状况是完全适合它的生产条件的,因而是正常的。只是直到最近,这个国家才零散地出现了一点点大工业,可是在那里并没有资本积聚的最强有力的杠杆——交易所,此外,海外贸易的猛烈扩展也正好产生了保守的影响。因为在其他各地轮船都在排挤帆船的时候,挪威却在大规模地扩大帆船航运,它所拥有的帆船队即使不是世界上最大的,无疑也是世界上第二大的,而这些船只大部分都为中小船主所有,就像1720年前后的英国那样。但是这样一来,旧有的停滞状态毕竟开始运动了,这种运动也表现在文学的繁荣上。

挪威的农民**从来都不是农奴**,这使得全部发展(卡斯蒂利亚的情形也类似)具有一种完全不同的背景。挪威的小资产者是自由农民之子,在这种情况下,与堕落的德国小市民相比,他们是**真正的人**。同样,挪威的小资产阶级妇女与德国的小市民妇女相比也不知要好多少倍。就拿易卜生的戏剧来说,不管有怎样的缺点,它们却反映了一个虽然是中小资产阶级的、但与德国相比却有天渊之别的世界;在这个世界里,人们还有自己的性格以及首创精神,并且独立地行动,尽管在外国人看来往往有些奇怪。因此,在我对这类东西作出判断以前,我宁愿先把它们彻底了解清楚……

237
恩格斯致康拉德·施米特

柏　林

1890年8月5日于伦敦

亲爱的施米特:

……我在维也纳的《德意志言论》杂志上看到了莫里茨·维尔特

这只不祥之鸟所写的关于保尔·巴尔特所著一书①的评论②,**这个评论使我也对该书本身产生了不良的印象**。我想看看这本书,但是我应当说,如果莫里茨这家伙正确地引用了巴尔特的一段话,在这段话中,巴尔特说他在马克思的一切著作中所能找到的哲学等等依赖于物质存在条件的唯一的例子,就是笛卡儿宣称动物是机器,那么我就只好为这个人竟能写出这样的东西感到遗憾了。既然这个人还没有发现,物质存在方式虽然是始因,但是这并不排斥思想领域也反过来对物质存在方式起作用,然而是第二性的作用,那么,他就决不可能了解他所谈论的那个问题了。但是,我已经说过,这全是第二手的东西,而莫里茨这家伙是一个危险的朋友。唯物史观现在也有许多朋友,而这些朋友是把它当做**不**研究历史的借口的。正像马克思就70年代末的法国"马克思主义者"所曾经说过的:"我只知道我自己不是马克思主义者。"

在《人民论坛》上也发生了关于未来社会中的产品分配问题的辩论:是按照劳动量分配呢,还是用其他方式。545人们对于这个问题,是一反某些关于公平原则的唯心主义空话而处理得非常"唯物主义"的。但奇怪的是谁也没有想到,分配方式本质上毕竟要取决于**有多少**产品可供分配,而这当然随着生产和社会组织的进步而改变,从而分配方式也应当改变。但是,在所有参加辩论的人看来,"社会主义社会"并不是不断改变、不断进步的东西,而是稳定的、一成不变的东西,所以它应当也有个一成不变的分配方式。而合理的想法只能是:

---

①保·巴尔特《黑格尔和包括马克思及哈特曼在内的黑格尔派的历史哲学》1890年莱比锡版。——编者注

②莫·维尔特《现代德国对黑格尔的侮辱和迫害》,载于1890年《德意志言论》第10年卷。——编者注

(1)设法发现将来由以**开始的**分配方式,(2)尽力找出进一步的发展将循以进行的**总趋向**。可是,在整个辩论中,我没有发现一句话是关于这方面内容的。

对德国的许多青年著作家来说,"唯物主义"这个词大体上只是一个套语,他们把这个套语当做标签贴到各种事物上去,再不作进一步的研究,就是说,他们一把这个标签贴上去,就以为问题已经解决了。但是我们的历史观首先是进行研究工作的指南,并不是按照黑格尔学派的方式构造体系的杠杆。必须重新研究全部历史,必须详细研究各种社会形态的存在条件,然后设法从这些条件中找出相应的政治、私法、美学、哲学、宗教等等的观点。在这方面,到现在为止只做了很少的一点工作,因为只有很少的人认真地这样做过。在这方面,我们需要人们出大力,这个领域无限广阔,谁肯认真地工作,谁就能做出许多成绩,就能超群出众。但是,许许多多年轻的德国人却不是这样,他们只是用历史唯物主义的套语(**一切**都可能被变成套语)来把自己的相当贫乏的历史知识(经济史还处在襁褓之中呢!)尽速构成体系,于是就自以为非常了不起了。那时就可能有一个巴尔特冒出来,并攻击在他那一圈人中间确实已经退化为套语的东西本身。

但是所有这一切都是会好转的。我们在德国现在已经非常强大,足以经得起许多变故。反社会党人法[408]给予我们一种极大的好处,那就是它使我们摆脱了那些染有社会主义色彩的德国大学生的纠缠。现在我们已经非常强大,足以消化掉这些重又趾高气扬的德国大学生。您自己确实已经做出些成绩,您一定会注意到,在依附于党的青年著作家中间,是很少有人下一番功夫去钻研经济学、经济学史、商业史、工业史、农业史和社会形态发展史的。有多少人除知道毛勒的名字之外,还对他有更多的了解呢!在这里,新闻工作者的自命不凡必定支配一切,不过结果也是可想而知的。这些先生们往往以为,一切东西对工人来说都是足够好的。他们竟不知道,马克思认为自己的最好的东西对工人来说也还不够好,他认为给工人提供的东西比最好的稍差一点,那就是犯罪!……

238

恩格斯致奥托·冯·伯尼克

布 雷 斯 劳

1890年8月21日于多佛尔
附近的福克斯通

奥托·伯尼克先生
布雷斯劳

尊敬的先生:

对于您的问题546,我只能给予简短而概略的回答,否则,为了回答第一个问题,我就得写一篇论文。

一、我认为,所谓"社会主义社会"不是一种一成不变的东西,而应当和任何其他社会制度一样,把它看成是经常变化和改革的社会。它同现存制度的具有决定意义的差别当然在于,在实行全部生产资料公有制(先是国家的)基础上组织生产。即便明天就实行这种变革(指逐步地实行),我根本不认为有任何困难。我国工人能够做到这一点,这已经由他们的许多个生产和分配合作社所证明,在那些没有遭到警察蓄意破坏的地方,这种合作社同资产阶级的股份公司相比,管理得一样好,而且廉洁得多。我国工人在反对反社会党人法的胜利斗争中出色地证明了自己政治上的成熟,在这种情况下,您还谈论德国群众的无知,我是难以理解的。我觉得,我国所谓有教养的人那种好为人师的狂妄自大倒是更严重得多的障碍。当然,我们还缺乏技术员、农艺师、工程师、化学家、建筑师等等,但是在万不得已时我们也能像资本家所做的那样收买这些人,如果再对几个叛徒——在这伙人中间一定会有叛徒的——给以严厉的惩罚以儆效尤,那么他们就会懂得,就是为自己的利害着想,也不能再盗窃我们的东西了。但是除了这些专家(我把教员也包括在内)以外,我们没有其他"有教养的人"也是完全过得去的,而且,比方说,目前著作家和大学生大量涌进党内,如果不把这些先生们控制在一定范围内,还会带来种种的危害。

易北河以东地区的容克大庄园,可以在必要的技术指导下毫不费力地租给目前的短工或雇农集体耕种。如果在这种情况下出一些乱子,那么应由容克先生们负责,这些先生们无视所有现存的学校法,把人们弄得如此野蛮。

小农和那些咄咄逼人的聪明绝顶的有教养的人,是最大的障碍,这些有教养的人对一件事情越是不懂,就越要装出一副无所不知的样子。

总之,一旦我们掌握了政权,只要在群众中有足够的拥护者,大工业以及大庄园式的大农业是可以很快地实现社会化的。其余的也将或快或慢地随之实现。而有了大生产,我们就能左右一切。

您谈到缺乏一致的认识。这种情况是存在的,但缺乏认识的是那些出身于贵族和资产阶级的有教养的人,他们甚至想象不到,他们还应当向工人学习何等多的东西。

二、马克思夫人是特里尔政府枢密顾问冯·威斯特华伦的女儿和曼托伊费尔内阁的反动大臣冯·威斯特华伦的妹妹。

致以敬意。

您的　弗·恩格斯

239
恩格斯致保尔·拉法格

勒　佩　勒

1890年8月27日于福克斯通

贝尔维尤旅馆

亲爱的拉法格：

……德国党内发生了大学生骚动。[547]近两三年来,许多大学生、著作家和其他没落的年轻资产者纷纷涌入党内。他们来得正是时候,在种类繁多的新报纸的编辑部中占据了大部分位置;他们习惯性地把资产阶级大学当做社会主义的圣西尔军校[548],以为从那里出来就有权带着军官证甚至将军证加入党的行列。所有这些先生们都在搞马克思主义,然而是10年前你在法国就很熟悉的那一种马克思主义,关于这种马克思主义,马克思曾经说过:"我只知道我自己不是马克思主义者。"马克思大概会把海涅对自己的模仿者说的话转送给这些先生们:"我播下的是龙种,而收获的却是跳蚤。"

这些老兄的无能只能同他们的狂妄相比拟,他们在柏林的新党员中找到了支持。厚颜无耻、胆小怯懦、自吹自擂、夸夸其谈这些特有的柏林习气,现在一下子似乎又都冒了出来;这就是大学生先生们的合唱……

240
恩格斯致约瑟夫·布洛赫

柯 尼 斯 堡

1890年9月21[—22]日于伦敦

尊敬的先生:

　　……根据唯物史观,历史过程中的决定性因素**归根到底**是现实生活的生产和再生产。无论马克思或我都从来没有肯定过比这更多的东西。如果有人在这里加以歪曲,说经济因素是**唯一**决定性的因素,那么他就是把这个命题变成毫无内容的、抽象的、荒诞无稽的空话。经济状况是基础,但是对历史斗争的进程发生影响并且在许多情况下主要是决定着这一斗争的**形式**的,还有上层建筑的各种因素:阶级斗争的各种政治形式及其成果——由胜利了的阶级在获胜以后确立的宪法等等,各种法的形式以及所有这些实际斗争在参加者头脑中的反映,政治的、法律的和哲学的理论,宗教的观点以及它们向教义体系的进一步发展。这里表现出这一切因素间的相互作用,而在这种相互作用中归根到底是经济运动作为必然的东西通过无穷无尽的

恩格斯致约瑟夫·布洛赫(1890年9月21—22日)

偶然事件(即这样一些事物和事变,它们的内部联系是如此疏远或者是如此难于确定,以致我们可以认为这种联系并不存在,忘掉这种联系)向前发展。否则把理论应用于任何历史时期,就会比解一个简单的一次方程式更容易了。

我们自己创造着我们的历史,但是第一,我们是在十分确定的前提和条件下创造的。其中经济的前提和条件归根到底是决定性的。但是政治等等的前提和条件,甚至那些萦回于人们头脑中的传统,也起着一定的作用,虽然不是决定性的作用。普鲁士国家也是由于历史的、归根到底是经济的原因而产生出来和发展起来的。但是,恐怕只有书呆子才会断定,在北德意志的许多小邦中,勃兰登堡成为一个体现了北部和南部之间的经济差异、语言差异,而自宗教改革以来也体现了宗教差异的强国,这只是由经济的必然性决定的,而不是也由其他因素所决定的(在这里首先起作用的是这样一个情况:勃兰登堡由于掌握了普鲁士而卷入了波兰事件,并因而卷入了国际政治关系,这种关系在奥地利王室权力的形成过程中也起过决定性的作用)。要从经济上说明每一个德意志小邦的过去和现在的存在,或者要从经济上说明那种把苏台德山脉至陶努斯山所形成的地理划分扩大成为贯穿全德意志的真正裂痕的高地德语音变的起源,那么,很难不闹出笑话来。

但是第二,历史是这样创造的:最终的结果总是从许多单个的意志的相互冲突中产生出来的,而其中每一个意志,又是由于许多特殊的生活条件,才成为它所成为的那样。这样就有无数互相交错的力量,有无数个力的平行四边形,由此就产生出一个合力,即历史结果,而这个结果又可以看做一个作为整体的、**不自觉地**和不自主地起着作用的力量的产物。因为任何一个人的愿望都会受到任何另一个人的妨碍,而最后出现的结果就是谁都没有希望过的事物。所以到目前为止的历史总是像一种自然过程一样地进行,而且实质上也是服从于同一运动规律的。但是,各个人的意志——其中的每一个都希望得到他的体质和外部的、归根到底是经济的情况(或是他个人的,或是一般社会性的)使他向往的东西——虽然都达不到自己的愿望,而是融合为一个总的平均数,一个总的合力,然而从这一事实中决不应作出结论说,这些意志等于零。相反,每个意志都对合力有所贡献,因而是包括在这个合力里面的。

另外,我请您根据原著来研究这个理论,而不要根据第二手的材料来进行研究——这的确要容易得多。在马克思所写的文章中,几乎没有一篇不是贯穿着这个理论的。特别是《**路易·波拿巴的雾月十八日**》[①],这本书是运用这个理论的十分出色的例子。《**资本论**》中的许多提示也是这样。再者,我也可以向您指出我的《欧根·杜林先生在科学中实行的变革》[②]和《路德维希·费尔巴哈和德国古典哲学的终结》[③],我在这两部书里对历史唯物主义作了就我所知是目前最为详尽的阐述。

青年们有时过分看重经济方面,这有一部分是马克思和我应当负责的。我们在反驳我们的论敌时,常常不得不强调被他们否认的主要原则,并且不是始终都有时间、地点和机会来给其他参与相互作用的因素以应有的重视。但是,只要问题一关系到描述某个历史时期,即关系到实际的应用,那情况就不同了,这里就不容许有任何错误

---

①见《马克思恩格斯文集》第2卷。——编者注

②恩格斯《反杜林论》,见《马克思恩格斯文集》第9卷。——编者注

③见《马克思恩格斯文集》第4卷。——编者注

了。可惜人们往往以为,只要掌握了主要原理——而且还并不总是掌握得正确,那就算已经充分地理解了新理论并且立刻就能够应用它了。在这方面,我不能不责备许多最新的"马克思主义者",他们也的确造成过惊人的混乱……

241

恩格斯致康拉德·施米特

柏　林

1890年10月27日于伦敦

亲爱的施米特:

　　我现在刚刚抽出空来给您写回信。我认为,如果您接受《苏黎世邮报》的聘请,那您做得很对。在那里,您总可以在经济方面学到一些东西,特别是如果您注意到,苏黎世毕竟只是第三等的货币和投机市场,因而在那里得到的印象都是由于双重和三重的反映而被削弱或者被故意歪曲了的。但是您会在实践中熟悉全部机制,并且不得不注意来自伦敦、纽约、巴黎、柏林、维也纳的第一手交易所行情报告,这样,您就会看到反映为货币和证券市场的世界市场。经济的、政治的和其他的反映同人的眼睛中的反映完全一样,它们都通过聚光透镜,因而表现为倒立的影像——头足倒置。只是缺少一个使它们在观念中又正过来的神经器官。货币市场的人所看到的工业和世界市场的运动,恰好只是货币和证券市场的倒置的反映,所以在他们看来结果就变成了原因。这种情况我早在40年代就在曼彻斯特看到过[549]：伦敦的交易所行情报告对于认识工业的发展进程及其周期性的起落是绝对无用的，因为这些先生们想用货币市场的危机来解释一切，而这种危机本身多半只是一些征兆。当时的问题是有人要否认工业危机来源于暂时的生产过剩，所以问题还有让人们趋向于进行曲解这一方面。现在，至少对我们来说这一点已经永远消失，而且事实的确是这样：货币市场也会有自己的危机，工业中的直接的紊乱对这种危机只起次要的作用，甚至根本不起作用。这里还需要弄清和研究一些问题，特别是要考虑到最近20年的历史。

凡是存在着社会规模的分工的地方，局部劳动过程也都成为相互独立的。生产归根到底是决定性的东西。但是，产品贸易一旦离开本来的生产而独立起来，它就循着本身的运动方向运行，这一运动总的说来是受生产运动支配的，但是在单个的情况下和在这个总的隶属关系以内，它毕竟还是循着这个新因素的本性所固有的规律运行的，这个运动有自己的阶段，并且也对生产运动起反作用。美洲的发现是先前就已经驱使葡萄牙人到非洲去的那种黄金欲所促成的（参看泽特贝尔《贵金属的生产》），因为14世纪和15世纪蓬勃发展的欧洲工业以及与之相适应的贸易，要求有更多的交换手段，这是德国——1450—1550年的白银大国——所提供不出来的。葡萄牙人、荷兰人和英国人在1500—1800年间侵占印度，目的是要从印度**输入**，谁也没有想到要向那里输出。但是这些纯粹由贸易利益促成的发现和侵略，终归还是对工业起了极大的反作用：只是由于有**向**这些国家**输出**的需要，才创立和发展了大工业。

货币市场也是如此。货币贸易同商品贸易一分离，它就有了——在生产和商品贸易所决定的一定条件下并在这一范围内——它自己的发展,它自己的本性所决定的特殊规律和独特阶段。此外,货币贸易在这种进一步的发展中扩大到证券贸易,这些证券不仅是国家证券,而且也包括工业和运输业的股票,因而总的说来支配着货币贸易的生产,有一部分就为货币贸易所直接支配,这样货币贸易对于生产的反作用就变得更为厉害而复杂了。金融家是铁路、矿山、钢铁厂等的所有者。这些生产资料获得了双重的性质:它们的经营时而应当适合于直接生产的利益,时而应当适合于股东(就他们同时是金融家而言)的需要。关于这一点,最明显的例子就是北美的铁路。这些铁路的经营完全取决于杰·古尔德、万德比尔特这样一些人当前的交易所业务——这种业务同某条特定的铁路及其作为交通工具来经营的利益是完全不相干的。甚至在英国这里我们也看到过各个铁路公司为了划分地盘而进行的长达数十年之久的斗争,这种斗争耗费了巨额资金,它并不是为了生产和运输的利益,而完全是由于竞争造成的,这种竞争往往只有一个目的,即让握有股票的金融家便于经营交易所业务。

在上述关于我对生产和商品贸易的关系以及两者和货币贸易的关系的见解的几点说明中,我基本上也已经回答了您关于历史唯物主义本身的问题。从分工的观点来看问题最容易理解。社会产生它不能缺少的某些共同职能。被指定执行这种职能的人,形成**社会内部**分工的一个新部门。这样,他们也获得了同授权给他们的人相对立的特殊利益,他们同这些人相对立而独立起来,于是就出现了国家。然后便发生像在商品贸易中和后来在货币贸易中发生的那种情形:新的独立的力量总的说来固然应当尾随生产的运动,然而由于它本身具有的、即它一经获得便逐渐向前发展的相对独立性,它又对生产的条件和进程发生反作用。这是两种不相等的力量的相互作用:一方面是经济运动,另一方面是追求尽可能大的独立性并且一经确立也就有了自己的运动的新的政治权力。总的说来,经济运动会为自己开辟道路,但是它也必定要经受它自己所确立的并且具有相对独立性的政治运动的反作用,即国家权力的以及和它同时产生的反对派的运动的反作用。正如在货币市场中,总的说来,并且在上述条件之下,反映出,而且当然是**头足倒置地**反映出工业市场的运动一样,在政府和反对派之间的斗争中也反映出先前已经存在着并且正在斗争着的各个阶级的斗争,但是这个斗争同样是头足倒置地、不再是直接地、而是间接地、不是作为阶级斗争、而是作为维护各种政治原则的斗争反映出来的,并且是这样头足倒置起来,以致需要经过上千年我们才终于把它的真相识破。

国家权力对于经济发展的反作用可以有三种:它可以沿着同一方向起作用,在这种情况下就会发展得比较快;它可以沿着相反方向起作用,在这种情况下,像现在每个大民族的情况那样,它经过一定的时期都要崩溃;或者是它可以阻止经济发展沿着某些方向走,而给它规定另外的方向——这种情况归根到底还是归结为前两种情况中的一种。但是很明显,在第二和第三种情况下,政治权力会给经济发展带来巨大的损害,并造成大量人力和物力的浪费。

此外,还有侵占和粗暴地毁灭经济资源的情况;由于这种情况,从前在一定条件下某一地方和某一民族的全部经济发展可能被毁灭。现在,这种情况多半都有相反的作用,至少在各大民族中间是如此:从长远看,战败者在经济上、政治上和道义上赢得的东西有时比胜利者更多。

法也与此相似:产生了职业法学家的新分工一旦成为必要,就又开辟了一个新的独立领域,这个领域虽然一般地依赖于生产和贸易，但是它仍然具有对这两个领域起反作用的特殊能力。在现代国家中，法不仅必须适应于总的经济状况，不仅必须是它的表现，而且还必须是不因内在矛盾而自相抵触的**一种内部和谐一致的**表现。而为了达到这一点，经济关系的忠实反映便日益受到破坏。法典越是不把一个阶级的统治鲜明地、不加缓和地、不加歪曲地表现出来（否则就违反了"法的概念"），这种现象就越常见。1792—1796年时期革命资产阶级的纯粹而彻底的法的概念，在许多方面已经在拿破仑法典550中被歪曲了，而就它在这个法典中的体现来说，它必定由于无产阶级的不断增长的力量而每天遭到各种削弱。但是这并不妨碍拿破仑法典成为世界各地编纂一切新法典时当做基础来使用的法典。这样，"法的发展"的进程大部分只在于首先设法消除那些由于将经济关系直接翻译成法律原则而产生的矛盾，建立和谐的法的体系，然后是经济进一步发展的影响和强制力又一再突破这个体系，并使它陷入新的矛盾（这里我暂时只谈民法）。

经济关系反映为法的原则，同样必然是一种头足倒置的反映。这种反映是在活动者没有意识到的情况下发生的；法学家以为他是凭着先验的原理来活动的，然而这只不过是经济的反映而已。这样一来，一切都头足倒置了。而这种颠倒——在它没有被认识的时候构成我们称之为**意识形态观点的**那种东西——又对经济基础发生反作用，并且能在某种限度内改变经济基础，我认为这是不言而喻的。以家庭的同一发展阶段为前提，继承法的基础是经济的。尽管如此，也很难证明：例如在英国立遗嘱的绝对自由，在法国对这种自由的严格限制，在一切细节上都只是出于经济的原因。但是二者都对经济起着很大的反作用，因为二者都影响财产的分配。

至于那些更高地悬浮于空中的意识形态的领域，即宗教、哲学等等,它们都有一种被历史时期所发现和接受的史前的东西,这种东西我们今天不免要称之为愚昧。这些关于自然界、关于人本身的性质、关于灵魂、魔力等等的形形色色的虚假观念,多半只是在消极意义上以经济为基础;史前时期低水平的经济发展有关于自然界的虚假观念作为补充,但是有时也作为条件,甚至作为原因。虽然经济上的需要曾经是,而且越来越是对自然界的认识不断进展的主要动力,但是,要给这一切原始状态的愚昧寻找经济上的原因,那就太迂腐了。科学的历史,就是逐渐消除这种愚昧的历史,或者说,是用新的、但越来越不荒唐的愚昧取而代之的历史。从事这些事情的人们又属于分工的特殊部门,并且认为自己是致力于一个独立的领域。只要他们形成社会分工之内的独立集团,他们的产物,包括他们的错误在内,就要反过来影响全部社会发展,甚至影响经济发展。但是,尽管如此,他们本身又处于经济发展的起支配作用的影响之下。例如在哲学上,拿资产阶级时期来说这种情形是最容易证明的。霍布斯是第一个现代唯物主义者(18世纪意义上的),但是当专制君主制在整个欧洲处于全盛时期,并在英国开始和人民进行斗争的时候,他是专制制度的拥护者。洛克在宗教上和政治上都是1688年的阶级妥协[551]的产儿。英国自然神论者[552]和他们的更彻底的继承者法国唯物主义者都是真正的资产阶级哲学家,法国人甚至是资产阶级革命的哲学家。在从康德到黑格尔的德国哲学中始终显现着德国庸人的面孔——有时积极地,有时消极地。但是,每一个时代的哲学作为分工的一个特定的领域,都具有由它的先驱传给它而它便由此出发的特定的思想材料作为前提。因此,经济上落后的国家在哲学上仍然能够演奏第一小提琴:18世纪的法国对英国来说是如此(法国人是以英国哲学为依据的),后来的德国对英法两国来说也是如此。但是,不论在法国或是在德国,哲学和那个时代的普遍的学术繁荣一样,也是经济高涨的结果。经济发展对这些领域也具有最终的至上权力,这在我看来是确定无疑的,但是这种至上权力是发生在各个领域本身所规定的那些条件的范围内:例如在哲学中,它是发生在这样一种作用所规定的条件的范围内,这种作用就是各种经济影响(这些经济影响多半又只是在它的政治等等的外衣下起作用)对先驱所提供的现有哲学材料发生的作用。经济在这里并不重新创造出任何东西,但是它决定着现有思想材料的改变和进一步发展的方式,而且多半也是间接决定的,因为对哲学发生最大的直接影响的,是政治的、法律的和道德的反映。

关于宗教,我在论费尔巴哈①的最后一章里已经把最必要的东西说过了。

因此,如果巴尔特认为我们否认经济运动的政治等等的反映对这个运动本身的任何反作用,那他就简直是跟风车作斗争了。他只需看看马克思的**《雾月十八日》**②,那里谈到的几乎都是政治斗争和政治事件所起的**特殊**作用,当然是在它们**一般**依赖于经济条件的范围内。或者看看《资本论》,例如关于工作日的那一篇③,那里表明立法起着多么重大的作用,而立法就是一种政治行动。也可以看看关于资产阶级的历史的那一篇(第二十四章)④。再说,如果政治权力在经济上是无能为力的,那么我们何必要为无产阶级的政治专政而斗争呢?

①恩格斯《路德维希·费尔巴哈和德国古典哲学的终结》,见《马克思恩格斯文集》第4卷。——编者注

②马克思《路易·波拿巴的雾月十八日》,见《马克思恩格斯文集》第2卷。——编者注

③见《马克思恩格斯文集》第5卷第267—350页。——编者注

④见《马克思恩格斯文集》第5卷第820—875页。——编者注

暴力(即国家权力)也是一种经济力量！

　　但是我现在没有时间来评论这本书[①]了。首先必须出版第三卷[②]，而且我相信，例如伯恩施坦也能把这件事情很好地完成。

　　所有这些先生们所缺少的东西就是辩证法。他们总是只在这里看到原因，在那里看到结果。他们从来看不到：这是一种空洞的抽象，这种形而上学的两极对立在现实世界只存在于危机中，而整个伟大的发展过程是在相互作用的形式中进行的(虽然相互作用的力量很不相等：其中经济运动是最强有力的、最本原的、最有决定性的)，这里没有什么是绝对的，一切都是相对的。对他们说来，黑格尔是不存在的……

---

　　① 保·巴尔特《黑格尔和包括马克思及哈特曼在内的黑格尔派的历史哲学》1890年莱比锡版。——编者注
　　② 马克思《资本论》第三卷。——编者注

1891年

242
恩格斯致卡尔·考茨基[553]

斯 图 加 特

1891年2月23日于伦敦

亲爱的考茨基：

我前天仓促发出的贺信，你大概已经收到了。现在还是言归正传，谈谈马克思的信①吧。

担心这封信会给敌人提供武器，是没有根据的。恶意的诽谤当然是借任何事由都可以进行的。但是总的说来，这种无情的自我批评引起了敌人极大的惊愕，并使他们产生这样一种感觉：一个能够这样做的党该具有多么大的内在力量啊！这一点，从你寄给我的（多谢！）和我从别处得到的敌人的报纸上可以看得很清楚。坦白地说，这也是我发表这个文件的用意。我知道，这个文件最初一定会使某些人感到很不愉快，但这是不可避免的，在我看来，文件的具体内容绰绰有余地补偿了这一点。同时我知道，党很坚强，能够经受得住这件事，而且我估计，党在目前也会**经受得住**这种在15年前使用的直率的语言，人们会怀着应有的自豪心情提到这次力量的检验，并且说：哪里还有另外一个政党敢于这样做呢？其实，这一点已经由萨克森的《工人

---

①指马克思《哥达纲领批判》，见《马克思恩格斯文集》第3卷。——编者注

报》、维也纳的《工人报》以及《苏黎世邮报》说了。[554]

你在《新时代》第21期上承担起发表的责任[555]，你这样做是很值得称赞的，但是不要忘记，第一个推动力毕竟是我给的，而且在某种程度上是我使你没有选择的余地。所以我要承担主要的责任。至于细节，在这方面总是会有不同意见的。你和狄茨提出异议的每一个地方，我都已经删去和修改了，即使狄茨标出更多的地方，我也会尽可能地考虑，我总是向你们证明我是好商量的。至于说到主要问题，那么**我的责任**就是：纲领一提出讨论，就发表这份手稿。况且，李卜克内西在哈雷作了报告[556]，在这个报告中他一方面把抄自马克思手稿的东西放肆地当做自己的加以利用，一方面不指名地对这份手稿进行攻击。马克思如果还在世，一定会拿自己的原稿来同这种篡改进行对证，而我是有义务替他做这件事的。可惜，那时我手头还没有这个文件；我只是在找了很久以后才找到的。

你说，倍倍尔写信告诉你，马克思对拉萨尔的态度激起了老拉萨尔分子的恼怒。这是可能的。这些人并不知道事实经过，看来在这方面也没有对他们作过什么解释。拉萨尔的整个伟大名声是由于马克思容忍他多年来把马克思的研究成果当做自己的东西来装饰门面，而且因为缺乏经济学素养还歪曲了这些成果，如果这些人不了解这一点，那并不是我的过错。但是，我是马克思的著作方面的遗嘱执行人，所以我也是有义务的。

拉萨尔属于历史已有26年了。如果他在非常法时期没有受到历史的批判，那么现在终于到了必须进行这种批判并弄清拉萨尔对马克思的态度的时候了。掩饰拉萨尔的真实面目并把他捧上天的那种神话，决不能成为党的信条。无论把拉萨尔对运动的功绩评价得多么高，他在运动中的历史作用仍然具有两重性。同社会主义者拉萨尔形影不离的是蛊惑家拉萨尔。透过鼓动者和组织者拉萨尔,到处显露出一个办理过哈茨费尔特诉讼案[557]的律师面孔:在手法的选择上还是那样无耻,还是那样喜欢把一些声名狼藉和卖身求荣的人拉在自己周围,并把他们当做单纯的工具加以使用,然后一脚踢开。1862年以前,他实际上还是一个具有强烈的波拿巴主义倾向的、典型普鲁士式的庸俗民主主义者(我刚才看了他写给马克思的那些信),由于纯粹个人的原因,他突然来了个转变,开始了他的鼓动工作。过了不到两年,他就开始要求工人站到王权方面来反对资产阶级,并且同品质和他相近的俾斯麦勾结在一起,如果他不是侥幸恰好在那时被打死,那就一定会在实际上背叛运动。在拉萨尔的鼓动著作中,从马克思那里抄来的正确的东西同他自己的通常是错误的论述混在一起,二者几乎不可能区分开来。由于马克思的批判而感到自己受了伤害的那一部分工人,只了解拉萨尔两年的鼓动工作,而且还是戴着玫瑰色眼镜来看他的鼓动工作的。但是在这种偏见面前,历史的批判是不能永远保持毕恭毕敬的姿态的。我的责任就是最终揭示马克思和拉萨尔之间的关系。这已经做了,我暂时可以因此而感到满足。况且我自己现在还有别的事情要做。而已经发表的马克思对拉萨尔的无情批判,本身就会产生应有的影响并给别人以勇气。但是,假如情况迫使我非讲话不可,我就没有选择的余地:我只有一劳永逸地肃清有关拉萨尔的神话了。

在国会党团里有人叫嚷要对《新时代》进行检查,这确实太妙了。这是反社会党人法时期国会党团独裁(这种独裁当时是必要的而且实行得很好)的幽灵再现呢,还是对冯·施韦泽过去的严密组织的留恋?在德国社会主义科学摆脱了俾斯麦的反社会党人法以后,又要把它置于一个由社会民主党的机关自己炮制和实施的新的反社会党人法之下,这实在是个绝妙的想法。但是,大自然不会让树木长得戳破了天。①

《前进报》上的文章555对我没有什么触动。我将等待李卜克内西说明事情的经过,然后再用尽可能友好的语调对二者一并答复。对《前进报》上的文章,只要纠正几个错误的说法(例如,说我们本来不愿意合并,事实证明了马克思不正确等等),并肯定那些不言而喻的东西就行了。如果不再发生新的攻击或出现错误的论断迫使我进一步采取行动,我想,从我这方面来说就以这个答复来结束这场争论。

请告诉狄茨,我正在整理《起源》②。可是今天费舍来信,又要我写三篇新的序言558!

你的 弗·恩·

243

恩格斯致麦克斯·奥本海姆

德 累 斯 顿

1891年3月24日于伦敦西北区

瑞琴特公园路122号

尊敬的奥本海姆先生:

首先请您原谅,直到今天——几乎过了整整四个月!——才答复

---

①德语成语,意思是万物都有限度。——编者注

②恩格斯《家庭、私有制和国家的起源》,见《马克思恩格斯文集》第4卷。——编者注

恩格斯致麦克斯·奥本海姆(1891年3月24日)

您去年11月26日的来信。但是,如果您知道我在这期间有许许多多的工作和大量书信往来,而且由于视力衰弱,一天只能写三个小时,还得在白昼光线之下,那么您肯定会原谅我的。

衷心感谢您友好的祝愿,看来在一定程度上它是应验了,我总的说来还很健康,人们都说,我显得比自己的岁数要年轻些。但愿能保持下去。

此外,您提到了一些复杂的问题,这在一封短信中无法详述。如果工人联合会能够代表所有工人就工资合同问题直接和企业主进行谈判,这无疑是前进了一步。在英国这里,人们致力于此已近50年了,可是资本家很了解自己的利益,不到万不得已时,是不会上钩的。在1889年码头工人大罢工⁵⁵⁹时期做到了这一点,大罢工前后,在某些地方也一度做到了这一点。但是,一有适当时机,资本家先生们又会从工人联合会的这种"不堪忍受的苛政"下解脱出来,声称在他们及其工人之间的宗法关系中不容有第三者擅自进行干涉。这已经是老一套了:在景气时期,对劳动的需求迫使这些先生们让步;而在不景气时期,他们就利用劳动供给过剩而取消所有这些让步。但是总的来说,随着工人组织性的加强,他们的反抗力量也在增长,所以工人的一般状况——平均水平——稍微有所改善;任何危机也不能重新使这种状况长期降到**低于**或者**回到**原来的出发点,即前次危机所造成的**最低水平**。可是,如果我们遇到长期的、持续性的、为期五六年之久的**普遍**工业危机,那就很难说会发生什么事情了。

由国家或者地方机关为过剩的工人提供工作以及食品贸易的国有化,这些问题,在我看来,应提得比您信中所提的更广泛一些。这里不仅应包括本国自产的食品的**贸易**,而且应包括其**生产**。不然,您如何为过剩的工人提供工作呢?要知道,他们之所以成为过剩的工人,正是因为他们的产品没有销路。可是,这里我们就涉及剥夺土地所有者的问题了,这已大大超过当今的德意志国家或奥地利国家所能做到的限度。同时,无论前者或后者,我们都不能信赖它们解决这样的问题。让容克去剥夺容克,其做法如何,结果又怎样,从英国这里的情况就可以看出来,这里的国家生活尽管具有各种各样的中世纪的形式,但与厄尔士山脉两侧的国家相比要现代化得多。困难恰恰在于,只要政权掌握在有产阶级手中,那么任何国有化都不是消灭剥削,而只是改变其形式;法兰西、美利坚和瑞士等共和国,同君主制的中欧和专制制度的东欧相比,情况并没有丝毫差别。为了把有产阶级赶下台,我们首先需要使工人群众的意识来一个转变,而这种转变尽管比较缓慢,但现在无疑正在进行;为了完成这种转变,需要生产方法发生更迅速的变革,机器用得更多,更多的工人被排挤,更多的农民和小资产者破产,以及现代大工业的必然后果更加明显和更为普遍地显现出来。

这种经济变革进行得越迅速、越彻底,也就越有必要采取某些措施,这些措施从表面看来只是为了消除突然变得极其严重而难以忍受的弊端,但事实上是要破坏现有生产方式的基础;而工人群众将通过普选权迫使人们倾听他们的意见。到那时,首先要采取**哪些**措施,这要看当时当地的条件而定,关于这一点,事前是无法概括地讲什么的。但是我认为,真正导致解放的措施,只有在经济变革促使广大工人群众意识到自身的地位,从而为他们取得政权开辟了道路的时候,才有可能。其他阶级只能干些修修补补或掩人耳目的事情。这种使工人思想明朗化的过程目前正在日益迅速地进行着,再过五至十年,形形色色的国会将完全是另一个样子。

一旦能从那些恼人的意外琐事和与世界各地许许多多的书信

往来中抽出时间,我将重新着手进行第三卷^①的工作。到那时,我要来一场革命:锁起门来,不许别人再来打扰。希望今年能完成;这项工作刻不容缓,我**必须**完成它。

您会再次来英国吗?杜西很好,她婚后很幸福,而且胖多了。

致以崇高的敬意。

您的　弗·恩格斯

244

恩格斯致奥古斯特·倍倍尔[560]

柏　林

1891年5月1—2日于伦敦

亲爱的倍倍尔:

……我不得不再一次——但愿是最后一次——谈谈马克思的纲领批判^②。"对发表纲领批判这件事本身,**谁也**不会反对",这种说法我不同意。李卜克内西**永远**也不会甘心情愿地同意发表,而且还要千方百计地加以阻挠。1875年以来,这个批判对他一直是如鲠在喉,只要一提到《纲领》,他就想起这个批判。他在哈雷的讲话[556]通篇都是围绕着这个批判的。他在《前进报》上发表的那篇装腔作势的文章[555],

---

① 马克思《资本论》第三卷。——编者注
② 马克思《哥达纲领批判》,见《马克思恩格斯文集》第3卷。——编者注

只不过表明这个批判使他感到良心不安。的确,这个批判首先是针对他的。从这个合并纲领[365]的**腐朽的**方面来看,我们过去认为他是该纲领的炮制者,而且我至今还这样认为。正是这一点使我毅然采取单独行动。如果我能只同你一个人讨论一下这个文件,然后立即把它寄给卡·考茨基发表,我们两小时就能谈妥。但我认为,在这种情况下,从个人关系和党的关系来考虑,你还必须征求李卜克内西的意见。而这会引起什么后果,我是清楚的。或者是文件不能发表,或者,如果我坚持要发表的话,那就要发生公开争吵,至少是在一个时期内,而且和你也要争吵。我并没有说错,下述一点可以证明:你是[1875年]4月1日出狱的,而文件上所注的日期是5月5日,所以,如果没有其他的解释,那显然是**有意**向你**隐瞒了**这个文件,而这**只能是李卜克内西**干的。但是,你为了和睦相处竟容忍他到处撒谎,说你因为坐牢而没有看到这个文件。①同样,为了避免在执行委员会发生争执,这个文件发表以前,看来你也得考虑李卜克内西的意见。我认为这也是可以理解的,但是,希望你也能理解,我得考虑到事情可能发生的变化。

我刚才又把这篇东西看了一遍。再删去一些可能也无碍大体。但可删的肯定**不多**。当时的情况怎样呢?草案一经你们的全权代表通过,**事情就已成定局**,对这一点,我们了解得并不比你们差,也不比例如我查到的1875年3月9日《法兰克福报》所了解的差。因此,马克思写这个批判只是为了使自己心安,丝毫不指望有什么效果,正如结尾的一句话所说的:我已经说了,我已经拯救了自己的灵魂。②所以,李

---

①这种说法见1891年2月26日《前进报》第48号的一篇通讯。——编者注
②参看《马克思恩格斯文集》第3卷第449页。——编者注

恩格斯致奥古斯特·倍倍尔(1891年5月1—2日)

卜克内西大肆宣扬的"绝对不行"[561]只不过是夸口而已,这一点他本人也很清楚。既然你们在推选你们的代表时犯了个大错误,继而为了不损害整个合并事业又不得不吞下这个纲领,那么你们确实也不能反对在**15年后**的今天把你们在最后决定以前得到的警告公布于众。这样做,既不会使你们成为蠢人,也不会使你们成为骗子,除非你们奢望你们的正式言行绝对不犯错误。

诚然,你没有看过这个警告。而且报刊也谈到过这一点,因此,比起看过这个警告而仍然同意接受该草案的那些人,你的处境就非常有利。

我认为附信[365]十分重要,信中阐述了唯一正确的政策。在一定的试行期间采取共同行动,这是唯一能使你们避免拿原则做交易的办法。但是李卜克内西无论如何不想放弃促成合并的荣誉,令人诧异的只是,他那时候没有作出更大的让步。他早就从资产阶级民主派那里接受了地地道道的合并狂热,并且一直抱住不放。

拉萨尔派之所以靠拢我们,是因为他们**不得不**这样做,是因为他们那一派已全部瓦解,是因为他们的首领都是些无赖或蠢驴,群众不愿意再跟他们走了,——所有这一切今天都可以用适当的缓和的形式讲出来。他们的"严密组织"已自然而然地彻底崩溃。因此,李卜克内西以拉萨尔派牺牲了他们的严密组织为理由——事实上他们已没有什么可牺牲的了——来替自己全盘接受拉萨尔信条进行辩解,这是很可笑的!

纲领中这些含糊和混乱的词句是从哪里来的,你感到奇怪。其实,所有这些词句正是李卜克内西的化身。为此,我们跟他已争论了多年,他却沉醉于这些词句中。他在理论问题上从来是含糊不清的,而我们的尖锐措辞直到今天还使他感到恐惧。可是,他作为人民党[305]

的前党员,至今仍然喜欢那些包罗万象而又空洞无物的响亮词句。过去,那些头脑不清楚的法国人、英国人和美国人,由于不善于更好地表达自己的思想,谈到"劳动的解放"而没有谈到工人**阶级**的解放,甚至国际的文件有些地方也不得不使用文件对象的语言,这就成了李卜克内西强使德国党沿用这种陈旧用语的充足根据。绝对不能说他这是"违背自己的见解",因为他确实也没有更多的见解,而且他现在是否就不处于这种状态,我也没有把握。总之,他至今还常常使用那些陈旧的含糊不清的术语,——自然,这种术语用来夸夸其谈倒是方便得多。由于他自以为十分通晓的基本民主要求对他而言至少像他不完全懂得的经济学原理同样重要,所以,他的确真诚地相信:他同意接受拉萨尔信条,以换取基本民主要求,是做了一桩好买卖。

至于对拉萨尔的攻击,我已经说过,对我来说这也是极为重要的。由于接受了拉萨尔经济学方面的**全部**基本用语和要求,爱森纳赫派**事实上已成了拉萨尔派**,至少从他们的纲领来看是如此。[365]拉萨尔派所能够保留的东西一点也没有牺牲,的确一点也没有牺牲。为了使他们获得圆满的胜利,你们采用了奥多尔夫先生用来进行道德说教并赞扬拉萨尔的押韵词句①做你们的党歌。在反社会党人法实施的13年间,在党内反对对拉萨尔的崇拜当然没有任何可能。这种状况必须结束,而我已经开了头。我再也不容许**靠损害马克思**来维持和重新宣扬拉萨尔的虚假声誉。同拉萨尔有过个人交往并崇拜他的人已经寥寥无几,而所有其他的人对拉萨尔的崇拜**纯系人为的**,是由于我们违心地对此采取沉默和容忍的态度造成的,因此,这种崇拜甚至也不能以个人感情来解释。既然手稿是发表在《新时代》上,也就充分

---

①雅·奥多尔夫《德国工人之歌》。——编者注

恩格斯致奥古斯特·倍倍尔(1891年5月1—2日)

照顾了缺乏经验的和新的党员。但是,我决不能同意:在15年极其耐心的等待之后,为了照顾一时的需要和避免党内可能出现的不满而把关于这些问题的历史真相掩盖起来。这样做,每次总得要触犯一些善良的人,这是不可避免的,而他们对此要大发怨言,这也是不可避免的。在此以后,如果他们说什么马克思妒忌拉萨尔,而德国报刊,甚至(!!)芝加哥《先驱报》(该报是为在芝加哥的地道的拉萨尔派办的,他们的数目比整个德国的拉萨尔派还要多)也都随声附和,这对我来说也没有什么了不起,还抵不上跳蚤咬一口。他们公开指责我们的岂止这些,而我们还是该做什么就做什么。马克思严厉地谴责了神圣的斐迪南·拉萨尔,为我们提供了范例,这在目前已经足够了。

再者,你们曾企图强行阻止这篇文章发表,并向《新时代》提出警告:如再发生类似情况,可能就得把《新时代》移交给党来管理并对它进行检查。从那时起,由党掌握你们的全部刊物的做法,不由得使我感到离奇。既然你们在自己的队伍中实施反社会党人法,那你们和普特卡默有什么区别呢?其实这对我个人来说,倒是无关紧要的:如果我决定要讲话,任何国家的任何党都不能迫使我沉默。不过,我还是要你们想一想,不要那么器量狭小,在行动上少来点普鲁士作风,岂不更好?你们——党——**需要**社会主义科学,而这种科学没有发展的自由是不能存在的。因此,对种种不愉快的事应该采取容忍态度,而且最好泰然处之,不要急躁。在德国党和德国社会主义科学之间哪怕是有一点不协调,都是莫大的不幸和耻辱,更不用说二者之间出现裂痕了。执行委员会和你本人对《新时代》以及其他所有出版物保持着并且应该保持相当大的**道义上的**影响,这是不言而喻的。但是,你们也应该而且可以以此为满足。《前进报》总是夸耀不可侵犯的辩论自由,但是很少使人感觉到这一点。你们根本不知道,那种热衷于强制

恩格斯从1894年10月到逝世在伦敦的住所
（瑞琴特公园路41号）

手段的做法,在国外这里给人造成何等奇怪的印象,在这里,在党内毫不客气地追究资格最老的党的领导人的责任(例如伦道夫·邱吉尔勋爵追究托利党政府的责任),已是司空见惯的事。同时,你们不要忘记:一个大党的纪律无论如何不可能像一个小宗派那样严厉,而且使拉萨尔派和爱森纳赫派合在一起(在李卜克内西看来,这却是他那个了不起的纲领促成的!)并使他们如此紧密地联合起来的反社会党人法,如今已不复存在了……

245

恩格斯致卡尔·考茨基

斯 图 加 特

[1891年6月29日于赖德]

亲爱的考茨基:

我来彭普斯这里躲几天[562],堆到我身上的工作实在太多了。我刚刚怀着幸福和满意的心情坐下来研究群婚制[563],党的纲领又落到了我的头上,而这也是我**应当**做的事。[564]我本来想使绪论部分更严谨一些,但由于时间不够,未能做到;况且,我觉得更重要的是对政治要求一节中部分可以避免、部分不可避免的缺点进行分析,这样,我就有理由痛击《前进报》那种和和平平的机会主义,痛击关于旧的污秽的东西活泼、温顺、愉快而自由地"长入""社会主义社会"的论调。同时,我听说,你已向他们提出了一个新的绪论,那就更好了。

党将出版拉萨尔给马克思和我的信,由我作注[565](而且不经任何党内检查)。这一工作,我将在秋天和第三卷①同时进行。(**我们知道就行了。**)

我躲到这里来,为的是能写一些信;星期四②就回去,再开始研究群婚制。我本来工作得很好——可恨的是时常被打断!

《哲学的贫困》:既然是狄茨付出450马克,而只要我们自己协商,那么,一切都不成问题,我们可以办妥。至于说你们两人不要第二版的**任何**稿酬,这是不行的。

狄茨出版一卷马克思短篇著作的计划正化为泡影。李卜克内西早就有这一打算,他想让他最近重用的一个人——保尔·恩斯特做这项工作,此外,还要出版马克思的其他一些著作。甚至还打算让恩斯特为此来这里几个月,并要我给以协助。这些著作将以党的名义在柏林的出版社出版,总之,就是在出版拉萨尔文集的同时,也出版马克思文集。这个计划,我当即予以坚决拒绝,所以对狄茨也只能这样做。**我曾经允许**党以单行本出版马克思一些篇幅不大的著作,不加注释和序言。超过这个限度,我就不能同意了。出版全集是**我**今后的义务,我不能允许事先这样一部分一部分地从我手里把它夺走。

现在,在完成第三卷以前,我也同样无法考虑《状况》③新版的问题。到时候,我会很乐意同狄茨商定此事的,但是他们应当而且必须明白,第三卷付排以前,我决没有丝毫可能从事任何新的工作。第三卷排印期间,倒可以准备出版某些新的东西。可是在此之前,我要摆脱狄茨和任何其他人的**一切干扰**和计划。他们这些人也应该多想想,不要用这些事情打搅我,使我花费很多时间,进行毫无意义的通信。

---

①马克思《资本论》第三卷。——编者注

②1891年7月2日。——编者注

③恩格斯《英国工人阶级状况》,见《马克思恩格斯文集》第1卷。——编者注

一旦完成《起源》^①的修订工作,我便重新着手准备第三卷,到那时,不管提出什么,我将一概加以拒绝……

246
恩格斯致康拉德·施米特

苏 黎 世

1891年7月1日于怀特岛赖德

亲爱的施米特:

我来这里躲几天。⁵⁶²彭普斯现在住在这里,她的丈夫在此负责一个经销处。堆到我身上的工作实在太多了,只好来这里几天,呼吸一下新鲜空气,处理刻不容缓的信件。明天就回伦敦。

我面前有您3月5日和6月18日两封来信。您关于信用事业和货币市场的著作,最好到第三卷出版后再脱稿;在这本书里,您可以看到关于这一问题的许多新的东西和更多尚待解决的东西;也就是说,其中既有新的解答,又有新的问题。暑期休养后,将加紧完成第三卷。您的第二个写作计划——向共产主义社会的过渡阶段——值得认真考虑;然而,我劝您:放它九年,先不拿出!^②这是目前存在的所

---

①恩格斯《家庭、私有制和国家的起源》,见《马克思恩格斯文集》第4卷。——编者注

②贺拉斯《诗论》第388行,转义是:不要急于求成,匆忙作出结论。——编者注

有问题中最难解决的一个,因为情况在不断地变化。例如,随着每一个新托拉斯的出现,情况都要有所改变;每隔十年,进攻的目标也会全然不同。

您最近在苏黎世大学的遭遇非常有趣。[566]这些先生们到处都是一样。好吧,愿您取得最后胜利,刺激这帮家伙一下,好从此摆脱他们的纠缠。

巴尔特的书①使我大失所望。我原以为不会有那么多浅薄和轻率的东西。一个人评价每一个哲学家,不是根据他活动中的永恒的、进步的东西,而是根据必然是暂时的、反动的东西,根据**体系**,——这个人还是少说为佳。在巴尔特看来,整个哲学史只不过是已经坍塌的种种体系的"废墟"。同这个所谓的批评家相比,老黑格尔显得多么高大!巴尔特以为,他在这里或那里搜寻到黑格尔(像其他任何一个建立体系的人一样)在创造自己体系时不得不采用的一点牵强附会的东西,就是对黑格尔的批判!说黑格尔有时把相反的、互相矛盾的对立物混为一谈,这真是伟大的发现!如果值得花气力的话,我还可以向他揭露一些完全不同的手法!巴尔特就是我们莱茵地区所说的那种注重细枝末节的人,他把一切都变成琐碎的东西,如不去掉这种习惯,他就会像黑格尔所说的那样,"从无通过无到无"[567]。

巴尔特对马克思的批评,真是荒唐可笑。他首先制造一种唯物主义的历史理论,说什么这**应当**是马克思的理论,继而发现,在马克思的著作中根本不是这么回事。但他并未由此得出结论说,是他,巴尔特,把某些不正确的东西强加给了马克思,相反,却说马克思自相

---

①保·巴尔特《黑格尔和包括马克思及哈特曼在内的黑格尔派的历史哲学》1890年莱比锡版。——编者注

矛盾,不会运用自己的理论!"咳,这些人哪怕能**读懂**也好啊!"遇到这类批评时,马克思总是这样感叹。

我手头没有这本书。如果有时间,我还可以给您一一指出几百个歪曲之处。真是可惜。显然,此人如果不是这样急于下最后的结论,还是能做些事情的。希望他最近再写点儿东西,这一定会引起更激烈的抨击;痛斥他一顿,对他会大有好处。

总的说来,我现在的状况很好,我觉得身体比去年这个时候要好些。想来,再休息一下,就会很健康了。让工作少中断些吧!两三个月前,我就着手准备《家庭……的起源》的新版①了。本来,两周内即可完成,但当时收到一份新的纲领草案,必须提出批评意见;[568]后来大陆上又发生了一些这样或那样的小差错,给我们在英国——这里条件虽然很好,但也要慎重从事——筹备布鲁塞尔代表大会[569]等工作造成了一定的困难。这些又打扰了我,使我中断了工作。不管怎样,这一纲领不仅大部分需要重新修改和补充,而且必须**完成**,以便继续准备第三卷。好吧,一切最终都会完成的,因为必须完成。

在这里有身在普鲁士之感。星期天②,遇到四五名斯托什号军舰的水兵,都是些很好的小伙子,并不比英国水兵逊色。今晨,传来隆隆的炮声和阵阵的榴弹爆炸声,这是朴次茅斯要塞在进行射击演习。

彭普斯、珀西和我向您问好。

您的　老弗·恩格斯

---

①恩格斯《家庭、私有制和国家的起源》德文第四版。——编者注
②1891年6月28日。——编者注

247

恩格斯致卡尔·考茨基

斯 图 加 特

1891年10月14日于伦敦

亲爱的考茨基:

在《前进报》刊登的你那个草案中,我突然发现写上了"反动的一帮",[570]甚为惊异。我立即就此写信给你,尽管我担心已经太晚了。这一鼓动性的词句,犹如一个刺耳的不谐和音,破坏了措辞简明的科学原理的全部和音。要知道,这是一个鼓动性的词句,而且又是极端片面的,它只有用这种武断的和绝对的形式才能给人留下印象,所以是完全错误的。

其所以错误,是因为它把本身是正确的**历史倾向**当做**既成的事实**。在发生社会主义变革时,其他一切政党对我们来说,都将**表现为**反动的一帮。可能它们现在已经是**这样的**了,已经丧失采取任何进步行动的一切能力,虽然这并不是必然的。然而**在目前**,我们对此还不能像阐述纲领的其他原理那样说得很肯定。甚至在德国,也可能出现这样的情况:那些左翼党,不管它们怎样卑劣,也**不得不**清除一部分在德国仍然大量存在的反资产阶级的、官僚主义的和封建主义的垃圾。在这种情况下,它们也就不是反动的一帮了。

只要我们还没有强大到足以自己夺取政权并实现我们的原则,

严格地讲,**对我们来说**就谈不上什么反动的**一帮**,不然,整个民族就要分为反动的多数和软弱无力的少数。

一些人摧毁了德国的小邦分立制度,给资产阶级提供了实行工业变革的行动自由,实现了(物的和人的)交往条件的统一,从而也不得不给我们提供了较大的活动自由,他们是作为"反动的一帮"做了这些吗?

法国的资产阶级共和派在1871—1878年间彻底战胜了君主制和僧侣统治,给法国带来了过去在非革命时期闻所未闻的新闻出版、结社和集会的自由,实行了义务教育,把教育普及和提高到我们德国人可以向他们学习的程度,他们是作为反动的一帮这样做的吗?

英国两个官方政党的活动家大大扩大了选举权,使选民人数增加了四倍,使各选区一律平等,实行了义务教育,改进了教学制度,他们还在议会的历次会议上不但投票赞成资产阶级改革,而且总是投票赞成对工人的新的让步,——他们是在缓慢地、委靡不振地前进,但是任何人也不能简单地责骂他们是"反动的**一帮**"。

总之,我们没有权利把逐渐成为现实的倾向说成既成的事实,何况这种倾向,例如在英国,**永远不会**彻底成为事实。如果这里发生变革,资产阶级仍然会愿意实行种种微小的改革。只是到那时,对将被推翻的制度进行某些微小的改革将失去任何意义。

鼓动中使用拉萨尔的用语,**在一定的情况下**是有理由的,尽管我们的人,例如在1890年10月1日以来的《前进报》上,用得太滥了。**但是,纲领中不容许这种用语存在**,它用在那里是绝对错误的,而且会把人引入迷途。它用在那里,就像银行家贝特曼的妻子要坐在别人打算给贝特曼的房子修建的阳台上一样:"如果你们给我修建一个阳台,我的妻子往上面一坐,楼房的整个外观就给破坏了!"

关于《前进报》刊登的草案中的其他改动，现在无法谈了，这份报纸不知放到哪里去了，而且已经到了发信的时间。

党代表大会[571]在一个光荣的日子开幕了。10月14日是耶拿会战和奥尔施泰特会战的纪念日；正是在这一天，革命前的旧普鲁士崩溃了。让1891年10月14日对普鲁士化的德国来说，成为马克思所预言的"**内部耶拿**"[572]的开端吧！

你的　弗·恩格斯

248
恩格斯致奥古斯特·倍倍尔

柏　林

1891年10月24—26日于伦敦

亲爱的倍倍尔：

……据报道，你说我曾经预言资产阶级社会将于1898年崩溃。这是一个小误会。我只是说：到1898年，我们可能取得政权。如果这种情况**没有**发生，旧的资产阶级社会还可以继续存在一段时间，直到外来的冲击使这座腐朽的大厦倒塌为止。这样一座腐朽陈旧的建筑物，即使它实际上已经坏掉，但如果风平浪静，也还可以支撑数十年。因此，对于作这类预言，我还是非常小心的。而说我们可能取得政权，这只是根据数学定律做出的概率计算。

不管怎样，我希望和平局面能维持下去。我们已经走到了这一步，根本无须孤注一掷，——而战争却会迫使我们这样做。再过10年，

那时我们的准备程度就会完全不同,这是因为:

为了占有和使用生产资料,我们需要有技术素养的人才,而且需要量很大。我们没有这样的人才,直到最近,我们甚至还因为大体上摆脱了"有教养的"人而感到高兴。现在情况不同了。目前,我们已经相当强大,足以容纳和消化任何数量的有教养的渣滓,我预计,今后8—10年内,我们会把足够数量的年轻的技术专家、医生、律师和教师吸收到我们这方面来,以便在党内同志的帮助下把工厂和大地产掌管起来,为民族造福。因此,那时由我们取得政权将是十分自然的,而且会进行得比较顺利。但是,如果我们因为战争而提前执掌政权,技术专家就会成为从根本上反对我们的人,只要有可能,他们就会欺骗和出卖我们;我们将不得不对他们采取威慑手段,尽管如此,他们还是要欺骗我们。法国革命者在小范围内所遇到的情况**一向**是这样:甚至在一般的管理工作中,他们都不得不把一些次要的,但真正管事的职位,交给过去的反动分子担任,而这帮人对一切都百般干扰,横加阻难。因此,我希望并祝愿,我们的这种蓬勃而稳健的、像自然过程一样从容不迫和不可抗拒的发展,继续保持它自然形成的轨道。

衷心问候你的夫人①和你。

你的 弗·恩·

---

①尤·倍倍尔。——编者注

249

恩格斯致康拉德·施米特

苏 黎 世

1891年11月1日于伦敦

亲爱的施米特:

……不读黑格尔的著作,当然不行,而且还需要时间来消化。先读《哲学全书》的《小逻辑》,是很好的办法。可是,您要采用《全集》第六卷的版本,而不要采用罗生克兰茨编的单行本(1845年版),因为前者引自讲课记录的解释性的补充要多得多,尽管亨宁这个蠢驴自己对这些补充也往往不懂。

在导言中您会看到,首先是第26节等批判沃尔弗对莱布尼茨的修改(**历史**意义上的形而上学),其次是第37节等批判英、法经验主义,再其次是第40节及以下几节批判康德,最后是第61节批判雅科比的神秘主义。在第一篇(《存在论》)中,您无须在《存在》和《无》上花费过多的时间;《质》的最后几节,以及《量》和《度》,就好多了。但是,主要部分是《本质论》:揭示了抽象的对立是站不住脚的,人们刚想抓住一个方面,它就悄悄地转化为另一个方面,如此等等。在这里您随时可以通过一些具体的例子弄清问题。例如,您作为未婚夫,会在自己和您的未婚妻身上看到同一和差异不可分离的鲜明例证。根本无法判明:性爱的欢娱,是来自差异中的同一,还是来自同一中的差异。

如果抛开差异(这里指的是性别)或同一(两者都属于人类),那您还剩下什么呢?我记得,正是同一和差异的这种不可分离,最初是怎样折磨我的,尽管我们每前进一步都不能不碰到这个问题。

然而,您千万不要像巴尔特先生那样读黑格尔的著作,即在黑格尔的著作中寻找作为他构造体系的杠杆的那些错误推论和牵强之处。这纯粹是小学生做作业。更为重要的是:从不正确的形式和人为的联系中找出正确的和天才的东西。例如,从一个范畴过渡到另一个范畴,或者从一个对立面过渡到另一个对立面,几乎总是随意的,经常是通过俏皮的说法表述的,比如,肯定和否定(第120节)"灭亡了",这样黑格尔就可以转到"根据"①的范畴上去。在这方面思考过多,简直是浪费时间。

在黑格尔那里每一个范畴都代表哲学史上的一个阶段(他在多数情况下也指出了这种阶段),所以您最好把《哲学史讲演录》(最天才的著作之一)拿来作一比较。建议您读一读《美学》,作为消遣。只要您稍微读进去,您就会赞叹不已。

黑格尔的辩证法之所以是颠倒的,是因为辩证法在黑格尔看来应当是"思想的自我发展",因而事物的辩证法只是它的反光。而实际上,我们头脑中的辩证法只是自然界和人类历史中进行的并服从于辩证形式的现实发展的反映。

如果把马克思的从商品到资本的发展同黑格尔的从存在到本质的发展作一比较,您就会看到一种绝妙的对照:一方面是具体的发展,正如现实中所发生的那样;而另一方面是抽象的结构,在其中非常天才的思想以及有些地方是极为正确的转化,如质和量的互相转化,被说成一种概念向另一种概念的表面上的自我发展。这类例子,还可以举出一打来……

---

① "灭亡"的原文是"zu Grunde gehen",而"Grund"有"根据"的意思。——编者注

1892年

250

恩格斯致尼古拉·弗兰策维奇·丹尼尔逊

彼 得 堡

1892年6月18日于伦敦

尊敬的先生：

感谢您3月24日、4月30日和5月18日的很有意思的来信[573]，很抱歉，我没有早日复信。我忙得很，连一分钟也抽不出来去整理第三卷①，但愿下周能继续这项工作。

我想，无论对于表明你们国家目前经济状况的那些事实，还是对于这些事实的意义，实际上我和您的看法是完全一致的。看来，只是您把我最近一封信②中的一些**讽刺**话，尤其是我关于各种事物最终都将为人类进步事业服务的说法，看得太认真了。历史上确实没有一件事实不是通过这种或那种途径为人类进步事业服务的，但这毕竟是漫长而曲折的道路。你们国家当前的经济变革可能也是这样。

我特别要强调这样一个事实：去年的歉收（用官方语言来说）并不是孤立的和偶然的现象，而是克里木战争[574]结束以后俄国整个发展的必然后果，是从公社农业和宗法式家庭工业向现代工业过渡的

---

①马克思《资本论》第三卷。——编者注
②恩格斯1892年3月15日给尼·弗·丹尼尔逊的信。——编者注

结果;在我看来,这一变革最终必将危及公社[418]的存在,并把资本主义制度扩展到农业方面去。

从您的来信可以断定,对于这些事实本身,您是同意我的看法的;至于我们是否喜欢这些事实,那就是另一回事了;但不管我们喜欢与否,这些事实照样要继续存在下去。而我们越是能够摆脱个人的好恶,就越能更好地判断这些事实本身及其后果。

毋庸置疑,当前俄国现代"**大工业**"的迅猛增长是由人为的手段——禁止性关税、国家补贴等等引起的。从柯尔培尔时起就已实行禁止性关税制度的法国,以及西班牙、意大利都是这样,甚至德国从1878年起也是这样。尽管德国在1878年实行保护关税制度时,几乎已经完成了工业革命,当时这样做是为了使资本家能够迫使国内消费者按高价购买商品,以便他们能够按低于成本价格的价格在国外推销同样的商品。美国为了缩短其企业家尚不能按照同等条件与英国竞争的时间,也采取了同样的做法。美国、法国、德国,甚至奥地利势必将在开放的世界市场上成功地对付英国的竞争,至少在某些重要商品方面是这样,对此我是没有怀疑的。而现在法国、美国和德国在某种程度上已经打破了英国的工业垄断,对这一点我们这里感觉特别明显。俄国是否能做到这一点呢?对此我是怀疑的,因为俄国和意大利一样,在最适合发展工业的地区却不产煤,此外,正如您在3月12(24)日来信中所明确指出的,俄国还处于完全不同的历史条件之下。

不过,这里还有另一个问题:1890年,俄国作为出口粮食并以此换回外国工业品的纯粹农业国,能够存在下去并保持它在世界上的地位吗?我想,我们可以有把握地说:**不能**。一个在世界历史中起着重要作用的拥有一亿人口的民族,在现在的经济和工业情况下,不可能继续停留在俄国在克里木战争以前的那种发展阶段。采用蒸汽机和工作机,试用现代生产资料来制造纺织品和金属品(至少是为了国内的需要),或迟或早,**想必**已经实现了,无论如何是在1856—1880年之间的**某个**时期实现的。如果没有实现,你们国家的宗法式家庭工业也就会被英国机器的竞争所破坏,结果就会成为印度,成为一个在经济上受世界大工厂英国支配的国家。可是,连印度也通过保护关税来抵制英国棉织品,而不列颠的其他殖民地也是一获得自治,就立即保护本国的工业,抵制宗主国的压倒优势的竞争。代表英国利益的著作家不能理解:为什么全世界都拒绝学习他们的自由贸易的榜样,而去实行保护关税。他们当然**不敢**正视这样一种情况:目前几乎普遍实行的这种保护关税制度,正是对付使英国的工业垄断达到顶峰的这同一个英国自由贸易的自卫手段,这种手段或多或少是明智的,而在某些场合下是绝对愚蠢的。(例如对德国来说就是愚蠢的,德国由于实行自由贸易已经成了一个大工业国,而它现在把保护关税推行到农产品和原料方面,这就提高了工业生产的费用!)我认为,这种普遍倒退到保护关税的做法不是一种简单的偶然现象,而是对英国那种令人不能忍受的工业垄断的反应。这种反应的**形式**,正如我说过的,也许是不适当的,甚至是很糟糕的,但是,这种反应的历史必然性,我觉得是显而易见的。

一切政府,甚至最专制的政府,**归根到底**都不过是本国状况的经济必然性的执行者。它们可以通过各种方式——好的、坏的或不好不坏的——来执行这一任务;它们可以加速或延缓经济发展及其政治和法律的结果,可是最终它们还是要遵循这种发展。俄国实现工业革命的手段,是不是最适宜的手段,是另一个问题,讨论这个问题会使我们离题太远。只要我能证明这一工业革命本身是不可避免的,我的目的就算达到了。

恩格斯致尼古拉·弗兰策维奇·丹尼尔逊(1892年6月18日)

关于这种惊人的经济变化必然带来的一些现象,你说的完全正确,不过所有已经或者正在经历这种过程的国家,或多或少都有这样的情况。地力耗损——**如**在美国;森林消失——**如**在英国和法国,目前在德国和美国也是如此;气候改变、江河干涸在俄国大概比其他任何地方都厉害,因为给各大河流提供水源的地带是平原,没有像为莱茵河、多瑙河、罗讷河及波河提供水源的阿尔卑斯山那样的积雪。农业旧有条件遭到破坏,向大农场资本主义经营方式逐渐过渡——这些都是在英国和德国东部已经完成了的而在其他地方正在普遍进行着的过程。在我看来,很明显,"俄国的大工业必将扼杀农业公社",除非发生其他有助于保留这种公社的巨大变化。问题是,俄国的社会舆论是否会发生这样的变化,以至于能使现代工业和现代农业嫁接在公社上面,同时又能对公社加以改造,使之成为组织这种现代生产和变这种生产的资本主义形式为社会主义形式的适当而又有利的工具?您会同意,哪怕只是去设想这样一种变化,你们国家的社会舆论首先就要有一个巨大的进步。在资本主义生产连同这次危机的后果使公社遭到极其严重的破坏之前,是否会发生这种变化呢?我丝毫也不怀疑,在许多地方,公社在1861年受到打击以后,已经恢复过来了(像瓦·沃·描写的那样[575])。但是,工业变革、资本主义的迅猛发展、家庭工业的破坏、公社对牧场及森林的无权地位、农民的自然经济向货币经济的演变以及富农与恶霸的财富和权力的增长等等,对公社的打击连续不断,而公社是否能经受住这些打击呢?

另外,我还要感谢您盛情地给我寄来了几本书,特别是卡布鲁柯夫和卡雷舍夫写的书①。我现在非常忙,六个月以来不管是哪一种

①尼·卡布鲁柯夫《农业工人问题》1884年莫斯科版;尼·卡雷舍夫《农民非份地的租佃》1892年杰尔普特版。——编者注

627

恩格斯致尼古拉·弗兰策维奇·丹尼尔逊(1892年6月18日)

文字的书一本也没有看完;我要把您寄来的书留到8月间休假时再看。您信中谈到的关于卡布鲁柯夫的那些话,据我判断,看来是完全正确的[576],虽然他这本书我还没有看完。既没有自己的土地也没有租地的农业工人,一年当中只是在一定时间能找到工作;如果他们**只是靠这段工作**得到报酬,那么,在整个失业期间他们就要挨饿,除非他们在这期间找到其他的工作。但是现代资本主义生产剥夺了农业工人找到这类工作的任何希望。在西欧和中欧,这些困难在可能的限度内是这样解决的:(1)资本家农场主或土地所有者在自己的农场整年要留下一部分工人,尽可能让他们食用农场生产的东西,以便尽量少付现金。这个办法在德国东北部用得很普遍,而在英国却采用得较少,尽管在这里的气候条件下,冬季也有许多农活可干。此外,**在资本主义农场中**,即使冬天也经常有许多农活。(2)所有为维持农业工人冬季生活所需要的(只是为着维持生活所需要的)东西,通常通过妇女和儿童在新的家庭工业部门的劳动来取得(见《资本论》第1卷第13章第8节①)。英国南部和西部的情况就是这样,在爱尔兰和德国,对小农也是这样。当然,在发生这种演变时,农业和宗法式家庭工业分离的致命后果就会特别明显地表现出来;目前你们国家的情况也正是这样。

这封信写得太长了,因此我不能再详谈您5月18日的来信。不过我觉得,您在那封信里援引的事实也证明了农民的破产和至少在一个时期内的地力耗损。我完全同意您的看法,即这两个过程正在加速进行着。如果现在的制度继续存在下去,必然使地主和农民遭到破产并产生一个新的阶级即资产阶级土地所有者。但是,问题还有另一个方

①见《马克思恩格斯文集》第5卷第536—540页。——编者注

面,我担心《财政通报》不会对它加以认真研究。这就是国家财政的状况。最近在巴黎发行的公债(1891年)本想筹集2 000万英镑。这笔公债的认购数字超过了好几倍;但是这里有消息说,实际上只收到了1 200万,其余800万并未进入彼得堡的国库。[577]既然法国在喀琅施塔得[578]之后竟发生这样的事,那么,进行下一次公债谈判时,情况又会怎样呢?在歉收迫使国库作出重大牺牲以后,能否长期不再向外借债呢?威士涅格拉茨基会不会成为卡龙,在他之后会不会出现一个内克呢?[579]

忠实于您的　珀·怀·罗舍[509]

251

恩格斯致维克多·阿德勒

伦　茨

1892年8月30日于赖德

亲爱的维克多:

昨天我未能对你来信中提出的各点一一作答,一是因为纸用完了,二是因为吃午饭的时间(两点钟)已经到了,而这里的邮件三点就走。既然上多布林区的女市民①在明信片里以感人的急迫心情要我写信,我今天就把其余的内容写完。

---

①路·考茨基。——编者注

恩格斯致维克多·阿德勒（1892年8月30日）

　　你对策略问题的议论[580]是很对的。但遗憾的是，许多人为了图省事，为了不费脑筋，想永久地采用一种只适宜于某一个时期的策略。其实，我们的策略不是凭空臆造的，而是根据经常变化的条件制定的；在目前我们所处的环境下，我们往往不得不采用敌人强加于我们的策略。

　　你对独立派的看法也是对的。[581]我还记得在同李卜克内西还有正式通信联系的那些年头，我曾不得不经常同长期存在的到处表现出来的德国市侩习气作斗争。整个说来，我们在德意志帝国总算克服了这种习气，然而，组成国会党团并经常补充进去的是一些什么样的市侩啊！工人党只能在工人和市侩之间进行选择，但被选入的工人马上就会遭到解雇，而靠党养活后又容易腐化堕落；被选入的市侩虽则自己养活自己，然而却玷辱党的声誉。与这些人相比，独立派已属难得了。

　　你信中谈到奥匈工业迅速发展的情况，我看了非常高兴。这是我们运动取得进展的唯一牢固的基础。同时，这也是保护关税制度的唯一好处，至少对大部分大陆国家和美国是这样。大工业、大资本家和庞大的无产阶级群众正在人为地制造出来，资本集中正在加速进行，中间阶层正在被消灭。其实，保护关税制度在德国是多余的，因为它正是德国在世界市场上的地位得到巩固的时候实施的，它阻碍了**这一**过程的发展；可是，它也弥补了德国工业中的许多缺陷，不然，这些缺陷还会长期存在下去；如果德国为了取得在世界市场上的地位而被迫放弃保护关税制度，它的竞争能力就会和以前完全不同。在德国，如同在美国一样，保护关税制度目前纯粹是一种障碍，因为它妨碍这些国家在世界市场上占有它们应得的地位。因此，它在美国必将很快废止，德国也将照样行动。

但是,你们发展本国工业,也帮了英国的忙;英国在世界市场上的统治地位丧失得越快,这里的工人掌握政权也就越快。大陆和美国的(以及印度的)竞争终于在兰开夏郡引起了危机,其第一个后果就是工人突然成为八小时工作日的拥护者。

和捷克人共同行动,在政治方面也是必要的。他们处在德国的中心,我们同他们,正像他们同我们一样,是休戚相关的。我们非常希望那里不要出现一个青年捷克派的、俄国式的泛斯拉夫主义巢穴。诚然,这种巢穴即使出现,最终也可能被消除,不过,不出现更好。由于捷克人**在捷克土地上**的民族自治方面将会从我们这里得到他们所期望的和所需要的一切,所以这不会有任何危险(你可以看出,我探讨这个问题时并没有考虑同德国暂时的政治分离)。

我将于下星期回伦敦。今天我虽然觉得好些,但是,柏林之行看来还是无法实现。

向编辑部①全体成员问好。

你的 弗·恩·

---

①《工人报》。——编者注

252

恩格斯致卡尔·考茨基

斯 图 加 特

1892年9月4日于赖德

亲爱的男爵：

　　……如果这次选举⁵⁸²期间你在这里，你对费边派⁵¹⁵的评价就会不同了。对一切现代国家来说，无论在任何时候，我们的策略有一点是确定不移的：引导工人建立一个同一切资产阶级政党对立的、自己的、独立的政党。在这次选举中，英国工人第一次（诚然还只是本能地并在事态进程的推动下）朝这个方向迈出了决定性的一步，这一步获得了惊人的成绩，比近20年来任何一个事件都更有助于提高工人的觉悟。而费边派（不是其中的某一个人，而是作为一个整体的费边社）做了些什么呢？他们所宣扬和实行的是**要工人依附自由党**，结果不出所料：自由党分给他们四个不能取胜的选区，费边派的候选人也就遭到了惨败。怪癖的文学家肖伯纳——作为文学家，他很有才能，也很敏锐，但作为经济学家和政治家，却不值一提，尽管他很正直，也不追逐名利——在给倍倍尔的信中写道：如果他们不推行这种强求自由党接受他们的候选人的政策，那么，他们除了失败和耻辱（好像失败不是常常比胜利还要光荣似的）就什么也得不到——而他们现在推行了这个政策，二者也都得到了。

　　这就是全部问题的实质。当工人第一次独立行动时，费边社就劝说他们继续做自由党的尾巴。这一点应当公开地告诉大陆上的社会主义者，掩饰就意味着共谋。所以艾威林夫妇那篇文章的最后补充的那部分没有发表[583]，我感到很遗憾。这部分并不是事后想起来的，而只是由于发稿仓促而遗漏的。文章不评述两个社会主义组织①对选举的态度——这是《新时代》的读者有权知道的——，那是不完整的。

　　我好像在上一封信中对你说过，社会民主联盟[584]和费边社的地方成员比中央领导成员要好。但是，只要中央领导成员的立场还决定着整个组织的立场，那就无济于事。在所有这些优秀的人中间，我只认识班纳一个人。奇怪的是，班纳加入费边社以后，一直没有到我这里来过。我推测，他之所以加入费边社，是由于对社会民主联盟的反感和加入某种组织的要求，也可能是由于某种幻想。但是，一燕不成春。

　　你认为费边社还未定型。恰好相反，这些人**太**定型了。这是一个由形形色色的资产阶级"社会主义者"——从钻营之徒到感情上的社会主义者和慈善家——拼凑起来的集团，他们只是由于害怕工人要取得统治权而联合起来，他们尽一切力量通过保障**自己的**即"有教养的人"的领导权的办法来防止这种危险。即使他们让几个工人进入他们的中央领导机构，也只是为了使这些工人像工人阿尔伯在1848年那样，在那里永远扮演软弱的少数派的角色，因此，谁也不应当被这种做法所迷惑。

　　费边社的手段和卖身求荣的议员们的花招是完全一样的：金钱，倾轧，名位。纯粹是英国式的：每个政党（只有工人的情况不同！）

---

　　①费边社和社会民主联盟。——编者注

都采取不同的方式给自己的代理人以金钱或者用职位来酬劳他们，这被看做是理所当然的事情。这些人已经深深地陷入了自由党的倾轧活动，在自由党那里任职，比如悉尼·韦伯这个典型的英国政治家就是这样。这些人的所作所为，正是要提醒工人们加以避免的。

虽然如此，我并不要求你把这些人当做敌人看待。不过，据我看，你，其他人也一样，不应当袒护他们。而删掉艾威林夫妇文章中论述他们的地方，正是给人这样一个印象。但是，如果你想要艾威林夫妇给你写一篇关于英国各社会主义组织的历史和立场的文章，你只要说一声，我可以向他们提出……

253

恩格斯致尼古拉·弗兰策维奇·丹尼尔逊

彼 得 堡

1892年9月22日于伦敦

尊敬的先生：

……您抱怨机器生产的产品正在排挤家庭工业的产品，从而破坏农民赖以生存的副业生产；可是，这是资本主义大工业的一个全然不可避免的后果：国内市场的形成(《资本论》第二十四章第5节①)，——这是我当年在德国亲眼看到的现象。就连您所说的棉纺织品的

---

① 见《马克思恩格斯文集》第5卷第854—859页。——编者注

推广不仅使农民的家庭纺织业,而且使农民的**亚麻种植业**遭到破坏这种现象,在德国从1820年直到现在就一直存在着。总之,关于问题的这一方面,即家庭工业和与之有关的农业部门的破坏,我看,实际上对你们来说是这样一个问题:俄国人必须作出抉择,他们的家庭工业是由**本国的**大工业还是由**英国商品的输入**来消灭。如**采用**保护关税政策,这就要由**俄国人**来完成;如**不采用**保护关税政策,就要由**英国人**来完成。在我看来,这一切是显而易见的。

据您统计,大工业和家庭工业的纺织品总产量没有增长,而是处于停滞状态,甚至有所下降,这不仅是完全正确的,而且,如果您得出另外的结果,倒是错误的了。当俄国的工业还局限于国内市场时,它的产品只能用于满足国内的消费。而国内消费只能是缓慢地增长,而且据我看,在俄国目前的条件下,还很可能下降。

要知道,大工业所造成的必然后果之一就是:它在**建立**本国国内市场的过程中,同时又在**破坏**这一市场。它是靠破坏农民家庭工业的基础而建立国内市场的。但是,没有家庭工业,农民就无法生存。他们**作为农民**遭到破产;他们的购买力降到最低点;而他们作为**无产者**在适应新的生存条件以前,对新出现的工业企业来说,将是极为匮乏的市场。

资本主义生产作为一个暂时的经济阶段,充满着各种内在矛盾,这些矛盾随着资本主义生产的发展而发展,并日趋明显。这种在建立自己的市场的同时又破坏这个市场的趋势正是这类矛盾之一。另一个矛盾是资本主义生产所造成的没有出路的状态,这种状态在俄国这样一个**没有**国外市场的国家,比那些在开放的世界市场上多少有些竞争能力的国家要出现得快一些。在后边这些国家中,这种没有出路的状态,似乎可以通过贸易上的剧烈变化和用暴力开辟新市

恩格斯致尼古拉·弗兰策维奇·丹尼尔逊（1892年9月22日）

场来摆脱。但是，即使在这样的情况下，这些国家也会陷入困境。就拿英国来说。最后一个新的市场是中国，这一市场的开辟可以使英国的贸易暂时恢复繁荣。因此，英国资本极力要修建中国的铁路。但是，中国的铁路意味着中国小农经济和家庭工业的整个基础的破坏；由于那里甚至没有中国的大工业来予以平衡，亿万居民将陷于无法生存的境地。其后果将是出现世界上从未有过的大规模移民，可憎的中国人将充斥美洲、亚洲和欧洲，并将在劳动市场上以中国的生活水准即世界上最低的生活水准，同美洲、澳洲和欧洲的工人展开竞争；如果在那之前欧洲的整个生产体系还没有发生改变，到那时也必定要发生改变。

　　资本主义生产准备着自身的灭亡，您可以相信，俄国也将会是这样。资本主义生产会引起彻底的土地革命，假如它存在相当长的时间，就必然会引起这一革命，——我指的是土地所有制的革命，这一革命将使地主和农民一同遭到破产，他们将被一个从农村富农和城市投机资产者中产生的新的大土地所有者阶级所代替。不管怎样，我相信在俄国培植资本主义的那些保守派，总有一天会对自己所做的事造成的后果感到震惊。

忠实于您的　珀·怀·罗舍[509]

254
恩格斯致弗兰茨·梅林[585]

柏　　林

1892年9月28日于伦敦

尊敬的梅林先生：

　　考茨基把您一封信中向我提出问题的一段话给我寄来了。[586]如果您因为我好几年前没有答复您的两封来信[587]，而认为不便再给我写信的话，那我就无权对此抱怨了。当时我们分属于不同的阵营，反社会党人法正在实施，我们不得不遵循这样一条规则：谁不赞成我们，谁就是反对我们。况且，如果我没有记错的话，您本人在一封信中也说过，您不指望得到回信。不过，这已经是很久以前的事了，后来我们就在同一个阵营里了。您在《新时代》上发表了非常出色的文章，对这些文章，我曾在例如给倍倍尔的几封信中①倍加赞扬。因此，我很高兴借此机会直接给您复信。

　　这种极力把唯物史观的发现归功于历史学派当中的普鲁士浪漫主义者的主张，对我来说确实是新闻。马尔维茨的《遗著》我自己也有一本，而且几年前就读过了；但是，除了关于骑兵的几段出色的描写和坚信贵族对平民鞭打五下的奇效以外，我什么也没有发现。此

---

　　① 见恩格斯1892年3月8、16日给奥·倍倍尔的信。——编者注

恩格斯致弗兰茨·梅林(1892年9月28日)

外,从1841—1842年以来,我对这种书籍就全然感到格格不入了
——我只是粗略地翻翻——,可以肯定,在我所谈的问题方面从中毫
无所得。马克思在波恩和柏林居住期间,读了亚当·弥勒的著作和冯·
哈勒先生的《复兴》等等,他只是以相当轻蔑的口吻评论这些平庸乏
味的、辞藻华丽而夸夸其谈的、从法国浪漫主义者约瑟夫·德·梅斯特
尔和红衣主教博纳尔德那里剽窃来的货色。即使他碰到了像您从拉
韦涅-佩吉朗著作中所引证的地方[588],纵然他完全弄懂了这些人想
说的是什么,当时也决不会给他留下任何印象。马克思当时是黑格尔
派,对他来说,这个地方纯属异端邪说;对于经济学,他还一无所知,
因而像"经济形式"这样的词对他根本没有任何意义。所以上面所说
的这个地方,**即使**他有所耳闻,也一定是一个耳朵进,一个耳朵出,不
会在记忆中留下什么明显的痕迹。但是,我很难相信,在马克思1837—
1842年间读过的那些浪漫派历史学家的著作中,可以找到这类东西
的影子。

　　这个地方确实非常值得注意,但我希望把引文核对一下。我不
知道这本书,当然,我知道作者是"历史学派"的信徒。此处有两点不
同于现代的观点:(1)这里从经济形式中引申出生产和分配,而不是
与此相反,从生产中引申出经济形式;(2)这里给经济形式的"适当运
用"硬加上了一种作用,关于这种作用,当人们还没有从该书中弄懂
作者指的是什么时,可以作随心所欲的理解。

　　但是,最奇怪的是,从那些在理论上和实践上以具体的形式歪
曲历史最厉害的人那里,仿佛可以找到以抽象的形式表述出来的正
确的历史观。这些人通过封建主义这个例子可能就已经看出,国家形
式**在这里**是如何从经济形式中发展出来的,因为在这里,可以说一切
都昭然若揭,显而易见。我之所以说他们**可能**看出,是因为除了上面

提到的那个未经核实的地方以外——您自己说是**从第二手**材料来的——，我在任何地方都没有发现类似的东西，我只发现封建主义的理论家的抽象能力显然不如资产阶级自由派。既然他们中间有一个人把这种关于封建社会的文化发展和国家形式同经济形式的相互关系的观念概括到这样的程度，说它适用于**一切**经济形式和国家形式，那么，一谈到**其他**经济形式，一谈到资产阶级的经济形式以及与它的各个发展阶段相适应的国家形式——中世纪的行会公社、专制君主政体、立宪君主政体、共和政体，这同一个浪漫主义者却又茫无所知，又该作何解释呢?这是很难自圆其说的。况且这个把经济形式看做整个社会制度和国家制度的基础的人，竟然属于这样一个学派，在这个学派看来，17、18世纪的专制君主政体就已经是对于真正的国家学说的犯罪和背叛了!

但是，不管怎么说，这还是意味着，国家形式必然产生于经济形式及其**适当的运用**，正像婴儿诞生于男女婚配一样。关于作者所属学派的那个闻名世界的学说，我只能作这样的解释:真正的经济形式是封建主义的经济形式。但是，由于人们出于私仇而密谋反对这种经济形式，因此，就要对这种经济形式加以"适当的运用"，使它免受攻击，永世长存，并使"国家形式"等等和它永远适应，也就是说，尽可能退回到13、14世纪的状况。这样，最好的世界和最美妙的历史理论就会同时实现，而拉韦涅-佩吉朗的概括才会归结到它的真实内容:封建社会产生了封建的国家制度。[589]

暂且我只能设想，拉韦涅-佩吉朗自己也不知道写了些什么。有句谚语说得好，某些动物偶尔也会发现一颗珍珠;而在普鲁士的浪漫主义者中，这样的动物比比皆是。不管怎样，要经常把他们同他们的法国蓝本加以对照——看看这是否也是抄袭来的。

您使我注意到这个问题,谨向您表示感谢。可惜,我现在还不能在这里更详细地探讨这个问题。

忠实于您的　弗·恩格斯

255
恩格斯致弗里德里希·阿道夫·左尔格

霍　博　肯

1892年12月31日于伦敦

亲爱的左尔格:

……在这里,在古老的欧洲,比你们那个还没有很好地摆脱少年时代的"年轻的"国家,倒是更活跃一些。在这样一个从未经历过封建主义、一开始就在资产阶级基础上发展起来的年轻的国家里,资产阶级偏见在工人阶级中也那样根深蒂固,这是令人惊奇的,然而也是十分自然的。美国工人正是由于反抗还披着封建外衣的宗主国,便以为传统的资产阶级经济天然就是,而且任何时候都是先进的、优越的、无与伦比的。这同新英格兰的情况完全一样,在那里,清教主义这一整个殖民地产生的根源,也正因为如此而变成了传统的遗产,并且同它的地方观念几乎不能分开。无论美国人如何抗争和坚持,也不能把他们那个确实宏伟的未来像票据一样贴现,他们必须等到支付日期;正**因为**未来是如此远大,他们现在主要的是要为这个未来作准备;而这种准备正如在每一个年轻的国家里那样,首先是物质方面

的,它会造成人们思想上某种程度的落后,使人们留恋同新民族的形
成相联系的传统。盎格鲁撒克逊种族——这些可恶的石勒苏益格—
荷尔斯泰因人,马克思总是这样称呼他们——本来就脑筋迟钝,而他
们在欧洲和美洲的历史(经济上的成就和政治上的主要是和平的发
展),使他们的这一特点更加突出。在这里,只有发生重大事变,才能
有所帮助;国有土地已经差不多完全转为私人占有,如果现在还能在
不太狂暴的关税政策下扩展工业,并夺取国外市场,那么,你们那里
的事情也就好办了。阶级斗争在英国这里也是在大工业的**发展时期**
比较激烈,而恰好是在英国工业无可争辩地在世界上占据统治地位
的时候沉寂下去的。在德国,1850年以来的大工业的发展也是和社
会主义运动的高涨同时出现的,美国的情况大概也不会有什么两样。
日益发展的工业使一切传统的关系革命化,而这种革命化又促使头
脑革命化。

　　此外,美国人早就向欧洲世界证明,资产阶级共和国就是资本
主义生意人的共和国;在那里,政治同其他任何事情一样,只不过是
一种买卖。法国人通过巴拿马丑闻[590]也终于在全国范围内开始领
悟这个道理,那里当权的资产阶级政治家早就懂得了这一点,并且
不声不响地付诸实践。而那些立宪君主国也无法以品行端正自诩,
它们个个都有自己的小巴拿马:英国有建筑协会丑闻,其中有一个
"解放者协会",把一大批小存户从大约800万英镑的存款中彻底"解
放了",[591]德国有巴雷丑闻[592]和勒韦的犹太枪丑闻[593](这证明,普鲁
士军官仍在偷窃,不过是零星地干——这是他们唯一有节制的表
现);意大利有罗马银行丑闻[594],它几乎已经可以和巴拿马丑闻媲美
了,这家银行收买了约150名众议员和参议员;我听说,关于这件事
的文件不久将在瑞士发表。施留特尔应该注意报纸上有关罗马银行

丑闻的一切消息。而在神圣的俄罗斯,有古老俄罗斯公爵称号的美舍尔斯基,由于俄国对揭发出的巴拿马丑闻无动于衷而大动肝火,他认为这只能说明俄国的道德已经被法国的榜样败坏了,而且"我们自己家里不止有一个巴拿马"……

1893年

256
恩格斯致弗里德里希·阿道夫·左尔格

霍　博　肯

1893年1月18日于伦敦

亲爱的左尔格：

……在伦敦这里，费边派是一伙野心家，他们有相当清醒的头脑，懂得社会变革必不可免，但是他们决不肯把这个艰巨的事业交给粗鲁的无产阶级单独去做，所以他们惯于自己出来领导。害怕革命，这就是他们的基本原则。他们是地道的"有教养的人"。他们的社会主义是市政社会主义：生产资料应当归**公社**所有，而不应当归国家所有，至少在开头应该这样。此外，他们把自己的社会主义描述为资产阶级自由主义的一种极端的、然而是不可避免的结果，因此就产生了他们的策略：不是把自由党人当做敌人同他们进行坚决的斗争，而是推动他们作出社会主义的结论，也就是哄骗他们，用社会主义**渗透**自由主义，不是用社会主义候选人去同自由党人相抗衡，而是把他们硬塞给自由党人，强加给自由党人，也就是用欺骗手段使自由党人接受他们。费边派这样做不是自己被欺骗，被愚弄，就是欺骗社会主义，这当然是他们所不了解的。

费边派515除了出版各种各样的恶劣作品外，还尽力出版了一些好的宣传品，这是英国人在这方面所出版的最好的东西。但是他们一谈到他们的特殊策略——抹杀阶级斗争,那就糟糕了。他们之所以疯狂地仇视马克思和我们大家,就是因为阶级斗争问题。

　　费边派当然有许多资产阶级信徒,所以也有钱……

257

恩格斯致奥古斯特·倍倍尔

柏　　林

1893年1月24日于伦敦

亲爱的奥古斯特:

　　……《前进报》刊登的辛格尔关于交易所的演说①是很出色的,我急切希望看到它的速记稿。但是在这个问题上有一点是我们大家容易忽略的:交易所并不是资产者剥削工人的机构,而是他们自己**相互剥削**的机构;在交易所里转手的剩余价值是已经**存在的**剩余价值,是**过去**剥削工人的产物。只有在这种剥削完成后,剩余价值才能为交易所里的尔虞我诈效劳。交易所首先只是间接地和我们有关,因为它对于工人所受的资本主义剥削的影响和反作用也只是间接的,通过迂回曲折的道路实现的。要求工人直接关心容克、工厂主和小资产者在交易所里受到的盘剥并要求对此表示愤慨,这等于要求工人拿起

---

　　①1893年1月20日《前进报》第17号详细报道了保·辛格尔就交易所税务法附则发表的演说。——编者注

马克思墓，位于伦敦海格特公墓

武器保护这些工人自己的直接剥削者占有从这些工人身上榨取来的剩余价值。我们敬谢不敏。但是,作为资产阶级社会最高贵的成果,作为极端腐化行为的策源地,作为巴拿马[590]和其他丑闻的温室,因而也作为积聚资本、瓦解和摧毁资产阶级社会中自发的联系的最后残余以及同时消灭一切传统的道德观念并使之转变为自己的反面的最卓越的手段——作为无比的破坏因素,作为即将爆发的革命的最强有力的加速器——在这种历史意义上,交易所与我们也有直接的关系……

258

恩格斯致弗拉基米尔·
雅柯夫列维奇·施穆伊洛夫

德 累 斯 顿

1893年2月7日于伦敦西北区
瑞琴特公园路122号

尊敬的同志:

您友好地祝愿我活90岁,我非常感谢;如果我仍然能够像现在这样,我并不反对,但是,如果我的肉体和精神注定要像许多人那样变得呆滞的话,那就敬请原谅,我不能从命了。

您在马克思传记方面的要求[595],**很遗憾**,我所能做到的很少;我没有这个时间,我正忙于《资本论》第三卷,一时一刻也不能丢开。

关于第一点,除了您已经有的传记材料,我介绍不出更多的东西。至少没有什么可靠的东西。

关于第二点,马克思1844—1849年的实际活动,一部分是在工人协会,特别是在1846—1848年布鲁塞尔协会[596],一部分是在同盟。[49]但是您在印刷品中,如我们给《宣言》所写的那些序言(1892年**柏林最新**版本)和附有我的引言①的《揭露共产党人案件》②(1885年苏黎世版)中,只能找到某些有关他在同盟活动的东西。关于国际,可靠的**只有**艾希霍夫③,他是根据马克思的批注写作的;**其他所有人的东西**,从弗里布尔④到拉夫莱⑤和察赫尔⑥,完全是**谎言和神话**。宁可自己动手写一大本书来正确地阐明事实,也不要把材料交给第三者去加工。但是我可以向您提供有关总委员会同巴枯宁进行决定性斗争的两个出版物(《所谓的分裂》⑦和《社会主义民主同盟》⑧)。埃里蒂埃给《柏林人民论坛》写的《汝拉联合会和米哈伊尔·巴枯宁》一文,渗透着对无政府主义者编造的一切谎言的盲目信任[597],这种信任超出了单纯幼稚的范围,而译者,正如埃里蒂埃给我写信所说的那

---

①恩格斯《关于共产主义者同盟的历史》,见《马克思恩格斯文集》第4卷。——编者注

②马克思《揭露科隆共产党人案件》,见《马克思恩格斯全集》中文第2版第11卷。——编者注

③威·艾希霍夫《国际工人协会》1868年柏林版。——编者注

④厄·爱·弗里布尔《国际工人协会》1871年巴黎版。——编者注

⑤埃·拉夫莱《现代社会主义》1881年布鲁塞尔—海牙版。——编者注

⑥格·察赫尔《赤色国际》1884年柏林第2版。——编者注

⑦马克思和恩格斯《所谓国际内部的分裂》,见《马克思恩格斯全集》中文第1版第18卷。——编者注

⑧马克思和恩格斯《社会主义民主同盟和国际工人协会》,见《马克思恩格斯全集》中文第1版第18卷。——编者注

样,又进一步作了无政府主义的歪曲。(不过,俄国书报检查机关的大删大砍,倒可使您避免许多错误。)

关于第三点,《神圣家族》①无论如何您必须弄到;我自己的这一本在任何情况下也不会拿出去,而叙述该书的内容是一件力所不及的工作,摘出要点,也是办不到的。您应该了解**全**书。在柏林大概可以找到这本书。

关于历史唯物主义的**起源**,在我看来,您在我的《费尔巴哈》(《路德维希·费尔巴哈和德国古典哲学的终结》)中就可以找到足够的东西——马克思的附录②其实**就是**它的起源!其次,在《宣言》的序言(1892年柏林新版)和《揭露共产党人案件》的引言中也可以找到。

马克思在50年代一个人埋头制定了剩余价值理论③,在他没有完全弄清这一理论的所有结论时,他坚决拒绝发表关于这一理论的任何材料。因此,《政治经济学批判》第二分册及以下各分册都没有出版。

给您寄去《分裂》和《同盟》,希望这些足够您用了;很遗憾,这就是我能为您做的一切。

衷心问候格拉德瑙尔和当地的全体同志们。

您的 弗·恩格斯

---

①马克思和恩格斯《神圣家族》,见《马克思恩格斯文集》第1卷。——编者注
②指马克思《关于费尔巴哈的提纲》,见《马克思恩格斯文集》第1卷。——编者注
③指马克思在1857年10月至1858年5月所写的经济学手稿。——编者注

259

恩格斯致尼古拉·弗兰策维奇·丹尼尔逊

彼 得 堡

1893年2月24日于伦敦

尊敬的先生:

很久没有写信,请原谅。这也是不得已。我必须努力——尽最大的努力,争取在这个冬春把第三卷①完成。为此我只好放弃所有其他工作,甚至连信也不写,除非非写不可。否则,我不会中止同您继续就那个十分有意思而且重要的问题进行讨论。②

现在,除了一些形式方面的工作以外,我已经结束了第五篇(银行和信用)的**编辑工作**,这一篇无论从内容本身或就**手稿的状况**来说,都是最难的。现在只剩下两篇,占全卷三分之一,其中的一篇(地租)内容也很难,但这一篇的手稿,我记得,要比第五篇的手稿完善得多。因此,我仍有希望在预定期限内完成任务。原先一个很大的困难,是保证在3—5个月的时间里不受任何干扰,把全部时间都用在第五篇上,现在这一篇幸而已经完成。在工作的时候,我时常想到这一卷出版之后会带给您多大的喜悦。我将把清样寄给您,就像过去第二

---

① 马克思《资本论》第三卷。——编者注

② 参看恩格斯1891年10月29—31日、1892年3月15日、6月18日和9月22日给尼·弗·丹尼尔逊的信。——编者注

卷那样。[598]

现在我们言归正传。

我们似乎在所有各点上都已取得一致意见,只有一个问题除外;您在10月3日和1月27日的两封信里都谈到了这个问题,虽然两封信是从不同角度谈的。

在头一封信里您问道:1854年以后不可避免地发生的那种经济变革,不但不能促进俄国历史上形成的那些制度的发展,反而必然从根本上破坏它们吗?换句话说,农村公社[418]不能作为新的经济发展的基础吗?

在1月27日的信中,您用下面的方式表达了同一思想:大工业对俄国来说已经成为必然,但是它以资本主义的形式来发展是不可避免的吗?

好吧,我们来看看。在1854年前后,俄国的起点是:一方面存在着公社,另一方面必须建立大工业。如果您考虑一下你们国家当时总的情况,难道您认为有可能以这样一种方式把大工业嫁接在农民公社上面:一方面使这种大工业的发展成为可能,另一方面又把这种原始的公社提高到世界上空前优越的一种社会制度的水平?而且是在整个西方都还生活在资本主义制度下的时候?我认为,这样一种史无前例的发展,它所要求的经济、政治和精神条件,同当时俄国所具有的条件是不同的。

毫无疑问,公社,在某种程度上还有劳动组合,都包含了某些萌芽,它们在一定条件下可以发展起来,使俄国不必经受资本主义制度的苦难。我完全同意我们的作者有关茹柯夫斯基的那封信[599]。但无论他还是我都认为,实现这一点的第一个条件,是**外部的推动**,即西欧经济制度的变革,资本主义在最先产生它的那些国家中被消灭。我们的作者在1882年1月给过去的一篇《宣言》写的一篇序言中,对于俄国的公社能否成为更高级的社会发展的起点这个问题,是这样回答的:假如俄国经济制度的变革与西方经济制度的变革同时发生,"从而双方互相补充的话,那么现今的俄国土地占有制便能成为新的社会发展的起点"。[600]

如果在西方,我们在自己的经济发展中走得更快些,如果我们在10年或20年以前能够推翻资本主义制度,那么,俄国也许还来得及避开它自己向资本主义发展的趋势。遗憾的是,我们的进展太慢,那些必然使资本主义制度达到临界点的经济后果,目前在我们周围的各个国家只是刚刚开始发展:当英国迅速丧失它在工业上的垄断地位的时候,法国和德国正在接近英国的工业水平,而美国正要不仅在工业品方面,而且在农产品方面把它们统统赶出世界市场。美国实行一种至少是相对的自由贸易政策,无疑会彻底摧毁英国的工业垄断地位,同时会破坏德国和法国的工业品出口贸易;然后危机就会到来,这就是到**世纪末**还剩下的一切。而在这期间你们那里的公社却在衰败,我们只能希望我们这里向更好的制度的过渡尽快发生,以挽救——至少是在你们国家一些较边远的地区——那些在这种情况下负有使命实现伟大未来的制度。但事实终究是事实,我们不应当忘记,这种机会正在逐年减少。

其余的我都同意您的意见:俄国是被资本主义大工业征服的**最后**一个国家,同时又是**农民人口最多**的国家,这种情况必然会使这种经济变革所引起的动荡比其他任何地方都更加剧烈。由一个新的**资产阶级**土地占有者阶级代替大约50万地主和大约8 000万农民的过程,只能通过可怕的痛苦和动荡来实现。但历史可以说是所有女神中最残酷的一个,她不仅在战争中,而且在"和平的"经济发展过程中,都驾着凯旋车在堆积如山的尸体上驰骋。而不幸的是,我们人类却如此愚蠢,如果不是在几乎无法忍受的痛苦逼迫之下,怎么也不能鼓起勇气去实现真正的进步。

永远是您的　珀·怀·罗·509

来信请寄给**考茨基夫人**,而不要寄给罗舍夫人。

260
恩格斯致弗·维森⁶⁰¹

贝　尔　德

1893年3月14日于伦敦西北区
瑞琴特公园路122号

尊敬的同志:

由于手边有大量积压下来的工作,以致未能更早地回复您1月29日的来信。

我不明白,如果提出候选人来竞选某个政治职位,即使在力求废除这种职位的时候也还投他们的票,这怎么就会使社会民主党的原则遭到破坏。

有人可能认为,在美国废除参议院和总统职位的最好办法,就是把有志于实现这一措施的人选到这种职位上去;这样才能始终朝着这个方向行动。还有人可能认为这个办法不恰当;关于这一点,还可以争论。在有些情况下,这种行动方式可能违背①革命原则,但是我还看不出为什么在任何时候、任何地方都会如此。

要知道,工人运动的最近目标就是由工人阶级自己为工人阶级夺取政权。如果在这一点上我们是一致的,那么,在为实现这一目标所应采取的斗争手段和斗争方法上的不同意见,就不大可能使诚实的人们之间发生原则上的分歧,只要他们都有理智的话。依我看,对每一个国家说来,能最快、最有把握地实现目标的策略,就是最好的策略。但正是美国距离这一目标还很遥远。我觉得,如果我就用这一情况来解释为什么在美国有时还那样重视这种学院式的争论,大概是不会错的。

我给您以发表此信的权利,但不要删节。

忠实于您的 弗·恩格斯

---

①在抄件中此处为:"在有些情况下,这种行动方式可能破坏"。——编者注

261
恩格斯致弗里德里希·阿道夫·左尔格

霍 博 肯

1893年5月17日于伦敦

亲爱的左尔格:

……关于我对德国局势的看法,你可以从随信寄去的《费加罗报》上的《谈话》①里看出。像任何访问记一样,一些说法转述得有些走样,整个叙述有缺陷,但总的意思是表达得正确的。我们在德国的人情绪高昂,竞选运动对他们来说是真正的幸福和愉快的事情,尽管这需要他们付出很多的心血和气力。倍倍尔开过布鲁塞尔会议[602]以后,曾在这里度过了复活节周。从他的来信看,他觉得像获得了新生一样。除汉堡外,他在阿尔萨斯的斯特拉斯堡——1890年我们在那里是4 800票对8 200票——也被提名为候选人,而且很多倾向于法国的人都将投他的票。我们参加竞选的选区约有100—110个,估计在这些选区可得总票数的三分之一以上(参照1890年的选举结果来判断),而且我想,在将近80个选区里,我们不是立即通过就是可以进入复选。我们的人有多少会在复选时遇到障碍,这要看哪些候选人与

---

① 《弗·恩格斯1893年5月11日对法国〈费加罗报〉记者的谈话》,见《马克思恩格斯文集》第4卷。——编者注

我们抗衡。如果是对保守党[482]或民族自由党[215],那我们当选的可能性就大;如果是对自由思想党[483],可能性就小一些;如果是对中央党[484]——假如对方的候选人在军事问题上采取强硬态度的话——,那可能性就很小了。[603]倍倍尔估计,从总的情况看来可望获得50—60个席位。[604]

在德国,人们的看法发生了很大变化。不管资产阶级报刊怎样继续高唱老调,我们的人在帝国国会里博得的尊敬给自己确立了完全不同的地位。况且,不能闭眼不看党的力量在不断增长。如果我们在即将举行的选举中又有大的进展,那么,一方面会更受尊敬,另一方面也会更使人恐惧。而这种恐惧将迫使小市民先生们一致倒向政府一边……

262

恩格斯致保尔·拉法格

勒 佩 勒

1893年6月27日于伦敦

亲爱的拉法格:

你们对无政府主义者和布朗热派极端爱国主义者的胡闹提出抗议是完全正确的[605];即使这里有米勒兰和饶勒斯的功劳(他们在这方面当然是走在你们前面了),也无关紧要。特别是在普选[606]的前夕,决不能听任别人恣意诽谤。因此,在这一点上我们是一致的。德国人也不止一次这样做过,结果使博尼埃大为伤心;博尼埃经常在想象的反爱国主义(但反爱国主义主要是对**别人**而言,因为再没有谁比他更希望"法国走在运动的最前面")范围里行事。而现在全国委员会毫不含糊地宣称自己是爱国主义的——正好赶上德国的选举[604]也同样毫不含糊地证明,现在走在运动最前面的不是法国——,可怜的博尼埃,他星期天在这里,显得十分难堪。

我希望你们的宣言在法国产生影响,但我同样希望它在德国不要引起人们的注意。理由如下(这不是什么严重问题,但我认为还是应当提醒你们注意,以便你们下次能够避免):

关于爱国主义者一词的使用,关于你们自称为唯一"真正的"爱国主义者,这些我不想谈了。这个词的含义相当片面——或者说词义相当含糊,依情况而定——,因此我从来不敢把这一称号用在自己身上。我对非德国人讲话时是一个德国人,正像我对德国人讲话时又纯粹是一个国际主义者一样。我认为,要是你们只称自己是**法国人**,倒会取得更大的效果;因为这反映了**事实**,其中也包含了由此而得出的逻辑结论。但是我们先不管它,这是个风格问题。

你们以法国的革命的过去自豪,并认为它的革命的过去将保证它的社会主义的未来,这也是完全正确的。但是我觉得,你们在这样做的时候,似乎太接近布朗基主义[607]了,也就是说,太接近于这样一种理论:法国注定应该在无产阶级革命中起它在1789—1798年资产阶级革命中所起的那种作用(不仅是**首倡者的**作用,而且是**领导者的**作用)。这是同今天的经济和政治的实际情况相矛盾的。法国工业的发展落后于英国,目前也落后于德国,德国从1860年以来进步迅速。法国的工人运动今天已不能同德国的工人运动相比。但是,无论是法国人、德国人,还是英国人,都不能单独赢得消灭资本主义的光荣。如果法国——**可能如此**——发出信号,那么,斗争的结局将决定于受社会主义影响最深、理论最深入群众的德国;虽然如此,只要英国还掌握在资产阶级手中,那么,不管是法国还是德国,都还不能保证最终赢得胜利。无产阶级的解放只能是国际的事业。如果你们想把它变成只是法国人的事业,那你们就会使它成为做不到的事了。法国单独领导过资产阶级革命——虽然由于其他国家的糊涂与怯懦,这是不可避免的——,你们知道这导致了什么后果?导致了拿破仑的出现,导致了征战,导致了神圣同盟[436]的侵略。希望法国在将来也要起这样的作用,那就是歪曲国际无产阶级运动;就是像布朗基派那样,使法国成为取笑的对象,因为在你们国界以外,人们对这种奢望是嘲笑的⋯⋯

263

恩格斯致弗兰茨·梅林

柏　林

1893年7月14日于伦敦

亲爱的梅林先生:

　　直到今天我才有机会感谢您惠寄的《莱辛传奇》。我不想仅仅是正式通知您书已经收到,还想同时谈谈这本书本身——它的内容,因此就拖延下来了。

　　我从末尾，即从《论历史唯物主义》这篇附录①谈起。在这里主要的东西您都论述得很出色，对每一个没有成见的人都是有说服力的。如果说我有什么异议，那就是您加在我身上的功绩大于应该属于我的，即使我把我经过一定时间也许会独立发现的一切都计算在内也是如此，但是这一切都已经由眼光更锐利、眼界更开阔的马克思早得多地发现了。如果一个人能有幸和马克思这样的人一起工作40年之久，那么他在后者在世时通常是得不到他以为应当得到的承认的；后来，伟大的人物逝世了，那个平凡的人就很容易得到过高的评价——在我看来，现在我的处境正好是这样。历史最终会把一切都纳入正轨，到那时那个人已经幸运地长眠于地下，什么也不知道了。

　　此外，只有一点还没有谈到，这一点在马克思和我的著作中通常也强调得不够，在这方面我们大家都有同样的过错。这就是说，我们大家首先是把重点放在从基本经济事实中**引出**政治的、法的和其他意识形态的观念以及以这些观念为中介的行动，而且**必须这样做**。但是我们这样做的时候为了内容方面而忽略了形式方面，即这些观念等等是由什么样的方式和方法产生的。这就给了敌人以称心的理由来进行曲解或歪曲，保尔·巴尔特就是个明显的例子②。

　　意识形态是由所谓的思想家通过意识、但是通过虚假的意识完成的过程。推动他的真正动力始终是他所不知道的，否则这就不是意识形态的过程了。因此，他想象出虚假的或表面的动力。因为这是思维过程，所以它的内容和形式都是他从纯粹的思维中——或者从他

---

　　①弗·梅林《论历史唯物主义》，作为附录收入《莱辛传奇》1893年版。——编者注

　　②指保·巴尔特《黑格尔和包括马克思及哈特曼在内的黑格尔派的历史哲学》1890年莱比锡版。——编者注

自己的思维中,或者从他的先辈的思维中引出的。他只和思想材料打交道,他毫不迟疑地认为这种材料是由思维产生的,而不去进一步研究这些材料的较远的、不从属于思维的根源。而且他认为这是不言而喻的,因为在他看来,一切行动既然都以思维为**中介**,最终似乎都以思维为**基础**。

历史方面的意识形态家(历史在这里应当是政治、法律、哲学、神学,总之,一切属于**社会**而不是单纯属于自然界的领域的简单概括)在每一科学领域中都有一定的材料,这些材料是从以前的各代人的思维中独立形成的,并且在这些世代相继的人们的头脑中经过了自己的独立的发展道路。当然,属于本领域或其他领域的外部事实对这种发展可能共同起决定性的作用,但是这种事实本身又被默认为只是思维过程的果实,于是我们便始终停留在纯粹思维的范围之中,而这种思维仿佛顺利地消化了甚至最顽强的事实。

正是国家制度、法的体系、各个不同领域的意识形态观念的独立历史这种外观,首先迷惑了大多数人。如果说,路德和加尔文"克服了"官方的天主教,黑格尔"克服了"费希特和康德,卢梭以其共和主义的《社会契约论》间接地"克服了"立宪主义者孟德斯鸠,那么,这仍然是神学、哲学、政治学内部的一个过程,它表现为这些思维领域历史中的一个阶段,完全不越出思维领域。而自从出现了关于资本主义生产永恒不变和绝对完善的资产阶级幻想以后,甚至重农主义者和亚当·斯密克服重商主义者,也被看做纯粹的思想胜利;不是被看做改变了的经济事实在思想上的反映,而是被看做对始终普遍存在的实际条件最终达到的真正理解。如果狮心理查和菲力浦-奥古斯特实行了自由贸易,而不是卷入了十字军征讨,那我们就可以避免500年的贫穷和愚昧。

　　对问题的这一方面(我在这里只能稍微谈谈),我觉得我们大家都有不应有的疏忽。这是一个老问题:起初总是为了内容而忽略形式。如上所说,我也这样做过,而且我总是在事后才发现错误。因此,我不仅根本不想为此对您提出任何责备——我在您之前就在这方面有过错,我甚至没有权利这样做——,相反,我只是想让您今后注意这一点。

　　与此有关的还有意识形态家们的一个愚蠢观念。这就是:因为我们否认在历史中起作用的各种意识形态领域有独立的历史发展,所以我们也否认它们对**历史**有任何**影响**。这是由于通常把原因和结果非辩证地看做僵硬对立的两极,完全忘记了相互作用。这些先生们常常几乎是故意地忘记,一种历史因素一旦被其他的、归根到底是经济的原因造成了,它也就起作用,就能够对它的环境,甚至对产生它的原因发生反作用。例如在您的书中第475页上巴尔特讲到教士等级和宗教的地方,就是如此。我很高兴您收拾了这个平庸得令人难以置信的家伙。而他们还让这个人在莱比锡当历史教授呢!那里曾经有个老瓦克斯穆特,这个人头脑也很平庸,但对事实很敏感,完全是另一种人!

　　此外,关于这本书,我只能再重复一下那些文章在《新时代》上发表①时我已经不止一次地讲过的话:这是现有的对普鲁士国家形成过程的最好的论述,我甚至可以说,是唯一出色的论述,对大多数事情,甚至各个细节,都正确地揭示出相互联系。令人遗憾的,只是您未能把直到俾斯麦为止的全部进一步发展也包括进去,我不由地希望您下一次会做到这一点,连贯地描绘出自选帝侯弗里德里希-威廉到

---

①弗·梅林《莱辛传奇》1891—1892年在《新时代》杂志上连载。——编者注

恩格斯致弗兰茨·梅林(1893年7月14日)

老威廉①为止的整个情景。您已经做过准备性的研究工作,至少在主
要问题上可以说已经完成了。而在破马车散架以前这件事无论如何
是必须做好的。打破保皇爱国主义的神话,这即使不是铲除掩盖着阶
级统治的君主制度(因为**纯粹的**资产阶级共和制在德国还没有产生
出来就已经过时了)的必要前提,也毕竟是完成这一任务的最有效的
杠杆之一。

　　这样您就会有更多的余地和机会把普鲁士的地方史当做全德
苦难的一部分描绘出来。正是在这一点上,我在某些地方不同意您的
意见,不同意您对德国的割据局面和16世纪德国资产阶级革命失败
的先决条件的见解。如果我有机会重新改写我的《农民战争》②的历
史导言(希望这能在今年冬季实现),那么我就能在那里阐述有关的
各点。608这并不是说我认为您列举的各种先决条件不正确,但是除
此之外我还要提出其他一些,并加以稍许不同的分类。

　　在研究德国历史(它完全是一部苦难史)时,我始终认为,只有拿
法国的相应的时代来作比较,才可以得出正确的标准,因为那里发生
的一切正好和我们这里发生的相反。那里是封建国家的各个分散的
成员组成一个民族国家,我们这里恰好是处于最严重的衰落时期。那
里的整个发展过程中贯穿着罕见的客观逻辑,我们这里则表现出不
可救药的,而且越来越不可救药的紊乱。在那里,在中世纪,英国征服
者是外国干涉的代表,帮助普罗旺斯族反对北法兰西族。对英国人的
战争可说是三十年战争309,但是战争的结果是外国干涉者被驱逐
出去和南部被北部制服。随后是中央政权同依靠国外领地、起着勃

---

　　①威廉一世。——编者注
　　②恩格斯《德国农民战争》,见《马克思恩格斯文集》第2卷。——编者注

兰登堡—普鲁士所起作用的勃艮第藩国的斗争,但是这一斗争的结果是中央政权获得胜利和民族国家最后形成。[609]在我们这里,当时恰好是民族国家彻底瓦解(如果神圣罗马帝国[317]范围内的"德意志王国"可以称为民族国家的话),德国领土开始大规模被掠夺。这对德国人来说是极其令人羞愧的对照,但是正因为如此就更有教益,自从我们的工人重又使德国站在历史运动的前列以来,我们对过去的耻辱就稍微容易忍受了。

德国的发展还有一点是极其特殊的,这就是:最终共同瓜分了整个德国的两个帝国组成部分,都不纯粹是德意志的,而是在被征服的斯拉夫人土地上建立的殖民地:奥地利是巴伐利亚的殖民地,勃兰登堡是萨克森的殖民地;它们之所以**在德国内部**取得了政权,仅仅是因为它们依靠了国外的、非德意志的领地:奥地利依靠了匈牙利(更不用说波希米亚了),勃兰登堡依靠了普鲁士。在最受威胁的西部边境上,这类事情是根本没有的,在北部边境上,保护德国不受丹麦人侵犯一事是让丹麦人自己去做的,而南部则很少需要保卫,甚至国境保卫者瑞士人自己就能从德国分立出去!

我已经天南地北地扯得太远了;让这些空话至少给您作个证据,证明您的著作使我多么兴奋吧。

再次表示衷心的感谢和问候。

您的 弗·恩格斯

264

恩格斯致尼古拉·弗兰策维奇·丹尼尔逊

彼　得　堡

1893年10月17日于伦敦

尊敬的先生:

　　收到您7月26日说您已经回到家里的来信时,我自己正准备到大陆去两个月,而现在刚刚回来。[610]这就是我长时间没给您写信的原因。

　　多谢您寄来数册《概况》[①];其中三册我已送给有眼力的朋友。我很高兴地看到,这本书产生了很大的影响,甚至引起了轰动,这是当之无愧的。在我所遇到的俄国人中间,这本书成了主要的话题。就在昨天,其中一人[②]给我写信说:我们俄国正在争论"俄国资本主义的命运"问题。在柏林的《社会政治中央导报》上[③],有一位叫彼·冯·司徒卢威先生的发表了一篇评论您这本书的长文[④]。有一点我还是应该同意他的看法,我也认为俄国当前的资本主义发展阶段,是克里木

---

　　①尼·弗·丹尼尔逊《我国改革后的社会经济概况》1893年圣彼得堡版。——编者注

　　②约·戈尔登贝格。——编者注

　　③恩格斯在这里加了注:"第3年卷,1893年10月1日第1期。"——编者注

　　④彼·司徒卢威《评俄国资本主义的发展》。——编者注

战争[574]所造成的历史条件和1861年使土地关系发生变化的办法的必然结果,也是整个欧洲普遍政治停滞的必然结果。司徒卢威认为您对未来的看法是悲观主义的,但是,他在反驳您的看法时却把俄国的现状同美国的现状作了对比,这就完全错了。他说,现代资本主义在俄国的恶果,会像在美国一样容易消除。在这里他完全忘记了,美国从一诞生起就是现代的,资产阶级的;美国是由那些为了建立纯粹的资产阶级社会而从欧洲的封建制度下逃出来的小资产者和农民建立起来的。而在俄国,基础则是原始共产主义性质的,是文明时代以前的氏族社会,它虽然正在土崩瓦解,但仍然是资本主义革命(这毕竟是一场真正的社会革命)赖以行动和进行的基础、材料。在美国,货币经济早在一百多年以前就已经完全确立,而在俄国,自然经济还是常规,几乎毫无例外。由此可见,在俄国,这种变革一定比美国强烈得多,尖锐得多,遭受的痛苦也要大得多。

尽管如此,我仍然认为您把事情看得比事实所证实的要阴暗些。毫无疑问,从原始的农业共产主义过渡到资本主义的工业制度,没有社会的巨大的变革,没有整个整个阶级的消失和它们向另一些阶级的转变,那是不可能的;而这必然要引起多么巨大的痛苦,使人的生命和生产力遭受多么巨大的浪费,我们已经在西欧——在较小的规模上——看到了。但是,这距离一个伟大而天赋很高的民族的彻底灭亡还远得很。你们已经习以为常的人口迅速增长,可能遭到遏制。滥伐森林加上对旧地主以及对农民的剥夺,可能引起生产力的巨大浪费;然而,一亿多人口终究会给非常可观的**大工业**提供一个很大的国内市场;在你们那里,也像其他任何地方一样,事情最终会找到它们自己的相应的位置,——当然,如果资本主义在西欧能持续得足够长久的话。

恩格斯致尼古拉·弗兰策维奇·丹尼尔逊(1893年10月17日)

您自己承认，

"克里木战争后俄国的社会条件，不利于我们从我们过去的历史继承下来的生产形式的发展"。

我还要进一步说，在俄国，从原始的农业共产主义中发展出更高的社会形式，也像任何其他地方一样是不可能的，除非这种更高的形式**已经存在**于其他某个国家，从而起到样板的作用。这种更高的形式——凡在历史上它可能存在的地方——是资本主义生产形式及其所造成的社会二元对抗的必然结果，它不可能从农村公社直接发展出来，除非是仿效某处已存在的样板。假如西欧在1860—1870年间已经成熟到能实行这种转变，假如这种变革当时已开始在英法等国实行，那么俄国人就应该表明，从他们那种当时大体上还保持原状的公社中能够发展出什么来。但是西方当时却处于停滞状态，不打算实行这种转变，而资本主义倒是越来越迅速地发展起来。因而，俄国就只能二者择一：要么把公社发展成这样一种生产形式，这种生产形式和公社相隔许多历史阶段，而且实现这种生产形式的条件当时甚至在西方也还没有成熟——这显然是一项不可能完成的任务，要么向资本主义发展。试问，除了这后一条路，它还有什么办法呢？

至于公社[418]，只有在其成员间的财产差别很小的条件下，它才可能存在。这种差别一旦扩大，它的某些成员一旦成为其他较富有的成员的债务奴隶，它就不能再存在下去了。雅典的富农和富豪在梭伦那个时代以前无情地破坏了雅典的**氏族**，现在你们国家的富农和富豪也在同样无情地破坏着公社。恐怕这一制度注定要灭亡。但是，另一方面，资本主义正在展示出新的前景和新的希望。请看它在西方已经做的和正在做的事情吧。像你们的民族那样的伟大民族，是经得起任何危机的。没有哪一次巨大的历史灾难不是以历史的进步为补偿的。只有活动方式在改变。让命运实现吧!

永远是您的

第三卷^①一付印,我就留心把校样寄给您。

---

①马克思《资本论》第三卷。——编者注

1894年

265

恩格斯致朱泽培·卡内帕

迪亚诺马里纳

[草稿]

[1894年1月9日于伦敦]

亲爱的公民：

请原谅我用法文给您写信。近20年来，我已经失掉在运用意大利文方面所掌握的那点能力。

我打算从马克思的著作中给您找出一则您所期望的题词。[611]我认为，马克思是当代唯一能够和那位伟大的佛罗伦萨人①相提并论的社会主义者。但是，除了《共产主义宣言》②中的下面这句话（《社会评论》杂志社出版的意大利文版第35页），我再也找不出合适的了："代替那存在着阶级和阶级对立的资产阶级旧社会的，将是这样一个联合体，在那里，每个人的自由发展是一切人的自由发展的条件。"

要用几句话来概括未来新时代的精神，而又不堕入空想主义或者不流于空泛辞藻，几乎是不可能的。

因此，如果我向您提供的这段文字不能满足您所希望的一切条

---

①但丁。——编者注
②即《共产党宣言》。——编者注

件,那就请您原谅。但是,由于您要在21日(这是个充满吉兆的日子,是路易·卡佩公民被处死刑的日子)前做好准备,所以时间不能耽误。

衷心问好。

您的

266

恩格斯致瓦尔特·博尔吉乌斯

布 雷 斯 劳

1894年1月25日于伦敦西北区

瑞琴特公园路122号

尊敬的先生:

对您的问题回答如下:

1. 我们视之为社会历史的决定性基础的经济关系,是指一定社会的人们生产生活资料和彼此交换产品(在有分工的条件下)的方式。因此,这里包括生产和运输的**全部技术**。这种技术,照我们的观点看来,也决定着产品的交换方式以及分配方式,从而在氏族社会解体后也决定着阶级的划分,决定着统治关系和奴役关系,决定着国家、政治、法等等。此外,在经济关系中还包括这些关系赖以发展的**地理基础**和事实上由过去沿袭下来的先前各经济发展阶段的残余(这些残余往往只是由于传统或惰性才继续保存着),当然还包括围绕着这一社会形式的外部环境。

恩格斯致瓦尔特·博尔吉乌斯(1894年1月25日)

　　如果像您所说的,技术在很大程度上依赖于科学状况,那么,科学则在更大得多的程度上依赖于技术的**状况**和**需要**。社会一旦有技术上的需要,这种需要就会比十所大学更能把科学推向前进。整个流体静力学(托里拆利等)是由于16世纪和17世纪意大利治理山区河流的需要而产生的。关于电,只是在发现它在技术上的实用价值以后,我们才知道了一些理性的东西。可惜在德国,人们撰写科学史时习惯于把科学看做是从天上掉下来的。

　　2. 我们把经济条件看做归根到底制约着历史发展的东西。而种族本身就是一种经济因素。不过这里有两点不应当忽视:

　　(a)政治、法、哲学、宗教、文学、艺术等等的发展是以经济发展为基础的。但是,它们又都互相作用并对经济基础发生作用。这并不是说,只有经济状况才是**原因**,**才是积极的**,其余一切都不过是消极的结果,而是说,这是在**归根到底**不断为自己开辟道路的经济必然性的基础上的相互作用。例如,国家就是通过保护关税、自由贸易、好的或者坏的财政制度发生作用的,甚至德国庸人的那种从1648—1830年德国经济的可怜状况中产生的致命的疲惫和软弱(最初表现为虔诚主义,尔后表现为多愁善感和对诸侯贵族的奴颜婢膝),也不是没有对经济起过作用。这曾是重新振兴的最大障碍之一,而这一障碍只是由于革命战争和拿破仑战争把慢性的穷困变成了急性的穷困才动摇了。所以,并不像人们有时不加思考地想象的那样是经济状况自动发生作用,而是人们自己创造自己的历史,但他们是在既定的、制约着他们的环境中,是在现有的现实关系的基础上进行创造的,在这些现实关系中,经济关系不管受到其他关系——政治的和意识形态的——多大影响,归根到底还是具有决定意义的,它构成一条贯穿始终的、唯一有助于理解的红线。

　　(b)人们自己创造自己的历史,但是到现在为止,他们并不是按照共同的意志,根据一个共同的计划,甚至不是在一个有明确界限的既定社会内来创造自己的历史。他们的意向是相互交错的,正因为如此,在所有这样的社会里,都是那种以**偶然性**为其补充和表现形式的**必然性**占统治地位。在这里通过各种偶然性来为自己开辟道路的必然性,归根到底仍然是经济的必然性。这里我们就来谈谈所谓伟大人物问题。恰巧某个伟大人物在一定时间出现于某一国家,这当然纯粹是一种偶然现象。但是,如果我们把这个人去掉,那时就会需要有另外一个人来代替他,并且这个代替者是会出现的,不论好一些或差一些,但是最终总是会出现的。恰巧拿破仑这个科西嘉人做了被本身的战争弄得精疲力竭的法兰西共和国所需要的军事独裁者,这是个偶然现象。但是,假如没有拿破仑这个人,他的角色就会由另一个人来扮演。这一点可以由下面的事实来证明:每当需要有这样一个人的时候,他就会出现,如凯撒、奥古斯都、克伦威尔等等。如果说马克思发现了唯物史观,那么梯叶里、米涅、基佐以及1850年以前英国所有的历史编纂学家则表明,人们已经在这方面作过努力,而摩尔根对于同一观点的发现表明,发现这一观点的时机已经成熟了,这一观点**必定**被发现。

　　历史上所有其他的偶然现象和表面的偶然现象都是如此。我们所研究的领域越是远离经济,越是接近于纯粹抽象的意识形态,我们就越是发现它在自己的发展中表现为偶然现象,它的曲线就越是曲折。如果您画出曲线的中轴线,您就会发现,所考察的时期越长,所考察的范围越广,这个轴线就越是接近经济发展的轴线,就越是同后者平行而进。

　　在德国,达到正确理解的最大障碍,就是著作界对于经济史的不负责任的忽视。不仅很难抛掉学校里灌输的那些历史观,而且更难搜集为此所必需的材料。例如,老古·冯·居利希在自己的枯燥的材料汇集①中的确收集了能够说明无数政治事实的大量材料,可是他的著作又有谁读过呢!

此外,我认为马克思在《雾月十八日》②一书中所作出的光辉范例,能对您的问题给予颇为圆满的回答,正是因为那是一个实际的例子。我还认为,大多数问题都已经在《反杜林论》第一编第九至十一章、第二编第二至四章和第三编第一章或导言里,后来又在《费尔巴哈》③最后一章里谈到了。

请您不要过分推敲上面所说的每一句话,而要把握总的联系;可惜我没有时间能像给报刊写文章那样字斟句酌地向您阐述这一切。

请代我向……④先生问好并代我感谢送来的……④,它使我十分高兴。

致以崇高的敬意。

您的　弗·恩格斯

---

①古·居利希《关于当代主要商业国家的商业、工业和农业的历史叙述》1830—1845年耶拿版。——编者注

②马克思《路易·波拿巴的雾月十八日》,见《马克思恩格斯文集》第2卷。——编者注

③恩格斯《路德维希·费尔巴哈和德国古典哲学的终结》,见《马克思恩格斯文集》第4卷。——编者注

④原信此处缺损。——编者注

267

恩格斯致保尔·拉法格

勒 佩 勒

1894年3月6日于伦敦西北区
瑞琴特公园路122号

亲爱的拉法格：

……前激进派[454]会对你们说,是啊,但是我们法国有共和国!我们的情况有所不同;我们可以利用政府来实现社会主义措施!

对无产阶级来说,共和国和君主国不同的地方仅仅在于,共和国是无产阶级将来进行统治的**现成的**政治形式。你们比我们优越的地方是,你们已经有了共和国,而我们则不同,我们还必须花费24小时去建立它。但是,共和国像其他任何政体一样,是由它的内容决定的;只要它是**资产阶级**的统治形式,它就同任何君主国一样敌视我们(撇开敌视的**形式**不谈)。因此,无论把它看做本质上是一种社会主义的形式,还是当它还被资产阶级掌握时,就把社会主义的使命委托给它,都是毫无根据的幻想。我们可以迫使它作出某些让步,但是决不能把我们自己的工作交给它去完成;即使我们能够通过一个强大得随时就能使自己变为多数派的少数派去监督它,也不能那样做……

268

恩格斯致弗里德里希·阿道夫·左尔格

霍 博 肯

1894年11月10日于伦敦西北区
瑞琴特公园路41号

亲爱的左尔格:

……这里的运动至今仍然同美国的运动相似,只是**多少**走在你们前面一点。群众本能地感到,工人必须建立自己的政党来同两个官方的政党相对抗;这种本能日益增强,而且在11月1日的市政选举中又表现得比任何时候都更为明显。但是由于各种陈旧的传统观念以及缺乏能把这种本能变成自觉行动并在全国范围内把它联合起来的人,运动停滞在思想不明确和各地分散行动的早期阶段上。盎格鲁撒克逊宗派主义在工人运动中也很盛行。社会民主联盟[584]同你们那里的德国人的社会主义工人党[516]完全一样,竟把我们的理论变成了正统教派的死板的教条;它目光短浅,故步自封,而且由于海德门的缘故,它在国际政策中固守着腐朽透顶的传统,这种传统固然时有松动,但是还远远没有被彻底打破。独立工党[612]在策略上十分含糊,它的领袖基尔·哈第是一个极其狡猾的苏格兰人,对他的蛊惑人心的诡计是丝毫不能相信的。他虽然是一个出身于苏格兰煤矿工人的贫民,却创办了一家大型周刊《工人领袖》,要是没有一大笔钱,这是办不到

伊斯特本海滨的岩崖一角，恩格斯的骨灰罐投葬在这里的海中

的,毫无疑问,这笔钱是他从托利党[71]或自由党人合并派[613]即从反对格莱斯顿和地方自治[535]的人那里弄来的。他在伦敦文坛上臭名昭著的交往和一些直接资料以及他的政治态度都能证实这一点。因此,他很可能由于爱尔兰选民和激进派选民的背弃而在1895年的普选中失去他的议席,[614]这将是幸事,因为这个人目前是一块最大的绊脚石。他只是在有蛊惑人心的机会时才在议会中出现:说几句关于失业者的空话来抬高自己,却不去为他们争得任何东西,或者在某个王子①诞生的时候向女王②说一些蠢话(这种做法在这里是极其陈腐和一钱不值的),等等。不过,无论是在社会民主联盟内,还是在独立工党内,特别是在地方上,都有一些很好的人,但是他们很分散;当然,他们至少使得领袖们唆使这两个组织互相倾轧的一切企图每次都遭到了失败。约翰·白恩士在政治上相当孤立,他受到海德门和基·哈第的猛烈攻击,表现出一副似乎对工人的政治组织失去信心、仅仅对工联还抱有希望的样子。的确,他同这两个人打交道是有惨痛教训的,如果机械工人联合会不给他支付议会津贴,他就会饿死。他爱慕虚荣,完全让自由派即激进党人"社会派"牵着鼻子走,他无疑过分重视他所争得的许多个别的让步;虽然如此,在整个运动中,即在领袖们中间,他是唯一真正诚实的人,并且具有真正无产阶级的本能,我认为,比起其他人的狡猾和自私打算来,这种本能在紧要关头是能够引导他走向比较正确的道路的。

在大陆上,随着各种成果的取得,渴望获得更大成果的心理也在增强,而名副其实的争取农民的活动也就风行起来了。起初,法国

---

① 爱德华·阿伯特,约克亲王。——编者注

② 维多利亚。——编者注

恩格斯致弗里德里希·阿道夫·左尔格(1894年11月10日)

人在南特通过拉法格不仅声明说[615]:通过直接干预去加速小农的破产,这不是我们的事情,这一点资本主义会替我们操心(关于这个问题我已经写信和他们谈过①);而且还说:必须直接**保护**小农,使他们不受国库、高利贷者和大地主的剥削。但是这一点我们是不能赞同的,因为第一,这是愚蠢的;第二,这是不可能的。接着,福尔马尔又在法兰克福发表演说[616],他打算收买**全体农民**,但是他在上巴伐利亚要收买的农民,不是莱茵地区的负债累累的小农,而是剥削男女雇工并大批出卖牲口和粮食的中农甚至大农。除非我们放弃一切原则,否则是不能同意这一点的。我们要把阿尔卑斯的农民以及下萨克森和石勒苏益格—荷尔斯泰因的大农争取过来,就只有把雇农和短工出卖给他们,而这样做,我们在政治上就会得不偿失。法兰克福党代表大会[617]在这个问题上没有作出决定;不过也好,这个问题现在可以深入研究。参加代表大会的人对农民和各省的根本不同的土地关系了解太少,所以他们除了胡说一通以外,不能作出什么决议。不过,这个问题迟早总是要解决的。

……在中国进行的战争②给古老的中国以致命的打击。闭关自守已经不可能了;即使是为了军事防御的目的,也必须敷设铁路,使用蒸汽机和电力以及创办大工业。这样一来,旧有的小农经济的经济制度(在这种制度下,农户自己也制造自己使用的工业品),以及可以容纳比较稠密的人口的整个陈旧的社会制度也都在逐渐瓦解。千百万人将被迫离乡背井,移居国外;他们甚至会移居到欧洲,而且是大批的。而中国人的竞争一旦规模大起来,就会给你们那里和我们这里迅

---

①参看恩格斯1894年8月底给保·拉法格的信。——编者注
②指1894年发生的中日战争,即甲午战争。——编者注

速地造成极端尖锐的形势,这样一来,资本主义征服中国的同时也将促进欧洲和美洲资本主义的崩溃⋯⋯

269

恩格斯致劳拉·拉法格和
爱琳娜·马克思-艾威林

1894年11月14日于伦敦

亲爱的孩子们:

我应该向你们说一说我的遗嘱[1]。

第一,你们会发现,我大胆地把我的全部书籍,包括摩尔逝世后从你们那里得来的书籍,都赠给了德国党。这些书籍合在一起,构成现代社会主义的历史和理论以及与之有关的一切科学的独一无二的、同时也是非常完备的文库。如果再把它们分散开,那是很可惜的。把它们保存在一个地方,而且交给那些想利用它们的人支配,——这是倍倍尔和德国社会党其他领导人早已向我表达过的愿望;我认为他们的确是最符合这一目的的人,所以我就同意了。我希望在这种情况下你们能够谅解我的行动,并且也表示赞同。

第二,我不止一次地同赛米尔·穆尔商讨过,能否在我的遗嘱里用某种方式对我们亲爱的燕妮[2]的孩子们予以照顾。遗憾的是,这为

---

①参看《弗里德里希·恩格斯的遗嘱及其补充》,《马克思恩格斯全集》中文第1版第39卷附录。——编者注

②燕·龙格。——编者注

英国的法律所不许。只有在几乎不可能的条件下才可能做到这一点，为此所支付的费用将远远超过我想给他们的钱。所以，我不得不放弃这个办法。既然不能这样做，我就把我的财产（扣除继承事宜所需的费用等等）留给你们每人八分之三。其中八分之二是给你们自己的，其余八分之一你们每人要给燕妮的孩子们留着，并由你们和孩子们的监护人保尔·拉法格来妥善使用。这样你们就不受英国法律的约束，可以按照你们对孩子应有的道义感和爱去做。

我应当以摩尔著作的稿酬的形式付给孩子们的那笔钱，已经记入我的总账本，并将由我的遗嘱执行人付给英国法律所认可的孩子们的法定代理人。

现在，告别了，我最亲爱的孩子们。愿你们身心健康、长寿，并充分享受这种快乐！

弗里德里希·恩格斯

杜西务必通知迈斯纳、狄茨和柏林的《前进报》书店，让他们今后把应付给卡尔·马克思的继承人的稿费等全部款项，**直接**付给**她**。桑南夏恩方面的事，得用另一种方式解决，因为关于《资本论》①的协议是他和我签订的。

弗·恩·

---

①马克思《资本论》第一卷的英译本。——编者注

270

恩格斯致威廉·李卜克内西

柏　林

1894年11月24日于[伦敦]西北区
瑞琴特公园路41号

亲爱的李卜克内西：

我已经写信给倍倍尔并向他指出，在政治争论中，一切都必须冷静考虑，决不要匆忙行事或者凭一时的冲动，我自己在这方面也常常吃亏。因此我现在也要向你提出一个小小的警告。

倍倍尔在会议上的做法是否**不够聪明**，这可以争论。但就事情本身而论，他无疑是正确的。[618]你作为中央机关报的编辑，当然应当起调解作用，应当通过争论消除确实存在的分歧，应当做到各方都能接受，只要党还没有分裂，就应当致力于党的团结。你作为**编辑**对倍倍尔的行为可能感到不愉快。然而，**编辑**感到不愉快的东西应当是**党的领袖**所期望的东西，就是说，有些人用不着总是把必不可少的编辑眼镜架在鼻子上，而且他们还可以提醒编辑本人，他作为党的领袖，有时不妨摘掉玫瑰色眼镜，用自己的肉眼来观察世界。

法兰克福党代表大会[617]前夕，巴伐利亚人在纽伦堡建立了真正的**宗得崩德**[619]。他们带着明白无误的**最后通牒**来到法兰克福。另外，

恩格斯致威廉·李卜克内西(1894年11月24日)

福尔马尔还说什么**各走各的路**,而格里洛①则说,随便你们通过什么决议,反正我们**不服从**。他们宣布了巴伐利亚人的特权,并把他们在党内的反对者称为"普鲁士人"和"柏林人"。[620]他们要求党同意他们投票赞成政府预算,同意那种甚至比小资产阶级的政策还**右**的农民政策。这次党代表大会不是像以前经常做的那样,坚决制止这种行为,而是不敢通过任何决议。如果说倍倍尔在这种情况下谈党内小资产阶级分子活动的加强不合时宜,那么,我真不知道究竟什么时候谈才合时宜。

而《前进报》在干什么呢?它紧紧抓住倍倍尔的攻击形式不放,说事情并不是那样糟糕,并采取同倍倍尔"完全相反"的态度,以致你因倍倍尔的反对者事后必然产生的"误会"才被迫发表声明,说你的完全相反的态度仅仅涉及倍倍尔的攻击**形式**,而就事情本身而论(在政府预算和农民问题上),他是正确的,你也是站在他一边的。[621]我觉得,你**事后被迫**发表声明这一事实本身就向你证明,你所犯的右倾错误比倍倍尔可能犯的左倾错误要严重得多。

整个这场争论所涉及的归根到底仅仅是巴伐利亚人的行动,这种行动最明显地表现为以下两点:为了争取小资产者而以机会主义的态度赞成政府预算,福尔马尔为了争取中农和大农而在农村进行机会主义的宣传。这两点和巴伐利亚人的宗得崩德立场,是当前存在的唯一实际的问题。如果说倍倍尔正是在党代表大会置党于不顾的时候抓住了这些问题,那么你们应当为此而感谢他。如果说他把党代表大会所造成的这种难以容忍的状况看做是党内庸俗习气日益增长的结果,那也不过是他从正确的总观点出发来看这个具体问题,这一

①卡·格里伦贝格尔。——编者注

点同样是应当肯定的。如果说他急于对这一切进行辩论，那是他在履行自己应尽的职责，是在设法使下一次党代表大会能够对法兰克福代表大会不知所措的那些迫切问题作出完全正确的判断。

分裂的危险并不是来自倍倍尔方面，他不过是直言不讳而已。这种危险来自巴伐利亚人，他们采取了党内前所未有的行动方式，使《法兰克福报》的那些把福尔马尔和巴伐利亚人看做**自己**人的庸俗民主主义者欣喜若狂；这家报纸兴高采烈，而且变得更加肆无忌惮。

你说福尔马尔不是叛徒。也许是这样。我也不认为他自己会把自己看做叛徒。但是，你把一个竟然要求无产阶级政党使拥有10—30公顷土地的上巴伐利亚大农和中农的现状（这种现状的基础是剥削雇农和短工）永远保持不变的人叫做什么呢？无产阶级政党是专门为了使雇佣奴隶制永远保持不变而建立的吗！这种人可以叫做反犹太主义者，资产阶级民主主义者，巴伐利亚分立主义者，随便叫什么都可以，但是难道可以叫做社会民主党人吗?!其实，在一个**日益壮大的**工人政党内，小资产阶级分子的增多是不可避免的，并没有什么了不起。这就像"学士"、考试不及格的大学生等的增多一样。他们在几年前还是一种危险。现在我们能够消化他们。但是消化总得有个过程。为此就需要盐酸；如果盐酸不够（像法兰克福所表明的那样），那么现在就应该感谢倍倍尔，他为了使我们能够很好地消化这些非无产阶级分子而加了盐酸。

建立党内真正和谐的关键就在这里，而不在于否认和隐瞒党内一切真正有争论的问题。

你说，重要的是"引起有效的行动"。这好极了，但是这种行动究竟什么时候才开始呢？

271

恩格斯致劳拉·拉法格

勒 佩 勒

1894年12月17日［于伦敦］

亲爱的小劳拉：

你说在结束第三卷①开始第四卷[193]之前，我应当稍稍休息一下。那我现在就来给你说说我的情况。

我要观察欧洲五个大国和许多小国运动的情况，还有美国运动的情况。为此我收到的**日报**有：德国的三份、英国的两份、意大利的一份，从1月1日起还有一份维也纳的报纸，总共七份**日报**。我收到的**周报**有：德国的两份，奥地利的七份，法国的一份，美国的三份（两份是英文的，一份是德文的），意大利的两份，以及波兰、保加利亚、西班牙和捷克的各一份，这几种文字中有三种我现在还在逐步掌握。除此之外还有各种各样的来访者（几分钟前，波拉克从阿姆斯特丹介绍来的一个德国雕刻家还在我这里，他一文不名，正在找工作），还有越来越多的通讯员（比国际时期还要多！），其中许多人都希望得到详细的说明，这都要占去时间。以上这些再加上第三卷的工作，使我甚至在看校样期间，即1894年全年，**只能读完一本书**。

---

①马克思《资本论》第三卷。——编者注

目前的另一项工作是发表拉萨尔给摩尔的书信。[622]杜西已经把这些信件打字,放在我的书桌里,但由于搬家我还未能动它们一下。需要加注释,查对很久以前的一些事实以及我自己过去和摩尔的通信,还要写一篇讲究辞令的序言。

还有一大堆积压下来的我个人的工作。第一,要全面修改《农民战争》①;这本书多年前就已经售罄,我曾答应在完成第三卷后首先做这项工作。[608]这需要进行大量的研究。我原打算在看校样的同时做这件事情,但不可能。无论如何我现在必须设法完成这项工作。

然后——且不说我要做的其他小事了——我还想编写摩尔的政治传记,至少是主要的几章:1842—1852年和国际。后一章最重要也最紧迫,我打算先写这一章。这就要求我摆脱各种打扰,但是,什么时候我才能做到这一点呢?

所有这些事情都等我去做,而且还要再版摩尔和我个人的早期的小文章。我已经收集了一些,但不是很多。有些存放在柏林党的档案馆[532]里。可是缺的仍很多,例如第一个《莱茵报》就没有。如果我能收集到1842—1850年的文章的三分之二,我就会着手工作,因为我相信到出第二版时还会找到很多。但是直到现在我们还做不到这点。

还有第四卷。这部分手稿**很**粗糙,现在还不能说可用的部分有多少。这次我不能像处理第二卷和第三卷那样担任辨认字迹和口述全部手稿的工作了。否则,做不到一半我的视力就要完全丧失了。多年以前我就认识到这一点,并一直在寻找别的出路。如果能从年轻一代中找出一两个能干的人学会辨认摩尔的笔迹,那就好了。我曾考虑过考茨基和伯恩施坦。考茨基当时(大约六七年前)还住在伦敦;我同

---

① 恩格斯《德国农民战争》,见《马克思恩格斯文集》第2卷。——编者注

他谈了,他表示同意。我说,把现有的手稿全部整理成"誊清稿",我将支付100英镑的报酬,有辨认不出的地方,我可以帮忙。那时他已开始工作,后来他离开了伦敦并带走一个笔记本,许多年来他从未向我提及此事。他为出版《新时代》忙得不可开交;因此我曾要他退还手稿和已完成的誊清稿——可能有全书的八分之一或六分之一。[①]伯恩施坦不仅也很忙,而且疲劳过度;他的神经衰弱还没有全好,因此我不便求他。我想看看杜西是否愿意做这件事。如果伯恩施坦自己愿意帮忙,那就好办了;否则,我不想让别人说我加重了他的工作量,因而使他旧病复发。

我的状况是:74岁了,我开始感觉到这一点,而工作之多需要两个40岁的人来做。真的,如果我能够把自己分成一个40岁的弗·恩格斯和一个34岁的弗·恩格斯,两人合在一起恰好74岁,那么一切都会很快就绪。但是在现有的条件下我所能做的,就是继续我现在的工作,并尽可能做得多些好些。

现在你该了解我的状况了,如果你时常收不到我的信,你也就知道原因在哪里了……

---

①参看恩格斯1892年12月24日给卡·考茨基的信。——编者注

1895年

272
恩格斯致保尔·施土姆普弗

美 因 茨

1895年1月3日于伦敦西北区
瑞琴特公园路41号

亲爱的老朋友：

……党内的分歧并不怎么使我不安；偶尔发生这类事情而且人们都公开发表意见，比暮气沉沉要好得多。党不断壮大和不可阻挡的发展，会造成这样的情况，即新入党的人比以前入党的人难于消化。大城市的工人，即最有见识和最有觉悟的工人，已经同我们站在一起。现在加入的不是小城市或农村地区的工人，就是大学生、店员等等，或者是正在破产的边缘挣扎的小资产者和农村家庭手工业者(这些人还占有或承租小块土地)，此外，现在还有真正的小农。由于我们的党事实上是唯一真正先进的党，而且是唯一可以取得某些成就的强大的党，因此容易受诱惑，想用社会主义的宣传鼓动对那些身负重债并日渐反叛的中农和大农产生点影响，特别是在农村中这些人占大多数的地区。在这种情况下可能有人越出我们党的原则所许可的界限，那时就会引起某些分歧；但是我们党的机体十分健康，所有这些都丝毫无损于它。没有人愚蠢到真想脱离党内广大群众并陷入痴心妄想，以为他能够创立一个同我们伟大的党**并列**的、像士瓦本人民党[305](党员人数由7人顺利地增长到11人)那样的小小的私人政党。所有这些分歧只能使资产阶级失望,因为20年来它一直指望分裂,但在这20年中它又关切地保护我们避开发生分裂的危险。现在,反颠覆法草案[623],李卜克内西被奉为帝国国会权利和帝国宪法的维护者[624],以及来自上层的政变和违法的威胁等等情况,也是这样。当然,我们也干了些蠢事,但是要使这样的敌人能够战胜我们,我们应当具有现在世界上用多少钱也买不到的十足的愚蠢。再说,你打算让年轻一代也来领导一下党,以便让他们伤伤脑筋,这种打算也许不坏,但我认为,即使没有这种实验他们也会学得理智并获得经验的⋯⋯

273

恩格斯致理查·费舍

柏　　林

1895年2月13日于伦敦

亲爱的费舍:

　　附上小册子①的书名和几章的标题。为了使这三篇文章更加完整,必须加上第五—六期(合刊)上论述法国的部分作为第四章[625]。材料的安排应像附页上注明的那样:开头(放在括号里)是我写的几

---

　　①马克思《1848年至1850年的法兰西阶级斗争》,见《马克思恩格斯文集》第2卷。——编者注

句引言,然后是从第150—153页中按照说明摘录的部分,再后是一行删节号,表示省略,最后是从第160—171页中摘录的主要内容。这样就可组成相当不错的一章,加上关于废除波拿巴在1851年12月作为借口使用过的普选权的段落,就真正使得这部著作完整了,否则小册子将显得残缺不全。

明天我着手为整个小册子写导言。

你们那里的问题也真够尖锐的。我很难设想,中央党会自己动手拆自己的台。[626]不过,我们的敌人一天比一天愚蠢,因而最终什么事情都可能发生。如果这些先生们彻底垮台,那就意味着他们将把莱茵省和威斯特伐利亚完全让给我们。

问好。

你的 弗·恩·

(标题后面还应当加上:转载自《新莱茵报。政治经济评论》,汉堡,1850年)

274

恩格斯致理查·费舍

柏　　林

1895年3月8日于[伦敦]西北区
瑞琴特公园路41号

亲爱的费舍:

我尽可能考虑到你们的严重担忧,虽然我十分愿意理解但还是多半不能理解你们的担忧是由何而起。[627]然而我不能容忍你们立誓忠于绝对守法,任何情况下都守法,甚至在那些已被其制定者违犯的法律面前也要守法,简言之,即忠于右脸挨了耳光再把左脸送过去的政策。不错,在《前进报》上人们有时以过去宣传革命的那种劲头否定革命(而以后他们可能又来宣传)。但我认为此事不可效法。

我认为,如果你们宣扬绝对放弃暴力行为,是决捞不到一点好处的。没有人会相信这一点,也没有一个国家的**任何一个**政党会走得这么远,竟然放弃拿起武器对抗不法行为这一权利。

我还必须考虑到,阅读我的著作的还有外国人——法国人、英国人、瑞士人、奥地利人、意大利人等,我决不能在他们面前这样糟蹋自己的名誉。

因此,我接受你们提出的修改意见,但以下几点除外:1. 长条校样第9页,关于群众现在是这样写的:"他们一定要弄明白,他们采取行动是为了什么。"①2. 下一段:关于攻击的话**全部**删掉。②你们的建议③有事实上的错误。法国人、意大利人等每天都在运用攻击的**号召**,只是不认真罢了。3. 长条校样第10页:"**现在**社会民主党是靠……来从事颠覆的",你们想去掉"**现在**"一词,也就是把暂时的策略变成永久的策略,把具有相对意义的策略变成具有绝对意义的策略。我不会这样做,也不能这样做,以免使自己永世蒙受耻辱。因此我拒绝写什么相反的东西,我说:"正是现在遵守法律对社会民主党从事颠覆**十分有利**"。

为什么你们认为在涉及破坏宪法问题时指出俾斯麦1866年的行为是有害的呢?这是我绝对无法理解的。事实上这是适应其人的最好证据。好吧,我让你们称心如意④。

就这样,我**决**不会再多走一步。为了减少你们在辩论期间的烦恼,我已尽了我最大的努力。如果你们坚持这样的观点就更好些:守法的义务是法律上的,而不是道义上的,像博古斯拉夫斯基(这里有一个长s)给你们郑重指出的那样;628如果掌权者违犯法律,上述义务就完全解除。而你们(起码是你们之中的某些人)却表现软弱,敌人

---

① 在恩格斯《卡·马克思〈1848年至1850年的法兰西阶级斗争〉一书导言》手稿中这句话是这样写的:"凡是要把社会组织完全加以改造的地方,群众自己就一定要参加进去,自己就一定要弄明白这为的是什么,他们为争取什么而去流血牺牲。"(见《马克思恩格斯文集》第4卷第549页)——编者注

② 指恩格斯《导言》手稿中下面这句话:"无准备的攻击,到处都退到次要地位。"(见《马克思恩格斯文集》第4卷第550页)——编者注

③ 执行委员会成员建议将这句话改成这样:"号召无准备的攻击,到处都退到次要地位。"——编者注

④ 在1895年发表的恩格斯《导言》文本中,引起执行委员会成员反对的地方被删去了(参看《马克思恩格斯文集》第4卷第553页)。——编者注

恩格斯致理查·费舍(1895年3月8日)

提出守法的义务是**道义上的**、是适用于一切场合的,你们对这一要求未能给予应有的抵制,当时本应声明:"你们掌权,你们制定法律,我们如有违犯,你们可以根据这些法律处置我们,我们只得忍受;如此而已,此外,我们再没有任何义务,你们也再没有任何权利。"天主教徒在五月法令[629]时期是这样做的,迈森的老路德派[630]教徒和那个在各家报刊上出头露面的门诺派教徒士兵[631]也是这样做的,你们不能从这个立场后退。反颠覆法草案[623]反正是要完蛋的,类似的东西很难搞成,更难实施;但是,如果这些人掌握了权力,他们就会想方设法压制和折磨你们。

如果你们想让政府的先生们了解,我们现在还要等待,只是因为我们目前的力量还不足以自立,因为军队还没有受到深刻的影响——既然如此,亲爱的朋友们,那你们为什么天天在报纸上吹嘘党的巨大进步和成就呢?其实他们和我们一样十分了解,我们正在不可阻挡地走向胜利,再过几年我们将成为不可制服的,因此他们现在就想和我们较量,可惜他们不知道怎么干。在这种情况下,我们的演说什么也不能改变,这一切他们了解得和我们一样清楚;而且他们还知道,将来我们**掌握了**权力,我们将用来维护自己的利益,而不是维护他们的利益。

因此,当事情发展到在帝国国会开展大辩论时,你们要考虑一下:你们现在维护抵制权,和博古斯拉夫斯基过去维护反对我们的抵制权完全一样;听你们讲话的还有老一代的革命者,法国人、意大利人、西班牙人、匈牙利人和英国人;"合法的"一词很久以前在维登已被删掉[632],此事必须严肃对待的时刻还会到来(谁知道多快到来)。请你们看看奥地利人,如果选举权不很快实行,他们将尽可能直接地使用武力威胁![633]回想一下你们自己在反社会党人法时期的非法行为吧,现在人们又想用它逼你们就范!守法,目前暂时在一定程度上对我们还是适用的,但决不是不惜任何代价的守法,即使是口头上也罢!

你的 弗·恩·

把引用语(大部分已**包括在**正文里)译成德文现在太晚了,因为早已排版。

校样从这里寄往汉堡。

275
恩格斯致韦尔纳·桑巴特

布 雷 斯 劳

1895年3月11日于伦敦西北区

瑞琴特公园路41号

尊敬的先生:

在答复您上月14日来信时,对您惠寄的关于马克思的文章①谨致谢意。这篇文章,我在亨·布劳恩博士好意寄给我的那一期《文库》②里已经饶有兴味地拜读了;我很高兴,终于在一所德国的大学

---

① 韦·桑巴特《卡尔·马克思经济学体系批判》,载于1894年《社会立法和统计学文库》第7卷第4期。——编者注

② 《社会立法和统计学文库》。——编者注

恩格斯致韦尔纳·桑巴特(1895年3月11日)

里也看到对《资本论》①有这样的理解。不言而喻,我不能完全同意您对马克思观点的表述。尤其是第576和577页上关于价值概念的转述,我觉得谈得太远了一点。如果是我,那就首先对这一概念从历史上加以限定,强调它只适用于迄今唯一能够谈得上价值的那个经济阶段,即存在**商品**交换,相应地也存在商品生产的那些社会形式。原始共产主义不知道什么是价值。其次,我认为,这个论点还可以有一个在概念上更狭窄的表述。可是这样会使我们扯得太远。在主要问题上,您所谈的还是正确的。

在第586页上您直接点了我的名,您这种用手枪顶住我的胸膛的可爱的做法使我觉得好笑。然而您可以放心,我不会要您"相信相反的东西"。马克思从个别资本主义企业产生的各种数值 $\frac{m}{C} = \frac{m}{c+v}$ 得出一般的、相同的利润率时所借助的那些概念上的过渡,单个的资本家是完全意识不到的。至于这些过渡在历史上具有某种与其相应的现象或者它们具有某种存在于我们头脑之外的现实性,这可以在下面的过程中看到:资本家甲生产的剩余价值中超出利润率、因而也超出他在总剩余价值中应得份额的那部分剩余价值,转入另一个自己生产的剩余价值通常总是低于其应得红利的资本家乙的钱袋中。但这个过程是客观地、在事物中不知不觉地完成的,而我们只是到现在才能判断,要费多大气力才能达到对这个过程的正确理解。如果平均利润率的创造需要单个资本家**有意识的**合作,如果单个资本家**意识到**,他是在生产剩余价值、生产多少以及在很多情况下还得把自己的剩余价值拿出一部分,那么剩余价值和利润之间的联系从一开始就相当清楚了,亚当·斯密,甚至配第,一定早就会指出这一点了。

①马克思《资本论》第三卷。——编者注

　　从马克思的观点看,迄今为止的整个历史进程,就重大事件来说,都是不知不觉地完成的,就是说,这些事件及其所引起的后果都是不以人的意志为转移的。要么历史事件的参与者所希望的完全不是已成之事,要么这已成之事又引起完全不同的未曾预见到的后果。用之于经济方面就是:单个资本家都各自追求**更大的**利润。资产阶级经济学发现,每一单个资本家这种对**更大的**利润的追求,产生一般的、**相同的**利润率,差不多人人**相同的**利润率。但是,不论资本家还是资产阶级经济学家都没有意识到:这种追求的真正目的是全部剩余价值按同等的比例分配给总资本。

　　那么平均化的过程实际上是怎样完成的呢?这是个非常有趣的问题,马克思本人对此谈得不多。但是,马克思的整个世界观不是教义,而是方法。它提供的不是现成的教条,而是进一步研究的出发点和**供**这种研究**使用**的方法。因此这里还有一些马克思自己在这部初稿中没有做完的工作要做。我们首先看看第三卷上册第153—156页的叙述①,这些对您转述价值概念也很重要,并且证明这个概念具有或曾经具有比您所赋予的更大的现实性。在交换之初,当产品逐渐转化为商品的时候,交换大致是**按照它们的价值**进行的。花费在两种物品上的劳动,正是它们在数量上进行比较的唯一标准。因此,那时价值曾经有**直接的、现实的存在**。我们知道,在交换中,价值的这种直接实现停止了,现在不再有这种情况了。我认为,对您来说,不用费什么事就能看出(起码是大致看出)那些从这种直接的、现实的价值到资本主义生产形式下的价值的中间环节;后一种价值隐藏得很深,以致我

---

　　①参看马克思《资本论》第3卷,《马克思恩格斯文集》第7卷第195—198页。——编者注

们的经济学家可以满不在乎地否认它的存在。对这个过程作出真正历史的解释,当然要求认真地进行研究,而为此花费的全部心血将换来丰硕的成果;这样的解释将是对《资本论》的十分宝贵的补充。[634]

最后,我还应该感谢您对我的看重,认为我可以根据第三卷写出比它的现有形式更好的东西。但是我不能同意这种看法,我认为,按马克思的文字整理马克思的手稿,就是尽了我的职责,虽然这可能要逼着读者更多地进行独立思考。

致以崇高的敬意。

忠实于您的　弗·恩格斯

276

恩格斯致康拉德·施米特

苏 黎 世

1895年3月12日于伦敦西北区
瑞琴特公园路41号

亲爱的施米特:

……您在利润率问题上为什么走上了岔路,我认为,您的来信已经使我得到了一些解释。我在这里发现了同一种陷入枝节问题的偏向,我把它归咎于1848年以来在德国大学中流行的哲学研究的折中主义方法,这种方法丢掉了事物的总的概貌,过于经常地陷入一种几乎是无休止、无结果的对枝节问题的思辨中。在古典作家中,您以前主要研究的恰好就是康德,而康德由于他那个时代的德国哲学研究的状况,由于同学究气十足的沃尔弗式的莱布尼茨主义的对立,也就或多或少地被迫在形式上对这种沃尔弗式的思辨作一些表面的让步。我就是这样来解释您陷入枝节问题的偏向的,这种偏向也表现在您的来信中谈到价值规律的那些题外话里;在这些地方,我认为您没有经常注意总的联系,所以您把价值规律贬为一种虚构,一种必要的虚构,差不多就像康德把上帝的存在贬为实践理性的一种假定一样。

您对价值规律的责难,从现实的观点来看,涉及**一切**概念。思维和存在的同一性(用黑格尔的话来说)完全符合于您举的圆和多边形的例子。换句话说,这两者,即一个事物的概念和它的现实,就像两条渐近线一样,一齐向前延伸,彼此不断接近,但是永远不会相交。两者的这种差别正好是这样一种差别,由于这种差别,概念并不无条件地直接就是现实,而现实也不直接就是它自己的概念。由于概念有概念的基本特性,就是说,它不是直接地、明显地符合于使它得以抽象出来的现实,因此,毕竟不能把它和虚构相提并论,除非您因为现实同一切思维成果的符合仅仅是非常间接的,而且也只是渐近线似地接近,就说这些思维成果都是虚构。

一般利润率的情况不就是这样吗?它在任何时候都只是近似地存在着。如果一般利润率某个时候在两个企业中分毫不差地实现了,如果这两个企业在某一年内获得**完全相同的利润率**,那么这是纯粹的偶然性,实际上,利润率是根据各个企业、各个年度的各种不同情况而变化的,一般利润率只是作为许多企业和许多年度的平均数而存在。但是,如果我们想要求利润率(比如说是14. 876934……)在每一个企业和每一个年度直到第一百位小数都完全一样,不然就把它贬为虚构,那我们就严重地误解了利润率和一般经济规律的本质。它们全都没有任何其他的现实性,而只是一种近似值,一种趋势,一种平均数,但不是**直接的**现实。其所以如此,部分地是由于它们所起的作用被其他规律同时起的作用打乱了,而部分地也是由于它们作为概念的特性。

或者,您可以举工资规律即劳动力价值的实现为例,劳动力价值只是作为平均数实现的,而且就连这一点也不总是如此,它在每一个地区,甚至在每一个部门,都随着通常的生活水平而有所变化。或者以地租这种从被垄断的自然力中产生的超出一般利润率的超额利润为例。就是在这里,现实的超额利润和现实的地租也不是绝对地符合,而只是在平均数上近似地符合。

价值规律以及剩余价值通过利润率来分配的情况也是这样。

1.这两者只有在资本主义生产到处都已经充分地实现,也就是说,社会已经被简化为地主、资本家(工业家和商人)和工人这三个现代阶级,而一切中间阶层都已被消灭的前提下,才能最完全地达到近似的实现。这种情形甚至在英国都没有,而且永远也不会有,我们决不会让它发展到这个地步。

2.利润(包括地租)是由各种不同的成分构成的:

(a)由欺诈而来的利润,它在代数和中互相抵消;

(b)由于库存货物(例如,当第二年歉收时,上一年收成的余额)的价值上涨而来的利润。这种利润如果不是已经被其他商品的价值下降所抵消,在理论上归根到底也**应该**平均化,因为,要么是买进的资本家必须多支付的正好等于卖出的资本家多取得的,要么是在涉及工人的生活资料的时候,工资终究必须提高。可是,这种价值上涨的最本质的东西**不是长期存在的**,因而平均化只是出现在几年的平均数中,而且是十分不完全的,显然是要靠牺牲工人的利益才会出现

的;工人将生产更多的剩余价值,因为他们的劳动力没有得到十足的
报酬;

(c)剩余价值的总和,但是其中还要扣除**送给买主**的那一部分,
特别是在危机时期,那时过剩的生产会缩减到它的社会必要劳动实
际含量以内。

由此可以立即得出结论,总利润和总剩余价值只能近似地符
合。而且您还要考虑到,总剩余价值和总资本都不是常数,而是每天
都在变化的变数。于是,很明显,利润率由 $\dfrac{\Sigma m}{\Sigma(c+v)}$ 来表现,要不是通
过一个近似的数列,是完全不可能的;总价格和总价值的符合,要不
是经常趋于统一而又经常与这种统一背离的符合,也是完全不可能
的。换句话说,概念和现象的统一是一个本质上无止境的过程,这种
统一无论在这个场合还是在其他一切场合都是如此。

难道封建制度始终与它的概念相符合吗?它在西法兰克王国[635]
奠定了基础,在诺曼底为挪威侵略者进一步发展,在英格兰和南意大
利为法国的诺曼人所完善,而它最接近于它的概念是在短命的耶路
撒冷王国,这个王国在耶路撒冷法典[636]中遗留下了封建制度的最典
型的表现。难道说,因为这种制度只是在巴勒斯坦有过短暂的十分典
型的存在,而且很大程度上这也只是在纸上,它就是一种虚构吗?

或者,自然科学中通用的概念,因为它们决不是一直与现实相
符合,就都是虚构吗?从我们接受了进化论的时刻起,我们关于有机
体的生命的一切概念都只是近似地与现实相符合。否则就不会有任
何变化;哪一天有机界的概念与现实绝对符合了,发展也就终结了。
鱼这个概念的内涵是在水中生活和用鳃呼吸;如果不突破这个概念,
您想怎么能从鱼转到两栖动物呢?而这个概念已经被突破了,我们知
道一系列的鱼,它们的鳍已经发展成肺并且可以呼吸空气。如果不让

恩格斯致康拉德·施米特(1895年3月12日)

爬行动物和哺乳动物这两个概念中的一个或两个与现实发生冲突,您想怎么能从卵生的爬行动物转到能生育活生生的幼儿的哺乳动物呢?实际上,单孔目动物有整整一个亚纲是卵生的哺乳动物,——1843年我在曼彻斯特看见过鸭嘴兽的蛋,并且傲慢无知地嘲笑过哺乳动物会下蛋这种愚蠢之见,而现在这却被证实了!因此,但愿您对价值概念不要做我事后不得不请求鸭嘴兽原谅的那种事情吧!

在桑巴特那篇其他方面都写得很好的关于第三卷的文章①中,我也发现了这种削弱价值理论的倾向;他显然也曾希望得到一种稍微不同的答案。

而您在《中央导报》上发表的那篇文章②却**很好**,对于马克思的利润率理论——由于它的量的规定性——同旧经济学的利润率理论之间的特殊区别作了很好的论证。那位著名的洛里亚自作聪明,认为第三卷中直接抛弃了价值理论③,您的这篇文章就是对这个问题的很完备的回答。现在有两个人很关心这个问题,这就是罗马的拉布里奥拉[637]和正在《社会评论》上同洛里亚进行论战的拉法格[638]。因此,如果您能把文章寄一份给安东尼奥·拉布里奥拉教授(他的地址是罗马维克多-艾曼努埃尔大街251号),那么他会尽一切可能发表这篇文章的意大利文译文;另外再寄一份给保尔·拉法格(他的地址是法国塞纳省勒佩勒),这会给他提供必要的论据,他会引用您的文章的。

---

①韦·桑巴特《卡尔·马克思经济学体系批判》,载于1894年《社会立法和统计学文库》第7卷第4期。——编者注

②康·施米特《〈资本论〉第三卷》,载于1895年2月25日《社会政治中央导报》第4年卷第22期。——编者注

③阿·洛里亚《卡尔·马克思的遗著》,载于1895年2月1日《科学、文学和艺术最新集萃》。——编者注

我已经就此写信告诉他们两人,说您的文章已包含了对主要论点的现成的答案。如果您无法寄发这两份东西,请您来信告诉我。

我必须就此搁笔,否则我就会没完没了地写下去。

衷心问好。

您的 弗·恩格斯

277

恩格斯致维克多·阿德勒

维 也 纳

1895年3月16日于伦敦

亲爱的维克多:

……由于你想在狱中[639]钻研《资本论》第二册和第三册,为了使你省些劲,我想给你几点提示。

第二册。

第一篇。第一章要认真地读,然后读第二和第三章就比较容易了,第四章是总的概述,也要用心读;第五和第六章容易懂,特别是第六章,谈的是次要的东西。

第二篇。第七至九章是重要的。第十和第十一章尤其重要。第十二、十三、十四章也是一样。而第十五、十六、十七章先泛读一遍就行了。

第三篇。这是重农学派以后第一次在这里对资本主义社会商品和货币的总循环所作的最出色的阐述。内容很好,形式却难得可怕,

恩格斯致维克多·阿德勒(1895年3月16日)

一是因为这里把按照两种不同方法进行的两次研究合并在一起,二是因为第二次研究是马克思在头脑受到长期失眠的折磨的情况下勉强完成的。要是我的话,我就把它放在**最后**,即对第三册进行了**第一遍学习之后**。对于你的学习来说,开头可以撇开这一篇。

再谈第三册。

第一篇的第一至四章是重要的,而第五、六、七章对**总的**联系不太重要,所以暂时不必在上面花费很多时间。

第二篇。第八、九、十章**非常重要**。第十一和第十二章泛读一遍就行了。

第三篇。第十三至十五章全都**非常重要**。

第四篇。第十六至二十章也非常重要,可是容易读。

第五篇。第二十一至二十七章非常重要。第二十八章不那么重要。第二十九章重要。第三十至三十二章总的说来对于你的目的是不重要的,第三十三和第三十四章谈的是纸币等等,也重要;第三十五章谈的是国际汇兑率,重要,第三十六章**你会感到**非常**有趣**,也好读。

第六篇。地租。第三十七和第三十八章重要。第三十九和第四十章不那么重要,但都需要通读。第四十一至四十三章(级差地租II,各种具体情况)可以比较粗略地读过去。第四十四至四十七章又是重要的,大部分也容易读。

第七篇很精彩,遗憾的是只有一个骨架,而且叙述还带有失眠症的明显痕迹。

如果你按照这个办法把主要的东西弄通,次要的东西开头先粗略地读一遍(最好先把第一卷中主要的东西再读一遍),那你就会对全书有一个概貌,以后再钻研那些被忽略的地方也就比较容易了……

278

恩格斯致卡尔·考茨基

斯 图 加 特

1895年4月1日［于伦敦］

亲爱的男爵：

　　明信片收到了。今天我惊讶地发现，《前进报》**事先不通知我就发表了**我的《导言》的摘录，在这篇经过修饰整理的摘录中，我成了一个温顺平和、无论如何都要守法的人。⁶⁴⁰我特别希望《导言》现在能全文发表在《新时代》上，以消除这个可耻印象。我将非常明确地把我关于此事的意见告诉李卜克内西，也告诉那些(不管是谁)事先对我只字未提而给他这种机会来歪曲我的观点的人。

　　普拉特写的东西收到了，谢谢。写得很没意思，可是这个人却在不断进步。如果这样继续下去，光是这些教授我们很快就无法应付了。尤·沃尔弗也作了回答⁶⁴¹，这很好。我将把他列为斯蒂贝林和洛里亚一流的人物。世之荣光如斯逝去。①

　　我们大家向你们大家衷心问好。

你的　弗·恩·

---

　　①教皇选举仪式上的用语，原文为拉丁文："sic transit mundi gloria"。——编者注

《德意志言论》我们收到了两份,一份给弗赖贝格尔,另一份留给我自己。

279

恩格斯致保尔·拉法格

勒 佩 勒

1895年4月3日于伦敦西北区

瑞琴特公园路41号

亲爱的拉法格:

……李卜克内西刚刚和我开了一个很妙的玩笑。他从我给马克思关于1848—1850年的法国的几篇文章写的导言中,摘引了所有能为他的、无论如何是和平的和反对使用暴力的策略进行辩护的东西。[640]近来,特别是目前柏林正在准备非常法的时候[623],他喜欢宣传这个策略。但我谈的这个策略仅仅是针对**今天的德国**,而且**还有重要的附带条件**。对法国、比利时、意大利、奥地利来说,这个策略就不能整个采用。就是对德国,明天它也可能就不适用了。所以我请您等到全篇文章发表后再作评论——文章大概将登在《新时代》上——,我天天等着小册子的样书。可惜李卜克内西看到的只是白或黑,色调的差别对他来说是不存在的……

280

恩格斯致理查·费舍

柏　林

1895年4月15日于伦敦西北区
瑞琴特公园路41号

亲爱的费舍:

400马克收到,谢谢。我准备明天让人把它换开,分给继承人。[642]

这么说,老《莱茵报》上的几篇文章,还是发生了我一直担心的问题:著作权已经丧失,而所有权我们也只有赶快行动才能保住。所以,最好你马上发表一个声明,说你们的出版社将出版这几篇文章,并附有我的序言和注释。书名大致如下:

《卡尔·马克思的处女作。1842年(第一个)〈莱茵报〉上的三篇文章。I.莱茵省议会关于新闻出版自由的辩论。II.莱茵省议会关于林木盗窃法的辩论。III.摩泽尔河沿岸地区种植葡萄的农民的状况。弗·恩格斯编辑并作序》。[643]

书名我不太喜欢,在我们想出一个更合适的以前,你最好尽可能不宣布明确的书名。至于那篇关于摩泽尔的文章[644],我是有把握的,因为我曾不止一次地听马克思说过,正是他对林木盗窃法和摩泽尔河沿岸地区农民状况的研究,推动他由纯政治转向经济关系,并从而走向社会主义。在我们的谈话中,我们一直是把这篇关于摩泽尔的文章作为他写的文章来谈论的。这篇文章我没有读过,那时我已经在英国了。不过,从当时我们谈论这件事到现在已经过去很久了,所以也不能完全排除弄错的可能性,只要把文章拿给我看一看,我就绝对不会搞错。

至于你的庞大的计划[645],我看在反颠覆法草案[623]的命运尚未决定时,你最好还是暂时搁一搁。重印历史文献以及早期著作的丛书,不容许任何书报检查——要么完整无损、一字不改,要么根本不印。在发表马克思和我过去的著作时,我决不能同意做即使是最小的删节以适应当前的新闻出版条件。因为我们当时写作是一点也不讲客气的,并且总是为那些目前在德意志帝国国土上被视为越轨和犯法行为的东西辩护,所以在这个模范的法令批准之后,在柏林重印这些文章,不大加删节是根本不可能的。

其次,我倒是有一个计划:把马克思和我的小文章以**全集**形式重新献给读者,并且**不是**陆续分册出版,而是一下子出齐若干卷。我已就这件事同奥古斯特通过信,我们还在继续商谈。等他回来你再同他谈谈;我还不太有把握的是,这件事对你们是否合适,还有,你们《前进报》出版部是否是做这件事的最合适的人选,——何况还有对新闻出版事业的各种迫害,因此,也许作为一条不得已的出路,我甚至只好考虑在德意志帝国境外找出版者了。

马克思**决不会**赞成陆续分册出版;有一次他曾经允许迈斯纳把《资本论》第一卷的第二版分成七**大**册出版,每册约七个印张,但这样的事也就是这么一次。像《神圣家族》、《福格特先生》等这样的书,分成两个印张左右的分册出版,是绝对不行的。这样读书不能使读者有任何收获,这种支离破碎的阅读只会使人莫名其妙。

登在《论坛报》上的文章,只有**英文**的。

1939—1949年间出版的部分马克思恩格斯通信集的中译本

　　节日是在非常好的天气中度过的,一切都还顺利。此外没有什么新的消息。《莱茵报》三篇文章中任何一篇抄好以后,请立即给我寄来,我好开始工作。要用挂号印刷品邮寄,或者采取其他保险措施。

　　大家都向你衷心问好。

你的　弗·恩·

注　释
索　引

注　释

1　1842年10月上半月，马克思来到科隆，从10月15日起担任《莱茵报》编辑。在他的领导下，该报开始具有越来越明确的革命民主主义倾向。从这封信中，可以看到马克思作为该报事实上的主编的一些活动情况。——3。

2　"自由人"是19世纪40年代上半期由柏林一些著作家组成的青年黑格尔派小组的名称，该小组的核心是布·鲍威尔、埃·鲍威尔、爱·梅因、路·布尔、麦·施蒂纳等人。

　　"自由人"脱离现实生活，醉心于抽象的哲学争论，在1843—1844年抛弃了激进民主主义，陷入了主观主义和无政府主义。马克思任《莱茵报》编辑时便开始了与"自由人"的斗争，此后，这种斗争日趋激烈。马克思和恩格斯在他们合写的第一部著作《神圣家族》(见《马克思恩格斯文集》第1卷)中针对"自由人"进行了批判。——3、26。

3　长裤汉又称无套裤汉，是法国大革命时期对城市平民的称呼。他们穿粗布长裤，有别于穿丝绒短套裤的贵族富豪，故名。长裤汉原是贵族对平民的蔑称，后来成为"革命者"、"共和主义者"的同义语。1793—1794年，他们曾发起要求社会经济改革的运动。——3。

4　这封信以及后面的一封信是1844年发表在《德法年鉴》上的马克思写给阿·卢格的三封信中的两封。从这些信中，可以了解马克思的革命观点及其与卢格资产阶级民主主义观点的分歧。——5。

5　指英国资产阶级革命时期1649年1月30日斯图亚特王朝的国王查理一世被处死；法国大革命时期1793年1月21日波旁王朝的国王路易十六被处死。——6。

6　阿·卢格1843年8月给马克思写信说，他终于选定巴黎作为《德法年鉴》的

出版地。在此之前,除巴黎外,他还考虑过把瑞士或斯特拉斯堡作为出版
地。——6。

7 指巴黎大学,它是欧洲最古老的大学之一,建于12世纪初,13—14世纪曾
是经院哲学的中心。——6。

8 指瑞士苏黎世州政府根据普鲁士和奥地利政府的要求,对进步和民主的
著作家们进行迫害。与马克思关系密切的尤·福禄培尔的出版社也屡遭查
禁。——7。

9 "一大批人"指19世纪40年代初德国反封建的反对派,主要是民主派和自
由资产阶级的代表人物。——9。

10 阿·卢格在1843年5月16和24日给路·费尔巴哈的信中说,他和马克思计划
出版一个新期刊,并请求费尔巴哈撰稿。费尔巴哈在1843年6月给卢格的
复信中曾表示支持这个计划。但是,6月20日他又给卢格写信谈了他对这
一计划的顾虑。马克思遂与卢格决定,趁马克思1843年5月中旬去德累斯
顿的机会,一起去布鲁克贝格拜访费尔巴哈。马克思是5月10日到达德累
斯顿与卢格会面的。但是他们为等待书商尤·福禄培尔耽搁了很长时间,
而马克思又已经决定5月24日去克罗伊茨纳赫与燕妮成婚,最后只好放弃
了对费尔巴哈的拜访。为邀请费尔巴哈为《德法年鉴》撰稿,马克思写了这
封信。——10。

11 路·费尔巴哈在《基督教的本质》序言中所谈有关批判谢林的情况,见该书
1843年莱比锡第2版(增订版)第23页。但是从1843年10月25日费尔巴哈给
马克思的复信中可以看出,他所提到的即将出版的批判谢林的书,不是指
他自己的著作,而是指他的朋友和拥护者克·卡普的著作《弗里德里希·威
廉·约瑟夫·冯·谢林》1843年莱比锡版。——11。

12 德意志联邦于1815年6月8日在维也纳会议上由德意志各邦联合组成,最
初包括34个邦和4个自由市,其中还包括藩属丹麦王国的荷尔斯泰因公国
和尼德兰国王的领地卢森堡,后来由于各种原因联邦成员的数目有所变
化。联邦既没有统一的军队,也没有财政经费,保存了封建割据的一切基
本特点。德意志联邦唯一的中央机关是由奥地利代表担任主席的联邦议
会。联邦议会拥有有限的权力,是反动势力镇压革命运动的工具。德意志

联邦在1848—1849年革命时期瓦解,1850年恢复。联邦的两个最大的邦,
即奥地利和普鲁士之间曾不断地进行争夺霸权的斗争。德意志联邦在
1866年普奥战争期间彻底解体,后来被北德意志联邦所取代。——11。

13 普鲁士书报检查令规定,只有出版篇幅为21个印张以上的书籍方可免予
检查。——11。

14 指亨·保罗斯《最终公布的实证的启示哲学》1843年达姆施塔特版。这本书
的问世曾引起一场丑闻。谢林为了获得该书的稿酬多次提起诉讼,在公众
中引起激烈辩论。1844年亨·海涅就此丑闻写了一首讽刺诗《教区委员普
罗米修斯》。——11。

15 路·费尔巴哈在1843年10月25日的复信中完全同意马克思信中对谢林哲
学的政治评价,但是他以写作计划繁重为由,没有为《德法年鉴》撰写有关
谢林的文章。——12。

16 马克思之所以这样评价法国工人,是因为1843—1844年间他与巴黎工人
运动的代表们保持着联系。他在1860年所著的《福格特先生》一书中写道:
"我第一次逗留巴黎期间,经常同那里的'同盟'领导人以及法国大多数工
人秘密团体的领导人保持私人交往,但并没有加入其中任何一个团体。"
(见《马克思恩格斯全集》中文第2版第19卷第136页)马克思当时虽然已经
与正义者同盟巴黎支部建立了联系,但是并未正式加入这个秘密组织。
——14。

17 这些引文出自布·鲍威尔在1844年《文学总汇报》第5、6期上发表的一些
文章。马克思在《神圣家族》第七章《批判的批判的通讯》和第九章《批判的
末日的审判》中对这些言论作了批判。——16。

18 指*正义者同盟*。该同盟是1836—1838年间由于小资产阶级民主主义的流
亡者联盟分裂而产生的德国工人和手工业者的秘密组织,后来这个组织
逐渐具有了国际性。该同盟成员的观点反映了当时德国无产阶级的半手
工业性质,受威·魏特林粗陋的平均共产主义的影响,后来又受"真正的社
会主义"和蒲鲁东小资产阶级社会主义的影响。在马克思和恩格斯的直接
指导下,正义者同盟于1847年6月初在伦敦举行代表大会,实行了改组,更
名为共产主义者同盟。——16、33。

19 1844年8月10日《前进报》第64号刊登了一篇简讯《一位德国女士来信的摘录》,这篇简讯是燕·马克思给马克思的信中的一个片断,发表时没有署名。——16。

20 这是保存下来的最早的一封恩格斯给马克思的信。1844年8月底,恩格斯从英国返回德国的途中,在巴黎与马克思会面,从此开始了他们共同的理论著述和革命实践活动。信中谈到他们共同写作的第一部著作的情况。这部著作的书名最初定为《对批判的批判所做的批判。驳布鲁诺·鲍威尔及其伙伴》。在排印过程中,马克思在该书标题前加了"神圣家族"几个字。

　　这封信没有写明日期。从恩格斯1844年11月19日给马克思的信来看,这封信写于返回巴门后不久,即1844年10月初。——17。

21 卡·路·贝尔奈斯是巴黎出版的德文报纸《前进报》的编辑。1844年9月,法国当局应普鲁士政府的要求对他提起诉讼,借口是他没有支付出版政治性报纸所必需的保证金。而真正原因则是该报在1844年8月3日第62号上发表了一篇题为《暗杀普鲁士国王》的文章。1844年12月13日,贝尔奈斯被判处两个月徒刑,并被处以罚款。——18。

22 指马克思计划撰写的《政治和国民经济学批判》。马克思从1843年年底以来一直在从事政治经济学研究,1844年春,他决定从唯物主义和共产主义的立场来公开批判资产阶级的政治经济学。他当时所写的手稿只保存下来一部分,即《1844年经济学哲学手稿》(见《马克思恩格斯文集》第1卷)。为撰写《神圣家族》,马克思曾暂时中断政治经济学研究,直到1844年12月才又恢复。马克思在1845—1846年研究了英国、法国和其他国家的经济学家的著作,并写了提纲,作了大量的摘录和札记。但当时马克思未能实现他的计划,1845年2月1日与出版商卡·列斯凯签订的《政治和国民经济学批判》两卷本的出版合同于1847年2月被后者取消。——20、53。

23 小册子是指恩格斯《现代兴起的今日尚存的共产主义移民区记述》(见《马克思恩格斯全集》中文第1版第42卷)一文,1844年12月匿名发表在《1845年德国公民手册》上。这是一篇关于欧文及其追随者在美国建立共产主义移民区情况的通讯,是根据英国报刊《新道德世界》、《北极星报》和《纪事晨报》上刊载的材料编译的。——20。

24　马克思和恩格斯同阿·卢格之间的意见分歧始于马克思和卢格共同编辑出版《德法年鉴》时期。分歧的主要原因是,卢格反对马克思的共产主义思想并否定无产阶级的革命运动。1844年3月马克思同卢格彻底决裂。1844年6月卢格对西里西亚织工起义持敌视态度,马克思遂在《前进报》撰文痛斥卢格(见马克思《评一个普鲁士人的〈普鲁士国王和社会改革〉一文》,《马克思恩格斯全集》中文第2版第3卷)。——22。

25　工人阶级生活改善协会是1844—1845年间根据德国自由资产阶级的倡议在普鲁士许多城市建立起来的,其目的是诱使德国工人放弃争取自己利益的斗争。尽管资产阶级和统治集团极力使这些协会带有无害的慈善性质,但是,这些协会的建立还是唤醒了广大群众的政治积极性,引起了德国社会各阶层对社会问题的关注。在工业发达的莱茵省各城市,建立工人阶级生活改善协会运动发展迅猛,因为在那里,资产阶级和无产阶级之间的矛盾很尖锐,并且已经存在一个反对普鲁士专制制度的激进民主主义反对派。

革命民主派知识分子广泛利用筹建协会和讨论协会章程的集会来传播先进思想,这些集会以及协会本身成了各种对立的社会利益和阶级利益互相争斗的场所。这种现象反映了资产阶级革命前夜德国社会政治生活的活跃。普鲁士政府慑于这些协会的活动具有它难以预料的倾向,遂于1845年春采取不批准协会章程等手段,阻止协会继续活动,进而将其取缔。——22。

26　理性主义者指试图把神学与哲学结合起来,并试图证明"神圣真理"可以由理性来解释的一种新教教派的代表。理性主义反对路德教派中具有极端神秘主义倾向的虔诚主义。恩格斯在这里把伍珀河谷工业界代表讽刺地称为理性主义者。这些代表在很大程度上仍然囿于所处的宗教环境,但是为了资本主义利益,又不得不反对脱离现实生活的虔诚主义狂热。——22。

27　在科隆工人阶级生活改善协会章程起草委员会1844年11月10日的集会上,成立了救助和教育总会。参加这次集会的有《莱茵报》的大部分前股东和撰稿人,如古·贝根罗特、伊·毕尔格尔斯、卢·康普豪森、格·约·康佩斯、格·荣克、古·梅维森、达·奥本海姆、弗·拉沃和鲁·施拉姆;还有激进民主派和社会主义派的知识分子的代表,如卡·德斯特尔、卡·海因岑。1844年

12月4日,章程起草委员会在《科隆日报》上发表了章程草案,其中规定协会的宗旨是:建立救济和医疗补助基金,帮助无家可归者和缺吃少穿者,组织职业介绍,成立公共住宅建筑合作社、消费合作社和生产合作社,为小手工业者和生产合作社设立信贷基金和提供销售市场,为工人和手工业者提供更好的职业培训学校。1845年3月16、31日和4月13日,协会召开了有1 000多人出席的全体大会,一致通过了上述章程。此后,行政区长官禁止人们继续举行集会,并于同年10月宣布拒绝承认协会的章程。

1844年11月17日在埃尔伯费尔德举行的集会上,成立了人民教育协会。协会的组织者从一开始就反对当地的教士,特别是伍珀河谷的那些伪装虔诚的教士,这些教士企图把协会置于自己的影响之下并使协会活动带有宗教色彩。恩格斯和他的朋友们努力利用协会和协会委员会的集会来宣传共产主义观点(参看恩格斯《在埃尔伯费尔德的演说》,《马克思恩格斯全集》中文第1版第2卷)。协会的章程未被政府当局批准,协会本身在1845年春季之后也不复存在。——22。

28 指恩格斯计划撰写的关于英国社会史的著作。1842年11月—1844年8月,恩格斯在英国居住期间曾为写作此书搜集材料。起初,恩格斯打算在这部著作中用一章来论述英国工人状况;但是,在认识到无产阶级在资产阶级社会中所起的特殊作用之后,恩格斯便决定专门写一本书来论述英国工人阶级的状况,这就是他回到德国以后,在1844年9月—1845年3月期间写成的《英国工人阶级状况》(见《马克思恩格斯文集》第1卷)。恩格斯在1845年春夏期间重新致力于有关英国社会史一书的写作,但是,由于诸多原因,他的这个计划最终未能完成。——23。

29 恩格斯没有写成评弗·李斯特的小册子,有关的手稿也没有保存下来。他曾多次与马克思谈到这个想法,而马克思也打算对李斯特的观点进行分析批判,并于1845年3月写出了《评弗里德里希·李斯特的著作〈政治经济学的国民体系〉》(见《马克思恩格斯全集》中文第1版第42卷)。恩格斯1845年2月15日在埃尔伯费尔德的第二次演说中对德国的保护关税派的观点,特别是对李斯特的观点进行了深入的分析和论述。他曾打算把这篇演说稿扩充加工成一本小册子。——23。

30 "布尔的集子"指路·布尔1844年出版的唯一的一期《柏林月刊》,该刊发表了卡·施米特(即麦·施蒂纳)评论法国作家欧仁·苏的小说《巴黎的秘密》的文章。——24。

31　暗指法国傅立叶派创办的《和平民主日报》,该报在宣扬傅立叶学说时明显带有宗派主义和教条主义色彩。马克思和恩格斯不止一次称其为"掺了水的傅立叶主义"。——26。

32　法伦斯泰尔是法国空想社会主义者沙·傅立叶理想的社会主义社会中生产消费协作社的成员们居住和工作的场所。——26、518。

33　这封信是马克思起草、菲·日果誊写的,落款是马克思的手迹。原信后面另有日果和恩格斯的简短附言。
　　　这封信第一次发表于奥·科尔纽的文章《马克思致蒲鲁东。一封未发表的信》(见1927年《社会》第4年卷第9期第257—258页)。——31。

34　指马克思和恩格斯1846年初在布鲁塞尔创立的共产主义通讯委员会。
　　　创立通讯委员会的目的,是为了从思想上和组织上团结各个国家的社会主义者和先进工人,同工人运动中的非无产阶级思潮作斗争。按照马克思和恩格斯的意图,通讯委员会应为建立一个国际性的无产阶级政党打下基础。马克思和恩格斯为了在伦敦、巴黎和德国各地成立通讯委员会,努力动员欧洲各国著名的社会主义者和共产主义者参加通讯委员会。在伦敦,宪章派的左翼领导人以及卡·沙佩尔领导的伦敦德意志工人教育协会的成员参加了通讯委员会。马克思和恩格斯曾设法争取埃·卡贝、蒲鲁东和其他的法国社会主义者参加通讯委员会,但没有成功。在德国,威·沃尔弗同西里西亚工人保持着联系,格·韦伯从基尔向布鲁塞尔写信,约·魏德迈从威斯特伐利亚向布鲁塞尔写信;在莱茵省,形式上没有建立通讯委员会,但是通过斯·瑙特和古·克特根与埃尔伯费尔德的社会主义者进行通信联系;而科隆的共产主义者罗·丹尼尔斯、亨·毕尔格尔斯和卡·德斯特尔则同马克思和恩格斯保持着经常的通信联系。——31。

35　指正义者同盟(见注18)和德意志工人教育协会。
　　　德意志工人教育协会即伦敦德意志工人共产主义教育协会,是1840年2月7日由正义者同盟的成员卡·沙佩尔、约·莫尔和其他活动家在伦敦成立的,有时按会址称做大磨坊街协会。共产主义者同盟成立后,在协会中起领导作用的是同盟的地方支部。1847年和1849—1850年,马克思和恩格斯参加了该协会的活动。在共产主义者同盟内部以马克思和恩格斯为首的中央委员会多数派同维利希—沙佩尔冒险主义宗派集团少数派之间的斗争中,协会大多数成员站在少数派一边,因此,马克思和恩格斯及其许多拥护者于1850年9月17日退出了协会。从50年代末起,马克思和恩格斯重新参加了该协会的活动。国际工人协会成立之后,该协会成为国际在伦敦的德国人支部。伦敦教育协会一直存在到1918年为英国政府所封闭。——31、265。

36 马克思和恩格斯同英国建立联系的情况,见乔·哈尼1846年3月30日给恩格斯和伦敦共产主义通讯委员会、6月6日给马克思以及7月17日给布鲁塞尔共产主义通讯委员会的信。从这些信中可以看出,伦敦已经成立了通讯委员会。——32。

37 马克思和恩格斯争取蒲鲁东参加布鲁塞尔共产主义通讯委员会的希望未能实现。蒲鲁东在1846年5月17日给马克思回信,拒绝了要求他参加通讯委员会活动的建议,他反对马克思在信中关于"行动的时刻"的说法,反对革命的斗争方法和共产主义(详见《蒲鲁东书信集》1875年巴黎版第2卷第198—202页)。

   恩格斯在1846年9月16日给布鲁塞尔共产主义通讯委员会的信中说蒲鲁东抱怨和攻击革命,也是根据蒲鲁东这封回信作出的结论。——32、37。

38 这里所说的"裁缝共产主义"是指魏特林主义,当时许多裁缝是魏特林理论学说的追随者。魏特林主义是19世纪30年代末和40年代由威·魏特林创立的一种空想的工人共产主义理论,曾对正义者同盟的建立起了重要作用,并一度成为正义者同盟的政治和思想纲领。这一理论在科学共产主义产生以前,对工人运动基本上起了积极作用。然而,魏特林的学说是一种粗陋的平均共产主义的理论,随着工人运动的发展,尤其是随着马克思主义的产生,魏特林否定革命的群众斗争、热衷于自发行动的观点很快成了不断发展的工人运动的障碍。正义者同盟的伦敦领导人于1845年,布鲁塞尔共产主义通讯委员会于1846年5月对魏特林的空想共产主义理论进行了尖锐的批判。在1846年5月关于"真正的社会主义者"海·克利盖的一场争论中，马克思和恩格斯及其拥护者最终同魏特林彻底决裂。——34。

39　指"真正的社会主义者"的论调。卡·格律恩是"真正的社会主义"的代表人物之一。1846—1847年间，他在巴黎德国工人中散布"真正的社会主义"的市侩温情观点，同时也大力宣扬蒲鲁东的小资产阶级改良主义思想。"真正的社会主义"是从1844年起在德国的小资产阶级知识分子中间传播的一种反动学说，其代表人物有卡·格律恩、莫·赫斯和海·克利盖等人。"真正的社会主义者"崇拜爱和抽象的人性，拒绝进行政治活动和争取民主的斗争。他们把假社会主义思想同沙文主义、市侩行为和政治上的怯懦结合起来，否认在德国进行资产阶级民主革命的必要性。在19世纪40年代的德国，这种学说成了不断发展的工人运动的障碍，不利于实现当时的主要任务，即团结民主力量进行反对专制制度和封建秩序的斗争，同时在进行革命的阶级斗争的基础上形成独立的无产阶级运动。马克思和恩格斯在1846—1847年对"真正的社会主义"进行了不懈的批判。——34、39、61。

40　阿·云格，生于杜塞尔多夫，曾在科隆学习木工，40年代初到巴黎，在正义者同盟中起着重要的作用。1846年6月，他在科隆和布鲁塞尔小住之后返回巴黎，并给马克思带来了一封罗·丹尼尔斯的信。在巴黎，云格与格律恩的"真正的社会主义"进行了激烈的斗争。恩格斯到巴黎后，云格成为恩格斯最忠实的战友。法国警察严密监视云格在巴黎的活动，并于1847年3月底把他驱逐出境。——34。

41　劳动市场(labour-bazars或labour-markets)即劳动产品公平交换市场，是由英国各城市的工人合作社创办的。第一个这样的交换市场由罗·欧文于1832年9月在伦敦创办，一直存在到1834年。在劳动产品公平交换市场上，劳动产品用以一小时劳动时间为单位的劳动券进行交换。这种在资本主义商品经济条件下，企图不用货币进行交换，并和平过渡到社会主义的乌托邦做法，很快就遭到失败。——36。

42　施特劳宾人是德国流动的手工业帮工。马克思和恩格斯以此称呼那些还受落后的行会意识和成见支配的德国手工业者，这些人抱着反动的小资产阶级幻想，认为可以从资本主义的大工业退回到小手工业去。——36、39、83、130。

43　归公法是流行于中世纪的法国及其他一些国家的一种封建习俗。依照此法，外国人死后如无继承人，国王则将其财产占为己有。——38。

44　这封信是马克思对帕·安年科夫1846年11月1日来信的回复。安年科夫在来信中谈到蒲鲁东《经济矛盾的体系，或贫困的哲学》一书时写道："老实说，我认为这部著作的结构本身只不过是观察了德国哲学的一个角落的人的幻想的结果，而并不是研究某一个题目及其逻辑发展的必然的结论。"马克思在这封信里对蒲鲁东的《贫困的哲学》作了详细的分析批判。

　　虽然安年科夫不是唯物主义者和共产主义者，但马克思对蒲鲁东的批判以及对唯物史观基本观点的阐述还是给他留下了深刻的印象。他在1847年1月6日给马克思写信说："您对蒲鲁东的著作的看法精确、明晰，尤其是不逾越现实的界线，真的令我耳目一新。"

　　安年科夫在1880年彼得堡出版的《欧洲通报》第15年卷第4期上发表了他的回忆录《值得纪念的十年。1838—1848年》，其中用俄文摘引了马克思信中的大段论述。1883年马克思去世时，这些摘录被译成德文，发表在《新时代》和《纽约人民报》上。1912年《米·马·斯塔修列维奇和他同代人的通信》圣彼得堡版中用原文发表了这封信的全文。这封信的英译文收入马丁·劳伦斯出版社1934年在伦敦出版的《马克思恩格斯通信集(1846—1895年)》一书。——41。

45　这封信没有保存下来。马克思在《哲学的贫困》(见《马克思恩格斯文集》第1卷)中对蒲鲁东的著作进行了详细的批判分析。——41。

46　市民社会(bürgerliche Gesellschaft)这一术语出自黑格尔《法哲学原理》第182节(见《黑格尔全集》1833年柏林版第8卷)。在马克思的早期著作中，这一术语有两重含义。广义地说，是指社会发展各历史时期的经济制度，即决定政治制度和意识形态的物质关系总和；狭义地说，是指资产阶级社会的物质关系。因此，应按照上下文作不同的理解。——43、136、184。

47　种姓是职业世袭、内部通婚和不准外人参加的社会等级集团。种姓的出现和阶级社会形成时期的分工有关。种姓制度曾以不同形式存在于古代和中世纪各国，但在印度社会中表现得最为典型。古印度的《摩奴法典》规定有四个种姓：婆罗门、刹帝利、吠舍及首陀罗。——45、117。

48　指英国空想社会主义者约·布雷关于劳动产品不用货币交换的理论。马克思在《哲学的贫困》中批判了布雷的这种观点(见《马克思恩格斯全集》中文第1版第4卷第111—117页)。——54。

49　这里所说的代表大会是指共产主义者同盟第二次代表大会。这次大会于1847年11月29日—12月8日在伦敦召开。参加大会的有来自德国、英国、法国、比利时、瑞士、波兰的代表,可能还有来自丹麦、瑞典和其他国家的代表。马克思作为布鲁塞尔区部的代表、恩格斯作为巴黎的代表出席了这次代表大会。马克思和恩格斯认为这次代表大会是一次决定性的会议,他们在会上不懈地宣传科学社会主义原理,最后使与会代表认识到他们的观点是正确的。大会通过了共产主义者同盟的章程,并委托马克思和恩格斯起草同盟的纲领。他们起草的纲领就是1848年2月问世的《共产党宣言》。

　　共产主义者同盟是历史上第一个建立在科学社会主义基础上的无产阶级政党,1847年在伦敦成立。共产主义者同盟的前身是1836年成立的正义者同盟。1847年,马克思和恩格斯应邀参加正义者同盟,并协助同盟改组。1847年6月,正义者同盟在伦敦召开第一次代表大会,按照恩格斯的倡议把同盟的名称改为共产主义者同盟,因此,这次大会也是共产主义者同盟的第一次代表大会。大会还批准了以无产阶级政党组织原则为基础的章程草案,并用"全世界无产者,联合起来!"的战斗口号取代了正义者同盟原来的"人人皆兄弟!"的口号。——55、558、646。

50　正统派是法国代表大土地贵族和高级僧侣利益的波旁王朝(1589—1792年和1814—1830年)长系的拥护者。1830年波旁王朝第二次被推翻后,正统派结成政党。在反对以金融贵族和大资产阶级为支柱的当政的奥尔良王朝时,一部分正统派常常抓住社会问题进行蛊惑宣传,标榜自己维护劳动者的利益,使他们不受资产者的剥削。马克思和恩格斯在《共产党宣言》中,把该派代表人物的观点叫做封建的社会主义。在第二帝国时期,正统派得不到人民的支持,只能采取等待时机的策略,出版一些批评性的小册子。他们在1871年参加了反革命势力对巴黎公社的镇压以后,才开始活跃起来。——57、99、571。

51　波拿巴派指拿破仑第三路易·波拿巴的拥护者。——57。

52　从前的保守派和自由派是指1846年选举后法国众议院中形成的所谓"进

步保守派"("自由联盟")。这一派别最重要的代表是奥尔良派的埃·日拉丹、沙·托克维尔、茹·杜弗尔等。"进步保守派"要求基佐政府实行一系列符合大工业资产阶级利益的经济改革,并在一定程度上扩大选举权以巩固七月王朝。他们反对基佐,揭露基佐政府成员所干的卑鄙勾当。——57。

53 国民自卫军是1789年在巴黎成立的一种人民武装队伍。七月王朝期间(1830—1848年),改组后的国民自卫军主要由有产阶级的成员组成,而较贫穷的平民则被排挤出去了。在1848年二月革命中,国民自卫军有时采取消极态度,有时支持起义者。1848年6月,国民自卫军中的多数人参与镇压了工人的起义,而其中的无产者则参加了起义。

七月王朝又称奥尔良王朝,指法国1830年七月革命至1848年二月革命之间波旁王朝幼系奥尔良公爵路易-菲力浦执政时期,即工业资产阶级和金融资产阶级上层分子统治时期。——57。

54 1848年巴黎二月革命取得胜利后,法国于2月24日成立了临时政府,资产阶级共和派(阿·拉马丁、沙·杜邦·德勒尔、阿·克雷米约、弗·阿拉戈、马利·德·圣乔治、阿·马拉斯特和加尔涅-帕热斯)占据了大部分职位。此外,三个《改革报》派代表即小资产阶级民主派赖德律-洛兰、斐·弗洛孔和小资产阶级社会主义者路易·勃朗,以及工人阿尔伯(本姓马丁)也进入政府。人们很快就发现,"社会主义者部长"路易·勃朗和阿尔伯只不过是资产阶级政府中微不足道的摆设而已。1848年5月4日,制宪国民议会成立,临时政府的行政权也随即丧失。——57。

55 指当时的内务部长赖德律-洛兰作出的更换市议会行政人员的决定和他于3月14日颁布的关于取缔国民自卫军中由资产阶级和贵族组成的特权组织的法令。——58。

56 《改革报》派又称改革派,是聚集在法国《改革报》周围的一个政治集团,包括一些小资产阶级民主共和主义者和小资产阶级社会主义者。其首领是赖德律-洛兰和路易·勃朗等人。他们主张建立共和国并实行民主改革和社会改革。——58。

57 指当时担任临时政府劳动委员会主席的路易·勃朗提出的一项不切实际的计划,即让他的"劳动组织"依赖于资产阶级国家的帮助。路易·勃朗领导的劳动委员会在1848年5月15日的巴黎人民革命行动之后被政府解散。
——58。

58　《国民报》派又称三色旗共和派、纯粹的共和派,是法国温和的资产阶级共
　　　和派。该派所依靠的是法国工业资产阶级和一部分自由主义知识分子。
　　　《国民报》是该派的机关报。1848年革命时期,《国民报》派的领导人进入了
　　　临时政府(1848年2月24日—5月4日),其中最著名的代表人物有阿·马拉
　　　斯特、茹·巴斯蒂德和路·加尔涅-帕热斯。3月5日以后,加尔涅-帕热斯接
　　　替银行家米·古德肖的职务,任临时政府财政部长,后来靠路·卡芬雅克的
　　　帮助策划了对巴黎无产阶级的六月大屠杀。——58。

59　这里涉及原定于1848年3月18日进行的国民自卫军的选举和原定于4月5
　　　日进行的制宪国民议会的选举。由于在短时间内进行选举将会有利于反
　　　革命势力,巴黎工人在3月17日举行游行示威。他们要求政府除了从首都
　　　撤军外,还应将国民自卫军的选举延期到4月5日,将制宪国民议会的选举
　　　延期到5月31日。政府被迫答应了工人的要求,但实际上制宪国民议会的
　　　选举只延期到4月23日。——58。

60　这里所说的革命活动是指维护帝国宪法运动。这是1848—1849年德国资
　　　产阶级民主革命的最后阶段。以普鲁士为首的德意志各邦拒绝承认法兰
　　　克福国民议会于1849年3月28日通过的帝国宪法,但是人民群众认为帝国
　　　宪法是唯一还没有被取消的革命成果。1849年5月初在萨克森和莱茵省,
　　　5—7月在巴伐利亚的巴登和普法尔茨相继爆发了维护帝国宪法的武装起
　　　义。6月初,两个普鲁士军团约6万人与一个联邦军团开始对两地起义者实
　　　行武力镇压,而法兰克福国民议会不给起义者任何援助。1849年7月,维护
　　　帝国宪法运动被镇压下去。——59、96。

61　1849年6月初,恩格斯来到普法尔茨临时政府所在地凯撒斯劳滕。在那里,
　　　他拒绝担任临时政府为他提供的文职和军职。随后他前往奥芬巴赫,参加
　　　巴登—普法尔茨革命军。——59。

62　拉施塔特会战发生在1849年6月29—30日,巴登革命军和普鲁士军队在拉
　　　施塔特城下展开了最后一次激战,被包围在拉施塔特要塞的巴登革命军
　　　坚持到7月23日才无条件投降,德国1848—1849年革命就此结束。参看恩

格斯《德国维护帝国宪法的运动》第四章《为共和国捐躯!》(《马克思恩格斯全集》中文第2版第10卷)。——59。

63　巴登—普法尔茨起义失败以后,恩格斯所在的维利希军团于1849年7月12日作为革命军的最后一支部队在洛特施泰滕越过瑞士边界,7月24日到达沃韦,在那里驻守了一个月。——60。

64　马克思和恩格斯把那些抱有唯心主义观念,认为思想具有独立作用,而不懂思维和意识对物质现实的依赖性的哲学家、社会学家和历史学家称为*意识形态家*。——61、170。

65　19世纪英国工业资产阶级开展了废除谷物法的斗争。谷物法是1815年以来英国历届托利党内阁为维护大土地占有者的利益而实施的对谷物征收高额进口关税的法令,旨在限制或禁止从国外输入谷物。谷物法规定,当英国本国的谷物价格低于每夸特80先令时,禁止输入谷物。1822年对这项法律作了某些修改,1828年实行了滑动比率制,即国内市场谷物价格下跌时提高谷物进口关税,反之,谷物价格上涨时降低谷物进口关税。谷物法的实施严重影响了贫民阶层的生活,同时也不利于工业资产阶级,因为它使劳动力涨价,妨碍国内贸易的发展。谷物法的实施引起了工业资产阶级和土地贵族之间的斗争,这场斗争是由曼彻斯特的两个纺织厂主理·科布顿和约·布莱特于1838年创立的反谷物法同盟领导,在自由贸易的口号下进行的。1846年6月26日英国议会通过了《关于修改进口谷物法的法案》和《关于调整某些关税的法案》,从而废除了谷物法。——62、64、138、272。

66　*自由贸易派*也称曼彻斯特学派,是19世纪上半叶在英国出现的资产阶级政治经济学的一个派别,其主要代表人物是曼彻斯特的两个纺织厂主理·科布顿和约·布莱特。19世纪20—50年代,曼彻斯特是自由贸易派的宣传中心。该学派提倡自由贸易,要求国家不干涉经济生活,反对贸易保护主义原则,要求减免关税并奖励出口,废除有利于土地贵族的、规定高额谷物进口关税的谷物法。这种观点也被称做曼彻斯特主义。1838年,曼彻斯特的自由贸易派建立了反谷物法同盟,40—50年代,该派组成了一个单独的政治集团,后来成为英国自由党的左翼。——62、275、479。

67　*财政改革和议会改革派*是曼彻斯特学派的一个政治流派,是全国议会改革和财政改革协会的拥护者。这个协会是英国资产阶级激进派在1849年为了实行选举改革(所谓小宪章)和税收改革而建立的。资产阶级激进派以自己的纲领对抗宪章派的人民宪章,指望在宪章派1848年4月10日的示威游行失败后,尤其是在英国工人阶级的政治积极性低落的情况下分裂宪章运动,并使工人群众接受自己的影响。资产阶级激进派的鼓动受到理·科布顿、约·布莱特和以菲·奥康瑙尔为首的宪章派中改良派的支持,但是并没有获得成功。宪章派的大多数人在50年代仍然忠于人民宪章。全国议会改革和财政改革协会于1855年解体。——62、108。

68　和平派指和平协会的成员,该协会是教友会(即贵格会)派于1816年在伦敦建立的资产阶级和平主义组织。协会得到自由贸易派的支持。自由贸易派认为,在和平条件下,英国通过自由贸易可以更充分地利用自己的工业优势,进而取得经济上和政治上的统治。自由贸易派的领导者(如理·科布顿)同时也是和平协会的领导者。——62。

69　宪章派指宪章运动的参加者。宪章运动是19世纪30—50年代中期英国工人的政治运动,其口号是争取实施人民宪章。人民宪章要求实行普选权并为保障工人享有此项权利而创造种种条件。宪章派的领导机构是"宪章派全国协会",机关报是《北极星报》,左翼代表人物是乔·哈尼、厄·琼斯等。恩格斯称宪章派是"近代第一个工人政党"(见《马克思恩格斯文集》第3卷第517页)。列宁认为,宪章运动是"世界上第一次广泛的、真正群众性的、政治上已经成型的无产阶级革命运动"(见《列宁全集》中文第2版第36卷第292页)。——62、108、164。

70　在宪章运动于1848年遭受挫折(1848年4月10日示威游行失败以及请愿书被拒绝等等)后,宪章派1849年秋在伦敦和其他大城市重新展开了宣传鼓动工作:他们在工业区举行群众集会以支持被逮捕的宪章派人士,要求赦免所有的政治犯,并在集会上商讨宪章派全国协会的进一步行动。

　　1849年12月初,宪章派为了重新组织宪章运动而筹备召开代表大会,在选举大会代表期间,首都和英国北部的其他城市再次出现了群众集会的浪潮。——62。

71　托利党是英国的政党,于17世纪70年代末80年代初形成。1679年,就詹姆斯公爵(后来的詹姆斯二世)是否有权继承王位的问题,议会展开了激烈的争论。拥护詹姆斯继承王位的议员,被敌对的辉格党人讥称为托利。托利(Tory)为爱尔兰语,原意为天主教歹徒。托利党一贯捍卫反动的对内政策,维护国家制度中保守和腐朽的体制,反对国内的民主改革,曾与辉格党轮流执政。随着英国资本主义的发展,托利党逐渐失去了先前的政治影响和在议会中的垄断权。1832年议会改革使资产阶级代表人物进入议会。1846年废除谷物法削弱了英国旧土地贵族的经济基础并造成了托利党的分裂。19世纪50年代末60年代初,在老托利党的基础上成立了英国保守党。——62、673。

72 **辉格党**是英国的政党,于17世纪70年代末80年代初形成。1679年,就詹姆斯公爵(后来的詹姆斯二世)是否有权继承王位的问题,议会展开了激烈的争论。反对詹姆斯拥有王位继承权的一批议员被敌对的托利党人讥称为辉格。辉格(Whig)为苏格兰语,原意为盗马贼。辉格党代表工商业资产阶级以及新兴的资本主义农场主的利益,曾与托利党轮流执政。19世纪中叶,辉格党内土地贵族的代表和保守党的皮尔派以及自由贸易派一起组成自由党,从此自由党在英国两党制中取代了辉格党的位置。——62、345。

73 **马尔萨斯的人口论**是英国资产阶级经济学家托·罗·马尔萨斯提出来的。他在1798年出版的《人口原理。人口对社会未来进步的影响》一书中认为,人口按几何级数(1、2、4、8、16……)增加,生活资料按算术级数(1、2、3、4、5……)增加,人口的增加超过生活资料的增加是一条永恒的自然规律。他把资本主义制度下劳动人民遭受失业、贫困的原因归之于这个规律,认为只有通过战争、瘟疫和饥饿等办法使人口减少,人口与生活资料的数量才能相适应。——63、184、224、338、411。

74 **通货学派**是19世纪30—50年代在英国宣扬"通货原理"(currency principle)或"通货理论"(currency theory)的一个货币理论学派,它以李嘉图的货币数量论为出发点。该派代表人物有赛·琼·劳埃德(1850年起为奥弗斯顿男爵)、罗·托伦斯、乔·沃·诺曼、威·克莱、乔·阿巴思诺特等人。他们主张把金属货币流通的抽象规律推广到银行券的发行上。除金属货币外,他们还把银行券算做"通货"(即"流通手段")。他们相信,用贵金属为银行券建立充足的准备金,可以实现稳定的货币流通,认为银行券的发行应按照贵金属的输出、输入来调整。英国政府依据这个理论进行的尝试(1844年和1845年的银行法)没有取得成果,从而证明了这一理论在科学上缺乏根据,在实践上也不能解决问题。马克思在《政治经济学批判。第一分册》(见《马克思恩格斯全集》中文第2版第31卷)和《资本论》第三卷(见《马克思恩格斯文集》第7卷)第二十六、二十八章对通货原理作了评价。——70。

75 马克思于1849年8月底来到伦敦,在这里一直居住到逝世。

   1850年11月中旬,恩格斯从伦敦转赴曼彻斯特,重新在欧门—恩格斯公司工作,这主要是为了给马克思以经济上的援助,使他能继续研究政治经济学理论。从这时起,马克思和恩格斯之间的通信更加频繁。——77。

76 指恩格斯参加1849年巴登—普法尔茨起义(见注60)。——77、126。

77 1841年9月—1842年10月,恩格斯曾在柏林的炮兵旅服役,其间被晋升为炮手。——78。

78 罗·丹尼尔斯被捕是由于威·豪普特的叛变出卖。——80。

79 兵营指社会民主主义流亡者委员会于1850年7月在伦敦租用的一套带工作室、卧室及公用厨房的住宅。这里聚集着奥·维利希的追随者及维利希—沙佩尔冒险主义宗派集团的大多数成员。——81。

80 在1851年7月底至10月的几次往来书信中,马克思和恩格斯就蒲鲁东的《19世纪革命的总观念》这部著作交换了许多意见。1851年8月初,马克思认真研究了这部著作,随后将内容提要寄给恩格斯。马克思打算写一本关于这部著作的小册子。应马克思之约,恩格斯就蒲鲁东《19世纪革命的总观念》一书写了批判分析文章(见恩格斯《对蒲鲁东的〈19世纪革命的总观念〉一书的批判分析》,《马克思恩格斯全集》中文第1版第44卷),并于1851年10月底寄给马克思。接到恩格斯的手稿后,马克思计划和恩格斯共同出版一本小册子,但是当时未能找到出版商。后来,约·魏德迈在纽约出版《革命》杂志,马克思打算将文章交由魏德迈发表。然而,这一计划也未能实现。——84。

81 恩格斯根据马克思的要求,从1851年8月到1852年9月,撰写了一组文章《德国的革命和反革命》(见《马克思恩格斯文集》第2卷)。从这封信中可以看出,撰写《德国的革命和反革命》的想法是马克思向恩格斯提出的。《德国的革命和反革命》这组文章共19篇,从1851年10月25日起到1852年10月23日止陆续刊登在《纽约每日论坛报》的"德国"栏目里,标题是《革命和反革命》,署名卡尔·马克思。直到1913年马克思和恩格斯的通信发表后,才知道这组文章是由恩格斯撰写的。——91。

82 指**历史法学派**。历史法学派是18世纪末在德国兴起的一个法学流派。其主要特征是反对古典自然法学派,强调法律应体现民族精神和历史传统;反对1789年法国资产阶级革命中的资产阶级民主主义思想;重视习惯法;反对制定普遍适用的法典。该派的代表人物是古·胡果、弗·卡·萨维尼等人,他们借口保持历史传统的稳定性,极力维护贵族和封建制度的各种特权。该派后来逐步演变成19世纪资产阶级法学中的一个重要流派。1842年,萨维尼被任命为修订普鲁士法律的大臣,这样,历史法学派的理论和方法就成了修订普鲁士法律的依据。

   历史法学派的主张同黑格尔法哲学的观点相对立。早在1836—1838年,马克思就开始研究历史法学派与黑格尔法哲学之间的分歧和论争。1841年底,马克思着手批判黑格尔的法哲学,同时继续研究历史法学派。对这一流派的批判,见马克思《历史法学派的哲学宣言》(《马克思恩格斯全集》中文第2版第1卷)和《〈黑格尔法哲学批判〉导言》(《马克思恩格斯文集》第1卷)。——93。

83 这里所说的"加利西亚的方式"指奥地利政府为了达到镇压波兰民族解放运动的目的,采取了利用加利西亚乌克兰族农民起义对抗波兰贵族起义的政策。1846年2—3月,在奥地利所辖的波兰地区,以克拉科夫为中心爆发了波兰民族解放起义,同时,在加利西亚也爆发了乌克兰农民起义。当时,奥地利当局利用乌克兰农民与当时准备进行反奥暴动的波兰贵族之间的阶级矛盾和民族矛盾,多次使起义农民将矛头指向波兰起义者的队伍。起义农民一开始就解除了波兰贵族起义部队的武装,随后大规模地摧毁地主庄园。短短几天之内400多处地主庄园被捣毁,千余名波兰庄园主及管家被打死。奥地利政府平息了波兰贵族的起义之后,随即镇压了加利西亚的农民起义。奥地利政府在1848年革命时期,为了反对波兰民族解放运动,企图再次获得加利西亚农民的支持,于是在这一年的春季宣布废除加利西亚农民的徭役和其他一些封建贡赋。然而,这是一种十分不彻底的改革,因为地主土地占有制仍然未受触动,而农民负担的赎金很高,要很多年才能付清。——95。

84　这是尼·尚加尔涅1851年6月3日在法国国民议会上针对路易·波拿巴1851年6月1日在第戎的讲话而发表的讲演中的一句话。路易·波拿巴的讲话暗含威胁国民议会之意。——97。

85　拿破仑·波拿巴经过1799年11月9日(共和历八年雾月十八日)的政变,以第一执政的名义成为法国的独裁者。——97。

86　在1851年12月2日的政变中,包括尼·尚加尔涅和路·卡芬雅克以及历史学家和政治家阿·梯也尔在内的16名国民议会议员被逮捕。他们被指控"阴谋反对国家安全并持有作战武器"。立法国民议会也被军队占领。——97。

87　1849年6月,法兰克福全德国民议会在保守派和大多数自由派代表退出后,鉴于有被驱逐和被解散的危险,把会址从美因河畔法兰克福迁往斯图加特。迁到斯图加特的全德国民议会被称做"残阙议会","卡尔伯的勒韦"在这个议会中担任议长。

　　法兰克福全德国民议会于1848年5月18日在美因河畔法兰克福召开,其目的是消除德国政治上的分裂状态和制定全德宪法。议会的多数派是自由资产阶级中间派,它又分裂成中间派右翼和中间派左翼。中间派拥护立宪君主政体。由于自由派多数的胆怯和妥协,以及小资产阶级左翼的动摇性和不彻底性,议会害怕接管国家的最高权力,没有成为真正统一德国的机构,最后变成了一个没有实际权力,只能导致群众离开革命斗争的纯粹的争论俱乐部。

　　马克思和恩格斯曾在《新莱茵报》上发表许多文章,对法兰克福全德国民议会的活动进行了尖锐的批评。——97。

88　奥斯特利茨会战(1805年12月2日)是欧洲各国第三次反法同盟与法国进行的一次会战。在俄奥军队和法国军队之间进行的这次会战中拿破仑第一取得了胜利。奥地利在这次失败后退出第三次反法同盟并同拿破仑缔结彼得斯堡和约。俄国和英国继续作战,并于1806年组成新的即第四次反法同盟。——98。

89　秩序党是1848年由法国两个保皇派,即正统派和奥尔良派联合组成的保守的大资产阶级政党,从1849年到1851年12月2日政变,该党在第二共和国的立法议会中一直占据领导地位。——98。

90 土伊勒里宫是巴黎的一座宫殿,路易十八的皇宫;拿破仑第三的官邸。——98。

91 1800年5月15—21日,配有150门火炮的4万法军通过了阿尔卑斯山隘口圣伯纳德。——98。

92 1800年5月下半月,拿破仑·波拿巴的军队经圣伯纳德山口翻越阿尔卑斯山进入奥地利军队后方,于6月14日在意大利北部的马伦戈击溃奥地利将军米·梅拉斯的军队。马伦戈会战这一决定性胜利最后导致英、俄、奥等国第二次反法同盟的解体。同时这次会战也是拿破仑·波拿巴共和历八年雾月十八日(1799年11月9日)政变后的第一次大捷,它使拿破仑·波拿巴的政权得到了巩固。——98。

93 1851年12月2日新上台的波拿巴政府宣布重新恢复普选权,废除了1850年5月31日国民议会通过的选举法。这个选举法规定,只有在同一居住地住满三年并交纳直接税的人才有选举权。这样一来,大约有300万人被剥夺了投票权。——98。

94 恩格斯在这里引用了法兰克福国民议会左翼议员威·约尔丹在1848年7月24日国民议会的一次会议上就波兰问题进行辩论时的讲话,带有讽刺意味(参看恩格斯《法兰克福关于波兰问题的辩论》,《马克思恩格斯全集》中文第1版第5卷)。——99。

95 奥尔良派是法国金融贵族和大资产阶级的保皇党,是1830年七月革命到1848年二月革命这段时期执政的波旁王朝幼系奥尔良公爵路易-菲力浦的拥护者。——99。

96 指科隆共产党人案件(1852年10月4日—11月12日),这是普鲁士政府策动的一起挑衅性案件。共产主义者同盟的11名成员被送交法庭审判,罪名是"进行叛国性密谋"。对他们进行指控的证据是普鲁士警探们假造的中央委员会会议《原本记录》和其他一些伪造文件,以及警察局从已被开除出共产主义者同盟的维利希—沙佩尔冒险主义宗派集团那里窃得的一些文件。法庭根据伪造文件和假证词,判处七名被告三年至六年徒刑。马克思和恩格斯对这一案件的策动者的挑衅行为和普鲁士警察国家对付国际工人运动的卑鄙手段进行了彻底的揭露(参看马克思《揭露科隆共产党人案件》和恩格斯《最近的科隆案件》,《马克思恩格斯全集》中文第2版第11卷)。——101、109。

97　1851年12月2日路易·波拿巴发动政变后宣布实行新的选举法,取消秘密投票,并命令在正式登记表上的选民姓名后面注明赞成或反对。路易·波拿巴的政变遭到抵抗,巴黎爆发起义。路易·波拿巴迫于大规模群众示威的压力,于12月5日颁布了经过修改的选举法条文,规定实行普选权并采取秘密投票方式。——102。

98　指1795年4月1日(共和历三年芽月十二日)和同年5月20—23日(共和历三年牧月一日至四日)巴黎工人反对1794年7月27日(共和历二年热月九日)所建立的热月派统治的起义,以及1831年和1834年里昂的两次工人起义。——103。

99　路易·波拿巴政变的第二天,法国的许多地方发生了起义。在法国的中央地区以及南部的许多城市和农村,起义具有广泛的群众性,不仅有手工业者、工人、商人和知识分子参加,农民也参加进来。政府对32个起义地区颁布了戒严令,并动用政府军进行镇压。——104。

100　克拉普林斯基是海涅《两个骑士》一诗中的主人公,一个破落的贵族;克拉普林斯基这个姓的法文crapule是饕餮、酗酒以及淫棍、败类的意思。马克思在这里是用克拉普林斯基的名字称呼路易·波拿巴。——105。

101　恩格斯在1851—1854年间经常研究斯拉夫语。他学习了俄语、塞尔维亚克罗地亚语、斯洛文尼亚语和捷克语,还打算写一部斯拉夫语的比较语法。1852年春以前,他自修了俄语,后来用一部分时间向俄国的流亡者爱德华·平达学习会话。恩格斯在研究俄语语法的同时,还阅读了一些俄罗斯文学作品的原著,如普希金的《叶甫盖尼·奥涅金》和《青铜骑士》、格里鲍耶陀夫的《聪明误》和赫尔岑的《往事与随想》。现在保存下来的资料中有恩格斯抄自普希金小说《叶甫盖尼·奥涅金》的词汇摘录,以及某些诗句的散文式的德译文。50年代初,恩格斯研究了包令的《俄罗斯诗文集》,并收集了有关罗蒙诺索夫、杰尔查文、卡拉姆津、茹柯夫斯基、克雷洛夫以及18——19世纪初俄罗斯其他诗人和作家的资料。恩格斯在学习斯拉夫语的同时，还研究了斯拉夫各民族的历史和文化。他阅读了捷克和塞尔维亚著作家撰写的有关文学史和民间创作史的著作，如沙法里克的《斯拉夫各种方言的语言文学史》、武克的《塞尔维亚民歌集》等等。——107。

102 大型政治历史剧的德文原文是 Haupt- und Staatsaktion。这个词原本是指17世纪和18世纪上半叶德国巡回剧团演出的戏剧。这些戏剧用夸张的、粗俗的和笑剧的方式展现悲剧性历史事件。这个词的引申意义是指重大的政治历史事件。在这封信里，恩格斯是指革命。——107。

103 指马克思和恩格斯1848年3月代表共产主义者同盟中央委员会起草的《共产党在德国的要求》第一条："全德国宣布为一个统一的、不可分割的共和国"（见《马克思恩格斯全集》中文第1版第5卷第3页）。——109。

104 恩格斯在这封信里进一步阐述了马克思在1853年6月2日的信里所表述的思想。不列颠议会关于续发东印度公司特许状的辩论（1853年6月初）是探讨东方问题的直接起因。马克思对这些问题的兴趣也与他的经济学研究有关。1857—1858年他重新转向研究这些问题。

马克思在《不列颠在印度的统治》（见《马克思恩格斯文集》第2卷）一文中利用了这封信。——113。

105 鞑靼是19世纪对中亚细亚和突厥斯坦的一部分地区的称呼。——113。

106 查·凯里在《国内外的奴隶贸易：这种贸易存在的原因及其消除的办法》（1853年费城版）第203—204页引用了马克思《选举。——财政困难。——萨瑟兰公爵夫人和奴隶制》（见《马克思恩格斯全集》中文第2版第11卷）一文中的话。马克思在他与阿·克路斯的通信中阐明了他对凯里的庸俗经济学的看法。克路斯在1853年9月利用这些资料写了一篇文章，发表在《改革报》上，题为《"合众国最优秀报纸"及其"最优秀人物"和国民经济学家》（见《马克思恩格斯全集》中文第2版第12卷附录）。

后来马克思在1857—1858年写的经济学手稿中，特别是在评论巴师夏和凯里的章节里继续批判了资产阶级庸俗经济学（参看《马克思恩格斯全集》中文第2版第30、31卷）。——115。

107　这里引用的是1812年发表的英国下院委员会的报告(有些地方马克思是用自己的话转述的)。看来马克思同时还使用了乔·坎伯尔的著作《现代印度:民政管理制度概述。卷首附当地居民及其制度的某些材料》1852年伦敦版。马克思在《不列颠在印度的统治》(见《马克思恩格斯文集》第2卷)一文以及后来在《资本论》(见《马克思恩格斯文集》第5卷第414页)中都使用了这些资料。——117。

108　《摩奴法典》是古印度的一部关于宗教、法律和礼仪的戒律集成,是按照印度奴隶制国家的需要和婆罗门教的教义编纂的早期习惯法法典之一。它规定了每个印度人按照婆罗门教义应尽的义务。据传这部法典出自神话中的人类始祖摩奴(梵文中的"人")之手。这部法典的材料是历经许多世纪逐渐积累起来的,在将近公元开始时初具规模。《摩奴法典》反映了带有许多原始公社制残余的印度奴隶制社会发展的特点。——118。

109　指恩格斯的文章《〈科隆日报〉论马扎尔人的斗争》、《在意大利和匈牙利的战争》、《匈牙利》(见《马克思恩格斯全集》中文第1版第6卷),以及发表在1849年2—5月《新莱茵报》上关于在匈牙利的军事行动的述评(见《马克思恩格斯全集》中文第1版第43卷)。——127。

110　指1792年10月法国军队占领美因茨以后,在当地按照法国雅各宾俱乐部的方式成立的自由平等之友协会,即美因茨俱乐部。该俱乐部要求取消封建赋税并建立共和国。1793年2月进行了选举并召开了法国莱茵地区国民公会。国民公会颁布了废除为数众多的僧俗王公的法令,并宣布美因茨及其邻近地区为共和国。

　　1793年3月,国民公会宣布美因茨共和国并入法国。这样一来,美因茨俱乐部派不仅遭到来自反动贵族势力方面,而且也遭到来自资产阶级势力方面的非难,被指责犯有"背叛祖国"罪。美因茨俱乐部和国民公会也没有得到农民和手工业工人的支持。虽然法国国民公会颁布法令废除了封建依附关系、贵族和僧侣的特权,以及原来的赋税,但同时它却规定要向法国交纳特别税款。这一点是造成这些阶层愤懑不平的重要原因。

　　1793年7月普军占领美因茨,美因茨共和国遂告解体。美因茨俱乐部的成员被捕入狱并遭到虐待。——131。

111　1856年5月中旬,恩格斯同玛·白恩士到爱尔兰旅行。——132。

112 恩格斯指1845—1847年爱尔兰各地马铃薯普遍歉收造成的大饥荒。因为受英国地主奴役和处于贫困状态的爱尔兰农民以马铃薯为主要食物,所以,尽管这几年爱尔兰谷物丰收,但是马铃薯的歉收仍使大批居民死于饥荒。饥荒和随之而来的工商业危机对1847—1848年爱尔兰民族解放运动的发展产生了很大的影响。——133。

113 清扫领地指19世纪40—60年代英国地主把大批爱尔兰佃户强行赶出家园。关于这个问题详见马克思的文章:《选举。——财政困难。——萨瑟兰公爵夫人和奴隶制》和《强迫移民。——科苏特和马志尼。——流亡者问题。——英国选举中的贿赂行为。——科布顿先生》(《马克思恩格斯全集》中文第2版第11卷)。——133。

114 债务法庭是为了加速和方便低价出售地产而根据1849年法律成立的英国皇家专门委员会。实行这一措施,是因为40年代中期爱尔兰各地普遍歉收,致使许多爱尔兰土地所有者困于债务和无法从事有收益的经营而破产。债务法庭有权根据地产所有者或其任何一个债权人的请求,不必事先审查双方中的任何一方的权利,便可着手拍卖地产,用卖地所得的钱来满足债权人的要求。债务法庭的活动使大量土地从土地贵族和被盘剥的小佃农手里转到资产阶级高利贷者和大土地经营者手里。——134。

115 尼·马基雅弗利《佛罗伦萨史》第1版于1532年在罗马和佛罗伦萨出版。书中描写的雇佣兵队长是14—15世纪意大利雇佣兵的首领。——136。

116 马克思在这里所表达的关于欧洲大陆危机的某些思想,在他的《欧洲的金融危机》(见《马克思恩格斯全集》中文第2版第16卷)一文中有更详尽的阐述。——138。

117 1844年银行法是英国政府为了克服银行券兑换黄金的困难,根据罗·皮尔的创议,于1844年7月19日公布的《银行券发行改革法》,其中规定把英格兰银行分为两个独立部门,即银行部和发行部,并规定银行券应有一定数量的黄金作保证。没有黄金保证的银行券的发行额限定不得超过1 400万英镑。但是1844年银行法没有取得成效,实际上流通中的银行券的数量不是取决于抵补基金,而是取决于流通领域内对银行券的需求量。在经济危机时期,因货币需求量特别大,英国政府暂时停止实行1844年的法令,增加了没有黄金保证的银行券的总额。马克思在《资本论》第三卷（见《马克思恩格斯文集》第7卷）第三十四章对1844年银行法的内容和意义作了专门评论。——138、432。

118　印刷所广场是伦敦一个不大的广场，英国最大的日报《泰晤士报》编辑部和印刷所所在地，因此印刷所广场也就成了以优秀报业组织闻名于19世纪中叶的该报编辑部和印刷所的代名词。——138。

119　指汉堡保证贴现公司。该公司是1857年11月21日因汉堡货币危机而成立的，目的是使盖有该公司印章的票据和银行券易于流通。——139。

120　动产信用公司是法国的一家大股份银行，由埃·贝列拉和伊·贝列拉兄弟俩于1852年创办并为1852年11月18日法令所批准。动产信用公司的主要目的是充当信贷的中介及参与工业企业和其他企业的创立。该公司广泛地参与了法国、奥地利、匈牙利、瑞士、西班牙和俄国的铁路建设。公司的收入主要来源于自己所开办的股份公司在交易所进行的有价证券投机买卖。动产信用公司用发行本公司的股票得来的资金收买各种公司的股票，它自己的股票只是以它持有的其他企业的有价证券作担保，而其他各公司的股票则是以它们本身的财产价值作担保。因此，同一项实际财产产生了双倍的虚拟资本，一种形式是该企业的股票，另一种形式是拨款给该企业并收买其股票的动产信用公司的股票。该公司同拿破仑第三的政府关系密切，并在其庇护下进行投机活动。1867年该公司破产，1871年清算完毕。动产信用公司在19世纪50年代作为新型金融企业出现，是这一反动时期特有的产物。在这一时期，交易所买空卖空、投机倒把活动异常猖獗。中欧的其他许多国家也效仿动产信用公司纷纷建立类似的机构。——139、142。

121　马克思是指他的1857—1858年经济学手稿，即后来《资本论》的第一稿。马克思在写作这部手稿的过程中，制订了他准备撰写的政治经济学巨著的计划。他打算在这部著作中研究资本主义生产方式的全部问题，同时对资产阶级政治经济学进行批判。这部巨著的计划要点，马克思在给恩格斯和其他人的一系列书信（见本卷第150、157页）以及这部著作的没有完成的《导言》（见《马克思恩格斯文集》第8卷第32—33页）草稿中都曾提到过。在继续研究的过程中，马克思多次改变自己的原订计划，并按照一再修改的方案写成了《政治经济学批判。第一分册》和《资本论》。——140、141、

149。

122　指斐·拉萨尔打算撰写的政治经济学著作《巴师夏-舒尔采-德里奇先生,经济学上的尤利安,或者:资本和劳动》。这本书第1版于1864年在柏林出版。——147。

123　斯多亚派是公元前4世纪末产生于古希腊的一个哲学派别,因其创始人芝诺通常在雅典集市的画廊(画廊的希腊文是"στοά")讲学,故称斯多亚派,又称画廊学派。

斯多亚派哲学分为逻辑学、物理学和伦理学,以伦理学为中心,逻辑学和物理学只是为伦理学提供基础。这个学派主要宣扬服从命运的观念和带有浓厚宗教色彩的泛神论思想,其中既有唯物主义倾向,又有唯心主义思想。早期斯多亚派认为,认识来源于对外界事物的感觉,但又承认关于神、善恶、正义等的先天观念。他们把赫拉克利特的火和逻各斯看成同一个东西,认为宇宙实体既是物质性的,同时又是创造一切并统治万物的世界理性,也是神、天命和命运,或称自然。人是自然的一部分,也受天命支配,人应该顺应自然的规律而生活,即遵照理性和道德而生活。合乎理性的行为就是德行,只有德行才能使人幸福。人要有德行,成为善人,就必须用理性克制情欲,达到清心寡欲以至无情无欲的境界。中期斯多亚派强调社会责任、道德义务,加强了道德生活中的禁欲主义倾向。晚期斯多亚派宣扬安于命运,服从命运,认为人的一生注定是有罪的、痛苦的,只有忍耐和克制欲望,才能摆脱痛苦和罪恶,得到精神的安宁和幸福。晚期斯多亚派的伦理思想为基督教的兴起准备了思想条件。——148。

124　斐·拉萨尔1857年12月17日给马克思的信中,附有他的表弟麦·弗里德兰德建议马克思为奥地利资产阶级报纸《新闻报》撰稿的信。弗里德兰德早先担任过资产阶级民主派报纸《新奥得报》的编辑,马克思在1855年曾为该报撰稿。从1856年起,弗里德兰德成为《新闻报》的编辑之一。但是马克思不了解《新闻报》当时的政治倾向,认为不宜给该报撰稿,直到1861年10月该报表示反对奥地利施梅林的伪宪制派政府时,马克思才最后同意撰稿。——149。

125　参看纳·威·西尼耳的小册子《关于工厂法对棉纺织业的影响的书信。附伦纳德·霍纳给西尼耳先生的信以及埃·阿什沃思先生、汤普森先生和西尼耳先生之间的谈话记录》1837年伦敦版第12、13页。——156。

126　这里提到的著作是：詹·斯图亚特《政治经济学原理研究，或自由国家内政学概论》1770年都柏林版；托·莱特和约·哈娄《通货问题。双子座书简》1844年伦敦版，该书包含托·阿特伍德的观点；戴·乌尔卡尔特《家常话》1855年伦敦版；约·格雷《社会制度。论交换原理》1831年爱丁堡版和《关于货币的本质和用途的讲义》1848年爱丁堡版；约·布雷《劳动的不公正现象及其解决办法》1839年利兹版。——159。

127　指厄·琼斯1858年10月4日在曼彻斯特宪章派群众大会上的讲话。

　　1857年琼斯主张联合资产阶级激进派，其目的是为了与资产阶级激进派共同争取选举改革，并希望在此基础上恢复国内群众性的宪章运动。但是，他在制订联合资产阶级激进派的共同纲领时，放弃了人民宪章提出的若干主张，只保留了成年男子普选权的要求。马克思和恩格斯认为琼斯与激进派的妥协是他政治上动摇的表现，是滑到了改良主义的立场，所以同他断绝了朋友关系。琼斯的做法也引起了宪章派成员的不满和反对。几年后，在琼斯重新开始表现出革命无产阶级的精神时，他同马克思和恩格斯的朋友关系才得以恢复。——164。

128　马克思谈到俄国革命已经开始，是指俄国这一时期因生产力的增长和资本主义成分的发展使占统治地位的封建农奴制关系产生了危机。自沙皇政府在克里木战争中失败以后，农民运动广泛开展，是这一危机的明显表现。克里木战争暴露了专制农奴制的腐朽性和反动性。1856—1858年在全国范围内展开的农民运动，采取了人民对农奴制的各种抗议形式。农民拒服徭役，拒缴代役租，从地主庄园大批逃亡，烧毁庄园并杀死地主；农民同派驻庄园的军队发生公开的武装冲突，也越来越成为常事。

　　农民运动以及在国内以尼·加·车尔尼雪夫斯基，在国外以亚·伊·赫尔岑为首的俄国革命民主主义者对专制农奴制的揭露，对推动俄国社会生活的整个进程产生了巨大的影响。亚历山大二世政府非常害怕农民运动和革命民主主义运动的高涨，同时又考虑到已产生的资产阶级和一部分资产阶级化的地主的要求，不得不走上准备废除农奴制的道路。为此，在1857年1月建立了由沙皇任主席的农民事务秘密委员会。这个委员会从1858年起公开活动，并改名为农民事务总委员会。1858年7月中旬，总委员会分设了四人委员会。四人委员会的任务之一是保证在各地农奴制改革方案拟出以后派遣各省委员会的代表前往圣彼得堡,参与各省方案的讨论和最后的审批工作。亚历山大二世在1858年8—9月巡视俄国中部各省途中,在许多城市接见了贵族,从他向贵族们发表的演说中可以清楚地看出沙皇政府的这一决定。

马克思在这里把参加圣彼得堡各省委员会贵族代表大会的代表称为"显贵",是借用封建专制法国在18世纪末法国资产阶级革命前夕召集显贵的说法。圣彼得堡的代表大会于1859年8月召开。——165。

129 指普鲁士的摄政危机。1858年10月,由于国王弗里德里希-威廉四世患疯癫症,其弟普鲁士亲王(后来的国王威廉一世)被任命为摄政王。他为赢得自由资产阶级的支持,解散了反动的曼托伊费尔政府。——165。

130 指斯拉夫国家在1848年革命以后因资本主义的发展而引起的民族运动的高涨。50年代捷克资产阶级经济实力的巩固,促进了捷克资产阶级民族的形成。但是这一过程受到了阻碍,因为捷克加入奥地利帝国后,在经济和政治领域中占统治地位的是德国资产阶级。因此,捷克资产阶级为反对经济和政治领域中的德国势力进行了不倦的斗争。50年代下半期,反对奥地利政府专制集权政策的农民和无产阶级群众,开始在民族运动中发挥巨大作用。然而,由于捷克工人阶级尚未成熟,未能把民族运动的领导权掌握在自己手中。领导运动的是代表捷克资产阶级利益的民族党。捷克自由资产阶级害怕城乡劳动群众的革命运动,企图使无产阶级脱离阶级斗争,因而鼓吹"阶级利益调和",指望不用国家民主化的方法,而依靠维也纳专制政府的支持,取得自己的权利和民族的独立;他们还主张镇压国内的革命运动。

捷克和其他斯拉夫国家的民族问题是当时有关消灭封建农奴制残余并把资产阶级民主革命进行到底的重大问题之一。——166。

131 19世纪40年代游历了俄国的普鲁士官员、作家奥·哈克斯特豪森在他的著作《俄国的国内状况、国民生活、特别是农村设施概论》(1847—1852年汉诺威—柏林版第1—3册)中,描述了俄国农村居民虚假的物质福利状况。他主张保存俄国的农民公社,并企图证明,公社制度是使俄国摆脱革命无产阶级的唯一可靠的手段。哈克斯特豪森断言,俄国的农奴制只应当逐步废除,因为这个国家似乎还没有条件来实行自由雇佣劳动的制度。——166。

132　第二次鸦片战争(1856—1860年)时期,英国、法国、俄国和美国于1858年6月强迫中国分别与他们签订了不平等的天津条约。马克思对英中天津条约的评论,见《英中条约》及《中国和英国的条约》(《马克思恩格斯文集》第2卷)。——167。

133　在1830年11月开始的1830—1831年反对沙皇制度的波兰解放起义中,起义的领导权基本上掌握在波兰小贵族的手里。由于他们拒绝满足广大农民群众废除农奴依附地位的要求,没能得到农民群众的支持,从而导致了起义的失败。起义遭到了沙皇的残酷镇压。对这次起义的评价,见恩格斯1848年2月22日在布鲁塞尔举行的1846年克拉科夫起义两周年纪念大会上的演说(《马克思恩格斯全集》中文第1版第4卷第537—541页)以及他在《德国农民战争》(见《马克思恩格斯文集》第2卷)中的有关论述。——170。

134　斐·拉萨尔于1858年春写了舞台剧本《弗兰茨·冯·济金根》,并匿名发表。在皇家剧院拒绝上演这部戏剧之后,拉萨尔于1859年春将《弗兰茨·冯·济金根》作为文学剧本发表。——173。

135　恩格斯在这里和后面谈到舞台剧本和文学剧本之间的区别和其他艺术创作问题的地方,实际上都是针对斐·拉萨尔在《弗兰茨·冯·济金根》剧本的序言中所提出的论点进行的批评。——174。

136　斐·拉萨尔1848年11月21日在诺伊斯(杜塞尔多夫附近)举行的民众大会上发表演说,号召武装起来反对国家政权。一天后拉萨尔被捕。高等法院和检察院一再拖延审判,拉萨尔写信请马克思和恩格斯谴责这一阴谋。马克思和恩格斯以同一标题《拉萨尔》在《新莱茵报》上发表了一系列文章,揭露司法当局和监狱当局对拉萨尔的暴行(见《马克思恩格斯全集》中文第1版第6卷)。对拉萨尔的审判于1849年5月3—4日进行。

　　恩格斯在这里也可能是指1848年9月17日拉萨尔在沃林根(科隆附近)民众大会上的讲话。恩格斯曾亲自参加了这次民众大会并当选为大会书记。——174。

137　指16世纪德国马丁·路德领导的宗教改革运动。参看恩格斯《德国农民战
　　　争》第二章(《马克思恩格斯文集》第2卷)。——175。

138　"鞋会"和"穷康拉德"是15—16世纪初期在德国出现的反封建的农民秘密
　　　团体。它们的活动为德国1525年农民战争作了准备。恩格斯在《德国农民
　　　战争》(见《马克思恩格斯文集》第2卷)中对这两个团体的活动作了论述。
　　　——177。

139　指1859年11月爆发的西班牙对摩洛哥的战争。西班牙军队在莱·奥当奈尔-
　　　霍里斯将军的指挥下进入摩洛哥境内。为此,恩格斯在1859年12月中为
　　　《纽约每日论坛报》撰写了《对摩尔人的战争的进程》一文,1860年1月中和
　　　2月初又撰写了题为《对摩尔人的战争》的两篇文章(见《马克思恩格斯全
　　　集》中文第2版第19卷)。——178。

140　指沙米尔领导下的达吉斯坦和车臣山地居民反对沙皇俄国的战争。在战
　　　争中,沙米尔的主力部队被歼灭,他本人于1859年8月被俘,沙米尔战友所
　　　率各支部队随后也遭到沙皇军队的镇压。——178。

141　《政治经济学批判。第一分册》(见《马克思恩格斯全集》中文第2版第31卷)
　　　于1859年6月出版以后,马克思根据同柏林出版商弗·敦克尔签订的临时
　　　协议,准备将1857—1858年经济学手稿的主要内容《资本》这一章作为第
　　　二分册出版。但是,为了揭露波拿巴的代理人卡·福格特的诽谤性攻击和付
　　　印其他一些需要尽快出版的著作,这项工作中断了一年半之久。直到1861
　　　年8月,马克思才重新开始这一部分的写作,但在写作过程中放弃了分册
　　　出版的计划。——178。

142　指马克思准备在《政治经济学批判。第一分册》之后作为第二分册出版的、
　　　关于资本这一章的手稿。马克思在1861—1863年的写作过程中,把关于资
　　　本一章的手稿扩充为总共有将近200印张23个笔记本的巨著,即1861—
　　　1863年经济学手稿,其中理论部分后来加工成为三卷《资本论》,而理论史
　　　部分在马克思和恩格斯逝世后被编为《剩余价值理论》(《资本论》第四卷)
　　　出版。——180、184。

143　1862年4月,美国南北双方的军队在新奥尔良交战。北军舰队突破了扼守
　　　密西西比河上通往新奥尔良要道的两个堡垒后,驻守新奥尔良的南军于

1862年4月29日投降。5月1日北军入城。新奥尔良是蓄奴州同盟重要的政治军事中心,攻占该城是北军的重大军事胜利。

马克思在《美国战场的形势》(见《马克思恩格斯全集》中文第1版第15卷)一文中,利用了恩格斯在这封信中提供的对军事行动的分析,该文发表在1862年5月30日的《新闻报》上。——181。

144　"白种废物"是美国南部各州种植场的奴隶主对白种贫民的蔑称。——182。

145　*脱离运动*指美国南部六个宣布脱离联邦的蓄奴州(南卡罗来纳、佐治亚、佛罗里达、亚拉巴马、密西西比、路易斯安那)于1861年2月4日—3月16日在蒙哥马利(亚拉巴马州)举行大会,宣布成立奴隶制国家即南部同盟,并通过了临时宪法。杰·戴维斯当选为临时总统。1861年3月2日得克萨斯参加同盟,1861年5月,四个边界蓄奴州(弗吉尼亚、阿肯色、北卡罗来纳和田纳西)也加入了同盟。——183。

146　一切人反对一切人的战争(bellum omnium contra omnes)是英国哲学家托·霍布斯的用语,出自他1642年的论文《论公民》中的致读者序(《霍布斯哲学著作集》1668年阿姆斯特丹版第1卷第7页)以及他用英文写的《利维坦:或教会国家和市民国家的实质、形式和权力》1651年伦敦版的拉丁文译本(《霍布斯哲学著作集》1668年阿姆斯特丹版第2卷第83页)。霍布斯认为,人的自然状态,即市民社会之外的状态,是一切人反对一切人的战争;为了克服这种状态,人们必须通过契约来建立国家。——184、411。

147　指1861—1865年的棉荒或棉纺织业危机。1861—1865年美国内战期间,北军舰队封锁南部各蓄奴州海港,严格限制美国棉花出口,致使英国和欧洲其他国家因棉花供应中断而出现棉荒,欧洲大部分棉纺织业陷于瘫痪。1862年英国有75%以上的纱绽和织布机停工,纺织工人接连两三年陷于失业或半失业状态,生活状况严重恶化。——185。

148　马克思最初不打算把地租问题放到《资本论》中论述,后来他改变了主意,在《资本论》第三卷(见《马克思恩格斯文集》第7卷)中阐述了他的地租理论。——185。

149　"费用价格"("Kostpreis","Kostenpreis"和"cost price")这一术语,马克

思在这里是在生产价格(c＋v＋平均利润)的意义上使用的。——188、
193。

150　马克思在这封信中表述的观点成了他1862年8月9日发表在《新闻报》上《评
　　　美国局势》(见《马克思恩格斯全集》中文第1版第15卷)一文的基础。——
　　　191。

151　美国内战即1861—1865年美国南北战争。19世纪中叶,美国南部种植园主
　　　奴隶制与北部资产阶级雇佣劳动制之间的矛盾日益尖锐。1860年11月,主
　　　张限制奴隶制的共和党候选人林肯当选为总统,美国南部的奴隶主发动
　　　了维护奴隶制的叛乱。1861年2月,南部先后宣布脱离联邦的各州在蒙哥
　　　马利大会上成立南部同盟,公开分裂国家,并于当年4月12日炮轰萨姆特
　　　要塞(南卡罗来纳州),挑起内战。1865年4月,南部同盟的首都里士满被攻
　　　克,南部同盟的联军投降,战争结束。北部各州在南北战争中取得了胜利,
　　　维护了国家的统一,并为资本主义的蓬勃发展扫清了道路。——191、196、
　　　230、278、427、435。

152　新英格兰指美国东北部工业高度发达的六个州,即缅因、马萨诸塞、康涅
　　　狄格、罗得岛、佛蒙特、新罕布什尔。新英格兰也是废奴运动的中心。——
　　　191。

153　指小皮特的政府于1786年设立的所谓抵偿基金,目的是获得资金以偿还
　　　不断增加的英国国债。为设立这种基金而采取的财政措施之一是提高原
　　　有的间接税和实行新的间接税。——192。

154　重农学派是18世纪法国古典政治经济学的一个学派,主要代表人物是弗·
　　　魁奈和雅·杜尔哥。当时在农业占优势的法国,因实行牺牲农业发展工商
　　　业的政策,而使农业遭到破坏并陷于极度衰落。重农学派反对重商主义,
　　　主张经济自由和重视农业,认为只有农业才能创造"纯产品",即总产量超
　　　过生产费用的剩余,亦即剩余价值,因而认为只有农业生产者才是生产阶
　　　级。这一学派从生产领域寻求剩余价值的源泉,研究社会总资本的再生产
　　　和流通,是第一个对资本主义生产进行系统理解的学派。但是,它没有认
　　　识到价值的实体是人类一般劳动,混同了价值和使用价值,因而没有看到
　　　一切资本主义生产中都有剩余劳动和剩余价值,以致把地租看成是剩余

价值的唯一形式,把资本主义的生产形态看成是生产的永久的自然形态。
——193、429。

155　指美国国会议员以及纽约州长的选举。马克思对这次选举结果的评价,见
马克思《北部各州的选举结果》(《马克思恩格斯全集》中文第1版第15卷)。
——194。

156　西点人指曾是西点军校学员的那部分人。西点军校创办于1802年,是19世
纪美国唯一的高等军事学校。与外界完全隔绝的培养军官的制度助长了
学员的等级偏见。乔·麦克莱伦曾是西点军校的学员。——194。

157　指解放法案,即林肯于1862年9月22日颁布的解放宣言。宣言宣布属于南
部参加叛乱的种植场主的黑奴从1863年1月1日起成为自由人。与此同
时,所有黑人都被赋予在陆军和舰队服役的权利。随着黑人的解放,战争
的性质开始发生变化,战争朝着革命战争的方向发展。然而,由于没有分
配土地,仍然保持南部种植场主的统治地位,所以黑人并没有摆脱原来奴
隶主的残酷剥削和野蛮的种族歧视。——194。

158　指普鲁士国王和议会之间因军队的服役期从两年延长到三年,从而需要
增加军队拨款的问题引起的分歧。这种分歧日益尖锐,导致普鲁士政府和
议会的资产阶级自由派多数之间的冲突,即所谓宪制冲突的进一步加剧。
——195。

159　这是马克思给1848—1849年革命的参加者、德国医生路·库格曼的第一封
信。此后,马克思同库格曼之间的通信一直持续到1874年。马克思在给库
格曼的信中,谈到了国际工人运动和马克思主义理论方面的一些极为重
要的问题。1902年,卡·考茨基把这些书信第一次发表在《新时代》杂志上。
1907年,由列宁编辑并作序,出版了《马克思致库格曼书信集》俄文第一
版。——196。

160　指1861—1863年经济学手稿第一部分,这部分分析了资本主义的生产过
程。——196。

161　马克思在1861—1863年作了大量有关工艺学的笔记(摘录),其中主要摘
录了以下作者的著作:约·亨·莫·波珀《从科学复兴至18世纪末的工艺学

历史》1807—1811年格丁根版第1—3卷；安·尤尔《技术词典或工业手册》，克拉马尔施和黑伦整理，1843—1844年布拉格版（三卷集）第1卷；约·贝克曼《发明史文集》1782—1805年格丁根版第1—5卷。——199。

162　珍妮机是詹·哈格里沃斯于1764—1767年发明并用他女儿的名字命名的一种纺纱机。——200。

163　《公开答复》即斐·拉萨尔的小册子《就莱比锡全德工人代表大会的召开给中央委员会的公开答复》1863年苏黎世版。

　　　1863年2月10日，筹备全德工人代表大会的莱比锡中央委员会建议拉萨尔阐述他关于工人运动问题的观点。拉萨尔3月1日在《公开答复》中阐明了他的观点，然而却没有考虑中央委员会就建立协会的一些原则而陈述的建议。马克思这封信中引用的拉萨尔的话出自这本小册子第11、23、36页。——202。

164　1863年3月26日，工联伦敦理事会在圣詹姆斯大厅举行了工人群众大会，表示英国工人阶级支持美国北部各州反对奴隶制的斗争。同时，与会者在会上还抗议英国政府站在南部各州一边武装干涉美国内战。担任大会主席的是激进派最具声望的领袖约·布莱特。——203。

165　指1863年5月31日—6月1日举行的法国立法团的选举，以及1862年5月5日普鲁士议会的选举。——204。

166　这里所附的《经济表》与马克思1861—1863年经济学手稿第XXII笔记本第1394页的《全部再生产过程经济表》一致。后来马克思在《资本论》第二卷第三篇（见《马克思恩格斯文集》第6卷）中对整个社会资本的再生产和周转作了分析。

　　　魁奈的表指魁奈《经济表分析》一书中的社会资本的再生产和周转的图解。马克思在《剩余价值理论》中以及他为《反杜林论》写的第二编第十章（见《马克思恩格斯文集》第9卷）中对魁奈的《经济表》作了详细的分析。——206。

167　国际工人协会简称国际，后通称第一国际，是无产阶级第一个国际性的革命联合组织，1864年9月28日在伦敦成立。马克思参与了第一国际的创建，是它的实际领袖，恩格斯参加了国际后期的领导工作。在马克思和恩格斯的指导下,第一国际领导了各国工人的经济斗争和政治斗争,积极支持了被压迫民族的解放运动,坚决地揭露和批判了蒲鲁东主义、巴枯宁主义、拉萨尔主义、工联主义等机会主义流派,促进了各国工人的国际团结。第一国际在1872年海牙代表大会以后实际上已停止了活动,1876年7月15日正式宣布解散。第一国际的历史意义在于它"奠定了工人国际组织的基础,使工人做好向资本进行革命进攻的准备"(见《列宁全集》中文第2版第36卷第290页)。——212。

168 1864年3月举行了法国立法团补选两名共和党议员的选举。在这次选举中,巴黎工人推选出了工人候选人昂·托伦,而此前他们投票支持的是温和的资产阶级共和党候选人。选举之前,工人团体于1864年2月发表了《六十人宣言》,指出工人阶级需要在立法机构中拥有自己的代表。这表明工人已同资产阶级共和党人决裂,并已开始独立进行政治活动了。——212。

169 工联伦敦理事会首次于1860年5月由伦敦各工联代表会议选出。理事会领导着伦敦各工联成千上万的群众,对整个英国工人阶级都有影响。在60年代前半期,它曾领导英国工人反对干涉美国、维护波兰和意大利的历次行动,稍后又领导了他们争取工联合法化的运动。在伦敦理事会中起领导作用的是联合起来的各工联领导人,有粗细木工工联的威·克里默及其后的罗·阿普尔加思,鞋匠工联的乔·奥哲尔,泥瓦匠工联的埃·科尔森和乔·豪威耳,以及机械工人联合会的威·阿伦。工联伦敦理事会通过参加该理事会的总委员会委员同国际进行接触。马克思从国际成立时起就力图把广大的英国工人群众吸收进来,设法使工联的基层组织加入国际。根据总委员会英国委员们的动议,工联伦敦理事会在1866年秋历次会议上都讨论了加入国际的问题。理事会于1867年1月14日通过决议,表示赞同国际工人协会的原则,但断然拒绝与国际建立任何组织联系。此后,工联伦敦理事会通过它在总委员会中的成员继续与国际保持接触。

　　工联争取成年男子普选权和秘密投票协会于1864年9月成立。奥哲尔任协会主席。他和协会书记罗·哈特韦耳、财务委员W.特里姆勒特后来都加入了国际总委员会。——212、247、295。

170 1864年4月初,朱·加里波第到英国作宣传旅行,希望得到英国统治集团的某些帮助,以便进行旨在反对奥地利对威尼斯的统治的远征。英国工人举行大规模示威游行,欢迎加里波第的到来。英国政府考虑到热烈欢迎意大利民族英雄的英国人民的情绪,起初给加里波第以正式的礼遇。但是,加里波第为波兰起义者辩护的言论使英国资产阶级大为不满,他们开始在报刊上掀起反对意大利革命家的运动。在这种情况下,加里波第不得不马上离开英国。——212。

171　指共进会,即由居住在伦敦的意大利工人于1864年6月底成立的互助会。该会在成立初期参加者有300人左右,主要接受朱·马志尼的影响;朱·加里波第是该会的名誉主席。1865年1月,该会加入了国际。——213。

172　小委员会是国际工人协会临时中央委员会(通称中央委员会,1866年9月8日以后改称总委员会)在1864年10月5日的第一次会议上为制定协会的纲领性文件而选出的委员会,它在纲领性文件批准之后继续存在,通常每周开会一次,成为中央委员会的执行机关;从1865年夏天起,称为中央委员会常务委员会。其成员包括中央委员会常务主席(1867年9月起根据马克思的建议取消了这个职位)、名誉总书记和各国通讯书记。它在马克思的领导下全面处理国际的日常领导工作,草拟须提交中央委员会审阅的国际文件。从1872年6月起改称总委员会的执行委员会。——213。

173　路·沃尔弗在1864年10月8日小委员会会议上提出的章程是《意大利工人团体联合条例》的英译本;这个条例于1864年7月31日在《工人协会报》上发表,并于1864年10月25—27日在那不勒斯举行的、受到马志尼分子影响的意大利工人团体代表大会上通过。出席代表大会的有50多个工人团体的代表,会上成立了意大利工人协会联合会,该联合会后来加入国际工人协会。马志尼及其拥护者提出这个具有资产阶级民主派性质的章程,是打算把国际工人运动的领导权抓到自己手里。——213。

174　恩格斯考虑了马克思的意见,在援引全德工人联合会的要求时,对自己小册子中的这些文字作了修改,以免被误解为他同意拉萨尔派的口号(见《马克思恩格斯全集》中文第2版第21卷第104页)。他还接受了马克思提出的建议,修改了阐述德国资产阶级在1848—1849年革命时立场的相关文字(同上,第91页)。——218。

175　1849年3月27日法兰克福国民议会通过了一部包括直接的普选权的选举

法。选举法的全文由帝国摄政王约翰大公公布在1849年4月12日的法令公报上。由于普鲁士国王拒绝承认1849年3月28日法兰克福国民议会通过的帝国宪法以及革命遭到失败，这部选举法未能在1849年实施。——218。

176　1864年12月21日和30日《社会民主党人报》第2号和第3号发表了马克思翻译的《国际工人协会成立宣言》的德译文。马克思在译文中作了一些修改（译文中重要的修改，见《马克思恩格斯文集》第3卷《国际工人协会成立宣言》一文及相关脚注）。——220。

177　1864年11月11日约·巴·施韦泽和威·李卜克内西写信给马克思，请他为正在筹办的拉萨尔派全德工人联合会机关报《社会民主党人报》撰稿。马克思和恩格斯在同年11月收到施韦泽寄来的办报纲领，其中没有包含拉萨尔的口号。当时由于没有掌握其他刊物来影响德国的工人运动，而且李卜克内西还是该报的非正式编辑，于是马克思和恩格斯同意给《社会民主党人报》撰稿。该报发表过马克思的《国际工人协会成立宣言》和《论蒲鲁东》以及恩格斯翻译的古代丹麦民歌《提德曼老爷》。马克思和恩格斯曾多次批评该报的路线。在证实了施韦泽继续奉行向政府和容克谄媚的拉萨尔主义政策并企图散布对拉萨尔的迷信之后，马克思和恩格斯于1865年2月23日声明同该报断绝关系（见《马克思恩格斯全集》中文第2版第21卷第116、128—132页）。紧接着李卜克内西也拒绝为该报撰稿。——220。

178　威·李卜克内西在1865年1月20日以前写给马克思的信中谈到，拉萨尔向俾斯麦的反动政府妥协了，他答应俾斯麦，在普鲁士兼并石勒苏益格—荷尔斯泰因的问题上，全德工人联合会给予支持，条件是俾斯麦答应实行普选制。马克思和恩格斯认为拉萨尔的这个政治"遗嘱"是对无产阶级利益的背叛。1928年发表的拉萨尔和俾斯麦的通信完全证实了李卜克内西所提供的信息。——220。

179　**民族联盟**是德国中、北部资产阶级自由派和原来的资产阶级民主派的一个组织，主张把德国统一成为以君主制普鲁士为首的中央集权国家（奥地利除外），从而实现"德国的普鲁士化"。该联盟于1859年9月15—16日在美因河畔法兰克福德意志各邦资产阶级自由派的代表会议上成立。联盟的基本核心是1849年6月从法兰克福议会退出的大资产阶级的代表和左翼自由派——哥达派。1866年普奥战争和北德意志联邦成立后，该联盟于

1867年11月宣布解散。——220、237、251、257。

180 普鲁士亲王威廉(1861年即位为国王)在1858年10月开始摄政时宣布采取
"自由主义"方针,他解散了曼托伊费尔的内阁,让温和的自由派执掌政
权。资产阶级报刊盛赞这一方针开创了"新纪元"。实际上实施这一政策完
全是为了巩固普鲁士君主政体和容克的阵地。所谓"新纪元"实际上为
1862年9月上台执政的俾斯麦实行独裁作了准备。——221。

181 普鲁士的领导地位是普鲁士国王弗里德里希-威廉四世在1848年3月20日
的演说中使用的一个说法。他在演说中宣布,"为了拯救德意志",他决心
站在"整个祖国的领导地位"。在争取德国统一的时期,这一说法用来表示
普鲁士想在自己的领导下统一国家的意图。——221。

182 全德工人联合会是1863年5月23日在莱比锡各工人团体代表大会上成立
的德国工人的政治性组织。从成立时起,全德工人联合会就处于力图使工
人运动按改良主义道路发展的拉萨尔及其追随者的有力影响之下,故又
称拉萨尔派。联合会把自己的宗旨限于争取普选权的斗争及和平的议会
活动。全德工人联合会一方面否定工人阶级的日常经济斗争,另一方面又
主张建立由国家帮助的生产合作社,认为生产合作社是解决社会矛盾的
基本手段。联合会的拉萨尔派领导人在对外政策问题上采取民族主义的
立场,赞同普鲁士政府的反动政策和通过王朝战争自上而下地实现德国
的统一。

　　随着国际工人协会的成立,联合会的拉萨尔派领导人所奉行的机会
主义策略成了在德国建立真正工人政党的障碍。由于马克思和恩格斯始
终不渝地同拉萨尔主义进行斗争,到70年代初,先进的德国工人抛弃了拉
萨尔主义。1875年5月在哥达代表大会上,全德工人联合会同爱森纳赫派
实行合并,合并后的党采用德国社会主义工人党的名称。——221、292、
390、580。

183 进步党人是指1861年6月成立的普鲁士资产阶级进步党的代表。其著名的
代表人物有贝·瓦尔德克、鲁·微耳和、舒尔采-德里奇、马·福尔肯贝克和
莱·霍维尔贝克。进步党在纲领中提出如下要求:在普鲁士领导下统一德
国,召开全德议会,成立对众议院负责的强有力的自由派内阁。进步党没
有提出普选权、结社和集会权以及新闻出版自由等基本的民主要求。进步

党政治上的动摇反映了它所依靠的商业资产阶级、小工业家和部分手工业者的不稳定性。1866年,进步党分裂,其右翼组成了屈从于俾斯麦政府的民族自由党。——222、510、578。

184　马克思讽刺地把普鲁士通行的禁止工人结社和罢工的工商业管理条例以及1854年关于雇农权利规范的法律称为奴仆规约。

所谓"奴仆规约"是18世纪和19世纪初普鲁士各省实行的一种封建规章,它允许容克专横地对待农奴,包括对他们施以肉刑。——222。

185　指约·巴·施韦泽写的《俾斯麦内阁》这一组文章中的第三篇。这篇文章发表在1865年2月17日《社会民主党人报》第23号,也就是说,是在马克思坚决要求他不再向俾斯麦谄媚以后发表的。在《俾斯麦内阁》这组文章中,施韦泽公开支持俾斯麦用"铁和血"统一德国的政策。——222。

186　1861年1月12日,普鲁士因威廉一世即位而宣布大赦,声称准许政治流亡者"不受阻碍地返回普鲁士国土"。1861年春天,马克思在逗留柏林期间曾设法要求恢复他的普鲁士国籍,但遭到拒绝。普鲁士当局借口他在1845年是"自愿"放弃普鲁士国籍的,"因此""只能"被看做是一个"外国人"。——223。

187　根据国际工人协会中央委员会的倡议并在其直接参与下,选举法改革的拥护者于1865年2月23日在伦敦圣马丁堂召开会议,通过了建立改革同盟的决议。改革同盟成了领导工人争取第二次选举改革的群众性运动的政治中心。中央委员会的一些委员,主要是英国各工联的领袖,参加了同盟的领导机关——理事会和执行委员会。同盟所领导的改革运动的纲领和对待资产阶级政党的策略都是在马克思的直接影响下制定的,马克思努力促使英国工人阶级实行不依赖资产阶级政党的、独立的政策。资产阶级仅仅要求把选举权扩大到独栋住宅的房主和房客,与此相反,改革同盟按马克思的主张提出给予国内所有男性成年居民普选权的要求。由国际重新提出的这个宪章派的口号,在英国工人阶级队伍中得到了广泛的响应,并且使同盟获得了此前对政治漠不关心的工联的支持。同盟在英国各大工业城市和各地方都有分支机构。但是由于改革同盟领导层中的资产阶级激进派慑于群众运动的声势而发生动摇,加之工联机会主义领袖的妥协,同盟未能贯彻中央委员会拟定的路线。英国资产阶级使运动发生了分裂,在1867年进行了一次不彻底的改革,这次改革仅仅把选举权给了小资产阶级和工人阶级的上层,而工人阶级的基本群众仍然和以前一样处于政治上无权的地位。——223、244。

188 马克思对李嘉图的"人口规律"的批判,见《资本论》第1卷第23章第3节脚注(79)(《马克思恩格斯文集》第5卷第728页)和《剩余价值理论》有关章节(《马克思恩格斯全集》中文第2版第34卷第123—177页)。——225。

189 关于马尔萨斯在《人口原理》一书中的抄袭行为,马克思在《资本论》第一卷中作了详细论述(见《马克思恩格斯文集》第5卷第711—713页)。——225。

190 "应该警惕"一词来源于"为了共和国不受损失,执政官应该警惕"这句话,这是古罗马元老院在国家面临外部或内部的危险时使用的一句名言;在这种情况下,执政官将被赋予独裁的权力。——226。

191 指德国资产阶级经济学家和进步党的领导人舒尔采-德里奇宣传用工人自己的钱创办小型储蓄贷款银行、消费合作社和生产合作社。舒尔采-德里奇进行这种"贮钱箱"鼓动是企图诱使工人脱离反对资本的革命斗争。他鼓吹资本家和工人的利益协调一致,断言通过成立合作社可以在资本主义范围内从根本上改善工人阶级的状况,并且可以使手工业者免于破产。——226、292。

192 1865年5—8月在国际工人协会中央委员会里就约·韦斯顿提出讨论的经济学问题展开了争论。马克思除了在1865年5月20日中央委员会的特别会议上作了发言(发言记录没有保存下来)以外,还在1865年6月20日和27日的中央委员会会议上就这个问题作了报告,这个报告即著名的《工资、价格和利润》(见《马克思恩格斯文集》第3卷)。——230。

193 马克思在写完1861—1863年经济学手稿以后,于1863年8月开始分册撰写《资本论》。在写第一册手稿的时候,马克思决定把《资本论》其余三册写完,哪怕只写个草稿。马克思告诉恩格斯说,"再写三章就可以结束理论部分",看来,马克思在这里指的是完成《资本论》第三册的工作。这里所说的《资本论》第四册即最后一册的初稿,马克思已经写好;他把1861—1863年经济学手稿中有关理论史的部分标题为《剩余价值理论》。

后来，马克思在写完《资本论》第一、二、三册以后，又回到第一册上来。按照恩格斯的建议，他决定先出版第一册。1866年至1867年3月，马克思用了一年多的时间对《资本论》第一册手稿进行润色，这实质上是对这一册作了新的、仔细的加工。第一册的德文第一版于1867年9月作为《资本论》第一卷出版。根据同出版商奥·迈斯纳商定的出版计划，第二册和第三册以《资本论》第二卷的形式出版，而第四册理论史则以《资本论》的最后一卷即第三卷的形式出版（见《资本论》第一卷第一版序言，《马克思恩格斯文集》第5卷第13页）。

遗憾的是，马克思在世时没有能够完成付印《资本论》后几册的准备工作。马克思逝世以后，恩格斯整理并以《资本论》第二卷和第三卷的形式出版了马克思的第二册和第三册的手稿。恩格斯还打算整理并以《资本论》第四卷的形式出版上述第四册的手稿，但是他未能实现这一愿望。——230、246、254、255、572、680。

194　指雅·格林和威·格林编写的《德语辞典》，该辞典是按字母排序分册编辑出版的。——231。

195　日内瓦代表大会是国际工人协会于1866年9月3—8日在瑞士日内瓦举行的第一次代表大会。出席大会的有中央委员会，协会各支部以及英、法、德和瑞士的工人团体等的60名代表。大会批准了协会的章程和条例。由马克思执笔的《给临时中央委员会代表的关于若干问题的指示》（见《马克思恩格斯全集》中文第2版第21卷）作为中央委员会的正式报告提交大会讨论。参加大会的蒲鲁东主义者对《指示》几乎逐点加以反对。经过辩论，中央委员会的拥护者取得了胜利。《指示》九项内容中有六项作为大会决议通过，其中之一是要求法律规定八小时工作日，并把这一要求作为全世界工人阶级共同行动的纲领。——232、242。

196　指改革同盟，见注187。——232。

197　1865年12月12日，改革同盟在伦敦圣马丁堂举行群众大会。国际工人协会中央委员会的委员乔·奥哲尔、约·利诺、约·朗梅德、威·德尔、威·斯坦斯比、乔·豪威耳和罗·哈特韦耳参加了大会的筹备委员会。与会者大多数是工人、工联的成员；大会通过了要求普选权的决议。——233。

198　马克思是在《资本论》第三册手稿第六章中阐述地租理论的。在恩格斯编辑出版的《资本论》第三卷中,相当于该章的是整个第六篇:《超额利润转化为地租》(见《马克思恩格斯文集》第7卷)。——234。

199　换班制度是英国工厂主为了逃避法律上对儿童和未成年人的工作日的限制而采用的一种劳动制度。在这种制度下,为了欺骗工厂视察员,同一个童工或未成年工人工作若干小时后在同一天内被换到另一个车间或另一个工厂去,所以,他们的总工时并不比实施限制工作日的法律以前短,往往甚至更长。参看《马克思恩格斯文集》第5卷第8章第4节。——235。

200　指《资本论》第一卷第一版第四章第4节。在第二版和以后各版中,相当于该节的是第十三章:《机器和大工业》(见《马克思恩格斯文集》第5卷)。——235。

201　"老拜斯"或"褐色的拜斯"是18世纪和19世纪初英国军队对明火枪(燧发的、滑膛的前装枪)的称呼,这种枪的枪身呈褐色。——238。

202　普鲁士在1866年普奥战争中取得胜利以后,于1867年成立了以普鲁士为首的北德意志联邦(见注218),其成员有19个德意志邦和3个自由市。1870年,北德意志联邦又吸收了德国西南的4个邦(巴登、黑森、巴伐利亚和符腾堡),并于1871年成立了德意志帝国。历史上把在普鲁士领导下实现统一的德意志联邦称为"小德意志"。——239、472。

203　奥地利和匈牙利两国的统治集团经过谈判,于1867年春季签订了奥匈协定。根据这一协定,奥地利帝国成为一个二元(二位一体)的国家——奥匈帝国。

　　　奥匈两国统治阶级之间达成这一妥协,目的是镇压帝国其他民族,首先是斯拉夫民族的民族解放运动。1866年普奥战争中奥地利败北也是奥地利统治集团对匈牙利人让步的一个原因。——240。

204　美国工人代表大会于1866年8月20—25日在巴尔的摩举行。出席大会的代表有60人,代表加入工会的6万名工人。大会讨论了八小时工作日的立法问题,工人的政治活动问题,合作社问题,吸收全体工人参加工会的问题,罢工问题,以及居住条件问题等。大会通过了建立全国劳工同盟的决定。——243。

205　指马克思1866年8月23日给路·库格曼的信,后来查明,这封信直到1866年11月27日才收到。——245。

206　马克思在《资本论》第一卷德文第一版第一章中概括了1859年出版的《政治经济学批判。第一分册》的内容。在《资本论》德文第二版和以后各版中,《商品和货币》这一章成为第一卷的第一篇。——246。

207　马克思在《资本论》第一卷德文第一版序言脚注(1)中实现了这个意图(见《马克思恩格斯文集》第5卷第7页)。——247。

208　指1858年斐·拉萨尔的《爱非斯的晦涩哲人赫拉克利特的哲学》出版后,拉萨尔在朋友的帮助下宣传这本书,并正式加入了德国老年黑格尔派哲学家协会,围绕这本书大造宣传攻势。——249。

209　指卡·福格特《欧洲现状研究》1859年日内瓦—伯尔尼版。马克思在他的著作《福格特先生》(参看《马克思恩格斯全集》中文第2版第19卷第199—260页)中对此书进行了抨击。——250。

210　"民族原则"是波拿巴第二帝国(1852—1870年)统治集团提出的、反映其对外政策原则的名词。拿破仑第三自诩为"民族的保卫者",利用被压迫民族的民族利益进行投机,以图巩固法国的霸权并扩大其疆域。"民族原则"与承认民族自决权毫无共同之处,相互争斗的大国利用所谓的"民族原则",挑起民族不和,把民族运动,特别是小民族的运动变成它们推行反革命政策的工具。马克思在《福格特先生》一书中,恩格斯在《工人阶级同波兰有什么关系?》(见《马克思恩格斯全集》中文第2版第21卷)一文中,对"民族原则"进行了揭露和批判。——250。

211　1867年,英国在群众性工人运动的压力下实行了第二次选举法改革。国际工人协会总委员会积极参加了争取改革的运动。这次改革使英国选民数目增加了一倍多,一部分熟练工人也获得了选举权,但工人阶级的基本群众仍然和以前一样处于政治上无权的地位。——252、263。

212　马克思为了把《资本论》第一卷的手稿交给出版商奥·迈斯纳,于1867年4月10日前往德国。4月12日,他乘船抵达汉堡。在同迈斯纳谈妥之后,他于4月16日抵达汉诺威,在路·库格曼家住到5月中旬。在回英国的途中,马克思于5月16和17日在汉堡与迈斯纳再度会面,5月19日回到伦敦。——254。

213 国际工人协会洛桑代表大会于1867年9月2—8日举行。马克思因忙于校阅
《资本论》第一卷的清样,没有出席代表大会。代表大会听取了总委员会的
报告,以及各地方支部的报告,这些报告证明国际的组织在一些国家中已
经得到巩固。蒲鲁东主义者不顾总委员会的反对强迫代表大会接受了他
们的议程,再次讨论了合作问题、妇女劳动问题、教育问题以及许多枝节
问题,这些问题转移了代表大会的注意力,使其不能专心讨论总委员会提
出的真正迫切需要解决的问题。蒲鲁东主义者得以通过几项自己的决议
案,然而他们未能夺取国际的领导权。代表大会重新选出原先的委员组成
总委员会,并决定总委员会的驻地仍设在伦敦。——254。

214 摩尼教徒原是指三世纪波斯人摩尼创立的宗教学说的信徒。摩尼教徒信
奉善恶二元论,宣扬禁欲主义,主张独身。因为"摩尼教徒"的德文发音与
"逼债的债主"发音相近,于是在德国大学生中流行将"摩尼教徒"一词当
做"残酷无情的债主"的代名词来使用。——256。

215 民族自由党是以普鲁士资产阶级为主的德国资产阶级政党,于1866年秋
在资产阶级的进步党分裂之后成立。民族自由党为了满足资产阶级的物
质利益而放弃了资产阶级争取政治统治的要求,把在普鲁士的领导下统
一德意志各邦作为自己的主要目标。该党的政策反映了德国自由资产阶
级向俾斯麦政府投降的立场。——256、440、654。

216 哥达派是法兰克福国民议会中以弗·达尔曼、马·西姆桑、弗·巴塞尔曼、
亨·加格恩、卡·布吕格曼等人为首的大资产阶级的代表,属于右翼自由
派。在普鲁士国王弗里德里希-威廉四世拒绝法兰克福国民议会为他加
冕,以及国民议会左翼多数派通过关于建立帝国摄政政府的决议之后,他
们当中有148名代表宣布退出国民议会,并于1849年6月25—27日在哥达
单独召开了三天会议,故而得名。最后有130名与会代表签署了一项声明,
要求在普鲁士领导之下实现德国统一。于是"哥达派"一词被习惯地用来
指背叛革命的自由资产阶级。——257。

217 1846年5—7月,马克思和恩格斯通过约·魏德迈同威斯特伐利亚企业主、
"真正的社会主义者"尤·迈耶尔和鲁·雷姆佩尔商谈出版《德意志意识形

态》手稿。经过长时间的拖延和推托之后,雷姆佩尔和迈耶尔最终拒绝出资印刷《德意志意识形态》以及其他社会主义文献。他们的借口是缺乏资金,而真正原因在于,他们正是马克思和恩格斯这部著作批判的那些派别的有关人物。——258。

218　北德意志联邦是1867年建立的以普鲁士为首的德意志联邦国家,它取代了已经解体的德意志联邦。加入北德意志联邦的有19个德意志邦和3个自由市,它们在形式上都被承认有自治权。北德意志联邦的宪法保证普鲁士在联邦中居统治地位;普鲁士国王被宣布为联邦元首和联邦武装部队总司令,并被授予指导对外政策的权力。原来在联邦以外的巴伐利亚、巴登、符腾堡和黑森—达姆施塔特在1870年加入了联邦。北德意志联邦的建立在德意志国家统一的道路上向前迈进了一步。1871年1月,随着德意志帝国的建立,北德意志联邦不复存在。——258、347。

219　1867年3月9日约·米凯尔在北德意志联邦国会上发言,要求把北德意志联邦建成一个由普鲁士领导的、统一的、中央集权的国家,号召其余的德意志邦为了取得一致和通过"铁血"政策完成德国的统一事业而牺牲自己的自由。——258。

220　为了回答北德意志联邦国会波兰议员对把波兹南公国和其他波兰领土强行并入北德意志联邦所表示的抗议,俾斯麦于1867年3月18日在国会上发表了一篇蛊惑人心、敌视波兰人的演说。他在演说中特别宣称,波兰农民对普鲁士和俄国当局的信任超过了对波兰贵族的信任。——259。

221　按照黑格尔的术语来理解,"关节点"指变化的一定时刻,在这一时刻由于逐步的量变,突然发生了质变,达到了质的飞跃。见黑格尔《逻辑学》第一部第三篇第二章的注释,注释中谈到了度量关系的关节线的例子。——262。

222　蓝皮书是英国议会或政府的(包括政府向议会提交的)文件或报告书的通称,因封皮为蓝色而得名。英国从17世纪开始发表蓝皮书,它是英国经济史和外交史方面主要的官方资料。——263、269、291、339。

223　这里是指根据议会命令刊印的治安法官亚·诺克斯和军医乔·波洛克关于英国监狱中政治犯(特别是爱尔兰芬尼社社员)待遇的报告:《英国监狱的

国事犯待遇调查委员会委员报告》1867年伦敦版。

芬尼社社员是爱尔兰民族主义革命组织爱尔兰革命兄弟会的参加者。19世纪50年代，爱尔兰掀起了反对英国殖民统治、争取独立的革命运动。50年代末，詹·斯蒂芬斯领导的小资产阶级秘密革命组织爱尔兰革命兄弟会在侨居美国的爱尔兰人中间出现，不久也在爱尔兰本土出现。该组织自称芬尼社。芬尼的古爱尔兰语"Fiann"，是传说中爱尔兰古代英雄芬恩·麦库尔统率的武装民团的名称。芬尼社曾广泛活动于英国、爱尔兰和美国等地，其宗旨是争取爱尔兰的独立并建立爱尔兰共和国，其成员主要是城市小资产阶级和非贵族出身的知识分子。1865年，芬尼社社员的武装起义未能成功；1867年芬尼社社员密谋发动的武装起义也遭英国政府镇压。——263。

224 设菲尔德金属制品工业的一些工人经常对无组织者和阻挠罢工的人采取暴力行动，针对这一情况，1867年2月成立了一个皇家委员会。该委员会不仅要调查这些暴力行动，而且要调查工联的所有活动，其目的是为加强反对工联的立法打好基础。在群众运动的压力下，加之一部分工人通过1867年选举改革获得了选举权，该委员会没有取得其发起者预期的结果。——263。

225 1867年对劳动条件进行了新的调查，调查的结果是1867年8月15日颁布了关于把工厂法的实施范围扩大到新的工业部门的法令。按照这一法令，不但在工厂工业中，而且在一系列部门的小企业以及家庭工业中，妇女和儿童的工作日最长不得超过十个半小时。——263。

226 指《资本论》第一卷德文第一版第一章第一节附录《价值形式》。在该卷德文第二版和以后各版中，马克思对此作了修改，并且移入正文(见《马克思恩格斯文集》第5卷第1章第3节)。因此，在以后各版所收录的第一版序言中就不再提这个附录了。——264。

227 这段文字涉及《资本论》第一卷德文第一版的第三章，在第二版和以后各版中，相当于第三篇的五章(第五—九章)。

马克思在这里提到的第一版正文的注释中写道，奥·洛朗和沙·热拉尔创立了分子说，沙·维尔茨最早科学地阐明了分子说。在对这个问题的历史作了进一步的研究之后，马克思在《资本论》第一卷的第二版(1872

年)中没有再提维尔茨,称洛朗和热拉尔是最早科学地阐明分子说的人。在该卷第三版中,恩格斯对此注作了更加准确的表述(见《马克思恩格斯文集》第5卷第358页脚注205a)。——264。

228　恩格斯《英国工人阶级状况》第一版于1845年春在莱比锡出版。第一版未售完的那部分书,后来换上印有1848年字样的新的扉页继续出售。——265。

229　这里是指《资本论》第一卷德文第一版第五章最后一节,在该卷第二版和以后各版中,相当于第六篇第十七章。——266。

230　按照马克思当时的设想,《资本论》第二卷包括两册,用来分析资本的流通过程(第二册)和阐述资本主义生产总过程的各种形式(第三册),第三卷(第四册)则用来探讨理论史(见《马克思恩格斯文集》第5卷第13页)。马克思逝世以后,由恩格斯整理编辑,第二册手稿作为《资本论》第二卷出版,第三册手稿作为第三卷出版。——266、268、339、426、431、449、509。

231　这里提到的这两节,在《资本论》第一卷德文第一版中是第三章的组成部分,在该卷德文第二版和以后各版中,相当于第三篇第七章和第八章。马克思对资产阶级庸俗经济学家纳·威·西尼耳的理论所作的批判见第七章第三节,关于工作日部分的引论则分出来编为单独的一节即第八章第一节《工作日的界限》。——266。

232　《资本论》第一卷德文第二版1872年由奥·迈斯纳出版社出版,马克思在准备出版时作了大量的修改和补充,对全卷结构也作了重大改动。在修改时,他采纳了恩格斯的意见。在德文第二版和以后各版中,不再分为六章,而是分为七篇,共二十五章。这封信中提到的第四章被编为第四篇,包括四章,其中第十二章分为五节,第十三章分为十节。——267、269。

233　这里是指《资本论》第一卷德文第一版最后一章,即第六章《资本的积累过程》;在第二版和以后各版中,这一章是第七篇。——268。

234　指《资本论》第二册第Ⅰ稿。这个草稿的主要部分写于1865年上半年。恩格斯在整理马克思《资本论》第二册的手稿时,考虑到有后来的草稿,所以没有利用这个最初的草稿。——269。

235　指1862年8月20日马克思写给恩格斯的信,以及1862年9月9日恩格斯的回信。——269。

236　马克思在《剩余价值理论》中更详细地谈到了这一点。——269。

237　芬尼运动是19世纪50年代开始的爱尔兰反对英国殖民统治、争取独立的革命运动,其核心力量是爱尔兰革命兄弟会,即芬尼社。芬尼运动的宗旨是推翻英国在爱尔兰的统治、废除大地主所有制、建立共和国。参看注223。——271。

238　1849年,英国议会通过了负债地产法令,同年成立了皇家专门委员会(见注114)以加速和简化按优惠价格出售负债地产的过程。1849年实施的这一法令最初只是一种临时性措施,后来延长了有效期,并由1852、1853、1854和1858年颁布的法律加以补充。这一法令的实施加快了土地从贵族土地占有者手里向高利贷者和大土地经营者手里的转移,促进了爱尔兰农业资本主义的发展。——272。

239　英国在美洲殖民地争取独立的战争中的失败引起了爱尔兰民族运动的高涨。1782年,英国议会迫于爱尔兰民族运动的压力,通过了关于废除英国议会替爱尔兰颁布法律的权利和把这项权利移交给爱尔兰议会的法令。1783年英国议会通过了一项新的《放弃权利法令》,再次确认了1782年的法令。这意味着在立法方面承认了爱尔兰的自治。但是,在1798年爱尔兰民族解放起义被镇压下去后,英国政府实际上取消了对爱尔兰的这些让步,而把英爱合并强加给了爱尔兰。从1801年1月1日起生效的英爱合并,消除了爱尔兰自治的最后痕迹,并取消了爱尔兰议会。英爱合并巩固了英国在爱尔兰的殖民统治。因此,英爱合并遭到爱尔兰人的反抗,从19世纪20年代起,取消合并的要求在爱尔兰成为深得人心的口号。——272、314、317、326。

240　1801年英爱合并以后,废除了爱尔兰议会在18世纪末为了保护刚刚萌芽的爱尔兰工业而建立的保护关税制度,导致爱尔兰工业完全衰落。——273。

241　威·李卜克内西在1867年10月8日的信中告诉马克思,他想和另一个国会议员彼·赖因克一同提出成立普鲁士工人状况调查委员会的建议。为了对这个建议加以论证,他想知道英国类似的委员会的职权。因此李卜克内西请马克思把有关这种委员会的英国法律寄给他。马克思给他寄去了两份法律文件:1867年4月5日英国议会通过的《关于在一定情况下保障调查工联及雇主或工人的其他组织的委员会委员进行工作的法令》和1867年8月12日英国议会通过的《关于推行〈1867年关于工联事务调查委员会的法令〉的法令》。——273。

242　孚赫的德文是Faucher,与动词fauchen(吼叫)同一词根。马克思在《资本论》第一卷中新造了两个词:vorfauchen(像孚赫那样吹牛)和lügenfauchendsten(最善于像孚赫那样撒谎的)。——274。

243　这里是指《资本论》第一卷德文第一版的几个章节。在第一卷德文第二版和以后各版中,相当于这几个章节的是第八、十一、十二、十三和二十四章。——274。

244　1867年11月27日维·席利写信告诉马克思说,莫·赫斯对《资本论》的评价很好,他打算给《法兰西信使报》写一篇文章来介绍这部著作。同时席利还告诉马克思说,赫斯建议同埃·勒克律一起把《资本论》第一卷译成法文出版。这个计划后来没有实现。——274。

245　指欧·杜林对《资本论》第一卷的书评,载于1867年在希尔德堡豪森出版的《现代知识补充材料》杂志第3卷第3期第182—186页。——275、280。

246　指马克思在《资本论》第一卷中对威·罗雪尔庸俗经济学观点的彻底批判(见《马克思恩格斯文集》第5卷第112、186、239—240、251、264、304、376、421、709页)。——275。

247　指格·毛勒《德国领主庄园、农户和农户制度史》1862—1863年埃朗根版第1—4卷、《德国乡村制度史》1865—1866年埃朗根版第1—2卷。——281。

248　指卡·弗腊斯的下列著作:《各个时代的气候和植物界,二者的历史》1847年兰茨胡特版;《农业科学历史百科概论》1848年斯图加特版;《农业史》1852年布拉格版;《农业的性质》1857年慕尼黑版第1—2卷;《农业危机及其补救办法》1866年莱比锡版。——282。

249　蛮族法典是对5—9世纪形成的、一些日耳曼部落法规的最初的文字记录的统称,其中主要记录了这些部落的习惯法,但也采用了符合当时需要的新的法律规范。这些部落于5—7世纪在随着民族大迁徙而分崩离析的西罗马帝国及其邻近的土地上逐渐定居并开始建立国家。蛮族是古希腊人和罗马人对其他各民族的蔑称。——284。

250 这里是指即将在1868年11月举行的以1867年选举改革法案为基础的英国议会选举。根据这一法案,凡是交纳一定税额的房主和房客,都有选举权。选民的人数几乎增加了一倍。但是,大约三分之二的成年男子(所有交纳年租金少于十英镑者或没有自己的住房者)没有选举权。妇女也没有得到选举权。这一法案还把苏格兰和爱尔兰排除在外。

威·格莱斯顿在选举期间为了竞选大吹大擂地许下解决爱尔兰问题的诺言,当时由于爱尔兰革命运动出现新的高涨,这个问题相当尖锐。某些受资产阶级宣传影响的英国工人领袖如乔·奥哲尔、威·克里默、乔·豪威耳等人,在选举期间支持自由派在爱尔兰问题上的立场,从而使英国工人运动受到了很大的损害。——287。

251 马克思的原信没有找到。他的这段话引自约·狄慈根《社会民主主义的哲学》一文,这篇文章发表在1876年1月9日《人民国家报》第3号。——288。

252 指署名"赫"的书评《卡尔·马克思〈资本论。政治经济学批判〉(共三卷)。第一卷第一册。资本的生产过程。1867年汉堡奥·迈斯纳出版社版》,载于1868年7月4日《德国中央文学报》第28号第754—756页。——289。

253 指《资本论》第一卷德文第一版第一章(《商品与货币》)。在德文第二版及以后各版中,这一章相当于第一篇。——289。

254 1867年9月24日总委员会会议通过了马克思关于取消总委员会主席职位的建议。1869年9月巴塞尔代表大会批准了这个决议。——291。

255 马克思受总委员会委托起草了告选民书,告选民书经1868年10月13日总委员会会议批准。该告选民书没有保存下来。——291。

256 指宪章派提出并写入人民宪章的普选权要求。人民宪章是英国宪章运动的纲领性文件,1837年由下院六名议员和六名伦敦工人协会会员组成的一个委员会提出,并于1838年5月8日作为准备提交议会的一项法律草案

在各地群众大会上公布。人民宪章包括宪章派的下列六项要求：普选权
（年满21岁的男子）、议会每年改选一次、秘密投票、各选区一律平等、取消
议会议员候选人的财产资格限制以及发给议员薪金。1839、1842和1849
年，议会三次否决了宪章派所递交的要求通过人民宪章的请愿书。——
293。

257　衰落帝国（bas-empire）在历史文献中是指拜占庭帝国或处于晚期的罗马
帝国；后来泛指处于没落腐朽阶段的国家。马克思和恩格斯经常用它来指
法兰西第二帝国。——293。

258　1868年8月22—26日，全德工人联合会代表大会在汉堡举行。这次大会表
明，联合会中的先进分子在工人运动经验的启示下，并在国际工人协会和
《资本论》的影响下开始抛弃拉萨尔的教条。大会原则上赞成罢工运动，但
又表示反对实际组织罢工；大会原则上承认各国工人共同行动的必要性，
但实际上联合会的领导人继续阻挠联合会加入国际工人协会。在这次大
会上，约·巴·施韦泽和弗·弗里茨舍建议在柏林召开全德各工人工会代表
大会，正统的拉萨尔分子拒绝了这一建议，而要施韦泽和弗里茨舍以国会
议员身份召开这样的代表大会。——293。

259　1868年9月16日莱比锡警察当局勒令设在莱比锡的全德工人联合会解散。
但是在三星期之后，即1868年10月10日，以约·巴·施韦泽为首的一批拉萨
尔分子用同一名称在柏林重新建立了联合会。此后它便在普鲁士警察当
局的监督下进行活动。——293。

260　指柏林全德工人代表大会。这次代表大会是约·巴·施韦泽和弗·弗里茨舍
经拉萨尔派的全德工人联合会汉堡大会的同意，以国会议员身份于1868
年9月26日召开的。出席代表大会的代表有206名，代表了142 000多名工
人（主要是北德意志各城市的）。这次代表大会拒绝奥·倍倍尔和威·李卜
克内西领导的德国工人协会联合会派遣代表参加。柏林代表大会以后，一
批工会按拉萨尔派的宗派主义组织的模式建立起来，并且联合成为一个
以施韦泽为首的总的联合会。马克思在这封信中对施韦泽作了尖锐的批
评，因为组织并召开这样的代表大会导致了德国工人工会的分裂，同时，
代表大会所通过的章程从根本上违背了工会运动的目的和性质。——
294。

261　结社法暗指新工商业管理条例，根据这一条例，工人有罢工权和结社权。1869年5月29日北德意志联邦国会通过了这一条例。——294。

262　指1868年10月4日《社会民主党人报》附刊上刊登的柏林全德工人代表大会通过的拉萨尔派的工会章程草案。参看注260。——294。

263　指费·皮阿、维·勒吕贝、约·韦伯等小资产阶级民主主义者1868年11月2日在伦敦召开的大会上宣读的《告美国人民和国会书》。这份呼吁书发表在1868年11月8日《蟋蟀报》第45号和1868年11月8日《淘气》周报第45号。——298。

264　指全国劳工同盟。该同盟1866年8月在美国巴尔的摩代表大会上成立。美国工人运动出色的活动家威·西尔维斯积极参加了建立同盟的工作。在美国展开的为争取工人组织的独立政策，促进白人工人和黑人工人的团结，实行八小时工作制以及维护女工权利的斗争中，同盟起了很大的作用，并且它很快就与国际工人协会建立了联系。1869年，同盟的代表卡梅伦出席了国际巴塞尔代表大会的最后几次会议。1870年8月，同盟召开了辛辛那提代表大会，会上通过决议，宣布同盟拥护国际工人协会的原则，并希望加入国际。但是这一决议并没有实现。全国劳工同盟的领导人不久就埋头于制定空想的金融改革方案，指望通过这种改革达到由国家提供低息贷款、消灭银行制度的目的。1870—1871年，一些工人组织脱离了劳工同盟。到1872年该同盟实际上已不复存在。——299。

265　指1869年2月27日社会主义民主同盟中央局写给国际工人协会总委员会的信。这是该同盟给总委员会的第二封信，信中声明，如果总委员会赞同它的纲领并接受同盟的各个支部加入国际，它便准备解散同盟。格·埃卡留斯于1869年3月4日收到这封信，并立即转寄给马克思。——300。

266　马克思在这封信中叙述的国际工人协会总委员会致社会主义民主同盟中央局的复信草稿在1869年3月9日的总委员会会议上获得一致通过。这个文件是马克思用英文和法文起草的。——300。

267　在国际工人协会总委员会的坚持下，社会主义民主同盟纲领的第二条于1869年4月被改为："同盟首先力求实现完全并彻底地消灭阶级，力求实现个人（不分男女）在政治、经济和社会方面的平等。"——301、334。

268　指威·李卜克内西在1869年5月31日柏林民主工人联合会会议上的演说《论社会民主党的政治态度》。该演说分两部分发表在1869年7月3日《民主周报》第27号和8月7日《民主周报》第32号附刊上。——302。

269　指《资本论》第一卷法译本,由第一国际巴黎支部成员沙·凯勒翻译。凯勒于1869年10月着手这项工作。他曾把译稿寄给马克思,马克思作了修改。后来,凯勒参加了巴黎公社,公社失败后流亡瑞士,翻译工作中断。《资本论》第一卷完整的法译本是由约·鲁瓦完成的,1872—1875年在巴黎出版。——303。

270　参看大·李嘉图《政治经济学和赋税原理》1821年伦敦第3版。马克思在《剩余价值理论》中对李嘉图关于地租的理论作了详细的评论(见《马克思恩格斯全集》中文第2版第34卷第261—383页)。——305。

271　自由公理会是在"光明之友"运动的影响下,于1846年和1847年从官方新教教会中分化出来的宗教团体,曾试图成立全德国的教会。"光明之友"是产生于1841年的一个宗教派别,它反对在新教教会中占统治地位的、以极端神秘主义和伪善行为为特征的虔诚主义。自由公理会也反映了19世纪40年代德国资产阶级对本国反动制度的不满。该团体于1847年3月30日获得了进行自由的宗教活动的权利。

　　　1859年,自由公理会与德国天主教徒协会合并。——308。

272　指自由公理会思想的鼓吹者谢弗的报告《论天赋人权》。这篇报告是谢弗在柏林维护权利总同盟宣读的,发表在1869年11月10、13、17和20日《人民国家报》第12号附刊和第13、14和15号上。——308。

273　1641年10月,在英国资产阶级革命前夕,爱尔兰爆发了一次民族起义,几乎使该岛的大部分完全脱离英国。这次起义于1649—1652年被奥·克伦威尔镇压下去。对爱尔兰起义的残酷镇压,使英国新土地贵族夺取了大量土地,资产阶级大地主势力的加强为1660年王朝复辟提供了基础。——315。

274　人身保护法是1679年英国议会通过的一项法令,根据这一法令,被捕者可以要求公布将其送交法庭的命令,说明逮捕的理由,以便审查逮捕的合法性。同时被捕者必须于短期内(3—20天)送交法庭,法庭根据对逮捕原因的审查,或释放被捕者,或将其押回监狱,或取保释放。人身保护法不适用于叛国罪案件,而且根据议会的决定可以暂时中止其生效。——315。

275　爱尔兰人联合会是1791年在法国大革命的影响下成立的爱尔兰资产阶级民主派团体。该团体的宗旨是联合全体爱尔兰人反对英国的统治,争取建立独立的爱尔兰共和国。1798年5—6月,爱尔兰人联合会举行了大规模的反英起义,起义遭到残酷镇压。——317。

276　马克思曾建议恩格斯在他的《爱尔兰史》一书中把这个时期作为单独的一章。为了帮助恩格斯写作,马克思曾编写了1776年至1801年爱尔兰史的摘录;这封信中所谈的想法就是以这些摘录为根据的。恩格斯曾打算在《爱尔兰史》的《英国的统治》一章中写一节《起义和合并。1780—1801年》(见《马克思恩格斯全集》中文第1版第16卷第804页)。——317。

277　指欧·蒙蒂霍皇后于1869年12月9日出席法国内阁会议一事。此事曾引起持反对派意见的巴黎自由民主派的极大愤慨。——318。

278　暗指保·拉法格的族系,拉法格出生于古巴圣地亚哥;他的祖母是混血儿,外祖母是印第安人。——321。

279　指在法国小资产阶级社会主义者茹·穆瓦兰家里开的一次会,这次会上曾讨论社会改革的计划。拉法格在1870年1月给马克思的一封信中描述了这次会议的情况。——322。

280　首脑(Head Centre)是芬尼社(见注223)内部对自己领导人的称呼。——322。

281　马克思的女儿燕妮用燕·威廉斯的笔名写了一组关于爱尔兰问题的文章,发表在1870年3月1日—4月24日的《马赛曲报》上(见《马克思恩格斯全集》中文第1版第16卷附录),其中第三篇文章是马克思和燕妮合写的。这组文章在内容上与马克思《英国政府和被囚禁的芬尼社社员》(见《马克思恩格斯全集》中文第1版第16卷)一文有着密切联系。——322。

282　1869年夏天和秋天,在爱尔兰广泛展开了争取赦免被囚禁的芬尼社社员的运动。在许多次群众大会上都通过了要求英国政府释放爱尔兰革命者的请愿书。英国政府首脑威·格莱斯顿拒绝了爱尔兰人的这些要求。1869年10月24日,在伦敦举行了声援芬尼社社员的大规模示威游行。示威游行之后,国际工人协会总委员会通过了呼吁英国人民保护被囚禁的爱尔兰人的决议,并为此成立了由马克思、本·鲁克拉夫特、海·荣克和格·埃卡留斯组成的一个委员会。根据马克思的建议,总委员会于1869年11月就不列颠政府对被囚禁的爱尔兰人的态度以及工人阶级在爱尔兰问题上的立场展开讨论。在讨论过程中,马克思曾两次发言(见《马克思恩格斯全集》中文第1版第16卷第664—669页),并草拟了《总委员会关于不列颠政府对被囚禁的爱尔兰人的政策的决议草案》(见《马克思恩格斯全集》中文第1版第16卷第433—434页和第32卷第373—374页),这个决议草案于1869年11月30日由总委员会通过。——322。

283 指1869年9月6—11日国际工人协会在巴塞尔举行的代表大会。马克思没有出席代表大会,但是积极参加了大会的准备工作。他在总委员会按大会议程进行讨论时就土地问题、继承权问题和教育普及问题发表了意见。发言记录被保存了下来(见《马克思恩格斯全集》中文第1版第16卷第648—656页)。——326。

284 在外地主通常指那些在爱尔兰拥有地产却长期居住在英国的地主。他们把地产交给土地代理人管理,或者出租给靠投机获利的经纪人,这些人再以苛刻的条件转租给小佃户。——328。

285 保·拉法格在1870年4月18日的信中告诉马克思,在巴黎成立了国际工人协会联合会委员会。拉法格认为,他自己不作为新成立的委员会成员而作为伦敦总委员会驻巴黎联合会的代表较为适宜。他请求马克思在下一次会议上提出授予他代表权的问题。1870年5月17日总委员会授予拉法格代表权。

　　国际工人协会巴黎联合会于1870年4月18日在由欧·瓦尔兰主持召开的第一国际巴黎各支部全体成员大会上成立。出席大会的有1 200人左右。会上通过了联合会章程。但是,1870年4月底法国当局开始了警察迫害,并借口举行全民投票而逮捕了国际的会员,实质上使联合会的活动被迫中断。——331。

286 米·巴枯宁在国际工人协会巴塞尔代表大会上未能掌握国际的领导权,于是改变了策略,转而公开向总委员会开火。巴枯宁的追随者在《平等报》编辑部里攫取了优势,早在1869年11月6日就发表社论,指责总委员会违反了关于出版各国工人状况通报的条例的第二、三条。11月13日《平等报》发表第二篇社论,建议在英国成立一个专门的联合会委员会,据说是为了便于总委员会履行领导国际共同事务的职能。11月27日该报又发表文章鼓吹放弃政治,并在12月11日的一篇题为《思考》的社论中大肆攻击总委员会在爱尔兰问题上的立场。《进步报》对总委员会也进行了类似的攻击。

1869年12月14日总委员会会议首次讨论了《平等报》和《进步报》的问题。马克思起草的致瑞士罗曼语区联合会委员会的通告信(见《马克思恩格斯全集》中文第1版第16卷第435—443页)于1870年1月1日经总委员会非常会议批准,分发给国际各支部。——331。

287 和平和自由同盟即国际和平和自由同盟,是由一批小资产阶级共和主义者和自由主义者(维·雨果、朱·加里波第等人曾积极参加)于1867年在瑞士日内瓦建立的资产阶级和平主义的组织。1867—1868年巴枯宁参加了同盟的领导工作,同盟在巴枯宁的影响下企图利用工人运动和国际工人协会来达到自己的目的。和平和自由同盟曾宣称通过建立"欧洲联邦"可以消除战争。这一思想反映了小资产阶级广大阶层的和平愿望,但在群众中散布了荒谬的幻想,诱使无产阶级放弃阶级斗争。马克思指出,这一组织是"为同无产阶级国际相对抗而创立的国际资产阶级组织"(见本卷第331页)。——331。

288 1868年9月21—25日巴枯宁在伯尔尼和平和自由同盟代表大会讨论该同盟的纲领草案时提出决议案,鼓吹在社会和经济方面实现阶级平等和个人平等、废除国家和继承权。为了维护自己的观点,巴枯宁在代表大会上曾多次发言,在他的企图遭到和平和自由同盟大多数人拒绝后,便同他的追随者们退出了该同盟,另成立了国际社会主义民主同盟,他的上述被否决的纲领草案成了这个同盟纲领的基础。巴枯宁在伯尔尼和平和自由同盟代表大会上的发言以及他和他的追随者们关于退出和平和自由同盟的声明,均发表在1868年12月1日亚·赫尔岑的报纸《钟声》第14—15号。——332、376。

289 社会主义民主同盟是巴枯宁于1868年10月在瑞士日内瓦建立的国际性无政府主义组织。同盟的盟员宣布以无神论、阶级平等和取消国家为自己的纲领,否认工人阶级进行政治斗争的必要性。同盟的这种小资产阶级无政府主义的纲领得到了意大利、瑞士和其他一些国家工业不发达地区的支

持，并在这些地区建立了支部。1869年同盟向总委员会申请加入国际。总
委员会同意在解散同盟这个独立组织的条件下接受同盟各支部。实际上，
同盟盟员加入国际之后，仍然在国际内部保持着自己的秘密组织，并在巴
枯宁的指挥下进行反对总委员会的活动。巴黎公社被镇压以后，同盟反对
国际的斗争更加激烈，尤其激烈地反对无产阶级专政和按民主集中制原
则建立工人阶级的独立政党。马克思、恩格斯和国际总委员会对同盟进行
了坚决的斗争，揭露了这个力图分裂工人运动的宗派集团的真面目。1872
年9月国际工人协会海牙代表大会以绝对多数票通过了将同盟领导人巴
枯宁和詹·吉约姆开除出国际的决定。——332、362、378、452、482。

290　指社会主义民主同盟的纲领和章程。这两个文件于1868年在日内瓦用法文
和德文以传单的形式散发。1868年11月29日约·菲·贝克尔将这两个文件寄
请国际总委员会批准。12月15日总委员会表示反对接纳该同盟加入国际，
12月22日马克思同恩格斯交换意见后写成的通告信《国际工人协会和社会
主义民主同盟》（见《马克思恩格斯全集》中文第2版第21卷）稍加修改后被
一致通过。通告信揭露了同盟的分裂主义策略。通告信作为机密通知分发
给国际的所有支部。——332。

291　在19世纪20年代末传播和发展圣西门学说的一批圣西门信徒（巴·安凡
丹、圣阿尔芒·巴扎尔、奥·罗德里格、菲·毕舍等人）提出了废除继承权的
要求。根据巴扎尔的讲稿，1830年在巴黎出版了《圣西门学说释义》（第1
年卷，1830年巴黎版），这本书反映了圣西门主义者对继承权的看法。——
332。

292　指国际工人协会总委员会把继承权问题列入了国际工人协会巴塞尔代表
大会的议程。在1869年夏代表大会的准备过程中，总委员会就这个问题进
行了讨论，8月3日总委员会通过了马克思起草的《总委员会关于继承权的
报告》（见《马克思恩格斯文集》第3卷）。马克思的报告在1869年9月11日巴
塞尔代表大会上由格·埃卡留斯宣读。——334。

293　巴枯宁在1870年3月2日和3日《马赛曲报》第72和73号上发表了追悼信。他
在信中把亚·赫尔岑称为自己的朋友和同胞，认为他的死"对他的朋友、对
俄国解放事业以及……对全人类的解放来说是一个巨大的损失"。他谈到
30年来他和赫尔岑密切地联系在一起，并说"赫尔岑、奥加廖夫和我始终

是一个目标"。1870年3月5日、12日和19日《进步报》第10、11和12号全文转载了这封追悼信。——335。

294   指1858年俄国地主帕·巴赫梅季耶夫交给亚·赫尔岑的一笔宣传费(所谓的巴赫梅季耶夫基金)。1869年在巴枯宁和尼·奥加廖夫的压力下,赫尔岑同意把基金分成两部分,其中一部分由奥加廖夫转交给谢·涅恰耶夫。1870年,在赫尔岑死后,涅恰耶夫从奥加廖夫手中得到了另一部分基金。

　　　　马克思从约·菲·贝克尔1870年3月13日的来信中了解到这件事情。——335。

295   指一批俄国政治流亡者,他们是非贵族出身的具有民主主义思想的青年,是革命民主主义者尼·车尔尼雪夫斯基和尼·杜勃罗留波夫的追随者。1870年春,这些人在日内瓦成立了第一国际俄国支部。1870年3月12日支部委员会把它的纲领和章程寄给了总委员会,并写信给马克思,请他担任支部在国际工人协会总委员会中的代表。在1870年3月22日的总委员会会议上,俄国支部被接受加入国际,马克思承担了该支部在总委员会中的代表的任务。在反对巴枯宁分裂活动的斗争中,俄国支部给予马克思和恩格斯很大的支持。——336。

296   1870年1月,瑞士罗曼语区联合会委员会对《平等报》编辑部进行改组,撤销了巴枯宁分子的编委职务,此后该报开始拥护总委员会的路线。巴枯宁分子力图夺回失去的阵地,他们在1870年4月4—6日于拉绍德封举行的罗曼语区联合会代表大会上保证了形式上的多数票。这次代表大会围绕是否接受巴枯宁派支部的问题展开了激烈的斗争。日内瓦俄国支部的领导人之一吴亭曾发言揭露巴枯宁的分裂活动。在这次代表大会上,巴枯宁派和总委员会的支持者之间最终发生了分裂。巴枯宁派以罗曼语区代表大会的名义,选出了新的联合会委员会,并把会址改设在拉绍德封;总委员会的支持者们则继续在日内瓦的罗曼语区联合会委员会的领导下进行活动。于是,在瑞士罗曼语区就有了两个联合会委员会:一个在日内瓦,一个在拉绍德封。马克思所提到的关于在拉绍德封发生分裂的报道,发表在1870年4月9日《平等报》第15号上。

　　　　1870年4月初,罗曼语区联合会委员会的代表和巴枯宁派给总委员会寄去了关于拉绍德封代表大会的详细报告,并请求对分裂问题作出决定。

总委员会于1870年6月28日通过了马克思提出的决议案,决定保持原有联合会委员会的职能,而建议巴枯宁派的联合会委员会另选名称(见《马克思恩格斯全集》中文第1版第16卷第490页)。1871年9月在伦敦举行的国际工人协会代表会议批准了总委员会的上述决议案,并建议巴枯宁派的联合会定名为"汝拉联合会"(见《马克思恩格斯全集》中文第1版第17卷第459—460页)。——336。

297　指1870年4月18日劳·拉法格的信。马克思称劳拉为洛朗,因为保·拉法格的笔名保尔·洛朗是由保尔和劳拉这两个名字组合而成的。——336。

298　黑格尔《哲学全书纲要》第二版前言中有这样一句话:"莱辛曾经说过,人们对待斯宾诺莎像对待死狗一样"。在这里黑格尔是指1780年6月7日莱辛和弗·雅科比之间的一次谈话。莱辛在这次谈话中说:"要知道人们谈起斯宾诺莎时总像谈死狗一样"(见《雅科比全集》1819年莱比锡版第4卷第1篇第68页)。——338。

299　马克思从德国收到了德国社会民主工党不伦瑞克委员会(见注354)委员们的书信和其他材料。这些材料的内容涉及当时不伦瑞克委员会和党的中央机关报《人民国家报》编辑部之间在对待普法战争的态度和确定工人阶级的策略上所产生的分歧。在战争开始的时候,《人民国家报》编辑部总的说来是站在国际主义立场上,把波拿巴主义看做欧洲最反动的势力,把拿破仑第三的胜利看做工人阶级和民主势力的失败,但却忽视了德意志国家统一的任务。不伦瑞克委员会委员们在批评编辑部在国家统一问题上的立场时,本身也犯了严重错误。他们把战争看做纯粹防御性的,不懂得德国工人阶级必须采取独立的立场,也不批判俾斯麦政府的政策。由于分歧非常尖锐,委员会委员们请马克思就这些问题发表自己的观点。马克思和恩格斯在他们共同给党的委员会的信中阐明了德国无产阶级和社会民主工党应当坚持的策略和原则(见《马克思恩格斯全集》中文第1版第17卷第282—284页)。——340。

300　巴登格是路易·波拿巴(拿破仑第三)的绰号,因为1846年他从阿姆越狱时穿的是一个名叫巴登格的泥瓦匠的衣服。——340。

301　指参加巴黎和其他大城市改建工程的工人。这项工程是19世纪50—60年代在塞纳省省长欧·欧斯曼领导下大规模进行的。改建工程不仅完善贵族区设施,而且还拓宽原有的街道,铺设长途直线道路,目的是便于政府军在人民起义时动用炮兵。改建工程使无产阶级中的一部分人获得暂时的工作,波拿巴趁机加强他在建筑业无产阶级中间的影响。——340。

302 路·库格曼在1870年8月7日给马克思的信中,告诉了有关战争在德国引起民族运动高涨的消息。——341。

303 莱茵联邦是1806年7月在拿破仑第一的保护下成立的德国南部和西部各邦的联盟。由于1805年击溃了奥地利,拿破仑得以在德国建立这样一个军事政治堡垒。莱茵联邦组成后,德意志民族神圣罗马帝国即不复存在。最初有16个邦(巴伐利亚、符腾堡、巴登等)参加这个联邦,后来又有5个邦(萨克森、威斯特伐利亚等)加入,它们实际上成了拿破仑法国的附庸。这些邦的军队参加了拿破仑的侵略战争。由于拿破仑军队战败,莱茵联邦于1813年瓦解。——342。

304 威·李卜克内西在1870年8月13日给马克思的信中询问:"恩格斯真的是'爱国狂'?据说《埃尔伯费尔德日报》是这么报道的。"——342。

305 指德国人民党。该党成立于1865年,主要由德国南部各邦的小资产阶级民主派以及一部分资产阶级民主派组成,因此又称为南德人民党或士瓦本人民党。德国人民党执行反普鲁士政策,提出一般民主口号,反对确立普鲁士对德国的领导权,宣传实行联邦制,反对以集中统一的民主共和国的形式统一德国,反映了德意志某些邦的分立主义意图。

 1866年,以工人为基本核心的萨克森人民党并入德国人民党。人民党的这支左翼,除了反普鲁士的情绪和力求共同努力以民主方法解决国家的全民族统一问题之外,实质上与原来的德国人民党毫无共同之处,以后它就朝着社会主义的方向发展。后来该党的基本成员脱离了小资产阶级民主派,于1869年8月参加了社会民主工党的建立工作。——343、405、610、684。

306 保卫委员会是普法战争初期在法国许多大城市中建立起来的,其主要任务是组织军粮的供应。——346。

307 孔德主义者又称实证论者。孔德主义或实证论,是因其创始人奥·孔德而

BODY

得名的资产阶级哲学派别。实证论者反对任何革命行动,否认无产阶级和资产阶级利益的不可调和性。他们的理想是阶级合作。实证论者力图"科学地"证明资本主义是最好的社会组织。——347、357、368。

308　自由射手即志愿游击队员,他们分成小股队伍,参加抗击敌军对法国的侵犯。自由射手队伍最初是在1792—1815年与反法同盟作战时期,当敌军侵入法国时组织起来的。在这一传统的基础上,法国于1867年建立了自由射手协会。在普法战争时期,普鲁士军队侵入法国领土以后,自由射手们拿起武器,采用一切可以采用的手段与敌人作战。当法国正规军被击溃并被困于各要塞的时候,自由射手队伍的数量曾急剧增加。——348。

309　三十年战争(1618—1648年)是一次全欧洲范围的战争,由新教徒和天主教徒之间的斗争引起,是欧洲国家集团之间矛盾尖锐化的结果。德国是战争的主要场所,是战争参加者进行军事掠夺和侵略的对象。

　　　三十年战争分为四个时期:捷克时期(1618—1624年),丹麦时期(1625—1629年),瑞典时期(1630—1635年)以及法国瑞典时期(1635—1648年)。

　　　三十年战争以1648年缔结威斯特伐利亚和约而告结束,和约的签订加深了德国政治上的分裂。——348、538、584、660。

310　按照奥·格奈泽瑙于1813年4月21日制定的《民军条例》,凡不在常备军或后备军服役的身体健康的男子都要编入各民军营,以便同拿破仑作战。条例体现了游击战争的思想,认为居民的一切自卫手段都是"合法的"。恩格斯在《普鲁士的自由射手》(见《马克思恩格斯全集》中文第1版第17卷)一文中详细地分析了这一条例。——348。

311　卢瓦尔军团于1870年11月15日成立,由奥雷尔·德·帕拉丹指挥,在奥尔良地区开展军事行动。尽管该军团由各式各样的大多数未经过良好训练的部队仓促组成,但它在居民的支持下取得了对普军的一系列胜利。关于这个军团的活动及其编制的详细情况,见恩格斯的《战争短评(三十一)》和《战争短评(三十二)》(《马克思恩格斯全集》中文第1版第17卷)。——348。

312　1856年的巴黎和约结束了1853—1856年的克里木战争。1856年4月16日,奥地利、法国、英国、普鲁士、俄国、撒丁和土耳其的代表签署了作为巴黎和约附件的《海上国际法则宣言》。宣言规定了海上战争的守则,守则以1780年叶卡捷琳娜二世政府宣布的武装中立原则为基础。守则规定:禁止私掠,交战国船只上的中立国货物和中立国船只上的交战国货物除战时禁运品外不受侵犯,只承认有效封锁。出席巴黎会议的英国代表乔·克拉伦登代表英国在宣言上签字。——349。

313　1870年11月26日,在北德意志联邦国会讨论增加对法战争的拨款问题时,奥·倍倍尔和威·李卜克内西持反对意见,并要求立即同法兰西共和国缔结不割地的和约。国会闭幕后,倍倍尔、李卜克内西和阿·赫普纳于1870年12月17日以叛国罪被捕,1871年3月28日从审前羁押中被释放。对他们的审判于1872年3月进行。

德国社会民主工党不伦瑞克委员会委员威·白拉克、莱·邦霍尔斯特、赛·施皮尔、海·屈恩、亨·格腊勒以及印刷厂主西弗斯因1870年9月5日发表关于战争的宣言,于1870年9月9日在德国被捕。经过数月的监禁,这些不伦瑞克委员会委员们于1871年3月30日从审前羁押中被释放,1871年11月以警察捏造的破坏社会秩序的罪名被提交法庭审判。——351。

314　1871年3月22日,一批保皇分子打着和平游行的幌子在巴黎策动反革命暴乱,企图复辟被1871年3月18日无产阶级革命所推翻的资产阶级政权。昂利·德·佩恩、若·埃克朗男爵等人是这次暴乱的主要策划者。这些反革命阴谋分子在旺多姆广场向国民自卫军开火,但是,在国民自卫军还击后,他们便立即溃退。马克思在《法兰西内战》(见《马克思恩格斯文集》第3卷第146—147页)中描述了这次暴乱的情况。——351。

315　巴黎起义胜利后,国民自卫军中央委员会于1871年3月18日接管政权。1871年3月28日,它把权力转交给了1871年3月26日选出的公社委员会。——353。

316　指1848年6月巴黎无产阶级的起义。二月革命后,无产阶级要求把革命推向前进,资产阶级共和派政府推行反对无产阶级的政策,6月22日颁布了封闭"国家工场"的挑衅性法令,激起巴黎工人的强烈反抗。6月23—26日,巴黎工人举行了大规模武装起义,经过四天英勇斗争,起义被资产阶级共和派政府残酷镇压下去。马克思论述这次起义时指出:"这是分裂现代社会的两个阶级之间的第一次大规模的战斗。这是保存还是消灭资产阶级制度的斗争。"(见《马克思恩格斯文集》第2卷第101页)——353。

317　**神圣罗马帝国**(962—1806年)是欧洲封建帝国。公元962年,德意志国王奥托一世在罗马由教皇加冕,成为帝国的最高统治者。1034年帝国正式称为罗马帝国。1157年称神圣帝国,1254年称神圣罗马帝国。到了1474年,神圣罗马帝国被称为德意志民族神圣罗马帝国。帝国在不同时期包括德意志、意大利北部和中部、法国东部、捷克、奥地利、匈牙利、荷兰和瑞士,是由具有不同政治制度、法律和传统的封建王国和公国以及教会领地和自由城市组成的松散的联盟。1806年,对法战争失败后,弗兰茨二世被迫放弃神圣罗马帝国皇帝的称号,这一帝国便不复存在了。——353、661。

318　1849年6月13日,小资产阶级政党山岳党在巴黎组织了一次和平示威,抗议法国派兵镇压意大利革命,因为共和国宪法规定,禁止动用军队干涉别国人民的自由。这次示威被军队驱散,它的失败宣告了法国小资产阶级民主主义的破产。——354。

319　这封信是马克思对莱·弗兰克尔1871年4月25日前后写的一封信的回复。弗兰克尔在信中告诉马克思他入选公社执行委员会一事,并请求马克思就工作问题提一些建议。

　　　从马克思和弗兰克尔等人的书信草稿可以看出马克思和巴黎公社成员有直接联系。——355。

320　指1871年4月由梯也尔政府进行的市镇选举。在波尔多的市镇选举中,民主势力取得了胜利。其中有国际支部的四个代表当选,他们在选举中提出了与巴黎公社的纲领类似的纲领。

　　　马克思很可能是从他女儿燕妮写给恩格斯的信中得知此事的,那封信注明写于波尔多,日期是1871年5月9日。——355。

321　指法兰克福和约。这项结束普法战争的正式和约是1871年5月10日签订的。签订正式和约之前,法国和德意志帝国还签订了一项初步和约,初步和约于1871年2月26日由阿·梯也尔、茹·法夫尔同俾斯麦、南德意志各邦的代表在凡尔赛签订。根据初步和约,法国把阿尔萨斯和洛林东部割让给德国,并在3年内交付50亿法郎的赔款,在赔款付清以前,德国军队继续占领法国的部分领土。根据5月10日的正式和约,法国支付赔款的条件更加苛刻,德军占领法国领土的期限也被延长。这实际上是为俾斯麦帮助凡尔赛政府镇压公社付出的代价。法兰克福和约的签订损害了法国的利益,使德法之间未来不可避免地产生军事冲突。——356。

322　根据报纸上的报道,阿·梯也尔本人及其政府的其他成员,包括财政部长奥·普耶-凯尔蒂埃,将从梯也尔政府计划发行的内债中得到三亿多法郎的"酬劳费"。梯也尔后来承认,和他商谈内债事宜的金融界代表曾要求迅速扑灭巴黎的革命。在凡尔赛军队镇压巴黎公社以后,发行内债的法令于1871年6月20日被通过。——356。

323　《蜂房报》从1864年11月起成为国际工人协会的正式机关报,但是,该报与工联的改良主义领袖和资产阶级激进派代表人物有密切联系(1869年,自由资产阶级活动家赛·莫利收买了该报,成为该报的出版者),事实上仍然站在自由派工联主义的立场上。《蜂房报》编辑部拖延国际的文件的发表并对文件内容随意删改,随意处置关于总委员会会议的报道,甚至拒绝刊载总委员会为芬尼社社员申辩的决议。在总委员会一再予以警告和国际在各国的会员纷纷提出抗议之后,同《蜂房报》编辑部决裂的问题于1870年4月26日提交总委员会讨论。马克思参加了讨论(见《马克思恩格斯全集》中文第1版第16卷第701页),并受委托就这个问题草拟声明。1870年5月3日,马克思把声明的文稿提交给了总委员会会议。——358。

324　俾斯麦和茹·法夫尔1871年5月10日在法兰克福签订德意志帝国和法国的正式和约(见注321)的同时,还达成了采取共同行动反对公社的口头秘密协议。关于秘密协议的谈判于1871年5月6日进行。秘密协议规定,为了"恢复巴黎的秩序",让凡尔赛军队通过德军防线,停止向巴黎运送粮食,由德军指挥部采取强硬手段要求公社拆除构成巴黎要塞壁障的工事。1871年5月21日,凡尔赛军队攻入巴黎。——358。

325　马克思这里所说的秘密团体是指共产主义者同盟。见注49。——358。

326　恩格斯的这封信连同他1871年7月16日和28日写给卡·卡菲埃罗的信在1871年8月卡菲埃罗被捕时均被警察机关没收。警察机关的译员曾将这些信的英文原件译成意大利文。这些信件被归入国际工人协会那不勒斯支部案卷中。在案卷中,这三封信上都注明:"从卡洛·卡菲埃罗先生那里没收的恩格斯的信件。译自英文。副本。"1946年意大利历史学家阿·罗曼诺在那不勒斯国家档案馆保存的案卷中发现了这些信的副本,但恩格斯这些信的原件没有找到。——360。

327　恩格斯同路·卡斯泰拉佐通信(恩格斯从卡·卡菲埃罗那里得到了他的地址)的意图没有实现,因为1871年6月28日卡菲埃罗告诉恩格斯,卡斯泰拉佐和佛罗伦萨"国际民主协会"遭到了警察机关的迫害。卡菲埃罗曾打算吸收该协会加入国际。——360。

328　指法国外交部长茹·法夫尔1871年6月6日向驻法国的外交代表发出的通告。通告中利用警察机关伪造的材料和同盟的文件对国际进行攻击,呼吁欧洲各国政府组织起来共同迫害国际。1871年6月11日在总委员会的常务委员会会议上讨论了关于这个通告的问题,常务委员会批准了马克思和恩格斯共同起草的《总委员会关于茹尔·法夫尔的通告的声明》(见《马克思恩格斯全集》中文第1版第17卷)。声明发表于1871年6月13日《泰晤士报》第27088号。——364。

329　在1871年7月4日的总委员会会议上,巴黎公社的参加者帕·蒂巴尔迪揭发路·沃尔弗少校是法国警察机关的间谍。蒂巴尔迪说,他在财政部秘密基金簿上看到关于每月发给沃尔弗1 000法郎的记录。这个揭发材料曾公布在1871年7月8日《东邮报》第145号上。——364。

330　道德协会是普鲁士爱国的秘密政治团体,于1806年普鲁士被拿破仑法国战败之后创立。该协会联合了自由派贵族和资产阶级知识分子的代表人物。协会的宗旨是唤起人们的爱国热情,争取把自己的国家从拿破仑的占领下解放出来并建立立宪制度,支持在普鲁士进行温和的自由主义改革。1809年,普鲁士国王在拿破仑的要求下取缔了道德协会,然而协会仍继续存在,直到拿破仑战争结束。拿破仑失败后,该协会由于提出宪法方面的要求而遭到迫害,很快便瓦解了。——366。

331　蛊惑者是对19世纪20年代德国知识分子反政府运动的参加者的称呼。他们组织政治性的示威游行,反对德意志各邦的反动制度,提出统一德国的要求。1819年大学生卡·桑德刺杀神圣同盟的拥护者和沙皇代理人奥·科策布成了镇压所谓"蛊惑者"的借口。1819年8月德意志各邦大臣在卡尔斯巴德召开联席会议,通过了一项对付所谓"蛊惑者阴谋"的专门决议,从此"蛊惑者"这一称谓便流传开来。到了30年代,由于受法国1830年革命的影响,德国及欧洲各国的反政府运动和革命运动又高涨起来,所谓的"蛊惑者"又受到新的迫害。——366。

332　互助主义派是19世纪60年代身为国际法国支部成员的右翼蒲鲁东主义者的自称。他们提出了一个小资产阶级的改良主义计划,即采取组织互助(如建立合作社、互助会等)的办法来解放劳动者。——367。

333　指国际工人协会1871年伦敦代表会议作出的下列决议:《关于各国委员会、地方支部、派别、团体及其委员会等组织的名称》(第二项决议第一条、第二条、第三条);《关于工人阶级的政治行动》(第九项决议);《关于社会主义民主同盟》(第十六项决议)以及《关于瑞士罗曼语区的分裂》(第十七项决议)(见《马克思恩格斯全集》中文第1版第17卷第451—452、454—456、458—460页)。

　　国际工人协会1871年伦敦代表会议于1871年9月17—23日在伦敦秘密举行。出席会议的有23名有表决权的代表和10名有发言权的代表。代表会议总共召开了九次会议,主要讨论工人阶级的政治行动和组织问题,并通过了相关的决议。代表会议的第九项决议《关于工人阶级的政治行动》是一项极其重要的决议,该决议宣布,必须在每个国家建立以工人阶级夺取政权为目标的独立的无产阶级政党。国际工人协会伦敦代表会议的召开标志着马克思和恩格斯为成立无产阶级政党而进行的斗争进入一个重要阶段。——369。

334　指1871年12月25日发表在西班牙联合会委员会机关报《解放报》上的松维利耶通告,即《给国际工人协会所有联合会的通告》(见注336)。——370。

335　三十个日内瓦支部的决议指1871年12月2日在日内瓦国际各支部大会上通过的决议。这项决议批驳了巴枯宁派的松维利耶通告,表示完全支持总委员会的活动,并赞同伦敦代表会议的各项决议。"罗曼语区委员会对巴枯宁派的答复"指《罗曼语区联合会委员会对松维利耶代表大会十六名参加者的通告的答复》(发表在1871年12月24日《平等报》第24号上)。拉法格将这些揭露巴枯宁派对总委员会的诽谤的文件发表在1872年1月1日和7日《解放报》第29号和第30号上。——370。

336　1871年11月12日在巴枯宁派汝拉联合会的松维利耶代表大会上通过了松维利耶通告,即《给国际工人协会所有联合会的通告》。这个通告旨在反对总委员会和1871年伦敦代表会议的决议,宣扬政治冷淡主义和关于支部完全自治的无政府主义教条,并对总委员会的活动进行诽谤。在通告中,巴枯宁还建议所有联合会要求立即召开代表大会来重新审查国际的共同章程并谴责总委员会。恩格斯在《松维利耶代表大会和国际》(见《马克思恩格斯全集》中文第1版第17卷)一文中对这一通告进行了评价。——371、374。

337　指1869年国际工人协会巴塞尔代表大会关于组织问题的决议。这些决议扩大了总委员会的权利。第五项决议授予总委员会拒绝接受新支部的权利,第六项决议授予总委员会在下届代表大会召开之前有暂时开除个别支部的权利。这些决议在1871年伦敦代表会议之后被纳入组织条例。决议遭到巴枯宁派的猛烈攻击。——371、375、378。

338　1870年4月4—6日在拉绍德封举行的国际工人协会罗曼语区联合会代表大会上,巴枯宁派和总委员会的支持者之间发生分裂,因此,在瑞士罗曼语区出现了两个联合会委员会。1870年4月12日总委员会在接到有关分裂的消息后,委托瑞士通讯书记海·荣克收集补充材料。荣克在1870年4月和5月召开的一系列会议上向总委员会作了汇报。总委员会于6月28日通过了马克思提出的关于瑞士罗曼语区联合会委员会的决议案(见《马克思恩格斯全集》中文第1版第16卷第490页)。决议由荣克寄给两个联合会委员会,并发表在1870年7月23日《团结报》第16号上。参看注296。——371。

339　1871年12月4日卡·特尔察吉请求恩格斯从物质上支援他所办的《无产者报》。1872年1月6日以后,恩格斯写完了给他的回信。但是,在信刚要寄出时,恩格斯从《玫瑰小报》获知,特尔察吉支持巴枯宁派的汝拉联合会关于立即召开代表大会的要求。因此,恩格斯1月14—15日重写了一封信,仅保留了原信的两段文字并略加修改。其余的文字,部分写在原信删去的各行之间,部分写在一张白纸上。——374。

340　1871年12月28日《玫瑰小报》第360号上刊登了一篇题为《工人运动》的评论。评论说,在卡·特尔察吉的影响下,都灵"无产者解放社"通过了支持汝拉联合会的松维利耶通告的决定。——374。

341 指马克思和恩格斯于1872年1月中旬至3月初起草的《所谓国际内部的分裂。国际工人协会总委员会内部通告》(见《马克思恩格斯全集》中文第1版第18卷)。马克思在1872年3月5日总委员会会议上阐述了该通告的基本论点。

      该通告于1872年5月底用法文印成单行本,由总委员会全体委员署名并分发给国际工人协会所有的联合会。——374。

342 1871年12月24日《平等报》第24号上发表了罗曼语区联合会委员会的答复及该报反对松维利耶通告的《编辑部声明》。——375。

343 马克思和恩格斯在《所谓国际内部的分裂》中引用并评述了巴枯宁派向松维利耶代表大会所作的报告(参看《马克思恩格斯全集》中文第1版第18卷第46—51页)。——376。

344 这是恩格斯对泰·库诺的几封来信的回复。库诺在1872年1月11日的信中说,他失去了自己担任的一家工厂的工程师职位,原因是这家工厂的老板要他退出国际工人协会,否则就不再雇用他。他还写道,警察警告过他,如果他不"修改"他的公开演说的内容,他将被驱逐出意大利。——376。

345 按照巴塞尔代表大会(1869年)的决定,国际工人协会的下一届代表大会应该在巴黎举行。但是在法国,波拿巴政府对国际各支部进行警察迫害,使总委员会不得不把开会地点改为德国的美因茨(见《马克思恩格斯全集》中文第1版第16卷第486页)。普法战争的爆发使这次代表大会未能召开;在法国内战时期国际会员受到残酷迫害,特别是在巴黎公社被镇压以后,这种迫害更是变本加厉,在这种条件下召开代表大会也是不可能的。鉴于这种情况,大多数国家的联合会都主张把代表大会推迟,并授权总委员会确定召开代表大会的日期。同时,由于同巴枯宁派和其他加紧进行分裂活动的宗派主义分子的斗争势在必行,加之还有其他的紧迫任务,因此有必要召开一次所有国家的国际代表会议。1871年7月25日总委员会会议根据恩格斯的建议,决定于9月的第三个星期日在伦敦召开国际的秘密代表会议。参看注333。——379。

346 1871年法国人支部是由一部分法国流亡者于1871年9月在伦敦成立的。支部的领导人同在瑞士的巴枯宁派建立了密切的联系,同他们勾结在一起,攻击国际的组织原则。1871年法国人支部章程发表在该支部的机关报《警觉报》上。这一章程在1871年10月14日总委员会的非常会议上被提交给总委员会，并交由总委员会的一个专门委员会进行审查。在10月17日的会议上，马克思代表该委员会作了关于支部章程的报告，并提出一个决议案，这个决议案得到总委员会的一致批准(见《马克思恩格斯全集》中文第1版第17卷第471—474页)。决议指出，支部章程的某些条文与共同章程相抵触，建议支部修改这些条文，以适应国际的章程。支部在10月31日的信中声明不同意总委员会的决议，并对总委员会进行攻击。这封信经总委员会指定的一个委员会研究后，于1871年11月7日被提交总委员会讨论。法国通讯书记奥·赛拉叶提出了马克思草拟的决议案，其中对支部的异议进行了驳斥并重申了10月17日的决议。这个决议案得到总委员会的一致批准(见《马克思恩格斯全集》中文第1版第17卷第499—504页)。此后法国人支部便分散成了几个小组。——379。

347　国际工人协会西班牙联合会第二次代表大会于1872年4月4—11日在萨拉戈萨举行。在这次代表大会上，巴枯宁分子和总委员会的拥护者之间展开了激烈的斗争。代表大会否决了瑞士的巴枯宁派关于立即召开全协会代表大会的要求，然而在无政府主义者的影响下，通过了一项决议，支持比利时联合会提出的关于修改共同章程以使地方支部享有更大的自治权的建议。代表大会否决了某些巴枯宁分子企图以无政府主义的精神修改西班牙联合会章程的要求，但是，在选举联合会委员会的新成员时，巴枯宁分子得以使当选的委员基本上都是社会主义民主同盟盟员。在弗·莫拉拒绝参加委员会和安·洛伦佐退出委员会以后，西班牙联合会委员会就完全由巴枯宁分子所掌握了。——380。

348　都灵工人联合会于1871年9月底在都灵成立，处于马志尼分子的影响之下。1872年联合会发生分裂，反对马志尼的部分人退出了联合会，组成了"无产者解放社"，后来这个团体被接收为国际的一个支部。——381。

349　1872年1月6—7日在开姆尼茨召开了德国社会民主工党萨克森区域代表大会。出席大会的有来自近60个地方组织的120名代表，其中包括奥·倍倍尔和威·李卜克内西。代表大会讨论了工人政党对普选权的态度问题以及组织工会的问题；在秘密会议上还研究了对松维利耶通告以及对国际工人协会内部进行的反无政府主义者斗争的态度问题。与会代表一致支持总委员会,并赞同1871年伦敦代表会议的决议。李卜克内西于1872年1月10日写信给恩格斯说:"区域代表大会开得很好…… 在代表们的秘密会议上,一致决定在反巴枯宁派的斗争中支持你们,并委托我把这个情况告诉你们。"在1872年1月23日的总委员会会议上,马克思通报了代表大会的决定。——381。

350　1871年12月24—25日,国际工人协会比利时联合会代表大会在布鲁塞尔召开。大会在讨论松维利耶通告时表示不支持汝拉联合会提出的立即召开国际代表大会的要求,但同时委托比利时联合会委员会拟定协会新章程草案,其目的在于剥夺总委员会的权利。关于代表大会的简短报道发表在1871年12月31日《国际报》第155号上,标题是《比利时工人代表大会》。——381。

351　1869年,谢·涅恰耶夫同巴枯宁建立了联系,开始在俄国许多城市建立秘密组织"人民惩治会"。涅恰耶夫利用巴枯宁给他的"欧洲革命联盟"的代表资格证,企图冒充国际工人协会的代表。由于涅恰耶夫组织被破获,他所采取的敲诈、恐吓、欺骗等冒险手法被揭发。资产阶级报刊遂利用涅恰耶夫事件败坏国际的声誉。根据1871年伦敦代表会议的决定,马克思拟写了国际工人协会与所谓的涅恰耶夫密谋无关的声明(见《马克思恩格斯全集》中文第1版第17卷第470页)。——382。

352　这封信是恩格斯对1873年2月14日克·拉沙特尔来信的回复,由保·拉法格起草。拉沙特尔在来信中建议恩格斯撰写一份马克思的传略,他打算把传略收入由他的出版社出版的《资本论》法文版第一卷中。但这一计划未能实现。——384。

353　恩格斯在这封信里谈了他从1873年开始撰写的著作《自然辩证法》(见《马克思恩格斯文集》第9卷)的构思。这封信寄往曼彻斯特,因为当时马克思正在那里。恩格斯还请马克思把这封信转交给卡·肖莱马和赛·穆尔看过。信稿上保留有肖莱马作的边注。——385。

354　1869年8月7—9日在德国爱森纳赫举行了德国、奥地利和瑞士社会民主主义者全德代表大会。会上成立了德国无产阶级的独立的革命政党德国社会民主工党，即爱森纳赫派或爱森纳赫党。该党的领导人是奥·倍倍尔和威·李卜克内西。党的领导机构是由五人组成的执行委员会，会址设在不伦瑞克，通称不伦瑞克委员会。另有十一人组成的监察委员会负责对执行委员会的工作进行检查，会址设在维也纳。该党成为国际工人协会的一个支部。这次大会通过的纲领，即爱森纳赫纲领，总的来说是符合国际工人协会共同章程的精神的。——391、472、483。

355　国际工人协会海牙代表大会于1872年9月2—7日在荷兰海牙举行。和历次代表大会相比，海牙代表大会按其组成来说是最有代表性的大会。出席这次代表大会的有来自15个全国性组织的65名代表。这次代表大会在马克思和恩格斯直接领导下，从理论上、组织上彻底揭露和清算了巴枯宁等人反对无产阶级革命、破坏国际工人运动的种种罪恶活动，并决定把巴枯宁等人开除出国际。海牙代表大会的决议为后来建立各国独立的工人阶级政党奠定了基础。——392、399、507。

356　1873年6月28日的《法兰克福报》刊载了一条马克思病重的消息，路·库格曼看后，立即于1873年6月29日写信告诉了恩格斯，并请恩格斯详细地介绍一下马克思的近况。——394。

357　《资本论》第一卷法译本于1872年9月17日至1875年11月期间出版，其翻译工作是由约·鲁瓦在1872年2月至1873年底期间完成的。马克思对译文的质量很不满意，认为还需要对原文加以修改以适合法国读者阅读。——394、402。

358　为了调查社会主义民主同盟的活动，海牙代表大会在1872年9月5日的会议上成立了一个专门委员会。马克思和恩格斯将他们于1872年8月底以前搜集到的有关巴枯宁分子在国际中进行破坏活动的大量材料全部交给了这个调查委员会。但是该委员会未能对这些材料进行审阅，也未对社会主义民主同盟这一秘密同盟作为独立的国际组织存在于国际内部的事实作出明确的结论。鉴于这种情况，马克思认为，必须撰写一本专门著作，揭露秘密同盟的存在和活动方式。海牙代表大会决定公布所有有关同盟的文件（见《马克思恩格斯全集》中文第1版第18卷第175页）。文件被交给了代表大会所指定的记录和决议出版委员会；马克思和恩格斯参加了该委员会。1873年4月，马克思和恩格斯执行代表大会的决定，着手撰写《社会主

义民主同盟和国际工人协会》(见《马克思恩格斯全集》中文第1版第18
卷)。这部著作的结语部分是马克思写的,补充搜集文件材料并加以比较
和分析的工作主要是由恩格斯和拉法格完成的。这部著作以大量的实际
材料证实了秘密同盟的存在,揭露了它在国际内部的破坏活动,以及无政
府主义宗派分子给工人运动带来的危害。——396。

359 指1873年9月8—13日在日内瓦举行的国际工人协会第六次代表大会的决
议。此次代表大会并不具有国际性质,出席代表大会的主要是瑞士会员。
代表大会的工作在约·菲·贝克尔的领导下进行,会上听取了总委员会的
工作报告和来自地方的一些报告。大会审查了国际工人协会的章程,尽管
有些瑞士代表(昂·培列等人)提出异议,但仍然确认了海牙代表大会赋予
总委员会的那些职能。大会强调指出了工人阶级进行政治斗争的必要性,
并通过了采取进一步措施成立国际工会联合会的决议。大会决定,在下届
代表大会(规定在1875年举行)召开之前,总委员会的所在地仍为纽约。这
次代表大会是国际工人协会召开的最后一次代表大会。——397。

360 弗·阿·左尔格于1874年8月12日辞去国际总委员会总书记职务并退出总
委员会。他在1874年8月14日把此事告知恩格斯。他正式退出是在1874年
9月25日。——398。

361 指约·丁铎尔1874年8月19日在贝尔法斯特不列颠科学促进协会第四十
四届年会上的开幕词(载于1874年8月20日《自然界》杂志第251期),以及
托·亨·赫胥黎在8月24日协会会议上的报告《关于动物是自动机的假说
及其历史》(载于1874年9月3日《自然界》杂志第253期)。恩格斯在《自然
辩证法》中曾谈到丁铎尔的观点(见《马克思恩格斯文集》第9卷第462
页)。——400。

362 玛·贝瑟姆-爱德华兹《国际工人协会》一文刊登在1875年7—9月《弗雷泽杂
志》第67—69期上,没有署名。马克思当时大概不知道作者是位女士。——
402。

363 1875年5月,德国社会民主工党(爱森纳赫派)和全德工人联合会(拉萨尔
派)在哥达代表大会上实现了合并,合并后的党名为德国社会主义工人党
(1890年改称德国社会民主党)。恩格斯在这封信中谈到的委员会,是指由

三名拉萨尔派代表人物和两名爱森纳赫派代表人物组成的德国社会主义工人党执行委员会(参看注369)。——404。

364　指1877年1月10日的帝国国会选举。在这次选举中,德国社会民主党人有12人当选议员,他们获得将近50万张选票。——404。

365　1875年2月,德国社会民主工党和全德工人联合会在哥达召开了合并预备会议,并拟定了合并纲领草案《德国工人党纲领》。马克思在《德国工人党纲领批注》以及附信,即1875年5月5日给威·白拉克的信(见马克思《哥达纲领批判》,《马克思恩格斯文集》第3卷)中,恩格斯在1875年3月18—28日给奥·倍倍尔的信中,均表示赞同建立德国统一的社会主义党,但同时警告爱森纳赫派的领导人不要急于求成,不要同拉萨尔派的思想进行妥协。他们批判了纲领草案的错误观点,可是,该纲领草案只是略加修改,便在1875年5月哥达代表大会上通过了。——404、520、609、610、611。

366　1869年8月7—9日德国社会民主工党成立大会上通过的爱森纳赫纲领的最后一条为:"三、社会民主工党主张把下列各点作为鼓动工作中的最近要求:……10.要求对合作社事业提供国家支援,对在民主保障下的自由的生产合作社给以国家信贷。"——404。

367　威·白拉克1873年在他的著作《拉萨尔的建议。谈德国社会民主工党第四次代表大会》中批判了爱森纳赫纲领关于要求对合作社事业提供国家支援的条文,要求"用明确的社会主义的、适合阶级运动的条文来代替纲领中的有关条文"。——404。

368　公元前321年第二次萨姆尼特战争时期,萨姆尼特人在古罗马卡夫丁(今蒙泰萨尔基奥)城附近的卡夫丁峡谷包围并击败了罗马军队。按照意大利双方交战的惯例,罗马军队必须在由长矛交叉构成的"轭形门"下通过。这被认为是对战败军的最大羞辱。"通过卡夫丁轭形门"("通过卡夫丁峡谷")一语即由此而来。——405。

369　根据1875年哥达合并代表大会的决定,德国社会主义工人党的领导机关是:执行委员会、监察委员会和仲裁委员会。这次代表大会选出的执行委员会由五人组成:威·哈森克莱维尔和格·哈特曼任主席,伊·奥尔和卡·德罗西任书记,威·盖布任财务委员。这样,在执行委员会里有三名拉萨尔派代表人物(哈森克莱维尔、哈特曼和德罗西)以及两名爱森纳赫派代表人物(奥尔和盖布)。执行委员会的驻地选在汉堡。——406。

370　威·白拉克在1875年6月28日—7月7日给恩格斯的信中说,社会主义工人党执行委员会以拉萨尔派三票对爱森纳赫派两票通过决议,从刊登在党的中央机关报《人民国家报》和《新社会民主党人报》上党的文献目录中删去两本反拉萨尔主义的著作:威·白拉克《拉萨尔的建议》(1873年不伦瑞克版)和伯·贝克尔《斐迪南·拉萨尔工人鼓动的历史》(1874年不伦瑞克版)。这两本书均由威·白拉克出版社出版。在白拉克的坚决要求下,党的执行委员会的这项决议被撤销。——406。

371　指1872年爱森纳赫派建立的莱比锡印刷所。在1875年的哥达合并代表大会以后,拉萨尔派占多数的德国社会主义工人党执行委员会对印刷所行使了管理委员会的职能。参看《马克思恩格斯全集》中文第1版第34卷第118、149页。——407。

372　1875年9月8日、10日和15日的《人民国家报》第103、104和106号从奥地利社会民主党中央机关报——维也纳《平等报》转载了《卡尔·马克思论罢工和工人同盟》一文。这篇发表时没有署名的文章,实际上是马克思《哲学的贫困》最后一节(第2章第5节《罢工和工人同盟》)的德译文加上文章作者的前言和结束语。1885年《哲学的贫困》再版时,恩格斯在书中相应的地方加了注:"指当时的社会主义者,在法国是傅立叶主义者,在英国是欧文主义者。"(见《马克思恩格斯文集》第1卷第652页)——408。

373　恩格斯在这里把俄国1861年废除农奴制之后开始的改革时期比做普鲁士1858—1862年的所谓"新纪元"时期。沙皇政府在1853—1856年克里木战争失败后进行了一系列改革:1861年废除农奴制;实行地方政府的改革;1864年起实施新的法院规章制度,以及财政体制改革等等。这一系列改革使俄国在转变为资产阶级君主制国家的道路上迈出了一步。马克思曾就这个问题写了《关于俄国1861年改革和改革后的发展的札记》(见《马克思恩格斯全集》中文第1版第19卷)一文。

　　关于普鲁士的"新纪元"见注180。——409、474。

374　恩格斯在这封信中对彼·拉甫罗夫文章发表的意见,其基本内容和《自然辩证法》中的札记《生存斗争》(见《马克思恩格斯文集》第9卷第547—549页)的内容几乎完全一致。——410。

375　欧·杜林的《哲学教程——严格科学的世界观和生命形成》(1875年莱比锡版)以及《国民经济学和社会主义批判史》(1875年柏林第2版)出版后,在德国社会民主党人中间产生了很恶劣的影响。杜林自命为社会主义的信徒,以一种新哲学体系的形式提出了所谓新的社会主义理论,对马克思主义进行了极其猛烈的攻击,给刚刚由德国社会民主工党和全德工人联合会合并成立的德国社会主义工人党造成了思想上的混乱。在德国社会民主党人中也有杜林积极的追随者,如约·莫斯特、弗·弗里茨舍和爱·伯恩施坦等。甚至奥·倍倍尔也一度深受杜林思想的影响,在社会民主工党的中央机关报《人民国家报》上发表了两篇关于杜林的文章。有鉴于此,威·李卜克内西于1875年2月1日和4月21日给恩格斯写了两封信,请求恩格斯为《人民国家报》撰文反击杜林。恩格斯最初写了《德意志帝国国会中的普鲁士烧酒》(见《马克思恩格斯全集》中文第2版第25卷)一文,于1876年2月发表在《人民国家报》上。马克思也认为应该对杜林的观点进行批判。恩格斯于是中断了从1873年5月开始的《自然辩证法》(见《马克思恩格斯文集》第9卷)的写作,从1876年5月到1878年上半年,花了两年的时间写《反杜林论》(见《马克思恩格斯文集》第9卷)。《反杜林论》出版之后,恩格斯于1878年中又继续写作《自然辩证法》。但是,马克思逝世之后,为了整理出版《资本论》第二卷和第三卷手稿,恩格斯不得不再次中断该书的写作。最终《自然辩证法》这部著作未能写完。——414。

376　指欧·杜林的著作《国民经济学和社会经济学教程,兼论财政政策的基本问题》1876年莱比锡第2版。该书第1版于1873年在柏林出版。恩格斯在写作《反杜林论》时主要利用了该书的第2版。恩格斯作了很多批注的书,以及包含有摘自该书第2版的大量摘录和恩格斯的批语的手稿都保存了下来(见《马克思恩格斯文集》第9卷第365—374页)。恩格斯对杜林这本书所做的批判,主要集中在《反杜林论》第二编《政治经济学》(见《马克思恩格斯文集》第9卷)。——414。

377　1876年5月10日,在君士坦丁堡发生了索弗特(穆斯林院校攻读神学和法律的学生)的大规模示威游行。这一运动的基本要求之一是召开参议会批准国家预算。由于5月10日的游行，苏丹不得不满足索弗特提出的某些要求，例如，将宰相和伊斯兰教谢赫（即伊斯兰教僧侣的首脑）撤职。——416。

378　指俄国、奥匈帝国和德国的代表亚·哥尔查科夫、居·安德拉西和俾斯麦在1876年5月13日起草的柏林备忘录，同意备忘录的还有法国和意大利。该备忘录是因波斯尼亚和黑塞哥维那的起义而向土耳其政府提出的，其中要求同起义者签订两个月的停战协定。备忘录本应在5月30日递交土耳其政府，但是，由于这一天在君士坦丁堡发生了宫廷政变，备忘录未能递交。——416。

379　海·亥姆霍兹于1876年再版了《通俗科学讲演集》一书。该书汇集的报告中有许多篇目已经在19世纪50年代发表过。查·达尔文的主要著作《根据自然选择即在生存斗争中适者保存的物种起源》于1859年出版。——416。

380　指《普鲁士国家通用邦法》，也称普鲁士法，包括私法、国家法、教会法和刑法，自1794年6月1日起开始生效。由于法国资产阶级革命对德国的影响，普鲁士邦法明显反映出资产阶级改良的萌芽，然而就其实质来说，它仍然是一部封建性质的法律。——418。

381　1876年4月，保加利亚爆发了反对土耳其统治的民族解放起义，这次起义于1876年5月遭到土耳其军队的残酷镇压。许多国家的报刊都对"土耳其暴行"表示了极大的愤慨。——418。

382　1876年8月12日，本·迪斯累里被封为比肯斯菲尔德伯爵，他从这时起成为上院的保守党领袖。——418。

383　1876年7月2日，塞尔维亚和黑山向土耳其宣战，目的是支持1875年夏在波斯尼亚和黑塞哥维那爆发的起义。可是，由于战争准备不足，塞尔维亚军队的进攻很快被阻止，随后就节节败退。在俄国的干预下，土耳其和塞尔维亚实现了停战。1877年2月，两国缔结和约。塞土战争使东方危机进一步尖锐化。——418。

384　针对法国众议院的保皇派集团和共和派多数之间发生的冲突，并且直接针对共和国总统麦克马洪发动保皇派政变的企图，《前进报》从1877年6月

10日(社论《评麦克马洪先生最近的政变》)起发表了一系列评论这些事件的文章。报纸编辑部对于在法国开展的争取共和制的斗争采取虚无主义态度。他们认为,法国资产阶级共和制下的自由是虚假的自由,比君主制还不如。对于无产阶级来说,在资产阶级共和制条件下和在君主制条件下进行斗争没有区别。这种观点在1877年7月1日《前进报》第76号上发表的社论《打倒共和国!》中表达得最为鲜明。这篇社论的作者极有可能是威·哈森克莱维尔。马克思和恩格斯强烈谴责了《前进报》的这一错误立场。——419。

385　这一段话和1877年7月11日《前进报》第80号"社会政治评论"栏目中发表的一篇短评几乎一字不差,短评加了《前进报》编辑部写的评论性的按语。可以推测,这篇短评是恩格斯给卡·希尔施的一封信的片断,而希尔施在为《前进报》写的通讯中采用了这段话。恩格斯的这封信没有找到。短评的按语可能是威·哈森克莱维尔写的。——419。

386　指《剩余价值理论》,参看注193。——422。

387　由于杜林派在1877年哥达代表大会上使出种种手段,企图禁止在党的中央机关报《前进报》上继续刊登恩格斯的《反杜林论》,威·布洛斯在1877年10月30日—11月6日期间写给马克思的一封信中询问,马克思和恩格斯对德国党的同志们是否真的生气。布洛斯说,德国工人比任何时候都更加重视马克思和恩格斯在报刊上发表的言论。他还说,由于社会民主党人的活动,马克思和恩格斯的声望已经比他们自己所能想象的高得多。——422。

388　指《共产主义者同盟章程》(见《马克思恩格斯全集》中文第1版第4卷附录)。该章程于1847年6月在同盟第一次代表大会上拟定,经过同盟各支部讨论后重新提交第二次代表大会审查,最后于1847年12月8日获得通过。马克思和恩格斯曾积极参与了该章程的起草工作。——423。

389　在德国社会主义工人党哥达代表大会(1877年5月27—29日)5月29日的会议上,杜林的追随者表示反对在党的中央机关报《前进报》上继续刊登恩格斯的《反杜林论》。代表大会经过争论,通过了经李卜克内西修改的倍倍尔的提案:像恩格斯《反杜林论》这样的著作,改在《前进报》学术附刊或学术评论(《未来》杂志)上发表,或者以小册子的形式发表。《反杜林论》的第二编和第三编刊登在《前进报》学术附刊和附刊上。——423。

390　威·布洛斯在1877年10月30日—11月6日期间的一封信中告诉马克思,《北德总汇报》在几篇社论中都谈到"马克思博士和贝克斯神父之间的互相配合"。这些文章在报道国际社会党人根特代表大会时,把国际社会党人的联合同耶稣会、把马克思同耶稣会首领贝克斯相提并论。布洛斯还表示要经常给马克思寄这个报纸。——423。

391　19世纪70年代中叶,俾斯麦为了替普鲁士德意志军国主义国家的军备扩张寻找新的财源,开始宣传并推行普鲁士铁路的国有化和德意志帝国境内国家对烟草的专卖。

　　威·白拉克1878年4月26日写信给恩格斯说:"至于俾斯麦的计划,我仍然认为,应该坚决反对。老实说,如果他能够实行铁路法案,我将感到高兴;烟草专卖在我看来也并不是不能接受的;但是我仍旧认为,党参与实现这类措施的任何做法都是错误的。"——424。

392　这封信里谈到的关于资本主义制度下生产资料、交通手段和通讯工具转归国家所有的论点,在恩格斯《反杜林论》第三编第二章中有更详细的阐述(见《马克思恩格斯文集》第9卷)。——424。

393　指1873年世界经济危机。这次危机席卷了奥地利、德国、北美、英国、法国、荷兰、比利时、意大利、俄国等国家,具有猛烈而深刻的特点。在德国,这次危机从1873年5月以"大崩溃"开始,一直延续到70年代末。——424、431。

394　尼·丹尼尔逊在1878年10月28日(11月9日)写信告诉马克思,六七个月以前他已经写信对马克思说过,书店里《资本论》第一卷脱销了,可以考虑出俄文第二版的问题。他询问马克思是否打算对该书作新的修改,并请求马克思在《资本论》第二卷付印后,把这一卷的校样寄给他。《资本论》第一卷俄文第二版于1898年出版。——426。

395　从1877年3月7(19)日尼·丹尼尔逊给马克思的信中可以看出,丹尼尔逊给马克思寄去了如下几本书:亚·瓦西里契柯夫《俄国和欧洲其他国家的土地占有制和农业》1876年圣彼得堡版第1—2卷,巴·索柯洛夫斯基《俄国北部农村公社史概要》1877年圣彼得堡版,维·布尼亚科夫斯基《人类生物学的研究及其对俄国男性居民的应用》1874年圣彼得堡版,《俄罗斯帝国统计汇刊》和《俄国劳动组合材料汇编》第1—3卷。——426。

396　1877—1879年俄国报刊围绕马克思的《资本论》第一卷展开了论战，参加论战的有当时俄国最著名的学者和政论家。这次论战是由尤·茹柯夫斯基的《卡尔·马克思和他的〈资本论〉一书》（《欧洲通报》1877年第9期）一文挑起的。针对这篇文章，出现了一系列争论文章，其中包括尼·丹尼尔逊给马克思寄去的尼·季别尔的《对于尤·茹柯夫斯基先生〈卡尔·马克思和他的《资本论》一书〉一文的若干意见》（《祖国纪事》1877年第11期）一文，以及尼·米海洛夫斯基的《卡尔·马克思在尤·茹柯夫斯基先生的法庭上》（《祖国纪事》1877年第10期）一文。马克思《给〈祖国纪事〉杂志编辑部的信》（见《马克思恩格斯文集》第3卷）就是针对后一篇文章写的。1878年波·契切林发表了《德国的社会主义者：二、卡尔·马克思》（《国务知识汇编》1878年圣彼得堡版第6卷）一文，对马克思提出了尖锐的批评。尼·季别尔的《波·契切林反对卡·马克思》（《言语》1879年第2期）一文，是对契切林文章的答复。——427。

397　指尼·卡列耶夫《18世纪最后25年法国农民和农民问题》1879年莫斯科版。这本书是马·马·柯瓦列夫斯基征得作者同意后寄给马克思的。——429。

398　妻的动产是从罗马法时期以来就有的法律术语，是指一种特殊的、妻子的不在嫁妆之内的财产。——430。

399　马克思很可能是指尼·丹尼尔逊1879年2月5日的信和随信寄去的书。丹尼尔逊在1879年3月5日给马克思的信中提到这封信。丹尼尔逊在信中写道，在2月5日寄信的同时，他还给马克思寄了关于"近十五年来"俄国财政状况和财政政策的资料以及大批书籍，其中一部分是珍本。——430。

400　委托销售是在国外委托出售商品的一种形式。出口商，即委托者把商品运往国外的商行，即销售者的货栈，销售者按一定条件代为出售。——432。

401　伊·考夫曼曾在彼得堡出版的杂志《欧洲通报》1872年第5期上匿名发表一篇关于马克思《资本论》第一卷的文章，题为《卡尔·马克思的政治经济学批判的观点》，认为马克思的"研究方法是严格的实在论的，而叙述方法不幸是德国辩证法的"。马克思对考夫曼这篇文章的看法，见《资本论》第一卷第二版跋（《马克思恩格斯文集》第5卷第20—23页）。——436。

402 1879年6月13日爱·伯恩施坦写信给恩格斯说,《社会科学和社会政治年鉴》需要一些关于各国工人运动的文章。他请求恩格斯推荐一个能够写有关英国工人运动的文章的人。当时伯恩施坦是希望恩格斯本人来写这些文章,只不过没有直接向他提出请求(参看恩格斯1879年6月26日给爱·伯恩施坦的信)。——437。

403 指奥·魏德迈翻译的约·莫斯特的小册子《资本和劳动》的英译本。这个英译本是根据小册子的德文第二版翻译的,最初作为马克思《资本论》的十一篇摘要,从1877年12月30日至1878年3月10日刊登在美国周刊《劳动旗帜》上。1878年8月,该译本以单行本的形式匿名出版。——438。

404 与这封信一起保存下来的还有一个草稿,草稿中不同的地方在脚注中作了说明。——439、443、532、565。

405 1879年5月17日,社会民主党议员麦·凯泽尔经社会民主党国会党团同意发表了为俾斯麦政府的保护关税法案辩护的演说并在初读时投票赞成该法案。马克思和恩格斯严厉地谴责了凯泽尔为这个有利于大工业家和大地主而损害人民群众利益的提案进行辩护的行为,同时也严厉地谴责了德国社会民主党许多领导人对凯泽尔的纵容态度(参看《马克思恩格斯文集》第3卷第473—477页)。——440。

406 指卡·希尔施撰写的两篇文章《关于关税的辩论》和《关于凯泽尔的演说和投票问题》。他在文章中抨击了麦·凯泽尔在帝国国会里发表的为保护关税法案辩护的演说。这两篇文章刊登在1879年5月25日、6月8日《灯笼》周刊第21、23期上。——440。

407 奥·倍倍尔在1879年10月23日给恩格斯的信中援引了1876年和1877年的党代表大会的决议,为社会民主党国会党团在讨论保护关税问题时的策略进行辩护。决议中说:关于保护关税或贸易自由的问题对于社会民主党来说不是一个原则问题,代表大会根据这个理由允许党员在这个问题上自行决定自己的立场(参看本卷第441—442页)。——440。

408 反社会党人法即反社会党人非常法,是俾斯麦政府在帝国国会多数的支持下于1878年10月19日通过并于10月21日生效的一项法律,其目的在于反对社会主义运动和工人运动。这项法律把德国社会民主党置于非法地位,党的一切组织、群众性的工人组织被取缔,社会主义的和工人的刊物都被查禁,社会主义文献被没收,社会民主党人遭到镇压。但是,社会民主党在马克思和恩格斯的积极帮助下战胜了自己队伍中的机会主义分子和极"左"分子,得以在非常法生效期间正确地把地下工作同利用合法机会结合起来,大大加强和扩大了自己在群众中的影响。在日益壮大的工人运动的压力下,反社会党人非常法于1890年10月1日被废除。恩格斯对这项法律的评价,见《俾斯麦和德国工人党》(《马克思恩格斯全集》中文第2版第25卷)一文。——440、469、484、495、527、587。

409　1878年5月11日和6月2日,威廉一世两次遇刺。第一次行刺的是帮工麦·赫德尔,第二次行刺的是无政府主义者卡·爱·诺比林。这两次遇刺成了俾斯麦加紧迫害社会民主党人和重新要求帝国国会通过反社会党人非常法的有利借口。《社会民主党德意志帝国国会议员的报告》中把1878年5月帝国国会解散到1878年7月30日重新选举,直到反社会党人非常法通过这段时期称为"恐慌统治"时期。——442。

410　恩格斯在1879年11月14日写信给奥·倍倍尔说,他在1879年11月2日《社会民主党人报》第5号上读到伊·奥尔写的一篇《易北河下游通讯》,通讯中不点名地指责他在《给奥·倍倍尔、威·李卜克内西、威·白拉克等人的通告信》(见《马克思恩格斯文集》第3卷)中对同志进行诽谤。倍倍尔在1879年11月18日给恩格斯的信中断言,奥尔的通讯不可能是针对恩格斯的,因为10月23日写这篇通讯的时候,奥尔还没有看到马克思和恩格斯1879年9月17—18日给倍倍尔、李卜克内西、白拉克等人的通告信。倍倍尔写道:"显然,奥尔指的是汉斯·莫斯特,而不是任何别的人。"——443。

411　指1879年《社会科学和社会政治年鉴》杂志第1年卷第1册的一篇纲领性的文章《德国社会主义运动的回顾》,该文作者是卡·赫希柏格、爱·伯恩施坦和卡·奥·施拉姆。马克思和恩格斯在《给奥·倍倍尔、威·李卜克内西、威·白拉克等人的通告信》第三部分《三个苏黎世人的宣言》(见《马克思恩格斯文集》第3卷)中对这篇鼓吹改良主义的文章作了详尽的分析和批判。——444。

412　1850年9月共产主义者同盟发生了分裂。1850年夏天,在共产主义者同盟中央委员会内部,马克思和恩格斯的拥护者同维利希—沙佩尔集团之间在策略问题上的原则性分歧尖锐化,维利希—沙佩尔集团坚持宗派主义和冒险主义的策略,无视欧洲的现实情况,主张立即发动革命。以马克思和恩格斯为首的共产主义者同盟中央委员会多数派严厉谴责了维利希—沙佩尔集团所主张的策略。但是,伦敦德意志工人共产主义教育协会的大多数成员却站在这个集团一边。因此,马克思和恩格斯及其拥护者于1850年9月17日退出了伦敦德意志工人共产主义教育协会。——446。

413　在1878年7月30日进行的帝国国会选举中,社会民主党人获得437 158位选民的赞成票。——447。

414　指斐·纽文胡斯评论爱·哈特曼《道德自我意识现象学》和伊·列维《英国的"讲坛社会主义"》的两篇书评,这两篇书评均刊登在1880年《社会科学和社会政治年鉴》杂志第1年卷第2册书评栏。——449。

415　指卡·施拉姆在1880年《社会科学和社会政治年鉴》杂志第1年卷第2册发表的《关于价值理论》一文,署名为卡·奥·施。在这篇文章中,施拉姆对马克思《资本论》中有关价值理论的一段话作了错误的解释,并借此攻击马克思。——449。

416　指《资本论》第一卷第四章的脚注(37)(见《马克思恩格斯文集》第5卷第193—194页)。马克思在这个注中使用的是"平均价格"而不是"生产价格"。——449。

417　敏·哥尔布诺娃在1880年7月25日的信中请恩格斯回答一个问题:怎样才能使俄国农村中家庭工业占统治地位的状况与大工业的兴起这一时代要求相适应。此外,她还就建立技术学校一事向恩格斯求教。——450。

418　公社(община)是俄国农民共同使用土地的形式,其特点是在实行强制性的统一轮作的前提下,将耕地分给农户使用,森林、牧场则共同使用,不得分割。公社内实行连环保制度。公社的土地定期重分,农民无权放弃土地和买卖土地。公社管理机构由选举产生。俄国的公社在远古时代即已存在,在历史发展过程中逐渐成为俄国封建制度的基础。俄国自1861年改革以后,随着资本主义生产关系的发展和资本主义向俄国农业的渗透,公社制度逐渐解体。——451、625、649、664。

419　指马克思应《社会主义评论》杂志的主编贝·马隆的请求于1880年4月上

半月编写的《工人调查表》(见《马克思恩格斯全集》中文第2版第25卷)。
马克思早在1866年为国际第一次代表大会写的《给临时中央委员会代表
的关于若干问题的指示》(见《马克思恩格斯全集》中文第2版第21卷)中,
就提出应该由工人阶级自己对各国工人阶级状况进行统计调查,同时还
拟定了一个工人阶级状况统计调查大纲。大纲经代表大会一致通过。此
后,国际历次代表大会和代表会议都强调了进行这种统计调查的必要性。
马克思编写的《调查表》手稿是用英文写成的,总共开列了99个问题,分成
四组,每组问题分别单独编号。《调查表》的法译文刊登在1880年4月20日
《社会主义评论》上,未署名,并单独印了25 000份在全法国散发。——452。

420　指茹·盖得和保·拉法格同马克思和恩格斯一起于1880年5月共同制定的
法国工人党纲领(在法国叫做马克思派或盖得派纲领,又叫做集体主义派
纲领)。1879年在马赛举行的社会主义者代表会议上成立法国工人党后,
以盖得为首的一批法国社会主义者决定通过拉法格请求马克思和恩格
斯,帮助他们制定工人党的竞选纲领草案。1880年5月盖得抵达伦敦,5月
10日左右在恩格斯的寓所内与马克思、恩格斯和拉法格共同制定了法国
工人党纲领。纲领分为理论部分和实践部分。纲领的理论性导言是由马克
思口授,盖得笔录而成;马克思和恩格斯还参与制定了纲领的实践部分,
即最低纲领。最低纲领连同导言首次发表在1880年6月19日《先驱者》第25
期上,后来又发表在1880年6月30日《平等报》,1880年7月10日《无产者报》
和1880年7月20日《社会主义评论》上。1880年11月,在法国工人党勒阿弗
尔代表大会上,这个纲领被确定为法国工人党的正式纲领(纲领导言见
《马克思恩格斯文集》第3卷第568—569页,纲领的实践部分见《马克思恩
格斯全集》中文第1版第19卷第635—636页)。法国工人党分裂以后,在
1882年9月圣艾蒂安代表大会上,这个纲领遭到以保·布鲁斯、贝·马隆为
代表的可能派(该派因坚持改良主义原则,宣布只争取"可能"争得的东西
而得名)的否决,他们通过了一个新的改良主义纲领,但同时召开的马克
思派的罗阿讷代表大会确认这一纲领仍然有效。——452、466、536。

421　卡·考茨基在1880年12月4日的信中请恩格斯给他的新作《人口增殖对社
会进步的影响》(1880年维也纳版)提出批评意见,这本书已在1880年12月
通过爱·伯恩施坦邮寄给恩格斯。

　　考茨基告诉恩格斯,他打算几个月后到伦敦拜访马克思和恩格斯。

1881年3月,他到了伦敦,与恩格斯就《人口增殖对社会进步的影响》一书多次交换了意见。——454。

422 *讲坛社会主义者*是19世纪70—90年代一个资产阶级思想流派的代表人物。这些人主要是德国的大学教授,他们在大学的讲坛上宣扬资产阶级改良主义。讲坛社会主义的代表阿·瓦格纳、古·施穆勒、路·布伦坦诺、卡·毕歇尔、韦·桑巴特等人认为国家是超阶级的组织,因而鼓吹资产阶级和无产阶级之间的阶级和平,主张不触动资本家的利益,逐步实行"社会主义"。因此,讲坛社会主义的纲领仅局限于提出一些社会改良措施,如设立工人疾病和伤亡事故保险等,其目的在于削弱阶级斗争,消除革命以及社会民主党人的影响,使工人同反动的普鲁士国家和解。马克思和恩格斯对讲坛社会主义进行了坚持不懈的斗争,揭露了它反动和反科学的性质。——454、458、538。

423 到1882年,阿·谢夫莱出版了以下著作:《人类社会的社会制度》(两卷集)1873年蒂宾根第3版、《资本主义和社会主义》1878年蒂宾根第2版、《社会机体的结构和生命》(四卷集)1875—1878年蒂宾根版、《税收政策的基本原则》1880年蒂宾根版、《社团的强制救济基金》1882年蒂宾根版。流传最广的是谢夫莱的《社会主义的精髓》1875年哥达版,到1891年,该书共出了13版。——455。

424 卡·考茨基在他的《人口增殖对社会进步的影响》一书中援用莱·欧拉的计算法,按照这种计算法,从纯粹理论上说,十二年多一点时间,人口就会增加一倍。恩格斯在做复利计算时把一个克劳泽定为 $\frac{1}{60}$ 古尔登。——455。

425 指斐·纽文胡斯的著作《卡尔·马克思。资本与劳动》1881年海牙版。这是用荷兰文写的关于马克思的《资本论》第一卷的简明通俗的叙述。纽文胡斯在书上的题词是:"谨以此书献给伟大的思想家和争取无产阶级权利的勇敢斗士——卡尔·马克思,以表本书作者的崇敬之情。"该书第二版于1889年出版。——457。

426 指《当代伟人传》,是1870—1882年在哈勒姆出版的一套丛书。这套丛书由恩·巴尔森主编出版,丛书第十卷中刊载了阿·凯迪伊克写的《卡尔·马克思传》。——457。

427　马克思同讲坛社会主义的代表人物之一路·布伦坦诺的论战是由于1872年3月7日《协和》杂志第10期上刊登的布伦坦诺所写的一篇诽谤性文章《卡尔·马克思是怎样引证的》而引起的。布伦坦诺采用匿名的方式,企图破坏马克思作为一个学者的威信,指责马克思在科学上不诚实,伪造所使用的材料。《人民国家报》1872年6月1日发表了马克思的《答布伦坦诺的文章》(见《马克思恩格斯全集》中文第1版第18卷)之后,7月4日《协和》杂志第27期上刊登了布伦坦诺的第二篇匿名文章,对此马克思写了《答布伦坦诺的第二篇文章》(同上),发表在1872年8月7日《人民国家报》第63号上。马克思逝世以后,英国资产阶级经济学家塞·泰勒继续进行布伦坦诺掀起的诽谤运动,恩格斯1890年6月在《资本论》第一卷德文第四版序言中,1891年在小册子《布伦坦诺攻击马克思》(见《马克思恩格斯全集》中文第1版第22卷)中,对泰勒进行了彻底的揭露。在这本小册子的《文件》部分,恩格斯刊载了马克思的这两篇文章。——458。

428　斐·纽文胡斯在1881年1月6日的信中请求马克思回答一个问题,即社会党人如果取得政权,为了保证社会主义的胜利,他们在政治和经济方面的首要立法措施应当是什么。纽文胡斯告诉马克思说,荷兰社会民主党人打算把这个问题提交即将召开的苏黎世国际社会党人代表大会讨论。但大会认为不宜讨论这个问题。

　　由于苏黎世州委员会不允许在当地举行大会,所以由比利时社会党人发起召开的国际社会党人代表大会于1881年10月2—12日在库尔(瑞士)举行。出席代表大会的有12个国家的代表。代表大会的议题是关于社会主义力量的国际联合问题。大会认为联合的时机尚未成熟,因为各国社会党还处于形成时期。代表大会决定下一次国际代表大会在巴黎举行。——458。

429　**海外贸易公司**是1772年在普鲁士成立的贸易信用公司。该公司享有许多重要的国家特权。它给予政府巨额贷款,实际上起到了政府的银行老板和财政经纪人的作用。1820年1月起,海外贸易公司正式成为普鲁士国家银行。——460。

430　**小拿破仑**是维·雨果在1851年法国立法议会会议上发表的演说中给路易·波拿巴起的绰号;1852年,雨果的抨击性小册子《小拿破仑》问世以后,这一绰号得到了广泛的流传。——462。

431　抗租者是指19世纪30—40年代纽约州拒绝向大土地占有者交租并要求把农场全部卖给他们的土地租佃者。这些租佃者对企图用暴力收租的收租人进行了武装反抗,规模最大的租佃者风潮发生在1836到1845年间,租佃者和土地占有者的斗争以相互妥协而告终。1846年以后,大土地占有者开始逐渐把自己的土地卖给租佃者。——463。

432　指马克思寄给恩格斯的一部分数学手稿。自19世纪60年代起,马克思就开始研究著名数学家的著作,同时用专门的笔记本作了1 000多页的摘录。1878—1881年马克思撰写了微分学的历史纲要,恩格斯高度评价并计划公开发表马克思的这个数学手稿。——464。

433　见黑格尔《逻辑学》上卷第1编第2部分第2章的注释:微分计算从它的应用所引导出来的目的。——465。

434　暗指俾斯麦政府实行的反社会党人非常法,见注408。——469。

435　这里套用了海涅诗集《时事诗》中《安心》这首诗的说法:"德意志是温驯的幼儿园,不是罗马的凶手窝。"——470。

436　神圣同盟是欧洲各专制君主镇压欧洲各国进步运动和维护封建君主制度的反动联盟。该同盟是战胜拿破仑第一以后,由俄国沙皇亚历山大一世和奥地利首相梅特涅倡议,于1815年9月26日在巴黎建立的,同时还缔结了神圣同盟条约。几乎所有欧洲君主国家都参加了该同盟。这些国家的君主负有相互提供经济、军事和其他方面援助的义务,以维持维也纳会议上重新划定的边界和镇压各国革命。神圣同盟为了镇压欧洲各国资产阶级革命和民族解放运动,先后召开过几次会议。由于欧洲诸国间的矛盾以及民族革命运动的发展,1830年法国七月革命后神圣同盟实际上已经瓦解。——471、566、656。

437　1859年的奥意战争结束以后,1861年3月,通过革命群众的斗争诞生了意大利王国,但不包括威尼斯和罗马。恢复民族的统一为开展独立的工人运动提供了基础。——471。

438　拉萨尔派是19世纪60—70年代德国工人运动中的机会主义派别,斐·拉萨尔的信徒,主要代表人物是约·巴·施韦泽、威·哈森克莱维尔、威·哈赛尔曼等。该派的组织是1863年5月由拉萨尔创立的"全德工人联合会"。拉萨尔派反对暴力革命,认为只要进行议会斗争,争取普选权,就可以把普鲁士君主国家变为"自由的人民国家";主张在国家帮助下建立生产合作社,把资本主义和平地改造为社会主义;支持普鲁士政府通过王朝战争自上而下地统一德国的政策。马克思和恩格斯同拉萨尔派的机会主义路线进行了坚决的斗争。1875年,拉萨尔派与爱森纳赫派合并为德国社会主义工人党。——472、483。

439　联邦议会是根据1815年维也纳会议决议成立的德意志联邦唯一的中央机关,由德意志各邦的代表组成,会址设在美因河畔法兰克福,由奥地利代表担任主席。联邦议会并不履行政府的职能,事实上成了德意志各邦政府推行反动政策的工具。它干预德意志各邦的内部事务,其目的在于镇压各邦的革命运动。1848年三月革命以后,反动势力企图加紧联邦议会的活动,以达到反对人民主权的原则和反对德意志民主联合的目的。1851—1859年,普鲁士驻联邦议会的全权代表是俾斯麦,最初他力求和奥地利结盟,后来采取了坚决反奥的立场。1859年初卡·乌泽多姆被任命为普鲁士的全权代表。1866年普奥战争时期,德意志联邦被北德意志联邦所取代,联邦议会也不复存在。——472。

440　1860年,匈牙利的人民运动在争取民族独立的斗争中取得了局部的胜利,1860年颁布的《十月诏书》废除了匈牙利1848年以前的旧宪法的部分条款。1867年,匈牙利成了奥地利统治下的联盟中的一个独立王国,这是资本主义得以迅速发展和工人运动日益壮大的基础。——472。

441　1873—1874年,俾斯麦政府力图挑起对法战争。在这一冲突中,俄国政府站在法国一边。由于俄国、奥地利和英国对德国政府施加压力,俾斯麦的这一企图未能实现。——473。

442　1878年6月13日—7月13日,英国、德国、奥匈帝国、法国、意大利、俄国和土耳其在柏林举行了国际会议。迫于军事恐吓和外交压力,俄国政府将圣斯特凡诺初步和约提交会议审议。该和约是俄国在1877—1878年俄土战争获胜后于1878年3月3日同土耳其缔结的,它加强了俄国在巴尔干的势力,引起了得到德国暗中支持的英国和奥匈帝国的强烈抗议。柏林会议最后作出了解决东方危机的临时决议。1882年1月,在奥地利根据柏林会议决议占领的波斯尼亚和黑塞哥维那爆发了起义。起义是由于占领区兵役制实施法案的通过而引起的,在1882年2月上半月达到了高潮。沙皇政府心怀叵测,极力利用起义谋取私利。——473。

443　指1863年1月在被沙皇俄国吞并的波兰领土上爆发的1863—1864年民族解放起义。起义被沙皇政府镇压下去了。1863—1864年波兰起义是波兰人民民族解放斗争中的一个重要阶段,具有重大的国际意义,它得到了俄国和欧洲革命民主派的深切同情和支持。欧洲工人同波兰民族解放运动团结一致,为建立国际工人协会创造了重要的先决条件。恩格斯在这里提到的匿名书籍《柏林和圣彼得堡。普鲁士人论俄德关系史》(1880年莱比锡版)出自德国资产阶级政论家尤·埃卡尔特的手笔。该论文集的附录二是专门论述1863—1864年波兰起义的。——474。

444　在巴黎公社时期,许多波兰革命流亡者同巴黎无产阶级并肩作战。他们当中最著名的人物有瓦·符卢勃列夫斯基和雅·东布罗夫斯基。他们两人都是有才干、勇敢而忠诚的统帅。符卢勃列夫斯基被任命为将军,指挥巴黎公社的三个集团军之一。东布罗夫斯基将军起初负责极其重要的前沿阵地的守卫,后来统率巴黎公社的第一集团军,并于1871年5月初被任命为巴黎公社武装部队总司令。——474。

445　1846年2月,波兰人民为争取民族解放曾准备举行起义。起义的主要发起人是波兰的革命民主主义者埃·邓波夫斯基等人。但是,由于波兰小贵族的背叛以及起义领袖遭普鲁士警察逮捕,总起义未能成功,仅在从1815年起由奥地利、普鲁士和俄国共管的克拉科夫举行了起义,起义者在2月22日获胜并建立了国民政府,发表了废除封建徭役的宣言。克拉科夫起义在1846年3月初被镇压。1846年11月,奥地利、普鲁士、俄国签订了关于把克拉科夫并入奥地利帝国的条约。——474。

446　约·菲·贝克尔在1882年2月1日给恩格斯的信中,建议成立一个类似第一国际的新的国际工人组织。——476。

447　指法国国民议会于1872年3月14日通过的法律。这项法律是由司法部长茹·杜弗尔提议、法国国民议会的专门委员会制定的。根据这项法律，凡参加国际工人协会的人都要被判刑。——476。

448　恩格斯于1881年5—8月曾为在伦敦出版的英国工联机关报《劳动旗帜报》撰稿。该报的主编是乔·希普顿。恩格斯的文章发表时不署名，几乎每星期一篇，作为社论发表（见《马克思恩格斯全集》中文第2版第25卷第488—527、530—537页）。恩格斯总共写了十一篇文章，最后一篇文章《必要的和多余的社会阶级》刊登在1881年8月6日《劳动旗帜报》第14号。此后，该报编辑部中机会主义分子的影响越来越大，恩格斯于是终止为该报撰稿。——476。

449　1882年5月14日保·辛格尔来到伦敦，就俾斯麦的"国家社会主义"的性质问题与恩格斯交换了看法，并就党应该采取的策略问题听取了恩格斯的意见。当时，辛格尔还没有认识到俾斯麦及其国有化尝试所追求的目标。不过，在恩格斯的帮助下，辛格尔很快就消除了理论上的糊涂观念。——478。

450　指从1879年延续到1882年的埃及人民民族解放运动后期发生的一些事件。埃及人民开展民族解放运动是为了反对已对埃及实行财政监督的英法资本家对埃及进行殖民掠夺，其导火线是英法代表以债权强国的身份于1878年进入埃及政府担任部长。领导民族解放运动的是资产阶级知识分子的代表和曾经提出"埃及是埃及人的"这一口号的阿拉比帕沙等进步军官。由于开罗卫戍部队起义，埃及总督（执政者）被迫于1881年9月实行宪制；12月埃及召开了国会，在其中起主导作用的是1879年成立的"祖国党"，其成员是那些对外国资本的把持感到不满的自由派地主和商人，以及依靠农民和小资产阶级支持的、怀有爱国主义情绪的军官和知识分子。"祖国党"的目的是要实现埃及独立并在国内建立宪制。1882年2月，埃及组成了民族政府（阿拉比在政府中担任陆军部长）。民族政府开始解除外籍官员在埃及担任的职务，并计划实行民主改革。1882年夏天，英国挑起冲突，采取了反对埃及的军事行动。在阿拉比的率领下，埃及军队和人民群众进行了英勇抵抗。1882年9月，抵抗运动遭到失败。英国侵略者在占领开罗以后，对民族解放运动的参加者进行了野蛮屠杀，埃及成了英国的殖民地。——481。

451　1882年秋同时召开了两个法国社会主义者代表大会：在圣艾蒂安召开的可能派代表大会和在罗阿讷召开的盖得派（马克思派）代表大会。

　　1882年9月25日在圣艾蒂安召开的法国工人党例行代表大会上，党的右翼的拥护者（可能派）由于在代表资格证上采取种种手段而成为多数，大会发生了分裂。马克思派，即盖得派退出大会，并于9月26日在罗阿讷举行了法国工人党第六次代表大会。留在圣艾蒂安代表大会的可能派取消了由马克思帮助制定并在1880年11月勒阿弗尔代表大会上通过的党的统一纲领，同时赋予各选区制定自己竞选纲领的权利。在圣艾蒂安代表大会上所通过的、作了根本修改的纲领导言中，用恩格斯的话说，"无产阶级的阶级性已经被抛弃"（见本卷第482页）。圣艾蒂安代表大会把党内马克思派的领袖和积极活动家茹·盖得、保·拉法格、埃·马萨尔、加·德维尔、弗雷雅克和古·巴赞开除出党，并确定了党新的名称——社会主义革命工人党。——481、486、492。

452　指法国工人党兰斯代表大会关于党纲的决议以及在巴黎举行的中部联合会联盟代表大会的决议。

　　兰斯代表大会于1881年10月30日—11月6日举行。在这次代表大会上，贝·隆和保·布鲁斯主持通过了一项自相矛盾的关于"最低纲领"的决议。决议认为，最低纲领"不完全"符合"劳动者的意图"，因此，应当允许各个地方组织自主地制定自己的纲领；同时，决议指出，在新的纲领通过以前这个纲领仍然有效。这个决议旨在反对由茹·盖得领导的《平等报》周围的马克思派。隆和布鲁斯等机会主义者采取的这一反对马克思主义纲领的行动，实际上是企图迫使盖得派首先公开起来反对他们，然后伺机以盖得派搞分裂为由把他们开除出党。

　　1882年5月14—21日在巴黎举行的中部联合会联盟代表大会上，出席代表大会的《平等报》的代表被开除出联盟。《社会民主党人报》在1882年6月1日第23号上发表短文，对这次代表大会的决议进行谴责。——482。

453　指马克思1880年5月帮助制定并于1880年11月由勒阿弗尔党代表大会通过的《法国工人党纲领导言（草案）》（见注420）。——482。

454　这里的激进派是指19世纪80—90年代法国的一个议会派别，是从资产阶级温和共和派（"机会主义派"）政党中分裂出来的。这个派别继续坚持事实上已被共和派放弃了的一系列资产阶级民主要求,即废除参议院,教会和国家分离,实施累进所得税等等。为了把大批选民吸引到自己这方面来,该派也要求限制工作日,颁发伤残抚恤金以及实行其他一些社会经济措施。若·克列孟梭是该派的领袖。1901年激进派在组织上形成了政党,主要代表中小资产阶级的利益。——482、671。

455　格·福尔马尔《废除非常法吗?》一文第二部分有"反对派的和自由思想派的'稀粥'"这一提法。——482。

456　指爱森纳赫派和拉萨尔派1875年5月在哥达代表大会上实现合并(见注363)。

　　　马克思和恩格斯对两派合并的共同意见,详见恩格斯1875年3月18—28日给奥·倍倍尔的信和马克思的《哥达纲领批判》(《马克思恩格斯文集》第3卷)。——483。

457　指刊登在1882年8月17日和24日《社会民主党人报》第34、35号上的格·福尔马尔的两篇文章,标题都是《废除非常法吗?》。这两篇文章同年以单行本的形式在霍廷根—苏黎世出版,标题是《废除反社会党人法吗?略论德国社会民主党的策略》,署名苏尔土尔。——484。

458　"埃及的肉锅"一词源于圣经传说:被奴役的以色列人逃离埃及,行至旷野,饥饿难忍,于是开始抱怨摩西,说他不应该带领他们离开埃及,因为他们在埃及虽然世代为奴,但毕竟可以围着肉锅吃饱肚子(参看《旧约全书·出埃及记》第16章第1—3节)。——484。

459　指奥·倍倍尔1882年11月14日给恩格斯的信所涉及的内容。这封信是倍倍尔从莱比锡监狱中写来的,是对恩格斯1882年10月29日的信的答复。倍倍尔在信中说,他只能想象两个事件会导致革命和废除反社会党人法。他说:"很快又要爆发一场工商业危机,……或者爆发一场欧洲战争,其结果之一无疑是欧洲革命。我想不出有第三种情况。"但是倍倍尔觉得在近期内不可能发生欧洲战争,因为欧洲各国的内阁都清楚地了解并且惧怕一场大战所能带来的后果。——484。

460　指奥·倍倍尔发表在1882年10月12日《社会民主党人报》第42号上的《废除反社会党人法吗?》一文。这篇文章批驳了在《社会民主党人报》上发表并以小册子出版的格·福尔马尔的两篇文章。倍倍尔主要针对福尔马尔的第二篇文章进行了尖锐的批判。福尔马尔在这篇文章中号召采取暴动和建立党的秘密组织的策略。倍倍尔认为这一策略对党来说是不能容许的和极为有害的。他在1882年10月1日给恩格斯的信中说,像福尔马尔这样的文章所使用的不审慎的腔调和语言,只会给党的队伍造成不必要的牺牲。——484。

461 斐·拉萨尔关于"只是反动的一帮"这一论点被吸收进了1875年5月哥达代表大会通过的德国工人党的纲领。纲领中有这样一句话:"劳动的解放应当是工人阶级的事情,对它说来,其他一切阶级只是反动的一帮。"马克思在《哥达纲领批判》中对这一拉萨尔主义论点进行了批判。——485。

462 由于奥·倍倍尔批驳了用苏尔土尔的笔名以小册子出版的格·福尔马尔的文章,右翼社会民主党人路·菲勒克在他出版的《南德意志邮报》上宣称,这本小册子与党的意见毫无共同之处。《社会民主党人报》编辑部1882年10月26日对菲勒克的声明表示抗议,强调指出载入小册子的文章是党的一个成员写的,而且最初是在党的机关报上发表的。——485。

463 威·李卜克内西从1882年10月15日起入狱;奥·倍倍尔从1882年11月1日起被判处徒刑,1883年3月9日在莱比锡监狱服刑期满。——485。

464 普·利沙加勒为争夺《公民报》大搞阴谋,他把茹·盖得的拥护者赶出了新改名为《公民和战斗报》的该报报社。但是,盖得派立即就以原来的名称《公民报》创办了一家大报,该报在定名为《平等报》之前曾数度易名。——487。

465 指赛·穆尔所写的对马克思独创的微分学论证方法的几页意见(关于这个方法的论述,参看本卷第464—466页)。马克思在1882年11月22日给恩格斯的信中对穆尔的意见作了回答(见本卷第490页)。关于马克思对数学的研究,见注432。——488。

466 指格·福尔马尔发表在1882年11月9、16、30日《社会民主党人报》第46、47、49号上的三篇文章中的第一篇,题目是《论法国工人党的分裂》,署名福。文章发表时,爱·伯恩施坦加了编者按。——489。

467　马赛代表大会是法国工人第三次社会主义代表大会和法国工人党第一次
代表大会，1879年10月20—31日在马赛举行。法国工人运动中的马克思派
（盖得派）同小资产阶级的无政府主义者和蒲鲁东分子在代表大会上展开
了激烈而尖锐的斗争，结果以茹·盖得为首的马克思派占了上风。代表大
会通过了一系列原则性的决议：关于工业国有化和土地所有制的决议、关
于工人夺取政权的决议、关于成立法国工人党（正式名称为"法国社会主
义者工人党联合会"，实际上只称工人党）的决议。代表大会还通过了党章
并提出了制定党纲的任务。马克思曾指出："法国真正的工人党的第一个
组织是从马赛代表大会开始建立的"（见本卷第491页）。——489。

468　保·拉法格等法国工人党的活动家由于在罗阿讷代表大会以后发表的演
说而受法庭审讯。法院预审法官爱·皮康传唤拉法格于11月21日到蒙吕松
市初级法院出庭，罪名是煽动国内战争、凶杀、抢劫和纵火。拉法格在1882
年11月18日《平等报》第4种专刊第26号上发表公开信，声明拒绝出庭，并
在信中无情地嘲笑了皮康。拉法格于12月12日在巴黎被警方逮捕。1883年
4月底，拉法格等人被陪审法庭判处六个月徒刑和罚款，并从1883年5月21
日起在巴黎的圣佩拉日耶监狱服刑。——489。

469　爱·伯恩施坦在1882年11月17日给恩格斯的信中谈到了普鲁士几家最大
的实行国有化的铁路公司的股票行情。这封信是伯恩施坦对恩格斯1882
年11月2—3日和4日两封信的回复。——491。

470　指1882年在圣艾蒂安代表大会上形成的以贝·马隆和保·布鲁斯为首的可
能派的党，即社会主义革命工人党（见注451）。——491。

471　谢·阿莫斯针对1882年在伦敦再版的西·凯伊的小册子《对埃及人的掠夺》
写了书评，标题是《〈对埃及人的掠夺〉。修订本》，发表在1882年10月《现代
评论》第10期。凯伊为了回答阿莫斯，写了《〈对埃及人的掠夺〉。答辩》一
文，发表在1882年11月《现代评论》第11期。——491。

472　格·毛勒研究中世纪德国农村制度、城市制度和国家制度的著作有：《马尔
克制度、农户制度、乡村制度、城市制度和公共政权的历史概论》1854年慕
尼黑版；《德国马尔克制度史》1856年埃朗根版；《德国领主庄园、农户和农
户制度史》1862—1863年埃朗根版第1—4卷；《德国乡村制度史》1865—

1866年埃朗根版第1—2卷;《德国城市制度史》1869—1871年埃朗根版第1—4卷。——493。

473 1883年初,《社会民主党人报》就社会民主党议员卡·格里伦贝格尔在1882年12月14日帝国国会会议上发言反对内务大臣罗·普特卡默一事发表了一系列文章。普特卡默认为,必须根据反社会党人法在德国的许多省份实行戒严,因为社会民主党破坏家庭的神圣性,鼓吹恋爱自由。《社会民主党人报》发表的一系列文章是:《从格里伦贝格尔关于遵守反社会党人法的发言谈起》(1月1、4日第1、2号)、《谈谈自由恋爱问题。供普特卡默先生在帝国国会宣读之用》(1月4日第2号和2月8日第7号)、《普特卡默和家庭的"神圣性"》(1月11日第3号)和《论特权的荣誉。再论自由恋爱问题和普特卡默及其同伙的道德性》(2月22日第9号)。——495。

474 暗指由于1866年普奥战争和德国统一,原先的独立邦——汉诺威、拿骚和选帝侯国黑森——以及自由市美因河畔法兰克福并入普鲁士一事。——496。

475 指1882年慕尼黑电气展览会展出的法国物理学家马·德普勒在米斯巴赫至慕尼黑之间架设的第一条实验性输电线路。——499。

476 恩格斯这封信是为了回答菲·范派顿1883年4月2日来信而写的。范派顿在信中说,在不久前举行纪念马克思的游行时,约·莫斯特及其拥护者声称,莫斯特本人同马克思交往密切,他曾在德国协助开展《资本论》的普及工作,马克思赞扬了莫斯特所作的宣传。恩格斯把自己的信发表在1883年5月17日《社会民主党人报》第21号《卡尔·马克思的逝世》(见《马克思恩格斯全集》中文第2版第25卷)一文中,在这篇文章中,恩格斯还摘引了范派顿上述来信中的一段话。——506。

477 指法国社会主义者加·德维尔的著作《卡尔·马克思的〈资本论〉。简述,兼论科学社会主义》(1883年巴黎版)。这一著作早在马克思在世时就开始撰写,恩格斯答应德维尔为他校阅这一著作并作必要的修改。但是,对于恩格斯的大部分意见,德维尔并未采纳。——511。

478 所谓瑞士各旧州是指瑞士的山区各州,这些州在13—14世纪是瑞士联邦的基本核心。——512。

479　恩格斯考虑了马克思的意见并根据自己积累的许多研究成果,在两个月
　　　的时间内(1884年3月底至5月底)撰写了《家庭、私有制和国家的起源》。恩
　　　格斯对爱·泰勒和约·拉伯克著作的批评性意见,见他为《家庭、私有制和
　　　国家的起源》1891年德文第四版所写的序言(《马克思恩格斯文集》第4
　　　卷)。——513。

480　指爱·伯恩施坦的两篇文章:《三月战斗纪念日》和《论人民党的自然历
　　　史》,作为社论分别发表在1884年3月13日和3月20日《社会民主党人报》第
　　　11号和12号上。——514。

481　奥·倍倍尔的《妇女和社会主义》第二版即秘密版1883年由斯图加特狄茨
　　　印刷所承印,以苏黎世出版商沙贝利茨书局的名义出版,书名是《妇女的
　　　过去、现在和未来》。——516。

482　保守党是普鲁士大地主、军阀、官僚上层分子和路德派僧侣的政党。该党
　　　是从1848年普鲁士国民议会中极右的保皇派党团发展而来的。保守党的
　　　政策贯穿了好战的沙文主义和军国主义精神。保守党人主张在国内保留
　　　封建残余和反动的政治制度。在北德意志联邦建立以后以及在德意志帝
　　　国成立后的头几年,保守党人从右的立场上反对俾斯麦政府,他们担心俾
　　　斯麦的政策会使普鲁士“溶化”于德国。从1866年起,这个党分离出一个叫
　　　“自由保守党”(或称“帝国党”)的派别,该党维护大地主和一部分工业巨
　　　头的利益,并且无条件地拥护俾斯麦的政策。——517、654。

483　德国自由思想党是1884年3月由进步党和民族自由党的左翼合并成立的。
　　　其领导者之一是帝国国会议员欧·李希特尔。该党代表中小资产阶级的利
　　　益,反对俾斯麦的政府。1884年5月10日当帝国国会表决关于延长反社会
　　　党人法有效期的法案时,大多数议员——德国自由思想党议员以及将近
　　　半数的中央党的议员投了赞成票,从而抛弃了他们通常对俾斯麦政府采
　　　取的反对立场,表现出他们对日益高涨的工人运动和社会民主运动的恐
　　　惧心理。——517、654。

484　中央党是德国天主教徒的政党,1870—1871年由普鲁士议会和德意志帝
　　　国国会的天主教派党团(这两个党团的议员的席位设在会议大厅的中央)
　　　合并而成立。中央党通常持中间立场,在支持政府的党派和左派反对派国

会党团之间随风转舵。该党主要是把德国南部和西南部各中小邦不同阶层的天主教僧侣、地主、资产阶级,以及一部分农民联合在天主教的旗帜下,支持他们的分立主义的和反普鲁士的倾向。中央党站在反对俾斯麦政府的立场上,但同时又投票赞成俾斯麦政府采取的反对工人运动和社会主义运动的措施。恩格斯在《暴力在历史中的作用》(见《马克思恩格斯全集》中文第1版第21卷)等文章中对中央党作了详细的评价。——517、528、654。

485 1884年5月9日,在德意志帝国国会讨论关于延长反社会党人非常法有效期的法案时,俾斯麦宣称,他承认劳动权。此后不久,俾斯麦政府的半官方刊物《北德总汇报》按照英国法律的规定来解释这种劳动权,即把有劳动能力的人送进习艺所(见注488)或监狱,主张在德国也利用失业者进行各种繁重的劳动,如修路、砸碎石、砍柴等等,并发给他们相应的工资或食物。——517。

486 "抱怨派"是德国1848—1849年革命期间民主共和派给资产阶级立宪派起的绰号。恩格斯有时把德国社会民主党右翼的代表称为抱怨派。——517、519。

487 国家工场是1848年二月革命后根据法国临时政府的法令仓促建立起来的。国家工场一律采取军事化方式进行生产,对工人实行以工代赈的办法,发给面包卡和军饷。临时政府这样做的目的,一方面是想使路易·勃朗关于组织劳动的思想在工人中丧失威信,另一方面是想利用以军事方式组织起来的国家工场工人来反对革命的无产阶级。但是这个分裂工人阶级的计划没有成功,革命情绪在国家工场中继续高涨,于是政府便采取减少工人人数、将他们派到外省参加公共工程等办法来达到取消国家工场的目的。这些做法引起了巴黎无产阶级的极大愤怒,成为巴黎六月起义的导火线之一。起义者利用国家工场内部已有的军事组织采取行动。起义被镇压后,卡芬雅克政府于1848年7月3日下令解散了国家工场。——518。

488 习艺所是根据英国的《济贫法》设置的救济贫民的机构。1601年《济贫法》规定以教区为单位解决贫民的救济问题。1723年颁布的《济贫法》进一步作出规定,设立习艺所,受救济者必须入所接受救济。1782年又改为只对年老和丧失劳动能力的人采取集中救济的方法。1834年英国颁布的新济贫法对以前实施的《济贫法》作了修订,规定不得向有劳动能力的人及其家属提供任何金钱和食品的救济,受救济者必须在习艺所里从事强制性劳动。习艺所里生产条件恶劣,劳动强度大,生产效率低,那里实行的制度与强迫囚徒从事苦役的牢狱制度不相上下,因此,被贫民们称为"济贫法巴士底狱"(见《马克思恩格斯文集》第1卷第487页),马克思则称它为"无产者的巴士底狱"(见《马克思恩格斯文集》第1卷第745页)。——518。

489　1884年5月29日卡·考茨基和爱·伯恩施坦写信给恩格斯说,在《新时代》杂志编辑部里,考茨基同出版者威·狄茨之间存在意见分歧,因此暂时不要在该杂志上发表《家庭、私有制和国家的起源》。——519。

490　恩格斯在这封信中评论了卡·考茨基驳卡·施拉姆的文章。德国社会民主党人、改良主义者施拉姆把他的《卡·考茨基和洛贝尔图斯》一文送到《新时代》杂志编辑部发表,他在这篇文章中猛烈攻击此前该杂志发表的考茨基的一篇文章《洛贝尔图斯的〈资本〉》。考茨基为此写了一篇题为《答复》的答辩文章,连同施拉姆的文章一起寄给恩格斯,请恩格斯审阅。施拉姆的文章和考茨基的答辩文章后来均发表在1884年《新时代》杂志第11期上。——523。

491　在1884年10月28日举行的帝国国会选举以及随后于11月初举行的复选中,德国社会民主党共获24个席位(上届选举获13个席位),549 990票(比1881年多238 029票)。奥·倍倍尔于1884年10月29日发电报向恩格斯报告了28日的选举结果。——528。

492　指1848年11月普鲁士政变。这次政变以驱散普鲁士国民议会开始,以1848年12月5日解散议会和颁布所谓钦定宪法告终。根据这部宪法的规定,实行两院制,并且承认国王不仅有权取消议院决议,而且有权修改宪法本身的个别条文。——528。

493　指格·瓦·普列汉诺夫《我们的意见分歧》1885年日内瓦版。
　　维·伊·查苏利奇在1885年2月14日写信给恩格斯说:"……寄给您一本我们新近出版的小册子《我们的意见分歧》。我们很想听听您对这本书的意见,主要目的还是想解决那个始终悬而未决的问题:俄国人作出怎样的努力,才能找到发展自己家乡的独立道路,而这本书肯定会给我们的小集团一个冲击。"——530。

494　指马克思在1861—1863年写的经济学手稿。——531。

495　马克思在1873年研究了俄国土地公社所有制的历史,并从阿·戈洛瓦切夫、亚·斯克列比茨基、瓦·谢尔盖耶维奇、弗·斯卡尔金等人的著作中作了大量摘录。与此同时,马克思还研究了美国和比利时等国的土地关系,并积累了丰富的材料。他打算在《资本论》第三册探讨地租的产生时利用这些材料。——531。

496　尼·丹尼尔逊在1884年12月26日和1885年1月2日给保·拉法格的信中说,马克思曾答应把《资本论》第二卷的校样寄给他,以保证这部书能够尽快译成俄文出版。恩格斯为了实现马克思的愿望,德文版校样每印出一批,就立即寄给丹尼尔逊一批。——531。

497　指俄国的第一个马克思主义团体"劳动解放社"。这个组织是由一部分流亡国外的俄国社会民主主义者于1883年9月在日内瓦建立的。他们在一份纲领性文件中宣布与民粹派运动决裂。他们提出的主要任务是:传播马克思主义,批判革命阵营中占主导地位的民粹主义倾向,从马克思主义的立场和俄国劳动人民的利益出发分析和阐明社会生活中的一些重要问题。维·伊·查苏利奇和格·瓦·普列汉诺夫都是这个组织的成员。——532。

498　1881年3月13日,民意党人根据民意党执行委员会的决定,在彼得堡刺死了俄皇亚历山大二世。——533。

499　指格·瓦·普列汉诺夫在他的著作《我们的意见分歧》中一再使用的说法,即俄国的公社关系处于不稳定的平衡状态。——533。

500　指格·瓦·普列汉诺夫《我们的意见分歧》一书中用位能和动能所作的比喻。书中有这样一段话:"我认为,俄国革命的位能是巨大的,不可战胜的,如果说反动势力日益抬头,那只是因为我们不善于把这种位能变成动能。"——533。

501　恩格斯在这里沿用了黑格尔《哲学史讲演录》第2卷中的说法。黑格尔在那里解释"苏格拉底式的讽刺"时作了如下评论:"所有的辩证法都承认人所承认的东西,好像真是如此似的,然后让它的内部解体自行发展,——这可说是世界的普遍讽刺。"——533、539。

502　德国社会党人盖·吉约姆-沙克女士准备写一篇关于限制妇女劳动的文章,为此写信问恩格斯,马克思和他是否确实参加了拟订包含同工同酬要求的法国工人党纲领(见注420)的工作。——535。

503　指卡·考茨基的《人口增殖对社会进步的影响》(1880年维也纳版)。恩格斯对该书的批评意见,见本卷第454—456页。——537、574。

504　指卡·考茨基的一组关于原始社会婚姻的文章,题为《婚姻和家庭的起源》,发表于斯图加特出版的《宇宙》杂志1882—1883年第6、7年卷。恩格斯对这组文章的批评意见,见恩格斯1883年2月10日、3月2日和9月18日给考茨基的信。——537、574。

505　恩格斯给《北方通报》的信(见《马克思恩格斯全集》中文第1版第21卷第240页)是根据尼·丹尼尔逊的建议写的。在这封信中,恩格斯通知《北方通报》杂志编辑部,可以在该杂志上刊登马克思给《祖国纪事》编辑部的一封未发表的信(参看注599)。恩格斯同时还为《北方通报》编辑部准备了马克思这封信的一个副本。但是,《北方通报》并没有刊登马克思的这封信。——538。

506　尼·丹尼尔逊在1885年8月25日的信中,附上了从马克思写给他的下列信件中所作的一些摘录:1872年12月12日、1878年11月15日和28日、1879年4月10日、1880年9月12日、1881年2月19日和12月13日。

丹尼尔逊认为这些摘录对恩格斯整理《资本论》第三卷以及为第二卷撰写序言可能有用处,因为这些摘录中包含马克思对英国和其他一些国家的经济危机,尤其是金融危机和农业危机所作的评述,同时还包括马克思对《资本论》第一卷俄译文的一些建议。在1879年4月10日的信(见本卷第430—436页)中,马克思还解释了他尚未完成《资本论》第二卷和第三卷的原因。——539。

507　指格·亚·洛帕廷于1884年10月6日在彼得堡被捕。洛帕廷在彼得-保罗要塞被监禁三年后,于1887年6月4日在"二十一人案件"中与其他13名被告一起被判处死刑,以后又改判在什利谢尔要塞服无期徒刑,1905年10月28日获释。——540。

508　指马克思在1879年4月10日给尼·丹尼尔逊的信(见本卷第430—436页)中谈到的英国和其他资本主义国家的经济危机。——540。

509　这是恩格斯与尼·丹尼尔逊通信时使用的化名。恩格斯借用的是他内侄女婿珀西·怀特·罗舍的名字。——540。

510　这封信是恩格斯对保·拉法格1885年11月13日来信的回复。拉法格在信中请恩格斯讲一讲他参加1849年德国西南部起义的详细情况。拉法格准备用这些资料编写恩格斯的传记,发表在《社会主义者报》上。恩格斯的《1849年的五月起义》(见《马克思恩格斯全集》中文第1版第21卷附录)就是根据这封信写的,这篇文章作为拉法格编写的《恩格斯传》第二部分发表在1885年11月21日《社会主义者报》第13号,发表时没有署名。同时该报还刊登了艺术家克拉律斯创作的一幅恩格斯画像。拉法格随同1885年11月13日的信给恩格斯寄去了一张画像。——541。

511　指1849年5—7月在德累斯顿、莱茵省、巴登和普法尔茨等地爆发的维护帝国宪法的起义。参看注60。——541。

512　恩格斯在《德国维护帝国宪法的运动》(见《马克思恩格斯全集》中文第2版第10卷)一文中,详细分析了开展维护帝国宪法运动的原因和莱茵普鲁士、巴登和普法尔茨等地的战斗过程。——543。

513　1884年底,俾斯麦为了加紧推行德国殖民政策,要求帝国国会批准对轮船公司发放年度津贴,以筹办通往东亚、澳洲和非洲的定期航线。政府的这项提案使社会民主党国会党团内部产生了意见分歧。以奥·倍倍尔和威·李卜克内西为首的左翼反对支持政府的要求。党团中的右翼成员(威·狄茨、卡·弗罗梅、卡·格里伦贝格尔等人)在发展国际关系的借口下打算投票赞成对轮船公司发放津贴。在他们的压力下,党团通过了决议,宣称关于津贴的问题是非原则性问题,党团的每个成员有权根据自己的看法投票;决议还指出多数社会民主党议员准备投票赞成对轮船公司发放津贴。

　　　恩格斯支持倍倍尔和李卜克内西的立场,明确表示对这个问题投反对票。他指出,党团可以通过提出自己的要求来抵制政府提案,可以要求在国有土地上建立农业工人合作社,并由国家给予津贴(见恩格斯1884年12月29日给李卜克内西和30日给倍倍尔的信)。党团右翼成员受到来自

《社会民主党人报》等多方面的尖锐批评后,在1885年3月帝国国会讨论政府提案时不得不稍微改变自己对政府提案的态度,他们以帝国国会接受党团的一些要求作为投票赞成政府提案的条件。只是在这些要求被帝国国会拒绝以后,社会民主党党团的全体成员才投票反对这项提案。——546。

514　指非德籍波兰人被驱逐出普鲁士东部各省一事。1885年11月26日,波兰人党团就此事向帝国国会提出质询,得到社会民主党人的支持。在1885年12月1日帝国国会会议上,俾斯麦宣读了威廉一世的通告,宣称这个问题属于普鲁士政府的职权范围,帝国国会不能讨论。奥·倍倍尔在同一天的会议上发言,阐述了社会民主党党团支持这个质询的理由,并指出这个问题属于国会的权限,必须进行讨论。最后帝国国会在1886年1月15—16日就此事展开了一场辩论。——547。

515　这封信是恩格斯给费边社领导人爱·皮斯的回信的草稿。皮斯请求恩格斯为费边社准备出版的小册子《什么是社会主义?》写一篇文章,简要叙述一下社会主义者提出的经济、社会和政治的基本要求。
　　　　费边社是一批英国资产阶级知识分子于1884年建立的改良主义组织。它的主要领导人是悉·韦伯和比·韦伯。费边社的名称来自公元前3世纪罗马统帅费边·马克西姆的名字。他曾在同迦太基统帅汉尼拔的战争中采取待机策略,因而得到“孔克达特”(缓进者)的绰号。费边社的成员主要是资产阶级知识分子,他们反对马克思关于无产阶级斗争和社会主义革命的学说,鼓吹通过细微的改良逐渐改造社会,宣扬用所谓“市政社会主义”的办法使资本主义过渡到社会主义。——548、632、643。

516　指北美社会主义工人党,该党是由第一国际美国各支部和美国其他社会主义组织合并而在1876年费城统一代表大会上建立的。大多数党员是移民(主要是德国人),同美国本地工人群众联系极少。党内持拉萨尔主义立场的改良派领导人同以弗·阿·左尔格为代表的马克思主义派之间展开过斗争。该党曾宣布为社会主义而斗争是自己的纲领,但是由于党的领导人推行宗派主义政策,不重视在美国无产阶级群众性组织中开展政治工作,因而未能成为一个真正革命的群众性的马克思主义政党。——549、575、672。

517 美国妇女运动活动家雷·福斯特受恩格斯《英国工人阶级状况》一书译者
凯利-威士涅威茨基夫人委托,为在美国出版该书进行商谈。福斯特曾向
社会主义工人党执行委员会提出出版该书的建议。1886年2月8日,执行委
员会讨论了这个建议,并责成一个专门委员会继续进行商谈。但是,商谈
被拖延下来,后来该书未经执行委员会参与就出版了。——549。

518 指1886年春在美国的芝加哥、纽约、匹兹堡、巴尔的摩、密尔沃基、波士顿、
辛辛那斯、圣路易斯等各大工业中心发生的争取八小时工作日的群众运
动。1886年5月1日,举行了总罢工和示威游行,参加人数在35万以上,运
动达到了高潮。这次大规模的群众运动使大约20万人得以缩短工作日。
——551。

519 指茹·盖得、保·拉法格、埃·絮西尼和路·米歇尔审判案。他们因1886年6月
3日在水塔街集会上发表演说而被控犯有教唆抢劫罪和杀人罪。1886年8
月12日此案开庭审理,除米歇尔外,盖得、拉法格和絮西尼三人拒绝出庭。
他们四人分别被判处4—6个月的监禁和100法郎的罚款。由于盖得、拉法
格和絮西尼不服法庭的判决,法庭不得不于1886年9月24日对这一案件进
行重新审理。在七票赞成、三票反对和两票弃权的情况下,四名被告最终
被宣判无罪。拉法格在1886年9月30日给恩格斯的信中对自己被宣判无罪
表示了看法,认为这是资产者在某种意义上说"已成熟到能够接受我们的
一部分理论"的表现。——553。

520 约·菲·贝克尔当时是弗·施内贝格尔在维也纳出版的《德意志意大利通
讯》的撰稿人。——555。

521 约·菲·贝克尔从青年时代起就对化学实验和物理实验感兴趣。他1856—
1857年侨居巴黎时恢复了应用化学的研究。在成功地改进了各种器具的
镀银工艺之后,他开始进行提取雷酸金的实验。在1857年的一次实验中发
生爆炸,他的视力因此受到了严重的损害。——555。

522 1886年秋纽约市政选举筹备期间,为了实现工人阶级统一的政治行动,在
纽约中央劳动联合会,即1882年成立的该市工会的联合组织的倡导下,建
立了统一工人党。其他许多城市以纽约为榜样也纷纷建立了这样的政党。
工人阶级在新的工人政党的领导下,在纽约、芝加哥和密尔沃基的选举中

取得了很大成就：统一工人党提出的纽约市长候选人亨·乔治获得全部选票的31%；在芝加哥，工人党支持者把一名参议员候选人和九名众议员候选人选入州的立法议会，工人党的美国国会议员候选人仅以64票之差而落选；在密尔沃基，工人党一名候选人当选为市长，一名候选人当选为州立法议会的参议员，六名候选人当选为众议员，并有一名候选人当选为美国国会议员。——557。

523　"劳动骑士"即"劳动骑士团"的简称，是1869年在费城创建的美国工人组织。在1878年以前，它是一个秘密团体，其成员大部分是非熟练工人，并且还有许多是黑人，其目的是建立合作社和组织互助。劳动骑士团也曾多次参加工人阶级的行动，但是，它的领导层原则上反对工人参加政治斗争，主张阶级合作，他们曾试图阻止1886年在全国范围内爆发的罢工运动，禁止其成员参加。尽管如此，劳动骑士团的普通成员仍然参加了罢工。此后，劳动骑士团逐渐失去它在工人群众中的影响，90年代末彻底解散。——557、560。

524　指统一工人党的纲领，该党纲领的结束语写道："我们声明：工人的解放只能靠工人自己"。而在其他的具体问题上，纲领仅仅提出了一些模棱两可的改革要求。这个纲领发表在1886年10月2日《社会主义者报》上。——558。

525　1886年，美国针对各个工人组织的领导人及其成员的诉讼不断增多。不少工人领袖和工人组织成员因参加争取八小时工作日和其他民主权利的罢工和游行示威而被判处长期徒刑。1886年夏芝加哥的一次审判案最为轰动。而同年8月4日，德国弗赖堡萨克森地方法院以加入"秘密会社"的罪名判处德国社会民主党领导人伊·奥尔、奥·倍倍尔、乌尔里希、路·菲勒克、格·福尔马尔和弗罗特等人九个月监禁；判处威·狄茨、汉·弥勒和斯·海因策尔六个月监禁。——558。

526　德国社会民主党人布·舍恩兰克在1887年8月20日的信中向恩格斯表示，要把自己准备付印的《菲尔特的水银制镜业和该行业的工人》一书题献给恩格斯。1887年《新时代》第4、5、6期刊登了该书的摘录。全书于1888年在斯图加特出版。——563。

527 恩格斯的著作译成罗马尼亚文刊登在这两种杂志上的有:《家庭、私有制和国家的起源》(见《马克思恩格斯文集》第4卷)载于1885—1886年《现代人》杂志第17—24期;《欧洲政局》(见《马克思恩格斯全集》中文第1版第21卷)载于1886年12月《社会评论》杂志第2期。——565。

528 《组织规程》是1831年多瑙河两公国摩尔多瓦和瓦拉几亚的第一部宪法。这两个公国在1828—1829年俄土战争结束后为俄军所占领。《组织规程》的方案是由两公国的俄国行政当局首脑帕·德·基谢廖夫拟定的。根据《组织规程》,每个公国的立法权交给土地占有者选出的议会,而行政权则交给土地占有者、僧侣和各城市的代表推选出的终身国君。规程保持了原有的封建制度,包括徭役制,将政治权力集中在土地占有者手中。同时,《组织规程》还规定实行一系列资产阶级的改革措施,即废除国内关税壁垒,实行贸易自由,司法与行政分离以及取消刑讯等。1848年革命期间,该《组织规程》被废除。——567。

529 为了镇压瓦拉几亚和摩尔多瓦的革命运动,沙皇俄国和土耳其的军队于1848年开进这两个公国。根据1849年5月1日俄土两国签订的巴尔塔利曼尼条约,占领制度一直保持到革命的危险完全被消除时为止(外国军队直到1851年才撤出),暂时实行由苏丹根据同沙皇达成的协议任命国君的原则;条约还规定,如再爆发革命,土耳其和俄国应采取包括重新实行军事占领在内的种种措施。

   按照1812年布加勒斯特和约,到普鲁特河为止的比萨拉比亚割让给俄国。按照1856年巴黎条约,比萨拉比亚一部分领土割让给土耳其。按照1878年柏林条约,比萨拉比亚这部分领土又划归俄国。——567。

530 救世军是基督教新教的一个社会活动组织,1865年由传教士威·蒲斯在伦敦创立。1878年该组织模仿军队编制,教徒称"军兵",教士称"军官";1880年正式定名为"救世军"。该组织主要在下层群众中开展慈善活动,并吸收教徒。在资产阶级的大力支持下,该组织进行广泛的宗教活动,并建立了一整套慈善机构。——569。

531 指发起1832年6月5—6日巴黎起义的共和党左翼和一些秘密革命团体。反对路易-菲力浦政府的马·拉马克将军的出殡是这次起义的导火线。当政府派出军队时,参加起义的工人构筑街垒,英勇顽强地进行自卫战。有一个街垒构筑在圣玛丽修道院原来所在的圣马丁街。这个街垒是最后陷落的街垒之一。巴尔扎克在长篇小说《幻灭》和中篇小说《卡金尼扬公爵夫人的秘密》中塑造了"在圣玛丽修道院墙下阵亡"的共和党人米·克雷蒂安的形象。巴尔扎克称他为"能够改变世界面貌的伟大的政治家"。——571。

532　德国社会民主党档案馆是根据1882年8月19—21日召开的德国社会主义工人党苏黎世代表大会的决议成立的。档案馆收藏了德国工人运动活动家(其中包括马克思和恩格斯)的手稿、德国历史和国际工人运动文献及工人报刊。档案馆最初设在苏黎世,后来在伦敦,反社会党人非常法废除以后迁往柏林。恩格斯逝世后,马克思和恩格斯的遗稿由这个档案馆保存。法西斯分子上台后,德国社会民主党人把档案运出德国,后来于1938年签订协议出售给阿姆斯特丹国际社会史研究所。——574、681。

533　指国际社会主义工人代表大会。这实际上是第二国际的成立大会,于1889年7月14—20日在巴黎举行。出席代表大会的有欧洲和美洲22个国家的393位代表。代表大会听取了各国社会主义政党的代表关于各自国家工人运动的报告;制定了国际劳工保护法的原则,通过了在法律上规定八小时工作日的要求;指出了实现工人要求的方法。代表大会着重指出了无产阶级政治组织的必要性和争取实现工人的政治要求的必要性;主张废除常备军,代之以普遍的人民武装。代表大会最重要的决议是规定五月一日为国际无产阶级的节日。恩格斯积极参加了这次代表大会的筹备工作。——574。

534　煤气工人和杂工工联是英国工人运动史上第一个非熟练工人的工联,于1889年3月底至4月初在罢工运动高涨的条件下建立。爱·马克思-艾威林(杜西)和爱·艾威林在组织和领导这个工联方面起了很大的作用。这个工联提出了在法律上规定八小时工作日的要求,在各个阶层工人中产生了很大的影响;在一年中,参加该工联的煤气工人就有十万之多。这个工联积极参与组织了1889年伦敦码头工人的罢工。——576。

535　地方自治是19世纪70年代爱尔兰自由资产阶级提出的要求,即在不列颠帝国范围内实行爱尔兰自治。自由资产阶级要求设立独立的爱尔兰议会,但同时又容许最重要的部门继续掌握在英国的统治集团手中。——576、673。

536 指1876年成立的丹麦社会民主工党改良主义多数派和以格·特里尔及尼·彼得逊为首的革命少数派之间的斗争。聚集在《工人报》周围的革命派反对该党机会主义派的改良主义政策,力图使该党成为无产阶级的政党；1889年中央执委会把特里尔和彼得逊开除出党。革命少数派成立了自己的组织,但是由于领导人的宗派主义错误,这个组织未能发展成为群众性的无产阶级政党。

大型政治历史剧的原意,参看注102。——578。

537 农民党(左派党)是1870年建立的丹麦资产阶级自由派政党。在20世纪,该党代表大地主、中等地主和一部分城市资产阶级的利益。——578。

538 指1875年开始的丹麦的宪法冲突。议会中的自由主义反对派力图以宪法来限制国王的权力,在财政问题上与政府发生了尖锐矛盾。丹麦议会以宪法第49条关于未经议会决定不得征收任何税款为根据,从1877年起多次否定政府提出的预算。针对这种情况,政府便实行临时预算,广义地解释宪法第25条。根据这一条的规定,国王在必要时可以颁布临时法律。这场宪法冲突一直持续到政府与自由主义反对派在1894年达成协议为止。——579。

539 *物质力量派*是对宪章运动两个派别中一派的通称,其领导者是菲·奥康瑙尔、乔·哈尼、厄·琼斯等人。与道义力量派相反,物质力量派主张依靠革命的斗争方法来实现自己的要求,坚持宪章运动的独立性,反对宪章运动服从于资产阶级激进派的领导。——580。

540 1889年9月,北美社会主义工人党执行委员会成员发生变动,执行委员会中去掉了罗森堡、欣策、骚特和葛利克,选进了舍维奇、赖默、易卜生和普拉斯特。这些变动是党内不同派别斗争的结果,它导致了党的分裂,9月底和10月12日在芝加哥分别召开两个单独的代表大会,就是这种分裂的表现。聚集在《纽约人民报》周围的党员于10月12日召开的代表大会通过了新党纲,这一党纲反映了党的先进一翼的观点。——580。

541 在1890年2月20日帝国国会选举中,威·李卜克内西得票最多。——581。

542 指内务大臣罗·普特卡默1890年1月31日在竞选演说中所表达的意思。他认为,在废除反社会党人非常法(见注408)的情况下,效忠政府的军队和官员将成为维护国家"秩序"的保障。他还说,如果下届国会不批准这部已经按规定作了修改的非常法,那么,大戒严必将代替小戒严,大炮必将代替非常法第28条。

小戒严是反社会党人非常法第28条规定实行的措施。这些措施包括各邦政府可以在某些区县或村镇实行为期一年的戒严。在戒严期间,只有得到警察局的同意才能举行集会;禁止在公共场所散发印刷品;禁止被控"危害公共安全和秩序"的人员在实行小戒严的区县或村镇滞留;禁止拥有、携带、运送和出售武器。——582。

543　贵格会又名教友会,是基督教新教的一派,17世纪资产阶级革命时期产生于英国,在北美也流传很广。教友会信徒反对官方教会及其仪式,反对暴力和战争,鼓吹和平主义思想,致力于社会公益事业。——582。

544　1890年9月16日《人民呼声报》上发表了保·恩斯特的文章,文中歪曲恩格斯的观点,声称恩格斯和"青年派"(见注547)持有相同的观点。鉴于这种情况,恩格斯写了《答保尔·恩斯特先生》(见《马克思恩格斯全集》中文第1版第22卷)一文,其中附有这封信的部分内容。——583。

545　1890年6月14日、28日和7月5日、12日《柏林人民论坛》以《每个人的全部劳动产品归自己》为总标题连续刊载了斐·纽文胡斯、保·恩斯特、理·费舍以及署名"一个工人"的文章,展开了关于未来社会中的产品分配问题的辩论,7月12日还刊载了关于辩论的结束语。——586。

546　奥·伯尼克为准备关于社会主义的讲演,于1890年8月16日写信给恩格斯,请他回答,在目前社会各阶级的教育、认识水平等方面存在差别的情况下,社会主义改造是否适宜和可能。伯尼克的第二个问题涉及燕妮·马克思的家庭出身问题。——588。

547　1890年3月底,柏林一些社会民主党人,其中包括麦·席佩耳,公布了题为《五月一日应当做些什么?》的呼吁书,号召工人在这一天举行总罢工。这一呼吁书反映了"青年派"的立场。

"青年派"是德国社会民主党内于1890年最终形成的小资产阶级半无政府主义反对派。它的主要核心是那些以党的理论家和领导者自居的年轻的大学生、著作家和一些地方党报的编辑("青年派"的名称由此而来)。

"青年派"的思想家是保·恩斯特、保·康普夫迈耶尔、汉·弥勒、布·维勒等人。"青年派"忽视在反社会党人非常法废除之后党的活动条件所发生的变化,否认利用合法斗争形式的必要性,反对社会民主党参加议会选举和利用议会的讲坛,指责社会民主党及其执行委员会维护小资产阶级的利益,奉行机会主义,破坏党的民主。1891年10月德国社会民主党的爱尔福特代表大会把"青年派"一部分领导人开除出党(参看注571)。

德国社会民主党国会党团1890年4月13日在《告德国男女工人书》中对上述呼吁书作了回答,强调在新的政治形势下利用合法斗争形式的必要性,要求工人们避免采取那些可能导致工人运动遭到镇压的行动。——590。

548 指法国的圣西尔军事专科学校。该校1803年由拿破仑·波拿巴创建于枫丹白露,1808年迁至巴黎郊外凡尔赛宫附近的圣西尔,并因此而得名。该校早期主要为步兵和骑兵训练军官。——590。

549 恩格斯指自己1842—1844年在曼彻斯特的欧门—恩格斯公司所属的纺纱厂实习经商。这几年的经历在恩格斯世界观的形成以及他从唯心主义向唯物主义、从革命民主主义向共产主义的转变过程中起了重要的作用。——595。

550 **拿破仑法典**在这里不仅仅是指在拿破仑统治时期于1804年通过并以《拿破仑法典》著称的民法典,而是广义地指1804—1810年拿破仑第一统治时期通过的五部法典:民法典、民事诉讼法典、商业法典、刑法典和刑事诉讼法典。这些法典曾沿用于拿破仑法国所占领的德国西部和西南部,在莱茵省于1815年归并于普鲁士以后仍然有效。恩格斯称法兰西民法典(《拿破仑法典》本身)为"典型的资产阶级社会的法典"(见《马克思恩格斯文集》第4卷第307页)。——598。

551 指英国1688年政变。这次政变驱逐了斯图亚特王朝的詹姆斯二世,宣布荷兰共和国的执政者奥伦治的威廉三世为英国国王。从1689年起,在英国确立了以土地贵族和大资产阶级的妥协为基础的立宪君主制。这次没有人民群众参加的政变被资产阶级史学家称做"光荣革命"。——599。

552 **自然神论者**是一种推崇理性原则,把上帝解释为非人格的始因的宗教哲学理论,曾是资产阶级反对封建制度和正统宗教的一种理论武器,也是无神论在当时的一种隐蔽形式。这种理论反对蒙昧主义和神秘主义,认为上帝不过是"世界理性"或"有智慧的意志",上帝在创世之后就不再干预世界事务,而让世界按它本身的规律存在和发展下去。在封建教会世界观统治的条件下,自然神论者往往站在理性主义的立场上批判中世纪的神学世界观,揭露僧侣们的寄生生活和招摇撞骗的行为。——599。

553　这封说明发表《哥达纲领批判》的意图、揭露拉萨尔真面目的信,虽然是写给卡·考茨基的,但实际上是写给奥·倍倍尔看的。恩格斯在同一天给考茨基的另一封短信中写道:

　　"礼尚往来:鉴于你把倍倍尔的信寄给了我,我就把附上的信写成这样,以便你也可以把它寄给倍倍尔,假如你出于和好的考虑同样认为这合适的话。此事完全由你酌定。"(见《马克思恩格斯全集》中文第1版第38卷第35页)

　　《哥达纲领批判》在马克思生前没有公开发表。1891年1月,恩格斯为了反击德国社会民主党内正在抬头的机会主义思潮,彻底肃清拉萨尔主义的影响,帮助党制定正确的纲领,不顾党内某些领导人的反对,将这一著作发表在1890—1891年《新时代》杂志第9年卷第1册,并写了序言。恩格斯在发表《哥达纲领批判》时,考虑了《新时代》杂志出版者威·狄茨和编辑卡·考茨基的要求,删去了一些针对个别人的词句和评语。——602。

554　1891年2月6、7、10和12日《萨克森工人报》转载了马克思的《哥达纲领批判》,并加了编者按,指出它对德国社会民主党具有特殊的意义。

　　1891年2月6日,维也纳《工人报》的一篇柏林通讯写道,恩格斯在德国发表了一个具有重大理论和实践意义的文件——马克思的《哥达纲领批判》。通讯还指出,现在"在纲领中十分明确地、毫不妥协地阐明我们党的理论原则的时候到了,在此刻公布这个文件也是完全适时的。"

　　1891年2月10日《苏黎世邮报》发表了一篇由弗·梅林起草的社论《艰苦的努力》,这篇社论强调指出:马克思这一著作的发表,表明了德国社会民主党力求以其固有的客观态度和自我批评精神阐明自己的斗争目标,表明了党的威力和战斗力。——603。

555　德国社会民主党国会党团在1891年2月13日《前进报》第37号上发表了一

篇由威·李卜克内西起草的社论,指出马克思的《哥达纲领批判》对德国社会民主党具有"很大的现实意义",同时,这篇社论也试图削弱马克思对哥达纲领和拉萨尔的批判的实质性内容,尤其是要证明哥达合并大会的妥协纲领是正确的。

1890—1891年《新时代》第9年卷第1册转载了这篇社论,并加了简短的引言。编辑部加的一个脚注中写道:"我们当然不认为自己有义务把马克思的这封信提交党的领导机构或国会党团审查…… 发表的责任只由我们承担。"——603、605、608。

556 指威·李卜克内西在1890年10月12—18日哈雷代表大会上所作的关于德国社会民主党新纲领的报告。在分析哥达纲领时,李卜克内西不指明出处地引用了马克思批判该纲领的某些论点。

根据李卜克内西的建议,代表大会通过了一项决议:为将要在爱尔福特举行的下届党代表大会起草一个新的纲领草案,并在代表大会召开前三个月公布,以便在地方党组织和报刊上展开讨论。——603、608。

557 斐·拉萨尔在1846—1854年曾办理过索·哈茨费尔特伯爵夫人的离婚案。拉萨尔过分夸大了为一个古老贵族家庭成员作辩护的诉讼案的意义,把这件事同为被压迫者的事业而斗争相提并论。——604。

558 在1891年2月20日的信中,理·费舍把德国社会民主党执行委员会关于再版马克思《法兰西内战》、《雇佣劳动与资本》和恩格斯《社会主义从空想到科学的发展》等著作的决定通知恩格斯,征求他的同意并请他作序。——605。

559 伦敦码头工人罢工发生在1889年8月12日—9月14日,是19世纪末英国工人运动中最重要的事件之一。参加罢工的有码头工人3万人,其他行业工人3万人以上。他们之中大多数是没有参加任何工联的非熟练工人。罢工工人行动坚决、组织性强,因而他们关于提高工资和改善劳动条件的要求得到了满足。码头工人的罢工加强了无产阶级的国际主义团结(各地捐来的罢工基金约5万英镑,其中仅澳大利亚就捐资3万英镑),进一步提高了工人阶级的组织性,成立了包括大批非熟练工人在内的码头工人工联及其他行业的工联;次年,参加工联的工人总数增加了一倍多。——606。

560　这封信是对奥·倍倍尔1891年3月30日和4月25日两封信的回复。倍倍尔在
　　　1891年3月30日的信中说明了恩格斯发表马克思《哥达纲领批判》以来自
　　　己长时间保持沉默的原因。他说,在马克思关于纲领的那封信发表后,他
　　　不愿直接答复,因为他不同意这封信发表的方式;加之他在议会活动方面
　　　又很繁忙。倍倍尔认为,发表马克思1875年5月5日给白拉克的附信是不妥
　　　当的。在他看来,附信所涉及的不是党的纲领,而是党的领导。他不同意发
　　　表的更主要的理由是,这样做会向敌人提供反对社会党人的武器,而对拉
　　　萨尔的尖锐批判又会触动目前党内那些原来的拉萨尔分子。

　　　　　　在1891年4月25日的信中,倍倍尔向恩格斯介绍了德国工人运动的状
　　　况,尤其是莱茵—威斯特伐利亚煤矿区矿工罢工的情况。——608。

561　威·李卜克内西起草的1891年2月13日《前进报》第37号的社论中有一处
　　　说,收到马克思关于哥达纲领的信的那些人,用"绝对不行"对抗马克思在
　　　该信中提出的建议。——610。

562　1891年夏秋两季,恩格斯由于过度劳累不止一次地中断工作,离开伦敦。
　　　6月26日—8月24日这段时间,他断断续续地同卡·肖莱马和乔·哈尼在赖
　　　德(怀特岛)休养,住在他的内侄女玛·埃·罗舍家里;后来,大约9月8—23
　　　日,他同玛·埃·罗舍和路·考茨基在爱尔兰和苏格兰旅行。——613、615。

563　当时,恩格斯正在修订《家庭、私有制和国家的起源》第四版的第二章《家
　　　庭》(见《马克思恩格斯文集》第4卷)。——613。

564　1891年6月18日,理·费舍受社会民主党执行委员会的委托,将下列材料寄
　　　给恩格斯审阅:由威·李卜克内西起草的第一个纲领草案、经奥·倍倍尔亲
　　　自修改的一份草案、李卜克内西根据倍倍尔的修改意见拟就的第二个草
　　　案以及执行委员会经过一系列会议讨论确定和通过的草案。根据执行委
　　　员会的决议,这个在执行委员会内部通过的纲领草案,除了寄给恩格斯审
　　　阅外,还寄给了社会主义运动和工人运动的领袖以及社会民主党国会党
　　　团的成员审阅。恩格斯在《1891年社会民主党纲领草案批判》(见《马克思
　　　恩格斯文集》第4卷)中对纲领草案作了详细的分析,肯定这个草案优于哥
　　　达纲领,并分别对草案的绪论部分、政治要求和经济要求提出具体修改意
　　　见。党的执行委员会收到恩格斯的批评意见后,对草案作了一些修改,并
　　　作为正式草案发表在1891年7月4日《前进报》上。正式的纲领草案发表以

后，在400多次人民代表会议和党的代表会议上以及在《前进报》和《新时代》上，就这个纲领草案展开了广泛的讨论。在讨论中，不仅提出了具体的建议和修改意见，而且还提出了几个新的纲领草案。《新时代》编辑部也提出了一个新的纲领草案。恩格斯就《新时代》编辑部提出的纲领草案提出了一些批评意见，并认为这个纲领草案比正式的草案好得多（参看恩格斯1891年9月28日给卡·考茨基的信）。他支持倍倍尔将这个草案交爱尔福特党代表大会讨论通过（参看恩格斯1891年9月29日—10月1日给倍倍尔的信）。爱尔福特党代表大会（1891年10月14—21日）最终一致通过将《新时代》编辑部提出的纲领草案作少许修改后作为党的纲领。——613。

565 恩格斯曾打算亲自作注和作序出版斐·拉萨尔给马克思和恩格斯的书信，但他未能实现这个愿望。拉萨尔给马克思和恩格斯的书信后来由弗·梅林编入《卡尔·马克思、弗里德里希·恩格斯和斐迪南·拉萨尔的遗著》1902年斯图加特版第4卷《斐迪南·拉萨尔给卡尔·马克思和弗里德里希·恩格斯的信。1849—1862年》。——613。

566 指政治经济学教授尤·沃尔弗阻拦康·施米特担任大学讲师一事。沃尔弗反对施米特进入苏黎世大学，其理由是施米特担任过社会民主党报纸《柏林人民论坛》的编辑。——616。

567 "从无通过无到无"见黑格尔《逻辑学》第1部第2册，《黑格尔全集》第4卷1834年柏林版第15、75、146页。——616。

568 新的纲领草案指德国社会民主党执行委员会讨论通过并由理·费舍寄给恩格斯审阅的纲领草案。参看注564。——617。

569 指第二次国际社会主义工人代表大会。这次代表大会于1891年8月16—22日在布鲁塞尔举行。出席代表大会的有来自欧洲许多国家和美国的337名代表。就其组成来看，这基本上是一次马克思派的代表大会。这次代表大会就劳工保护法、罢工和抵制、工人阶级对军国主义的态度以及庆祝五一节等问题进行了讨论，并通过了相关决议。恩格斯对这次代表大会作了评价，认为"马克思派不论是在原则问题上，还是在策略问题上，都取得了全面的胜利"（见《马克思恩格斯全集》中文第1版第38卷第144页）。——617。

570 鉴于爱尔福特代表大会即将召开，德国社会民主党执行委员会在1891年

10月6日《前进报》第233号附刊（1）上转载了自己的党纲草案和《新时代》杂志编辑部提出的草案，并发表了各地党组织和个人在讨论纲领过程中所提出的其他草案和建议。

恩格斯在这里所说的"反动的一帮"是拉萨尔的论点。这一论点曾写入1875哥达代表大会通过的德国社会民主党纲领。最后，爱尔福特代表大会通过的新纲领删掉了关于"反动的一帮"的段落。——618。

571　指1891年10月14—21日在爱尔福特举行的德国社会民主党代表大会。

这次代表大会的中心议题是党的纲领和策略问题。在以奥·倍倍尔和威·李卜克内西为代表的革命的马克思主义者的领导下，代表大会一方面批驳了格·福尔马尔的右倾机会主义观点，另一方面粉碎了半无政府主义的"青年派"再次向党发起的进攻。绝大多数与会代表赞同倍倍尔提出的关于党的策略的决议。决议着重指出，工人运动的主要目的是无产阶级夺取政权，而要达到这一目的决不是靠意外的巧合，而是要靠在群众中坚持不懈地进行工作和巧妙地运用无产阶级斗争的一切途径和手段。决议还指出，德国党是斗争的党，它坚持过去的革命策略。福尔马尔及其支持者陷于孤立，不得不实行退却，表示服从大会的决议。大会通过了关于把"青年派"首领威·韦尔纳和卡·维尔德贝格尔开除出党的决议，因为他们的分裂和诽谤活动给党带来了危害。

代表大会通过了党的新纲领，即爱尔福特纲领。爱尔福特纲领比哥达纲领前进了一大步，从根本上说是一个马克思主义的纲领；它摒弃了拉萨尔派的改良主义教条，科学地论证了资本主义制度灭亡和被社会主义制度取代的必然性，并且指出，为了对社会实行社会主义改造，无产阶级必须夺取政权。但是，爱尔福特纲领也有严重缺点，其中最主要的是没有提到无产阶级专政是对社会实行社会主义改造的手段这一原理。纲领也没有提出推翻君主制、建立民主共和国、改造德国国家制度等要求。在这方面，恩格斯在《1891年社会民主党纲领草案批判》（见《马克思恩格斯文集》第4卷）中对纲领草案提出的意见，也适用于爱尔福特代表大会通过的纲领。

爱尔福特代表大会作出的各项决议，标志着马克思主义确立了在德国工人运动中的地位。——620。

572　恩格斯在这里采用了马克思《揭露科隆共产党人案件》一文结束语中的说

法(见《马克思恩格斯全集》中文第2版第11卷第545页)。

耶拿会战和奥尔施泰特会战都发生在1806年10月14日这一天,通常统称为耶拿会战。这次会战以普鲁士军队的失败而告终,普鲁士作为第四次反法同盟的成员国向拿破仑法国投降,并于1807年7月9日在蒂尔西特签订了普法和约。和约的签订使普鲁士丧失了将近一半领土,实际上使普鲁士陷入了拿破仑法国的附属国的境地。——620。

573　尼·丹尼尔逊在1892年3月24日、4月30日和5月18日写给恩格斯的信中继续探讨了俄国经济发展的道路问题,并谈到他对4月30日和5月18日寄给恩格斯的两本书的看法,这两本书是:尼·卡布鲁柯夫的《农业工人问题》1884年莫斯科版和尼·卡雷舍夫的《农民非份地的租佃》1892年杰尔普特版。——624。

574　克里木战争是1853—1856年俄国对英国、法国、土耳其和撒丁的联盟进行的战争。这场战争是由于这些国家在近东的经济和政治利益发生冲突而引起的,故又称东方战争。克里木战争中俄国的惨败重挫了沙皇俄国独占黑海海峡和巴尔干半岛的野心,同时加剧了俄国国内封建制度的危机。这场战争以签订巴黎和约而告结束。——624、663。

575　指俄国民粹派经济学家瓦·巴·沃龙佐夫《农民公社》1892年莫斯科版。1892年3月,尼·丹尼尔逊把这本书寄给了恩格斯。——627。

576　尼·丹尼尔逊在1892年4月30日的信中把自己对尼·卡布鲁柯夫《农业工人问题》一书的意见告诉了恩格斯。他写道,卡布鲁柯夫没有注意到农业工人实际上是短工,他们只是在大土地所有者需要劳动力的时候才有活干,他们的劳动所得不足以维持生计。——628。

577　1891年9月,俄国与法国签订利息为3%的公债协议,奥·倍倍尔称之为军事公债。公债额为50 000万法郎(约12 500万金卢布),初期推销颇为顺利。但是,由于1891年俄国发生饥荒,经济状况恶化,其有价证券在欧洲交易所的价格猛跌,这笔公债最终只推销了约9 600万卢布。——629。

578　暗指1891年7月—8月初法国分舰队在喀琅施塔得受到的隆重接待,这次接待是沙皇俄国和法国接近的公开表示。与此同时,两国进行了外交谈判,签订了法俄协定。根据这个协定,法国和俄国应当就国际政治问题进行协商,并且在一方受到进攻威胁时采取共同行动。这个协定是法俄联盟于1893年最终形成过程中的一个里程碑。法俄联盟是为对抗德国、奥匈帝国和意大利三国同盟而建立的侵略性军事政治集团。——629。

579　雅·内克1777年出任法国财政总监,实行温和的措施解决财政困难,主要办法是缩减国家开支,取消宫廷中部分领取高俸的闲职,压缩国王的开支,并制定出一套节支制度。1781年部分公布的政府财政报告透露了特权等级的年俸数额。这些做法引起特权阶层的不满,内克被迫去职。

　　　　沙·卡龙继任后,一方面以替宫廷权贵偿还赌债、提高年金等办法争取特权者的支持,另一方面鼓励修筑道路、开挖运河、建设港口,发展对外贸易,但是这些措施未能改变财政困境,国家财政几近破产。卡龙只好多方举债,并要求进行税制改革,增加税收。1784年4月,卡龙被免职。

　　　　1788年初内克再度出任财政总监,支持召开三级会议并增加第三等级代表人数,主张各等级平等纳税,因而再次触怒国王和特权等级。1789年7月11日内克被免职,这一事件进一步激怒了巴黎人民,成为巴黎7月14日起义的直接起因之一。——629。

580　这封信是对维·阿德勒1892年8月25日来信的回复。阿德勒在信中谈到"青年派"在爱尔福特代表大会上发言反对党的策略,并指出他们把策略看做是一种永恒的和一成不变的东西。——630。

581　维·阿德勒1892年8月25日在给恩格斯的信中谈到奥地利独立派社会主义者时说,市侩习气是独立派"最大的危险",因此"如果没有左翼反对派,那就必须造一个出来"。

　　　　德国独立派是指"青年派",见注547。——630。

582　在1892年夏季英国议会举行的选举中,自由党人获胜。英国工人和社会主义组织在选举中也获得了很大成功,他们提出了相当数量的候选人,其中詹·哈第、约·白恩士、约·威尔逊三人当选为议员。——632。

583　指发表在1891—1892年《新时代》杂志第10年卷第2册上的爱·艾威林和爱·马克思-艾威林所写的《大不列颠的选举》一文。卡·考茨基在编辑该文时,删去了作者批评英国社会主义组织的宗派主义和机会主义的段落。考茨基1892年8月8日在给恩格斯的信中解释说,由于他当时不在,没有看这篇文章,所以就晚发表了一星期,而且由于版面有限不得不加以删节。——633。

584　社会民主联盟是英国的社会主义组织,1884年8月在民主联盟的基础上成立。这个组织联合了各种各样的社会主义者,主要是知识分子中的社会主义者。联盟的领导权长期掌握在以亨·海德门为首的改良主义分子手中,他们推行机会主义和宗派主义政策。加入联盟的一小批革命的马克思主义者(爱·马克思-艾威林、爱·艾威林、汤·曼等人)反对海德门执行的路线,他们为争取同群众性的工人运动建立密切联系进行了坚决的斗争。1884年秋联盟发生分裂,联盟的左翼在1884年12月成立了独立的组织——社会主义同盟。此后,虽然机会主义者在社会民主联盟中的影响加强了,但是在群众的革命情绪影响之下,联盟内部仍在不断出现不满机会主义领导的革命分子。1907年,在工人运动高涨的条件下,联盟改组为社会民主党,1911年又与独立工党中的左派合并为英国社会党。该党的一部分成员后来参与了英国共产党的创建。——633。

585　这封信的部分内容由弗·梅林征得恩格斯的同意(见恩格斯1893年4月11日给弗·梅林的信),第一次发表在梅林本人撰写的论文《论历史唯物主义》中。1893年,这篇论文作为梅林《莱辛传奇》单行本(1893年斯图加特第1版)的附录发表。——637。

586　弗·梅林当时正在撰写《论历史唯物主义》一文,他所提出的问题涉及唯物史观。卡·考茨基在1892年9月24日的信中,把梅林提的问题转给了恩格斯。——637。

587　弗·梅林曾在1884年7月3日和1885年1月16日致信恩格斯,请恩格斯为他撰写的马克思传记提供材料。——637。

588　指德国历史学家莫·拉韦涅-佩吉朗《社会科学纲要》第1部《发展和生产的规律》(1838年柯尼斯堡版)。在该书第225页,作者探讨了经济形式对国家形式发展的影响。弗·梅林在其《莱辛传奇》单行本所附论文《论历史唯物主义》中,引用了恩格斯提到的段落。——638。

589　恩格斯在1893年4月11日给弗·梅林的信中要求在公开发表时把这段文字改为:"拉维涅-佩吉朗的概括才会归结到它的真实内容:封建社会产生了

封建的世界秩序。"——639。

590　巴拿马丑闻指巴拿马运河股份公司通过收买法国国务活动家、官员和报刊而制造的一场骗局,故也称巴拿马骗局。为了给开凿经过巴拿马地峡的运河筹措资金,工程师和实业家斐·莱塞普斯于1879年在法国成立了一家股份公司。1888年底,这家公司垮台,引起了大批小股东的破产和无数企业的倒闭。后来,到1892年才发现,该公司为了掩盖它真实的财政状况及其滥用所筹集的资金的行为,曾广泛采用收买和贿赂手段,法国前内阁总理弗雷西内、鲁维埃、弗洛凯和其他身居要职的官员都接受过贿赂。1893年,巴拿马运河公司的案件被资产阶级司法机关悄悄了结,被判罪的仅限于公司的领导人莱塞普斯和一些次要人物。"巴拿马"一词在一段时间内成为大骗局的代名词。——641、645。

591　指英国的建筑协会破产事件。1892年,一个名为"解放者"的建筑协会因欺骗性经营而破产,致使投资者损失了近800万英镑,这些投资者主要是工人和小手工业者。身为协会主席的英国议员斯·巴尔福后来逃往国外。——641。

592　巴雷丑闻指波鸿钢铁公司的总经理巴雷因企图漏税而隐瞒公司收入、伪造印章和提供质量低劣的铁轨而被控告。——641。

593　勒韦的犹太枪丑闻指勒韦公司兵工厂的厂主故意向国家提供劣质武器,同时向国家高级官员行贿。海·阿耳瓦尔特在他的小册子《新的揭露。犹太人的枪》(1892年德累斯顿版)中,揭露并谴责了这个犹太人工厂主。——641。

594　1892年对罗马银行检查的结果表明,这家银行违法发行了价值13 300万的纸币(限额是7 000万),并且用一大笔款项贿赂众议院和参议院的议员以及其他与政府关系密切的人员。参看恩格斯《关于意大利的巴拿马》(《马克思恩格斯全集》中文第1版第22卷)一文。——641。

595　俄国流亡社会主义者弗·雅·施穆伊洛夫在1893年2月4日给恩格斯的信中说,应彼得堡《名人传记丛书》出版者巴甫连柯夫的要求,他准备写一本篇幅为6—8个印张的详细的马克思传记。施穆伊洛夫请求恩格斯提供有关材料:1. 马克思的简历;2. 马克思的实际活动,特别是1847—1849年和国际工人协会时期;3.马克思主义的起源。施穆伊洛夫还请求恩格斯给他寄去一本《神圣家族》,如不可能,则把主要内容告诉他,或者摘出书中要点寄给他。他写道,如果在俄国不能出版这部著作,那就拿到国外去印刷。但是施穆伊洛夫的愿望并未实现。——645。

596 布鲁塞尔协会,即布鲁塞尔德意志工人教育协会,该协会是马克思和恩格斯于1847年8月底在布鲁塞尔建立的德国工人团体,旨在对侨居比利时的德国工人进行政治教育并向他们宣传共产主义思想。在马克思和恩格斯及其战友的领导下,协会成了团结侨居比利时的德国革命无产者的合法中心,并同佛兰德和瓦隆工人俱乐部保持着直接的联系。协会中的优秀分子加入了共产主义者同盟的布鲁塞尔支部。协会在布鲁塞尔民主协会成立过程中发挥了出色的作用。1848年法国资产阶级二月革命后不久,由于协会成员被比利时警察当局逮捕或驱逐出境,协会在布鲁塞尔的活动即告停止。——646。

597 《柏林人民论坛》从1892年8月6日—12月24日发表了系列文章《汝拉联合会和米哈伊尔·巴枯宁》。作者为瑞士社会主义者路·埃里蒂埃,他的名字在最后一篇文章中才出现。这组文章依据巴枯宁的材料捏造在瑞士的国际工人协会的历史,企图为巴枯宁派,尤其是巴枯宁派的汝拉联合会的分裂活动辩护。这组文章还对总委员会,对马克思和他的战友约·菲·贝克尔等人进行诽谤。1892年11月12日发表的第10篇文章尤其糟糕,里面有很多歪曲事实的地方。

恩格斯决定不等所有文章登完就予以反驳。他于1892年11月15日写了一份致《柏林人民论坛》编辑部的声明寄给奥·倍倍尔,请他转交该报编辑部。声明发表在1892年11月19日《柏林人民论坛》(见《马克思恩格斯全集》中文第1版第22卷第405—408页)上。

1892年12月24日,该报在最后一篇即第13篇后面还刊登了埃里蒂埃的答复。埃里蒂埃在答复中,以及在1892年11月25日给恩格斯的信中,企图反驳对他歪曲国际工人协会的历史所作的谴责。恩格斯给埃里蒂埃的回信,见《马克思恩格斯全集》中文第1版第39卷第10—12页。——646。

598 为了加快《资本论》第二卷俄文版的出版,恩格斯曾在1885年把该书德文版的清样寄给尼·丹尼尔逊。《资本论》第二卷俄文版也在同一年出版。参看注496。——649。

599　恩格斯在这里所说的"我们的作者"是指马克思，"那封信"是指马克思《给〈祖国纪事〉杂志编辑部的信》（见《马克思恩格斯文集》第3卷）。这封信是马克思于1877年底读到该杂志第10期登载的俄国民粹主义思想家尼·康·米海洛夫斯基《卡尔·马克思在尤·茹柯夫斯基先生的法庭上》一文后写的。米海洛夫斯基的文章对《资本论》作了错误的解释。马克思这封信没有寄出，是他逝世以后恩格斯从他的文件中发现的。恩格斯认为，当时马克思"写了这篇答辩文章，看来是准备在俄国发表的，但是没有把它寄到彼得堡去，因为他担心，光是他的名字就会使刊登他的这篇答辩文章的刊物的存在遭到危险。"（见《马克思恩格斯全集》中文第1版第36卷第123页）恩格斯将这封信抄写了几个副本，并把其中一个副本附在1884年3月6日的信中寄给了在日内瓦的劳动解放社成员维·伊·查苏利奇。马克思这封信曾在日内瓦1886年《民意导报》杂志第5期上发表。后来又由尼·丹尼尔逊译成俄文于1888年10月在俄国的合法刊物《司法通报》杂志上发表。——649。

600　这是马克思和恩格斯1882年1月21日为《共产党宣言》俄文版第二版写的序言中的一段话（见《马克思恩格斯文集》第2卷第8页）。恩格斯在这里引用的是格·普列汉诺夫翻译的版本，俄文译文与德文原文略有差别。——650。

601　与这封信一起保存下来的还有一个草稿以及恩格斯亲笔抄写的一份抄件。恩格斯把这份抄件附在1893年3月18日的信中寄给了弗·阿·左尔格。抄件中不同的地方在脚注中作了说明。——651。

602　根据苏黎世国际社会主义工人代表大会组织委员会的建议，筹备第三次工人代表大会的预备会议于1893年3月26日在布鲁塞尔的"人民之家"举行。参加会议的有来自六个国家的社会主义工人代表，其中包括奥·倍倍尔、威·李卜克内西和爱·马克思-艾威林。根据这次预备会议作出的决议，只允许承认"工人组织和政治行动的必要性"的组织派代表参加大会。规定这样的条件，其目的在于阻止无政府主义者参加代表大会。苏黎世国际社会主义工人代表大会于1893年8月6—12日举行。——653。

603　1892年11月，德国政府把军事法草案提交帝国国会讨论，法案规定把1893—1899年和平时期的军队人数增加8万人以上，并追加军事拨款。巨额拨款引起了广大居民阶层的不满,甚至一些资产阶级政党也起来反对这个草案。1893年5月6日,这个草案在帝国国会被多数否决。同一天国会被解散,并决定1893年6月进行新的选举。选举之后,军事法草案由政府稍加修改,重新提交国会讨论,并于1893年7月15日在新选的国会中获得通过。——654。

604　在1893年6月举行的德意志帝国国会选举中,德国社会民主党人大获全胜。他们共获得1 786 738张选票,44名社会民主党人当选议员,其中有威·李卜克内西、奥·倍倍尔、保·辛格尔。在柏林的六名议员中,五名是社会民主党人。恩格斯1893年6月底在对英国《每日纪事报》记者的谈话中对这次选举的结果作了高度评价(参看《马克思恩格斯全集》中文第1版第22卷第631—636页)。——654、655。

605　1893年春,法国各个保皇派集团在无政府主义者的支持下对社会主义者掀起了一场诽谤运动。他们把社会主义者遵循的国际主义原则称为反爱国主义,把社会主义者称为无祖国者。为了让工人群众了解真相,茹·盖得和保·拉法格在法国北部一些城市里组织了多次群众大会,向工人宣读告法国劳动者书。告法国劳动者书以法国工人党全国委员会的名义发表在1893年6月17日《社会主义者报》第144号上。——654。

606　指即将到来的法国众议院选举。这次选举在1893年8月20日和9月3日举行,各派社会主义者共获70万票,有30人当选为议员;在众议院中和他们采取一致立场的还有20名属于资产阶级左派团体(基本上属于激进派)、被称为“独立社会主义者”的议员。所以,社会主义党团总计有50人。——654。

607　1860年后,法国革命者奥·布朗基及其追随者发动了一场独立的运动,这场运动在巴黎公社中起了重要作用。布朗基是社会主义的热情拥护者,但是,他本人及其追随者指望通过少数革命者的密谋而不是通过无产阶级的阶级斗争推翻资产阶级统治,实行革命专政。尽管如此,布朗基派依然是革命的法国工人运动中最为重要的派别之一。1881年7月,布朗基派的主要代表人物爱·瓦扬等人建立了布朗基派的组织革命中央委员会,1898年以后该组织名为社会主义革命党(详见《马克思恩格斯文集》第3卷第357—365页)。——655。

608　恩格斯曾计划修改《德国农民战争》(见《马克思恩格斯文集》第2卷),增加有关德国史的大量材料,但由于要整理和编辑《资本论》第二、三卷及撰写其他文章,他的这个计划未能实现。不过,他为这个新版准备的片断和提纲保存了下来(见《马克思恩格斯全集》中文第1版第21卷第448—460页)。——660、681。

609　勃艮第公国是9世纪在法国东部塞纳河和卢瓦尔河的上游地区建立的,后来兼并了大片领土(弗朗什孔泰,法国北部一部分和尼德兰),在14—15世纪成了独立的封建国家,15世纪下半叶在勃艮第公爵大胆查理时代达到鼎盛。勃艮第公国力图扩张自己的属地,成了建立中央集权的法兰西君主国的障碍;勃艮第的封建贵族和法国封建主结成联盟,共同对抗法国国王路易十一的中央集权政策,并对瑞士和洛林发动了侵略战争。路易十一建立了瑞士人和洛林人的联盟来对付勃艮第。在反对联盟的战争(1474—1477年)中大胆查理的军队被击溃,他本人在南锡附近的会战(1477年)中被瑞士、洛林联军击毙;勃艮第公国本土遂为法国所并,尼德兰部分则转归哈布斯堡王朝。——661。

610　1893年8月1日—9月29日,恩格斯到德国、瑞士和奥匈帝国做了一次旅行。恩格斯访问了科隆,然后同奥·倍倍尔一起经美因茨和斯特拉斯堡赴苏黎世;从苏黎世去格劳宾登州,在那里同弟弟海尔曼待了几天。8月12日,恩格斯返回苏黎世,参加了在苏黎世举行的国际社会主义工人代表大会的最后一次会议,在会上用英文、法文和德文发表了简短的演说(见《马克思恩格斯全集》中文第1版第22卷第479—480页)。恩格斯在瑞士逗留了两个星期后,取道慕尼黑和萨尔茨堡赴维也纳,9月14日在那里出席了社会民主党人大会并发表演说(见《马克思恩格斯全集》中文第1版第22卷第481—482页)。接着恩格斯又从维也纳经布拉格和卡尔斯巴德(卡罗维发利)到柏林,在那里从9月16日逗留到28日,在此期间于9月22日出席了社会民主党人大会并发表了演说(见《马克思恩格斯全集》中文第1版第22卷第483—485页)。最后,恩格斯经鹿特丹返回伦敦。——662。

611　1894年1月3日,朱·卡内帕请求恩格斯为1894年3月起在日内瓦出版的周刊《新纪元》找一段题词,用简短的字句来表述未来的社会主义纪元的基本思想,以别于但丁曾说的"一些人统治,另一些人受苦难"的旧纪元。恩格斯在卡内帕来信的背面写了这封回信的草稿,回信所引《共产党宣言》的话,见《马克思恩格斯文集》第2卷第53页。——666。

612　独立工党是1893年1月在布拉德福德会议上成立的。当时罢工斗争活跃,争取实行英国工人阶级的独立自主政策以同资产阶级政党相对抗的运动深入开展。一些新、旧工联的成员以及受费边社影响的知识分子和小资产阶级分子参加了独立工党。该党的领袖是詹·哈第,其纲领包括争取集体占有一切生产资料、分配手段和交换手段,规定八小时工作日,禁用童工,实施社会保险和失业补助以及其他要求。恩格斯曾祝贺独立工党的成立,希望它能避免宗派主义错误而成为真正群众性的工人政党。但是独立工党的领导人采取资产阶级改良主义的立场,把主要的注意力放在议会斗争的形式上并且同自由党合作。1900年,独立工党并入英国工党。——672。

613　自由党人合并派是主张保持同爱尔兰合并的一派,以约·张伯伦为首,这些人是1886年因在爱尔兰问题上产生意见分歧而从自由党分裂出来的。自由党人合并派实际上依附于保守党,几年后甚至在形式上也依附于保守党。——673。

614　1895年7月12—29日英国举行了议会普选。保守党人在下院获得150个席位,超过半数。独立工党的候选人,包括詹·哈第在内全部落选。——673。

615　指保·拉法格的报告《农民的财产和经济的发展》,这个报告是以法国工人党全国委员会的名义向南特代表大会提出的,报告发表在1894年10月18日《社会民主党人》附刊上。——674。

616　指格·福尔马尔1894年10月25日在德国社会民主党美因河畔法兰克福代表大会(见注617)上的发言。关于这篇发言的报道,发表在1894年10月26日《前进报》第250号附刊(1)上。——674。

617　德国社会民主党法兰克福代表大会于1894年10月21—27日在美因河畔法兰克福举行。在代表大会上,关于主要议程——土地问题——的补充报告人是巴伐利亚社会民主党人领袖格·福尔马尔,他要求把不仅反映劳动农民的利益,而且也反映农村富裕阶层、农村资产阶级的利益的条目列入正在拟定的土地纲领中去。福尔马尔的主张虽然也遭到许多代表的反对,但总的说来,他的机会主义立场在代表大会上没有受到应有的回击。代表大会选出了一个专门委员会来制定土地纲领草案,以补充党的纲领。除土地问题外,代表大会还听取了党的执行委员会和国会党团的报告,研究了关于托拉斯和其他大资本主义联合公司的作用以及庆祝1895年五一节等问题。

德国社会民主党法兰克福代表大会报告的最后一部分载于1894年10月31日《前进报》第254号。——674、677。

618　1894年11月14日,奥·倍倍尔在柏林第二选区党的会议上发表长篇演说,批评格·福尔马尔以及其他巴伐利亚社会民主党人在德国社会民主党法兰克福代表大会上所采取的机会主义立场;他还批评代表大会通过的关于土地问题的决议是模棱两可的。倍倍尔的发言刊登在1894年11月16日《前进报》第268号,此外,还在1894年12月1日《社会评论》第23期上转载。——677。

619　1894年9月30日,巴伐利亚社会民主党第二次代表大会在慕尼黑举行,出席大会的有160名代表。大会的议题有两个:关于巴伐利亚邦议会社会民主党代表的活动,以及关于对农民的鼓动宣传。格·福尔马尔和卡·格里伦贝格尔在这两个问题上都得到代表大会多数的支持。大会赞同邦议会党团的活动,并决定建立巴伐利亚社会民主党的特别组织,由邦议会代表福尔马尔、格里伦贝格尔等人担任中央领导。

*宗得崩德*原是瑞士七个经济落后的天主教州为对抗进步的资产阶级改革和维护教会的特权而于19世纪40年代建立的单独联盟。马克思和恩格斯经常用这个名称来讽刺那些搞分裂的宗派集团。——677。

620　在德国社会民主党法兰克福代表大会上,有人提出关于不同意社会民主党巴伐利亚邦议会党团投票赞成巴伐利亚邦政府预算的提案。格·福尔马尔在会上发言,对该提案持反对意见。他在发言中强调“北德意志人”可能并不熟悉特殊的“巴伐利亚情况”和“巴伐利亚形式”,还谈到“旧普鲁士的军人作风”,并对“柏林人”进行嘲讽。——678。

621　指可能由威·李卜克内西写的两篇文章:一篇是1894年11月23日《前进报》第273号的社论,标题是《我们的内部情况》;另一篇是短评,标题同上,载于1894年11月24日《前进报》第274号“关于法兰克福党代表大会的讨论”

栏。社论指出,编辑部对法兰克福党代表大会的态度同奥·倍倍尔在柏林第二选区党的会议上所发表的演说"完全相反";短评则更正了社论的说法,指出编辑部针对的仅仅是"倍倍尔对党代表大会的整个过程和思想水平的悲观性的评论"。——678。

622 指斐·拉萨尔给马克思和恩格斯的书信,恩格斯原打算为这些书信加上注释并写一篇序言予以出版,但这一计划未能实现。——681。

623 1894年12月6日,德国政府向帝国国会提交了《关于修改和补充刑法典、军事法典和新闻出版法的法律草案》(即所谓《反颠覆法草案》)。按照这个法案,对现行法令增加了一些补充条文,规定对"蓄意用暴力推翻现行国家秩序者"、"唆使一个阶级用暴力行动反对另一个阶级从而破坏公共秩序者"、"唆使士兵不服从上级命令者"等等,采取严厉措施。1895年5月,该法律草案被帝国国会否决。——684、688、700、702。

624 在德意志帝国国会1894年12月6日的会议上,当议长冯·列维佐祝贺皇帝威廉二世身体健康,议员们站起来三呼"万岁"时,社会民主党党团的议员仍然稳坐不动。这种行为被认为是对陛下不恭,柏林地方法院决定对威·李卜克内西进行刑事追究。12月11日,帝国首相克·霍亨洛埃要求帝国国会赞成法院的这项决定。但是帝国国会在12月15日以168票对58票否决了这项提议。——684。

625 理·费舍在1895年1月30日的信中告诉恩格斯,《前进报》出版社已将马克思发表在1850年《新莱茵报.政治经济评论》上关于法国1848年革命的文章分三次连载完毕,总标题是《1848—1849年》,他打算最迟在2月份出版单行本。为此,他请恩格斯写一篇导言。

恩格斯在给费舍回信时寄去了马克思的著作《1848年至1850年的法兰西阶级斗争》(见《马克思恩格斯文集》第2卷)前三章的标题。他建议费舍在出版单行本时将马克思在《新莱茵报.政治经济评论》上原来所用的标题《1848年的六月失败》、《1849年6月13日》及《1849年6月13日的后果》改为《从1848年2月到1848年6月》、《从1848年6月到1849年6月13日》及《从1849年6月13日到1850年3月10日》,同时建议把1850年《新莱茵报.政治经济评论》第5—6期合刊上发表的《时评.1850年5—10月》中论述法国的部分内容(见《马克思恩格斯全集》中文第2版第10卷第593—596、602—

613页)抽出来作为第四章,并另加标题《1850年普选权的废除》。——684。

626　1895年1月9日《反颠覆法草案》在帝国国会一读时,中央党(见注484)表
　　　面上对这个草案表示担忧,但在讨论具体章节时又明确表示支持。理·费
　　　舍1895年2月6日在帝国国会发表演说时提醒大家注意中央党的策略,指
　　　出中央党"是在照顾天主教工人和支持它的工人选民,在《反颠覆法》起
　　　草委员会上发生'这种变卦',就是想明目张胆地突然重新提出中央党的
　　　社会纲领"。在1895年2月7日帝国国会的辩论中,中央党国会党团的发
　　　言人依然坚持自己的主张,并试图为该党实际上反对工人阶级利益的立
　　　场辩护。——685。

627　《卡·马克思〈1848年至1850年的法兰西阶级斗争〉一书导言》(见《马克思
　　　恩格斯文集》第4卷),是恩格斯于1895年2月14日—3月6日之间写的。在发
　　　表这篇导言时,理·费舍受德国社会民主党执行委员会的委托给恩格斯去
　　　信,以当时德意志帝国国会正在讨论所谓反颠覆法草案为由,请求恩格斯
　　　按照随信附上的修改方案对导言进行修改。恩格斯接受了他们的部分修
　　　改意见,但同时郑重声明,导言的原稿经过这样的删改已受到一些损害,
　　　他自己在修改原稿方面决不会再多走一步。在马克思的这部著作出版单
　　　行本之前不久,1894—1895《新时代》杂志第13年卷第2册刊登了恩格斯
　　　的导言,但是保留了单行本中那些删节和修改的文字。1925年,苏共中央
　　　马克思恩格斯研究院院长梁赞诺夫在1925《在马克思主义旗帜下》第1
　　　期上发表了《恩格斯的〈1848年至1850年法兰西阶级斗争〉一书导言》,根
　　　据研究院收集到的导言手稿和排印条样,介绍了导言在1895年发表时被
　　　删改的情况。——686。

628　阿·博古斯拉夫斯基于1895年在柏林出版了《实实在在的斗争——不是虚
　　　有其表的斗争。简评国内的政治形势》一书,鼓吹通过上层政变来对付国
　　　内的反对派。——687。

629　五月法令是普鲁士宗教大臣法尔克根据俾斯麦的创议于1873年5月11—
　　　14日通过国会实施的四项法令的名称,这四项法令以此名而载入史册。这
　　　些法令确立了国家对天主教会活动的控制,是俾斯麦于1872—1875年采
　　　取的一系列反对天主教僧侣的立法措施中最重要的一环,也是所谓"文化
　　　斗争"的顶点。天主教僧侣是代表德国南部和西南部分立主义者利益的

中央党的主要支柱。警察迫害引起了天主教徒的激烈反抗并为他们创造了光荣殉教的机会。1881—1887年,俾斯麦政府为了联合一切反动势力对付工人运动,不得不在实施这些法令时采取缓和的态度,最后便取消了几乎所有反天主教的法令。——688。

630 路德派分为两派,一派是利用1817年的强制合并令同改革派(加尔文教派)合并为福音派的路德派;另一派是反对这个合并令,拥护"真正"路德派的老路德派。——688。

631 指基督教新教门诺派教徒特伦涅尔,他由于宗教信念而拒绝执行军勤。
　　　门诺派由荷兰和瑞士追随再洗礼派宗教改革家门诺·西蒙主张的人组成。门诺原为天主教神父,后因反对贵族、地主和教会的土地占有制,反对婴儿受洗,于1536年辞去神父职务而参加再洗礼派。他在荷兰和瑞士的追随者组成的教会称为"门诺会"。——688。

632 1880年8月20—23日,在瑞士的维登举行了德国社会主义工人党代表大会。出席大会的代表共56名。这是1878年颁布反社会党人非常法以后召开的第一次秘密代表大会。这次代表大会标志着由于党的活动条件急剧变化而在党的领导人中间引起的动摇情绪得到克服,党的革命路线战胜了右倾机会主义和无政府主义的倾向。代表大会决定,把1875年哥达纲领第二部分关于党力求"用一切合法手段"来达到自己的目的这一提法中的"合法"一词删掉,这意味着代表大会承认了必须把合法斗争同不合法的斗争形式结合起来。——688。

633 1895年,奥地利社会民主党为了争取在国内实行普选权,组织了广泛的群众运动。2月19日,仅在维也纳就有12处群众集会支持这一要求。维·阿德勒为此在《工人报》"时事"栏连续发表了一组通讯。——688。

634 1895年5月,恩格斯写了《〈资本论〉第三册增补》:《价值规律和利润率》和《交易所》(见《马克思恩格斯文集》第7卷第1003—1030页)。——692。

635 西法兰克王国是在查理大帝帝国瓦解后建立的,该帝国是一个暂时的不巩固的军事行政联盟。843年,帝国由查理的三个孙子瓜分。其中秃头查理得到了帝国的西部领土,包括现在法国的大部分,建立了西法兰克王国。莱茵河以东的土地(未来德国的核心)交给了德意志的路易。从北海到中意大利之间的狭长地带则归查理大帝的长孙洛塔尔掌管。——695。

636　耶路撒冷法典是1099年第一次十字军征讨后在巴勒斯坦和叙利亚建立的耶路撒冷王国的法律文献汇编；该法典于12世纪下半叶完成。——695。

637　安·拉布里奥拉校订了帕·马尔提涅蒂翻译成意大利文的《资本论》第三卷序言。他把在意大利围绕阿·洛里亚对马克思的批评所出现的情况告诉了恩格斯。恩格斯在1895年2月26日给保·拉法格的信中说："拉布里奥拉很高兴校订所有论述洛里亚的地方"。——696。

638　指保·拉法格发表的两篇文章：《略驳对马克思的价值理论的批评》和《拉法格的回答》，刊登在1894年10月16日和11月16日《社会评论》第20和22期。这两篇文章是对某些意大利经济学家的反驳，这些经济学家支持阿·洛里亚在《卡尔·马克思的遗著》一文（发表在1895年2月1日《科学、文学和艺术最新集萃》第55卷第3期）中提出的关于马克思《资本论》第三卷的观点。——696。

639　由于《工人报》发表了一系列批评奥地利政府的文章，该报编辑维·阿德勒于1895年3月被判处监禁七个星期。——697。

640　1895年3月30日，《前进报》发表了一篇题为《目前革命应怎样进行》的社论。社论未经恩格斯同意就从他为马克思《1848年至1850年的法兰西阶级斗争》一书写的导言中断章取义地摘引了几处。——699、700。

641　指尤·沃尔弗为1895年在耶拿出版的弗·贝尔托《给尤利乌斯·沃尔弗博士先生的关于马克思的五封信》一书写的序言，标题是《"收信人"的话》。沃尔弗在这篇序言中回答了恩格斯在《资本论》第三卷序言中对他的批评。恩格斯曾打算在《资本论》第三卷增补中对沃尔弗加以批判。——699。

642　指马克思《1848年至1850年的法兰西阶级斗争》这本小册子的稿费。——701。

643　指马克思撰写的以下几篇文章：《第六届莱茵省议会的辩论（第一篇论文）。关于新闻出版自由和公布省等级会议辩论情况的辩论》、《第六届莱茵省议会的辩论(第三篇论文)。关于林木盗窃法的辩论》、《摩泽尔记者的辩护》(见《马克思恩格斯全集》中文第2版第1卷)。恩格斯曾打算将这几篇文章结集出版,但这个愿望未能实现。——701。

644 这里所说的关于摩泽尔的文章是指马克思在1843年1月《莱茵报》第15、17、18、19和20号上连续发表的《摩泽尔记者的辩护》(见《马克思恩格斯全集》中文第2版第1卷)。马克思原计划这篇文章分五个部分,但是当时只在《莱茵报》上发表了其中的前两个部分,后来第三部分被收入卡·海因岑编辑的《普鲁士的官僚制度》1845年达姆施塔特版。另两个部分是否写成,目前不得而知。——701。

645 理·费舍曾于1894年1月27日建议分册出版马克思和恩格斯的著作,他认为这样做并不妨碍出版他们的全集。——702。

人 名 索 引

A

阿伯丁伯爵，乔治·汉密尔顿·戈登（Aberdeen, George Hamilton Gordon, Earl of 1784—1860）——英国国务活动家，托利党人，1850年起为皮尔派领袖，曾任外交大臣（1828—1830和1841—1846）、殖民和陆军大臣（1834—1835）和联合内阁首相（1852—1855）。——127。

阿卜杜尔·阿齐兹（Abdul-Aziz 1830—1876）——土耳其苏丹（1861年起），阿卜杜尔·麦吉德一世的弟弟。——416。

阿德勒，维克多（Adler, Victor 1852—1918）——奥地利社会民主党创始人和领导人之一，1889—1895年曾与恩格斯通信；《工人报》编辑，1889、1891和1893年国际社会主义工人代表大会代表，后为奥地利社会民主党和第二国际领袖之一。——573、629、697。

阿德隆，约翰·克里斯托夫（Adelung, Johann Christoph 1732—1806）——德国语言学家，写有德语词源学和德语语法等著作。——34。

阿尔伯（Albert 原名亚历山大·马丁Alexandre Martin, 人称工人阿尔伯 Ouvrier Albert 1815—1895）——法国工人，布朗基主义者，七月王朝时期是秘密革命团体的领导人之一；1848年二月革命时期领导巴黎工人的武装起义，临时政府成员，因参加1848年五月十五日事件被叛处有期徒刑，巴黎公社的积极战士。——58、633。

阿尔米纽斯（Arminius 公元前17—公元21）——日耳曼族凯鲁斯奇人的领袖，曾领导日耳曼部落反对罗马人的斗争，并于公元9年在条顿堡林山击败了罗马人。——34、257。

阿克萨科夫，伊万·谢尔盖耶维奇（Аксаков, Иван Сергеевич 1823—1886）——俄国政论家，斯拉夫主义者；50—60年代曾批评沙皇政府的对内政策，70—80年代是泛斯拉夫主义思想和大国沙文主义思想的鼓吹者之一。——474。

阿拉戈，多米尼克·弗朗索瓦（Arago, Dominique-François 1786—1853）——法

国天文学家、物理学家和数学家;资产阶级政治家;七月王朝时期为共和主义者;《改革报》的创办人和出版者之一,1848年为临时政府成员和执行委员会委员,曾参加镇压1848年巴黎六月起义。——58。

阿里斯托芬(Aristophanes 约公元前445—385)——古希腊剧作家,写有政治喜剧。——545。

阿莫斯,谢尔登(Amos, Sheldon 1835—1886)——英国法学家,80年代初起在埃及当律师,亚历山大里亚上诉法院法官(1882)。——491。

阿什利——见舍夫茨别利伯爵,安东尼·阿什利·库珀。

阿特伍德,托马斯(Attword, Thomas 1783—1856)——英国银行家、政治家和经济学家。——159。

埃卡留斯,约翰·格奥尔格(Eccarius, Johann Georg 1818—1889)——德国工人运动和国际工人运动的活动家,工人政论家,职业是裁缝;侨居伦敦,正义者同盟盟员,后为共产主义者同盟盟员,伦敦德意志工人共产主义教育协会的领导人之一,国际总委员会委员(1864—1872),总委员会总书记(1867—1871年5月),美国通讯书记(1870—1872),国际各次代表大会和代表会议的代表;1872年以前支持马克思,1872年海牙代表大会后成为英国工联的改良派领袖,后为工联主义运动的活动家。——213、214、227、396。

埃里蒂埃,路易(Héritier, Louis 1863—1898)——瑞士社会主义者,写有革命运动和社会主义运动史方面的著作。——646。

埃斯库罗斯(Aischylos 公元前525—456)——古希腊剧作家,古典悲剧作家。——545。

埃斯特鲁普,雅科布·布伦农·斯卡文尼乌斯(Estrup, Jacob Brönnum Scavenius 1825—1913)——丹麦国务活动家,保守党人;曾任内务大臣(1865—1869),财政大臣和首相(1875—1894)。——578、579。

艾劳(Eilau, N.)——德国商人,马克思和巴黎公社代表之间的联系人,负责传递文件和信函。——355、358。

艾利生,阿奇博尔德(Alison, Sir Archibald 1792—1867)——英国历史学家和经济学家,托利党人。——79。

艾伦,乔治(Allen, George)——英国医生,曾给马克思一家治过病。——433。

艾萨克斯,亨利·阿伦(Isaacs, Henry Aaron)——伦敦市长(1889—1890)。——577。

艾威林,爱德华(Aveling, Edward 1851—1898)——英国作家和政论家,社会

作者,1849年巴登-普法尔茨起义的参加者,卡尔斯鲁厄志愿军的领导人;
1848年以前侨居法国和瑞士;威·魏特林的反对者。——343。

奥顿诺凡-罗萨,耶利米(O'Donovan Rossa, Jeremiah 1831—1915)——爱尔
兰芬尼社的创建人和领导人,《爱尔兰人民报》的出版者(1863—1865),1865
年被捕,被判处无期徒刑,1870年获赦,不久流亡美国,在那里领导芬尼社;80
年代脱离政治活动。——315、330。

奥多尔夫,雅科布(Audorf, Jacob 1835—1898)——德国社会民主党人,拉萨尔
派,职业是机械工人,后为政论家和诗人;曾参加全德工人联合会的创建
(1863),任该联合会执行委员会委员;颂扬拉萨尔的《德国工人之歌》的作者
(1864);1887—1898年为《汉堡回声报》编辑之一。——611。

奥尔,伊格纳茨(Auer, Ignaz 1846—1907)——德国社会民主党人,职业是鞍
匠;社会民主党领导人,曾多次当选为德意志帝国国会议员(1877—1878、
1880—1881、1884—1887和1890—1907),晚年为改良主义者。——443。

奥尔西尼,费利切(Orsini, Felice 1819—1858)——意大利革命家,民主主义者
和共和主义者;争取意大利民族解放和统一的斗争的参加者;因谋刺拿破仑
第三(1858)而被处死。——403。

奥尔西尼,切扎雷(Orsini, Cesare)——意大利政治流亡者,国际总委员会委员
(1866—1867),曾在美国宣传国际的思想;费·奥尔西尼的兄弟。——403。

奥古斯都(盖尤斯·尤利乌斯·凯撒·屋大维)(Augustus [Gaius Julius Caesar
Octavianus] 公元前63—公元14)——罗马皇帝(公元前27—公元14)。——
129、669。

奥古斯特——见倍倍尔,奥古斯特。

奥康奈尔,丹尼尔(O'Connell, Daniel 1775—1847)——爱尔兰律师和政治家,
爱尔兰民族解放运动自由派右翼领袖。——318。

奥康瑙尔,菲格斯·爱德华(O'Connor, Feargus Edward 1794—1855)——英国
宪章运动的左翼领袖之一,《北极星报》创办人和出版者;1848年后为宪章运
动的右翼代表人物。——108、580。

奥美尔帕沙——见拉塔什,米哈伊尔。

奥托-瓦尔斯特,奥古斯特(Otto-Walster, August 1834—1898)——德国社会民
主党人,新闻工作者,全德工人联合会会员,爱森纳赫代表大会(1869)代表,
《德累斯顿人民信使》的创办人和编辑(1871—1875),《克里米乔市民和农民之
友》编辑(1875—1876),《人民国家报》撰稿人,1876年流亡美国。——409。

奥哲尔,乔治(Odger, George 1820—1877)——英国工联改良派领袖,职业是鞋匠,工联伦敦理事会创建人之一,1862—1872年为理事会书记,英国波兰独立全国同盟、土地和劳动同盟和工人代表同盟盟员,改革同盟执行委员会委员;1864年9月28日伦敦圣马丁堂会议的参加者,国际总委员会委员(1864—1871)和主席(1864—1867),伦敦代表会议(1865)和日内瓦代表大会(1866)的参加者,在争取英国选举改革的斗争期间与资产阶级有勾结;1871年拒绝在总委员会的宣言《法兰西内战》上签名并退出总委员会。——212、213、247、287、291。

B

巴登格——见拿破仑第三。

巴尔,海尔曼(Bahr, Hermann 1863—1934)——奥地利资产阶级政论家、小说家、文学评论家和剧作家。——583。

巴尔特,恩斯特·埃米尔·保尔(Barth, Ernst Emile Paul 1858—1922)——德国哲学家、社会学家和教育家;1890年起为莱比锡大学教授。——586、587、600、601、616、623、657、659。

巴尔扎克,奥诺雷·德(Balzac, Honoré de 1799—1850)——法国现实主义作家。——570、571。

巴克斯,厄内斯特·贝尔福特(Bax, Ernest Belfort 1854—1926)——英国社会主义者、历史学家、哲学家和新闻工作者;80年代起为英国第一批马克思主义的宣传家之一;1882年起为民主联盟(1884年改组为社会民主联盟)盟员,是其左翼的活动家之一;社会主义同盟创始人之一;曾在伦敦东头最贫苦的居民中进行社会主义的宣传鼓动工作;1883年起同恩格斯保持友好关系;英国社会党创始人(1911)和领袖之一;1889、1891和1893年国际社会主义工人代表大会代表;第一次世界大战时期为社会沙文主义者。——575。

巴枯宁,米哈伊尔·亚历山大罗维奇(Бакунин, Михаил Александрович 1814—1876)——俄国无政府主义和民粹主义创始人和理论家;1840年起侨居国外,曾参加德国1848—1849年革命;1849年因参与领导德累斯顿起义被判死刑,后改为终身监禁;1851年被引渡给沙皇政府,囚禁期间向沙皇写了《忏悔书》;1861年从西伯利亚流放地逃往伦敦;1868年参加第一国际活动后,在国际内部组织秘密团体——社会主义民主同盟,妄图夺取总委员会的领导权;由于进行分裂国际的阴谋活动,1872年在海牙代表大会上被开除出第一国

阶级经济学家。——151—153。

拜尔,卡尔·罗伯特(Bayer, Karl Robert 笔名罗伯特·比尔 Robert Byr 1835—1902)——德国小说家。——411。

班纳,罗伯特(Banner, Robert)——苏格兰社会主义者,费边社社员,社会民主联盟爱丁堡地方分部的创建人(1882);1881年曾请求马克思和恩格斯协助建立苏格兰社会主义政党。——633。

邦霍尔斯特,莱昂哈德·冯(Bonhorst, Leonhard von 生于1840年)——德国社会民主党人,职业是技师;60年代中是维斯巴顿工人教育协会会员,1867年春与国际日内瓦中央委员会建立联系,1867年秋天起是全德工人联合会驻维斯巴顿的全权代表,1869年退出全德工人联合会,爱森纳赫代表大会(1869)代表,社会民主工党(爱森纳赫派)不伦瑞克委员会书记,1872年是莱比锡叛国案的被告之一;后来脱离政治活动。——340。

保罗斯,亨利希·埃伯哈德·哥特洛布(Paulus, Heinrich Eberhard Gottlob 1761—1851)——德国新教神学教授,神学上理性主义的主要代表。——11。

鲍德利,特伦斯·文森特(Powderly, Terence Vincent 1849—1924)——美国技师,工人运动中的机会主义派;1879—1893年是"劳动骑士团"的领导人,反对无产阶级革命运动,主张和资产阶级合作;1896年归附共和党。——558、560。

鲍威尔,埃德加(Bauer, Edgar 1820—1886)——德国政论家,柏林的青年黑格尔分子;恩格斯的朋友;1842年为《莱茵报》的撰稿人;1843年转到主观唯心主义立场,曾多次改变自己的政治观点,1848—1849年革命后流亡英国;1859年为伦敦《新时代》编辑;1861年大赦后为普鲁士官员;布·鲍威尔的弟弟。——18。

鲍威尔,布鲁诺(Bauer, Bruno 1809—1882)——德国唯心主义哲学、宗教和历史研究者,资产阶级激进主义者;1834年起在柏林大学、1839年起在波恩大学任非公聘神学讲师,1842年春因尖锐批判圣经而被剥夺教职;1842年为《莱茵报》撰稿人;早期为黑格尔正统派的拥护者,1839年后成为青年黑格尔派的重要理论家,自我意识哲学的代表;1837—1842年初为马克思的朋友;1842年夏天起为"自由人"小组成员;1848—1849年革命后为《新普鲁士报》《十字报》的撰稿人,1866年后成为民族自由党人;写有一些基督教史方面的著作。——15、16、18、283、302。

贝德克尔,尤利乌斯·泰奥多尔(Baedeker, Julius Theodor 1814—1880)——德国出版商和书商,1845—1846年出版《社会明镜》杂志。——20。

1882);马克思和恩格斯的朋友和战友。——232、333、446、476、508、524、555、556。

贝克斯,皮埃尔·让(Beckx, Pierre-Jean 1795—1887)——比利时教士,耶稣会的首领(1853—1884)。——423。

贝里耶,皮埃尔·安东(Berryer, Pierre-Antoine 1790—1868)——法国律师和政治家,七月王朝时期是正统主义反对派领袖,第二共和国时期是制宪议会和立法议会议员(1848—1851)。——98。

贝列拉,伊萨克(Péreire, Isaac 1806—1880)——法国银行家,20—30年代为圣西门主义者,第二帝国时期为波拿巴主义者,立法团议员;1852年与其兄埃·贝列拉一起创办股份银行动产信用公司;写有信贷方面的著作。——139。

贝姆,约瑟夫(Bem, Józef 1794—1850)——波兰将军,民族解放运动活动家,1830—1831年起义的领导人;1848年维也纳十月起义的参加者;1849年是匈牙利革命军领导人,革命失败后避难土耳其,入伊斯兰教,被苏丹封为穆拉德帕沙,任土耳其军队指挥官。——79。

贝奈德克,路德维希·奥古斯特(Benedek, Ludwig August Ritter von 1804—1881)——奥地利将军,曾参加镇压1846年加里西亚农民起义和1848—1849年意大利和匈牙利的民族解放运动;1859年奥意法战争时期任奥军第八军军长,1860—1864年任奥军参谋长,匈牙利军政总督,1866年奥普战争时期任奥军总司令。——277。

贝瑟姆-爱德华兹,玛蒂尔达·巴巴拉(Betham-Edwards, Matilda Barbara 1836—1919)——英国女作家。——402。

贝特曼(Bethmann)——德国银行家。——619。

倍倍尔,奥古斯特(Bebel, August 1840—1913)——德国工人运动和国际工人运动的活动家,职业是旋工;德国工人协会联合会创始人之一,1867年起为主席;第一国际会员,1867年起为国会议员,1869年是德国社会民主党创始人和领袖之一,《社会民主党人报》创办人之一;曾进行反对拉萨尔派的斗争,普法战争时期站在无产阶级国际主义立场,捍卫巴黎公社;1889、1891和1893年国际社会主义工人代表大会代表;第二国际的活动家,在19世纪90年代和20世纪初反对改良主义和修正主义;马克思和恩格斯的朋友和战友。——351、390、404、407、439、441、443、478、484、485、507、508、520、521、527、537、546、550、555、603、608、620、632、637、644、653、654、675、677、679、702。

倍倍尔,尤莉娅(Bebel, Julie 1843—1910)——奥·倍倍尔的妻子。——501、621。

比尔，罗伯特——见拜尔，卡尔·罗伯特。

比斯利，爱德华·斯宾塞(Beesly, Edward Spencer 1831—1915)——英国历史学家和政治活动家，资产阶级激进派；实证论者，伦敦大学教授；积极参加60年代的民主运动，1864年9月28日伦敦圣马丁堂会议的主席；1870—1871年是争取英国政府承认法兰西共和国的运动的领导人之一；在英国报刊上为国际和巴黎公社辩护；同马克思保持友好关系。——347、357。

俾斯麦公爵，奥托(Bismarck [Bismark], Otto Fürst von 1815—1898)——普鲁士和德国国务活动家和外交家，普鲁士容克的代表，曾任驻彼得堡大使(1859—1862)和驻巴黎大使(1862)；普鲁士首相(1862—1872和1873—1890)，北德意志联邦首相(1867—1871)和德意志帝国首相(1871—1890)；1870年发动普法战争，1871年支持法国资产阶级镇压巴黎公社；主张以"自上而下"的方法实现德国的统一；曾采取一系列内政措施，以保证容克和大资产阶级的联盟；1878年颁布反社会党人非常法。——195、205、220—223、237、239、240、245、250、251、256、258、259、278、302、320、341—345、356、358、359、378、382、409、425、467、469、471、473、479、485、486、500、515、517、533、538、558、567、578、582、604、659、687。

毕尔格尔斯，约翰·亨利希(Bürgers, Johann Heinrich 1820—1878)——德国政论家，《莱茵报》撰稿人(1842—1843)，1846年参加共产主义通讯委员会的活动，1848—1849年是《新莱茵报》编辑；共产主义者同盟盟员，1850—1851年是共产主义者同盟中央委员会委员，科隆共产党人案件(1852)的被告之一，被判六年徒刑；后为民族自由党人；60年代为民族联盟盟员和杜塞尔多夫《莱茵报》的编辑。——21、22、33、192、233。

毕尔克利，卡尔(Bürkli, Karl 1823—1901)——瑞士经济学家和政论家，小资产阶级社会主义者；德国1848—1849年革命的参加者；第一国际苏黎世支部的领导人之一，国际日内瓦代表大会(1866)代表和洛桑代表大会(1867)秘书；1893年国际社会主义工人代表大会代表；瑞士合作社运动的发起人和领导人。——477。

毕舍，菲力浦·约瑟夫·本杰明(Buchez, Philippe-Joseph-Benjamin 1796—1865)——法国政治活动家和历史学家，资产阶级共和党人，1821年起为圣西门的学生，七月革命后是基督教社会主义的思想家；国民议会议长(1848)。——293。

毕希纳，路德维希(Büchner, Ludwig 1824—1899)——德国医生和哲学家，庸俗唯物主义和无神论的代表人物；德国1848—1849年革命的参加者，属于小资产阶级民主派的极左翼；国际洛桑代表大会(1867)代表。——338、410。

边沁，耶利米(Behntham, Jeremy 1748—1832)——英国社会学家、哲学家和经济学家，功利主义理论的主要代表，主张效用原则是社会生活的基础。——24。

别尔维，瓦西里·瓦西里耶维奇(Берви, Василий Васильевич 笔名恩·弗列罗夫斯基 Н. Флеровский 1829—1918)——俄国经济学家和社会学家，启蒙运动民主主义者，民粹派空想社会主义的代表人物，《俄国工人阶级状况》一书的作者。——325。

波尔特，弗里德里希(Bolte, Friedrich)——美国工人运动活动家，雪茄烟工人，德国人，国际纽约第一支部成员和书记(1877)，国际北美联合会第一次代表大会(1872)代表，北美委员会中央委员会成员(1874年以前)和书记；《工人报》编委，海牙代表大会上选出的总委员会的委员(1872—1874)，1874年为美国联合工会委员会书记，同年因参与分裂活动被开除出总委员会。——367。

波克罕，西吉斯蒙德·路德维希(Borkheim, Sigismund Ludwig 1826—1885)——德国新闻工作者和商人，民主主义者，1848年巴登起义和1849年巴登-普法尔茨起义的参加者，起义失败后流亡瑞士；1851年起在伦敦经商，50年代初追随伦敦小资产阶级流亡者；1860年起同马克思和恩格斯保持友好关系。——297、448。

波拉克，亨利(Polak, Henri 1868—1943)——荷兰工会活动家和社会民主党人，属于右翼。——680。

波拿巴——见拿破仑第一。

波旁王朝——法国王朝(1589—1792、1814—1815和1815—1830)。——6。

波普，约翰(Pope, John 1822—1892)——美国将军，属于共和党，美国内战的参加者，1862年先为密西西比州后为弗吉尼亚州的北军的一个军团的指挥官。——192。

波特尔，乔治(Potter, George 1832—1893)——英国工联改良派领袖之一，职业是木工，工联伦敦理事会理事和建筑工人工联的领导人，《蜂房报》的创办人和出版者，在报纸上一贯实行同资产阶级自由派妥协的政策。——216、287、404、576。

伯蒂歇尔，约翰·弗里德里希·威廉(Bötticher, Johann Friedrich Wilhelm 1789—1850)——德国语文学家和古代史学家，写有历史、语文学和神学方面的著作；《迦太基史》的作者。——136。

伯恩施坦,爱德华(Bernstein, Eduard 1850—1932)——德国银行雇员和政论家,1872年起为德国社会民主工党党员,哥达合并代表大会代表(1875),卡·赫希柏格的秘书(1878);1880年结识马克思和恩格斯,在他们的影响下成为科学社会主义的拥护者;《社会民主党人报》编辑(1881—1890)。——436、443、447、460、466、469、481、487、489、491、492、495、496、498—500、509、514、517、519、522、555、556、572、573、574、601、681、682。

伯恩施坦,雷吉娜(Bernstein, Regina 第一个丈夫姓沙特奈尔 Schattner)——爱·伯恩施坦的妻子。——572、573。

伯耳齐希,冯(Bölzig, von)——普鲁士近卫团上尉。——259。

伯利欣根,葛兹·冯(Berlichingen, Götz von 1480—1562)——德国骑士,1525年参加农民起义,任内卡河谷—奥登林山雇佣军支队的步兵上校,在柯尼斯霍芬决战时出卖了农民;歌德的同名剧本和拉萨尔的剧本《弗兰茨·冯·济金根》中的葛兹·冯·伯利欣根的原型。——170。

伯尼克男爵,奥托(Boenigk, Otto Baron von)——德国社会活动家,曾在布雷斯劳大学讲授社会主义。——588。

勃朗,加斯帕尔·安东(Blanc, Gaspard-Antoine 生于1845年)——法国印刷工人,1866年在里昂成为国际会员;曾为《团结报》撰稿,同巴枯宁关系甚密;1870年里昂九月起义的参加者,1871年3月23日在里昂宣布巴黎公社成立;公社失败后流亡瑞士;1871年在巴黎被缺席判处要塞监禁,后成为波拿巴主义者。——382。

勃朗,路易(Blanc, Louis 1811—1882)——法国新闻工作者和历史学家,小资产阶级社会主义者;1848年临时政府成员和卢森堡宫委员会主席,采取同资产阶级妥协的立场;1848年8月流亡英国,后为伦敦的法国布朗基派流亡者协会的领导人;1871年国民议会议员,反对巴黎公社。——58、89、91、93、99、101、105、109。

博尔吉乌斯,瓦尔特(Borgius, Walther)——德国大学生。——667。

博古斯拉夫斯基,阿尔伯特·冯(Boguslawski, Albert von 1834—1905)——德国将军和军事著作家,曾参加镇压波兰起义(1863—1864)。——687、688。

博勒加德,皮埃尔·古斯塔夫·图唐(Beauregard, Pierre Gustave Toutant 1818—1893)——美国将军,对墨西哥战争(1846—1848)的参加者,美国内战时期为弗吉尼亚州(1861—1862年初)、密西西比州(1862)和查理斯顿(1862年9月—1864年4月)的南军指挥官。——181、182。

博纳尔德子爵，路易·加布里埃尔·昂布鲁瓦兹（Bonald, Louis-Gabriel Ambroise, vicomte de 1754—1840）——法国政治家和政论家，保皇派，复辟时期的贵族和教权主义反动派的思想家。——638。

博尼埃，沙尔（Bonnier, Charles 1863—1905以后）——法国社会主义者、新闻工作者和作家，长期侨居英国，法国工人党党员，曾为社会主义报刊撰稿，1889、1891和1893年国际社会主义工人代表大会代表；茹·盖得的朋友。——655。

布阿吉尔贝尔，皮埃尔·勒珀桑（Boisguillebert, Pierre Le Pesant 1646—1714）——法国经济学家和统计学家，重农学派的先驱，法国资产阶级古典政治经济学的创始人；写有《法国详情》和其他经济学著作。——564。

布尔，路德维希·亨利希·弗兰茨（Buhl, Ludwig Heinrich Franz 1814—1882）——德国作家和政论家，青年黑格尔分子，"博士俱乐部"和"自由人"小组成员，《莱茵报》（1842）及其他许多报刊的撰稿人；《爱国者》杂志的出版者。——24。

布拉斯，奥古斯特（Braß, August 1818—1876）——德国新闻工作者，德国1848—1849年革命的参加者，革命失败后流亡瑞士，1859—1860年是《新瑞士报》的主编，后为民族自由党人，60年代起是俾斯麦的拥护者，《北德总汇报》的发行人。——258。

布莱特，约翰（Bright, John 1811—1889）——英国政治家，棉纺厂主，自由贸易派领袖和反谷物法同盟创始人；60年代初起为自由党（资产阶级激进派）左翼领袖；曾多次任自由党内阁的大臣。——203、212、216、259。

布兰克，卡尔·埃米尔（Blank, Karl Emil 1817—1893）——德国商人，40—50年代接近社会主义观点；恩格斯的妹妹玛丽亚的丈夫。——17、29、57。

布兰克，威廉（Blank, Wilhelm 1821—1892）——德国商人，恩格斯的同学。——20。

布兰特，塞巴斯蒂安（Brant, Sebastian 1458—1521）——德国人道主义者，作家。——6。

布朗，威拉德（Brown, Willard）——美国新闻工作者，社会主义者；马克思的熟人。——461。

布朗基，路易·奥古斯特（Blanqui, Louis-Auguste 1805—1881）——法国革命家，空想共产主义者，主张通过密谋性组织用暴力夺取政权和建立革命专政；许多秘密社团和密谋活动的组织者，1830年七月革命和1848年二月革命的参加者，秘密的四季社的领导人，1839年五月十二日起义的组织者，同年被判处死刑,后改为无期徒刑;1848—1849年革命时期是法国无产阶级运动的领袖;巴黎1870年十月三十一日起义的领导人,巴黎公社时期被反动派囚禁在凡尔赛,曾缺席当选为公社委员;一生中有36年在狱中度过。——325、403、472、533、655、656。

布朗热,若尔日·厄内斯特·让·玛丽(Boulanger, George-Ernest-Jean-Marie 1837—1891)——法国将军,政治冒险家,陆军部长(1886—1887);企图依靠反德的复仇主义宣传和政治蛊惑在法国建立自己的军事专政。——654。

布劳恩,亨利希(Braun, Heinrich 1854—1927)——德国新闻工作者,社会民主党人,改良主义者,《新时代》杂志创办人之一,《社会立法和统计学文库》、《社会政治中央导报》等刊物的编辑,帝国国会议员。——689。

布雷,约翰·弗兰西斯(Bray, John Francis 1809—1895)——英国经济学家,空想社会主义者,罗·欧文的信徒,职业是印刷工人;阐发了"劳动货币"的理论。——54、159。

布雷肯里奇,约翰·卡贝尔(Breckinridge, John Cabell 1821—1875)——美国国务活动家,民主党人,南部奴隶主叛乱的领导人之一;副总统(1857—1861),1860年大选的总统候选人;美国内战时期是南军的将军,南部同盟的陆军部长(1865)。——191。

布林德,卡尔(Blind, Karl 1826—1907)——德国作家和新闻工作者,小资产阶级民主主义者,1848—1849年巴登革命运动的参加者,1849年为临时政府成员,与马克思同去伦敦,在那里成为德国政治流亡者救济委员会成员;1849—1850年是共产主义者同盟盟员和《新莱茵报。政治经济评论》的撰稿人;50年代中期起是在伦敦的德国小资产阶级流亡者的领袖之一,60年代是民族自由党人,普法战争期间和战后为极端沙文主义者。——220、241。

布鲁斯,保尔·路易·玛丽(Brousse, Paul-Louis-Marie 1844—1912)——法国医生,1872年起为国际工人协会会员和汝拉联合会中央委员会委员,1872年9月被开除出国际;1872—1873年住在巴塞罗那;法国南方革命宣传委员会的创始人;巴枯宁派的日内瓦代表大会(1873)和汝拉联合会历次代表大会的参加者;伯尔尼支部成员(1874),伯尔尼社会民主联合会成员(1876);1880年返回巴黎;法国工人党创始人之一,后为可能派的首领。——467、482、483、486、491。

布伦坦诺,路德维希·约瑟夫(路约)(Brentano, Ludwig Joseph [Lujo] 1844—1931)——德国资产阶级庸俗经济学家,讲坛社会主义者。——458。

布罗克豪斯，亨利希（Brockhaus, Heinrich 1804—1874）——德国出版商和书商；先是莱比锡一家图书出版发行公司的共同所有者（1823年起），后为独立所有者（1850年起）。——197。

布洛赫，约瑟夫（Bloch, Joseph 1871—1936）——德国新闻工作者和出版商，《社会主义月刊》编辑。——591。

布洛默斯泰因（Blommestein）——荷兰金融家，19世纪80年代初为法国《公民报》的所有者。——487。

布洛斯，威廉（Blos, Wilhelm 1849—1927）——德国新闻工作者和历史学家，社会民主党人；《人民国家报》编辑（1872—1874），帝国国会议员（1877—1878、1881—1887 和 1890—1907），属于社会民主党国会党团的右翼，90年代为《前进报》编辑；第一次世界大战期间为社会沙文主义者；1918年十一月革命后为符腾堡政府领导人。——415、422。

布斯凯，阿贝尔（Bousquet, Abel）——法国无政府主义者，1871年1月起为巴黎第二十区中央委员会成员，11月起在贝济耶成为社会主义委员会主席，1872年9月因警探身份被揭露而被开除出国际。——382。

C

查理五世（Karl V 1500—1558）——德意志神圣罗马帝国皇帝（1519—1556），称查理五世；曾为西班牙国王（1516—1556），称查理一世；拉萨尔的剧本《弗兰茨·冯·济金根》中查理五世的原型。——170、171、172、175。

查苏利奇，维拉·伊万诺夫娜（Засулич, Вера Ивановна 1851—1919）——俄国民粹运动、社会民主主义运动的活动家，劳动解放社（1883）的创始人之一；后来转到孟什维克立场。——530、532。

察赫尔，格奥尔格（Zacher, Georg 1854—1923）——德国法学家，柏林政治警察局局长；《赤色国际》一书的作者。——646。

车尔尼晓夫，亚历山大·伊万诺维奇（Чернышев, Александр Иванович 1786—1857）——俄国军官，1812年起为将军，国务活动家，反对拿破仑法国战争的参加者，1809—1812年为驻拿破仑第一司令部的军事外交代表，1828—1852年为陆军大臣。——182。

D

达尔文，查理·罗伯特（Darwin, Charles Robert 1809—1882）——英国自然科

德朗克,恩斯特(Dronke, Ernst 1822—1891)——德国政论家和作家,曾一度受"真正的社会主义"的影响;1848年初起为共产主义者同盟盟员,1848—1849年为《新莱茵报》编辑;1848—1849年革命失败后流亡法国,1850年共产主义者同盟分裂时拥护马克思和恩格斯,1850年7月是同盟中央委员会派往瑞士的特使;1852年4月底流亡英国,科隆共产党人案件时期(1852)支持马克思和恩格斯揭露警察当局的丑恶行径;国际会员;70年代脱离政治活动而经商。——60、95。

德谟克利特(Demokritos [Democritus] 约公元前460—370)——古希腊哲学家,原子论的主要代表,留基伯的学生。——148。

德穆特,海伦(琳蘅,尼姆)(Demuth, Helene [Lenchen, Nim] 1823—1890)——马克思家的女佣和忠实的朋友。——317、418、501、504、531、541、573。

德纳,查理·安德森(Dana, Charles Anderson 1819—1897)——美国新闻工作者,废奴主义者,40—60年代为《纽约每日论坛报》和《美国新百科全书》编辑,1868年起为《太阳报》主编。——100、144、145、346。

德普勒,马塞尔(Deprez, Marcel 1843—1918)——法国物理学家和电气技师,曾从事远距离输电问题的研究。——499。

德萨米,泰奥多尔(Dézamy, Theodore 1803—1850)——法国政论家,空想共产主义革命派的代表人物。——7。

德斯特尔,卡尔·路德维希·约翰(D'Ester [d'Ester], Karl Ludwig Johann 1813—1859)——德国社会主义者和民主主义者,职业是医生,莱茵报社股东和《莱茵报》撰稿人,曾在科隆的民主运动中起领导作用,1847年起为共产主义者同盟科隆支部成员;1848—1849年革命时期为普鲁士制宪议会和第二议院议员,属于左派;1848年10月起为德意志民主协会中央委员会委员;1849年在巴登-普法尔茨起义中起重要作用并支持普法尔茨临时政府,后来流亡瑞士。——20、28、33。

德韦特,威廉·马丁·勒贝雷希特(De Wette, Wilhelm Martin Leberecht 1780—1849)——德国神学家,曾先后在海德堡大学(1809)、柏林大学(1810—1819)和巴塞尔大学(1821—1849)任教授。——145。

德维尔,加布里埃尔(Deville, Gabriel 1854—1940)——法国工人党的活动家和政论家,社会主义者;写有《资本论》第一卷浅释以及哲学、经济学和历史著作;1889和1891年国际社会主义工人代表大会代表;20世纪初脱离工人运动。——511。

德亚克,费伦茨(Deák, Ferenc 1803—1876)——匈牙利国务活动家,匈牙利贵
族自由派集团的代表人物,主张同奥地利君主国妥协;鲍蒂扬尼政府的司法
部长(1848年3—9月),1860年起为众议院议员。——345。

狄茨,克利斯蒂安·弗里德里希(Diez, Christian Friedrich 1794—1876)——德国
语言学家,比较历史语言学的奠基人之一,第一部罗曼语语法的作者。——565。

狄茨,约翰·亨利希·威廉(Dietz, Johann Heinrich Wilhelm 1843—1922)——德
国出版商;社会民主党人,1881年在斯图加特创办狄茨出版社,即后来的社会
民主党出版社,1881年起为国会议员。——603、605、614、676。

狄慈根,约瑟夫(Dietzgen, Joseph 1828—1888)——德国社会民主党人,自学成
功的哲学家,独立地得出了辩证唯物主义若干原理;职业是制革工人,1848—
1849年革命的参加者,1852年成为共产主义者同盟盟员;社会民主党党员和国
际会员,国际海牙代表大会(1872)代表。——288、296、298。

迪斯累里,本杰明,比肯斯菲尔德伯爵(Disraeli [D'Israeli], Benjamin, Earl of
Beaconsfield 1804—1881)——英国政治活动家和著作家,40年代参加"青
年英国";托利党领袖,19世纪下半叶为保守党领袖;曾任财政大臣(1852、
1858—1859和1866—1868),内阁首相(1868和1874—1880)。——418、437。

笛卡儿,勒奈(Descartes, René 1596—1650)——法国二元论哲学家、数学家和
自然科学家。——401、586。

第欧根尼·拉尔修(Diogenes Laertius 3世纪末)——古希腊作家和哲学史家,《著
名哲学家的生平》的编纂者。——258。

蒂巴尔迪,帕奥洛(Tibaldi, Paolo 1825—1901)——意大利革命家,加里波第的
拥护者;国际会员,巴黎公社的参加者。——364。

丁铎尔,约翰(Tyndall, John 1820—1893)——英国物理学家,科普作家;主要
从事声学、磁学和热力学的研究。——400。

杜班,安德烈·玛丽·让·雅克(Dupin, André-Marie-Jean-Jacques 人称大杜班
Dupin aîné 1783—1865)——法国法学家和政治活动家,奥尔良党人,众议
院议长(1832—1839),第二共和国时期是制宪议会议员(1848—1849)和立法
议会议长(1849—1851);后为波拿巴主义者。——97。

杜邦,欧仁(Dupont, Eugène 1831—1881)——法国工人,国际工人运动活动家,
1848年巴黎六月起义的参加者,1862年起住在伦敦,1870年起住在曼彻斯特,
国际总委员会委员(1864—1872),法国通讯书记(1865—1871),伦敦代表会
议(1865)和日内瓦代表大会(1866)的参加者,洛桑代表大会(1867)主席,布

鲁塞尔代表大会(1868)、伦敦代表会议(1871)和海牙代表大会(1872)的代表，《法兰西信使报》撰稿人，伦敦法国人支部成员(1868年以前)，曼彻斯特法国人支部创建人之一(1870年)，国际不列颠联合会委员会委员(1872—1873)，1874年迁居美国；马克思和恩格斯的战友。——331、396。

杜邦·德勒尔，雅克·沙尔(Dupont de l'Eure, Jacques-Charles 1767—1855)——法国政治家，自由主义者；18世纪末法国资产阶级革命和1830年革命的参加者；1830年以前是烧炭党领导成员；40年代是王朝反对派的代表人物，接近温和的资产阶级共和派；1848年为临时政府主席，后为国民议会议员。——57。

杜朗，古斯塔夫·保尔·埃米尔(Durand, Gustave-Paul-Émile 生于1835年)——法国首饰匠，警探，公社被镇压后在伦敦冒充流亡者；1871年为法国人支部书记，同年被揭发并被开除出国际。——375。

杜林，欧根·卡尔(Dühring, Eugen Karl 1833—1921)——德国折中主义哲学家和庸俗经济学家，小资产阶级社会主义者，形而上学者；在哲学上把唯心主义、庸俗唯物主义和实证论结合在一起；在自然科学和文学方面也有所著述；1863—1877年为柏林大学非公聘讲师；70年代他的思想曾对德国社会民主党部分党员产生过较大影响。——275、276、280、282、338、414—418、420。

杜木里埃，沙尔·弗朗索瓦(Dumouriez[Dümouriez], Charles-François 1739—1823)——法国将军和政治活动家，法国革命时期是吉伦特党人；曾任外交部长、北部革命军队指挥官(1792—1793)；1793年3月背叛法兰西共和国。——96。

杜西——见马克思-艾威林，爱琳娜。

杜欣斯基，弗兰齐舍克(Duchiński, Franciszek 1817—1893)——波兰历史学家和民族志学家，1830—1831年起义后侨居巴黎，写有关于波兰和东斯拉夫人的历史和民族志学方面的著作。——320。

敦克尔，弗兰茨·古斯塔夫(Duncker, Franz Gustav 1822—1888)——德国出版商，资产阶级进步党的活动家，1868年同麦·希尔施一起创建改良主义工会(1868—1933)，人称希尔施—敦克尔工会。——168、197、246、261、264。

多布罗贾努-盖雷亚，康斯坦丁(Dobrogeanu-Gherea, Constantin 真名索洛蒙·卡茨 Solomon Kaz 1855—1920)——罗马尼亚社会学家和文学评论家，社会民主运动的参加者，后为改良主义者。——566。

E

额尔金伯爵,詹姆斯·普鲁斯(Elgin, James Bruce, Earl of 1811—1863)——英国外交官,作为特命全权代表出使中国(1857—1858和1860—1861),印度总督(1862—1863)。——167。

恩格斯,弗里德里希(Engels, Friedrich 1796—1860)——恩格斯的父亲。——30、107。

恩格斯,海尔曼(Engels, Hermann 1822—1905)——德国工厂主,恩格斯基兴的欧门—恩格斯公司的股东;恩格斯的弟弟。——19。

恩格斯,莉迪娅(莉希)(Engels, Lydia[Lizzy, Lizzie]父姓白恩士Burns 1827—1878)——爱尔兰女工,爱尔兰民族解放运动的参加者;玛·白恩士的妹妹,恩格斯的第二个妻子。——230、259、266、286、318、373、416、418。

恩格斯,玛丽亚(Engels, Marie 1824—1901)——恩格斯的妹妹,1845年起为卡·埃·布兰克的妻子。——17。

恩格斯,伊丽莎白(爱利莎)·弗兰契斯卡·毛里齐亚(Engels, Elisabeth [Elise] Franziska Mauritia 父姓范·哈尔 van Haar 1797—1873)——恩格斯的母亲。——29、365。

恩斯特,保尔(Ernst, Paul 1866—1933)——德国政论家、批评家和剧作家;80年代末加入社会民主党;"青年派"领袖;1891年被开除出社会民主党,后来归附法西斯主义。——583、614。

恩斯特-奥古斯特(Ernst August 1771—1851)——汉诺威国王(1837—1851)。——82。

F

法尔加-佩利塞尔,拉斐尔(Farga Pellicer, Rafael 化名拉法尔 Rafar 1840—1903)——西班牙新闻工作者,无政府主义者,职业是印刷工人;国际工人协会巴塞罗那支部(1869)以及巴塞罗那联合会委员会(1872)的创建者之一;国际巴枯宁派兄弟会成员;《联盟》周报编辑(1869—1873);国际巴塞尔代表大会(1869)以及海牙代表大会(1872)代表;西班牙无政府主义组织的领导人之一,1872—1873年曾参加圣伊米耶代表大会、科尔多瓦代表大会以及日内瓦代表大会;1873年5月30日总委员会通过决议把他开除出国际。——371。

法耳梅赖耶尔,雅科布·菲力浦(Fallmerayer, Jakob Philipp 1790—1861)——德国历史学家、旅行家、东方学家;1848年起为慕尼黑大学历史学教授;写有关于希腊历史方面的著作。——282。

法夫尔,克劳德·加布里埃尔·茹尔(Favre, Claude-Gabriel-Jules 1809—1880)——法国律师和政治活动家,温和的资产阶级共和派领袖之一;第二共和国时期先后任内务部秘书长、外交部副部长、制宪议会和立法议会议员(1848—1851),60年代为立法团议员,国防政府和梯也尔政府的外交部长(1870—1871),曾到法兰克福参加同德国关于巴黎投降及签订和约的谈判(1871)。——358、364、378。

范科尔,亨利克(Van Kol, Henrik 1851—1925)——荷兰工人运动活动家,荷兰社会民主工党的创始人和领导人之一;90年代末起是改良主义者,在第二国际的几次代表大会上为帝国主义的殖民政策辩护,反对十月革命。——556。

范派顿,菲力浦(Van Patten, Philipp)——美国政治活动家,曾参加社会主义运动;1876年起是美国工人党全国书记,1879年起是北美社会主义工人党全国书记;1883年起为国家官员。——506。

方塔纳,朱泽培(Fontana, Giuseppe 1840—1876)——意大利工人运动活动家,流亡伦敦,伦敦意大利工人组织共进会的领导人之一,国际总委员会委员和意大利通讯书记(1864—1865)。——213、214、216。

菲尔克斯,费多多·伊万诺维奇(Фиркс, Федор Иванович 笔名谢多-费罗蒂男爵,德·克·Schédo-Ferroti, D. K., Bacon 1812—1872)——俄国政论家,自由党人,写有一些关于俄国土地问题的著作。——297、298、319。

菲勒克,路易(Viereck, Louis 1851—1921)——德国出版商和新闻工作者,社会民主党人,在实施反社会党人法时期是社会民主党右翼领袖,德意志帝国国会议员(1884—1887);机会主义派的主要代表,1886年侨居美国,脱离社会主义运动。——485、495、499、500。

菲力浦二世·奥古斯特(Philipp II Auguste 1165—1223)——法国国王(1180—1223);1189—1191年第三次十字军征讨的首领。——658。

费尔巴哈,路德维希(Feuerbach, Ludwig 1804—1872)——德国唯物主义哲学家,德国古典哲学的代表人物。——9、25、296、298、600。

费舍,弗里德里希·泰奥多尔(Vischer, Friedrich Theodor 1807—1888)——德国哲学家,黑格尔分子,写有多卷美学著作。——150。

费舍,理查(Fischer, Richard 1855—1926)——德国新闻工作者,社会民主党人,党的执行委员会书记(1890—1893),国会议员(1893—1926)。——605、684、686、701。

费希纳,古斯塔夫·泰奥多尔(Fechner, Gustav Theodor 1801—1887)——德国
　物理学家、生理学家和哲学家,科学心理学的创始人。——338。

费希特,约翰·哥特利布(Fichte, Johann Gottlieb 1762—1814)——德国哲学家,
　德国古典哲学的代表人物,主观唯心主义者。——658。

弗腊斯,卡尔·尼古劳斯(Fraas, Karl Nikolaus 1810—1875)——德国植物学家
　和农学家,慕尼黑大学教授;写有一些关于植物学和农业方面的著作。——
　282、285、286。

弗莱里格拉特,斐迪南(Freiligrath, Ferdinand 1810—1876)——德国诗人,1848—
　1849年为《新莱茵报》编辑,共产主义者同盟盟员;50年代脱离革命斗争,50—
　60年代为瑞士银行伦敦分行职员。——80、143、317。

弗赖贝格尔,路德维希(Freyberger, Ludwig)——奥地利医生,侨居伦敦,1894
　年同路·考茨基结婚。——700。

弗兰克尔,莱奥(Frankel, Leo 1844—1896)——匈牙利工人运动和国际工人运
　动的活动家,职业是首饰匠;60年代去伦敦,后迁居法国;1867年在里昂成为
　国际会员,住在巴黎,巴黎德国人支部创建人之一(1870),巴黎联合会委员会
　成员和书记,巴黎公社委员,公社劳动、商业和财政委员会委员,后流亡伦敦;
　伦敦社会研究小组成员;1872年在巴黎被缺席判处死刑;国际总委员会委员
　(1871—1872),奥地利—匈牙利通讯书记;国际伦敦代表会议(1871)和海牙
　代表大会(1872)代表,1876年返回匈牙利,匈牙利全国工人党的创始人之一
　(1880),1889年国际社会主义工人代表大会副主席;马克思和恩格斯的战友。
　——355。

弗里布尔,厄内斯特·爱德华(Fribourg, Ernest-Édouard)——法国工人运动活
　动家,职业是雕刻工,后为商人,右派蒲鲁东主义者;1864年9月28日伦敦圣马
　丁堂会议的参加者,国际巴黎支部的领导人之一,伦敦代表会议(1865)和日
　内瓦代表大会(1866)代表;多家工人报纸的编辑部成员;1867年作为记者参
　加洛桑代表大会;1871年出版敌视国际和巴黎公社的《国际工人协会》一书。
　——403、646。

弗里茨,约斯(Fritz, Joß 约1470—1525)——1513年莱茵河上游地区鞋会的组
　织者。——176。

弗里德兰德,麦克斯(Friedländer, Max 1829—1872)——德国政论家,资产阶级
　民主主义者,曾参加《新奥得报》和《新闻报》编辑部(50—60年代马克思曾为这
　两家报纸撰稿);《新自由报》的创办人和编辑;斐·拉萨尔的表弟。——149。

弗里德里希-卡尔亲王(Friedrich-Karl, Prinz 1828—1885)——普鲁士将军,后
　　为元帅,丹麦战争时期(1864)为普军总司令,后为联军总司令;普奥战争时期
　　(1866)任普鲁士第一军团司令,普法战争时期(1871—1872)任第二军团司
　　令,80年代为骑兵总监。——252、277。

弗里德里希-威廉(Friedrich-Wilhelm 1620—1688)——勃兰登堡选帝侯
　　(1640—1688)。——659。

弗里德里希-威廉(Friedrich-Wilhelm 1831—1888)——普鲁士王储,1866年普
　　奥战争时任普鲁士第二军团司令;1888年为普鲁士国王和德国皇帝,称弗里
　　德里希三世。——277。

弗里德里希-威廉三世(Friedrich-Wilhelm III 1770—1840)——普鲁士国王
　　(1797—1840)。——348。

弗里德里希-威廉四世(Friedrich Wilhelm IV 1795—1861)——普鲁士国王
　　(1840—1861)。——6、195、259。

弗里德里希二世,弗里德里希大帝(Friedrich II, Friedrich der Große 1712—
　　1786)——普鲁士国王(1740—1786)。——495。

弗列罗夫斯基,恩·——见别尔维,瓦西里·瓦西里耶维奇。

弗路朗斯,古斯塔夫·保尔(Flourens, Gustave-Paul 1838—1871)——法国革命
　　家和自然科学家,布朗基主义者,曾因遭到迫害而离开法国,1868年回国后,
　　为《马赛曲报》撰稿人;1870年被流放,同年3月逃往伦敦,9月重回法国,1870
　　年10月31日和1871年1月22日巴黎起义的领导者之一;巴黎公社委员,公社
　　军事委员会委员,1871年4月3日被凡尔赛分子杀害。——336。

弗伦克尔(Fränkel)——德国银行家。——308。

弗洛孔,斐迪南(Flocon, Ferdinand 1800—1866)——法国政治家和政论家,小
　　资产阶级民主主义者,《改革报》编辑,1848年为临时政府成员;山岳党人;
　　1851年十二月二日政变后被驱逐出法国。——58、99。

伏打,亚历山大罗·朱泽培·安东尼奥·阿纳斯塔西奥(Volta, Alessandro
　　Giuseppe Antonio Anastasio 1745—1827)——意大利物理学家、化学家和
　　生理学家,流电理论的创始人。——163。

伏尔泰(Voltaire 原名弗朗索瓦·玛丽·阿鲁埃 François-Marie Arouet 1694—
　　1778)——法国自然神论哲学家、历史学家和作家,18世纪资产阶级启蒙运动
　　的主要代表人物,反对专制制度和天主教。——14。

孚赫,茹尔(尤利乌斯)(Faucher, Jules [Julius] 1820—1878)——德国政论家

和资产阶级庸俗经济学家,青年黑格尔分子;自由贸易的拥护者;1850年为柏林《晚邮报》的创办人和编辑;1850—1861年侨居英国,为《晨星报》的撰稿人,写有关于住宅问题的著作,1851年为《伦敦新闻画报》德文版编辑;1861年回到德国,后为进步党人,1866年起为民族自由党人。——222、274。

福布斯,阿奇博尔德(Forbes, Archibald 1838—1900)——英国新闻工作者,《晨报》和《每日新闻》撰稿人,1870—1871年普法战争和1877—1878年俄土战争时期为战地记者。——418。

福尔马尔,格奥尔格·亨利希·冯(Vollmar, Georg Heinrich von 1850—1922)——德国社会民主党人,德国社会民主党中机会主义和改良主义派的领袖;《社会民主党人报》编辑(1879—1880);多次当选德意志帝国国会议员和巴伐利亚邦议会议员;第一次世界大战期间为社会沙文主义者。——482、484、485、489、674、678、679。

福格特,奥古斯特(Vogt, August 约1830—1883)——德国和美国工人运动的活动家,职业是鞋匠;共产主义者同盟盟员,德国1848—1849年革命的参加者,全德工人联合会会员,属于无产阶级反对派,同李卜克内西一起反对拉萨尔主义,国际会员,1866年是国际柏林支部成员;1867年侨居美国,纽约德意志共产主义者俱乐部会员和国际在美国的支部的组织者之一;总委员会驻美国的通讯书记;马克思和恩格斯的战友。——326。

福格特,卡尔(Vogt, Karl 1817—1895)——德国自然科学家,庸俗唯物主义者,小资产阶级民主主义者;1848—1849年是法兰克福国民议会议员,属于左派;1849年6月为帝国五摄政之一;1849年逃往瑞士,50—60年代是路易·波拿巴雇用的密探。——196、250、251、410。

福斯特,雷切尔(Foster, Rachel)——美国女社会活动家,争取妇女选举权全国协会书记。——549、550。

傅立叶,沙尔(Fourier, Charles 1772—1837)——法国空想社会主义者。——8、14、26、42、52、243、286、516、518。

G

盖得,茹尔(Guesde, Jules 真名马蒂厄·巴西尔 Mathieu Basile 1845—1922)——法国工人运动和国际工人运动的活动家,初期为资产阶级共和党人,资产阶级共和派报纸《自由报》撰稿人和《人权报》编辑部成员;1871年被判处五年徒刑;后逃往瑞士,加入巴枯宁派,日内瓦社会主义革命宣传和行动支部创始人之一;松维利耶代表大会(1871)的参加者,汝拉联合会成员;1872年流亡意大利,脱离巴枯宁派;1875年返回瑞士,1876年返回法国;后为法国工人党(1879)创始人之一和马克思主义思想在法国的宣传者;法国社会主义运动革命派的领导人,第一次世界大战期间为社会沙文主义者。——452、466—467、486、491。

盖里埃,安东·昂布鲁瓦兹(Guerrier, Antoine Ambroise 1818—1877)——法国社会主义者,19世纪40年代接近马克思和恩格斯;奥·海·艾韦贝克的朋友。——14、20—21。

盖泽尔,布鲁诺(Geiser, Bruno 1846—1898)——德国政论家,社会民主党人,《新世界》杂志编辑,1881—1887年为德意志帝国国会议员;80年代末作为机会主义者被开除出社会民主党;威·李卜克内西的女婿。——517、522。

甘必大,莱昂(Gambetta, Léon 1838—1882)——法国政治活动家,温和的资产阶级共和派,国防政府的成员(1870—1871),该政府中图尔代表团团长;各省武装反抗普鲁士的组织者,1871年创办《法兰西共和国报》;曾任内阁总理兼外交部长(1881—1882)。——419。

戈比诺,约瑟夫·阿尔图尔·德(Gobineau, Joseph-Arthur de 1816—1882)——法国社会学家、外交官和作家,反人类的种族主义理论的创始人之一。——321、322。

戈尔(Gore)——英国人,爱琳娜·马克思的熟人。——417。

戈尔登贝格,约瑟夫·彼得罗维奇(Голденберг, Иосиф Петрович 化名梅什柯夫斯基 Мешковский 1873—1922)——俄国社会民主党人,1890年起在国外学习,1903年起为布尔什维克;第一次世界大战期间加入护国派,1920年重新加入布尔什维克。——662。

戈克,玛丽(Goegg, Marie 生于1826年)——国际妇女协会主席。——299。

戈申,乔治·乔基姆,霍克赫斯特子爵(Goschen, George Joachim, Viscount of Hawkhurst 1831—1907)——英国国务活动家和政治家;原系德国人;初为自由党人,1863年起为议会议员,曾多次入阁;写有一些经济方面的著作。——491。

哥尔布诺娃,敏娜·卡尔洛夫娜(Горбунова, Минна Карловна 1840—1931)——俄国经济统计学家,民粹派倾向的女作家;曾多年在国外研究职业教育的组织情况,80年代研究莫斯科省妇女手工业;曾为《祖国纪事》杂志撰稿。——450。

哥尔查科夫公爵,亚历山大·米哈伊洛维奇(Горчаков, Александр Михайлович, князь 1798—1883)——俄国国务活动家和外交家,曾任驻维也纳大使(1854—1856),外交大臣(1856—1882),总理大臣(1867—1882)。——416。

哥特弗里德——见金克尔,哥特弗里德·约翰。

歌德,约翰·沃尔弗冈·冯(Goethe, Johann Wolfgang von 1749—1832)——德国诗人、作家、思想家和博物学家。——170。

格奥尔格五世(Georg V 1819—1878)——汉诺威国王(1851—1866)。——241。

格茨,斐迪南(Götz, Ferdinand 1826—1915)——德国政治活动家,职业是医生,1849年德累斯顿五月起义的参加者;60年代是进步党人,后为民族自由党人,北德意志联邦国会和德意志帝国国会议员。——273。

格拉德瑙尔,格奥尔格(Gradnauer, Georg 1866—1946)——德国社会民主党人,90年代是一些工人报纸和社会民主党报纸的编辑。——647。

格拉顿,亨利(Grattan, Henry 1746—1820)——爱尔兰国务活动家,爱尔兰议会中温和的自由主义反对派领袖,1775—1800年协助英国当局镇压1798年爱尔兰的起义;承认1801年的英爱合并;1805年起为英国议会议员。——317。

格莱斯顿,威廉·尤尔特(Gladstone, William Ewart 1809—1898)——英国国务活动家,托利党人,后为皮尔分子,19世纪下半叶是自由党领袖;曾任财政大臣(1852—1855和1859—1866)和首相(1868—1874、1880—1885、1886和1892—1894)。——259、287、313、329、330、350、369、437、481、533、554、576、673。

格雷,约翰(Gray, John 1798—1850)——英国经济学家,空想社会主义者,罗·欧文的信徒;阐发了"劳动货币"的理论。——159。

格里伦贝格尔,卡尔(Grillenberger, Karl 1848—1897)——德国政论家,职业是钳工,纽伦堡合作印刷所所长(1874—1895);1869年起为德国社会民主工党党员;纽伦堡社会民主党报纸的出版者和编辑,《社会民主党人报》在南德秘密发行的组织者;德意志帝国国会议员(1881—1897)和巴伐利亚邦议会议员(1892—1897);党的领导成员(1884—1890),80年代起转向机会主义立场。——495、678。

格林,雅科布·路德维希·卡尔(Grimm, Jacob Ludwig Karl 1785—1863)——德国语文学家和文化史学家,柏林大学教授;温和的自由主义者;1848年是法兰克福国民议会议员,属于中间派;比较历史语言学的奠基人,第一部德语比较语法的作者;写有德国语言史、法学史、神话史和文学史方面的著作;1852年与其弟威·卡·格林合作开始出版《德语辞典》。——178、231、258、282、284、285。

格鲁赛,帕斯卡尔·让·弗朗索瓦(Grousset, Pascal Jean François 1844—1909)——法国政论家和政治活动家,布朗基主义者,国民自卫军中央委员会委员和巴黎公社委员,对外联络委员会主席,公社被镇压后被流放到新喀里多尼亚岛,1874年从那里逃走;后来转向资产阶级立场。——359。

格律恩,卡尔(Grün, Karl 笔名恩斯特·冯·德尔·海德 Ernst von der Haide 1817—1887)——德国小资产阶级政论家,接近青年德意志和青年黑格尔派,40年代中是"真正的"社会主义的主要代表人物;普鲁士制宪议会议员(1848),属于左翼;普鲁士第二议院议员(1849);1851年起流亡比利时,1861年回到德国,曾在美因河畔法兰克福高等商业工艺学校任艺术史、文学史和哲学史教授(1862—1865);1870年到维也纳,1874年出版路·费尔巴哈的书信集和遗著。——22、34—36、38—41。

格罗夫,威廉·罗伯特(Grove, William Robert 1811—1896)——英国物理学家和法学家。——227。

格奈泽瑙,奥古斯特·威廉·安东,奈特哈特伯爵(Gneisenau, August Wilhelm Anton, Graf Neithart von 1760—1831)——普鲁士将军和军事政治活动家,1825年起为元帅;在德国人民反对拿破仑统治的解放斗争中起了卓越的作用,1806年普鲁士军队被拿破仑打败后与格·夏恩霍斯特等一起制定军事改革的原则,1813—1814年和1815年是格·勒·布吕歇尔将军的参谋长。——348。

龚佩尔特,爱德华(Gumpert, Eduard 1834—1893)——德国医生,住在曼彻斯特;马克思和恩格斯的朋友。——234、261、279、343、395。

古尔德,杰伊(Gould, Jay 1836—1892)——美国铁路企业主和金融家。——596。

谷兹科,卡尔·斐迪南(Gutzkow, Karl Ferdinand 笔名莱昂哈德·法尔克 Leonhard Falk 1811—1878)——德国新闻工作者、作家和文学评论家;青年德意志的代表人物;《德意志电讯》的出版者,德累斯顿宫廷剧院的戏剧顾问(1847—1850)。——443。

H

哈茨费尔特伯爵夫人,索菲娅(Hatzfeldt, Sophie, Gräfin von 1805—1881)——斐·拉萨尔的朋友和拥护者。——146、219—222、604。

哈第,詹姆斯·基尔(Hardie, James Keir 1856—1915)——英国工人运动活动家和政论家,改良主义者,职业是矿工;苏格兰工党创始人(1888)和领袖,独立工党创始人(1893)和领袖。——672、673。

哈克奈斯,玛格丽特(Harkness, Margaret 笔名约翰·劳 John Law)——英国女作家,社会主义者,社会民主联盟盟员,曾为《正义报》撰稿;写有描写工人生活的小说。——569。

哈克斯特豪森男爵,奥古斯特·弗兰茨(Haxthausen, August Franz Freiherr von 1792—1866)——普鲁士官员和作家,联合议会议员(1847—1848),后为普鲁士第一议院议员;写有描述普鲁士和俄国土地关系中当时还残存的土地公社所有制方面的著作。——166。

哈勒,卡尔·路德维希·冯(Haller, Carl Ludwig von 1768—1854)——瑞士法学家和历史学家,阿·冯·哈勒的儿子。——638。

哈里斯,乔治(Harris, George)——英国工人运动活动家,前宪章主义者,詹·奥勃莱恩的社会改良主义观点的信徒,全国改革同盟成员,国际总委员会委员(1869—1872),总委员会财务书记(1870—1871)。——316。

哈尼,乔治·朱利安(Harney, George Julian 1817—1897)——英国工人运动活动家,宪章派左翼领袖;正义者同盟盟员,后为共产主义者同盟盟员,民主派兄弟协会创建人之一,《北极星报》编辑,《民主评论》、《人民之友》、《红色共和党人》等宪章派刊物的出版者;1862—1888年曾数度住在美国;国际会员;曾同马克思和恩格斯保持友好联系;50年代和小资产阶级民主派接近,一度同工人运动中的革命派疏远。——108。

哈特曼,爱德华·冯(Hartmann, Eduard von 1842—1906)——德国唯心主义哲学家,普鲁士容克的思想家,他把谢林和叔本华的哲学同黑格尔哲学的保守特点结合成"无意识哲学"。——401。

海德门,亨利·迈尔斯(Hyndman, Henry Mayers 化名约翰·布罗德豪斯 John Broudhouse 1842—1921)——英国社会主义者,改良主义者;1881年是民主联盟(1884年改组为社会民主联盟)的创始人和领袖,后为英国社会党领袖,1916年因进行有利于帝国主义的宣传而被开除出党。——575、673。

海尔维格,格奥尔格(Herwegh, Georg 1817—1875)——德国诗人,小资产阶级民主主义者;1842年起成为马克思的朋友,《莱茵报》等多家报刊的撰稿人;1848年二月革命后是巴黎德意志民主协会领导人,巴黎德国流亡者志愿军团组织者之一;1848—1849年革命的参加者,后长期流亡瑞士;1869年起为德国社会民主工党(爱森纳赫派)党员。——3。

海克尔,恩斯特·亨利希(Haeckel, Ernst Heinrich 1834—1919)——德国生物学家,达尔文主义者,自然科学中的唯物主义的代表,无神论者;提出了确定系统发育和个体发育之间的相互关系的生物发生律;"社会达尔文主义"的创始人。——400。

海涅,亨利希(Heine, Heinrich 1797—1856)——德国诗人,革命民主主义运动的先驱,马克思一家的亲密朋友。——332、350、422、590。

海因岑,卡尔(Heinzen, Karl 1809—1880)——德国作家和政论家,小资产阶级民主主义者,《莱比锡总汇报》记者,《莱茵报》撰稿人;1844年9月逃往布鲁塞尔,1845年春移居瑞士,1847年起反对马克思和恩格斯;曾参加1849年巴登-普法尔茨起义,后来先后流亡瑞士和英国;1850年秋定居美国,后为《先驱者》报的主编(1854—1879)。——109。

亥姆霍兹,海尔曼·路德维希·斐迪南(Helmholtz, Hermann Ludwig Ferdinand 1821—1894)——德国物理学家和生理学家;不彻底的唯物主义者,倾向于新康德主义的不可知论;同时从事生理光学、力学、流体动力学、声学、热动力学和电动力学的研究,柏林物理工程学院创始人,并从1888年起任院长。——416。

汉弗莱·德·特拉福德(Humphrey de Trafford)——英国地主。——306。

豪普特,海尔曼·威廉(Haupt, Hermann Wilhelm 约生于1831年)——德国店员,维护帝国宪法运动的参加者(1849),运动失败后流亡瑞士,后流亡英国;伦敦德意志工人共产主义教育协会会员,1850年10月在汉堡成为共产主义者同盟盟员,科隆共产党人案件(1852)的被告之一,在审讯期间作了叛卖性的供述,审判前即被释放,1852年迁居巴西。——82。

贺拉斯(昆图斯·贺拉斯·弗拉克)(Quintus Horatius Flaccus 公元前65—8)——罗马诗人。——322、615。

赫尔岑,亚历山大·伊万诺维奇(Герцен, Александр Иванович 1812—1870)——俄国唯物主义哲学家、政论家和作家,革命民主主义者,1847年流亡法国,1852年移居伦敦,在英国建立"自由俄国印刷所",并出版《北极星》定期文集和《钟声》报。——335、474。

赫尔瓦尔德,弗里德里希·安东·赫勒尔(Hellwald, Friedrich Anton Heller 1842—1892)——奥地利民族学家、地理学家和历史学家。——411。

赫拉克利特(Herakleitos 约公元前540—480)——古希腊哲学家,辩证法的奠基人之一,自发的唯物主义者。——145、146、148。

赫普纳,阿道夫(Hepner, Adolf 1846—1923)——德国书商和新闻工作者;社会民主工党的创建人之一,国际会员,《人民国家报》编辑(1869—1873),1872年为莱比锡叛国案的被告之一,后宣告无罪;国际海牙代表大会(1872)代表;后侨居美国(1882—1908),曾为多家社会主义报刊撰稿;1908年回到德国。——415。

赫斯,莫泽斯(Heß, Moses 1812—1875)——德国政论家和哲学家,《莱茵报》创办者之一和撰稿人,1842年1—12月为该报编辑部成员,1842年12月起为驻巴黎通讯员;正义者同盟盟员,后为共产主义者同盟盟员;40年代中为"真正的"社会主义的主要代表人物;1846年起反对马克思和恩格斯;1850年共产主义者同盟分裂后属于维利希—沙佩尔冒险主义宗派集团;1863年以后为拉萨尔分子;国际布鲁塞尔代表大会(1868)和巴塞尔代表大会(1869)的参加者。——18、19、22、24、25。

赫希柏格,卡尔(Höchberg, Karl 笔名路德维希·李希特尔博士 Dr. Ludwig Richter 1853—1885)——德国作家和出版商,社会改良主义者,富商的儿子;伦理社会主义的拥护者,1876年加入社会民主党,《未来》(1877—1878)和《社会科学和社会政治年鉴》(1879—1881)的出版者。——420、444、447。

赫胥黎,托马斯·亨利(Huxley, Thomas Henry 1825—1895)——英国自然科学家,生物学家;达尔文的朋友和信徒及其学说的普及者,在哲学方面是不彻底的唯物主义者。——199、400。

黑尔德,阿道夫(Held, Adolf 1844—1880)——德国资产阶级庸俗经济学家,政治经济学领域中所谓历史学派的代表人物;讲坛社会主义者;波恩大学教授。——337。

黑尔多夫(黑尔多夫-伯德拉),奥托·亨利希·冯(Helldorf [Helldorf-Bedra], Otto Heinrich von 1833—1908)——德国大地主,德国保守党的创建人之一(1876),德意志帝国国会议员(1871—1874、1877—1881和1884—1893)。——581。

黑尔斯,约翰(Hales, John 生于1839年)——英国工人,工联主义运动活动家,改革同盟执行委员会委员及土地和劳动同盟、工人代表同盟的成员,国际总委员会委员(1866—1872)和书记(1871—1872);国际伦敦代表会议(1871)和海牙代表大会(1872)的代表;曾参加巴枯宁的少数派;国际不列颠联合会委员会委员(1871年11月);1872年初起领导不列颠联合会委员会中的改良派和分裂派;该派伦敦代表大会(1873)的组织者;1873年5月30日总委员会通过决议把他开除出国际。——396、404。

黑格尔,乔治·威廉·弗里德里希(Hegel, Georg Wilhelm Friedrich 1770—1831)——德国古典哲学的主要代表。——25、26、42、44、69、88、93、99、140、143、145、146、148、162—164、184、226、227、239、261、264、280、285、288、298、338、385、393、400、465、533、539、544、587、599、601、616、622、623、638、658、693。

亨尼西,约翰·波普(Hennessy, John Pope 1834—1891)——爱尔兰政治活动家,议会议员,保守党人,60年代初曾在议会提出在爱尔兰实行一系列小改良的提案。——272。

亨宁,莱奥波德·多罗泰乌斯·冯(Henning, Leopold Dorotheus von 人称冯·申霍夫 von Schönhoff 1791—1866)——德国哲学家,黑格尔主义者,1825年起为柏林大学教授;《科学评论年鉴》编辑(1827—1847);黑格尔著作的编者之一。——622。

胡登,乌尔里希·冯(Hutten, Ulrich von 1488—1523)——德国诗人和政论家,人文主义的主要代表人物,宗教改革的拥护者,德国骑士等级的思想家,1522—1523年骑士起义的参加者,拉萨尔的剧本《弗兰茨·冯·济金根》中的乌·冯·胡登的原型。——170—172、175、177。

惠勒,乔治·威廉(Wheeler, George William)——英国工人运动活动家;1864年9月28日伦敦圣马丁堂会议的参加者,国际总委员会委员(1864—1867),总委员会财务委员(1864—1865和1865—1867),国际伦敦代表会议(1865)的参加者,改革同盟执行委员会委员及土地和劳动同盟的成员。——248。

霍布斯,托马斯(Hobbes, Thomas 1588—1679)——英国哲学家,机械唯物主义的代表人物,早期资产阶级天赋人权理论的代表。——184、411、599。

霍夫曼,奥古斯特·威廉(Hofmann, August Wilhelm 1818—1892)——德国有机化学家,1845年从煤焦油中提炼出苯胺。——261、264。

霍夫曼,恩斯特·泰奥多尔·阿马多斯(Hoffmann, Ernst Theodor Amadeus 1776—1822)——德国作家、音乐家、画家和法学家;德国晚期浪漫派的主要代表;一度在普鲁士政府中任职。——236。

霍亨索伦王朝——勃兰登堡选帝侯世家(1415—1701),普鲁士王朝(1701—1918)和德意志皇朝(1871—1918)。——205、347、348。

J

基谢廖夫伯爵，帕维尔·德米特里耶维奇(Киселёв, Павел Дмитриевич, граф 1788—1872)——俄国国务活动家和外交家，将军；摩尔多瓦和瓦拉几亚俄国行政当局首脑(1829—1834)，枢密院农民问题委员会常务委员(1835)，国家产业大臣(1837—1856)；1837—1841年实行温和的改革；俄国驻巴黎大使(1856—1862)。——567。

基佐，弗朗索瓦·皮埃尔·吉约姆(Guizot, François-Pierre-Guillaume 1787—1874)——法国政治家和历史学家，奥尔良党人；1812年起任巴黎大学历史系教授，七月王朝时期是立宪君主派领袖，历任内务大臣(1832—1836)、教育大臣(1836—1837)、外交大臣(1840—1848)和首相(1847—1848)；代表大金融资产阶级的利益。——462、669。

吉霍米罗夫，列夫·亚历山大罗维奇(Тихомиров, Лев Александрович 1852—1923)——俄国政论家，"民意党"党员；80年代末起为革命运动的叛徒，保皇派。——530。

吉约姆，詹姆斯(Guillaume, James 1844—1916)——瑞士教师、政论家，巴枯宁的拥护者，国际会员，国际勒洛克勒支部的创建人(1866)，1868年起同巴枯宁建立联系，国际兄弟会的创建人之一；《进步报》(1868—1870)、《团结报》(1870—1871)和《国际工人协会汝拉联合会简报》(1872—1878)的编辑；国际日内瓦代表大会(1866)、洛桑代表大会(1867)、巴塞尔代表大会(1869)和海牙代表大会(1872)的参加者，社会主义民主同盟组织者之一，由于进行分裂活动在海牙代表大会上被开除出国际；第一次世界大战期间为社会沙文主义者。——335、336、371、375。

吉约姆-沙克，盖尔特鲁黛(Guillaume-Schack, Gertrud 1845—1903)——德国社会主义者，德国女工运动活动家。——535。

季别尔，尼古拉·伊万诺维奇(Зибер, Николай Иванович 1844—1888)——俄国经济学家，俄国第一批马克思经济学著作的通俗化作家之一。——427。

济贝耳，卡尔(Siebel, Karl 1836—1868)——德国诗人；曾协助传播马克思和恩格斯的著作和宣传《资本论》第一卷；恩格斯的远亲。——174、249。

济金根，弗兰茨·冯(Sickingen, Franz von 1481—1523)——德国骑士，曾参加宗教改革运动，1522—1523年反对特里尔大主教的骑士起义的领袖；在兰茨胡特的城堡遭攻击时丧生；拉萨尔的剧本《弗兰茨·冯·济金根》中的济金根的

居利希,古斯塔夫·冯(Gülich, Gustav von 1791—1847)——德国资产阶级经济学家和经济史学家,德国保护关税派领袖;写有国民经济史方面的著作。——670。

居维叶男爵,若尔日·莱奥波德·克雷蒂安·弗雷德里克·达哥贝尔特(Cuvier, Georges-Léopold-Chrétien-Frédéric-Dagobert, baron de 1769—1832)——法国动物学家和古生物学家;曾经将比较解剖学上升为科学,并提出了灾变论。——284。

<h1 style="text-align:center">K</h1>

卡贝,埃蒂耶纳(Cabet, Étienne 人称卡贝老爹 Père Cabet 1788—1856)——法国法学家和政论家,法国工人共产主义一个流派的创始人,和平空想共产主义的代表人物,《人民报》的出版者(1833—1834);流亡英国(1834—1839);《1841年人民报》的出版者(1841—1851);曾尝试在美洲建立共产主义移民区(1848—1856),以实现其在1848年出版的小说《伊加利亚旅行记》中阐述的理论。——7、89、408。

卡波鲁索,斯蒂凡诺(Caporusso, Stefano)——意大利无政府主义者,职业是裁缝,国际那不勒斯支部创建人之一,并任该支部主席,巴塞尔代表大会(1869)代表;1870年由于盗用公款而被开除出国际。——361。

卡布鲁柯夫,尼古拉·阿列克谢耶维奇(Каблуков, Николай Алексеевич 1849—1919)——俄国经济学家和统计学家,民粹派;莫斯科大学教授;莫斯科省地方自治局统计处主任,《莫斯科省统计资料汇编》的主编;写有经济学和统计学方面的著作。——627、628。

卡尔达诺,杰罗拉莫(Cardano, Gerolamo 1501—1576)——意大利数学家、医生和哲学家。——201。

卡尔多夫,威廉·冯(Kardorff, Wilhelm von 1828—1907)——德国大地主,大工业家和政治活动家;自由保守党(帝国党)的创建人和领导人之一,国会议员(1868—1906),保护关税派。——581。

卡菲埃罗,卡洛(Cafiero, Carlo 1846—1892)——意大利工人运动的参加者,国际会员,1871年同恩格斯通信,在意大利执行总委员会的路线;1872年起为意大利无政府主义组织的领导人之一,70年代末抛弃无政府主义,1879年用意大利文出版了《资本论》第一卷节写本。——360、438。

卡芬雅克,路易·欧仁(Cavaignac, Louis-Eugène 1802—1857)——法国将军和

政治家,温和的资产阶级共和党人;30—40年代曾参加侵占阿尔及利亚,1848
年任阿尔及利亚总督;第二共和国时期是陆军部长(1848年5—6月),镇压巴
黎六月起义;曾任政府首脑(1848年6—12月);立法议会议员(1849—1851);
1851年十二月二日政变后因反对拿破仑第三的政府而被捕。——96、97。

卡莱尔,托马斯(Carlyle, Thomas 1795—1881)——英国作家、历史学家和唯
心主义哲学家,宣扬英雄崇拜,封建社会主义的代表,资本主义生产方式和
资产阶级政治经济学的批评者,托利党人;1848年后成为工人运动的敌
人。——18。

卡雷舍夫,尼古拉·亚历山大罗维奇(Карышев, Николай Александрович 1855—
1905)——俄国经济学家、统计学家和社会活动家,尤里耶夫(塔尔图)大学
教授(1891—1893)和莫斯科农学院教授(1895—1904);持自由主义民粹派的
观点;写有经济学和统计学方面的著作。——627。

卡列耶夫,尼古拉·伊万诺维奇(Кареев, Николай Иванович 1850—1931)
——俄国历史学家和政论家,资产阶级自由主义者。——429。

卡龙,沙尔·亚历山大·德(Calonne, Charles-Alexandre de 1734—1802)——法
国国务活动家,财政总监(1783—1787),18世纪末法国资产阶级革命时期是
反革命流亡分子的领袖。——629。

卡内帕,朱泽培(Canepa, Giuseppe 1865—1948)——意大利律师,社会党人,
改良主义者;第一次世界大战期间为社会沙文主义者。——666。

卡诺,拉扎尔·伊波利特(Carnot, Lazare-Hippolyte 1801—1888)——法国政治
家和政论家,温和的资产阶级共和党人,七月王朝时期为众议院议员(左派反
对派);第二共和国时期是临时政府教育部长(1848年2—7月),制宪议会和立
法议会议员(1848—1851),秩序党的反对者;1851年十二月二日政变以后成
为共和党反对派领袖,反对拿破仑第三的政府。——99。

卡佩,路易——见路易十六。

卡普,克里斯蒂安(Kapp, Christian 1790—1874)——德国哲学家,青年黑格尔
分子,路·费尔巴哈的朋友。——11。

卡斯泰拉佐,路易吉(Castellazzo, Luigi 1827—1890)——意大利革命家,资产
阶级民主主义者,1848—1849年革命和加里波第远征的参加者,激进资产
阶级的佛罗伦萨国际民主协会的创始人。——360、365。

卡特柯夫,米哈伊尔·尼基佛罗维奇(Катков, Михаил Никифорович 1818—
1887)——俄国政论家,《莫斯科新闻》的编辑(1850—1855和1863—1887)。

小说；卡·考茨基的母亲。——544。

考夫曼，伊拉里昂·伊格纳季耶维奇(Кауфман, Илларион Игнатьевич 1848—
1916)——俄国经济学家，彼得堡大学教授；写有关于货币流通和信贷问题的
著作。——436。

考斯丘什科，塔杰乌什·安德热伊·博纳文图拉(Kościuszko [Kosciuszko],
Tadeusz Andrzej Bonawentura 1746—1817)——波兰将军，1776年流亡美
国，美国独立战争(1776—1783)的参加者；1794年波兰起义的领导人，波兰军
队总司令；1798年移居法国，后迁居瑞士；曾参与波兰军团的建立；拒绝同拿
破仑第一的合作。——108。

柯尔培尔，让·巴蒂斯特(Colbert, Jean-Baptiste 1619—1683)——法国国务活
动家，重商主义者，财政总监(1661年起)，实际上操纵了法国的内外政策；曾
建立国家工场，促进内外贸易。——625。

柯伦，约翰·菲尔波特(Curran, John Philpot 1750—1817)——爱尔兰法学家，
资产阶级激进派，爱尔兰议会议员，在对革命团体"爱尔兰人联合会"活动家
的审判中担任辩护人。——317。

柯舍列夫，亚历山大·伊万诺维奇(Кошелев, Александр Иванович 1806—
1883)——俄国作家、社会名人。——409。

柯瓦列夫斯基，马克西姆·马克西莫维奇(Ковалевский, Максим Максимович
1851—1916)——俄国社会学家、政治活动家、历史学家、民族学家和法学家，
资产阶级自由主义者；曾将比较法学的方法运用于民族学和早期历史；写有
原始公社制度方面的著作。——427、429。

科布顿，理查(Cobden, Richard 1804—1865)——英国工厂主，自由党人，自由
贸易的拥护者，反谷物法同盟创始人，议会议员(1841—1864)；曾参加多次国
际和平主义者代表大会，如1850年8月美因河畔法兰克福和平主义者代表大
会。——216。

科拉尔，扬(Kollár, Ján 1793—1852)——捷克诗人和语文学家，斯拉夫各民族
的民族解放斗争的鼓动者之一；斯洛伐克人。——475。

科兰男爵，让·吉约姆·塞扎尔·亚历山大·伊波利特(Colins, Jean-Guillaume-
César-Alexandre Hippolyte, baron de 1783—1859)——法国经济学家，原系
比利时人；主张由国家征收地租，以解决资本主义制度的一切社会矛盾。——
462、463。

科隆布，弗里德里希·奥古斯特(Colomb, Friedrich August 1775—1854)——

普鲁士军官,1843年起为将军,普鲁士驻波兹南军队总司令(1843—1848);反对拿破仑法国战争的参加者。——182。

科西迪耶尔,马尔克(Caussidière, Marc 1808—1861)——法国小资产阶级民主主义者,1834年里昂起义的参加者;七月王朝时期秘密革命团体的组织者之一;第二共和国时期任巴黎警察局长(1848年2—5月),制宪议会议员(1848);因政府准备在布尔日对五月十五日事件的参加者进行审判,于1848年8月逃往英国。——99。

克拉吕斯(Clarus)——法国艺术家,曾为《社会主义者报》撰稿。——543。

克拉伦登伯爵,乔治·威廉·弗雷德里克·维利尔斯(Clarendon, George William Frederick Villiers, Earl of 1800—1870)——英国国务活动家,外交家,辉格党人,后为自由党人;爱尔兰总督(1847—1852),曾镇压爱尔兰1848年起义,外交大臣(1853—1858、1865—1866和1868—1870)。——349。

克兰里卡德侯爵,乌利克·约翰·德·伯格(Clanricarde, Ulick John de Burgh, Marquess of 1802—1874)——英国政治活动家和外交家,辉格党人;爱尔兰的大庄园主;曾任驻彼得堡大使(1838—1841)、邮政大臣(1846—1852)和掌玺大臣(1857—1858)。——336。

克劳塞维茨,卡尔·菲力浦·哥特弗里德·冯(Clausewitz, Karl Philipp Gottfried von 1780—1831)——普鲁士将军、军事理论家和历史学家;首次把辩证法运用于军事理论;参加普鲁士军队的改革;1812—1814年在俄军中供职;1818—1830年任普通陆军学校校长,1831年任普鲁士元帅奥·冯·格奈泽瑙的参谋长。——79。

克雷米约,伊萨克·阿道夫(Crémieux [Cremieux], Isaac-Adolphe 1796—1880)——法国律师和政治活动家,40年代为自由主义者;第二共和国时期为临时政府司法部长(1848年2—5月),制宪议会和立法议会议员(1848—1851)。——57。

克里默,威廉·兰德尔(Cremer, William Randall 1838—1908)——英国工联主义运动和资产阶级和平主义运动活动家,改良主义者;粗细木工工联的创建人和领导人之一,工联伦敦理事会理事,英国波兰独立全国同盟、土地和劳动同盟盟员;1864年9月28日伦敦圣马丁堂会议的参加者,国际总委员会委员和总书记(1864—1866),国际伦敦代表会议(1865)和日内瓦代表大会(1866)的参加者,曾经参加改革同盟执行委员会;反对革命策略,在争取选举法改革斗争时期同资产阶级进行勾结,普法战争时期反对英国工人声援法兰西共和国的行动,后来是自由党议会议员(1885—1895和1900—1908)。——212—214、576。

克利盖,海尔曼(Kriege, Hermann 1820—1850)——德国新闻工作者,正义者同盟盟员;"真正的"社会主义的代表人物;1845年前往纽约,在那里出版《人民代言者报》,宣传"真正的"社会主义思想,受到马克思和恩格斯的批判;1848年返回德国,成为德意志民主协会中央委员会委员;1848—1849年革命失败后又一次流亡美国。——258。

克鲁马赫尔,弗里德里希·威廉(Krummacher, Friedrich Wilhelm 1796—1868)——德国传教士,加尔文宗牧师,伍珀河谷虔诚派的首领。——19。

克路斯,阿道夫(Cluß, Adolf 1820前后—1889以后)——德国工程师,共产主义者同盟盟员,1848年美因茨工人教育协会书记,1848年流亡美国;华盛顿海军部职员;50年代同马克思和恩格斯经常通信,曾为德国、英国和美国许多工人和民主派报纸撰稿,同约·魏德迈一起在美国宣传马克思主义;后来脱离政治活动;19世纪末成为著名的建筑师。——124。

克吕泽烈,古斯塔夫·保尔(Cluseret, Gustave-Paul 1823—1900)——法国政治和军事活动家,镇压1848年法国六月起义的参加者;克里木战争(1853—1856)和阿尔及利亚战争的参加者,1858年辞去军官职务;爱尔兰芬尼社社员的支持者;后侨居美国,站在北部方面参加美国内战(1861—1865),获将军衔,1865年起在纽约成为国际会员;1867年返回法国,多家反对派报纸的出版者;法国中央委员会第二十选区的成员并成为该选区的代表;后返回美国,纽约第二支部的创建人,1870年9月返回巴黎,巴枯宁的追随者;1870年9月28日里昂起义和随后的马赛起义的参加者;巴黎公社委员,军事代表(1871年4月);公社被镇压后流亡比利时;1873年在巴黎被缺席判处死刑,1880年大赦后回到法国,1888年是众议院社会党议员;1889年国际社会主义工人代表大会代表。——278、345、346、396。

克伦威尔,奥利弗(Cromwell, Oliver 1599—1658)——英国国务活动家,17世纪英国资产阶级革命时期资产阶级和资产阶级化贵族的领袖;1649年起为爱尔兰军总司令和爱尔兰总督,1653年起为英格兰、苏格兰和爱尔兰的护国公。——271、315、317、669。

孔岑,卡尔·威廉(Contzen, Karl Wilhelm)——德国资产阶级经济学家,威·罗雪尔的追随者,莱比锡大学非公聘讲师。——274。

孔德,奥古斯特(Comte, Auguste 1798—1857)——法国哲学家和社会学家,实

L

义工人代表大会代表。——696。

拉法格,保尔(Lafargue, Paul 笔名保尔·洛朗 Paul Laurent 1842—1911)——法国医生和政论家,法国工人运动和国际工人运动的活动家,大学生运动的参加者;1865年流亡英国,国际总委员会委员,西班牙通讯书记(1866—1869);曾参加建立国际在法国的支部(1869—1870)及在西班牙和葡萄牙的支部(1871—1872);巴黎公社的支持者(1871),公社失败后逃往西班牙,《解放报》编辑部成员,新马德里联合会的创建人之一(1872),海牙代表大会(1872)代表,法国工人党创始人之一(1879);1882年回到法国,《社会主义者报》编辑;1889年国际社会主义工人代表大会的组织者之一和代表,1891年国际社会主义工人代表大会代表;法国众议院议员(1891—1893);马克思和恩格斯的学生和战友,马克思女儿劳拉的丈夫。——262、279、298、321、322、331、336、346、357、370、373、395、396、452、461、466、468、486、487、489、492、531、541、553、590、654、671、674、676、696、700。

拉法格,劳拉(Lafargue, Laura 父姓马克思 Marx 1845—1911)——法国工人运动的代表;曾把马克思和恩格斯的许多著作译成法文;马克思的第二个女儿,1868年起为保·拉法格的妻子。——277、298、321、322、373、530、543、553、675、680。

拉法格,沙尔·埃蒂耶纳(Lafargue, Charles-Étienne 1868—1872)——保·拉法格和劳·拉法格的儿子。——321、326。

拉夫莱男爵,埃米尔·路易·维克多(Laveleye, Émile-Louis-Victor, baron de 1822—1892)——比利时历史学家和经济学家,庸俗政治经济学的代表人物。——646。

拉弗尔斯,托马斯·斯坦福(Raffles, Thomas Stamford 1781—1826)——英国殖民官员,曾任爪哇总督(1811—1816);《爪哇史》一书的作者。——118。

拉甫罗夫,彼得·拉甫罗维奇(Лавров, Петр Лаврович 1823—1900)——俄国社会学家和政论家,民粹派的思想家,在哲学上是折中主义者;1870年起侨居国外;第一国际会员,巴黎公社参加者;《前进!》杂志编辑(1873—1876)和《前进!》报编辑(1875—1876);1889年国际社会主义工人代表大会副主席;从70年代初起同马克思和恩格斯通信。——410—413、530。

拉格朗日,约瑟夫·路易(Lagrange, Joseph-Louis 1736—1813)——法国数学家和力学家。——490。

拉科,亨利希(Rackow, Heinrich 1844—1916)——德国书商;全德工人联合会会员;《新社会民主党人报》的发行人,柏林合作印刷所和《柏林自由新闻报》的管理委员会委员;1878年被驱逐出柏林,1879年侨居伦敦,伦敦德意志工人共产主义教育协会会员。——446。

拉马丁,阿尔丰斯(Lamartine, Alphonse 1790—1869)——法国诗人,历史学家和政治家,40年代为温和的资产阶级共和派领袖;第二共和国时期任外交部长(1848),临时政府的实际上的首脑。——57、58。

拉萨尔,斐迪南(Lassalle, Ferdinand 1825—1864)——德国工人运动中的机会主义代表,1848—1849年革命的参加者;全德工人联合会创始人之一和主席(1863);写有古典古代哲学史和法学史方面的著作。——145、146、148、167、169、172、179、180、189、202、205、217—223、237、246、274、292、295、368、379、390、391、393、404、408、420、423、447、471、472、483、486、547、580、603、604、610—614、619、681。

拉沙特尔,克劳德·莫里斯(La Châtre [Lachâtre], Claude-Maurice 1814—1900)——法国作家、新闻工作者、出版商和书商;空想社会主义者,巴黎公社的参加者;马克思的《资本论》第一卷法文版的出版者。——384、394。

拉塔什,米哈伊尔(奥美尔帕沙)(Lataš, Mihail [Omer Pasha] 1806—1871)——土耳其将军,原籍克罗地亚;克里木战争时期先后在巴尔干半岛(1853—1854),克里木(1855)和高加索(1855—1856)任土军总司令。——127。

拉韦涅-佩吉朗,莫里茨(Lavergne-Peguilhen, Moritz 1801—1870)——德国历史学家和经济学家,属于所谓浪漫学派。——638、639。

莱奥波德(大公)(Leopold [Grand Duke] 1790—1852)——巴登大公(1830—1852)。——541。

莱布尼茨男爵,哥特弗里德·威廉(Leibniz [Leibnitz], Gottfried Wilhelm Freiherr von 1646—1716)——德国自然科学家、数学家和唯心主义哲学家。——490、622、693。

莱维,古斯塔夫(Levy, Gustav)——德国社会主义者,后为全德工人联合会的活动家;1856年受杜塞尔多夫的工人的委派到伦敦拜见马克思。——131。

莱辛,哥特霍尔德·埃夫拉伊姆(Lessing, Gotthold Ephraim 1729—1781)——德国作家、评论家、剧作家和文学史家,启蒙思想家。——146、338。

莱茵哈特,理查(Reinhardt, Richard 1829—1898)——德国诗人,曾侨居巴黎,亨·海涅的秘书,马克思一家的朋友;后来经商。——101、103。

赖德律(赖德律-洛兰),亚历山大·奥古斯特(Ledru [Ledru-Rollin], Alexandre-

Auguste 1807—1874)——法国政论家和政治家,小资产阶级民主派领袖,《改革报》编辑;第二共和国时期任临时政府内务部长和执行委员会委员(1848),制宪议会和立法议会议员(1848—1849),在议会中领导山岳党;1849年六月十三日示威游行后流亡英国,1869年回到法国。——58、100。

朗格,弗里德里希·阿尔伯特(Lange, Friedrich Albert 1828—1875)——德国社会经济学家和哲学家,新康德主义者,小资产阶级民主主义者;杜伊斯堡商会文书(1864年以前),德国工人协会联合会常设委员会委员(1864—1866),《下莱茵河信使》编辑(1865—1866);1866年前往瑞士;国际会员,洛桑代表大会(1867)代表,瑞士多家报纸的撰稿人;1870年起为苏黎世大学教授,1872年起为马堡大学教授。——224、337。

朗凯斯特,埃德温·雷(Lankester, Edwin Roy 1847—1929)——英国生物学家。——504。

劳,卡尔·亨利希(Rau, Karl Heinrich 1792—1870)——德国资产阶级经济学家,在个别问题上赞同亚·斯密和大·李嘉图的观点。——274。

劳埃德,赛米尔·琼斯,奥弗斯顿男爵(Loyd, Samuel Jones, Baron Overstone 1796—1883)——英国银行家和资产阶级经济学家,"通货原理"学派的主要代表人物;议会议员(1819—1826)。——69、139。

劳伯,亨利希(Laube, Heinrich 1806—1884)——德国作家、政论家和文学评论家;青年德意志的代表人物,1848年是法兰克福国民议会议员,属于中间派右翼;后来成为著名的戏剧活动家;曾在维也纳和莱比锡担任多家剧院的院长(1849—1879)。——443。

勒尔根(勒尔兴),约翰·亚当(Löllgen [Löllchen], Johann Adam)——德国商人,科隆一家啤酒店老板(19世纪40年代)。——20。

勒克律,让·雅克·埃利泽(Reclus, Jean-Jacques-Elisée 1830—1905)——法国地理学家和社会学家,无政府主义理论家;1851年十二月二日政变后流亡国外,1857年回到法国,国际会员,《合作》杂志编辑(1866—1868),巴黎公社的参加者;公社被镇压后被逐出法国。——303。

勒鲁,皮埃尔(Leroux, Pierre 1797—1871)——法国政论家,空想社会主义者,基督教社会主义的创始人之一。——11、563。

勒吕贝,维克多(Le Lubez, Victor 生于1834年)——法国民主主义者和社会主义者;作为法国侨民的儿子在泽西岛长大,1858年侨居伦敦;1864年9月28日伦敦圣马丁堂会议的参加者,国际总委员会委员(1864—1866),法国通讯书

记(1864—1865),比利时临时通讯书记(1865),1865年伦敦代表会议的参加
者,伦敦的法国人支部成员,由于进行阴谋活动和诽谤,被日内瓦代表大会
(1866)开除出总委员会。——212—216。

勒韦,威廉,卡尔伯的勒韦(Löwe, Wilhelm, Löwe von Calbe 1814—1886)——
德国医生和政治活动家,小资产阶级民主主义者,1849年为法兰克福国民议
会副议长,属于左派,"残阙"议会迁移到斯图加特后为议长;1848—1849年革
命失败后流亡瑞士,后迁居美国,在纽约主编德文报纸《新时代报》,1861年大
赦后回到德国;北德意志联邦国会和德意志帝国国会议员(1867—1881);进
步党人,后来成为民族自由党人。——97。

勒韦,伊西多尔(Löwe, Isidor 1848—1910)——德国工业家,军火商,因故意向
德国军队提供劣质步枪而于1892年受到公开指控。——641。

勒文塔尔,察哈里亚斯(Löwenthal, Zacharias 原名卡尔·弗里德里希·勒宁 Carl
Friedrich Loening 1810—1887)——德国出版商(19世纪40—50年代)。——
29、105。

勒泽尔,彼得·格尔哈德(Röser, Peter Gerhard 1814—1865)——德国工人运动
活动家,雪茄烟工人;1848—1849年为科隆工人联合会副主席,《自由、博爱、劳
动》的发行人;1850年为共产主义者同盟盟员,同盟科隆中央委员会主席,科隆
共产党人案件(1852)的被告之一,被判六年徒刑;后来成为拉萨尔派。——
109。

勒兹根,查理(Roesgen, Charles)——英国商人,曾任曼彻斯特的欧门—恩格斯
公司的职员。——107。

李比希男爵,尤斯图斯(Liebig, Justus Freiherr von 1803—1873)——德国化学
家,农业化学的创始人。——234、410。

李卜克内西,威廉(Liebknecht, Wilhelm 1826—1900)——德国工人运动和国
际工人运动的活动家、语文学家和政论家;1848—1849年革命的参加者,革命
失败后流亡瑞士,1850年5月前往英国,在那里成为共产主义者同盟盟员;
1862年回到德国;国际会员,1867年起为国会议员;德国社会民主党创始人和
领袖之一;《人民国家报》编辑(1869—1876)和《前进报》编辑(1876—1878和
1890—1900);1889、1891和1893年国际社会主义工人代表大会代表;马克思
和恩格斯的朋友和战友。——220、222、241、273、302、308、340—343、351、
406、415、419、479、485、486、501、521、555、581、603、605、608—611、614、
630、677、684、699、700。

李嘉图,大卫(Ricardo, David 1772—1823)——英国经济学家,资产阶级古典
　政治经济学最著名的代表人物。——63、65、67、69、115、119—122、125、150、
　156、157、158、184、188、189、193、206、225、275、276、280、290、303—307、
　309、312、429、449、461。

李斯特,弗里德里希(List, Friedrich 1789—1846)——德国资产阶级庸俗经济
　学家,保护关税政策的维护者。——23。

李维,梯特(Livius, Titus 公元前 59—公元17)——罗马历史学家,《罗马建城
　以来的历史》一书的作者。——214。

里沙尔,阿尔伯·玛丽(Richard, Albert-Marie 1846—1925)——法国新闻工作
　者,1865—1871年是国际里昂支部领导人之一,秘密社会主义民主同盟盟员,
　国际巴塞尔代表大会(1869)代表;1870年9月里昂起义的参加者,起义失败后
　流亡伦敦,1871年在里昂被缺席判处要塞监禁;巴黎公社被镇压后成为波拿
　巴主义者(1872);80年代追随法国社会主义运动中的机会主义派别——阿
　列曼派。——335、382。

理查(格赖芬克劳的)(Richard von Greiffenklau 1467—1531)——特里尔的选
　帝侯和大主教(1511—1531),宗教改革的反对者,曾参加镇压 1522—1523年
　的骑士起义和 1525年的农民起义;拉萨尔的剧本《弗兰茨·冯·济金根》中的
　特里尔的理查的原型。——171、175。

理查一世(狮心理查)(Richard I, Lion-Hearted 1157—1199)——英国国王(1189—
　1199)。——658。

利林费尔德-托阿尔,帕维尔·费多罗维奇(Лилиенфельд-Тоаль, Павел
　Федорович 1829—1903)——俄国庸俗社会学家,波罗的海沿岸地区的地
　主和沙皇的高级官吏。——297、320。

利沙加勒,普罗斯佩·奥利维耶(Lissagaray, Prosper Olivier 1838—1901)——
　法国新闻工作者和历史学家,巴黎公社的参加者,曾参加资产阶级民主主义
　团体"新雅各宾派";公社被镇压后流亡英国,1880年大赦后回到法国,1882年
　创办《战斗报》;反对法国工人党的集体领导。——487。

列曼——见威廉一世。

林肯,阿伯拉罕(Lincoln, Abraham 1809—1865)——美国国务活动家,共和党
　创建人之一;美国总统(1861—1865);美国内战时期实行一系列资产阶级民
　主改革,并采取革命措施进行战争;1865年4月被奴隶主的奸细刺杀。——
　191、194。

林肯,亨利·约翰(Lincoln, Henry John 1814—1901)——英国新闻工作者,《每日新闻》的编辑。——126。

琉善(Lucianus [Lukianus] 约120—180)——古希腊讽刺作家,无神论者。——182。

龙格,让·洛朗·弗雷德里克(琼尼)(Longuet, Jean-Laurent-Frederick [Johnny] 1876—1938)——马克思的外孙,马克思的女儿燕妮和沙·龙格的儿子;法国社会党的领袖之一。——416、489。

龙格,沙尔(Longuet, Charles 1839—1903)——法国工人运动活动家,蒲鲁东主义者,职业是新闻工作者;《左岸》的编辑(1864—1866);国际总委员会委员(1866—1867和1871—1872),比利时通讯书记(1866),国际洛桑代表大会(1867)、布鲁塞尔代表大会(1868)、伦敦代表会议(1871)和海牙代表大会(1872)代表;国民自卫军中央委员会委员,巴黎公社委员,《法兰西共和国公报》主编;公社被镇压后流亡英国,1880年大赦后回到法国;后加入法国社会主义运动中的机会主义派别——可能派,1889年国际社会主义工人代表大会代表,80—90年代被选为巴黎市参议会参议员;马克思女儿燕妮的丈夫。——416。

龙格,燕妮——见马克思,燕妮。

卢比,托马斯·克拉克(Luby, Thomas Clarke 1821—1901)——爱尔兰革命家和政论家,芬尼社社员,《爱尔兰人民》报的撰稿人;1865年被判处20年苦役;1871年被释放,流亡美国,从事新闻工作。——318。

卢格,阿尔诺德(Ruge, Arnold 1802—1880)——德国政论家,青年黑格尔分子,《哈雷年鉴》的出版者,《莱茵报》的撰稿人,1842—1843年同马克思一起编辑《德法年鉴》;1844年中起反对马克思,1848年为法兰克福国民议会议员,属于左派,50年代是在英国的德国小资产阶级流亡者领袖之一;1866年后成为民族自由党人。——10、22、109。

卢梭,让·雅克(Rousseau, Jean-Jacques 1712—1778)——法国启蒙运动的主要代表人物,民主主义者,小资产阶级思想家,自然神论哲学家。——91、93、658。

鲁普斯——见沃尔弗,弗里德里希·威廉(鲁普斯)。

路德,马丁(Luther, Martin 1483—1546)——德国神学家,宗教改革运动的活动家,德国新教路德宗的创始人;德国市民等级的思想家,温和派的主要代表;在1525年农民战争时期,站在诸侯方面反对起义农民和城市平民。——171、319、515、658。

路德维希三世（Ludwig III 1806—1877）——黑森—达姆施塔特大公（1848—1877）。——241。

路特希尔德男爵，詹姆斯（Rothschild, James, baron de 1792—1868）——巴黎路特希尔德银行行长。——38。

路易十四（Louis XIV 1638—1715）——法国国王（1643—1715）。——320、435。

路易十五（Louis XV 1710—1774）——法国国王（1715—1774）。——435。

路易十六（Louis XVI 1754—1793）——法国国王（1774—1792），18世纪末法国资产阶级革命时期被处死。——667。

路易·波拿巴——见拿破仑第三。

路易-菲力浦一世（路易-菲力浦），奥尔良公爵（Louis-Philippe I [Louis-Philippe], duc d'Orléans 1773—1850）——法国国王（1830—1848）。——434。

路易-拿破仑——见拿破仑第三。

吕措男爵，阿道夫（Lützow, Adolf Freiherr von 1782—1834）——普鲁士军官，后为将军，反对拿破仑法国战争的参加者。——182。

吕斯托夫，弗里德里希·威廉（Rüstow, Friedrich Wilhelm 1821—1878）——德国军官和军事著作家，民主主义者，1848—1849年革命的参加者，流亡瑞士；1860年以参谋长的身份参加加里波第向南意大利的进军；斐·拉萨尔的朋友。——189、251、252。

罗，哈丽雅特（Law, Harriet 1832—1897）——英国无神论运动女活动家，国际总委员会委员（1867—1872）和国际曼彻斯特支部成员（1872）。——299。

罗班，保尔（Robin, Paul 1837—1912）——法国教师，巴枯宁主义者，社会主义民主同盟领导人之一（1869年起），国际总委员会委员（1870—1871），国际巴塞尔代表大会（1869）和伦敦代表会议（1871）代表。——331、335、371、379。

罗伯斯比尔，马克西米利安·弗朗索瓦·玛丽·伊西多尔·德（Robespierre, Maximilien-François-Marie-Isidore de 1758—1794）——法国资产阶级革命的活动家，雅各宾派的领袖，革命政府的首脑（1793—1794）。——91、93、99。

罗塞尔（Rowsell）——491。

罗森堡，威廉·路德维希（Rosenberg, Wilhelm Ludwig 笔名冯·德尔·马尔克 von der Mark 1850—1930以后）——美国社会主义者，新闻工作者，原系德国人；80年代为北美社会主义工人党全国执行委员会书记，党内拉萨尔派领袖；1889年同拉萨尔集团一起被开除出党。——580。

罗舍，莉莲（Rosher, Lilian 生于1882年）——玛·埃·罗舍的女儿。——489。

罗舍,玛丽·埃伦(彭普斯)(Rocher, Mary Ellen [Pumps] 父姓白恩士 Burns 约生于1860年)——恩格斯的内侄女。——416—417、489、531、613、615、617、651。

罗舍,珀西·怀特(Rosher, Percy White)——英国商人,1881年起为玛·埃·白恩士的丈夫。——615、617。

罗生克兰茨,约翰·卡尔·弗里德里希(Rosenkranz, Johann Karl Friedrich 1805—1879)——德国作家、哲学家和文学史家,保守党人,黑格尔主义者。——622。

罗什弗尔,维克多·昂利,罗什弗尔-吕赛侯爵(Rochefort, Victor-Henri, marquis de Rochefort-Luçay 1830—1913)——法国政治家,新闻工作者和政论家,左派共和党人;《灯笼报》、《马赛曲报》、《口令报》的创办人和《号召报》的创办人之一;国防政府成员;巴黎公社时期谴责凡尔赛人的政策,但也反对巴黎公社采取的一些措施,公社被镇压后被判终身流放新喀里多尼亚岛,1874年逃往英国,1880年大赦后回到法国;1880年创办《不妥协报》,1889年因参加布朗热运动被判徒刑,为逃避徒刑,1895年前一直住在伦敦。——488。

罗素伯爵,约翰(Russell, John, Earl of 1792—1878)——英国国务活动家,辉格党领袖,议会议员,曾任内务大臣(1835—1839),殖民大臣(1839—1842),首相(1846—1852和1865—1866),外交大臣(1852—1853和1859—1865),枢密院院长(1854—1855);1855年作为英国代表参加维也纳会议。——259、418。

罗特,理查(Roth, Richard 1821—1858)——恩格斯青年时代的朋友;后为纺织厂厂主。——20。

罗雪尔,威廉·格奥尔格·弗里德里希(Roscher, Wilhelm Georg Friedrich 1817—1894)——德国庸俗经济学家,莱比锡大学教授,政治经济学中的历史学派的创始人。——268、274—275、280。

洛贝尔图斯-亚格措夫,约翰·卡尔(Rodbertus-Jagetzow, Johann Karl 1805—1875)——德国庸俗经济学家和政治活动家,资产阶级化的普鲁士容克的思想家,普鲁士容克的"国家社会主义"理论家。——523、527、534。

洛克,约翰(Locke, John 1632—1704)——英国唯物主义经验论哲学家和经济学家,启蒙思想家,早期资产阶级天赋人权理论的代表。——599。

洛朗,奥古斯特(Laurent, Auguste 1807—1853)——法国化学家,同热拉尔一起对分子和原子的概念作了更为精确的阐述。——264。

洛朗,保尔——见拉法格,保尔。

洛里亚,阿基尔(Loria, Achille 1857—1943)——意大利社会学家和经济学家,庸俗政治经济学的代表人物。——696、699。

洛伦佐，安塞尔莫(Lorenzo, Anselmo 1841—1915)——西班牙工人运动活动
　　家，职业是印刷工人，国际西班牙支部的组织者之一，西班牙联合会委员会委
　　员(1870—1872)，国际伦敦代表会议(1871)代表。——373。

洛帕廷，格尔曼·亚历山大罗维奇(Лопатин, Герман Александрович 1845—
　　1918)——俄国革命家，尼·加·车尔尼雪夫斯基的学生，民粹派，国际总委员
　　会委员(1870)；马克思《资本论》第一卷俄译者之一；马克思和恩格斯的朋
　　友。——540。

M

马丁，博恩·路易·昂利(Martin, Bon-Louis-Henri 1810—1883)——法国历史学
　　家，共和党人；1865年加入国际，1871年国民议会议员，1876年起为参议员；著
　　有多卷本《法国史》。——320。

马尔，威廉(Marr, Wilhelm 1819—1904)——德国政论家和新闻工作者；汉堡
　　《易北河观察家报》发行人(1865—1866)，60年代前半期支持俾斯麦的政
　　策。——220。

马尔萨斯，托马斯·罗伯特(Malthus, Thomas Robert 1766—1834)——英国经
　　济学家、教士，人口论的主要代表。——63、64、91、115、121、184、225、269、
　　306、338、411、456。

马尔维茨，弗里德里希·奥古斯特·路德维希(Marwitz, Friedrich August Ludwig
　　1777—1837)——普鲁士将军和政治活动家，写有战争史回忆录。——637。

马基雅弗利，尼古洛(Machiavelli, Niccolò 1469—1527)——意大利政治家、历
　　史学家和著作家，资本主义产生时期意大利资产阶级的思想家。——136。

马克思，亨利希(赫舍尔)(Marx, Heinrich [Herschel] 1777—1838)——德国律
　　师，特里尔的司法参事；马克思的父亲。——284。

马克思，亨利希·吉多(小福克斯)(Marx, Heinrich Guido [Föxchen] 1849—
　　1850)——马克思的二儿子。——62。

马克思，劳拉——见拉法格，劳拉。

马克思，燕妮(Marx, Jenny 笔名燕·威廉斯 J. Williams 1844—1883)——国际
　　工人运动活动家，新闻工作者，在爱尔兰人民争取独立的斗争中起过很大作
　　用；马克思的大女儿，沙·龙格的妻子(1872年起)。——317、322、329、373、
　　395、416、502—504、675、676。

马克思,燕妮(Marx, Jenny 父姓冯·威斯特华伦 von Westphalen 1814—1881)
——马克思的妻子、朋友和助手。——7、21、59、61、62、95、137、183、195、248、
249、262、268、279、317、339、418、423、430、446、464、502、503、505、590。

马克思–艾威林,爱琳娜(杜西)(Marx-Aveling, Eleanor [Tussy] 1855—1898)
——英国工人运动和国际工人运动的活动家、政论家、社会民主联盟成员,社
会主义同盟创始人之一(1884);曾在恩格斯直接领导下工作,积极参加非熟
练工人群众运动的组织工作,1889年伦敦码头工人罢工的组织者之一;1889、
1891和1893年国际社会主义工人代表大会代表;马克思的小女儿,爱·艾威林
的妻子(1884年起)。——279、308、317、322、417、418、423、464、486、489、
504、531、554、572、573、576、608、633、634、675、676、681、682。

马拉斯特,玛丽·弗朗索瓦·帕斯卡尔·阿尔芒(Marrast, Marie-François-Pascal-
Armand 1801—1852)——法国政论家和政治家,人权社的领导人,后为温和
的资产阶级共和派领袖,《国民报》总编辑;第二共和国时期是临时政府成员
和巴黎市长(1848),制宪议会议长(1848—1849)。——57。

马利·德·圣乔治,皮埃尔·托马斯·亚历山大·阿马布勒(Marie de Saint-Georges,
Pierre-Thomas-Alexandre-Amable 人称马利 Marie 1795—1870)——法国律
师和政治家,温和的资产阶级共和党人,第二共和国时期是临时政府公共工
程部长(1848);曾组织国家工场,执行委员会委员,制宪议会议长(1848),后
为卡芬雅克政府的司法部长。——57。

马隆,贝努瓦(Malon, Benoît 1841—1893)——法国政论家,染整工,小资产阶
级社会主义者;国际会员(1865年起),日内瓦代表大会(1868)代表,社会主义
革命同盟和巴枯宁的国际兄弟会成员(1868年起);1871年国民议会议员,后
辞职;国民自卫军中央委员会委员和巴黎公社公共工程委员会委员,公社被
镇压后流亡意大利,后迁居瑞士,被缺席判处死刑;国际日内瓦支部成员,社
会主义革命宣传和行动支部创建人之一,汝拉联合会会员,《社会革命报》编
辑部成员;1880年大赦后回到巴黎;法国工人党党员;后来成为法国社会主义
运动中的机会主义派别——可能派的首领和思想家。——452、468、472、482、
483、486—489、491。

马志尼,朱泽培(Mazzini, Giuseppe 1805—1872)——意大利革命家,民主主义
者,意大利民族解放运动领袖,意大利1848—1849年革命的参加者,1849年为
罗马共和国临时政府首脑;1850年是伦敦欧洲民主派中央委员会组织者之
一;1853年是米兰起义的主要领导人,50年代后反对波拿巴法国干涉意大利

人民的民族解放斗争；1864年成立第一国际时企图置国际于自己影响之下，1871年反对巴黎公社和国际，阻碍意大利独立工人运动的发展。——94、213、214、364、378、380、403。

迈斯纳，奥托·卡尔（Meißner, Otto Karl 1819—1902）——德国出版商，曾出版《资本论》及马克思和恩格斯的其他著作。——235、245、249、250、253、255、274、337、339、511、676、702。

迈耶尔（Meyer）——德国商人，埃尔伯费尔德一家酒店的老板（19世纪40年代）。——20。

迈耶尔，古斯塔夫（Meyer, Gustav）——德国工厂主，路·库格曼的熟人。——286。

迈耶尔，齐格弗里德（Meyer, Sigfried 1840—1872）——德国工程师，社会主义者，全德工人联合会会员，反对拉萨尔主义，1864年自己出钱在德国出版《共产党宣言》，国际会员，国际柏林支部创建人之一；1866年侨居美国，纽约共产主义者俱乐部会员和国际在美国的支部的组织者之一；马克思和恩格斯的战友。——253、326。

迈耶尔，尤利乌斯（Meyer, Julius 死于1867年）——德国企业主和政论家，40年代中是"真正的"社会主义者。——258。

麦克库洛赫，约翰·拉姆赛（McCulloch, John Ramsay 1789—1864）——英国资产阶级经济学家和统计学家，李嘉图经济学说的庸俗化者。——269。

麦克莱伦，乔治·布林顿（McClellan, George Brinton 1826—1885）——美国将军，俄亥俄—密西西比州铁路委员会主席，追随民主党，主张同南部奴隶主妥协；美国内战时期为北军总司令（1861年11月—1862年3月），帕托马克河驻军司令（1862年3—11月），1864年大选的总统候选人。——181、182、191、194。

曼，汤姆（Mann, Tom 1856—1941）——英国工人运动活动家，职业是机械工人；属于社会民主联盟（1885年起）和独立工党（1893年起）的左翼；80年代末积极参加非熟练工人群众运动，把非熟练工人联合成工联的组织；许多次大罢工的领导人；第一次世界大战期间持国际主义立场；英国工人反对反苏维埃武装干涉斗争的组织者之一，英国共产党（1920）最早的党员之一；为争取国际工人运动的统一、反对帝国主义反动派和法西斯主义而积极斗争。——577。

曼托伊费尔男爵，奥托·泰奥多尔（Manteuffel, Otto Theodor Freiherr von 1805—1882）——普鲁士国务活动家，贵族官僚的代表，曾参与宪法（1848年12月）的颁布和三级选举制的实行（1849）；曾任内务大臣（1848年11月—1850年12

论者和启蒙思想家。——338。

蒙蒂霍,欧仁妮(Montijo, Eugènie 1826—1920)——法国皇后,拿破仑第三的
　　妻子。——318。

蒙特库库利伯爵,雷蒙德,梅尔菲公爵(Montecuculi, Raimond, Graf von, Herzog
　　von Melfi 1609—1681)——奥地利统帅、军事著作家和改革家,原籍意大利,
　　三十年战争的参加者;写有军事方面的著作。——79。

孟德斯鸠,沙尔(Montesquieu, Charles 1689—1755)——法国哲学家、社会学
　　家、经济学家,18世纪资产阶级启蒙运动的主要代表,立宪君主制的理论家;
　　货币数量论的拥护者;早期资产阶级天赋人权理论的创始人之一。——658。

弥勒,威廉(Müller, Wilhelm 1816—1873)——德国诗人,40年代为《莱茵报》
　　的撰稿人,杜塞尔多夫的医生。——20。

弥勒,亚当·亨利希,尼特多夫骑士(Müller, Adam Heinrich, Ritter von Nitterdorf
　　1779—1829)——德国政论家和经济学家;德国政治经济学中反映封建贵族
　　利益的浪漫学派的代表人物,亚·斯密的经济学说的反对者。——638。

米尔巴赫,奥托(Mirbach, Otto)——普鲁士炮兵军官,小资产阶级民主主义者;
　　1848—1849年革命的参加者;1849年五月起义时任埃尔伯费尔德卫戍司令;
　　起义失败后流亡国外。——542。

米尔柏格,阿尔图尔(Mülberger, Arthur 1847—1907)——德国医生,小资产阶
　　级政论家,蒲鲁东主义者。——391。

米格尔,托马斯·弗兰西斯(Meagher, Thomas Francis 1823—1867)——爱尔兰
　　民族解放运动活动家,爱尔兰同盟创始人之一(1847);1848年因参加起义准
　　备工作而被捕,被判处终身苦役,1852年逃到美国,美国内战时期(1861—
　　1865)为爱尔兰志愿兵旅长,站在北部方面参加美国内战。——272。

米海洛夫斯基,尼古拉·康斯坦丁诺维奇(Михайловский, Николай Констан-
　　тинович 1842—1904)——俄国社会学家、政论家和文学批评家,自由主义
　　民粹派的思想家,社会学中的主观方法的维护者;《祖国纪事》和《俄国财富》
　　的编辑。——427。

米凯尔,约翰奈斯·冯(Miquel, Johannes von 1828—1901)——德国律师、政治
　　活动家和金融家;1848—1849年革命的参加者,50年代为共产主义者同盟盟
　　员,1850年同盟分裂时追随马克思和恩格斯;民族联盟创建人之一,奥斯纳布
　　吕克市市长(1865年起)、美因河畔法兰克福市市长(1879年起);1867年起是
　　民族自由党右翼领袖之一,普鲁士第二议院议员,国会议员(1867—1877和

1887—1890),普鲁士财政大臣(1890—1901)。——81、82、220—222、233、258、358。

米拉波伯爵,奥诺雷·加布里埃尔·维克多·里凯蒂(Mirabeau, Honoré-Gabriel-Victor Riqueti, comte de 1749—1791)——法国政论家,18世纪末法国资产阶级革命的活动家,大资产阶级和资产阶级化贵族利益的代表。——220。

米勒兰,亚历山大·埃蒂耶纳(Millerand, Alexandre Étienne 1859—1943)——法国政治家和国务活动家,律师和政论家,80年代是小资产阶级激进派,1885年起为众议院议员;90年代属于社会党,领导法国社会主义运动中的机会主义派别;曾参加资产阶级政府(1899—1902),1904年被开除出法国社会党;"独立社会党"创建人;1920年起任总理兼外交部长,后为法兰西共和国总统(1920—1924)。——654。

米涅,弗朗索瓦·奥古斯特·玛丽(Mignet, François-Auguste-Marie 1796—1884)——法国历史学家,早年研究法律,并获得律师资格(1818),后进入巴黎新闻界,为《法兰西信使报》撰稿人,《国民报》创办人之一(1830);写有《法国革命史》等历史著作。——669。

闵采尔,托马斯(Müntzer [Münzer], Thomas 1490前后—1525)——德国神学家,宗教改革时期和1525年农民战争时期为农民平民阵营的领袖和思想家,宣传空想平均共产主义的思想。——171。

摩尔根,路易斯·亨利(Morgan, Lewis Henry 1818—1881)——美国法学家、民族学家、考古学家和原始社会史学家,进化论的代表,自发的唯物主义者。——513、515、516、669。

摩莱肖特,雅科布(Moleschott, Jakob 1822—1893)——荷兰生理学家和哲学家,庸俗唯物主义的代表人物;曾在德国、瑞士和意大利的学校中任教。——155、410。

摩西父子公司(Moses & Son)——伦敦一家服装公司。——91。

莫耳,莫里茨(Mohl, Moritz 1802—1888)——德国资产阶级庸俗经济学家,法兰克福国民议会议员,属于温和的左派;大德意志党领袖之一。——274。

莫拉,弗朗西斯科(Mora, Francisco 1842—1924)——西班牙工人运动和社会主义运动活动家,职业是鞋匠,国际西班牙和葡萄牙各支部的组织者之一,国际西班牙联合会委员会委员(1870—1872),《解放报》编委(1871—1873),新马德里联合会会员(1872—1873);曾与无政府主义进行斗争,同马克思和恩格斯通信;西班牙社会主义工人党的组织者之一(1879)。——370、373。

莫里斯,威廉(Morris, William 1834—1896)——英国诗人、作家和艺术家,
　　80—90年代参加工人运动和社会主义运动,1884—1889年为社会主义同盟领
　　导人之一,80年代末起接受无政府主义影响;1889年国际社会主义工人代表
　　大会代表。——579。

莫利,赛米尔(Morley, Samuel 1809—1886)——英国工业家和政治活动家,自
　　由党人,议会议员(1865和1868—1885);60年代为改革同盟执行委员会委
　　员,1869年起是《蜂房》报的所有者。——357。

莫尼,詹姆斯·威廉(Money, James William 19世纪)——英国著作家,律师;《爪
　　哇,或怎样管理殖民地》一书的作者。——512。

莫斯特,约翰·约瑟夫(Most, Johann Joseph 1846—1906)——德国政论家,编
　　辑和书籍装订工,无政府主义者;1868年起参加奥地利工人运动,1871年起为
　　德国社会民主工党和社会民主党党员;德意志帝国国会议员(1874—1878);
　　1878年反社会党人非常法颁布以后流亡英国;《自由》周报的创办人(1879)和
　　编辑;1880年因宣传无政府主义而被开除出社会民主党;1882年侨居美国,继
　　续进行无政府主义的宣传。——414、415、420、442、443、446、447、469、506。

莫特勒,尤利乌斯(Motteler, Julius 人称"红色邮政局长""Roter Feldpostmeister"
　　1838—1907)——德国社会民主党人;德意志帝国国会议员(1874—1879),反
　　社会党人非常法时期流亡苏黎世,后来侨居伦敦;从事把《社会民主党人报》和
　　社会民主党的秘密书籍运往德国的工作。——555。

莫特斯赫德,托马斯(Mottershead [Mothershead], Thomas 1826前后—1884)
　　——英国织布工人,土地和劳动同盟成员,工人代表同盟书记,国际总委员会
　　委员(1869—1872),丹麦通讯书记(1871—1872),伦敦代表会议(1871)和海
　　牙代表大会(1872)代表;海牙代表大会以后领导不列颠联合会委员会中的
　　改良派,站在脱离派一边;1873年5月30日总委员会通过决议把他开除出国
　　际。——396。

莫伊勒,弗里德里希·威廉·格尔曼(Mäurer, Friedrich Wilhelm Germain 1811—
　　1885)——德国政论家和作家,语文教员;巴黎流亡者同盟和正义者同盟的创
　　建人之一;1843年加入法国籍;德国1848—1849年革命的参加者,共产主义者
　　同盟遭迫害时期被捕(1851),后移居法国。——12。

默泽,尤斯图斯(Möser, Justus 1720—1794)——德国历史学家和政论家,德国
　　保守资产阶级利益的代言人。——233、281、284。

穆尔,赛米尔(Moore, Samuel 1838—1911)——英国法学家,国际会员,曾将《资

本论》第一卷（与爱·艾威林一起）和《共产党宣言》译成英文；50年代为曼彻斯特的厂主；马克思和恩格斯的朋友。——271、390、488、490、675。

穆罕默德(Muhammad 570前后—632)——伊斯兰教创始人。——111、114。

穆勒，约翰·斯图亚特(Mill, John Stuart 1806—1873)——英国资产阶级经济学家和实证论哲学家，政治经济学古典学派的模仿者；詹·穆勒的儿子。——462。

穆勒，詹姆斯(Mill, James 1773—1836)——英国资产阶级经济学家、历史学家和哲学家，李嘉图理论的庸俗化者；在哲学方面是边沁的追随者；《英属印度史》一书的作者。——462。

穆瓦兰，茹尔·安东(托尼)(Moilin, Jules-Antoine [Tony] 1832—1871)——法国医生和政论家，小资产阶级社会主义者，巴黎公社参加者，被凡尔赛分子枪杀。——244、322。

N

拿破仑第一（拿破仑·波拿巴）(Napoléon I [Napoléon Bonaparte] 1769—1821)——法国皇帝(1804—1814和1815)。——98、100、104、278、348、366、379、462、583、598、656、668、669。

拿破仑第三（路易-拿破仑·波拿巴）(Napoléon III [Louis-Napoléon Bonaparte] 1808—1873)——法兰西第二共和国总统(1848—1851)，法国皇帝(1852—1870)，拿破仑第一的侄子。——98、100、104、134、138、140、149、204、237、238、250、252、258、318、340、345、347、382、403、434、462、471、472、509、510、604、685。

纳杰日杰，若安(Nǎdejde, Ion 1854—1928)——罗马尼亚政论家，社会民主主义者，曾将恩格斯的著作译成罗马尼亚文；90年代转到机会主义立场，1899年加入资产阶级民族自由党，反对工人运动。——565。

纳皮尔，威廉·弗兰西斯·帕特里克(Napier, Sir William Francis Patrick 1785—1860)——英国将军、军事史学家和著作家；曾参加比利牛斯半岛的反对拿破仑第一的战争(1808—1814)。——79、126。

纳特，戴维(Nutt, David 死于1863年)——英国书商和出版商。——148。

内克，雅克(Necker, Jacques 1732—1804)——法国政治活动家、经济学家和银行家；从1770—1789年多次任财政大臣；在法国大革命前夕曾试图进行某些改革。——629。

尼古拉一世（Николай I 1796—1855）——俄国皇帝（1825—1855）。——126。

尼姆——见德穆特，海伦。

涅恰耶夫，谢尔盖·格纳季耶维奇（Нечаев，Сергей Геннадиевич 1847—1882）
——俄国教师，无政府主义者，巴枯宁的拥护者，1868—1869年彼得堡学生运
动的参加者，秘密组织“人民惩治会”的组织者，曾受该组织委托在莫斯科谋
杀大学生伊万诺夫（1869年11月），后逃往瑞士；1869—1871年与巴枯宁有密
切联系，1872年被瑞士当局引渡给俄国政府，被判处20年要塞监禁，后死于彼
得—保罗要塞。——375、382。

牛顿，伊萨克（Newton，Isaac 1642—1727）——英国物理学家、天文学家和数
学家，经典力学的创始人。——490。

纽文胡斯，斐迪南·多梅拉（Nieuwenhuis，Ferdinand Domela 1846—
1919）——荷兰工人运动活动家，荷兰社会民主党创始人之一，1888年起为
议会议员；1889、1891和1893年国际社会主义工人代表大会代表；90年代转
到无政府主义立场。——449、457。

诺瓦伊里（Novaïri 约1280—1332）——阿拉伯历史学家。——114。

O

欧拉，莱昂哈德（Euler，Leonhard 1707—1783）——瑞士数学家、力学家和物理
学家，曾在彼得堡科学院（1727—1741和1766—1783 ）和柏林科学院（1741—
1766）工作。——455、490。

欧门，哥特弗里德（Ermen，Gottfried 1812—1899）——德国商人，曼彻斯特的
欧门—恩格斯公司的股东之一。——249、251、260。

欧斯曼，若尔日·欧仁（Haussmann，Georges-Eugène 1809—1891）——法国政
治活动家，波拿巴主义者，1851年十二月二日政变的参加者，塞纳省省长
（1853—1870），曾领导改建巴黎的工作。——340。

欧文，罗伯特（Owen，Robert 1771—1858）——英国空想社会主义者。——213、
214、229、243、408、570。

P

帕麦斯顿，埃米莉（Palmerston，Emily 1791—1869）——亨·约·坦·帕麦斯顿的
妻子。——259。

帕麦斯顿子爵，亨利·约翰·坦普尔（Palmerston，Henry John Temple，Viscount

1784—1865)——英国国务活动家,初为托利党人,1830年起为辉格党领袖,依靠该党右派;曾任陆军大臣(1809—1828),外交大臣(1830—1834、1835—1841和1846—1851),内务大臣(1852—1855)和首相(1855—1858和1859—1865)。——148、149、167、313、349。

帕姆(Pam)——见帕麦斯顿子爵。

培尔,皮埃尔(Bayle, Pierre 1647—1706)——法国政论家和怀疑派哲学家,神学和思辨哲学的反对者,法国启蒙运动和唯物主义思想的先驱。——148。

培列,昂利(Perret, Henri)——瑞士工人运动活动家,雕刻工,在瑞士的国际领导人之一;社会主义民主同盟盟员(1868—1869),罗曼语区联合会委员会总书记(1869—1873),《平等报》编辑,国际日内瓦代表大会(1866)、巴塞尔代表大会(1869)和伦敦代表会议(1871)代表;1869年和巴枯宁派断绝关系,但在国际海牙代表大会后采取调和主义立场。——396。

佩尔茨,格奥尔格·亨利希(Pertz, Georg Heinrich 1795—1876)——德国历史学家;《日耳曼历史文献》的出版者。——348。

配第,威廉(Petty, William 1623—1687)——英国经济学家和统计学家,英国资产阶级古典政治经济学的创始人。——64、158、429、564、690。

彭普斯——见罗舍,玛丽·埃伦。

蓬佩里,爱德华·德(Pompery, Édouard de 1812—1895)——法国作家和政论家,30—40年代为傅立叶主义的拥护者和宣传者。——15。

皮阿,费利克斯(Pyat, Félix 1810—1889)——法国政论家、剧作家和政治活动家,小资产阶级民主主义者;1848—1849年革命的参加者,1849年起侨居瑞士、比利时和英国;在小资产阶级流亡者中活动,1869年回到法国;反对独立的工人运动;伦敦的法国人支部成员;1871年国民议会议员,巴黎公社委员,公社被镇压后流亡英国,1880年大赦后回到法国;《公社报》(1880年9—11月)的出版者和编辑。——130、298、359。

皮戈特,理查(Pigott, Richard 1828前后—1889)——爱尔兰政论家,《爱尔兰人报》的出版者(1865—1879),芬尼运动的拥护者,80年代投靠英国政府。——318。

皮康,爱德华(Piquand, Édouard)——法国法学家,19世纪80年代初是蒙吕松市法院预审法官。——489。

皮佩尔,威廉(Pieper, Wilhelm 1826—1899)——德国语文学家和新闻工作者,德国1848—1849年革命的参加者;流亡伦敦,共产主义者同盟盟员;1850—

1853年接近马克思和恩格斯；1859年返回德国，1892年在汉诺威一所中学任教。——101、105。

皮斯，爱德华·雷诺(Pease, Edward Reynolds 1857—1955)——英国社会主义者，费边社的创始人和领导人之一；曾参与工党的建立。——548。

皮特(小皮特)，威廉(Pitt, William, the Younger 1759—1806)——英国国务活动家，托利党领袖之一；反对18世纪末法国资产阶级革命的战争的主要策划者之一；1781年起为议会议员，曾任财政大臣(1782—1783)和首相(1783—1801和1804—1806)。——192、317。

平达(Pindaros 约公元前522—442)——古希腊抒情诗人，写有一些瑰丽的颂诗。——436。

蒲鲁东，皮埃尔·约瑟夫(Proudhon, Pierre-Joseph 1809—1865)——法国政论家、经济学家和社会学家，小资产阶级思想家，无政府主义理论的创始人，第二共和国时期是制宪议会议员(1848)。——8、15、31、34、54、84、94、102、120、121、159、162、220、243、274、284、293、295、309、361、362、367、368、376、379、398、399、403、408、462、474、482、563。

普拉特，尤利乌斯(Platter, Julius 1844—1923)——瑞士经济学家和政论家。——699。

普赖斯，理查(Price, Richard 1723—1791)——英国政论家、经济学家和道德论哲学家；资产阶级激进主义者。——89。

普列汉诺夫，格奥尔吉·瓦连廷诺维奇(Плеханов, Георгий Валентинович 1856—1918)——俄国革命家和政论家，70年代是民粹派；俄国第一个马克思主义团体劳动解放社的组织者(1883)，1903年俄国社会民主工党第二次代表大会后成了孟什维克的领袖；写过一些宣传马克思主义的著作。——530、533。

普卢塔克(Plutarchos 46—119以后)——古希腊著作家和唯心主义哲学家，道德论者，柏拉图哲学的拥护者，曾与伊壁鸠鲁和斯多亚派论争；写有古希腊罗马名人传记以及哲学和伦理学著作。——148。

普特卡默，罗伯特·维克多(Puttkamer, Robert Victor 1828—1900)——普鲁士国务活动家，内务大臣(1881—1888)，在反社会党人非常法时期是迫害社会民主党人的组织者之一。——495、582、612。

普耶-凯尔蒂埃，奥古斯坦·托马(Pouyer-Quertier, Augustin-Thomas 1820—1891)——法国棉纺厂主和政治活动家，保护关税派，财政部长(1871—1872)，曾到法兰克福参加同德国关于巴黎投降及签订和约的谈判(1871)。——356。

Q

契切林,波里斯·尼古拉耶维奇(Чичерин, Борис Николаевич 1828—1904)
——俄国法学家和政治活动家,历史学家和哲学家,莫斯科大学教授(1861—1868),立宪君主制的拥护者;他的许多著作都证明,俄国土地公社的产生是沙皇政府赋税政策的结果。——426。

乔恩卡(Cionka)——罗马尼亚语文学家,罗马尼亚语法的编者。——565。

乔治,亨利(George, Henry 1839—1897)——美国政论家,资产阶级经济学家,主张资产阶级国家的土地国有化是解决资本主义制度各种社会矛盾的手段。——461—463、557、561。

乔治二世(George II 1683—1760)——英国国王和汉诺威选帝侯(1727—1760)。——273。

秦平,亨利·海德(Champion, Henry Hyde 1859—1928)——英国社会主义者,出版商和政论家;1887年前为社会民主联盟盟员,后为伦敦工联工人选举协会领导人之一;《工人选民》报的编辑兼出版者,90年代流亡澳大利亚,在那里积极参加工人运动。——577。

琼尼——见龙格,让·洛朗·弗雷德里克。

琼斯,厄内斯特·查理(Jones, Ernest Charles 1819—1869)——英国工人运动活动家、诗人和政论家,职业是律师,宪章派领袖;《北极星报》编辑,《寄语人民》和《人民报》的出版者;马克思和恩格斯的朋友;1858年与资产阶级激进派妥协,因此马克思和恩格斯同他暂时断交。——107、108、165、228、252。

邱吉尔,伦道夫·亨利·斯宾塞(Churchill, Randolph Henry Spencer 1849—1895)——英国国务活动家,保守党领袖之一,印度事务大臣(1885—1886)、财政大臣(1886);殖民扩张的拥护者,反对爱尔兰地方自治;主张采取一套社会蛊惑的办法。——613。

R

饶勒斯,让(Jaurès, Jean 1859—1914)——法国社会主义运动和国际社会主义运动的活动家,历史学家;法国社会党改良派的领导人;第二国际历次代表大会的参加者;1905年起为法国统一社会党右翼的领袖之一;《人道报》的创办人和主编;积极反对军国主义和战争,1914年被沙文主义者刺杀。——654。

热拉尔,沙尔·弗雷德里克(Gerhardt, Charles-Frédéric 1816—1856)——法国化学家,同洛朗一起对分子和原子的概念作了更为精确的阐述。——264。

日果,菲力浦·沙尔(Gigot, Philippe-Charles 1819—1860)——比利时工人运动和民主主义运动的参加者,布鲁塞尔共产主义通讯委员会书记,共产主义者同盟盟员;40年代接近马克思和恩格斯。——31、32。

荣克,格奥尔格·哥特洛布(Jung, Georg Gottlob 1814—1886)——德国陪审员和政论家,小资产阶级民主主义者,青年黑格尔分子,《莱茵报》创办人和发行负责人之一;1848年为普鲁士制宪议会议员,属于左派,后为民族自由党人。——22。

荣克,海尔曼(Jung, Hermann 1830—1901)——瑞士工人运动和国际工人运动的活动家,职业是钟表匠,德国1848—1849年革命的参加者,侨居伦敦;国际总委员会委员和瑞士通讯书记(1864年11月—1872年),总委员会财务委员(1871—1872),国际伦敦代表会议(1865)副主席,日内瓦代表大会(1866)、布鲁塞尔代表大会(1868)和巴塞尔代表大会(1869)以及伦敦代表会议(1871)主席,不列颠联合会委员会委员;海牙代表大会(1872)以前在国际中执行马克思的路线,1872年秋加入不列颠联合会委员会中的改良派,1877年以后脱离工人运动。——371、396。

茹柯夫斯基,尤利·加拉克季昂诺维奇(Жуковский, Юлий Галактионович 1822—1907)——俄国资产阶级庸俗经济学家和政论家;国家银行行长;曾撰写《卡尔·马克思和他的〈资本论〉一书》一文,攻击马克思主义。——427、649。

若昂纳尔,茹尔·保尔(Johannard, Jules-Paul 1843—1892)——法国工人运动活动家,花商;国际总委员会委员(1868—1869和1871—1872),意大利通讯书记(1868—1869),1870年在圣丹尼建立国际支部,巴黎公社军事委员会委员;拉塞西利亚将军手下的民政委员,追随布朗基派,公社被镇压后流亡伦敦;国际海牙代表大会(1872)代表。——396。

若米尼,昂利(Jomini, Henri 1779—1869)——瑞士将军和军事理论家,曾先后在法军(1804年起)和俄军(1813—1843)中供职,后来回到法国;写有关于战略和军事史方面的著作。——80。

S

萨克雷,威廉·梅克皮斯(Thackeray, William Makepeace 1811—1863)——英国现实主义作家。——173。

1877）——法国将军和政治活动家，保皇派；第二共和国时期是制宪议会和立
法议会议员（1848—1849），曾参加镇压1848年巴黎六月起义，后为巴黎卫戍
部队和国民自卫军司令，曾参加驱散巴黎1849年六月十三日示威游行，1851
年十二月二日政变后被逮捕并被驱逐出法国，1859年回到法国；普法战争时
期在莱茵军团司令部任职，1871年国民议会议员。——97。

绍耳（Scholl）——法国工人，国际里昂支部成员，侨居伦敦，1872年支持波拿巴
集团复辟帝国的计划。——382。

舍恩兰克，布鲁诺（Schoenlank, Bruno 1859—1901）——德国社会民主党人，新
闻工作者和政论家，反社会党人非常法时期是多家社会民主党报纸的编辑，
《前进报》编辑（1891—1893），《莱比锡人民报》主编（1894—1901），德意志帝
国国会议员（1893—1901），代表马克思主义的观点。——563。

舍尔比利埃，安东·埃利泽（Cherbuliez, Antoine-Élisée 1797—1869）——瑞士
经济学家，西斯蒙第的追随者，他把西斯蒙第的理论和李嘉图理论的某些原
理结合在一起。——462。

舍夫茨别利伯爵，安东尼·阿什利·库珀（Shaftesbury, Anthony Ashley Cooper,
Earl of 1801—1885）——英国政治活动家，40年代为议会中托利党人慈善家
集团领袖，1847年起为辉格党人，议会议员，低教会派的拥护者，1855年为克
里木英军医疗状况调查委员会主席；帕麦斯顿的女婿。——259。

申拜因，克里斯蒂安·弗里德里希（Schönbein, Christian Friedrich 1799—1868）
——德国化学家，巴塞尔大学教授。——234。

圣茹斯特，安东·路易·莱昂·德（Saint-Just, Antoine-Louis Léon de 1767—1794）
——法国资产阶级革命的活动家，雅各宾派的领袖，罗伯斯比尔的追随者，
1794年被绞死。——99。

圣西门，昂利（Saint-Simon, Henri 1760—1825）——法国空想社会主义者。——
93、332、368、570。

施蒂纳，麦克斯（Stirner, Max 原名约翰·卡斯帕尔·施米特 Johann Caspar
Schmidt 1806—1856）——德国哲学家和著作家，青年黑格尔派，资产阶级个
人主义和无政府主义的思想家。——23—26、83、88、258。

施拉姆，卡尔·奥古斯特（Schramm, Karl August 1830—1905）——德国经济学
家，保险公司职员，70年代初成为社会民主党人，改良主义者，《人民国家报》
和《未来》杂志的撰稿人，《社会民主党人报》创办人之一，《社会科学和社会政
治年鉴》的编辑；70年代下半期起成为普鲁士容克的"国家社会主义"的主要

683。

施旺,泰奥多尔(Schwann, Theodor 1810—1882)——德国动物学家,细胞学说的创立者之一,同植物学家马·施莱登共同奠定了细胞学说的基础。——163。

施韦泽,约翰·巴蒂斯特·冯(Schweitzer, Johann Baptist von 1833—1875)——德国律师和新闻工作者,拉萨尔派,《社会民主党人报》创办人和编辑(1864—1871);全德工人联合会会员(1863年起)和主席(1867—1871);支持俾斯麦所奉行的在普鲁士霸权下"自上"统一德国的政策,阻挠德国工人加入第一国际,反对社会民主工党;国会议员(1867—1871);1872年因同普鲁士当局的勾结被揭露而被开除出全德工人联合会。——220、222、292、308、368、379、580、604。

施维茨格贝尔,阿代马尔(Schwitzguébel, Adhémar 1844—1895)——瑞士工人运动活动家,职业是雕刻工,国际会员,巴枯宁主义者,社会主义民主同盟和汝拉联合会的领导人之一,国际海牙代表大会(1872)代表,1873年5月30日总委员会通过决议把他开除出国际。——371、375。

叔本华,阿尔图尔(Schopenhauer, Arthur 1788—1860)——德国哲学家,唯意志论、非理性主义和悲观主义的鼓吹者,普鲁士容克的思想家。——401。

舒尔采-德里奇,弗兰茨·海尔曼(Schulze-Delitzsch, Franz Hermann 1808—1883)——德国政治活动家和资产阶级庸俗经济学家,1848年是普鲁士国民议会议员,属于中间派左翼;主张在普鲁士的霸权下"自上"统一德国,民族联盟创始人之一(1859);60年代是进步党领袖之一,国会议员(1867年起);曾企图用组织合作社的办法来使工人脱离革命斗争。——222、226、233、292、547。

舒尔茨,路易(Schulz, Louis)——德国商人,资产阶级民主主义者,《莱茵报》的发行负责人,科隆共产党人案件(1852)的被告证人。——84。

司徒卢威,彼得·伯恩哈多维奇(Струве, Петр Бернгардович 1870—1944)——俄国资产阶级经济学家和政论家,"合法马克思主义者",1905年起是立宪民主党人,十月社会主义革命之后成为苏联的敌人,邓尼金和弗兰格尔反革命政府的成员,后为白俄分子。——662、663。

斯宾诺莎,巴鲁赫(贝奈狄克特)(Spinoza, Baruch [Benedictus] 1632—1677)——荷兰唯物主义哲学家,无神论者。——338、430。

斯蒂贝林,乔治·克里斯蒂安(Stiebeling, George Christian 1830—1895)——美国统计学家和小资产阶级政论家,德国人,国际美国支部中央委员会委员,后来因进行分裂活动被开除出国际,北美社会主义工人党党员;写有经济学方面的著作。——699。

斯勒尔,巴尔塔扎尔(Slör, Balthasar)——1525年德国农民战争的参加者,弗兰茨·冯·济金根的朋友和顾问,拉萨尔的剧本《弗兰茨·冯·济金根》中的巴尔塔扎尔·斯勒尔的原型。——171、175。

斯密,亚当(Smith, Adam 1723—1790)——英国经济学家,资产阶级古典政治经济学最著名的代表人物。——45、156、188、193、206、276、429、430、449、564、658、690。

斯奈德,雅科布(Snider, Jacob 死于1866年)——美国发明家,后装针发线膛枪的发明者。——238。

斯图亚特,詹姆斯(Steuart, James 1712—1780)——英国资产阶级经济学家,重商主义的最后代表人物之一,货币数量论的反对者。——159。

斯图亚特王朝——苏格兰王朝(1371—1714)和英格兰王朝(1603—1649和1660—1714)。——6。

斯温顿,约翰(Swinton, John 1829—1901)——美国新闻工作者,苏格兰人;《纽约时报》的编辑(1860—1870),纽约《太阳报》的编辑(1875—1883),《斯温顿氏新闻》周刊的创办人和编辑(1883—1887)。——461。

梭伦(Solon 约公元前 640—560)——雅典政治活动家和诗人,相传为古希腊"七贤"之一,在人民群众的压力下制定了许多反对氏族贵族的法律。——664。

T

塔朗迪埃,皮埃尔·泰奥多尔·阿尔弗勒德(Talandier, Pierre-Théodore-Alfred 1822—1890)——法国法学家和新闻工作者,小资产阶级民主主义者,法国1848—1849年革命的参加者;1851年十二月二日政变后流亡伦敦,国际总委员会委员(1864);《协会》杂志的撰稿人;1870年返回法国,国民议会议员(1876—1880、1881—1885)。——130、329。

塔西佗(普卜利乌斯·科尔奈利乌斯·塔西佗)(Publius Cornelius Tacitus 约55—120)——古罗马历史学家,《日耳曼尼亚志》、《历史》、《编年史》的作者。——284、285。

泰霍夫,古斯塔夫·阿道夫(Techow, Gustav Adolph 1813—1893)——普鲁士军官,小资产阶级民主主义者,1848年柏林攻占军械库的参加者,普法尔茨革命军总参谋长(1849),革命失败后流亡瑞士,成为在瑞士的流亡组织"革命集中"的领导人之一;1852年迁居澳大利亚。——95。

泰勒,爱德华·伯内特(Tylor, Edward Burnett 1832—1917)——英国人类学家和民族学家,人类学和民族学中进化论的创始人。——513。

泰伦齐安·摩尔(Terentianus Maurus 2世纪)——罗马诗人。——173。

泰森多夫,海尔曼·恩斯特·克里斯蒂安(Tessendorf, Hermann Ernst Christian 1831—1895)——普鲁士检察官,柏林市法院法官(1873—1879),1885年起为柏林最高法院刑庭庭长;反社会党人非常法时期迫害社会民主党人的策划者。——409。

唐金,霍雷修·布赖恩(Donkin, Horatio Bryan)——英国医生,1881—1883曾为马克思及其一家治病。——501、504。

特德斯科,维克多(Tedesco, Victor 1821—1897)——比利时律师,革命民主主义者和社会主义者,工人运动参加者,布鲁塞尔民主协会创始人之一;共产主义者同盟盟员,1847—1848年曾与马克思和恩格斯接近;里斯孔图案件的被告,被判处死刑,后改为30年徒刑,1854年被赦免。——55。

特尔察吉,卡洛(Terzaghi, Carlo 约生于1845年)——意大利新闻工作者,都灵工人联合会和国际都灵支部"无产者解放社"创建人之一和书记,《意大利无产者报》创办人和编辑;1872年2月因其警察局密探身份被揭露而被开除出"无产者解放社";1873年在波洛尼亚代表大会上被开除出意大利联合会委员会;巴枯宁派的日内瓦代表大会的参加者;1874年移居瑞士。——374。

特雷莫,皮埃尔(Trémaux, Pierre)——法国自然科学家。——244。

特里尔,格尔松·格奥尔格(Trier, Gerson Georg 1851—1918)——丹麦语文学家,丹麦社会民主党左派领袖之一,马克思主义宣传家;反对党内机会主义派改良主义的政策;曾将恩格斯的著作译成丹麦文。——577。

梯也尔,阿道夫(Thiers, Adolphe 1797—1877)——法国国务活动家和历史学家,奥尔良党人,曾先后任内务大臣、贸易和公共事务大臣(1832—1836)、首相(1836和1840);第二共和国时期是制宪议会和立法议会议员(1848);第三共和国政府首脑(内阁总理)(1871)、总统(1871—1873);镇压巴黎公社的刽子手。——80、97、351、353、356、382。

梯叶里,雅克·尼古拉·奥古斯坦(Thierry, Jacques-Nicolas-Augustin 1795—1856)——法国历史学家,早年热衷于圣西门的社会主义;写有诺曼人征服英格兰的历史和中世纪公社方面的著作。——669。

图克,托马斯(Tooke, Thomas 1774—1858)——英国资产阶级经济学家,资产阶级古典政治经济学的代表人物,货币数量论的批评者;写有多卷本的《价格史》。——69、157。

托里拆利,埃万杰利斯塔(Torricelli, Evangelista 1608—1647)——意大利物理学家和数学家;水银温度计的发明者,伽利略的学生。——668。

托伦,昂利·路易(Tolain, Henri-Louis 1828—1897)——法国雕刻工,右派蒲鲁东主义者,1864年9月28日伦敦圣马丁堂会议的参加者,国际巴黎支部领导人之一,国际伦敦代表会议(1865)、日内瓦代表大会(1866)、洛桑代表大会(1867)、布鲁塞尔代表大会(1868)和巴塞尔代表大会(1869)的代表;1871年国民议会议员;在巴黎公社时期投向凡尔赛分子,1871年被开除出国际;第三共和国时期为参议员。——212、375。

W

瓦茨,约翰(Watts, John 1818—1887)——英国政论家,早期为空想社会主义者,欧文的信徒;后为资产阶级自由主义者,资本主义制度的辩护士;1853年在伦敦创办"国民人身保险公司",1857年在曼彻斯特设立分公司。——37、127、235。

瓦尔德克,贝奈狄克特·弗兰茨·莱奥(Waldeck, Benedikt Franz Leo 1802—1870)——普鲁士律师,小资产阶级民主主义者;1848年是普鲁士制宪议会副议长和左翼领导人之一;普鲁士第二议院议员(1849)和北德意志联邦国会议员(1867年起);进步党领袖。——83。

瓦尔兰,路易·欧仁(Varlin, Louis-Eugène 1839—1871)——法国装订工人,左派蒲鲁东主义者,国际法国支部领导人之一,国际伦敦代表会议(1865)、日内瓦代表大会(1866)和巴塞尔代表大会(1869)代表,曾一度流亡比利时;国民自卫军中央委员会委员,巴黎公社委员,1871年5月25日起为公社军事委员会委员,28日即被凡尔赛分子杀害。——335、355。

瓦尔斯特——见奥托-瓦尔斯特,奥古斯特。

瓦尔泰希,卡尔·尤利乌斯(Vahlteich, Carl Julius 1839—1915)——德国新闻工作者,职业是鞋匠;全德工人联合会创建人之一和书记(1863—1864);国际德累斯顿支部创建人和德累斯顿工人教育协会主席(1867);社会民主工党创建人之一;《开姆尼茨自由新闻》编辑(1872—1878);国会议员(1874—1876和1878—1881);1881年前往美国。——406。

瓦盖纳,海尔曼(Wagener, Hermann 1815—1889)——德国政论家和政治活动
家,职业是律师;资产阶级化的普鲁士容克的思想家;《新普鲁士报》编辑
(1848—1854),《北德意志总汇报》撰稿人,普鲁士保守党的创始人,俾斯麦政
府的枢密顾问(1866—1873);普鲁士容克的"国家社会主义"的拥护者,国会
议员(1867—1873)。——221、302。

瓦格纳,阿道夫(Wagner, Adolph 1835—1917)——德国资产阶级庸俗经济学
家,讲坛社会主义者,反犹太主义的基督教社会党的创始人(1878),政治经济
学中所谓的社会法学派的代表。——337。

瓦亨胡森,汉斯(Wachenhusen, Hans 1823—1898)——德国资产阶级政论家和
作家。——366。

瓦克斯,奥托(Wachs, Otto 1836—1913)——普鲁士军官,1870—1871年普法战
争的参加者;后为德军总参谋部少校,著有军事、政治方面的著作。——395。

瓦克斯穆特,恩斯特·威廉·哥特利布(Wachsmuth, Ernst Wilhelm Gottlieb 1784—
1866)——德国历史学家和语文学家,莱比锡大学历史学教授,《哈雷年鉴》和
《德国年鉴》的书报检查官(1839—1842);写有关于古希腊罗马和欧洲史方面的
著作。——145、659。

瓦·沃·——见沃龙佐夫,瓦西里·巴甫洛维奇。

万德比尔特(Vanderbilt)——美国金融和工业巨头世家。——596。

威尔逊,查理·里弗斯(Wilson, Charles Rivers 1831—1916)——英国国务活动
家,殖民官员;1874—1894年是英国国家债务管理局局长;1878—1879年是埃
及民族政府的财政大臣。——491。

威利斯,罗伯特(Willis, Robert 1800—1875)——英国力学家、工艺师和考古学
家;曾给工人讲课(1854—1867)。——199。

威廉斯,燕妮——见马克思,燕妮。

威廉一世(胜者威廉)(Wilhelm I [William the Victorious] 1797—1888)——普
鲁士亲王,摄政王(1858—1861),普鲁士国王(1861—1888),德国皇帝(1871—
1888)。——165、195、221、252、258、341、343、352、496、517、660。

威廉二世(Wilhelm II 1859—1941)——普鲁士国王和德国皇帝(1888—
1918)。——582。

威士涅格拉茨基,伊万·阿列克谢耶维奇(Вышнеградский, Иван Алексеевич
1831—1895)——俄国学者和国务活动家;1888—1892年为财政大臣。——
629。

威斯特华伦,斐迪南·奥托·威廉·亨宁·冯(Westphalen, Ferdinand Otto Wilhelm Henning von 1799—1876)——普鲁士国务活动家,曾任内务大臣(1850—1858);马克思夫人燕妮的异母哥哥。——590。

威斯特华伦,格尔哈德·尤利乌斯·奥斯卡尔·路德维希·埃德加·冯(Westphalen, Gerhard Julius Oscar Ludwig Edgar von 1819—1890)——德国法学家,1846年布鲁塞尔共产主义通讯委员会委员;1847—1865年侨居美国,后回到德国;马克思夫人燕妮的弟弟,马克思的同学。——20、228、230、286。

威斯特华伦,卡罗琳·冯(Westphalen, Caroline von 1780—1856)——燕妮·冯·威斯特华伦的母亲。——16。

威斯特华伦,约翰·路德维希·冯(Westphalen, Johann Ludwig von 1770—1842)——德国特里尔行政区首席顾问(1816年起),枢密顾问(1834年起);燕妮·冯·威斯特华伦的父亲。——590。

威斯特华伦,燕妮·冯——见马克思,燕妮。

韦伯,悉尼·詹姆斯(Webb, Sidney James 1859—1947)——英国政治活动家,费边社创建人之一;曾和妻子比·韦伯合写许多关于英国工人运动的历史和理论方面的著作,宣扬关于在资本主义条件下有可能解决工人问题的思想。——634。

韦伯,约瑟夫,瓦伦亭(Weber, Joseph Valentin 1814—1895)——德国钟表匠,1848—1849年革命的参加者;革命失败先后流亡瑞士和伦敦,共产主义者同盟盟员,伦敦德意志工人共产主义教育协会会员。——298。

韦济尼埃,皮埃尔(Vésinier, Pierre 1820—1902)——法国新闻工作者和政论家,反波拿巴主义者,后流亡伦敦,伦敦的法国人支部组织者之一,国际总委员会委员(1865—1866),曾参加1865年国际伦敦代表会议的工作,因诽谤总委员会于1866年被开除出总委员会,根据布鲁塞尔代表大会(1868)的决议被开除出国际;巴黎公社委员,公社被镇压后流亡英国,在伦敦出版《联盟报》,为世界联盟委员会委员,该组织反对马克思和国际总委员会;1880年大赦后返回法国。——359。

韦克菲尔德,爱德华·吉本(Wakefield, Edward Gibbon 1796—1862)——英国国务活动家和经济学家,曾提出资产阶级殖民理论。——311。

韦斯顿,约翰(Weston, John)——英国工人运动活动家,职业是木匠,后为厂主;欧文主义者,1864年9月28日伦敦圣马丁堂会议的参加者,国际总委员会委员(1864—1872),1865年伦敦代表会议代表,改革同盟执行委员会委员,土地和劳动同盟的领导人,不列颠联合会委员会委员(1872)。——214、229。

维多利亚(Victoria 1819—1901)——英国女王(1837—1901)。——349、673。

维尔茨,沙尔·阿道夫(Wurtz, Charles-Adolphe 1817—1884)——法国有机化
学家,原子分子论的拥护者。——264。

维尔克(Wilke)——普鲁士军官,流亡伦敦。——238。

维尔特,弗里德里希·莫里茨(Wirth, Friedrich Moritz 1849—1916以后)——德国
政论家。——585、586。

维尔特,格奥尔格(Weerth, Georg 1822—1856)——德国诗人和政论家,共产主义
者同盟盟员,《新莱茵报》编辑(1848—1849);马克思和恩格斯的朋友。——94。

维干德,奥托(Wigand, Otto 1795—1870)——德国出版商和书商;在莱比锡开
有书店,出版一些进步作家的著作,1845年出版恩格斯的《英国工人阶级状
况》;1848—1849年曾参加萨克森的革命运动。——23、249、255、265。

维吉尔(普卜利乌斯·维吉尔·马洛)(Publius Vergilius Maro 公元前70—19)
——罗马诗人。——244。

维利森男爵,卡尔·威廉(Willisen, Karl Wilhelm Freiherr von 1790—1879)——
普鲁士将军和军事理论家;1848年任王室驻波兹南专员;1848—1849年在
奥地利军队中供职,曾参与镇压意大利的革命运动和民族解放运动;1850
年统率石勒苏益格—荷尔斯泰因军队对丹麦作战;写有军事史方面的著作。
——79。

维利希,奥古斯特(Willich, August 1810—1878)——普鲁士军官,1847年起为
共产主义者同盟盟员,1849年巴登—普法尔茨起义中为志愿军团首领;1850年
共产主义者同盟分裂时同卡·沙佩尔一起组成反对马克思的冒险主义宗派集
团;1853年侨居美国,站在北部方面参加美国内战,任将军。——59、60、81、
96、110、131、543。

维努瓦,约瑟夫(Vinoy, Joseph 1800—1880)——法国将军,波拿巴主义者,1851
年十二月二日政变的参加者;在1859年奥意法战争中任师长,普法战争时期
任第十三军军长,后任巴黎第二军团第一军军长和巴黎第三军团司令,1871
年1月22日起先后任巴黎武装力量总司令和凡尔赛分子预备军司令。——
353。

维森,弗·(Wiesen, F.)——德国社会主义者,侨居美国,辛辛那提《人民保卫者》
的撰稿人。——651。

维沙尔,保尔·欧仁(Vichard, Paul-Eugène 生于1835年)——法国工人运动活

动家,巴黎公社参加者,国际海牙代表大会(1872)代表。——396。

魏德迈,路易莎(Weydemeyer, Louise 生于1822)——约·魏德迈的妻子。——62、95。

魏德迈,约瑟夫(Weydemeyer, Joseph 1818—1866)——德国和美国工人运动活动家、军官、新闻工作者,"真正的"社会主义者(1846—1847),《威斯特伐利亚汽船》编辑;曾参加布鲁塞尔共产主义通讯委员会的活动(1846);共产主义者同盟盟员,德国1848—1849年革命的参加者,《新德意志报》编辑(1849—1850);共产主义者同盟法兰克福区部领导人(1849—1851);1851年流亡美国,站在北部方面参加美国内战;马克思和恩格斯的朋友和战友。——61、77、94、106、107、109。

魏特林,克里斯蒂安·威廉(Weitling, Christian Wilhelm 1808—1871)——德国工人运动活动家,正义者同盟领导人,职业是裁缝;空想平均共产主义理论家和鼓动家;工人同盟的创始人,《工人共和国报》的出版者;1849年流亡美国,晚年接近国际工人协会。——7、33、421。

文特霍尔斯特,路德维希(Windthorst, Ludwig 1812—1891)——德国政治活动家;分立主义者;汉诺威王国司法大臣(1851—1852和1862—1865),国会议员;中央党的领袖之一。——350。

沃邦侯爵,塞巴斯蒂安·勒普雷特尔(Vauban, Sébastien Le Prêstre [Prestre], marquis de 1633—1707)——法国元帅,军事工程师,写有筑城学和围攻方面的著作以及经济学著作《王国什一税》。——564。

沃尔波尔,斯宾塞·霍雷肖(Walpole, Spencer Horatio 1806—1898)——英国政治活动家,托利党人,曾任内务大臣(1852、1858—1859和1866—1867)。——263。

沃尔弗,斐迪南(Wolff, Ferdinand 绰号红色沃尔弗 der rote Wolf 1812—1895)——德国政论家和新闻工作者,1846—1847年为布鲁塞尔共产主义通讯委员会委员;共产主义者同盟盟员;《新莱茵报》编辑(1848—1849);1848—1849年革命后流亡巴黎和伦敦;1850年共产主义者同盟分裂时支持马克思;后来脱离政治活动,在牛津任语文教师。——97。

沃尔弗,弗里德里希·威廉(Wolff, Friedrich Wilhelm 鲁普斯 Lupus 1809—1864)——德国无产阶级革命家和政论家,职业是教员,西里西亚农民的儿子;1834—1839年被关在普鲁士监狱;1846—1847年为布鲁塞尔共产主义通讯委员会委员,共产主义者同盟创始人之一和同盟中央委员会委员(1848年3月起),《新莱茵报》编辑(1848—1849),民主主义者莱茵区域委员会和科隆安全委员会委员;法兰克福国民议会议员,属于极左派;1849年流亡瑞士,1851年迁居英国,1853年起在曼彻斯特当教员;马克思和恩格斯的朋友和战友。——80、140、394、395。

沃尔弗,路易吉(Wolff, Luigi)——意大利军官,马志尼的拥护者,伦敦意大利工人组织——共进会的会员,1864年9月28日伦敦圣马丁堂会议的参加者,国际总委员会委员(1864—1865),1865年伦敦代表会议的参加者;1871年被揭露为波拿巴的警探,同年5月30日总委员会通过决议把他开除出国际。——213—215、364、403。

沃尔弗,尤利乌斯(Wolf, Julius 1862—1937)——德国资产阶级经济学家,庸俗政治经济学的代表。——622、693、699。

沃康松,雅克·德(Vaucanson, Jacques de 1709—1782)——法国力学家,曾改进织机的构造和发明灵敏的自动装置。——201。

沃龙佐夫,瓦西里·巴甫洛维奇(Воронцов, Василий Павлович 笔名瓦·沃·B. B. 1847—1918)——俄国经济学家和政论家,80—90年代自由主义民粹派的思想家之一,写了一些关于俄国资本主义发展和农村公社命运的著作,反对马克思主义。——627。

乌尔卡尔特,戴维(Urquhart, David 1805—1877)——英国外交家、政论家和政治活动家,托利党人,亲土耳其分子;30年代在土耳其执行外交任务,曾揭露帕麦斯顿和辉格党人的对外政策,议会议员(1847—1852);《自由新闻》(1855—1865)和《外交评论》(1866—1877)的创办人和编辑。——159、272。

吴亭,尼古拉·伊萨科维奇(Утин, Николай Исаакович 1841—1883)——俄国革命家,60年代革命运动的参加者,"土地和自由"社中央委员会委员,1863年流亡英国,后迁瑞士;在俄国被缺席判处死刑;国际俄国支部的组织者之一,和平和自由同盟第一次代表大会代表(1867),国际日内瓦中央支部成员;罗马联合会成立大会(1869)的参加者,拉绍德封代表大会(1870)代表;《人民事业》编辑部委员(1868—1870),《平等报》编辑(1870—1871);1871年国际伦敦代表会议代表;1877年返回俄国;马克思和恩格斯的朋友和战友。——336。

武尔姆,古斯塔夫(Wurm, Gustav 1819—1888)——恩格斯的同学;后为语文学家。——18。

武尔斯特(Wulster)——德国分立主义者。——343。

X

肖特,西格蒙德(Schott, Siegmund 1818—1895)——德国政治活动家和著作家,主张在普鲁士的霸权下"自上"统一德国;民族联盟的创建人之一。——421。

谢多-费罗蒂男爵(Schédo-Ferroti, D. K., Baron)——见菲尔克斯,费多尔·伊万诺维奇。

谢尔策尔,安德烈亚斯(Scherzer, Andreas 1807—1879)——德国政论家,职业是裁缝,正义者同盟盟员,后为共产主义者同盟盟员,1850年共产主义者同盟分裂后是维利希—沙佩尔冒险主义宗派集团一个巴黎支部的成员,所谓巴黎德法密谋案件(1852年2月)的被告之一,后流亡英国,伦敦德意志工人共产主义教育协会的领导人之一,《新时代》出版者和《人民报》撰稿人;1871年底由于发表诽谤总委员会的言论和进行分裂活动而被开除出工人教育协会。——130、131。

谢夫莱,阿尔伯特·埃伯哈德·弗里德里希(Schäffle, Albert Eberhard Friedrich 1831—1903)——德国资产阶级庸俗经济学家和社会学家,针对马克思《资本论》第一卷的出版,主张放弃阶级斗争,并鼓吹资产者和无产者的合作。——455。

谢林,弗里德里希·威廉·约瑟夫·冯(Schelling, Friedrich Wilhelm Joseph von 1775—1854)——德国哲学家,18世纪末—19世纪初德国唯心主义的代表人物,1810年后鼓吹神秘主义的"启示哲学";宗教的拥护者。——11、12。

辛格尔,保尔(Singer, Paul 1844—1911)——德国商人,1869年起为社会民主工党党员,反社会党人法时期是社会民主党同马克思和恩格斯之间的联络员,德意志帝国国会议员(1884—1911),1885年起为社会民主党国会党团主席,1887年起为社会民主党执行委员会委员,1890年起和倍倍尔一起是社会民主党的主席;1891、1893、1896和1907年国际社会主义工人代表大会代表。——478、479、574、644。

休谟,大卫(Hume, David 1711—1776)——英国哲学家、历史学家和经济学家,主观唯心主义者,近代不可知论的创始人;重商主义的反对者,货币数量论的早期代表人物。——401、429。

Y

雅科比,弗里德里希·亨利希(Jacobi, Friedrich Heinrich 1743—1819)——德国唯心主义哲学家,所谓信仰哲学的代表人物。——622。

雅科比,约翰(Jacoby, Johann 1805—1877)——德国医生、政论家和政治家,民主主义者;预备议会议员,普鲁士制宪议会左翼领导人之一(1848),1849年为法兰克福国民议会议员,属于极左派;1862年为普鲁士第二议院议员,《未来报》创办人(1867),反对俾斯麦的政策;1872年起成为社会民主工党(爱森纳赫派)党员。——83、259。

亚历山大二世(Александр II 1818—1881)——俄国皇帝(1855—1881)。——259、418。

亚历山大三世(Александр III 1845—1894)——俄国皇帝(1881—1894)。——533、576。

伊壁鸠鲁(Epikouros 约公元前342—270)——古希腊哲学家,无神论者。——148、401、505。

伊格纳季耶夫伯爵,尼古拉·巴甫洛维奇(Игнатьев, Николай Павлович, граф 1832—1908)——俄国外交家和国务活动家,1864—1877年为驻土耳其大使,在签订圣斯蒂凡诺和约(1878)时为俄国全权代表;1881—1882年任国家产业大臣,后任内务大臣。——474。

伊丽莎白·路德维卡(Elisabeth Ludovika 1801—1873)——普鲁士王后,弗里德里希-威廉四世的妻子,巴伐利亚国王路德维希一世的妹妹。——195、271。

伊曼特,彼得·米夏埃尔(Imandt, Peter Michael 1823—1897)——德国教员,民主主义者,1848—1849年革命的参加者,革命失败后流亡瑞士,1852年3月被驱逐出境,迁居伦敦;1852年7月起为共产主义者同盟盟员,国际会员;马克思和恩格斯的朋友。——189。

伊威希——见拉萨尔,斐迪南。

易卜生,亨利克(Ibsen, Henrik 1828—1906)——挪威剧作家。——585。

尤塔,约翰·卡尔(Juta, Johan Carel 生于1824年)——荷兰商人,马克思的妹妹路易莎的丈夫。——457。

雨果,维克多·玛丽(Hugo, Victor-Marie 1802—1885)——法国作家,资产阶级共和党人,第二共和国时期是制宪议会和立法议会议员(1848—1851),1851年十二月二日政变后流亡泽西岛;1855年底被英国当局驱逐出境,1870年回到法国,1871年国民议会议员,第二帝国时期为参议员(1876)。——332。

约翰(Johann 1782—1859)——奥地利大公,元帅,曾参加反对拿破仑法国的战争,1809年为奥地利军队指挥官,1848年6月—1849年12月为德意志帝国摄政。——218。

约翰斯顿,詹姆斯·芬利·韦尔(Johnston, James Finlay Weir 1796—1855)——

英国化学家,写有农业化学方面的著作。——310。

约翰逊,安德鲁(Johnson, Andrew 1808—1875)——美国国务活动家,属于民主党,田纳西州州长(1853—1857和1862—1865),参议员(1857—1862);美国内战时期是北军的拥护者,美国副总统(1864—1865年4月)和总统(1865—1869),实行和南部种植场主妥协的政策。——228。

云格,阿道夫·弗里德里希(Junge, Adolph Friedrich)——德国细木工,巴黎正义者同盟盟员,1847年起为共产主义者同盟盟员,同盟布鲁塞尔区部成员,布鲁塞尔德意志工人协会创始人之一,1848年初流亡美国。——34、35、41。

Z

泽德利茨,格奥尔格(Seidlitz, Georg)——德国自然科学家,达尔文主义者,《达尔文学说》一书的作者。——411。

泽耳,理查(Seel, Richard 1819—1875)——德国讽刺画家,19世纪40年代恩格斯的熟人。——20。

泽特贝尔,格奥尔格·阿道夫(Soetbeer, Georg Adolf 1814—1892)——德国经济学家和统计学家。——574、595。

扎姆特,阿道夫(Samter, Adolph 1824—1883)——德国资产阶级经济学家,洛贝尔图斯的追随者。——462。

宗内曼,莱奥波德(Sonnemann, Leopold 1831—1909)——德国政治活动家、政论家和银行家,小资产阶级民主主义者,《法兰克福报》的创办人和出版者;曾接近工人运动;德意志帝国国会议员。——406。

左尔格,弗里德里希·阿道夫(Sorge, Friedrich Adolph 1828—1906)——德国教师和新闻工作者,国际工人运动、美国工人运动和社会主义运动的活动家,德国1848—1849年革命的参加者;1852年侨居美国,国际会员,国际美国各支部的组织者,海牙代表大会(1872)代表,纽约总委员会委员和总书记(1872—1874),北美社会主义工人党创始人(1876)之一,马克思和恩格斯的朋友和战友。——396、398、420、452、461、503、507、534、557、575、640、643、653、672。

左拉,埃米尔(Zola, Emile 1840—1902)——法国作家。——570。

文学作品和神话中的人物索引

A

阿尔诺德——明娜·考茨基的小说《旧和新》中的人物。——545。

爱莎——明娜·考茨基的小说《旧和新》中的人物。——545。

B

笨伯雅克——法国农民的讽刺性绰号。——139。

波扎侯爵——席勒的悲剧《唐·卡洛斯》中的人物。——221。

F

菲力浦二世——席勒的悲剧《唐·卡洛斯》中的人物。——221。

福斯泰夫——莎士比亚的剧作《温莎的风流娘儿们》、《亨利四世》中的人物,爱
　　吹牛的懦夫,谐谑者,酒徒。——176。

G

格兰特,阿瑟——英国女作家玛·哈克奈斯的小说《城市姑娘》中的主人公。——
　　570。

J

基督——见耶稣基督。

K

克拉普林斯基——海涅的诗《两个骑士》中的主人公,一个破落的贵族;克拉普
　　林斯基这个姓是由法文单词crapule(贪食、饕餮、酗酒以及懒汉、败类的意思)
　　构成的。马克思用克拉普林斯基来暗指路易·波拿巴。——105。

L

鲁滨逊·克鲁索——丹·笛福的小说《鲁滨逊漂流记》中的主人公。——304。

M

玛丽亚——拉萨尔的剧本《弗兰茨·冯·济金根》中的女主人公。——171。

P

匹克威克——狄更斯的小说《匹克威克外传》中的主要人物。——495—496。

Q

乔纳森大哥——美国漫画作品中的人物,在美国建国的初期是美国人或美国资产
    阶级的代表人物的代名词,这个称谓后来逐步被"山姆大叔"所取代。——139。

T

唐·吉诃德——塞万提斯的同名小说中的主要人物。——170。

唐达鲁士——古希腊神话中的吕底亚王,因侮弄诸神被罚沉沦地狱,永世受苦;
    他身立水中,头上悬挂着果子,每当他想掬水解渴或摘果充饥的时候,水和果
    子就消失不见。——504。

X

夏娃——圣经中人类的始祖,据《创世记》记载,是上帝创世时从亚当身上取肋
    骨而造,是人类的第一位女性、第一个妻子和第一位母亲。——304、308。

Y

亚当——圣经中人类的始祖,据《创世记》记载,是上帝按照自己的形象用泥土
    创造的第一个男人。——304、308。

耶稣基督(基督)——传说中的基督教创始人。——16、89。

约翰牛——18世纪英国作家约·阿巴思诺特在1712年写的政治讽刺小说《约翰
    牛传》中塑造的人物———一个急躁、坦率、滑稽的绅士形象,用以影射西班牙
    王位继承战争中的英国人。后来此名成为英国人的绰号,广为流传。——139、
    317、350。

文　献　索　引

卡·马克思和弗·恩格斯的著作

卡·马克思

《贝尔蒂埃》，载于《美国新百科全书》1858年版第3卷（Berthier. In: The New American Cyclopaedia. Vol. 3. 1858）。——144。

《贝尔纳多特》，载于《美国新百科全书》1858年版第3卷（Bernadotte. In: The New American Cyclopaedia. Vol. 3. 1858）。——144。

《贝西埃尔》，载于《美国新百科全书》1858年版第3卷（Bessières. In: The New American Cyclopaedia. Vol. 3. 1858）。——144。

《毕若》，载于《美国新百科全书》1859年版第4卷（Bugeaud. In: The New American Cyclopaedia. Vol. 4. 1859）。——144。

《玻利瓦尔-庞特》，载于《美国新百科全书》1858年版第3卷（Bolivar y Ponte. In: The New American Cyclopaedia. Vol. 3. 1858）。——144。

《勃鲁姆》，载于《美国新百科全书》1858年版第3卷（Blum. In: The New American Cyclopaedia. Vol. 3. 1858）。——144。

《不列颠在印度的统治》，载于1853年6月25日《纽约每日论坛报》第3804号（The British rule in India. In: New-York Daily Tribune. No. 3804. 25. June 1853）。——116。

《布朗》，载于《美国新百科全书》1858年版第3卷（Brown. In: The New American Cyclopaedia. Vol. 3. 1858）。——144。

《布里安》，载于《美国新百科全书》1858年版第3卷（Bourrienne. In: The New American Cyclopaedia. Vol. 3. 1858）。——144。

《布吕讷》，载于《美国新百科全书》1859年版第4卷（Brune. In: The New American Cyclopaedia. Vol. 4. 1859）。——144。

《第六届莱茵省议会的辩论(第一篇论文)。关于新闻出版自由和公布省等级会
　　议辩论情况的辩论》,载于1842年5月5、8、10、12、15、19日《莱茵报》(科
　　隆)第125、128、130、132、135、139号附刊(Die Verhandlungen des 6.
　　rheinischen Landtags. Erster Artikel: Debatten über Preßfreiheit und Publica-
　　tion der Landständischen Verhandlungen. In: Rheinische Zeitung für Politik,
　　Handel und Gewerbe. Köln. Nr. 125, 5. Mai 1842. Beibl.; Nr.128, 8. Mai 1842.
　　Beibl.; Nr. 130, 10. Mai 1842. Beibl.; Nr. 132, 12. Mai 1842. Beibl.; Nr. 135,
　　15. Mai 1842. Beibl.; Nr. 139, 19. Mai 1842. Beibl.)。——701。

《第六届莱茵省议会的辩论(第三篇论文)。关于林木盗窃法的辩论》,载于1842
　　年10月25、27、30日和11月1、3日《莱茵报》(科隆)第298、300、303、305和
　　307号附刊(Verhandlungen des 6. rheinischen Landtags. Dritter Artikel:
　　Debatten über das Holzdiebstahls-Gesetz. In: Rheinische Zeitung für Politik,
　　Handel und Gewerbe. Köln. Nr. 298, 25. Oktober 1842. Beibl.; Nr. 300, 27.
　　Oktober 1842. Beibl.; Nr. 303, 30. Oktober 1842. Beibl.; Nr. 305, 1. November
　　1842. Beibl.; Nr. 307, 3. November 1842. Beibl.)。——701。

《法国工人党纲领导言(草案)》,载于1880年6月19日《先驱者》(日内瓦)第25期
　　(Considérants du Programme socialiste(Projet). In: Le Précurseur. Genève.
　　Nr. 25, 19. Juni 1880)。——466。

《法兰西内战。国际工人协会总委员会宣言》1871年伦敦版(The Civil War in
　　France. Address of the General Council of the International Working Men's
　　Association. London 1871)。——359、360。

《福格特先生》1860年伦敦版(Herr Vogt. London 1860)。——702。

《哥达纲领批判》,载于1890—1891年《新时代》(斯图加特)第9年卷第1册第18
　　期(Kritik des Gothaer Programms. In: Die Neue Zeit. Stuttgart. Nr. 18, 9. Jg.
　　B. 1. 1890—1891)。——405、602、608。

《给临时中央委员会代表的关于若干问题的指示》,载于1867年2月20日和3月13
　　日《国际信使》(伦敦)第6—7期和第8—10期(Instruction for the delegates of
　　the Provisional General Council. In: The International Courier. London. Nr.
　　6—7, 20. Februar 1867; Nr. 8—10, 13. März 1867)。——243。

《工人调查表》1880年巴黎版(Enquête ouvrière. Paris 1880)。——452。

《工人调查表》,载于1880年4月20日《社会主义评论》第4期(Enquête ouvrière. In:
　　La Revue Socialiste. Nr. 4, 20. April 1880)。——452。

《关于费尔巴哈的提纲》，作为附录载于弗·恩格斯《路德维希·费尔巴哈和德国古典哲学的终结》，根据《新时代》杂志校订的单行本，1888年斯图加特版，标题是《卡尔·马克思论费尔巴哈。1845年》(Karl Marx über Feuerbach. In: Friedrich Engels: Ludwig Feuerbach und der Ausgang der klassischen deutschen Philosophie. Revidirter Sonder-Abdruck aus der "Neuen Zeit". Mit Anhang: Karl Marx über Feuerbach, vom Jahre 1845. Stuttgart 1888)。——647。

《关于自由贸易问题的演说。1848年1月9日在布鲁塞尔民主协会召开的公众大会上》1848年布鲁塞尔版(Discours sur la question du libre échange, prononcé à l'Association Démocratique de Bruxelles, dans la séance publique du 9 janvier 1848. Imprimé aux frais de l'Association Démocratique. Bruxelles 1848)。——62。

《国际工人协会成立宣言》，载于《国际工人协会成立宣言和临时章程。协会于1864年9月28日在伦敦朗-爱克街圣马丁堂举行的公开大会上成立》1864年伦敦版(Address of the International Working Men's Association. In: Address and provisional rules of the International Working Men's Associaiton, established September 28, 1864, at a public meeting held at St. Martin's Hall, Long Acre, London. London 1864)。——215、216、367、403。

《国际工人协会成立宣言》，载于1864年12月21和30日《社会民主党人报》(柏林)第2、3号(Manifest an die arbeitende Klasse Europa's. In: Der Social-Demokrat. Berlin. Nr. 2 und 3, 21. und 30. Dezember 1864)。——220。

《国际工人协会的共同章程和组织条例》，正式版本，经总委员会修订，1871年伦敦版(General Rules and Administrative Regulations of the International Working Men's Association. Official ed., rev. by the General Council. London 1871)。——362、372、405。

《国际工人协会和社会主义民主同盟》，载于《所谓国际内部的分裂》1872年日内瓦版(L'Association Internationale des Travailleurs et l'Alliance Internationale de la Démocratie Socialiste. In: Les Prétendues scissions dans l'Internationale, Genève 1872)。——334、363。

《国际工人协会章程。1864年9月28日创建》1867年伦敦版(Rules of the International Working Men's Association. Founded September 28th, 1864. London 1867)。——300。

《国际工人协会章程和条例》1866年伦敦版(Association Internationale des

Travailleurs. Statuts et Règlement. Londres 1866)。——362、363、381、482。

《国际工人协会总委员会关于普法战争的第一篇宣言》,载于1870年7月28日《派尔—麦尔新闻》(伦敦)第1702号(First Address of the General Council of the International Working Men's Association on the Prussian-Franco War. In: The Pall Mall Gazette. London. Nr. 1702, 28. Juli 1870)。——342、347。

《国际工人协会总委员会关于普法战争的第二篇宣言。1870年9月9日于伦敦》(Second Address of the General Council of the International Working Men's Association on the Prussian-Franco War. London, September 9, 1870)。——347。

《国际工人协会总委员会致社会主义民主同盟中央局》,载于《所谓国际内部的分裂》1872年日内瓦版(Le Conseil Général de l'Association Internationale des Travailleurs au Brueau Central de l'Alliance Internationale de la Démocratie Socialiste. In: Les Prétendues scissions dans l'Internationale, Genève 1872)。——334、363。

《〈黑格尔法哲学批判〉导言》,载于1844年《德法年鉴》(巴黎)第1—2期合刊(Zur Kritik der Hegel'schen Rechts-Philosophie. Einleitung. In: Deutsch-Französische Jahrbücher. Lfg. 1—2. Paris 1844)。——13。

《揭露科隆共产党人案件》1885年霍廷根—苏黎世版(Enthüllungen über den Kommunisten-Prozeß zu Köln. Hottingen, Zürich 1885)。——646、647。

《路易·波拿巴的雾月十八日》1869年汉堡第2版(Der Achtzehnte Brumaire des Louis Bonaparte. 2. Ausg. Hamburg 1869)。——318、593、600。

《路易·波拿巴的雾月十八日》,载于1852年《革命。不定期刊物》(纽约)第1期(Der 18. Brumaire des Louis Bonabarte. In: Die Revolution. Eine Zeitschrift in zwanglosen Heften. New York. 1852. H. 1)。——249、352、509、670。

《路易斯·亨·摩尔根〈古代社会〉一书摘要》(Auszug von Lewis H. Morgan "Ancient Society")。——513。

《论蒲鲁东。给约·巴·施韦泽的信》,载于1865年2月1、3、5日《社会民主党人报》(柏林)第16—18号(Über P. J. Proudhon. Brief an J. B. von Schweitzer. In: Der Social-Demokrat. Berlin. Nr. 16—18. 1., 3., 5. Februar 1865)。——220、295。

《摩泽尔记者的辩护》,载于1843年1月15、17、18、19和20日《莱茵报》(科隆)第15、17、18、19和20号(Rechtfertigung des Korrespondenten von der Mosel.

In: Rheinische Zeitung für Politik, Handel und Gewerbe. Köln. Nr. 15, 15.
Januar 1843; Nr. 17, 17. Januar 1843; Nr. 18, 18. Januar 1843; Nr. 19, 19. Januar
1843; Nr. 20, 20. Januar 1843)。——701。

《帕麦斯顿勋爵》1854年伦敦版(Lord Palmerston. London 1854)。——313。

《强迫移民。——科苏特和马志尼。——流亡者问题。——英国选举中的贿赂行
为。——科布顿先生》,载于1853年3月22日《纽约每日论坛报》第3722号
(Erzwungene Emigration. -Kossuth und Mazzini. -Die Flüchtlingsfrage. -
Wahlbestechung in England. -Mr. Cobden. In: New-York Daily Tribune. Nr.
3722, 22. März 1853)。——316。

《剩余价值理论》(Theorien über den Mehrwert)。——572。

《协会临时章程》,载于《国际工人协会成立宣言和临时章程。协会于1864年9月
28日在伦敦朗—爱克街圣马丁堂举行的公开大会上成立》1864年伦敦版
(Provisional rules of the Association. In: Address and provisional rules of the
International Working Men's Association, established September 28, 1864, at
a public meeting held at St. Martin's Hall, Long Acre, London. London 1864)。
——215、367、398、403、562。

《1844年银行法和英国金融危机》,载于1857年11月21日《纽约每日论坛报》第
5176号(The Bank Act of 1844 and the monetary crisis in England. In: New-
York Daily Tribune. Nr. 5176, 21. November 1857)。——138。

《1848年至1850年的法兰西阶级斗争》1895年柏林版(Die Klassenkämpfe in
Frankreich 1848 bis 1850. Berlin 1895)。——684——685。

《1848年至1850年的法兰西阶级斗争》,载于1850年1—3月和5—10月《新莱茵报。
政治经济评论》(伦敦—汉堡—纽约)第1—3期和第5—6期(Die Klassenkämpfe
in Frankreich 1848 bis 1850. In: Neue Rheinische Zeitung. Politisch-
ökonomische Revue. London, Hamburg, New-York. H. 1—3, Januar bis März
1850; H. 5—6, Mai bis Oktober 1850)。——93。

《英国政府和被囚禁的芬尼社社员》,载于1870年2月27日和3月6日《国际
报》(伦敦)第59、60号(Le Gouvernement anglais et les prisoniers féniens.
In: L'Internationale. London. Nr. 59, 27. Februar; Nr. 60, 6. März 1870)。——
322、326、329。

《在〈人民报〉创刊纪念会上的演说。1856年4月14日于伦敦》,载于1856年
4月19日《人民报》(伦敦)第207期(Rede auf der Jahresfeier des "People's

Paper"am 14. April 1856 in London. In: The People's Paper. London. Nr. 207, 19. April 1856)。——130。

《哲学的贫困。答蒲鲁东先生的〈贫困的哲学〉》1847年巴黎—布鲁塞尔版 (Misère de la philosophie. Réponse à la philosophie de la misère de M. Proudhon. Paris, Bruxelles 1847)。——54、94、120、124、295、309、403、407、462、527、614。

《政治经济学批判。第一分册》1859年柏林版(Zur Kritik der Politischen Oekonomie. H. 1. Berlin 1859)。——167、196、198、261、264。

《致斯图加特〈观察家报〉编辑》,载于1864年12月10日《北极星》(汉堡)第287期 (An den Redakteur des "Beobachters"zu Stuttgart. In: Nordstern. Hamburg. Nr. 287, 10. Dezember 1864)。——220。

《资本论。对资本主义生产的批判分析》,赛·穆尔和爱·艾威林译自德文第3版, 弗·恩格斯审定,1887年伦敦版上、下卷(Capital. A critical analysis of capitalist production. Transl. from the 3rd German ed., by S. Moore and E. Aveling and ed. by F. Engels. Vol. 1. 2. London 1887)。——525、539、676。

《资本论。政治经济学批判》1872—1875年巴黎版(Le Capital. Traduction de M. J. Roy, entièrement revisée par l'auteur. Paris 1872—1875)。——394、402、422、426、427。

《资本论。政治经济学批判》第1卷《资本的生产过程》1867年汉堡版(Das Kapital. Kritik der politischen Oekonomie. B. 1. Buch 1: Der Produktionsprocess des Kapitals. Hamburg 1867)。——229、233、234、238、242、246、248、253—255、260、274、275、279、280、282、296、312、318、337、373、402、403、422、423、427、438、439、449、454、455、531、593、600、628、634、698。

《资本论。政治经济学批判》第1卷《资本的生产过程》1872年汉堡修订第2版 (Das Kapital. Kritik der politischen Oekonomie. B. 1. Buch 1: Der Produktionsprocess des Kapitals. 2. verb. Aufl. Hamburg 1872)。——426、702。

《资本论。政治经济学批判》第1卷《资本的生产过程》,弗·恩格斯编,1890年汉堡 第4版(Das Kapital. Kritik der politischen Oekonomie. B. 1. Buch 1: Der Produktionsprocess des Kapitals. Hrsg. von F. Engels. 4. Aufl. Hamburg 1890)。——574。

《资本论。政治经济学批判》第2卷《资本的流通过程》,弗·恩格斯编,1885年汉堡版(Das Kapital. Kritik der politischen Oekonomie. B. 2. Buch 2: Der Cirkulationsprocess des Kapitals. Hrsg. von F. Engels. Hamburg 1885)。——255、269、276、339、422、426、431、449、509、524、527、531、534—535、538—539、648—649、681、697。

《资本论.政治经济学批判》第3卷《资本主义生产的总过程》，弗·恩格斯编，1894年汉堡版(Das Kapital. Kritik der politischen Oekonomie. B. 3. Buch 3: Der Gesamtprocess der kapitalistischen Produktion. Hrsg. von F. Engels. Hamburg 1894)。——422、530、534—535、539、574、601、608、614—615、617、624、645、648、665、680、681、690、692、696—698。

《总委员会关于不列颠政府对被囚禁的爱尔兰人的政策的决议草案》，载于1869年11月27日《人民国家报》(莱比锡)第17号(Resolutionsentwurf des Generalrats über das Verhalten der britischen Regierung in der irischen Amnestiefrage. In: Der Volksstaat. Leipzig. Nr. 17, 27. November 1869)。——313、326。

《总委员会关于〈蜂房报〉的决议草案》，载于1870年5月11日《人民国家报》(莱比锡)第38号(Beschluß des Generalrats der Internationalen Arbeiterassoziation bezüglich des Bee-Hive. In: Der Volksstaat. Leipzig. Nr. 38, 11. Mai 1870)。——358。

《总委员会关于瑞士罗曼语区联合会委员会的决议》，载于1870年7月24日《米拉波报》第53号(Association internationale des Travailleurs. Décisions du Conseil général. Le Conseil général au comité fédéral Romand. In: Le Mirabeau, No. 53, 24 juillet 1870)。——371。

《总委员会致瑞士罗曼语区联合会委员会》，载于1870年7月23日《团结报》第16号(Le Conseil général au comité fédéral, siégeant à la Chaux-de-Fonds. In: La solidarité, No 16, 23 juillet 1870)。——325、327—329、335。

弗·恩格斯

《爆炸弹》，载于《美国新百科全书》1858年版第3卷(Bomb. In: The New American Cyclopaedia. Vol. 3. 1858)。——144。

《比达索阿》，载于《美国新百科全书》1858年版第3卷(Bidassoa. In: The New American Cyclopaedia. Vol. 3. 1858)。——144。

《俾斯麦先生的社会主义》，载于1880年3月3和24日《平等报》(巴黎)(Le

socialisme de M. Bismarck. In: L'Égalité. Paris. 3. und 24. März 1880）。——467。

《波河与莱茵河》1859年柏林版（Po und Rhein. Berlin 1859）。——251。

《博罗季诺》，载于《美国新百科全书》1858年版第3卷（Borodino. In: The New American Cyclopaedia. Vol. 3. 1858）。——144。

《博马尔松德》，载于《美国新百科全书》1858年版第3卷（Bomarsund. In: The New American Cyclopaedia. Vol. 3. 1858）。——144。

《布达》，载于《美国新百科全书》1859年版第4卷（Buda. In: The New American Cyclopaedia. Vol. 4. 1859）。——144。

《布雷西亚》，载于《美国新百科全书》1858年版第3卷（Brescia. In: The New American Cyclopaedia. Vol. 3. 1858）。——144。

《布伦海姆》，载于《美国新百科全书》1858年版第3卷（Blenheim. In: The New American Cyclopaedia. Vol. 3. 1858）。——144。

《刺刀》，载于《美国新百科全书》1858年版第2卷（Bayonet. In: The New American Cyclopaedia. Vol. 2. 1858）。——144。

《德国的革命和反革命》，署名：卡尔·马克思，载于1851年10月25、28日、11月6、7、12、28日和1852年2月27日、3月5、15、18、19日、4月9、17、24日、7月27日、8月19日、9月18日、10月2、23日《纽约每日论坛报》第3283、3285、3293、3294、3298、3312、3389、3395、3403、3406、3407、3425、3432、3438、3517、3534、3564、3576、3594号《德国栏》（Revolution and Counter-Revolution in Germany. Gez.: Karl Marx. In: New-York Daily Tribune. 1851. Nr. 3283, 25. Okt.; Nr. 3285, 28. Okt.; Nr. 3293, 6. Nov.; Nr. 3294, 7. Nov.; Nr. 3298, 12. Nov.; Nr. 3312, 28. Nov., 1852. Nr. 3389, 27. Febr.; Nr. 3395, 5. März; Nr. 3403, 15. März; Nr. 3406, 18. März; Nr. 3407, 19. März; Nr. 3425, 9. April; Nr. 3432, 17. April; Nr. 3438, 24. April; Nr. 3517, 27. Juli; Nr. 3534, 19. Aug.; Nr. 3564, 18. Sept.; Nr. 3576, 2. Okt.; Nr. 3594, 23. Okt. Rubrik: Germany）。——92、100。

《德国农民战争》1875年莱比锡第3版（Der deutsche Bauernkrieg. 3. Abdr. Leipzig 1875）。——660、681。

《垛墙》，载于《美国新百科全书》1858年版第3卷（Bonnet. In: The New American Cyclopaedia. Vol. 3. 1858）。——144。

《反杜林论》——见《欧根·杜林先生在科学中实行的变革。哲学·政治经济学·社会主义》。

《防弹工事》，载于《美国新百科全书》1858年版第3卷（Bomb Proof. In: The New American Cyclopaedia Vol. 3. 1858）。——144。

《弗·恩格斯1893年5月11日对法国〈费加罗报〉记者的谈话》，载于1893年5月13日《费加罗报》（巴黎）（Interview Friedrich Engels'mit dem Korrespondenten der Zeitung "Le Figaro" am 11. Mai 1893. In: Le Figaro. Paris. 13. Mai 1893）。——653。

《共产主义原理》（Grundsätze des Kommunismus）。——56。

《关于共产主义者同盟的历史》（《引言》），载于卡·马克思《揭露科隆共产党人案件》1885年霍廷根—苏黎世版（Zur Geschichte des "Bundes der Kommunisten". In: K. Marx: Enthüllungen über den Kommunisten-Prozeß zu Köln. Hottingen, Zürich 1885）。——646、647。

《国民经济学批判大纲》，载于1844年《德法年鉴》（巴黎）第1—2期合刊（Umrisse zu einer Kritik der Nationalökonomie. In: Deutsch-Französische Jahrbücher. Lfg. 1—2. Paris 1844）。——19、68、193、276、456。

《轰击》，载于《美国新百科全书》1858年版第3卷（Bombardment. In: The New American Cyclopaedia. Vol. 3. 1858）。——144。

《会战》，载于《美国新百科全书》1858年版第2卷（Battle. In: The New American Cyclopaedia. Vol. 2. 1858）。——144。

《家庭、私有制和国家的起源》，若安·纳杰日杰译，载于1885年9月—1886年5月《现代人》（Originea familiei, proprietăţii private şi a statului. Traducere de Ion Nădejde. In: Contemporanual, September 1885 bis Mai 1886）。——565。

《家庭、私有制和国家的起源。就路易斯·亨·摩尔根的研究成果而作》1884年霍廷根—苏黎世版（Der Ursprung der Familie, des Privateigenthums und des Staats. Im Anschluss an Lewis H. Morgan's Forschungen. Hottingen, Zürich 1884）。——515、605、615。

《家庭、私有制和国家的起源。就路易斯·亨·摩尔根的研究成果而作》1891年斯图加特第4版（Der Ursprung der Familie, des Privateigenthums und des Staats. Im Anschluss an Lewis H. Morgen's Forschungen. 4. Aufl. Stuttgart 1891）。——617。

《军队》，载于《美国新百科全书》1858年版第2卷（Army. In: The New American Cyclopaedia. Vol. 2. 1858）。——135。

《军用桥》,载于《美国新百科全书》1858年版第3卷(Bridge, Military. In: The New American Cyclopaedia. Vol. 3. 1858)。——144。

《卡·马克思〈1848年至1850年的法兰西阶级斗争〉一书导言》,载于1894—1895年《新时代》(斯图加特)第13年卷第2册第27—28期(Einleitung zu Karl Marx' "Klassenkämpfe in Frankreich 1848 bis 1850". In: Die Neue Zeit. Stuttgart. Nr. 27—28., 13. Jg. B. 2. 1894—1895)。——687、699。

《棱堡》,载于《美国新百科全书》1858年版第2卷(Bastion. In: The New American Cyclopaedia. Vol. 2. 1858)。——144。

《路德维希·费尔巴哈和德国古典哲学的终结》1888年斯图加特版(Ludwig Feuerbach und der Ausgang der klassischen deutschen Philosophie. Stuttgart 1888)。——593、600、647、670。

《露营》,载于《美国新百科全书》1858年版第3卷(Bivouac. In: The New American Cyclopaedia. Vol. 3. 1858)。——144。

《论住宅问题。第二篇:资产阶级怎样解决住宅问题》1872年莱比锡版(Zur Wohnungsfrage. H. 2: Wie die Bourgeoisie die Wohnungsfrage löst. Leipzig 1872)。——509。

《马尔克》,载于弗·恩格斯《社会主义从空想到科学的发展》1882年〔应为1883年〕霍廷根—苏黎世版(Die Mark. In: F. Engels: Die Entwicklung des Sozialismus von der Utopie zur Wissenschaft. Hottingen, Zürich 1882 [tatsächlich 1883])。——493。

《马克思和洛贝尔图斯》,载于1885年《新时代》(斯图加特)第3年卷第1期(Marx und Rodbertus. In: Die Neue Zeit. Stuttgart. 3. Jg. H. 1. 1885)。——527。

《美国工人运动。〈英国工人阶级状况〉美国版序言》,载于弗·恩格斯《1844年的英国工人阶级状况》1887年纽约版(The Labor Movement in America. Preface to the American Edition of The Condition of the Working Class in England. In: F. Engels: The Condition of the Working Class in England in 1844. New York 1887)。——559。

《缅甸》,载于《美国新百科全书》1859年版第4卷(Burmah. In: The New American Cyclopaedia. Vol. 4. 1859)。——144。

《民主的泛斯拉夫主义》,载于1849年2月15日《新莱茵报》(科隆)第222号(Der demokratische Panslavismus. In: Neue Rheinische Zeitung. Köln. Nr. 222, 15. Februar 1849)。——297。

《欧根·杜林先生在科学中实行的变革。哲学·政治经济学·社会主义》1878
年莱比锡版(Herrn Eugen Dühring's Umwälzung der Wissenschaft.
Philosophie. Politische Oekonomie. Sozialismus. Leipzig 1878)。——423、
454、548、593、670。

《欧洲政局》，载于1886年12月1日《社会评论》(雅西)第2期(Statea politica
socială. In: Revista Socială. Iasi. Nr. 2, 1. Dezember 1886)。——566。

《炮兵连》，载于《美国新百科全书》1858年版第2卷(Battery. In: The New Ameri-
can Cyclopaedia. Vol. 2. 1858)。——144。

《炮手》，载于《美国新百科全书》1858年版第3卷(Bombardier. In: The New
American Cyclopaedia. Vol. 3. 1858)。——144。

《炮艇》，载于《美国新百科全书》1858年版第3卷(Bomb Vessel. In: The New
American Cyclopaedia. Vol. 3. 1858)。——144。

《炮座》，载于《美国新百科全书》1858年版第2卷(Barbette. In: The New Ameri-
can Cyclopaedia. Vol. 2. 1858)。——144。

《普鲁士军事问题和德国工人政党》1865年汉堡版(Die preußische Militärfrage
und die deutsche Arbeiterpartei. Hamburg 1865)。——217、249、251。

《桥头堡》，载于《美国新百科全书》1858年版第3卷(Bridge-head. In: The New
American Cyclopaedia. Vol. 3. 1858)。——144。

《瑞士共和国的政治地位》，载于1853年5月17日《纽约每日论坛报》第3770号
(Switzerland, political position of this republic. In: New-York Daily Tribune.
No. 3770, 17. May 1853)。——116。

《社会主义从空想到科学的发展》1882年[应为1883年]霍廷根—苏黎世版(Die
Entwicklung des Sozialismus von der Utopie zur Wissenschaft. Hottingen,
Zürich 1882[tatsächlich 1883])。——496。

《社会主义从空想到科学的发展》1883年霍廷根—苏黎世第3版(Die Ent-
wicklung des Sozialismus von der Utopie zur Wissenschaft. 3. unveränd. Aufl.
Hottingen, Zürich 1883)。——548。

《双桅炮艇》，载于《美国新百科全书》1858年版第3卷(BombKetch. In: The
New American Cyclopaedia. Vol. 3. 1858)。——144。

《弹射器》，载于《美国新百科全书》1859年版第4卷(Catapult. In: The New Ameri-
can Cyclopaedia. Vol. 4. 1859)。——145。

《崖路》，载于《美国新百科全书》1858年版第3卷(Berme. In: The New American

Cyclopaedia. Vol. 3. 1858）。——144。

《掩障》，载于《美国新百科全书》1858年版第3卷（Blindage. In: The New American Cyclopaedia. Vol. 3. 1858）。——144。

《野营》，载于《美国新百科全书》1859年版第4卷（Camp. In: The New American Cyclopaedia. Vol. 4. 1859）。——145。

《英国工人阶级状况。根据亲身观察和可靠材料》1845年莱比锡版（Die Lage der arbeitenden Klasse in England. Nach eigner Anschauung und authentischen Quellen. Leipzig 1845）。——23、203、265、614。

《〈英国工人阶级状况〉美国版附录》，载于弗·恩格斯《1844年的英国工人阶级状况》1887年纽约版（Appendix. In: F. Engels: The Condition of the Working Class in England in 1844. New York 1887）。——549、551。

《英国状况。评托马斯·卡莱尔的〈过去和现在〉1843年伦敦版》，载于1844年《德法年鉴》（巴黎）第1—2期合刊（Die Lage Englands. Past and Present by Thomas Carlyle. London 1843. In: Deutsch-Französische Jahrbücher. Lfg. 1—2. Paris 1844）。——18。

《在国际中》，载于1873年7月2日《人民国家报》（莱比锡）第53号（Aus der Internationalen. In: Der Volksstaat. Leipzig. Nr. 53, 2. July 1873）。——392、396。

《自然辩证法》（Dialektik der Natur）。——416、485。

《总委员会就马志尼关于国际的若干文章给意大利几家报纸编辑部的声明》，载于1871年12月21日《人民罗马》第43号（Erklärung des Generalrats an die Redaktionen italienischer Zeitungen anläßlich der Artikel Mazzinis gegen die Internationale. In: Roma del Popolo. Nr. 43, 21. Dezember 1871）。——379。

卡·马克思和弗·恩格斯

《巴克莱-德-托利》，载于《美国新百科全书》1858年版第2卷（Barclay de Tolly. In: The New American Cyclopaedia. Vol. 2. 1858）。——144。

《贝雷斯福德》，载于《美国新百科全书》1858年版第3卷（Beresford. In: The New American Cyclopaedia. Vol. 3. 1858）。——144。

《贝姆》，载于《美国新百科全书》1858年版第3卷（Bem. In: The New American Cyclopaedia. Vol. 3. 1858）。——144。

《卞尼格先》,载于《美国新百科全书》1858年版第3卷(Bennigsen. In: The New American Cyclopaedia. Vol. 3. 1858)。——144。

《博斯凯》,载于《美国新百科全书》1858年版第3卷(Bosquet. In: The New American Cyclopaedia. Vol. 3. 1858)。——144。

《布吕歇尔》,载于《美国新百科全书》1858年版第3卷(Blücher. In: The New American Cyclopaedia. Vol. 3. 1858)。——144。

《德意志意识形态》(1845—1846年。手稿)(Die deutsche Ideologie. Manuskripte 1845—1846)。——53、54。

《共产党宣言》(1848年2月发表)1848年伦敦版(Manifest der Kommunistischen Partei. Veröffentlicht im Februar 1848. London 1848)。——83、93、109、405、461、462、506、560、579、666。

《共产党宣言》,附马克思和恩格斯的序言,1891年柏林第5版(Das Kommunistische Manifest. 5. autoris. deutsche Ausg. Mit Vorreden von Karl Marx und Friedrich Engels. Berlin 1891)。——646、647。

《〈共产党宣言〉俄文第二版序言》,载于卡·马克思和弗·恩格斯《共产党宣言》1882年日内瓦版(Предисловие, авторов к русскому изданию. In: K. Marx und F. Engels: Манифесть коммунистической партии. Женева 1882)。——650。

《共产主义者同盟中央委员会告同盟书。1850年3月》,载于1851年6月28日《德累斯顿新闻通报》第177号(Ansprache der Zentralbehörde des Bundes der Kommunisten an den Bund. London, im März 1850. In: Dresdner Journal und Anzeiger. Nr. 177, 28. Juni 1851)。——81。

《社会主义民主同盟和国际工人协会。根据国际海牙代表大会决定公布的报告和文件》1873年伦敦—汉堡版(L'Alliance de la démocratie socialiste et l'Association Internationale des Travailleurs. Rapport et documents publiés par ordre du Congrès International de la Haye. Londres, Hambourg 1873)。——646、647。

《神圣家族,或对批判的批判所做的批判。驳布鲁诺·鲍威尔及其伙伴》1845年美因河畔法兰克福版(Die heilige Familie, oder Kritik der kritischen Kritik. Gegen Bruno Bauer & Consorten. Frankfurt a. M. 1845)。——16、18、27、29、252、647、702。

《所谓国际内部的分裂。国际工人协会总委员会内部通告》1872年日内瓦版(Les prétendues scissions dans l'Internationale. Circulaire privée du Conseil Général

de l'Association Internationale des Travailleurs. Genève 1872)。——381、
646、647。

《1871年9月17—23日在伦敦举行的国际工人协会代表会议的决议》1871年伦敦
版(Resolutions of the Conference of Delegates of the International Working
Men's Association. Assembled at London from 17 to 23 September 1871.
London 1871)。——368—369。

《致〈社会民主党人报〉编辑部的声明》,载于1865年2月28日《杜塞尔多夫日
报》第59号(An die Redaction des "Social-Demokraten". Erklärung. In:
Düsseldorfer Zeitung. Nr. 59, 28. Februar 1865)。——223。

《总委员会关于茹尔·法夫尔的通告的声明》,载于1871年6月13日《泰晤士报》
(伦敦)第27088号(Erklärung des Generalrats anläßlich des Rundschreibens
von Jules Favre. In: The Times. London. Nr. 27088, 13. Juni 1871)。——364。

其他作者的著作

A

阿莫斯,谢·《〈对埃及人的掠夺〉。修订本》,载于1882年10月《现代评论》(伦敦)
第42卷(Amos, S.:"Spoiling the Egyptians". Revised Version. In: The Con-
temporary Review. London. Vol. 42. Oktober 1882)。——491。

埃卡尔特,尤·《柏林和圣彼得堡。普鲁士人论俄德关系史》1880年莱比锡版
(Eckardt, J.: Berlin und St. Petersburg. Preussische Beiträge zur Geschichte
der Russisch-Deutschen Beziehungen. Leipzig 1880)。——474。

埃里蒂埃,路·《汝拉联合会和米哈伊尔·巴枯宁。第1—13篇》,载于1892年8月6、
13、20日,9月3、17日,10月1、8、22日,11月5、12、19日,12月10、24日《柏林人
民论坛》(Héritier, L.: Die Juraföderation und Michael Bakunin. 1—13. In:
Berliner Volks-Tribüne. 6., 13., 20. August; 3., 17. September; 1., 8., 22.
Oktober; 5., 12., 19. November; 10. und 24. Dezember 1892)。——646。

艾利生,阿·《从1789年法国革命开始到1815年波旁王朝复辟的欧洲史》(十卷
集)1833—1842年爱丁堡—伦敦版(Alison, A.: History of Europe from the
commencement of the French revolution in 1789 to the restoration of the
Bourbons in 1815. Vol. 1—10. Edingbourgh, London 1833—1842)。——79。

艾希霍夫，威·《国际工人协会。协会的创立、组织、社会政治活动和扩展》1868年柏林版（Eichhoff, W.: Die Internationale Arbeiterassociation. Ihre Gründung, Organisation, politisch-sociale Thätigkeit und Ausbreitung. Berlin 1868）。——646。

奥本海默，莫·《德国秘密警察同社会民主党的斗争》1882年霍廷根—苏黎世版（Oppenheimer, M.: Die deutsche Geheimpolizei im Kampfe mit der Sozialdemokratie. Hottingen, Zürich 1882）。——499。

B

巴尔特，保·《黑格尔和包括马克思及哈特曼在内的黑格尔派的历史哲学》1890年莱比锡版（Barth, P.: Die Geschichtsphilosophie Hegel's und der Hegelianer bis auf Marx und Hartmann. Ein kritischer Versuch. Leipzig 1890）。——586、601、616、657。

巴师夏，弗·《经济的和谐》1850年巴黎版（Bastiat, F.: Harmonies économiques. Paris 1850）。——161。

《报刊历史的回顾》，载于1879年12月7日《社会民主党人报》第10号（Pressgeschichtliche Rückblicke. In: Der Sozialdemokrat. Nr. 10, 7. Dezember 1879）。——443。

贝尔尼埃，弗·《大莫卧儿国家（印度斯坦、克什米尔王国等国）游记》（两卷集）1830年巴黎版（Bernier, F.: Voyages⋯ contenant la description des états du Grand Mogol, de l'Indoustan, du Royaume de Cachemire, etc. T. 1—2. Paris 1830）。——111、112、114。

贝克尔，约·菲·《我的生活片断》，载于1876年4月22、29日，5月6、13日，6月3、10、24日，7月8、15日《新世界》（莱比锡）第1年卷第17— 20、23、24、26、28、29期（Becker, J. Ph.: Abgerissene Bilder aus meinem Leben. In: Die Neue Welt. Leipzig. 1. Jg. Nr. 17—20, 23, 24, 26, 28 und 29; 22. und 29. April 1876, 6. und 13. Mai 1876, 10. und 24. Juni 1876, 8. und 15. Juli 1876）。——555。

贝姆，约·《1819年以前波兰王国炮兵使用康格里夫燃烧火箭的经验》1820年魏玛版（Bem, J.: Erfahrungen über die Congrevschen Brand-Raketen, bis zum Jahre 1819 in der Königl. Polnischen Artillerie gesammelt und an Seine Kaiserliche Hoheit den Großfürsten Constantin, Generalen Chef aller Königl. Polnischen Truppen, berichtet. Weimar 1820）。——79。

贝瑟姆-爱德华兹,玛·巴·《国际工人协会》,载于1875年7—9月《弗雷泽杂志》(伦敦)新集第12卷第67—69期(Betham-Edwards, M. B.: The International Working Men's Association. In: Fraser's Magazine. London. New series. Vol. 12. Nr. 67—69, July to September 1875)。——402。

倍倍尔,奥·《妇女的过去、现在和未来》1883年苏黎世版(Bebel, A.: Die Frau in der Vergangenheit, Gegenwart und Zukunft. Zürich 1883)。——516。

倍倍尔,奥·《妇女和社会主义》1879年苏黎世—霍廷根版(Bebel, A.: Die Frau und der Sozialismus. Zürich, Hottingen 1879)。——516。

比斯利,爱·斯·《国际工人协会》,载于1870年11月1日《双周评论》(伦敦)(Beesly, E. S.: The International Working Men's Association. In: The Fortnightly Review. London. 1. November 1870)。——347。

伯蒂歇尔,威·《迦太基史》1827年柏林版(Bötticher, W.: Geschichte der Carthager. Berlin 1827)。——136。

勃朗,路·《致〈每日新闻〉编辑》,载于1851年12月11日《每日新闻》(伦敦)第1760号(Blanc, L.: To the Editor of the Daily News. In: The Daily News. London. Nr. 1760, 11. Dezember 1851)。——101。

C

察赫尔,格·《赤色国际》1884年柏林第2版(Zacher, G.: Die Rothe Internationale. 2. Aufl. Berlin 1884)。——646。

D

达尔文,查·《根据自然选择即在生存斗争中适者保存的物种起源》1859年伦敦版(Darwin, Ch.: On the origin of species by means of natural selection, or the preservation of favoured races in the struggle for life. London 1859)。——179、184、224。

戴维斯,约·《史学论文集》1787年都柏林版(Davis, J.: Historical tracts. Dublin 1787)。——316。

丹尼尔逊,尼·弗·《我国改革后的社会经济概况》1893年圣彼得堡版(Даниельсон, Н. Ф.: Очерки нашего пореформенного общественного хозяйства. С.-Петербургъ 1893)。——662。

《德国社会主义工人党纲领》,载于《1875年5月22—27日在哥达召开的德国社会民主党人合并代表大会记录》1875年莱比锡版(Programm der sozialistischen Arbeiterpartei Deutschlands. In: Protokoll des Vereinigungs-Congresses der Sozialdemokraten Deutschlands, abgehalten zu Gotha, vom 22. bis 27. Mai 1875. Leipzig 1875)。——404—406、520。

《德国史前史学家》第1卷《原始时代》,格·亨·佩尔茨、雅·格林、卡·拉赫曼、兰·莱克、卡·李特尔编,1849年柏林版(Die Geschichtsschreiber der Deutschen Vorzeit. Hrsg. von G. H. Pertz, J. Grimm, K. Lachmann, L. Ranke, K. Ritter. Die Urzeit. B. 1. Berlin 1849)。——258。

德韦特,威·马·勒·《古犹太考古学教科书,附古犹太史简述》1814年莱比锡版(De Wette, W. M. L.: Lehrbuch der hebräisch-judischen Archäologie, nebst einem Grundrisse der hebräisch-judischen Geschichte. Leipzig 1814)。——145。

德维尔,加·《卡尔·马克思的〈资本论〉。简述,兼论科学社会主义》1883年巴黎版(Deville, G.: Le Capital de Karl Marx, résumé et accompagné d'un aperçu sur le socialisme scientifique. Paris 1883)。——511。

狄茨,弗·《罗曼语语法》1836—1844年波恩版第1—3卷(Diez, F.: Grammatik der romanischen Sprachen. Th. 1—3. Bonn 1836—1844)。——565。

狄慈根,约·《人脑活动的实质。一个手艺人的描述,纯粹的和实践的理性的再批判》1869年汉堡版(Dietzgen, J.: Das Wesen der menschlichen Kopfarbeit. Dargestellt von einem Handarbeiter. Eine abermalige Kritik der reinen und praktischen Vernunft. Hamburg 1869)。——296、298。

第欧根尼·拉尔修《著名哲学家的生平》(十卷集)1833年莱比锡版(Diogenes Laertius: De vitis philosophorum. Libri X. ed. ster. Lipsiae 1833)。——258。

丁铎尔,约·《开幕词》,载于1874年8月20日《自然界》(伦敦—纽约)第10卷第251期(Tyndall, J.: Inaugural Address. In: Nature. London, New York. Vol. 10. Nr. 251, 20. August 1874)。——400。

杜林,欧·《贬低凯里的人和国民经济学的危机》1867年布雷斯劳版(Dühring, E.: Die Verkleinerer Carey's und die Krisis der Nationalökonomie. Breslau 1867)。——282。

杜林,欧·《国民经济学和社会经济学教程,兼论财政政策的基本问题》1876年莱比锡修订第2版(Dühring, E.: Cursus der National- und Socialökonomie einschliesslich der Hauptpunkte der Finanzpolitik. 2. theilw. umgearb. Aufl.

Leipzig 1876）。——414。

杜林,欧·《国民经济学批判基础》1866年柏林版（Dühring, E.: Kritische
Grundlegung der Volkswirthschaftslehre. Berlin 1866）。——280。

杜林,欧·《马克思〈资本论。政治经济学批判〉第一卷1867年汉堡版》,载于1867
年《现代知识补充材料》(希尔德堡豪森)第3卷（Dühring, E.: Marx. Das
Kapital, Kritik der politischen Oekonomie, 1. Band, Hamburg 1867. In:
Ergänzungsblätter zur Kenntniß der Gegenwart. B. 3. Hildburghausen 1867）。
——275、280。

杜林,欧·《哲学教程——严格科学的世界观和生命形成》1875年莱比锡版
（Dühring, E.: Cursus der Philosophie als streng wissenschaftlicher
Weltanschauung und Lebensgestaltung. Leipzig 1875）。——414、417。

杜林,欧·《自然的辩证法。科学的和哲学的新的逻辑基础》1865年柏林版
（Dühring, E.: Natürliche Dialektik. Neue logische Grundlegungen der
Wissenschaft und Philosophie. Berlin 1865）。——280。

杜欣斯基,弗·《斯拉夫人的起源。波兰人和卢西人》1861年巴黎版（Duchiński,
F.: Les origines slaves. Pologne et Ruthénie. Paris 1861）。——320。

多布罗贾努-盖雷亚,康·《卡尔·马克思和我国经济学家》,载于1884年《社会评
论》(雅西)第1期（Dobrogeanu-Gherea, C.: Karl Marx si economistii nostri.
In: Revista socială. Iasi. Nr. 1, 1884）。——565——566。

多布罗贾努-盖雷亚,康·《罗马尼亚社会党人想做什么?科学社会主义概述和社
会主义纲领》,载于1885—1886年《社会评论》(雅西)第8—11期（Dobrogeanu-
Gherea, C.: Ce vor socialistii romini. Expunerea socialismului stiintific si
Programul socialist. In: Revista socială. Iasi. Nr. 8—11, 1885—1886）。——
565——566。

F

《法国工人党纲领草案》,载于1880年6月19日《先驱者》(日内瓦)第25期（Projet
de Programme socialiste. In: Le Précurseur. Genève. Nr. 25, 19. Juni 1880）。
——466、467、482。

《反社会民主党企图危害治安法》（Gesetz gegen die gemeingefährlichen
Bestrebungen der Sozialdemokratie）。——440、469、473、484、495、515—517、
519、527、578、587、589、603、604、611、613、637。

费尔巴哈，路·《基督教的本质》1841年莱比锡版（Feuerbach, L.: Das Wesen des Christenthums. Leipzig 1841）。——13、16、25。

费尔巴哈，路·《基督教的本质》1843年莱比锡修订第2版（Feuerbach, L.: Das Wesen des Christenthums. 2. verm. Aufl. Leipzig 1843）。——11。

费尔巴哈，路·《基督教的本质》，载于海·艾韦贝克《从最新的德国哲学看什么是宗教》1850年巴黎版（Feuerbach, L.: L'essence du christianisme. In: H. Ewerbeck: Qu'est ce que la religion. D'après la nouvelle philosophie allemande. Paris 1850）。——14。

费尔巴哈，路·《路德所说的信仰的本质。对〈基督教的本质〉的补充》1844年莱比锡版（Feuerbach, L.: Das Wesen des Glaubens im Sinne Luther's. Ein Beitrag zum "Wesen des Christenthums". Leipzig 1844）。——13。

费尔巴哈，路·《未来哲学原理》1843年苏黎世—温特图尔版（Feuerbach, L.: Grundsätze der Philosophie der Zukunft. Zürich, Winterthur 1843）。——13。

费舍，弗·泰·《美学或关于美的科学。供讲课用》（共十册）1846—1858年罗伊特林根—莱比锡—斯图加特版（Vischer, F. Th.: Aesthetik oder Wissenschaft des Schönen. Zum Gebrauche für Vorlesungen. Th. 1—10. Reutlingen, Leipzig, Stuttgart 1846—1858）。——150。

《芬尼社社员》（Die Fenians）——见诺克斯，亚·安·/乔·波洛克《英国监狱的国事犯待遇调查委员会委员报告》。

弗腊斯，卡·《各个时代的气候和植物界，二者的历史》1847年兰茨胡特版（Fraas, K.: Klima und Pflanzenwelt in der Zeit. Ein Beitrag zur Geschichte Beider. Landshut 1847）。——282、285。

弗腊斯，卡·《农业史》1852年布拉格版（Fraas, K.: Geschichte der Landwirthschaft. Prag 1852）。——282、286。

弗里布尔，厄·爱·《国际工人协会》1871年巴黎版（Fribourg, E. E.: L'Association Internationale des Travailleurs. Paris 1871）。——403、646。

弗里德里希二世《1748年8月14日给骑兵少将的指令》，载于《弗里德里希大帝全集》1913年柏林版（Friedrich II: Aus der Instruction für die Generalmajor von der Cavallerie. 14. August 1748. In: Die Werke Friedrichs des Großen. Berlin 1913）。——495。

弗列罗夫斯基，恩《俄国工人阶级状况。考察与研究》1869年圣彼得堡版（Флеровский, Н.: Положение рабочего класса в России. Наблюдения и исследования. С.-Петербург 1869）。——325。

福尔马尔，格·亨·《1894年10月25日在德国社会民主党美因河畔法兰克福代表大会上的演说》，载于1894年10月26日《前进报》（Vollmar, G. H.: Rede auf dem Parteitag der Sozialdemokratischen Partei in Frankfurt a. M. am 25. Oktober 1894. In: Vorwärts. 26. Oktober 1894）。——674。

福格特，卡·《欧洲现状研究》1859年日内瓦—伯尔尼版（Vogt, C.: Studien zur gegenwärtigen Lage Europas. Genf, Bern 1859）。——250。

G

盖得，茹·／保·拉法格《工人党纲领》1883年巴黎版（Guesde, J./P. Lafargue: Le Programme du Parti Ouvrier. Paris 1883）。——452。

盖泽尔，布·《地球的内部结构》，载于1884年《新世界》（莱比锡）第9年卷第14—15期（Geiser, B.: Das Innere der Erde. In: Die Neue Welt. Leipzig. Jg. 9. H. 14—15, 1884）。——522。

《告人民书》，路易·勃朗等人著，载于1851年12月5日《每日新闻》（伦敦）第1754号（To the people. Von Louis Blanc u. a. In: The Daily News. London. Nr. 1754, 5. Dezember 1851）。——102。

戈比诺，约·阿·《论人种的不平等》（四卷集）1853—1855年巴黎版（Gobineau, J. A.: Essai sur l'inégalité des races humaines. T. 1—4. Paris 1853—1855）。——321—322。

格林，雅·《德国古代法》1828年格丁根版（Grimm, J.: Deutsche Rechtsalterthümer. Göttingen 1828）。——282。

格林，雅·《德意志语言史》（两卷集）1853年莱比锡第2版（Grimm, J.: Geschichte der deutschen Sprache. 2. Aufl. B. 1. 2. Leipzig 1853）。——178。

格罗夫，威·罗·《物理力的相互关系》1855年伦敦第3版（Grove, W. R.: The correlation of physical forces. 3. ed. London 1855）。——227。

《给国际工人协会所有联合会的通告。1871年于日内瓦》，载于1871年12月14日《社会革命报》（Circulaire à toutes les fédérations de l'Association Internationle des Travailleurs. Genève. 1871. In: La Révolution Sociale, vom 14. Dezember 1871）。——371、380。

《工厂调查委员会。皇家委员会中央评议会的第1号报告》，根据下院决定于1833年6月28日刊印，1833年伦敦版。引自《工厂视察员报告。截至1848年10月31日为止的半年》1849年伦敦版(Factories inquiry commission. First report of the central Board of His Majesty's commissioners. Ordered, by the House of Commons, to be printed, 28 June 1833. London 1833. Nach: Reports of the inspectors of factories to Her Majesty's Principal Secretary of State for the Home Department, for the half-year ending 31st October 1848. London 1849)。——155。

《工厂法》,根据下院决定于1859年8月9日刊印,1859年伦敦版(Factories Regulation Acts. Ordered, by the House of Commons, to be printed, 9. August 1859. London 1859)。——302。

《工厂视察员向女王陛下内务大臣所作的报告》(Reports of the inspectors of factories to Her Majesty's Principal Secretary of State for the Home Department)。——236。

《共产主义者同盟章程。1847年12月8日同盟第二次代表大会通过》,载于卡·格·路·维尔穆特/威·施梯伯《19世纪共产主义者的阴谋》1853年柏林版第1卷(Statuten des Bundes der Kommunisten, angenommen vom zweiten Kongreß. 8. Dezember 1847. In: Wermuth, C. G. L./ W. Stieber: Die Communisten-Verschwörungen des neunzehnten Jahrhunderts. Th. 1. Berlin 1853)。——423。

《谷物法》(The Corn Laws)。——138、272。

《国际社会主义民主同盟纲领和章程》1868年日内瓦版(Programme et Règlement de l'Alliance internationale de la démocratie socialiste. Genève 1868)。——300、301、332、334、368。

H

哈勒,卡·路·冯·《国家学的复兴,或与人为公民状况空想相对立的自然社会状况理论》(六卷集)1820年温特图尔增订第2版第1卷(Haller, C. L. von: Restauration der Staats-Wissenschaft oder Theorie des natürlichgeselligen Zustands der Chimäre des künstlich-bürgerlichen entgegengesezt. 2. verm. und verb. Aufl. B. 1—6. B. 1. Winterthur 1820)。——638。

赫希柏格,卡·《社会主义和科学》,载于1877年10月《未来。社会主义评论》(柏林)第1年卷第1期(Höchberg, K.: Der Socialismus und die Wissenschaft. In: Die Zukunft. Socialistische Revue. Berlin. 1. Jg. H. 1. Oct. 1877)。——420。

黑尔德,阿·《莱茵省的农业信贷合作社及其和工人问题的关系》1869年耶拿版
(Held, A.: Die ländlichen Darlehenskassenvereine in der Rheinprovinz und
ihre Beziehungen zur Arbeiterfrage. Jena 1869)。——337。

黑格尔,乔·威·弗·《精神现象学》1832年柏林版(《黑格尔全集》第2卷)(Hegel,
G. W. F.: Phänomenologie des Geistes. Hrsg. von J. Schulze. Berlin 1832.
Werke. Vollst. Ausg. durch einen Verein von Freunden d. Verewigten… B. 2)。
——184、393。

黑格尔,乔·威·弗·《逻辑学》1841年柏林第2版(《黑格尔全集》第3—5卷)
(Hegel, G. W. F.: Wissenschaft der Logik. 2. Aufl. Berlin 1841. Werke. Vollst.
Ausg. durch einen Verein von Freunden d. Verewigten…B. 3—5)。——143、
145、227、400。

黑格尔,乔·威·弗·《美学讲演录》1842年柏林第2版第1卷(《黑格尔全集》第10
卷)(Hegel, G. W. F.: Vorlesungen über die Aesthetik. Th. 1. 2. Aufl. Berlin
1842. Werke. Vollst. Ausg. durch einen Verein von Freunden d. Verewigten…
B. 10)。——623。

黑格尔,乔·威·弗·《哲学全书纲要》第1部《逻辑学》1840年柏林版(《黑格尔全
集》第6卷)(Hegel, G. W. F.: Encyklopädie der philosophischen Wissenschaften
im Grundrisse. Th. 1.: Die Logik. Berlin 1840. Werke. Vollst. Ausg. durch
einen Verein von Freunden d. Verewigten… B. 6)。——261、400、622。

黑格尔,乔·威·弗·《哲学全书纲要》,附卡·罗生克兰茨的序言,1845年柏林第4
版(Hegel, G. W. F.: Encyklopädie der philosophischen Wissenschaften im
Grundrisse. 4. unveränderte Auflage mit einem Vorwort von K. Rosenkranz.
Berlin 1845)。——622。

黑格尔,乔·威·弗·《哲学史讲演录》,卡·路·米希勒编,1833年和1836年柏林版
第1—3卷(《黑格尔全集》第13—15卷)(Hegel, G. W. F.: Vorlesungen über
die Geschichte der Philosophie. Hrsg. von K. L. Michelet. B. 1—3. Berlin 1833
u. 1836. Werke. Vollst. Ausg. durch einen Verein von Freunden d. Verewigten…
B. 13—15)。——146、623。

黑格尔,乔·威·弗·《自然哲学讲演录》1842年柏林版(《黑格尔全集》第7卷)(Hegel.
G. W. F.: Vorlesungen über die Naturphilosophie. Berlin 1842. Werke. Vollst.
Ausg. durch einen Verein von Freunden des Verewigten… B. 7)。——162。

霍夫曼,奥·威·《现代化学入门》1866年不伦瑞克版(Hofmann, A. W.: Einleitung

in die moderne Chemie. Braunschweig 1866)。——261、264。

J

居利希,古·《关于当代主要商业国家的商业、工业和农业的历史叙述》(五卷集)
1830—1845年耶拿版(Gülich, G.: Geschichtliche Darstellung des Handels,
der Gewerbe und des Ackerbaus der bedeutendsten handeltreibenden Staaten
unsrer Zeit. B. 1—5. Jena 1830—1845)。——670。

K

卡贝,埃·《伊加利亚旅行记。哲学和社会小说》1842年巴黎第2版(Cabet, É:
Voyage en Icarie, roman philosophique et social. 2. éd. Paris 1842)。——8。

卡布鲁柯夫,尼·《农业工人问题》1884年莫斯科版(Каблуков, Н.: Вопрос о
рабочих в сельском хозяйстве. Москва 1884)。——627。

卡莱尔,托·《过去和现在》1843年伦敦版(Carlyle, Th.: Past and present. Lon-
don 1843)。——18。

卡雷舍夫,尼·《农民非份地的租佃》1892年杰尔普特版(Карышев, Н.: Кресть-
янские в ненадельные аренды. Дерпт 1892)。——627。

卡列耶夫,尼·伊·《18世纪最后25年法国农民和农民问题》1879年莫斯科版
(Кареев, Н. И.: Крестьяне и крестьянский вопрос в франции в последней
четверти 18 века. Историческая диссертация. Москва 1879)。——429。

凯迪伊克,阿·《卡尔·马克思传》1879年哈勒姆版,引自《当代伟人传》
(Kerdijk, A.: Karl Marx. Haarlem 1879. Nach: Mannen van beteekenis in onze
dagen)。—— 457。

凯里,亨·查·《国内外的奴隶贸易:这种贸易存在的原因及其消除的办法》1853
年费城版(Carey, H. Ch.: The slave trade, domestic and foreign. Why it exists,
and how it may be extinguished. Philadelphia 1853)。——115。

凯里,亨·查·《论工资率:世界劳动人民状况差别的原因的探讨》1835年费城—
伦敦版(Carey, H. Ch.: Essay on the rate of wages. With an examination of the
causes of the differences in the condition of the labouring population through-
out the world. Philadelphia, London 1835)。——161。

凯里,亨·查·《社会科学原理》(三卷集)1868—1869年费城版(Carey, H. Ch.:
Principles of social science. Vol. 1—3. Philadelphia 1868—1869)。——303、

309。

凯撒《高卢战记》(Caesar: Commentaili de bello Gallico)。——285。

凯伊,西·《〈对埃及人的掠夺〉。答辩》,载于1882年11月《现代评论》(伦敦)第11期(Keay, S.: "Spoiling the Egyptians." A Rejoinder. In: The Contemporary Review. London. Vol. 11, November 1882)。——491。

凯伊,西·《对埃及人的掠夺:一个可耻的故事。根据蓝皮书叙述》1882年伦敦增订第2版(Keay, S.: Spoiling the Egyptians. A tale of shame. Told from the Blue Books. 2. ed. revised and enlarged. London 1882)。——491。

凯泽尔,麦·《1879年5月17日在帝国国会的演说》,载于《德意志帝国国会辩论速记记录。1879年第四届立法会议第二次例会》1879年柏林版第2卷(Kayser, M.: Rede im Reichstag, 17. Mai 1879. In: Stenographische Berichte über die Verhandlungen des Deutschen Reichstags. 4. Legislaturperiode. 2. Session 1879. B. 2. Berlin 1879)。——440。

考茨基,卡·《婚姻和家庭的起源》,载于1882年10月—1883年3月和1883年4月—1883年12月《宇宙》(斯图加特)第6年卷第12期和第7年卷第13期(Kautsky, K.: Die Entstehung der Ehe und Familie. In: Kosmos. Zeitschrift für Entwickelungslehre und einheitliche Weltanschauung. Stuttgart. 6. Jg. B. 12, Oktober 1882 bis März 1883; 7 . Jg. B. 13, April 1883 bis Dezember 1883)。——537、574。

考茨基,卡·《矿工和农民战争(主要是在图林根)》,载于1889年《新时代》(斯图加特)第7年卷第7—11期(Kautsky, K.: Die Bergarbeiter und der Bauernkrieg vornehmlich in Thüringen. In: Die Neue Zeit. Stuttgart. 7. Jg. H. 7—11. 1889)。——574。

考茨基,卡·《洛贝尔图斯的〈资本〉》,载于1884年《新时代》(斯图加特)第2年卷第8、9期(Kautsky, K.: Das "Kapital" von Rodbertus. In: Die Neue Zeit. Stuttgart. 2. Jg. H. 8 u. 9. 1884)。——523。

考茨基,卡·《人口增殖对社会进步的影响》1880年维也纳版(Kautsky, K.: Der Einfluss der Volksvermehrung auf den Fortschritt der Gesellschaft. Wien 1880)。——454、537、574。

考夫曼,伊·伊·《银行业的理论和实践》1873年圣彼得堡版(Кауфман, И. И.: Теория и практика банксвого дела. С.-Петербург 1873)。——436。

柯伦,约·菲·《尊敬的约翰·菲尔波特·柯伦的演说》1855年都柏林第2版(Curran,

J. Ph.: The Speeches of the Right honorable John Philpot Curran. 2. ed. Dublin 1855）。——317。

柯舍列夫，亚·《论俄国的公社土地占有制》1875年柏林版（Кошелев, А.: Об общинном землевладении в России. Берлин 1875）。——409。

柯舍列夫，亚·《我们的状况》1875年柏林版（КошелеВ, А.: Наще положение. Берлин 1875）。——409。

科兰，让·吉·《政治经济学。革命及所谓社会主义乌托邦的起源。无产者和资产者》1856—1857年巴黎版第1—3卷（Colins, J.-G.: L'économie politique. Source des révolutions et des utopies prétendues socialistes. Prolétaire et bourgeois. T. 1—3. Paris 1856—1857）。——462。

孔德，奥·《实证哲学教程》（六卷集）1830—1842年巴黎版（Comte, A.: Cours de philosophie positive. T. 1—6. Paris 1830—1842）。——239。

库格曼，路·《评〈资本论〉》，载于1867年11月10日《德意志人民报》（汉诺威）（Kugelmann, L.: Notiz über "Das Kapital". In: Deutsche Volkszeitung. Hannover. 10. November 1867）。——274。

魁奈，弗·《经济表分析》，载于《重农学派》，附欧·德尔的绪论和评注，1846年巴黎版第1部（Quesnay, F.: Analyse du tableau économique. In: Physiocrates. Quesnay, Dupont de Nemours, Mercier de la Rivière, L'Abbé Baudeau, Le Trosne, avec une introd. sur la doctrine des physiocrates, des comm. et des notices historiques, par E. Daire. Pt. 1. Paris 1846）。——206、211。

L

拉法格，保·《蒙吕松事件》，载于1882年11月18日《平等报》（巴黎）（Lafargue, P.: L'affaire de Montluçon. In: L'Égalité. Paris. 18. November 1882）。——489。

拉夫莱，埃·《现代社会主义》1881年布鲁塞尔—海牙版（Laveleye, É.: Le socialisme contemporain. Bruxelles, La Haye 1881）。——646。

拉弗尔斯，托·斯·《爪哇史》（两卷集）1817年伦敦版（Raffles, Th. S.: The history of Java. With a map and plates. In 2 vols. London 1817）。——118。

拉甫罗夫，彼·拉·《社会主义和生存斗争》，载于1875年9月15日《前进！》第17期（Лавров, П. Л.: Социализм и борьба за существование. In: Впередъ! Nr. 17, 15. September 1875）。——410—413。

拉萨尔，斐·《爱非斯的晦涩哲人赫拉克利特的哲学》（两卷集）1858年柏林版

(Lassalle, F.: Die Philosophie Herakleitos des Dunklen von Ephesos. Nach einer neuen Sammlung seiner Bruchstücke und der Zeugnisse der Alten dargestellt. B. 1—2. Berlin 1858)。——145、146、148、249。

拉萨尔,斐·《巴师夏-舒尔采-德里奇先生,经济学上的尤利安,或者:资本和劳动》1864年柏林版(Lassalle, F.: Herr Bastiat-Schulze von Delitzsch, der ökonomische Julian, oder: Capital und Arbeit. Berlin 1864)。——246。

拉萨尔,斐·《法院对我的判决和我为上诉而提出的批判性意见》1863年莱比锡版(Lassalle, F.: Das Criminal-Urteil wider mich mit kritischen Randnoten zum Zweck der Appellationsrechtfertigung. Leipzig 1863)。——202。

拉萨尔,斐·《工人读本》1863年美因河畔法兰克福版(Lassalle, F.: Arbeiterlesebuch. Frankfurt am Main 1863)。——205。

拉萨尔,斐·《就莱比锡全德工人代表大会的召开给中央委员会的公开答复》1863年苏黎世版(Lassalle, F.: Offnes Antwortschreiben an das Central-Comité zur Berufung eines Allgemeinen Deutschen Arbeitercongresses zu Leipzig. Zürich 1863)。——202。

拉萨尔,斐·《拉萨尔的刑事诉讼。第二册。审讯的速记报告》1863年苏黎世版(Lassalle, F.: Der Lassallesche Criminalprozess. H. 2. Die mündliche Verhandlung nach dem Stenographischen Bericht. Zürich 1863)。——202。

朗格,弗·阿·《工人问题及其在目前和将来的意义》1865年杜伊斯堡版(Lange, F. A.: Die Arbeiterfrage in ihrer Bedeutung für Gegenwart und Zukunft. Duisburg 1865)。——224。

朗格,弗·阿·《工人问题及其在目前和将来的意义》1870年温特图尔增订第2版(Lange, F. A.: Die Arbeiterfrage in ihrer Bedeutung für Gegenwart und Zukunft. 2. umgearb. und verm. Aufl. Winterthur 1870)。——337。

劳埃德,赛·琼·《1857年12月3日在上院的演说》,载于1857年12月4日《泰晤士报》(伦敦)第22855号(Loyd, S. J.: Rede im House of Lords, 3. Dezember 1857. In: The Times. London. Nr. 22855, 4. Dezember 1857)。——139。

李卜克内西,威·《在德国社会主义工人党哈雷代表大会上的讲话》,载于《德国社会民主党哈雷代表大会会议记录。1890年10月12—18日》1890年柏林版(Liebknecht, W.: Rede auf dem Hallenser Parteitag der Sozialistischen Arbeiterpartei Deutschlands. In: Protokoll über die Verhandlungen des Parteitages der Sozialdemokratischen Partei Deutschlands. Abgehalten zu

Halle a. S. vom 12. bis 18. Oktober 1890. Berlin 1890)。——603、608。

李嘉图，大·《政治经济学和赋税原理》1817年伦敦版(Ricardo, D.: On the prin-
ciples of political economy, and taxation. London 1817)。——290、429。

李嘉图，大·《政治经济学和赋税原理》1821年伦敦第3版(Ricardo, D.: On the
principles of political economy, and taxation. 3. ed. London 1821)。——63、
67、157、158。

李维，梯特《罗马建城以来的历史》(Livius, Titus.: Ab urbe condita libri)。——
214。

利林费尔德-托阿尔，帕·《土地和自由》1868年圣彼得堡版(Лилиенфельд-
Тоаль, П.: Земля и Воля. С.-Петербург 1868)。——297、320。

卢梭，让·雅·《社会契约论，或政治权利的原则》1782年伦敦版(Rousseau, J. J.:
Du contract social, ou principes du droit politique. Londres 1782)。——658。

吕斯托夫，威·《从军事政治观点看1866年德国的和意大利的战争》1866年苏黎
世版(Rüstow, W.: Der Krieg von 1866 in Deutschland und Italien, politisch-
militärisch beschrieben. Zürich 1866)。——252。

《罗曼语区联合会委员会对松维利耶代表大会十六名参加者的通告的答复。
1871年12月20日于日内瓦》，载于1871年12月24日《平等报》(巴黎)第24号
(Réponse du Comité fédéral romand à la Circulaire des 16 signataires, membres
du Congrès de Sonvilliers, Genève, 20 décembre 1871. In: L'Égalité. Paris. Nr.
24, 24. December 1871)。——375、381。

洛里亚，阿·《卡尔·马克思的遗著》，载于1895年2月1日《科学、文学和艺术最新
集萃》(罗马)第3辑第55卷第3期(Loria, A.: L'opera postuma di Carlo Marx.
In: Nuova antologia. Rivista di scienze, lettere ed arti. Roma. Ser. 3. Vol. 55.
Nr. 3. 1. Februar 1895)。——696。

M

马丁，昂·《俄国和欧洲》1866年巴黎版(Martin, H. La Russie et l'Europe. Paris
1866)。——320。

马丁，昂·《俄国和欧洲》，经作者审定并增补的德文版，哥·金克尔翻译并作序，
1869年汉诺威版(Martin, H.: Rußland und Europa. Deutsche vom Verfasser
durchgesehene und vermehrte Ausgabe. Übersetzt und eingeleitet von G.
Kinkel. Hannover 1869)。——320。

马尔维茨,弗·奥·路·《遗著选》(两卷集)1852年柏林版(Marwitz, F. A. L.: Aus dem Nachlasse. B. 1—2. Berlin 1852)。——637。

马基雅弗利,尼·《佛罗伦萨史》1747年伦敦版(Machiavelli, N.: Delle istorie Florentine. Londra 1747)。——136。

马克思,燕·《一位德国女士来信的摘录》,载于1844年8月10日《前进报》(巴黎)第64号(Marx, J.: Aus dem Brief einer deutschen Dame. In: Vorwärts! Paris. Nr. 64, 10. August 1844)。——16。

《蛮族法典》(Leges barbarorum)。——284。

毛勒,格·路·《德国城市制度史》1869—1871年埃朗根版第1—4卷(Maurer, G. L.: Geschichte der Städteverfassung in Deutschland. B. 1—4. Erlangen 1869—1871)。——493。

毛勒,格·路·《德国领主庄园、农户和农户制度史》(四卷集)1862—1863年埃朗根版(Maurer, G. L.: Geschichte der Fronhöfe, der Bauernhöfe und der Hofverfassung in Deutschland. B. 1—4. Erlangen 1862—1863)。——281、283、493。

毛勒,格·路·《德国马尔克史制度史》1856年埃朗根版(Maurer, G. L.: Geschichte der Markverfassung in Deutschland. Erlangen 1856)。——282、283、493。

毛勒,格·路·《德国乡村制度史》(两卷集)1865—1866年埃朗根版(Maurer, G. L.: Geschichte der Dorfverfassung in Deutschland. B. 1—2. Erlangen 1865—1866)。——281、283、493。

毛勒,格·路·《马尔克制度、农户制度、乡村制度、城市制度和公共政权的历史概论》1854年慕尼黑版(Maurer, G. L.: Einleitung zur Geschichte der Mark-, Hof-, Dorf- und Stadt-Verfassung und der öffentlichen Gewalt. München 1854)。——282、283、493。

梅林,弗·《莱辛传奇》,载于1891—1892年《新时代》(斯图加特)第10年卷第1册第17—26期和第2册第30—40期(Mehring, F.: Die Lessing-Legende. Eine Rettung von Franz Mehring. In: Die Neue Zeit. Stuttgart. 10. Jg. B. 1. H. 17—26 und B. 2. H. 30—40. 1891—1892)。——637、659。

梅林,弗·《莱辛传奇》1893年斯图加特版(Mehring, F.: Die Lessing-Legende. Eine Rettung von Franz Mehring. Nebst einem Anhang über den historischen Materialismus. Stuttgart 1893)。——656、657、659。

《美国新百科全书。通俗百科辞典》(共十六卷),乔·里普利和查·德纳编,1858—

1863年纽约—伦敦版(New American Cyclopaedia. A popular dictionary of general knowledge. Ed. by G. Ripley and Ch. Dana. In 16 vols. New York, London 1858—1863)。——145。

蒙特库库利,雷·《军队总司令、皇家炮兵总指挥官蒙特库库利回忆录。附评论》1770年阿姆斯特丹—莱比锡版第1—3卷(Montecuculi, R.: Mémoires de Montecuculi, généralissime des armées, et grandmaitre de l'artillerie de l'empereur; avec les commentaires. T. 1—3. Amsterdam, Leipzig 1770)。——79。

《民主研究》(论文集),路·瓦勒斯罗德编,1860年汉堡版(Demokratische Studien. Hrsg. von L. Walesrode. Hamburg 1860)。——251。

摩尔根,路·亨·《古代社会,或人类从蒙昧时代经过野蛮时代到文明时代的发展过程的研究》1877年伦敦版(Morgan, L. H.: Ancient society, or researches in the lines of human progress from savagery, through barbarism to civilization. London 1877)。——513、516。

《摩奴法典》(Gesetze des Manu)。——118。

莫尼,詹·威·《爪哇,或怎样管理殖民地》(两卷集)1861年伦敦版(Money, J. W.: Java; or, how to manage a colony. Vol. 1—2. London 1861)。——512。

莫斯特,约·《一位哲学家》,载于1876年9月10—16、20—23、26—30日和10月3、5、7、12—14、17、19、21日《柏林自由新闻报》(Most, J.: Ein Philosoph. In: Berliner Freie Presse. 10—16, 20—23, 26—30. September, 3., 5., 7., 12—14., 17., 19. und 21. Oktober 1876)。——414。

穆瓦兰,托·《生理医学讲义》1866年巴黎版(Moilin, T.: Leçons de médecine physiologique. Paris 1866)。——244。

N

《拿破仑法典》,官方出版的原件单行本,1808年巴黎版(Code Napoléon. Ed. orig. et seule officielle. Paris 1808)。——598。

纳皮尔,威·《比利牛斯半岛和法国南部1807—1814年战争史》1828—1840年伦敦版第1—6卷(Napier, W.: History of the war in the Peninsula and in the south of France, from the year 1807 to the year 1814. Vol. 1—6. London 1828—1840)。——79。

纽文胡斯,斐·多·《卡尔·马克思。资本与劳动》1881年海牙版(Nieuwenhuis, F.

D.: Karl Marx. Kapitaal en Arbeid. 's Gravenhage 1881）。——457。

诺克斯,亚·安·/乔·波洛克《英国监狱的国事犯待遇调查委员会委员报告》1867
年伦敦版（Knox, A. A./G. Pollock: Report of commissioners on the treatment
of the treason-felony convicts in the English convict prisons. London 1867）。
——263。

P

配第,威·《赋税论》1667年伦敦版（Petty, W.: A treatise of taxes and contributions.
London 1667）。——158。

配第,威·《政治算术论文集》1699年伦敦版（Petty, W.: Several essays in politi-
cal arithmetic. London 1699）。——64。

佩尔茨,格·亨·《陆军元帅奈特哈德·冯·格奈泽瑙伯爵的生平》（三卷集）1864、
1865和1869年柏林版（Pertz, G. H.: Das Leben des Feldmarschalls Grafen
Neithardt von Gneisenau. B. 1—3. Berlin 1864, 1865, 1869）。——348。

蓬佩里,爱·德·《沙·傅立叶所创立的社会科学》1840年巴黎第2版（Pompery, É.
de: Exposition de la science sociale, constituée par C. Fourier. 2. éd. revue et
augm. Paris 1840）。——15。

蒲鲁东,皮·约·《经济矛盾的体系,或贫困的哲学》1846年巴黎版第1—2卷
（Proudhon, P. J.: Système des contradictions économiques, ou philosophie de
la misère. T. 1. 2. Paris 1846）。——35、41—42、403。

蒲鲁东,皮·约·《19世纪革命的总观念》1851年巴黎版（Proudhon, P. J.: Idée
générale de la révolution au XIXᵉ siècle. Choix d'études sur la pratique
révolutionnaire et industrielle. Paris 1851）。——85、88、93、102。

蒲鲁东,皮·约·《政治经济学的哲学,或贫困的必然性》,卡·格律恩译,1847年达
姆施塔特版第1、2卷（Proudhon, P. J.: Philosophie der Staatsökonomie oder
Nothwendigkeit des Elends. Deutsch bearb. von K. Grün. B. 1. 2. Darmstadt
1847）。——35。

普赖斯,理·《关于国债问题告公众书》1772年伦敦第2版（Price, R.: An appeal
to the public, on the subject of the national debt. 2. ed. London 1772）。——89。

普赖斯,理·《评继承支付、孀老赡养金方案、人寿保险金计算法以及国债》1772
年伦敦第2版（Price, R.: Observations on reversionary payments; on schemes
for providing annuities for widows, and for persons in old age; on the method

of calculating the values of assurances on lives; and on the national debt. 2. ed. London 1772)。——89。

《普鲁士国家通用邦法》1806年柏林版(Allgemeines Landrecht für die Preußischen Staaten. Berlin 1806)。——418。

Q

乔治,亨·《进步和贫困:对工业萧条以及贫困随财富的增长而增长的原因的探讨。补救的方法》1880年纽约版(George, H.: Progress and Poverty. An inquiry into the cause of industrial depressions and of increase of want with increase of wealth. The remedy. New York 1880)。——461。

乔治,亨·《卡尼在加利福尼亚的宣传鼓动》,载于1880年8月《大众科学月刊》第17卷(George, H.: The Kearney agitation in California. In: The Popular Science Monthly. B. 17. August 1880)。——463。

R

《人身保护法》(Die Habeas-Corpus-Akte)。——315。

若米尼,昂·《革命战争的考据与军事史》1820—1824年巴黎版第1—15卷(Jomini, H.: Histoire critique et militaire des guerres de la Révolution. T. 1—15. Paris 1820—1824)。——80。

S

桑巴特,韦·《卡尔·马克思经济学体系批判》,载于1894年《社会立法和统计学文库》(柏林)第7卷第4期(Sombart, W.: Zur Kritik des ökonomischen Systems von Karl Marx. In: Archiv für sociale Gesetzgebung und Statistik. Berlin. B. 7. H. 4, 1894)。——689、696。

《社会民主党德意志帝国国会议员的报告》,载于1879年10月12、19和26日《社会民主党人报》(Rechenschaftsbericht der sozialdemokratischen Mitglieder des deutschen Reichstags. In: Der Sozialdemokrat. 12.,19. und 26. Oktober 1879)。——442。

施蒂纳,麦·《评欧仁·苏〈巴黎的秘密〉》,署名:麦克斯·施米特,载于1844年《柏林月刊》(曼海姆)第1期(也是最后一期)(Stirner, M.: Rezension zu: Eugène Sue: Die Mysterien von Paris. Gez: Max Schmidt. In: Berliner Monatsschrift.

Mannheim. Erstes und einziges Heft. 1844）。——24。

施蒂纳，麦·《唯一者及其所有物》1845年莱比锡版（Stirner, M.: Der Einzige und
　　sein Eigenthum. Leipzig 1845）。——23、83。

施米特，康·《〈资本论〉第三卷》，载于1895年2月25日《社会政治中央导报》（柏
　　林）第4年卷第22期（Schmidt, C.: Der dritte Band des "Kapital". In:
　　Sozialpolitisches Centralblatt. Berlin. Jg.4. H. 22. 25. Februar 1895）。——
　　696。

施梯勒，阿·《世界地形袖珍地图．根据全球最新情况和地形编制》1817—1822年
　　哥达版（Stieler, A.: Hand-Atlas über alle Theile der Erde nach dem neuesten
　　Zustand und über das Weltgebäude. Gotha 1817—1822）。——79。

施韦泽，约·巴·冯·《俾斯麦内阁。一—五》，载于1865年1月27日，2月5日，2月17
　　日，2月19日和3月1日《社会民主党人报》（柏林）第14、18、23、24和28号
　　（Schweitzer, J. B. von: Das Ministerium Bismarck. I—V. In: Der Social-
　　Demokrat. Berlin. Nr. 14, 27. Januar; Nr. 18, 5. Februar; Nr. 23, 17. Februar;
　　Nr. 24, 19. Februar; Nr. 28, 1. März 1865）。——222。

司徒卢威，彼·《评俄国资本主义的发展》，载于1893年10月2日《社会政治中央导
　　报》（Struve, P.: Zur Beurtheilung der kapitalistischen Entwickelung Russlands.
　　In: Sozialpolitisches Centralblatt. 2. Oktober 1893）。——662。

苏，欧·《巴黎的秘密》（十一卷集）1842—1844年布鲁塞尔版（Sue, E.: Les
　　mystères de Paris. Vol. 1—11. Bruxelles 1842—1844）。——24。

T

塔朗迪埃，阿·《爱尔兰和天主教》，载于1870年2月18日《马赛曲报》（Talandier,
　　A.: L'Irlande et le catholicisme. In: La Marseillaise, vom 18. Februar
　　1870）。——329。

塔西佗《日耳曼尼亚志》（Tacitus: Germania）。——284、285。

泰霍夫，古·《未来战争概论》，载于1851年9月6日《纽约州报》第36号（Techow,
　　G.: Umrisse des kommenden Krieges. In: New-Yorker Staats-Zeitung. Nr. 36,
　　6. September 1851）。——95。

特雷莫，比·《论人类和其他生物的起源和变异》1865年巴黎版第1部（Trémaux,
　　P.: Origine et transformations de l'homme et des autres êtres. Première partie.
　　Paris 1865）。——244。

梯也尔,阿·《执政府时代和帝国时代的历史》1845—1851年巴黎版第1—11卷(Thiers, A.: Histoire du Consulat et de l'Empire. T. 1—11. Paris 1845—1851)。——80。

《童工调查委员会。1862年。委员会委员的第1号报告》1863年伦敦版(Children's employment commission 1862. First report of commissioners. London 1863)。——263。

图克,托·《价格和流通状况的历史。1839—1847年。附通货问题概述》1848年伦敦版(Tooke, Th.: A history of prices, and of the state of the circulation, from 1839 to 1847 inclusive. With a general review of the currency question, and remarks on the operation of the act. London 1848)。——69。

W

瓦格纳,阿·《土地私有制的废除》1870年莱比锡版(Wagner, A.: Die Abschaffung des privaten Grundeigenthums. Leipzig 1870)。——337。

瓦克斯穆特,威·《从国家观点研究希腊古代》(两卷集)1826—1830年哈雷版(Wachsmuth, W.: Hellenische Alterthumskunde aus dem Gesichtpunkte des Staates. Th. 1. 2. Halle 1826—1830)。——145。

《威尔士的古代法律和规章》1841年版第1—2卷(Ancient Laws and Institutes of Wales. Vol. 1—2. 1841)。——283。

韦克菲尔德,爱·吉·《英国和美国。两国社会状况和政治状况的比较》(两卷集)1833年伦敦版(Wakefield, E. G.: England and America. A comparison of the social and political state of both nations. In 2 vols. London 1833)。——311。

维尔特,莫·《现代德国对黑格尔的侮辱和迫害》,载于1890年《德意志言论》(维也纳)第10年卷(Wirth, M.: Hegelunfug und Hegelaustreibung im modernen Deutschland. In: Deutsche Worte, Wien. 10. Jg. 1890)。——586。

《武装的普鲁士》,载于1866年《我们的时代》第2册,论文一、论文二,第161—177和321—343页(Preussen in Waffen. In: Unsere Zeit. 2. Hälfte. 1866. 1—2, S. 161—177 und 321—343)。——251。

X

西蒙,路·《德意志和它的两个大邦》,载于《民主研究》1860年汉堡版(Simon, L:

Deutschland und seine beiden Großmächte. In: Demokratische Studien. Hamburg 1860)。——251。

谢多-费罗蒂,德·克·《关于俄国前途的论文。第十篇论文：人民的世袭财产》1868年柏林版(Schédo-Ferroti, D. K.: Études sur l'avenir de la Russie. Dixième étude: Le patrimoine du peuple. Berlin 1868)。——298。

辛格尔,保·《1893年1月19日在帝国国会的演说》,载于1893年1月20日《前进报》(Singer, P.: Rede im Reichstag am 19. Januar 1893. In: Vorwärts. 20. Januar 1893)。——644。

Y

《1844年银行法》(The Bank Charter Act of 1844)。——138、432。

《1866年的德国战局》,总参谋部战史处编,1867年柏林版(Der Feldzug von 1866 in Deutschland. Redigirt von der kriegsgeschichtlichen Abtheilung des Großen Generalstabes. Berlin 1867)。——277。

《英国工人致法国工人》,载于1863年12月5日《蜂房报》(伦敦)第112号(To the workmen of France from the working men of England. In: The Bee-Hive Newspaper. London. Nr. 112, 5. Dezember 1863)。——212。

《英国下院委员会的报告。1812年》,引自托·斯·拉弗尔斯《爪哇史》(两卷集)1817年伦敦版第1卷(Report of the Committee of the House of Commons. 1812. Nach: Th. S. Raffles: The history of Java. With a map and plates. In 2 vols. Vol. 1. London 1817)。——117。

约翰斯顿,詹·芬·韦·《北美农业、经济和社会问题札记》(两卷集)1851年爱丁堡—伦敦版(Johnston, J. F. W.: Notes on North America agricultural, economical and social. In 2 vols. Edingburgh, London 1851)。——310。

Z

泽特贝尔,阿·《从发现美洲到现在的贵金属的生产和金银比值》1879年哥达版(Soetbeer, A.: Edelmetall-Produktion und Werthverhältnis zwischen Gold und Silber seit der Entdeckung Amerika's bis zur Gegenwart. Gotha 1879)。——574、595。

扎姆特,阿·《社会学说。论满足人类社会的需要》1875年莱比锡版(Samter, A.: Social-Lehre. Über die Befriedigung der Bedürfnisse in der menschlichen

Gesellschaft. Leipzig 1875）。——463。

《组织规程》（多瑙河两公国的第一部宪法）（Réglement organique）。——567。

文学著作

A

奥多尔夫，雅·《德国工人之歌》。——611。

B

巴尔扎克《人间喜剧》。——570。

比尔，罗·《三次》。——411。

布兰特，塞·《愚人船》。——6。

G

歌德《铁手骑士葛兹·冯·伯利欣根》。——170。

H

哈克奈斯，玛·《城市姑娘》。——569、570。

海涅《吕太斯》。——332。

海涅《抒情间奏曲》。——422。

海涅《新春集。序章》。——350。

贺拉斯《诗论》。——615。

贺拉斯《书信集》。——322。

霍夫曼，恩·泰·亚·《小察赫斯》。——236。

K

考茨基，明·《格里兰霍夫的斯蒂凡》。——544、545。

考茨基，明·《旧和新》。——544。

科拉尔，扬·《光荣的女儿》第3篇《多瑙河》。——475。

L

拉萨尔,斐·《弗兰茨·冯·济金根》。——169、172—174。
琉善《谐趣歌》。——182。
鲁日·德·李尔,克·《马赛曲》。——348。

S

莎士比亚《威尼斯商人》。——415。
《守卫在莱茵河上》(德国歌曲)。——348。

T

泰伦齐安·摩尔《英雄诗》(《论用词、音节和贺拉斯的韵律》)。——173。

W

维吉尔《亚尼雅士之歌》。——244。

X

席勒《唐·卡洛斯》。——221。
席勒《阴谋与爱情》。——545。

Y

伊壁鸠鲁《论道德。给梅诺伊凯乌斯的信》。——505。

《古兰经》。——114、333。

圣经
《旧约全书·出埃及记》。——82。
《新约全书·加拉太书》。——26。
《新约全书·启示录》。——26。

报 刊 索 引

A

《埃尔伯费尔德日报》(Elberfelder Zeitung)——德国的一家日报,1790年创刊,
    1834—1904年用这个名称出版,此后改名为《埃尔伯费尔德日报。联合总汇报
    和地方报。随送附刊》(Elberfelder Zeitung. Vereinigte Allgemeine Zeitung
    und Provinzial-Zeitung nebst Intelligenzblatt),继续出版至1926年;1839—
    1843年主编是马·伦克尔,1844—1862年为伯·腊韦,19世纪30—40年代报纸
    持有福音教会正统派和保守派的观点。——342、366。

《爱尔兰人报》(The Irishman)——爱尔兰的一家周报,1858—1885年先后在贝
    尔法斯特和都柏林出版;该报曾经为芬尼社社员辩护。——318。

《爱尔兰人民》(The Irish People)——爱尔兰的一家周报,芬尼社的机关报,1863—
    1865年在都柏林出版;以后为英国政府所查禁,编辑部成员遭到逮捕。——318。

《奥地利帝国维也纳日报》(Oesterreichisch-Kaiserliche Wiener Zeitung)——奥
    地利政府的官方报纸,1780—1931年在维也纳出版,曾数度易名,如《维也纳
    日报》(Wiener Zeitung)等;1814年1月1日起正式作为日报出版。——277。

B

《北德总汇报》(Norddeutsche Allgemeine Zeitung)——德国的一家日报,1861—
    1918年在柏林出版;60—80年代是普鲁士政府的官方报纸;出版者和主编是
    奥·布拉斯(1861—1872),1872年起埃·弗·品特继其后任主编。——258。

《北方通报》(Северный вестник)——俄国的一家文学、科学和政治月刊,1885—
    1898年在彼得堡出版;1891年中以前属自由主义民粹派,后来转到颓废派手
    中;80年代末该杂志曾刊载保·拉法格和其他西欧社会主义者的文章。——
    538。

《北极星》(Nordstern)——德国的一家周报,1860—1866年用不同名称在汉堡出
    版;1863年起为全德工人联合会的机关报,1865年起为反对党的机关报;编辑

是卡·冯·布伦(1861—1866),编辑部成员有约·菲·贝克尔、斐·拉萨尔、奥·亨利希和威·吕斯托夫;1865—1866年经常刊登有关国际工人协会瑞士支部的消息。——220。

《贝恩卡斯特尔、维特利希、采尔及周围地区公益周刊》(Gemeinnütziges Wochenblatt für die Kreise Bernkastel, Wittlich, Zell und die umliegende Gegend)——德国的一家周刊,1835年起在贝恩卡斯特尔出版,主要报道当地发生的事件。——28。

《波兰报》(Dziennik Polski)——波兰资产阶级自由派的报纸,是加里西亚资产阶级自由派右翼的机关报,1869—1914年在利沃夫出版。——409。

《柏林人民论坛。社会政治周报》(Berliner Volks-Tribüne. Social-Politisches Wochenblatt)——德国社会民主党的报纸,1887—1892年在柏林出版,接近半无政府主义反对派"青年派"。——586、646。

《柏林月刊》(Berliner Monatsschrift)——德国的一家杂志,1844年由青年黑格尔派路·布尔在曼海姆出版;只出了一期,后被书报检查机关查禁。——24。

《柏林自由新闻报》(Berliner Freie Presse)——德国社会民主党的日报,1876年1月1日创刊,1876年中起编辑是约·莫斯特,1878年10月23日被查禁。——414。

《不妥协派报》(L'Intransigeant)——法国的一家报纸,1880—1948年在巴黎出版;该报的创办人和主编是昂·罗什弗尔(1880—1910);80年代是激进共和派的报纸。——488。

C

《财政与工商业通报》(Вестник финансов, промышленности и торговли)——俄国的一家周刊,财政部机关报;1885—1917年用这个名称在彼得堡出版。——629。

D

《大西洋月刊》(The Atlantic Monthly)——美国资产阶级民主派的月刊,1857年起在波士顿出版。——463。

《大众科学月刊》(The Popular Science Monthly)——美国的一家月刊,1872年创刊,刊登面向一般读者的科技文章,1948年更名为《大众科学》,该杂志至今仍在出版。——463。

《德法年鉴》(Deutsch-Französische Jahrbücher)——在巴黎出版的德文刊物,编辑是阿·卢格和马克思;仅仅在1844年2月出版过第1—2期合刊;其中刊登了标志着马克思和恩格斯完成从唯心主义向唯物主义、从革命民主主义向共产主义转变的重要著作;杂志停刊的主要原因是马克思和卢格之间存在原则上的意见分歧。——10、18、34、68、193、276、456。

《德国中央文学报》(Literarisches Centralblatt für Deutschland)——德国的一家文摘性的科学情报评论周刊,1850—1944年在莱比锡出版。——289。

《德意志言论》(Deutsche Worte)——奥地利的一家经济和社会政治杂志,1881—1904年在维也纳出版;1881—1883年6月是周刊,1883年7月起改为月刊。——585、586、700。

《东邮报》(The Eastern Post)——英国的一家工人周报,1868—1873年在伦敦出版;1871年2月—1872年6月为国际总委员会机关报。——358、373。

《多事人报》(Ficcanaso)——意大利共和派的讽刺性日报,左派马志尼主义者的机关报,1868—1872年在都灵出版。——381。

F

《法兰克福报》(Frankfurter Journal)——德国的一家日报,1665年左右在美因河畔法兰克福创刊,1684—1903年用这个名称出版;1823—1903年每日出版文学附刊《戏剧节目。精神、情感和舆论杂谈》(Didaskalia. Blätter für Geist, Gemüth und Publizität);19世纪40年代报纸具有温和自由派的倾向;1842—1843年曾多次转载马克思发表在《莱茵报》的文章。——406、609、679。

《法兰西信使报》(Le Courrier français)——法国左派共和党人的政治性周报,1867年6月18日起改为日报;1861—1868年在巴黎出版,1866年5月成为国际在法国的机关报;该报曾刊登过总委员会和地方各支部的文件以及保·拉法格和劳·马克思翻译的马克思的《资本论》第一卷序言。——274、277。

《法郎吉。社会科学评论。政治、工业、科学、艺术和文学》(La Phalange. Revue de la science sociale. Politique, industrie, sciences, arts et littérature)——法国的一家杂志,傅立叶派的刊物《法伦斯泰尔。关于建立劳动和家庭生活相结合的农工法郎吉的报纸》(Le Phalanstère, journal pour la fondation d'une phalange agricole et manufacturière, associée en travaux et en ménage)的续刊;1836—1840年9月用现在这个名称出版,每月出两次,1843年7月以前每周出三次;7月以后又先后改名为《法郎吉。社会科学评论》(La Phalange. Revue de la science sociale)和《和平民主日报。维护政府和人民利益的报纸》(La Démocratie pacifique. Journal des intérêts gouvernementaux et des peuples), 1851年停刊;主编是维·孔西得朗。——518。

《费加罗报》(Le Figaro)——法国的一家文学政治周报,1854年在巴黎创刊, 1866年改为日报,并成为第二帝国政府的喉舌。——653。

《蜂房报》(The Bee-Hive Newspaper)——英国工联的机关报(周报);1861— 1876年在伦敦出版;曾三度易名:《蜂房》(The Bee-Hive)、《蜂房报》(The Bee-Hive Newspaper)、《便士蜂房》(The Penny Bee-Hive);该报受到资产阶级激 进派和改良派的强烈影响;1864年11月该报被宣布为国际的机关报,从此主 要刊登国际工人协会的正式文件和总委员会历次会议的报道;但是该报刊登 国际文件时常作篡改或删节,为此,马克思曾一再提出抗议;从1869年起该报 实际上已成了资产阶级的喉舌;1870年4月,总委员会根据马克思的建议,与 《蜂房报》断绝了一切关系。——212、216、229、357、358。

《弗雷泽杂志》(Fraser's Magazine)——英国自由派的文学、通俗科学和政治月 刊,1830—1882年在伦敦出版;主编是弗雷泽(1830—1841)。——403。

G

《改革报》(La Réforme)——法国的一家日报,小资产阶级民主派、小资产阶级 共和党人和小资产阶级社会主义者的机关报;1843年7月—1850年1月在巴 黎出版,创办人为赖德律-洛兰和多·弗·阿拉戈,编辑有赖德律-洛兰和斐·弗 洛孔等;1847年10月—1848年1月曾刊登恩格斯的许多文章。——58。

《高卢人报》(Le Gaulois)——法国保守派的日报,维护大资产阶级和贵族阶级 的利益,拥护君主制;1867—1929年在巴黎出版。——318。

《工人报》(The Working Man)——英国改良派的周报,1861—1867年在伦敦出 版(其间有间断)。——244。

《工人报》(Arbeiter-Zeitung)——奥地利社会民主党的机关报,1889—1893年在 维也纳出版,每周出版一次,1894年每周出版两次,从1895年1月1日起每天 出版;编辑是维·阿德勒;在50年代,该报发表过恩格斯的许多文章;为该报撰 稿的有奥·倍倍尔、爱琳娜·马克思-艾威林和其他工人运动活动家。——603、 631。

《工人辩护士报》(The Workman's Advocate)——英国的工人报纸,1865年9月— 1866年2月在伦敦出版,每周一期;该报的前身为1862年9月13日创刊的

《不列颠矿工和新闻记者总汇报》(British Miner and General newsman),1863年3月7日改名为《矿工报》(Miner),1863年6月13日又改名为《矿工和工人辩护士报》(The Miner and Workman's Advocate),编辑为约·托尔斯(1862年9月13日—1865年8月5日)和约·贝·莱诺(1865年8月),1865年7月底报纸为莱诺所有,他把报纸交给国际总委员会掌握,9月8日起改名为《工人辩护士报》,编辑为莱诺(1865年9月—1866年1月)和约·格·埃卡留斯(1866年1—2月);1865年9月25日起成为国际的正式机关报,1865年11月起报纸归工业报股份公司所有;马克思是工业股份公司理事会理事(1865年8月22日—1866年6月9日)。报纸维护工人阶级的利益,刊登关于总委员会会议的报道和国际文件;1866年2月,由于编辑部内改良派的势力增强,报纸再度进行改组,并更名为《共和国》(The Commonwealth)。——232。

《工人呼声》(Arbeiterstimme)——瑞士社会民主党和全国工会联合会的机关报,1881—1902年在苏黎世出版,1903—1908在伯尔尼出版。——477。

《工人领袖》(The Labour Leader)——英国的一家月刊,1887年起出版,最初刊名是《矿工》(Miner),1889年起改用现称,是苏格兰工党的机关刊物;1893年起是独立工党的机关刊物;1894年起改为周刊;在1904年以前,该刊的编辑是詹·哈第。——672。

《公民报》(Le Citoyen)——法国的社会主义日报,1881—1884年用不同名称在巴黎出版,参加编辑部的有茹·盖得、保·拉法格、艾·马萨尔、贝·马隆和阿·塞孔迪涅等人。——487。

《公益周刊》(Gemeinnütziges Wochenblatt)——见《贝恩卡斯特尔、维特利希、采尔及周围地区公益周刊》。

《共和国》(The Commonwealth)——英国的工人报纸,国际总委员会的机关报,1866年2月10日—1867年7月20日作为《工人辩护士报》(The Workman's Advocate)的续刊在伦敦出版,每周一期;马克思曾是该报编辑监察委员会成员,出版者为阿·迈奥尔,1866年2—3月约·格·埃卡留斯任编辑,4月乔·奥哲尔被任命为总编辑;报纸曾刊登关于总委员会会议的报道和国际的文件以及恩格斯的文章;后来由于参加报纸领导工作的工联领袖的妥协政策,报纸在选举改革的斗争中改变了方针,从1866年9月8日起成为改革同盟的机关报,成了激进资产阶级和非国教徒雇主集团的喉舌;周报于1867年7月20日停刊。——244。

《观察家报》(The Observer)——英国保守派的周报,英国最老的一家星期日刊;

1791年在伦敦创刊。——139。

《国防报》(Défense nationale)——法国共和派左翼的报纸,1870—1871年在国际会员的参与下,在波尔多出版。——346。

《国际报》(L'Internationale)——比利时的一家周报,国际比利时支部的机关报;1869—1873年在塞·德巴普的直接参与下在布鲁塞尔出版;该报持无政府主义立场。——322、329。

《国际工人协会报》(Journal de l'Association Internationale des Travailleurs)——国际瑞士罗曼语区支部的机关报,每月出版,1865年12月—1866年9月在约·菲·贝克尔的参与下在日内瓦出版。——232。

《国民报》(Le National)——法国的一家日报,1830年由阿·梯也尔、弗·米涅和阿·卡雷尔在巴黎创刊;1834—1848年用《1834年国民报》(Le National de 1834)的名称出版;40年代是温和的共和派的机关报;1848—1849年革命时期聚集在报纸周围的有阿·马拉斯特、路·加尔涅–帕热斯和欧·卡芬雅克等资产阶级共和党人;1851年停刊。——57、58。

《国民改革者》(The National Reformer)——英国的一家周刊,资产阶级激进派的机关刊物,1860—1893年在伦敦出版。——316。

H

《海陆漫游》(Über Land und Meer)——德国的一家每周出版的画报,1858—1923年在斯图加特出版。——411。

《和平民主日报。维护政府和人民利益的报纸》(La Démocratie pacifique. Journal des intérêts des gouvernements et des peuples)。——见《法郎吉。社会科学评论。政治、工业、科学、艺术和文学》。

J

《解放报》(La Emancipación)——西班牙的一家工人周报,国际马德里支部的机关报,1871—1873年在马德里出版;1871年9月—1872年4月是西班牙联合会委员会的机关报;曾同西班牙的无政府主义影响作斗争;1872—1873年,该报刊登过《共产党宣言》、《哲学的贫困》和《资本论》第一卷的个别章节以及恩格斯的许多文章;1872年保·拉法格担任报纸的编辑。——370、373。

《进步报》(Le Progrès)——瑞士巴枯宁派的机关报,公开反对国际总委员会;1868年12月—1870年4月用法文在勒洛克勒出版,编辑是詹·吉约姆。——

335。

《经济学家。每周商业时报,银行家的报纸,铁路监控:政治文学总汇报》(The Economist. Weekly Commercial Times, Bankers' Gazette, and Railway Monitor: a political, literary, and general newspaper)——英国的一家周刊,1843年由詹·威尔逊在伦敦创办,大工业资产阶级的喉舌。——137、139、140。

K

《抗议报,社会主义杂志》(O Protesto, Periodico Socialiste)——葡萄牙的一家社会主义周刊,1875年8月—1878年1月在里斯本出版。——407。

《科隆日报》(Kölnische Zeitung)——德国的一家日报,17世纪创刊,1802—1945年用这个名称出版;19世纪40年代初代表温和自由派的观点,对资产阶级民主主义反对派持批判态度,维护莱茵地区资产阶级的利益;在科隆教会争论中代表天主教会的利益;《莱茵报》被查封后,报纸成为莱茵地区资产阶级自由派的主要机关报;1831年起出版者是杜蒙,1842年报纸的政治编辑是海尔梅斯。——82、237、366。

《科学、文学和艺术最新集萃》(Nuova antologia. Rivista di scienze, lettere ed arti)——意大利自由派的文学、艺术和科学杂志;1866—1877年在佛罗伦萨出版,每月一期,1878—1943年在罗马出版,每月两期。——696。

L

《莱茵政治、商业和工业日报》(Rheinische Zeitung für Politik, Handel und Gewerbe)——德国的一家日报,青年黑格尔派的喉舌;1842年1月1日—1843年3月31日在莱茵地区资产阶级自由派的支持下在科隆出版;创办人是伯·腊韦,编辑是伯·腊韦和阿·鲁滕堡,发行负责人是路·舒尔茨和格·荣克;1842年4月起马克思为报纸撰稿,同年10月马克思成为报纸编辑;在马克思担任编辑期间,报纸日益具有明显的革命民主主义性质并成为德国最重要的反对派报纸之一;1843年4月1日被普鲁士政府查封。——11、28、681、701、703。

《劳动旗帜报。工业界刊物》(The Labour Standard. An Organ of Industry)——英国的一家周报,工联的机关报;1881—1885年在伦敦出版,由乔·希普顿编辑;报纸具有强烈的机会主义倾向;1881年5月7日—8月6日恩格斯曾为报纸撰稿。——476。

《凉亭。家庭画报》(Die Gartenlaube. Illustriertes Familienblatt)——德国的一

家小资产阶级派别的文学周刊,1853—1903年在莱比锡出版,1903—1943年在柏林出版。——251。

《论坛报》——见《纽约每日论坛报》。

M

《马赛曲报》(La Marseillaise)——法国左派共和党人的日报,1869年12月19日—1870年9月9日在巴黎出版;由于采取反对第二帝国统治集团的行动,1870年2月10—11日被勒令停刊,5月18日—7月20日被查封,9月9日完全停刊;出版者为昂·罗什弗尔,主编为保·格鲁赛,编辑部成员有安·阿尔诺、西·德雷尔、阿·恩贝尔、昂·罗什弗尔、昂·马雷等人,撰稿人有茹·瓦莱斯、欧·瓦尔兰、古·弗洛朗斯、保·拉法格、维·罗瓦尔和燕·龙格等人,报纸经常报道国际工人协会在法国和其他国家的活动,刊登国际总委员会的文件。——322、329、330、336。

《曼彻斯特卫报》(The Manchester Guardian)——英国的一家报纸,自由贸易派的机关报;1821年在曼彻斯特创刊,最初为周报,后改为每周出两次,1855年起改为日报。——141、241。

《玫瑰小报》(Gazzettino Rosa)——意大利的一家日报,左派马志尼主义者的机关报,1867—1873年在米兰出版,该报在1871—1872年维护巴黎公社,发表国际工人协会的报告和文件;1872年起接受巴枯宁派的影响。——374、378、379。

《每日新闻》(The Daily News)——英国自由派的报纸,曼彻斯特学派的机关报,工业资产阶级的喉舌;1846年1月21日由威·黑尔斯在伦敦创刊,1909年起同时在伦敦和曼彻斯特出版,1930年停刊,第一任编辑为查·狄更斯,继任的编辑有约·福斯特、哈·马蒂诺(1852—1866)、亨·约·林肯、总编辑约·鲁宾逊(1868—1901)、编辑阿·加德纳(1902—1919),最后一任编辑为斯·霍奇森;60年代末起亨·拉布谢尔是报纸的三个所有者之一,另一个所有者为赛·莫利;1901年起为某公司所有,数月后归乔·卡德伯里独有;报纸支持自由派的观点,1862年美国内战爆发,它是英国报纸中唯一支持北方的报纸。70—80年代马克思和恩格斯曾为报纸撰稿。——101、102、104、347、418。

N

《南德意志邮报。供全体人民阅读的独立民主派机关报》(Süddeutsche Post.

Unabhängiges demokratisches Organ für jedermann aus dem Volk)——德国的民主主义报纸,1869—1884年在慕尼黑出版。——485。

《纽约每日论坛报》(New-York Daily Tribune)——美国的一家日报,由霍·格里利和托·麦克尔拉思等创办,1841年4月10日—1924年在纽约出版;50年代中期以前是美国辉格党左翼的机关报,后来是共和党的机关报;40—50年代站在进步的立场上坚决反对奴隶占有制;1851年8月—1862年3月马克思和恩格斯为报纸撰稿;美国内战开始后,报纸日益离开进步立场,马克思和恩格斯遂停止撰稿并与报纸断绝关系;除日报外,还出每周版《纽约每周论坛报》(New-York Weekly Tribune)(1841年9月起)和半周版《半周论坛报》(Semi-Weekly Tribune)(不迟于1845年),1853年5月起《半周论坛报》改名为《纽约半周论坛报》(New-York Semi-Weekly Tribune)。——91、92、100、101、107、115、116、138、141、185、196、316、346、702。

《纽约人民报。为了劳动人民的利益》(New Yorker Volkszeitung. Den Interessen des arbeitenden Volks gewidmet)——美国的一家日报,北美社会主义工人党的机关报;由亚·约纳斯创办,1878—1932年在纽约用德文出版;出版者和主编是谢·吉维奇(1880—1881年)和阿·杜埃(1878—1888年)。——559。

《纽约时报》(The New-York Times)——美国的一家日报,1851年9月18日创刊,原名是《纽约每日时报》,1857年9月14日改用现名;起初是美国辉格党的机关报,后成为共和党的机关报。——138。

《女王信使报》(The Queen's Messenger)——英国保守派的政治文学周报,1869年1—7月在伦敦出版。——336。

O

《欧洲通报。历史、政治和文学杂志》(Вестник Европы. Журналь истории, политики и литература)——俄国一家资产阶级自由派月刊,1866—1908年由米·马·斯塔修列维奇在圣彼得堡创办和出版,1909—1918年夏由马·马·柯瓦列夫斯基编辑;19世纪90年代初期该杂志经常刊登反对马克思主义者的文章。——436。

P

《平等报》(L'Égalité)——瑞士的一家周报,国际罗曼语区联合会的机关报;1868年12月—1872年12月在日内瓦用法文出版;1869年11月—1870年1月,参加该报编辑部的巴枯宁、佩龙、罗班等人企图利用该报攻击国际总委员会；1870年1月罗曼语区联合会委员会改组了编辑部，撤消了巴枯宁主义者的职务，自此以后该报开始拥护总委员会的路线。——331、335、370、375、381。

《平等报。革命组织的刊物》(L'Égalité. Organe collectiviste révolutionaire)——法国的一家社会主义周报，1877年由茹·盖得创办，1880—1883年为法国工人党机关报；1877—1883年分五个专刊出版：第一、二、三辑三个专刊每周出一次（共出113期），第四、五辑两个专刊每日出一次（共出56期）；计划出版的第六辑专刊只在1886年4月出了一期；第二、三辑专刊先后在1880年1月21日—8月25日、1883年2月16—25日出版；编辑部成员先后有加·德维尔，茹·盖得、保·拉法格、卡·布伊、昂·布里萨克、莱·皮卡尔和埃·马萨尔；80年代初马克思和恩格斯曾为报纸撰稿。——452、467、476、487、489。

Q

《前进。柏林人民报》(Vorwärts. Berliner Volksblatt)——德国社会民主党的日报，1884年创办；根据哈雷党代表大会的决议，该报从1891年起成为德国社会民主党的中央机关报，并用这个名称出版；威·李卜克内西任主编；恩格斯为该报撰稿并纠正该报编辑部的错误和动摇，帮助它同机会主义作斗争；从90年代后半期起，即在恩格斯逝世后，《前进报》编辑部渐渐转入党的右翼手中。——605、608、609、612、613、618、619、620、644、676、678、686、699、702。

《前进! 不定期评论》(Вперёд! Непериодическое обозрение)——在苏黎世(1873—1874年)和伦敦(1875—1877年)出版的一家俄文杂志，总共出了五卷。1873—1876年杂志的出版者为彼·拉·拉甫罗夫；1877年，第五卷由瓦·尼·斯米尔诺夫和尼·库利亚勃科-科列茨基编辑出版。——410。

《前进报。巴黎德文杂志》(Vorwärts. Pariser Deutsche Zeitschrift)——在巴黎出版的一家德文刊物。1844年1月创刊，每周出两次（星期三和星期六），创办人和编辑之一为亨·伯恩施太因，副标题为《巴黎艺术、科学、戏剧、音乐和社交生活信号》(Pariser Signale aus Kunst, Wissenschaft, Theater, Musik und geselliges Leben)，1844年7月1日卡·路·贝尔奈斯参加编辑部，同时副标题改为《巴黎德文杂志》；报纸最初为一家温和的自由派刊物，从1844年夏天起，在马克思的影响下成为三月革命前最优秀的革命报纸之一，反对普鲁士的反动政策，刊登马克思和恩格斯等人的具有共产主义内容的文章；1844年12月因一些工作人员被政府驱逐出法国而停刊。——16、20、27。

《前进报。德国社会民主党中央机关报》（Vorwärts. Central-Organ der Socialdemokratie Deutschlands）——德国的一家报纸，1876年10月1日—1878年10月26日在莱比锡出版，每周出三次，同时出版学术附刊和附刊；编辑是威·哈森克莱维尔和威·李卜克内西；反社会党人法颁布以后报纸被迫停刊；马克思和恩格斯经常帮助报纸编辑部；1877—1878年报纸以及它的学术附刊和附刊刊登了恩格斯的著作《反杜林论》；它的续刊为《社会民主党人报》（Der Sozialdemokrat）。——419、423。

R

《人民报》（Volkszeitung）——见《纽约人民报。为了劳动人民的利益》。

《人民报。维护公正政治和普遍权利》（The People's Paper, the champion of political justice and universal right）——英国的一家周报，宪章派左翼的机关报，1852年5月由厄·琼斯在伦敦创刊；1852年10月—1856年12月马克思和恩格斯曾为报纸撰稿，并对报纸的编辑工作给以帮助；周报除刊登马克思和恩格斯专门为之撰写的文章外，还转载他们在《纽约每日论坛报》发表的文章；在这个时期，报纸捍卫工人阶级的利益，宣传社会主义思想；后来琼斯同资产阶级激进派日益接近，致使马克思和恩格斯停止撰稿，同琼斯的关系一度破裂；1856年6月报纸转入资产阶级实业家手中。——130。

《人民国家报》（Der Volksstaat）——德国的一家报纸，1869年10月2日—1876年9月29日在莱比锡出版，起初每周出两次，1873年7月起每周出三次；创刊时的副标题是《社会民主工党和工会联合会机关报》（Organ der sozial-demokratischen Arbeiterpartei und der Gewerksgenossenschaften），1870年7月2日起改名为《社会民主工党和国际工会联合会机关报》（Organ der sozial-demokratischen Arbeiterpartei und der internationalen Gewerksgenossenschaften），1875年6月11日起又改名为《德国社会主义工人党机关报》（Organ der Sozialistischen Arbeiterpartei Deutschlands）；报纸编辑部领导人是威·李卜克内西，出版社社长是奥·倍倍尔；报纸反映德国工人运动中革命派的观点，马克思和恩格斯从报纸创刊之日起就为之撰稿；他们认为报纸的活动具有重大意义，并密切关注它的工作，及时批评它的疏忽和某些错误，纠正它的路线，使它成为19世纪70年代最优秀的工人报纸之一。——308、313、340、360、381、392、393、396、408、409、415、458。

《人民论坛》（Volks-Tribüne）——见《柏林人民论坛。社会政治周报》。

《人民论坛报》(La Tribune du Peuple)——比利时民主派和工人阶级的报纸，1861年5月—1869年4月在布鲁塞尔出版，该报由工人、小资产阶级知识分子的代表、空想社会主义思想的拥护者、无神论"人民协会"会员创办；1865年8月起实际上成了国际在比利时的机关报，而从1866年1月起正式成为国际在比利时的机关报；国际工人协会会员塞·德巴普、保·拉法格等人曾为该报撰稿。——232。

《人民日报》(Gazeta Narodowa)——波兰资产阶级自由派的报纸，1862—1914年在利沃夫出版。——409。

S

《萨克森工人报》(Sächsische Arbeiter-Zeitung)——德国社会民主党的日报，90年代初是半无政府主义反对派"青年派"的机关报，1890—1908年在德累斯顿出版。——602—603。

《社会革命报》(La Révolution Sociale)——瑞士的一家周报，1871年10月—1872年1月在日内瓦出版，1871年11月起为巴枯宁派汝拉联合会的机关报。——376、381。

《社会科学和社会政治年鉴》(Jahrbuch für Sozialwissenschaft und Sozialpolitik)——瑞士的一家德文杂志，1879—1881年由卡·赫希柏格（笔名路德维希·李希特尔博士）在苏黎世出版，前后共出三卷，杂志具有改良主义倾向。——444、449。

《社会立法和统计学文库》(Archiv für soziale Gesetzgebung und Statistik)——德国一家进步的政治经济杂志，1888—1903年在蒂宾根和柏林以季刊的形式出版，出版者是亨·布劳恩。——689、696。

《社会民主党人报。德语区社会民主党的机关报》(Der Sozialdemokrat. Organ der Sozialdemokratie deutscher Zunge)——瑞士的一家德文周报，1879年9月—1888年9月在苏黎世出版，1888年10月—1890年9月27日在伦敦出版；1879—1880年编辑是格·福尔马尔，1881—1890年编辑是爱·伯恩施坦，马克思、恩格斯、奥·倍倍尔和威·李卜克内西为之撰稿，在他们的影响下报纸成为国际工人运动最主要的革命报纸，为德国社会民主党战胜反社会党人法作出了重大贡献。——443、444、447、448、469、495、513、519—521。

《社会民主党人报。全德工人联合会机关报》(Der Social-Demokrat. Organ des Allgemeinen Deutschen Arbeitervereins)——德国的一家报纸，1864年12月15

日—1871年4月21日由约·巴·施韦泽和约·巴·霍夫施泰滕在柏林出版,每周出三次;马克思和恩格斯应邀为报纸撰稿,后来施韦泽在报上支持俾斯麦的政策,搞拉萨尔崇拜,马克思和恩格斯不再为报纸撰稿;1871年4月底—1876年报纸用《新社会民主党人报》(Neuer Social-Demokrat)的名称出版,推行拉萨尔的政策,迎合俾斯麦制度,巴结德国统治阶级,反对国际和德国社会民主工党,支持巴枯宁派和其他反无产阶级流派的仇视总委员会的活动。——220—223、308、382、393。

《社会评论》(Critica Sociale)——意大利的一家双周杂志,是社会党的理论刊物;1891—1924年用这个名称在米兰出版;杂志的编辑是菲·屠拉梯;在19世纪90年代,该杂志发表过马克思和恩格斯的著作,在意大利传播马克思主义方面起了显著的作用。——666、696。

《社会评论》(Revista Socială)——罗马尼亚的一家杂志,1884—1887年由若·纳杰日杰在雅西编辑出版。——565。

《社会政治中央导报》(Sozialpolitisches Centralblatt)——德国社会民主党的周报,1892—1895年用这个名称由亨·布劳恩在柏林出版;1895年同《社会实践报》(Blätter für soziale Praxis)合并后改名为《社会实践》(Soziale Praxis)。——662、696。

《社会主义评论》(La Revue Socialiste)——法国一家共和社会主义刊物,由贝·马隆创办,后为工团主义和合作社机关刊物,1880年1—4月为月刊,5—9月在巴黎和里昂两地出版半月刊;1885—1914年改为在巴黎出版;1880年马克思和恩格斯曾为该杂志撰稿。——452。

《社会主义者报》(Der Sozialist)——美国的一家周报,北美社会主义工人党机关报,1885—1892年在纽约用德文出版。——535、549、559。

《审判报。汉堡、阿尔托纳及其郊区的日报》(Gerichts-Zeitung. Tagesblatt für Hamburg, Altona und Umgegend)——德国社会民主党的一家日报,社会民主党右翼的机关报,1878—1881年在汉堡出版。——484。

《十字报》(Kreuz-Zeitung)——见《新普鲁士报》。

《双周评论》(The Fortnightly Review)——英国的一家历史、哲学和文学杂志,由资产阶级激进派于1865年创办;后来奉行资产阶级自由主义方针;该杂志用这个名称在伦敦一直出版到1934年。——279、347。

《苏黎世邮报》(Züricher Post)——瑞士民主派的日报,1879—1936年出版。——594、603。

T

《泰晤士报》(The Times)——英国的一家资产阶级报纸,保守党的机关报,1785年1月1日在伦敦创刊,报名为《环球纪事日报》(Daily Universal Register),1788年1月1日起改名为《泰晤士报》,每日出版;创办人和主要所有人为约·沃尔特,1812年起主要所有人为约·沃尔特第二,约·沃尔特第三继其后为主要所有人;19世纪先后任编辑的有:主编托·巴恩斯(1817—1841)、约·塔·德莱恩(1841—1877)、托·切纳里(1877—1884)、乔·厄·巴克尔(1884—1912),助理编辑乔·韦·达森特(1845—1870)等,50—60年代的撰稿人有罗·娄、亨·里夫、兰邦等人。莫·莫里斯为财务和政务经理(40年代末起),威·弗·奥·德莱恩为财务经理之一(1858年前);报纸与政府人士、教会和垄断组织关系密切,是专业性和营业性的报纸;1866—1873年间曾报道国际的活动和刊登国际的文件。——138、233、364。

《团结报》(La Solidarité)——瑞士的一家周报,巴枯宁派的机关报,1870年4—9月用法文在纳沙泰尔出版,1871年3—5月在日内瓦出版。——336。

W

《晚邮报》(The Evening Post)——美国的一家报纸,1801—1934年在纽约出版;从1856年起是共和党的机关报;从1934年起用《邮报》(The Post)的名称出版。——185。

《维也纳日报》(Wiener Zeitung)——见《奥地利帝国维也纳日报》。

《卫报》(The Guardian)——见《曼彻斯特卫报》。

《未来。社会主义评论》(Die Zukunft. Socialistische Revue)——德国一家具有改良主义倾向的杂志,1877年10月—1878年11月由卡·赫希柏格(笔名路德维希·李希特尔博士)在柏林出版,每月出两期;马克思和恩格斯曾对杂志提出尖锐批评。——420。

《未来报》(Die Zukunft)——德国资产阶级民主派的报纸,人民党的机关报,1867年起在柯尼斯堡出版,1868—1871年在柏林出版;该报曾发表《资本论》第一卷序言和恩格斯的《资本论》第一卷书评。——259。

《未来报》(De Toekomst)——荷兰的一家工人报纸,1870—1871年在海牙每周出版三次,曾刊载国际的文件和材料。——360。

《未来哲学。理性社会主义评论》(La Philosophie de l'Avenir. Revue du socialisme rationnel)——法国的一家月刊,资产阶级共和派的刊物,1875—1900年在巴黎出版。——462。

《文学报》(Literatur-Zeitung)——见《文学总汇报》。

《文学总汇报》(Allgemeine Literatur-Zeitung)——德国的一家月刊,1843年12月—1844年10月在夏洛滕堡出版;主编是布·鲍威尔。——15、16。

《我们的时代》(Unsere Zeit)——德国自由派的文学政治月刊,1857—1891年在莱比锡由布罗克豪斯出版公司出版;1857—1864年该刊出版时附有副标题:《百科辞典年鉴》。——251。

《无产者报》(Le Prolétaire)——法国的工人周报,1878—1884年在巴黎出版;80年代初法国工人党内的小资产阶级机会主义分子即所谓可能派联合在《无产者报》的周围。——476、491。

《无产者报》(Il Proletario)——意大利的一家周报,1872—1874年在都灵出版;该报支持巴枯宁派,反对总委员会和伦敦代表会议的决议。——374、378。

X

《先驱。国际工人协会机关报》(Der Vorbote. Organ der Internationalen Arbeiterassoziation)——瑞士的一家德文月刊,1866年1月—1871年12月在日内瓦出版;主编是约·菲·贝克尔;1867年起为政治和社会经济月刊;国际德语区支部联合会中央机关刊物;杂志总的说来执行马克思和总委员会的路线,定期刊登国际的文件,报道国际各国支部的活动情况。——232。

《先驱报》(Vorbote)——美国的一家周报,1874—1876年在芝加哥用德文出版;1876年起作为社会主义报纸《芝加哥工人报》(Chicagoer Arbeiter-Zeitung)的星期日附刊出版。——612。

《现代评论》(The Contemporary Review)——英国资产阶级自由派的月刊,1866年起在伦敦出版。——491。

《现代人》(Contemporanul)——罗马尼亚社会主义派的一家文学科学和政治杂志,由康·多布罗贾努-盖雷亚和若·纳杰日杰创办;1881年7月—1890年12月用这个名称在雅西出版,先是每月出两次,后改为月刊;该杂志刊登过马克思和恩格斯的《资本论》、《工资、价格和利润》、《家庭、私有制和国家的起源》的一些片断。——565。

《协和。工人问题杂志》(Concordia. Zeitschrift für die Arbeiterfrage)——德国大工业家和讲坛社会主义者的刊物,1871年创刊,在柏林出版到1876年。

《新世界。大众消遣画报》(Die Neue Welt. Illustriertes Unterhaltungsblatt für das Volk)——德国的社会主义杂志,1876—1883年在莱比锡出版,后来在斯图加特和汉堡出版到1919年;杂志编辑是威·李卜克内西(1876—1880);70年代,恩格斯曾为杂志撰稿。——415、522、555。

《新闻报》(Die Presse)——奥地利资产阶级自由派的日报,1848—1896年在维也纳出版;1861—1862年报纸采取反波拿巴主义的立场,曾刊登马克思的文章和通讯。——149、185。

《新自由报》(Neue Freie Presse)——奥地利资产阶级自由派的报纸,由米·埃蒂耶纳和麦·弗里德兰德创办,1864—1939年在维也纳出版。——279。

Y

《1848年真正的度申老头》(Le vrai Père Duchène de 1848)——法国的一家工人报纸,1848年5月起在巴黎出版,一共出了四号。——318。

《宇宙。进化论和完整世界观杂志》(Kosmos. Zeitschrift für Entwickelungslehre und einheitliche Weltanschauung)——德国的一家自然科学月刊,1877—1880年在莱比锡出版,1881—1886年在斯图加特出版。——537、574。

Z

《中央报》(Centralblatt)——见《德国中央文学报》。

《中央导报》(Centralblatt)——见《社会政治中央导报》。

《钟声》(Колоколь)——俄国革命民主主义的报纸,1857—1865年由亚·伊·赫尔岑和尼·普·奥格辽夫用俄文在伦敦不定期出版,1865—1867年在日内瓦出版,1868—1869年改用法文出版,同时出版俄文版附刊。——335。

《自然界。每周科学画报》(Nature. A Weekly Illustrated Journal of Science)——英国的一家自然科学杂志,1869年起在伦敦出版。——401。

《自由》(Freiheit)——德国无政府主义派的周报,1879—1882年在伦敦、1882年在瑞士、1882—1908年在纽约用德文出版,由约·莫斯特编辑,起初代表德国社会民主党的立场,不久便成为以莫斯特和威·哈赛尔曼为首的无政府主义派的喉舌;马克思和恩格斯曾尖锐批评报纸的无政府主义言论。——437、446、447。

《自由报》(La Liberté)——比利时民主派的报纸,1865—1873年在布鲁塞尔出版;1872—1873年每周出版一次;1867年起成为国际工人协会在比利时的机关报之一。——379。

《祖国纪事》(Отечественные Записки)——俄国的一家文学政治月刊，1839—1884年在圣彼得堡出版；主要撰稿人有维·格·别林斯基、亚·伊·赫尔岑、米·尤·莱蒙托夫、尼·阿·涅克拉索夫、伊·谢·屠格涅夫和米·叶·萨尔蒂科夫-谢德林；报纸具有革命民主主义性质，后来主要倾向于民粹派。——427。

名 目 索 引

202。

——对英国的意义——46、525—526、
640—641。

——工业无产阶级的形成是产业革命
的社会结果——607、640—641、
663。

——工业革命的发展——46、200—
202、450—451、625—627、640、
641、655—656。

——导致资产阶级和无产阶级之间对
立的发展——438—439、525—
526、607、630、640—641、655—
656。

——开拓了世界市场——45。

工艺学——见**技术和工艺学**。

工资

——概述——185—186、206、265—
266、276、606。

——工资作为劳动力的价值（价格）——
266、694。

——工资的形式——276、441。

——最低工资——158。

——工资作为可变资本——185—186、
189、207—211。

——工资作为生产费用的组成部分
——265—266。

——工资是工人的收入——208—211。

——工资和必要劳动——186。

——计件工资和计时工资——276。

——实物工资——441。

——工资和生活资料——694。

——工资的压低——303、328、526。

——工资水平的普遍提高——229。

——工人流出和流入对工资水平的影
响——303、328、636。

——工人争取维持或提高工资的斗争
——229、333、437、441、606。

——工资和工作日——186、207、265—
266、437、441。

——工资和商品的价值或价格——
155—156、207、229、265—266。

——工资和剩余价值——186—187、
207—211、265—266、526。

——工资和利润——156、226。

——工资和雇佣劳动——158、333。

——工资和采用机器——153—154。

——工资和资本周转——155—156。

——工资和工人之间的竞争——303。

工作日

——劳动时间是社会生产的调节器
——276。

——工作日和剩余价值或利润的产生
——186—187、207—208、265—
266。

——工人阶级争取缩短工作日的斗争
——369、437、441。

——工人争取实行八小时工作日的斗
争——369、631。

——工作日和世界市场竞争的尖锐化
——631。

——工作日和价值理论——276。

公社

——概述——312、649—650。

——公社的产生和发展——118、281—

Z

马克思恩格斯生平大事年表

1818年

5月5日

卡尔·马克思诞生于德国特里尔市。

1820年

11月28日

弗里德里希·恩格斯诞生于德国巴门市。

1830年

10月

马克思进特里尔中学学习。

1834年

10月

恩格斯进埃尔伯费尔德中学学习,此前在巴门市立学校学习。

1835年

9月24日

马克思毕业于特里尔中学。毕业考试时写了德语作文《青年在选择职业时的考虑》。

10月15日

马克思进波恩大学法律系学习。

1836年

10月22日

马克思转入柏林大学法律系学习。

1837年

4—8月

马克思钻研黑格尔哲学,并参加青年黑格尔派的活动。

9月15日

恩格斯离开中学,到他父亲在巴门的公司当办事员。

9月25日

埃尔伯费尔德中学给恩格斯颁发肄业证书。

1838年

1838年7月中—1841年3月下半月

恩格斯在不来梅一家贸易公司见习。

1839年

1839年初—1841年3月

马克思研究希腊哲学,特别是唯物主义哲学家伊壁鸠鲁的自然哲学,并撰写博士论文《德谟克利特的自然哲学和伊壁鸠鲁的自然哲学的差别》。

约1月—3月初

恩格斯撰写《伍珀河谷来信》,发表在3—4月《德意志电讯》上。

1841年

3月30日

马克思毕业于柏林大学。

4月6日

马克思把博士论文《德谟克利特的自然哲学和伊壁鸠鲁的自然哲学的差别》寄给耶拿大学哲学系主任。

4月15日

耶拿大学哲学系给马克思颁发博士学位证书。

1841年9月底—1842年10月8日

恩格斯作为志愿兵在柏林服役；利用公余时间在柏林大学旁听并参加青年黑格尔派的活动；撰写《谢林论黑格尔》、《谢林和启示》及《谢林——基督哲学家，或世俗智慧变为上帝智慧》等文章，对谢林作了尖锐的批判。

1842年

1月底或2月初—2月10日

马克思撰写《评普鲁士最近的书报检查令》。文章1843年2月发表在瑞士出版的《德国现代哲学和政论界轶文集》第一卷上。

约3月26日—4月26日

马克思撰写《第六届莱茵省议会的辩论（第一篇论文）。关于新闻出版自由和公布省等级会议辩论情况的辩论》。文章在5月的《莱茵报》附刊上连载。

10月

马克思撰写《第六届莱茵省议会的辩论（第三篇论文）。关于林木盗窃法的辩论》。文章在10—11月的《莱茵报》附刊上连载。

10月15日

马克思担任科隆《莱茵报》的编辑。

11月下半月

恩格斯动身前往英国，到曼彻斯特欧门—恩格斯公司实习经商。

赴英途中，恩格斯访问了科隆的《莱茵报》编辑部，在那里和马克思初次见面。

12月底—最迟1843年1月26日

马克思撰写《摩泽尔记者的辩护》。文章分为三部分,前两个部分发表在1843年1月的《莱茵报》上,后一部分收入卡·海因岑《普鲁士的官僚制度》1845年达姆施塔特版。

1843年

3月17日

马克思由于普鲁士书报检查机关的迫害,退出《莱茵报》编辑部。

约3月中—9月底

马克思在克罗伊茨纳赫撰写《黑格尔法哲学批判》。

约5—6月

恩格斯在伦敦和正义者同盟建立联系,结识了同盟领导人卡·沙佩尔、约·莫尔和亨·鲍威尔。

6月19日

马克思和燕妮·冯·威斯特华伦在克罗伊茨纳赫结婚。

7—8月

马克思在克罗伊茨纳赫研究国家学说和宪政史,研究欧洲各国和美国的历史,特别是法国大革命的历史,并作读书摘录和笔记。

1843年9月底或10月初—1844年3月中

恩格斯撰写《国民经济学批判大纲》、《英国状况。评托马斯·卡莱尔的〈过去和现在〉》、《英国状况。十八世纪》、《英国状况。英国宪法》等文章。

1843年10月—1845年2月

马克思旅居巴黎,筹办《德法年鉴》杂志;撰写《论犹太人问题》和《〈黑格尔法哲学批判〉导言》;继续研究法国大革命的历史;着手系统地研究政治经济学。

1844年

2月底

马克思和阿·卢格主编的《德法年鉴》第1—2期合刊在巴黎出版,其中发表了马克思的著作《论犹太人问题》和《〈黑格尔法哲学批判〉导言》,以及恩格斯的著作《国民经济学批判大纲》和《英国状况。评托马斯·卡莱尔的〈过去和现在〉》。

由于恩格斯的《国民经济学批判大纲》在杂志上发表,马克思和恩格斯之间开始通信。

约5月底6月初—8月

马克思撰写《1844年经济学哲学手稿》。

8月底—9月初

恩格斯从英国回德国时,绕道巴黎会见马克思。这次具有历史意义的会见为他们终生不渝的伟大合作奠定了基础。

马克思和恩格斯着手合著《神圣家族,或对批判的批判所做的批判。驳布鲁诺·鲍威尔及其伙伴》。

恩格斯在巴黎逗留期间和马克思一起参加了法国社会主义者和共产主义者的集会。

1844年9月—1845年3月

恩格斯在巴门撰写《英国工人阶级状况》一书;在莱茵省积极参加民主主义、社会主义运动的宣传和组织工作。

1845年

2月3日

马克思因遭法国当局驱逐,迁往比利时的布鲁塞尔。

1845年2月—1848年3月初

马克思旅居布鲁塞尔;继续研究经济学文献并作了大量摘录和笔记。

2月

马克思和恩格斯合著的《神圣家族,或对批判的批判所做的批判。驳布鲁诺·鲍威尔及其伙伴》一书在美因河畔法兰克福出版。

春天

马克思撰写《关于费尔巴哈的提纲》。

4月

恩格斯迁往布鲁塞尔马克思处。

5月底

恩格斯的《英国工人阶级状况》一书在莱比锡出版。

7—8月

马克思和恩格斯到伦敦和曼彻斯特作为期六周的旅行。

秋天

马克思和恩格斯开始共同撰写《德意志意识形态》。

1846年

年初

马克思和恩格斯在布鲁塞尔创立共产主义通讯委员会。

夏天

马克思和恩格斯完成《德意志意识形态》一书的主要章节。

8月15日

恩格斯受布鲁塞尔共产主义通讯委员会的委托来到巴黎,向正义者同盟巴黎各支部的工人成员宣传共产主义,组织通讯委员会,并同魏特林主义、蒲鲁东主义和"真正的社会主义"进行斗争。

12月28日

马克思写信给俄国著作家帕·瓦·安年科夫,批判蒲鲁东的《经济矛盾的体系,或贫困的哲学》一书,同时阐明历史唯物主义的重要原理。

1847年

1月—6月15日

马克思撰写《哲学的贫困。答蒲鲁东先生的〈贫困的哲学〉》一书。

1月20日

正义者同盟伦敦中央委员会派代表约·莫尔到布鲁塞尔会见马克思、到巴黎会见恩格斯,建议他们加入同盟。马克思和恩格斯在确信同盟领导人愿意改组同盟并接受他们的理论作为纲领的基础之后,同意加入同盟。

6月初

恩格斯出席在伦敦召开的共产主义者同盟第一次代表大会。大会决定把正义者同盟改名为共产主义者同盟,把同盟的旧口号"人人皆兄弟"改为"全世界无产者,联合起来!"。大会决定把恩格斯起草的《共产主义信条草案》作为讨论同盟纲领的基础。

7月初

马克思的《哲学的贫困。答蒲鲁东先生的〈贫困的哲学〉》一书在巴黎和布鲁塞尔出版。

8月5日

在马克思的领导下,共产主义者同盟的支部和区部在布鲁塞尔成立。马克思当选为支部主席和区部委员会委员。

9月27日以前和10月3日

恩格斯撰写题为《共产主义者和卡尔·海因岑》的论战性文章,发表在10月3日和7日《德意志—布鲁塞尔报》上。

10月底—11月

恩格斯受共产主义者同盟巴黎区部委员会的委托为同盟起草纲领草案《共产主义原理》。

11月29日

马克思和恩格斯在伦敦出席民主派兄弟协会为纪念1830年波兰起义而举行的国际大会。马克思和恩格斯在大会上发表了关于波兰问题的演说。

11月29日—12月8日

马克思和恩格斯出席共产主义者同盟第二次代表大会。大会委托马克思和恩格斯为共产主义者同盟起草一个准备公布的纲领。

1847年12月9日—1848年1月底

马克思和恩格斯撰写《共产党宣言》。

12月下半月

马克思在布鲁塞尔德意志工人教育协会作关于雇佣劳动与资本的演说。

1848年

1月9日

马克思在布鲁塞尔民主协会公众大会上发表关于自由贸易问题的演说。

1月底

恩格斯被法国当局驱逐,迁居布鲁塞尔。

2月底

《共产党宣言》在伦敦出版。

2月27日前后

由于法国爆发革命,共产主义者同盟伦敦中央委员会把职权移交给马克思领导的布鲁塞尔区部委员会。

3月初

马克思接到法兰西共和国临时政府成员斐·弗洛孔的书面通知:撤销基佐政府对马克思的驱逐令,并邀请他返回法国。3月3日,马克思接到比利时国王签署的命令,限定他24小时以内离开比利时。3月5日,马克思到达巴黎。

3月11日

共产主义者同盟中央委员会在巴黎成立。马克思当选为中央委员会主席。在布鲁塞尔的恩格斯被缺席选入中央委员会。

3月下半月—4月初

德国爆发三月革命,马克思和恩格斯拟定了共产主义者同盟在这次革命中的政治纲领《共产党在德国的要求》。同盟中央委员会组织了三四百名德国工人(大多数是同盟盟员)分散返回德国,参加已经开始的革命。

3月下旬

恩格斯来到巴黎,参加共产主义者同盟中央委员会的工作。

4月6日前后

马克思和恩格斯离开巴黎,回德国参加革命。

4月11日

马克思和恩格斯到达科隆,立即着手筹备出版大型政治日报《新莱茵报》。

6月1日

马克思主编的《新莱茵报》创刊号出版,报纸的副标题是:"民主派机关报"。

6月25日—7月1日

恩格斯和马克思撰写有关巴黎六月起义的一系列文章,发表在《新莱茵报》上。

7月6日

马克思因《新莱茵报》7月5日发表了揭露司法当局的《逮捕》一文受到法院传讯。此后,普鲁士司法当局经常以各种借口传讯马克思、恩格斯以及《新莱茵报》其他人员。

9月11—15日

马克思撰写题为《危机和反革命》的一组文章,发表在《新莱茵报》上。

9月13日

《新莱茵报》编辑部、科隆工人联合会和民主协会在科隆弗兰肯广场召开民众大会。马克思和恩格斯被选入由30人组成的安全委员会。

9月17日

恩格斯参加由科隆各民主团体发起的在沃林根（科隆附近）召开的民众大会。恩格斯被选为大会书记。

9月26日

科隆戒严。警备司令部命令《新莱茵报》和其他一些民主派报纸停止出版。

9月26日以后—10月初

恩格斯面临被捕的危险，不得不离开科隆。普鲁士当局对参加九月事件的恩格斯等人发出通缉令。恩格斯在布鲁塞尔遭到警察当局逮捕，并被送进监狱，后来又被押解到法国边界。恩格斯从那里前往巴黎。

9月底—10月上半月

马克思为《新莱茵报》复刊进行了不懈的斗争。为了偿清报纸的债务和抵补报纸的费用，他拿出了自己的全部现金。10月12日，《新莱茵报》第114号，即科隆戒严解除后的第一号出版。

10月10日前后—24日前后

恩格斯从巴黎徒步前往瑞士。途中恩格斯在法国农民中进行调查研究，了解他们的生活和思想状况。

12月9—29日

马克思撰写题为《资产阶级和反革命》的一组文章，发表在《新莱茵报》上。

1849年

1月中

恩格斯由瑞士回到科隆，重新全力投入《新莱茵报》的编辑工作。

2月7日

科隆陪审法庭开庭审理《新莱茵报》因发表《逮捕》一文被控侮辱检察官和诽谤宪兵一案，马克思和恩格斯在法庭上发言，当众揭露实行反革命政变的普鲁士政府。陪审法庭宣告马克思、恩格斯无罪。

5月中

恩格斯参加埃尔伯费尔德的起义。

5月16日

马克思接到当局把他驱逐出普鲁士的命令。

5月19日

《新莱茵报》用红色油墨印出最后一号第301号。

5月19日—5月底

马克思和恩格斯在《新莱茵报》停刊后,前往国民议会所在地法兰克福以及爆发维护帝国宪法运动的巴登、普法尔茨等地区,试图说服国民议会的左派领导人以及维护帝国宪法运动的领导人接受他们的革命计划,但没有成功。

6月3日前后

马克思到达巴黎。

6月6日

普鲁士政府下令通缉恩格斯。

6月13日—7月12日

恩格斯作为奥·维利希的副官参加了巴登和普法尔茨起义军的多次战斗。起义失败后,恩格斯于7月12日随同最后一批起义军越过边界退入瑞士境内。

8月中

恩格斯在瑞士开始撰写《德国维护帝国宪法的运动》,1850年2月完成。

8月24日

马克思因受到法国当局的迫害,离开巴黎前往伦敦。

8月26日前后

马克思来到伦敦,在这里一直居住到逝世。

马克思到达伦敦后,着手筹办《新莱茵报·政治经济评论》,并重新组织共产主义者同盟中央委员会。

10月初—11月10日前后

恩格斯离开瑞士,取道意大利前往伦敦。

1849年11月—1850年9月

马克思在伦敦德意志工人教育协会多次发表演讲,阐述无产阶级的经济学思想和《共产党宣言》的基本观点;他在家里也多次对共产主义者同盟的积极活动家们详细地讲解这些问题。

1849年底—1850年11月

马克思为《新莱茵报·政治经济评论》撰写一组文章《从1848年到1849年》。1895年恩格斯将这些文章编成单行本出版,标题为《1848年至1850年的法兰西阶级斗争》。

1850年

3—11月

马克思和恩格斯创办的《新莱茵报。政治经济评论》出版了六期(其中第5—6期是合刊)。该杂志发表了马克思的《从1848年到1849年》和恩格斯的《德国维护帝国宪法的运动》、《德国农民战争》等著作。

3月下旬

马克思和恩格斯撰写《共产主义者同盟中央委员会告同盟书。1850年3月》。

夏秋

恩格斯撰写《德国农民战争》。

9月15日

马克思在共产主义者同盟中央委员会会议上尖锐地批评维利希和沙佩尔的宗派冒险主义策略。会上发生了分裂。委员会的多数支持马克思和恩格斯的路线。会议决定把中央委员会迁往科隆,委托科隆区部组织新的中央委员会。

1850年9月—1853年8月

马克思写了24本摘录笔记,用罗马数字编为I—XXIV号。笔记摘录了大量著作和报刊资料,主要是关于政治经济学问题的摘录。

11月中

恩格斯迁居曼彻斯特,重新回到欧门—恩格斯公司工作。从这个时候起,马克思和恩格斯一直保持通信联系。

11月底

恩格斯在曼彻斯特开始系统地研究军事问题。

1851年

4月

恩格斯撰写《1852年神圣同盟对法战争的条件与前景》。文章在恩格斯生前没有发表。

4月底

海·贝克尔在科隆出版《卡尔·马克思文集》第一分册。由于海·贝克尔被捕,第一分册出版后《文集》出版工作即告中断。

8月8日

马克思在信中告诉恩格斯,他接到《纽约每日论坛报》的编辑查·德纳邀请他为该报撰稿的建议。马克思接受了德纳的建议。由于马克思忙于经济学说的研究工作,很大一部分文章是马克思请恩格斯写的。马克思和恩格斯为该报撰稿持续十年以上。

1851年8月17日—1852年9月23日

恩格斯撰写《德国的革命和反革命》这一组文章,发表在1851年10月25日—1852年10月23日《纽约每日论坛报》上,署名马克思。

12月3日

恩格斯在给马克思的信中分析了1851年12月2日在法国发生的路易·波拿巴反革命政变。马克思在《路易·波拿巴的雾月十八日》一书中发挥了这封信中的一些思想。

约1851年12月中—1852年3月25日

马克思撰写《路易·波拿巴的雾月十八日》。

1852年

3月5日

马克思在给约·魏德迈的信中阐述他对阶级、阶级斗争和无产阶级专政问题的新结论。

5—6月

马克思和恩格斯为批判德国小资产阶级流亡者的错误观点收集材料,并合写《流亡中的大人物》。该著作在马克思恩格斯生前未能出版。

5月19日前后

马克思的著作《路易·波拿巴的雾月十八日》在纽约的不定期刊物《革命》上发表。

10—11月

马克思和恩格斯密切关注10月4日—11月12日在科隆进行的由普鲁士政府一手制造的共产党人案件的审讯进程,全力以赴地帮助被告的辩护人在法庭上证明起诉的虚假性,用各种方法把揭露普鲁士警察当局的阴谋的文件和材料寄往科隆。

10月底—12月初

马克思撰写《揭露科隆共产党人案件》。这一著作1853年1月在瑞士的巴塞尔出版。美国波士顿的《新英格兰报》从1853年3月5日至4月23日连载这一著作,1853年4月底,该报出版社出版了单行本。

11月17日

马克思鉴于欧洲反动势力日益猖獗,共产主义者同盟盟员遭到逮捕,同盟实际上已经停止正常活动等情况,在共产主义者同盟伦敦区部会议上提议解散共产主义者同盟。马克思的提议获得通过。

1853年

5月26日前后—6月14日

马克思和恩格斯在通信中就东方各国的历史问题交换意见。

5月31日前后

马克思撰写《中国革命和欧洲革命》,发表在6月14日《纽约每日论坛报》上。

6月7—10日之间

马克思撰写《不列颠在印度的统治》,发表在6月25日《纽约每日论坛报》上。

7月22日

马克思撰写《不列颠在印度统治的未来结果》,发表在8月8日《纽约每日论坛报》上。

9月28—29日

恩格斯鉴于克里木战争即将爆发,为《纽约每日论坛报》撰写分析多瑙河上的兵力对比的文章。此后直到1856年战争结束,恩格斯就克里木战争写了一系列军事评论。

1854年

8月25日—12月8日

马克思鉴于西班牙爆发资产阶级革命,为《纽约每日论坛报》撰写题为《革命的西班牙》一组文章。

1854年12月—1855年1月

马克思审阅并整理自己前几年作的政治经济学笔记。

1855年

4月16日以前

恩格斯撰写反对泛斯拉夫主义的两篇文章,以《德国和泛斯拉夫主义》为题发表在4月21日和24日的德国报纸《新奥得报》上。

6月15日

马克思写信告诉恩格斯,《纽约每日论坛报》的编辑查·德纳建议马克思为纽约的杂志《普特南氏月刊》撰写论述欧洲军队的文章。应马克思的要求,恩格斯担负了撰写这些文章的工作。恩格斯大约从6月底到9月或10月撰写《欧洲军队》一文,发表在1855年8月、9月、12月《普特南氏月刊》上。

6月24日和7月1日

马克思参加在伦敦海德公园举行的群众示威,反对损害人民群众利益的禁止星期日交易法案。

1856年

4月14日

马克思应宪章派机关报《人民报》编辑部的邀请,参加该报创刊四周年纪念会,发表关于无产阶级的世界历史使命的演说。4月19日《人民报》发表了马克思的演说记录。

4月16日

马克思在给恩格斯的信中阐发工人阶级同农民结成联盟的思想。

6月

马克思研究法国股份银行动产信用公司的活动,撰写了三篇论文。第一篇论文发表在6月7日《人民报》上,标题是《法国的动产信用公司》。这三篇文章后来以同一标题发表在6月21日、24日和7月11日《纽约每日论坛报》上。

1856年6月—1857年3月

马克思为计划撰写的一部关于18世纪英俄关系的著作起草导言。导言以《18世纪外交史内幕》为题发表。马克思计划用20个印张的篇幅撰写这部著作,但没有完成。

9—11月

马克思就国际市场开始发生危机,为《纽约每日论坛报》撰写一系列文章,并深入研究政治经济学问题。

1857年

3月18日前后

马克思撰写《俄国的对华贸易》,发表在4月7日《纽约每日论坛报》上。

3月22日前后

马克思撰写《英人在华的残暴行动》,发表在4月10日《纽约每日论坛报》上。

4月21日

马克思收到查·德纳4月6日的来信。德纳在信中约请马克思为他所筹划的《美国新百科全书》撰写军事等方面的条目。马克思同恩格斯商量后复信表示同意。

5月20日前后

恩格斯撰写《波斯和中国》,发表在6月5日《纽约每日论坛报》上。

6月30日

马克思为《纽约每日论坛报》撰写关于印度军队起义的文章。此后,马克思和恩格斯写了一系列文章论述印度1857—1859年的民族解放起义。

7月

马克思撰写评论弗·巴师夏和查·凯里的经济学论文。论文没有完成。

1857年7月—1860年11月

马克思和恩格斯为《美国新百科全书》撰写条目。这些条目主要涉及军事问题。恩格斯承担了大部分条目的撰写工作。许多条目是两人合作的成果。

8月底

马克思为计划中的经济学巨著《政治经济学批判》撰写《导言》。《导言》没有写完。

1857年10月—1858年2月底

马克思详细地研究普遍的经济危机的发展,搜集了大量有关危机进程的材料;同恩格斯在通信中讨论了危机问题,恩格斯向他提供了许多有关曼彻斯特的危机进程及其后果的材料。

1857年底—1858年5月

马克思撰写《政治经济学批判(1857—1858年手稿)》。

1858年

2—3月

马克思写信给斐·拉萨尔,托他打听能不能在柏林分册出版自己的政治经济学著作,并把自己写作的总计划简要告诉了拉萨尔。拉萨尔告知马克思,柏林出版商弗·敦克尔答应出版马克思的政治经济学著作的头两分册。

4月2日

马克思在给恩格斯的信中详细说明他的经济学著作的纲要。

7月14日

恩格斯写信告诉马克思自己研究比较生理学、物理学以及其他自然科学的情况。

8月—10月底

马克思撰写《政治经济学批判。第一分册》的初稿。

8月31日—9月28日

马克思撰写四篇关于鸦片贸易史和关于天津条约的文章,发表在9月20日—10月15日《纽约每日论坛报》上。

10月7日

恩格斯就厄·琼斯同资产阶级自由派密切合作一事,在给马克思的信中指出英国工人运动中出现的资产阶级化倾向,并揭示了这种机会主义的根源。

10月25日前后

恩格斯撰写《俄国在远东的成功》,发表在11月18日《纽约每日论坛报》上。

1858年11月—1859年1月

马克思进行《政治经济学批判。第一分册》的最后定稿。

1859年

1月下旬

马克思写完《政治经济学批判。第一分册》的手稿,寄给柏林出版商弗·敦克尔。

2月23日

马克思把《〈政治经济学批判〉序言》寄给柏林的出版商弗·敦克尔。马克思在这篇序言中对历史唯物主义基本原理作了经典性的表述。

2月底—3月9日

恩格斯撰写《波河与莱茵河》,阐述无产阶级政党在德国统一和意大利统一问题上的政治立场。《波河与莱茵河》4月在柏林匿名出版。

4月19日和5月18日

马克思和恩格斯分别写信给斐·拉萨尔,对他的剧本《弗兰茨·冯·济金根》作了评论。

6月4日

根据马克思的建议,创刊不久的伦敦德意志工人教育协会等团体的机关报《人民报》发表了他的《〈政治经济学批判〉序言》,略有删节。马克思的序言同时也被美国的德文报纸转载。

6月11日

马克思的著作《政治经济学批判。第一分册》在柏林出版。

约7月3日—8月20日

马克思担任《人民报》的实际领导工作和编辑工作。该报不久即因经费困难而停刊。8月20日《人民报》出版最后一号第16号。

8月3—15日

恩格斯为马克思的《政治经济学批判。第一分册》撰写书评,发表在8月6日和20日《人民报》上。由于《人民报》停刊,书评没有登完。

9月13—30日

马克思撰写题为《新的对华战争》的一组文章,发表在9月27日—10月18日《纽约每日论坛报》上。

11月中

马克思撰写《对华贸易》,发表在12月3日《纽约每日论坛报》上。

12月12日

恩格斯写信告诉马克思,他正在阅读达尔文的著作《物种起源》,并指出达尔文成功地证明了自然界的历史发展,从而驳倒了唯心主义的目的论。

1860年

1月11—26日

马克思和恩格斯继续密切关注美国和俄国日益迫近的革命危机。马克思在给恩格斯的信中着重指出,美国争取消灭奴隶制的运动和俄国争取废除农奴制的运动是当时最大的事件。

1月底—2月初

马克思为了回击卡·福格特的诽谤性小册子《我对〈总汇报〉的诉讼》,开始收集文献材料撰写反击福格特的著作。

2月4—20日

恩格斯撰写小册子《萨瓦、尼斯与莱茵》,它是《波河与莱茵河》的续篇。小册子于3月在柏林匿名出版。

11月

马克思写完抨击性著作《福格特先生》。这部著作12月1日在伦敦出版。

11月底—12月19日

马克思研究自然科学,阅读达尔文的《物种起源》。

1861年

1861年6月—1862年11月

马克思和恩格斯鉴于美国爆发内战,特别注意研究美国内战发生的原因。

1861年8月—1863年7月

马克思撰写《政治经济学批判(1861—1863年手稿)》。马克思的研究结果和摘录构成了一部篇幅巨大的手稿,共23个笔记本,用罗马数字I—XXIII统一编号。

1862年

7月9日—8月4日

马克思多次会见来伦敦参观世界工业博览会的斐·拉萨尔;尖锐地批评了拉萨尔的改良主义纲领和策略。

8月2日和9日

马克思写信给恩格斯,介绍自己在写《剩余价值理论》的过程中取得的研究成果。

12月28日

马克思写信告诉路·库格曼,他打算把《政治经济学批判》的下一分册作为单独的著作出版,用《资本论》做书名,并用《政治经济学批判》做副标题。

1863年

1月

马克思结束了《剩余价值理论》主要篇章的写作。他后来打算把《剩余价值理论》作为《资本论》的第四部分即理论史部分出版。同时他编写《资本论》第一和第三部分的计划,这两部分成了后来《资本论》第一卷和第三卷的基础。

1月28日

马克思在给恩格斯的信中确定了机器的真正概念,简要论述了机器发展的历史。马克思还告诉恩格斯,斐·拉萨尔的《工人纲领》是对《共产党宣言》的庸俗化。

2月中—5月初

马克思和恩格斯鉴于用革命方法解决波兰问题具有特别重大的意义,决定以伦敦德意志工人教育协会的名义就波兰起义发表呼吁书。他们打算在小册子《德国与波兰。因1863年波兰起义所作的军事政治考察》中更详细地阐述自己的观点。小册子没有写完。

7月初

马克思研究数学,特别是微分学和积分学。

1863年8月—1865年12月

马克思决定用更有系统的形式来表述自己的经济学著作的理论部分,着手撰写新稿。经过紧张的劳动,马克思完成了《资本论》理论部分三册的新的手稿。

1864年

6月30日

恩格斯和欧门兄弟签订为期五年的协议,成为曼彻斯特欧门—恩格斯公司的股东。

9月28日

马克思出席在伦敦圣马丁堂举行的国际工人会议。这次会议通过了成立国际工人协会(第一国际)的决议。马克思当选为协会临时委员会委员。

10月21—27日之间

马克思起草国际工人协会的纲领性文件——成立宣言和临时章程。

11月1日

马克思在国际工人协会临时委员会会议上宣读了他起草的国际工人协会成立宣言和临时章程,这两个文件获得一致通过。临时委员会按章程被确定为协会的领导机关(即总委员会;在1866年底以前通常被称为中央委员会)。马克思作为德国通讯书记参加总委员会。

11月4日

马克思写信给恩格斯,详尽地叙述了建立国际工人协会的情况和制定纲领性文件的经过。

1865年

1月24日

马克思应德国《社会民主党人报》编辑部的请求,撰写《论蒲鲁东(给约·巴·施韦泽的信)》,对小资产阶级的代表人物蒲鲁东作了全面的评价。文章于2月1日、3日和5日在该报发表。

1月27日—2月11日

恩格斯撰写《普鲁士军事问题和德国工人政党》,小册子2月底在汉堡出版。

1月30日

威·施特龙写信告诉马克思,汉堡的出版商奥·迈斯纳同意出版马克思的《资本论》。

6月20日和27日

马克思在总委员会会议上作关于工资、价格和利润的报告,驳斥约·韦斯顿的错误观点,并用通俗的形式阐述了剩余价值理论的基本观点。

7月31日

马克思在给恩格斯的信中说,再写三章就可以完成《资本论》的理论部分(前三册)的新的手稿,然后还得重新加工整理第四册,即历史文献部分。

9月25—29日

马克思参加国际工人协会伦敦代表会议。

1866年

1月底—2月中

马克思由于紧张写作《资本论》而患病。恩格斯十分关心马克思的健康,建议马克思将第一卷先送去付印。马克思按照恩格斯的意见,决定首先发表《资本论》第一卷。

9月3—8日

国际工人协会日内瓦代表大会按照马克思起草的《给临时中央委员会代表的关于若干问题的指示》通过了各项主要决议,批准了以马克思起草的临时章程为基础的国际工人协会的章程和条例。马克思被代表大会选入总委员会。

10月13日

马克思写信给路·库格曼,叙述了《资本论》的总的结构。

11月中

马克思给汉堡出版商迈斯纳寄去《资本论》第一卷的第一部分。

12月17日和18日

马克思在给恩格斯的信中和在总委员会会议上说,刊登在一些资产阶级报刊上的文章不得不承认,国际工人协会是本世纪最重大的事件之一。

1867年

4月2—4日

马克思写信告诉恩格斯,他已写完《资本论》第一卷,并打算亲自将手稿送到汉堡出版商那里。恩格斯回信给马克思,衷心祝贺《资本论》第一卷的完成,并给马克思寄去到汉堡的路费。

4月10日—5月19日

马克思为《资本论》的出版事宜回到德国。

4月下半月—6月

马克思和恩格斯设法通过报刊来报道《资本论》第一卷即将出版的消息,并筹划把该书译成英文和法文。

6月3—16日

马克思把《资本论》第一卷前五个印张的清样寄给恩格斯校阅。恩格斯读完《资本论》第一卷第一批校样后,在给马克思的信中谈了自己的意见。

约6月17—27日

马克思写作《资本论》第一卷第一章的附录《价值形式》。

7月25日

马克思写完《资本论》第一卷的序言,随后把它寄给汉堡的出版商。

8月16日

马克思看完《资本论》第一卷最后一个印张的校样。他在深夜两点写信给恩格斯,衷心感谢恩格斯在他写作这部著作期间所给予的无私帮助。

1867年8月下半月—1883年初

马克思继续在政治经济学和其他许多领域进行广泛研究,写作和修订《资本论》第二卷和第三卷。但由于领导国际工人运动、修订出版《资本论》第一卷德文第二版和法文版、研究其他领域的问题以及病情加重等原因,马克思生前未能出版《资本论》第二卷和第三卷。

9月6日

马克思被国际工人协会洛桑代表大会选入总委员会。

9月中旬

《资本论》第一卷在汉堡出版。

1867年10月—1868年6月

恩格斯为了宣传《资本论》的理论观点,打破资产阶级报刊和学术界对《资本论》第一卷的出版蓄意保持的沉默,撰写发表了一系列书评。

11月

马克思研究爱尔兰问题,并在同恩格斯的通信中阐述了自己的观点。

1868年

1—3月

马克思在给恩格斯和路·库格曼的一系列信件中就欧·杜林对《资本论》第一卷所作的书评以及杜林的其他著作作了评论。马克思指出了《资本论》第一卷在经济理论和研究方法方面不同于以往的资产阶级经济学的三个崭新因素,以及他的阐述方法同黑格尔的不同之处。

3月

马克思和恩格斯研究德国历史学家格·毛勒的著作,并给予很高的评价。

3月2—13日

恩格斯为德国工人的报纸《民主周报》撰写《资本论》第一卷书评,于3月21日和28日发表。

4月底

马克思研究利润率和剩余价值率之间的关系。他几次写信给恩格斯,介绍自己研究这个问题的结论,并谈到《资本论》第二、三册的内容。

9月6—13日

国际工人协会布鲁塞尔代表大会根据马克思提出并由总委员会批准的草案,通过了关于在资本主义制度下使用机器的后果的决议和关于缩短工作日的决议。马克思被代表大会选入总委员会。

9月11日

在国际工人协会布鲁塞尔代表大会上,德国代表们提出一项决议案,建议各国工人学习马克思的《资本论》,并把这一著作译成各种文字;他们还指出,《资本论》作者的功绩不可估量,因为他破天荒第一次对资本主义作了科学的分析。

1869年

5月14日前后—6月23日

马克思校阅《路易·波拿巴的雾月十八日》第二版清样并撰写序言;第二版于1869年7月出版。

6月23日

马克思参加英国工联为支持关于扩大工联权利的法案而在伦敦埃克塞特会堂举行的群众大会。

6月30日

恩格斯结束曼彻斯特欧门—恩格斯公司的工作,从此全力以赴地投身于无产阶级解放事业。但为了处理遗留事务,他在曼彻斯特又住了一年多。

7—8月

马克思在国际工人协会总委员会会议讨论即将召开的巴塞尔代表大会的议程时,就土地所有制问题和继承权问题作了发言。

9月7日和11日

马克思起草的国际工人协会总委员会的报告和关于继承权的报告先后在国际工人协会巴塞尔代表大会上宣读。马克思再度当选为总委员会委员。

10—12月

恩格斯着手撰写《爱尔兰史》。

10月中—12月

马克思研究爱尔兰问题。

1870年

2月11日

恩格斯把为《德国农民战争》德文第二版写的序言寄给马克思,请他提意见。序言最初发表在4月2日和6日《人民国家报》上。10月15日左右,《德国农民战争》连同恩格斯写的第二版序言由《人民国家报》出版社出版单行本。

5月—7月上半月

恩格斯撰写《爱尔兰史》。他原计划写四章,但只写完了第一章和第二章的一部分。

7月19—23日之间

马克思撰写国际工人协会总委员会关于普法战争的第一篇宣言。

7月26日

马克思向国际工人协会总委员会宣读他起草的关于普法战争的宣言。总委员会批准了宣言。宣言首先用英文刊登在7月28日伦敦报纸《派尔-麦尔新闻》上,几天后以传单形式印发,后又译为德文和法文发表在报纸上并以传单的形式印发。

1870年7月27日前后—1871年2月中

恩格斯撰写了59篇关于普法战争的文章,发表在《派尔-麦尔新闻》上。

9月6—9日之间

马克思起草国际工人协会总委员会关于普法战争的第二篇宣言。

9月9日

马克思在国际工人协会总委员会非常会议上宣读他起草的关于普法战争的第二篇宣言。宣言经总委员会通过后,用英文印行。

9月20日

恩格斯把他在欧门—恩格斯公司的事务彻底处理完毕后,从曼彻斯特迁居伦敦,住在马克思家附近。此后,恩格斯在伦敦一直居住到逝世。

马克思提名恩格斯为总委员会委员。

10月4日

恩格斯当选为国际工人协会总委员会委员。

1871年

2月13日

恩格斯代表国际工人协会总委员会写信答复西班牙联合会委员会的来信,他在信中阐明了建立无产阶级政党和开展政治斗争的重要性。

3月19日—5月

马克思和恩格斯仔细研究3月18日巴黎爆发革命后的局势和3月28日宣布成立的巴黎公社的材料,同公社社员建立联系,并在内外政策的各种问题上向他们提供建议。马克思和恩格斯组织各国工人举行群众集会声援巴黎公社。马克思写了几百封关于巴黎公社的信,寄往所有建立了国际工人协会支部组织的国家,信中阐明了公社的无产阶级性质和历史意义,呼吁对公社给予支持;同时,马克思也批评了公社所犯的错误。

4月12日和17日

马克思在给路·库格曼的信中,援引自己在《路易·波拿巴的雾月十八日》一书中作出的无产阶级必须打碎资产阶级的军事官僚国家机器的结论,强调巴黎公社的世界历史意义。

4月18日—6月初

马克思受国际工人协会总委员会委托,撰写关于法兰西内战的宣言。

5月23日

马克思在国际工人协会总委员会会议上作关于巴黎公社的发言,指出即使公社遭到失败,公社的原则也是永存的,是消灭不了的。

5月30日

马克思在国际工人协会总委员会会议上宣读他起草的宣言《法兰西内战》。宣言经总委员会一致通过,用英文印成单行本出版,同时还刊登在国际的许多机关刊物上。

6—12月

马克思和恩格斯组织对巴黎公社流亡者的救济和援助,领导了总委员会成立的流亡者委员会的工作,设法为流亡的公社社员寻找工作。

6月中—约7月26日

恩格斯把《法兰西内战》译成德文,6月28日—7月29日在《人民国家报》上连载,8—10月在《先驱》上摘要发表。

7月初

马克思在同纽约《世界报》记者谈话时阐明了国际的目的和任务,并论述了国际的活动。谈话记录发表在7月18日《世界报》和8月12日《伍德赫尔和克拉夫林周刊》上。

9月17—23日

马克思和恩格斯领导国际工人协会伦敦代表会议的工作。会议通过了关于工人阶级的政治斗争的重要决议,着重阐明了各国无产阶级建立独立政党的必要性。

9月24日

马克思在伦敦举行的国际工人协会成立七周年庆祝会上发表讲话,论述国际的任务和目的,阐明巴黎公社的阶级实质。这篇讲话的报道发表在10月15日《世界报》上。

10月21日

恩格斯针对自己的家人对他的政治活动和他同马克思的友谊提出的指责,写信给母亲。恩格斯在信中驳斥了资产阶级报刊对巴黎公社的污蔑,明确表示自己将一如既往地坚持近30年来所持的观点。

1871年12月—1873年1月

马克思为出版《资本论》第一卷德文第二版进行工作。

1872年

1872年3月—1875年1月

马克思校订由约·鲁瓦翻译的《资本论》第一卷法文译稿。

3—8月

马克思和恩格斯在同无政府主义者及其他小资产阶级分子的斗争中捍卫国际工人协会的纲领原则和组织原则,同时进行国际海牙代表大会的筹备工作。

3月初—5月初

马克思应国际工人协会曼彻斯特支部领导人欧·杜邦的请求,就该支部正在争论的土地国有化问题撰写了详细意见。马克思寄去的手稿由杜邦在5月8日支部会议上宣读,并发表在6月15日《国际先驱报》上。

4月初

马克思收到《资本论》第一卷俄文版译者尼·弗·丹尼尔逊寄来的《资本论》俄译本。这是该书的第一个外文译本。

1872年5月—1873年1月

恩格斯撰写《论住宅问题》一组文章,发表在1872年6月—1873年2月《人民国家报》上。

6月24日

马克思和恩格斯为将于7月在莱比锡出版的《共产党宣言》德文版撰写序言。

1872年7月—1873年5月

《资本论》第一卷德文第二版陆续分册出版。

9月2—7日

马克思和恩格斯领导国际工人协会海牙代表大会的工作。

　　代表大会通过了恩格斯和马克思关于把总委员会驻在地迁往纽约的建议。

1872年9月17日—1875年底

《资本论》第一卷法文版陆续分册出版。

10月

恩格斯应意大利《人民报》编辑恩·比尼亚米的请求撰写《论权威》一文。后因比尼亚米被捕导致文章丢失,恩格斯于1873年3月再次寄出《论权威》一文。文章发表在1873年12月《1874年共和国年鉴》上。

1872年12月底—1873年1月初

马克思应恩·比尼亚米的请求撰写《政治冷淡主义》,发表在1873年12月《1874年共和国年鉴》上。

1873年

1月24日

马克思撰写《资本论》第一卷德文第二版跋。

约2月

恩格斯撰写批判德国庸俗唯物主义的代表人物路·毕希纳的著作的提纲。恩格斯对毕希纳的批判性研究超出了计划的范围,他由此直接转入《自然辩证法》的写作。

5月中

《资本论》第一卷德文第二版最后一分册出版。5月底6月初,各分册合订成书出版。

5月30日

恩格斯写信给马克思,叙述了他拟写《自然辩证法》一书的构思和自然辩证法的要点。

约1873年10月—1874年2月

恩格斯计划撰写一部关于德国史的著作,研究相关资料和著作并作详细摘要。同时,恩格斯撰写关于德国史著作的草稿,标题为《关于德国的札记》。

1874年

1874年—1875年初

马克思阅读巴枯宁的《国家制度和无政府状态》一书并作了批判性摘要。

约1874年5月中—1875年4月中

恩格斯撰写以《流亡者文献》为题的一组文章(共5篇),发表在《人民国家报》上。

7月1日

恩格斯在他的《德国农民战争》第三版准备付印时,对1870年为该书第二版所写的序言作了补充。

1874年9月中—至少10月

恩格斯撰写《自然辩证法》中的50多个札记和片断。

10月28日—12月18日

马克思的著作《揭露科隆共产党人案件》在《人民国家报》上连载,并署作者姓名。这是第一次在德国发表马克思的这一著作。

1875年

3月18—28日

恩格斯写信给德国社会民主工党领导人奥·倍倍尔,以他个人和马克思的名义,批判社会民主工党(爱森纳赫派)同全德工人联合会(拉萨尔派)为准备合并而起草的纲领草案。

4月28日

马克思撰写《资本论》第一卷法文版跋,指出这个版本具有独立的科学价值。

5月5日

马克思写信给威·白拉克,随信寄去对德国工人党纲领的批注。马克思的这封信和对德国工人党纲领的批注后来被称为《哥达纲领批判》。

约1875年11月—1876年5月

恩格斯撰写《自然辩证法》中的30多个札记和片断,并完成其中第一篇较完整的长篇论文《导言》。

年底

《资本论》第一卷法文版最后一个分册出版。1876年初,合订成书的《资本论》第一卷法文版出版。

1876年

5—6月

恩格斯为他答应给《人民国家报》撰写的著作《奴役的三种基本形式》撰写

导言。后来恩格斯把这篇导言收入《自然辩证法》，并加上标题《劳动在从猿到人的转变中的作用》。

5月24—26日

马克思和恩格斯在通信中就德国小资产阶级社会主义的代表欧·杜林的观点在德国社会主义工人党部分党员中影响日益扩大的问题交换意见，认为必须在报刊上批判杜林的观点。

5月28日

恩格斯写信告诉马克思，他已确定了批判杜林的著作的总计划和性质。

5月底—8月底

恩格斯中断《自然辩证法》的写作，开始为批判杜林的观点收集材料。他阅读了杜林的著作：《哲学教程》、《国民经济学和社会经济学教程》、《国民经济学和社会主义批判史》。

1876年9月—1877年1月初

恩格斯撰写《反杜林论》第一编《哲学》，这一编作为一组文章发表在1877年1月3日—5月13日的德国社会主义工人党中央机关报《前进报》上。

1877年

3月5日和8月8日

马克思把他为《反杜林论》第二编第十章写的手稿寄给恩格斯。

6—12月

恩格斯撰写《反杜林论》第二编《政治经济学》，这一编作为一组文章发表在7月27日—12月30日《前进报》附刊上。

6月中

恩格斯根据威·白拉克的请求为《人民历书》撰写马克思传略，传略于1878年发表。

9月27日—10月19日

马克思在给弗·阿·左尔格的信中谈把《资本论》第一卷译成英文并在美国出版的问题。马克思在信中说明，在翻译时除了依据德文第二版外还必须参照法文版；马克思还寄给左尔格一份编辑说明。出版美国版的计划没有实现。

10—11月

马克思写信给《祖国纪事》杂志编辑部,答复俄国政论家和文学评论家尼·康·米海洛夫斯基的《卡尔·马克思在尤·茹柯夫斯基先生的法庭上》一文。

1877年10月—1878年1月

恩格斯撰写《自然辩证法》,写了50多个札记和片断。

1878年

1878—1882年

马克思钻研代数学,在专门的笔记本上写了大量的札记;写了微分学简史。

约1—4月之间

恩格斯撰写《神灵世界中的自然研究》一文。后来恩格斯把它编入《自然辩证法》。

3—4月

恩格斯撰写《反杜林论》第三编《社会主义》,这一编作为一组文章发表在5月5日—7月7日《前进报》附刊上。

1878年中—1882年8月之间

恩格斯研究德国史,收集资料并撰写《论德意志人的古代历史》和《法兰克时代》两部著作。

6月底7月初

恩格斯的《欧根·杜林先生在科学中实行的变革》(《反杜林论》)一书的第一个单行本在莱比锡出版。

8月或9月初

恩格斯写完《反杜林论》以后,打算着手系统地整理《自然辩证法》的材料,为此他拟订了这一著作的总计划草案。

1879年

1879年下半年—1881年初

马克思写关于阿·瓦格纳的《政治经济学教科书。第一卷。国民经济的一般性的或理论性的学说》一书的批评意见。

不早于9月

恩格斯撰写《自然辩证法》中的《辩证法》一文。

9月17—18日

马克思和恩格斯共同起草给奥·倍倍尔、威·李卜克内西、威·白拉克等人的通告信,批评在反社会党人法实施以后德国社会主义工人党内出现的以卡·赫希柏格、爱·伯恩施坦和卡·施拉姆为代表的机会主义倾向。

1879年秋—1880年夏

马克思阅读马·马·柯瓦列夫斯基的著作《公社土地占有制,其解体的原因、进程和结果》,并作了详细笔记。

1880年

1月—3月上半月

恩格斯应保·拉法格的请求,把《反杜林论》的三章内容(《引论》的第一章、第三编的第一章和第二章)改编为一篇独立的通俗著作。这一著作由拉法格译成法文,经恩格斯审定后,以《空想社会主义和科学社会主义》为题首先发表在3月20日、4月20日和5月5日《社会主义评论》杂志上;同年又用同一标题出版了法文单行本,马克思为单行本写了前言;1883年出版了德文单行本,标题为《社会主义从空想到科学的发展》。

2月中—7月底

恩格斯撰写《自然辩证法》。他拟定了一个涉及《自然辩证法》局部内容的计划草案,随后撰写了《运动的基本形式》、《运动的量度。——功》、《潮汐摩擦。康德和汤姆生—泰特》三篇论文以及一系列札记和片断。

5月10日前后

马克思、恩格斯同保·拉法格和茹·盖得一起制定法国工人党纲领。纲领分为理论部分和实践部分。纲领的理论性的导言是马克思口授的。

约1880年夏—1881年夏

马克思研究了路·亨·摩尔根《古代社会》、詹·莫尼《爪哇,或怎样管理殖民地》、约·菲尔《印度和锡兰的雅利安人农村》、鲁·索姆《法兰克法和罗马法》、亨·梅恩《古代法制史讲演录》等著作,并且作了评注性的摘录。1882年马克思还研究和摘录了约·拉伯克的著作《文明的起源和人的原始状态》。

1881年

2月18日前后—3月8日

马克思收到维·伊·查苏利奇的信,她在信中代表俄国的社会主义者,请求马克思对俄国社会经济发展的前景,特别是对俄国农村公社的命运发表见解。马克思根据查苏利奇的请求,综合他所研究的俄国农村公社的资料,拟了四个复信草稿。3月8日,马克思写复信给查苏利奇。

8月17—18日

恩格斯研究马克思的数学手稿,并在信中对马克思的观点给予高度评价。

12月2日

马克思的妻子燕妮·马克思逝世。

约1881年底—1882年底

马克思研究世界通史,作了《编年摘录》,摘录了公元前1世纪初至公元17世纪中叶世界各国、特别是欧洲各国的政治历史事件。马克思的手稿共有四本,约105个印张。

1881年底—1882年

马克思撰写《关于俄国1861年改革和改革后的发展的札记》,这是系统地整理和概括他所研究的关于俄国的资料和文献的开始;继续研究关于美国资本主义发展的材料。

1882年

约1882年初—8月11日

恩格斯撰写《自然辩证法》中的《热》、《电》两篇论文以及一系列札记和片断。

1月21日

马克思和恩格斯为格·瓦·普列汉诺夫翻译的《共产党宣言》俄译本撰写序言。该序言的俄译文于1882年2月5日发表在《民意》杂志上。

2月20日—5月2日

马克思在阿尔及尔疗养;他的健康状况恶化。

4月10日

恩格斯审阅《共产党宣言》俄文版序言校样后,把它寄给彼·拉甫罗夫。附有马克思和恩格斯的序言的《共产党宣言》单行本于5月底在日内瓦作为《俄国社会革命丛书》的一种出版。

4月下半月

恩格斯撰写《布鲁诺·鲍威尔和原始基督教》。该文发表在5月4日和11日德国社会主义工人党机关报《社会民主党人报》上。

9月中—12月

恩格斯为出版《社会主义从空想到科学的发展》单行本德文第一版进行工作。9月21日,恩格斯在基本上完成正文的出版准备工作后,为该版撰写序言。12月,恩格斯写完该版附录《马尔克》。单行本1883年4月出版。

1882年秋—1883年1月初

马克思为出版《资本论》第一卷德文第三版进行工作。

11月

马克思密切关注马·德普勒所作的远距离输电的实验,他请恩格斯也注意这个实验并发表意见。马克思阅读爱·奥斯皮塔利埃的《现代物理学。电的基本应用》一书。

11月23日

恩格斯写信给马克思,表示要尽快结束《自然辩证法》的写作。他时断时续地写这部著作已将近10年。但马克思逝世后,恩格斯由于全力进行《资本论》第二卷和第三卷的编辑出版工作并领导国际工人运动,事实上停止了《自然辩证法》的写作。

1883年

3月14日

卡尔·马克思在伦敦逝世。

3月17日

马克思的葬仪在伦敦海格特公墓举行。恩格斯发表墓前讲话。

3月18日前后

恩格斯撰写《卡尔·马克思的葬仪》一文,发表在3月22日《社会民主党人报》上。

4—12月

恩格斯放下自己的科学研究工作,着手整理马克思的遗稿;阅读《资本论》第二卷和第三卷手稿,继续进行马克思做过的出版《资本论》第一卷德文第三版的工作;选择马克思的某些著作准备再版;整理马克思的书信。

约4月23日—5月12日

恩格斯撰写《卡尔·马克思的逝世》一文,报道马克思患病和逝世的经过以及世界各国发来的唁电。文章发表在5月3日和17日《社会民主党人报》上。

6月下半月

恩格斯审阅意大利社会主义者帕·马尔提涅蒂翻译的《社会主义从空想到科学的发展》意大利文译文。这本小册子于7月在贝内文托出版。

6月28日

恩格斯为《共产党宣言》德文第三版撰写序言;第三版于1883年在苏黎世出版。

8月底

恩格斯着手审定《资本论》第一卷英译文的头几章;审定英译文的工作断续进行达三年之久。翻译工作由赛·穆尔和爱·艾威林承担。

9月下半月

恩格斯开始整理《资本论》第二卷的手稿。

11月7日

恩格斯为《资本论》第一卷德文第三版撰写序言。

1883年12月—1884年10月

恩格斯审定爱·伯恩施坦和卡·考茨基翻译的马克思的著作《哲学的贫困》的德译文,为这个版本撰写序言和作注。

1884年

2月初

《资本论》第一卷德文第三版出版。

2月中—3月初

恩格斯撰写《马克思和〈新莱茵报〉(1848—1849年)》一文,发表在3月13日《社会民主党人报》上。

2月下半月—3月初

恩格斯为准备出版马克思的著作《哲学的贫困》法文第二版,把马克思在1865年发表的《论蒲鲁东(给约·巴·施韦泽的信)》一文从德文译成法文。这篇经保·拉法格校订过的译文在恩格斯逝世后作为附录收入1896年在巴黎出版的《哲学的贫困》法文第二版。

3月底—5月26日

恩格斯撰写《家庭、私有制和国家的起源》。恩格斯在写作过程中,利用了马克思对路·亨·摩尔根《古代社会》一书所作的摘要,同时还利用了大量其他材料。

6月

恩格斯准备出版马克思的著作《雇佣劳动与资本》的新版本,校阅正文,并写一篇关于这部著作发表经过的简短前言。这个新版本当年在苏黎世出版。

10月初

恩格斯的著作《家庭、私有制和国家的起源》在苏黎世出版。

10月15日

恩格斯在给约·菲·贝克尔的信中,高度评价马克思在国际工人运动中的地位,称自己只是"拉第二小提琴"。

10月23日

恩格斯写完马克思的《哲学的贫困》德文第一版序言。这篇序言以《马克思和洛贝尔图斯》为题发表在1885年《新时代》杂志第3年卷第1期,并刊印在1885年1月斯图加特出版的《哲学的贫困》一书中。

10月底—11月中

恩格斯热情评价在实施反社会党人法期间德国社会民主党人在帝国国会选举中获得的成功。

年底

恩格斯计划再版《德国农民战争》并着手进行准备工作。他草拟了准备为该书新版写的一篇导言的提纲,并动笔撰写这篇导言,但未完成。

1885年

1月—2月4日

恩格斯审定《英国工人阶级状况》的部分英译文,该书是由美国社会主义者弗·凯利-威士涅威茨基为了在美国出版而译成英文的。

1月

恩格斯准备付印《反杜林论》德文第二版。

2月—6月初

恩格斯校对《资本论》第二卷的校样。

2月23日

恩格斯完成《资本论》第二卷的最后一部分手稿的整理工作,并把它寄给出版社。

2月底

恩格斯开始整理《资本论》第三卷手稿。这一工作一直进行了10年左右。

1885年3月—约1888年2月

恩格斯陆续审定格·特里尔翻译的《家庭、私有制和国家的起源》的丹麦文译稿。这部著作的丹麦文版1888年在哥本哈根出版。

4—5月

恩格斯审定帕·马尔提涅蒂翻译的《家庭、私有制和国家的起源》的意大利文译稿。这部著作的意大利文版1885年在贝内文托出版。

5—11月

恩格斯校对《反杜林论》德文第二版的校样。

5月5日

恩格斯适逢马克思的生日写完《资本论》第二卷序言。

5月底—6月

恩格斯校对马克思的著作《路易·波拿巴的雾月十八日》德文第三版校样。该版于1885年出版,附有恩格斯为该版写的序言。

7月

马克思的《资本论》第二卷在汉堡出版。

7月下半月

恩格斯结束《资本论》第三卷手稿的辨认工作。

9月23日

恩格斯写完《反杜林论》德文第二版的序言。

10月8日

恩格斯写完共产主义者同盟简史,作为马克思的著作《揭露科隆共产党人案件》德文第三版的引言。这篇文章以《关于共产主义者同盟的历史》为题发表在11月12日、19日和26日《社会民主党人报》上,并刊印在11月下半月霍廷根—苏黎世出版的《揭露科隆共产党人案件》德文第三版中。

10月10日—11月24日之间

恩格斯撰写《关于普鲁士农民的历史》一文。这篇文章发表在根据恩格斯的倡议出版的威·沃尔弗的《西里西亚的十亿》一书中,作为该书导言的第二部分。这本小册子于1886年在苏黎世出版。

10月中

恩格斯写信给劳·拉法格,就《社会主义者报》上刊登的《共产党宣言》法译文发表意见。

12月2日前后

恩格斯的《反杜林论》德文第二版在苏黎世出版,扉页上标明的时间为1886年。

1886年

年初

恩格斯撰写《路德维希·费尔巴哈和德国古典哲学的终结》。该著作发表在1886年《新时代》杂志第4卷第4、5期上。

1月7日—2月25日之间

恩格斯审定准备在美国出版的《英国工人阶级状况》一书的英译文,并为这一版写了一篇文章,概括地论述了英国和美国无产阶级的状况。这篇文章后来收入1887年在纽约出版的《1844年的英国工人阶级状况》。

2月25日—8月5日

恩格斯审定《资本论》第一卷英译稿,他在审定时特别利用了马克思1877年为准备在美国把这部著作译成英文时所作的说明和提示。

3月15日

恩格斯写信给法国社会主义者,在纪念巴黎公社十五周年之际表示与他们团结一致。恩格斯的信发表在3月27日《社会主义者报》上。

8—10月

恩格斯鉴于欧洲列强之间的矛盾日益尖锐,仔细研究欧洲的国际形势。

11月5日

恩格斯写完《资本论》第一卷英文版序言。

1887年

1月初

《资本论》第一卷英文版出版。

1月10日

恩格斯写完自己的著作《论住宅问题》第二版序言,发表在1月15日和22日《社会民主党人报》上,并刊印在1887年3月出版的《论住宅问题》一书中。

1月26日

恩格斯写完自己的著作《英国工人阶级状况》一书美国版的序言。序言刊印在4月纽约出版的该书中。这篇序言经恩格斯译成德文后又以《美国工人运动》为题发表在6月10日和17日《社会民主党人报》上,并于7月在纽约以同一标题用英文和德文出版了单行本。

1887年3月—1888年1月

恩格斯审定赛·穆尔翻译的《共产党宣言》的英译文并作注。

12月15日

恩格斯写完西·波克罕的《纪念1806—1807年德意志极端爱国主义者》一书第二版引言。引言的第二部分首先以《欧洲面临什么》为题发表在1888年1月15日《社会民主党人报》上,引言全文刊印在1888年苏黎世出版的该书中。

1887年12月下半月—1888年4月

恩格斯撰写《暴力在历史中的作用》。这部著作没有写完。

1888年

1月30日

恩格斯为《共产党宣言》英文版撰写序言。序言刊印在1888年伦敦出版的该书中。

2月21日

恩格斯为《路德维希·费尔巴哈和德国古典哲学的终结》一书的单行本撰写序言。该书于5月上半月在斯图加特出版。

4月—5月9日

恩格斯审定弗·凯利-威士涅威茨基翻译的马克思《关于自由贸易问题的演说》的英译文,并撰写序言。序言以《保护关税制度和自由贸易》为题发表在1888年《新时代》杂志第6年卷第7期(由恩格斯本人译成德文)和1888年8月的《劳动旗帜》周刊,并刊印在9月美国出版的马克思这篇演说的单行本中。

8月8日—9月29日

恩格斯到美国和加拿大旅行。

1889年

1—7月

恩格斯积极参加定于7月14日在巴黎召开的国际社会主义工人代表大会的筹备工作。恩格斯认为这次代表大会是一个辉煌的胜利。

约10月—11月中

恩格斯准备出版《资本论》第一卷德文第四版,重新核对引文,作了勘误和订正,增加和补充了一些注释。

1889年12月—1890年2月

恩格斯鉴于法德之间的矛盾激化,法俄之间出现相互接近的迹象,以及爆发全欧战争的危险日益增长,研究欧洲局势,撰写《俄国沙皇政府的对外政策》一文。该文1890年发表在俄国劳动解放社《社会民主党人》、德国社会民主党《新时代》和英国《时代》等杂志上。

1890年

4月—5月初

恩格斯密切关注根据1889年国际社会主义工人代表大会的决议在伦敦举行五一节示威游行和群众大会的准备工作,这次示威活动的口号是争取在国际范围内在法律上规定八小时工作日。

5月1日

恩格斯为经他校阅过的《共产党宣言》德文第四版撰写序言。序言刊印在8月伦敦出版的《共产党宣言》单行本中。

5月4日

恩格斯参加在伦敦举行的五一节示威游行和群众大会。恩格斯对第一次五一节活动给予高度评价。

1890年5月底—1891年7月下半月

恩格斯为出版《家庭、私有制和国家的起源》德文第四版做准备工作。第四版于1891年10月底—11月初出版，扉页上标明的时间为1892年。

6月25日

恩格斯为《资本论》第一卷德文第四版撰写序言。

9月7日

恩格斯撰写《给〈萨克森工人报〉编辑部的答复》，发表在9月13日《社会民主党人报》和9月14日《柏林人民报》附刊上。

9月7日以后—9月中

恩格斯撰写《给〈社会民主党人报〉读者的告别信》，发表在9月27日《社会民主党人报》上。

9月10日前后—10月中

恩格斯积极参加预定于1891年在布鲁塞尔召开的国际社会主义工人代表大会的准备工作。

10月底11月初

《资本论》第一卷德文第四版出版。

11月28日

恩格斯70岁生日。各国社会主义政党和工人政党、组织及其活动家向恩格斯表示祝贺。

1890年12月—1891年1月6日

恩格斯整理发表马克思于1875年写的《哥达纲领批判》的手稿，并撰写序言。这一著作连同恩格斯的序言一起第一次公开发表在1890—1891年《新时代》杂志第9年卷第1册第18期。

1891年

1月底—4月

恩格斯积极参加庆祝五一节的准备活动，为此他同法国、美国、德国及其他国家的社会主义活动家广泛地通信。

2月初—5月初

恩格斯鉴于德国社会民主党的某些领导人、特别是该党国会党团的大多数成员不赞成在《新时代》上发表马克思的著作《哥达纲领批判》,同许多社会主义运动活动家通信,说明发表这一著作的必要性。

3月14日

恩格斯写完为纪念巴黎公社二十周年而准备出版的马克思的著作《法兰西内战》德文第三版的导言,寄给理·费舍。导言发表在1890—1891年《新时代》杂志第9年卷第2册第28期,并刊印在1891年出版的《法兰西内战》一书中。

4月30日

恩格斯为马克思《雇佣劳动与资本》新版单行本撰写导言,导言发表在5月13日《前进报》附刊上,并刊印在1891年出版的《雇佣劳动与资本》一书中。

5月3日

恩格斯参加伦敦庆祝五一节的示威游行和群众大会。

5月12日

恩格斯为《社会主义从空想到科学的发展》德文第四版,即经过修改和补充的新版撰写序言,序言刊印在当年下半年出版的该书中。

6月16日

恩格斯写完《家庭、私有制和国家的起源》第四版序言。序言以《关于原始家庭的历史(巴霍芬、麦克伦南、摩尔根)》为题发表在1890—1891年《新时代》杂志第9年卷第2册第41期,并刊印在1891年出版的《家庭、私有制和国家的起源》一书中。

6月18—29日之间

恩格斯撰写《1891年社会民主党纲领草案批判》。

8月下半月—9月初

恩格斯通过报刊上的报道和爱·马克思-艾威林、弗·列斯纳以及8月16日—22日在布鲁塞尔召开的国际社会主义工人代表大会的其他参加者的来信,密切关注这次工人代表大会的工作。

10月13—22日之间

恩格斯应劳·拉法格的请求为《工人党年鉴》撰写《德国的社会主义》,文章于12月初用法文发表在1892年《工人党年鉴》上。稍后,恩格斯把文章译成德文,加上前言和结束语,载于1891—1892年《新时代》杂志第10年卷第1

册第19期。

10月中—11月初

恩格斯密切关注10月14—21日在爱尔福特举行的德国社会民主党代表大会。

1892年

1月11日

恩格斯为《英国工人阶级状况》的英国版撰写序言,序言刊印在3月底伦敦出版的该书英国版上。

2月6日

恩格斯撰写《答可尊敬的乔万尼·博维奥》,发表在1892年2月16日意大利《社会评论》杂志第4期上。

2月10日

恩格斯应在伦敦的波兰社会主义者的请求,为《共产党宣言》波兰文版撰写序言。序言发表在2月27日波兰社会主义杂志《黎明》第35期上,并刊印在1892年伦敦出版的该书波兰文版中。

2月中

恩格斯审定爱·艾威林翻译的《社会主义从空想到科学的发展》的英译文。

3—4月

恩格斯鉴于五一节临近,帮助爱·艾威林和爱·马克思-艾威林以及他们所领导的争取八小时工作日同盟制定同英国其他工人和社会主义组织采取一致行动的策略方针;把在伦敦筹备五一节的情况通知其他国家的社会主义活动家。

3月29日

恩格斯为马克思的《哲学的贫困》德文第二版写按语。德文第二版于1892年在斯图加特出版。

4月20日

恩格斯写完《〈社会主义从空想到科学的发展〉英文版导言》。英文版于1892年在伦敦出版。

5月1日

恩格斯参加在伦敦举行的五一节示威游行和群众大会。后来他写信给劳·

拉法格和奥·倍倍尔,认为庆祝五一节活动的巨大规模证明英国工人运动在向前发展。

约6月初

恩格斯把《〈社会主义从空想到科学的发展〉英文版导言》译成德文。译文发表在1892—1893年《新时代》杂志第11年卷第1册第1、2期,标题是《论历史唯物主义》。

7月21日

恩格斯写完《英国工人阶级状况》德文第二版序言。德文第二版于1892年出版。

11月9—25日之间

恩格斯为《政治科学手册》撰写马克思传略。传略发表在1892年在耶拿出版的该手册第四卷上。

1892年11月—1893年7月

恩格斯准备出版《资本论》第二卷的德文第二版。

1893年

1—3月

恩格斯密切关注英国独立工党的建立和发展情况,并把这些情况告知弗·阿·左尔格、奥·倍倍尔、保·拉法格等社会主义活动家。

2月

恩格斯应奥·倍倍尔的请求就德意志帝国国会讨论政府的军事法草案撰写一组题为《欧洲能否裁军?》的文章,发表在3月1—10日《前进报》上,并在3月底出版了单行本。

2月1日

恩格斯撰写《共产党宣言》意大利文版序言,该版于1893年在米兰出版。

3—4月

恩格斯写信给德国、奥地利、捷克、法国和西班牙工人庆祝五一节,指出庆祝这一节日对无产阶级国际团结的意义。

3月31日

根据恩格斯的倡议,德国、法国和英国的社会主义者议员奥·倍倍尔、保·拉法格和约·白恩士在恩格斯家里会晤。恩格斯认为这次会晤本身证明国际工人运动取得了巨大成就。

5月7日

恩格斯参加伦敦的五一节示威游行。

5月11日

恩格斯对法国《费加罗报》记者发表谈话,谈话记录发表在5月13日《费加罗报》和5月20日《社会主义者报》上。

7月15日

恩格斯为《资本论》第二卷德文第二版撰写序言。第二版于1893年出版。

8月1日—9月29日

恩格斯去德国、瑞士和奥匈帝国旅行。8月12日,恩格斯参加在苏黎世举行的国际社会主义工人代表大会的最后一次会议,用英文、法文和德文发表了简短的演说,并受代表大会主席团的委托以名誉主席的身份宣布大会闭幕。

10月

恩格斯的《家庭、私有制和国家的起源》一书的法文版在巴黎出版。该书由昂·腊韦译成法文,译文由劳·拉法格校订,并经恩格斯本人审定。

12月

恩格斯审定由劳·拉法格翻译的《路德维希·费尔巴哈和德国古典哲学的终结》一书前半部的法译文,并把意见寄给她。这部著作的法译文1894年在《新纪元》杂志上发表。

12月19日

恩格斯写信祝贺在日内瓦举行的国际社会主义者大学生代表大会。

1894年

1月3日

恩格斯为《〈人民国家报〉国际问题论文集(1871—1875)》撰写序言,论文集收入1871—1875年他在《人民国家报》上发表的一系列文章。恩格斯专门为这本论文集中《论俄国的社会问题》一文写了跋。论文集于1894年在柏林出版。

1月上半月

恩格斯整理出版《资本论》第三卷的工作已完成很大一部分,他给汉堡的奥·迈斯纳出版社寄去前四篇,共20章,占整个手稿的三分之一。

1月26日

恩格斯应意大利工人运动活动家菲·屠拉梯和安·库利绍娃的请求,撰写分析意大利革命形势、论述工人阶级政党斗争策略的文章。《社会评论》2月1日发表此文时加的标题是《未来的意大利革命和社会党》。

5月11日

恩格斯把《资本论》第三卷最后一部分手稿寄给奥·迈斯纳出版社。

5月23日

恩格斯为《反杜林论》德文第三版撰写序言,这一版于7月出版。

6月19日—7月16日之间

恩格斯撰写《论原始基督教的历史》,发表在1894—1895年《新时代》杂志第13年卷第1册第1、2期。

10月4日

恩格斯写完《资本论》第三卷序言。

10月27日

恩格斯根据菲·屠拉梯的请求,写信给《社会评论》杂志编辑部,驳斥资产阶级报刊对意大利社会党人的攻击。《社会评论》11月1日发表此信时加的标题是《国际社会主义和意大利社会主义》。

11月12日

恩格斯写信给劳·拉法格,对她翻译的在《新纪元》杂志上发表的《共产党宣言》法译文提出自己的意见。

11月15—22日之间

恩格斯撰写《法德农民问题》,发表在1894—1895年《新时代》杂志第13年卷第1册第10期。

12月初

《资本论》第三卷在汉堡出版。

1895年

1895年上半年

恩格斯就出版马克思和他自己的著作的全集和文集同路·库格曼、理·费舍、弗·梅林等人通信。

2月14日—3月6日之间

恩格斯为马克思的著作《1848年至1850年的法兰西阶级斗争》单行本撰写导言。导言发表在1894—1895年《新时代》杂志第13年卷第2册第27、28期,并刊印在4月中出版的单行本中。

2月下半月

恩格斯审定劳·拉法格翻译的《论原始基督教的历史》法译文。

4月1日和3日

恩格斯先后写信给卡·考茨基和保·拉法格,对《前进报》发表的《目前革命应怎样进行》一文粗暴歪曲恩格斯为马克思《1848年至1850年的法兰西阶级斗争》所写导言表示愤慨,强调全文发表导言的必要性。

5月

恩格斯写《资本论》第三册增补,共两篇文章:《价值规律和利润率》和《交易所》。

恩格斯开始出现食道癌的症状。

8月5日

弗里德里希·恩格斯在伦敦逝世。

9月27日

恩格斯的骨灰罐投葬在伊斯特本海滨的岩崖附近的海中。

马克思主义理论研究和建设工程

马克思主义经典作家重点著作
译文审核和修订课题组

首席专家　韦建桦

主要成员　顾锦屏　王学东　李其庆　周亮勋

王锡君　蒋仁祥　胡永钦　翟民刚

章丽莉　张钟朴　冯文光　柴方国

第十卷编审人员

文献选辑和编纂

韦建桦　顾锦屏　李其庆　周亮勋

王锡君　蒋仁祥　胡永钦　翟民刚

章丽莉　张钟朴　冯文光　柴方国

译文审核和修订

柴方国　蒋仁祥　胡慧琴　沈红文

夏　静　鲁　路　李朝晖　张钟朴

冯文光　李其庆

资料审核和修订

章　林　章丽莉　王栋华　蒋仁祥

胡永钦　刘洪涛　沈　延　单志澄

张　红　朱　羿　张凤凤　黄文前

李　楠　张红山　李朝晖　闫月梅

金　建

年表编写

徐　洋　蒋仁祥

全卷译文和资料审定

柴方国　蒋仁祥

责任编辑：邓仁娥
装帧统筹：曹　春
编辑助理：崔继新
技术设计：程凤琴
责任校对：吴海平　赵立新　徐林香　张　彦

图书在版编目（CIP）数据

马克思恩格斯文集.第十卷／中共中央马克思恩格斯列宁斯大林著作编译局编译.
—北京：人民出版社，2009.12（2020.11重印）
ISBN 978—7—01—007696—6

Ⅰ.马… Ⅱ.中… Ⅲ.马恩著作-文集 Ⅳ.A11

中国版本图书馆 CIP 数据核字（2009）第 011802 号

书　　名　马克思恩格斯文集
　　　　　MAKESI ENGESI WENJI
　　　　　第十卷
编 译 者　中共中央马克思恩格斯列宁斯大林著作编译局
出版发行　人民出版社
　　　　　（北京朝阳门内大街 166 号　邮编 100706）
邮购地址　100706 北京朝阳门内大街 166 号
邮购电话　（010）65250042　65289539
经　　销　新华书店
印　　刷　北京新华印刷有限公司
版　　次　2009 年 12 月第 1 版　2020 年 11 月第 3 次印刷
开　　本　700 毫米×1000 毫米 1／16
印　　张　69
字　　数　977 千字
书　　号　ISBN 978—7—01—007696—6
定　　价　140.00 元

ISBN 978-7-01-007696-6

9 787010 076966 >